중국요리의 세계사

중국요리의 세계사

왜 중국음식은 세계 어디서든 만날 수 있는 걸까

이와마 가즈히로 지음 ─ 최연희 · 정이찬 옮김 ─ 보론 이정희

따비

차례

2부. 아시아 여러 나라의 내셔널리즘과 중국요리

3부. 서양의 인종주의와 아시아인의 중국요리

4부. 세계사 속 일본의 중국요리

일러두기

1. 외국 인명·지명·요리명 등의 한글 표기는 국립국어원의 외래어표기법을 따랐으며, 중국어의 경우 신해혁명(1911년) 이전의 것은 한국 한자음으로, 이후의 것은 중국어음(원지음·현지음)으로 표기했다. 다만 일반적으로 널리 쓰이는 표기가 있을 때는 가급적 이를 준용하여(예: '가쓰동' 등의 '-동', '징기스칸 요리'), 특히 '마파두부' '우육면' '동파육' '팔보채' 등 국내에서 친숙한 요리명은 한국 한자음으로 표기했으며(문맥에 따라 원음 병기), 몇몇 요리명·상호 등은 오늘날과의 연관성 등을 고려해 한자음을 버리고 중국어음을 취하기도 했다.
2. 광둥 지방의 인명·지명·요리명 등은 적합하다고 판단되는 곳에 한하여 광둥어음으로 표기했다.
3. 『표준국어대사전』에 실려 있는 말은 외래어표기법과 무관하게 그대로 사용했다(예: '우동' '다쿠앙' '벤또' '오뎅').
4. 지명의 경우 국내외를 가리지 않고 '성' '시' '현' '섬' '제도' '반도' '강' '산' 등은 앞말과 붙여서, '대로' '거리' '골목' 등은 앞말과 떼어서 표기했다. 또한, 원문의 표기 방식에 따라 원지명을 준용한 경우도 있다(예: '제라드 스트리트' '첸먼제' '난징루').
5. 광역 지명은 『표준국어대사전』을 참조하여 '화베이' '둥베이' '강남' 등으로 표기했다.
6. 서명은 『 』로, 권(卷)·장(章)·편(篇)·조목(條目)명이나 논문·기사·시 등의 제목은 「 」로, 신문·잡지·학술지 등 연속간행물의 제호나 방송 프로그램·영화·회화·음악 등의 제목은 〈 〉로 묶어 표기했다.
7. 미주와 참고문헌에서는 정보에 대한 접근성을 고려하여 중국·일본에서 사용되는 한자의 간체자·약자를 번체자·정자로 고치지 않고 그대로 두었다.
8. '내셔널리즘', '아이덴티티' 등 여러 의미로 해석될 수 있는 말은 별도의 고유어·한자어 번역 없이 영어음을 그대로 따랐다. 단 '내셔널 아이덴티티'는 문맥에 따라 '국민적 아이덴티티'로 옮긴 곳이 있다.
9. 옮긴이 주는 본문 [ ] 안에 넣었다.
10. 이 책에는 오늘날의 관점에서 보아 사용하기 부적절한 차별적 표현이 일부 등장하지만, 역사적 문맥과 자료로서의 가치를 고려하여 그대로 두었음을 밝힌다.

서장

중국요리로 본
세계사

요리의 내셔널리즘

중국요리는 왜 이렇게까지 전 세계로 퍼져나갔을까? 중국요리
는 세계 각국의 식문화를 어떻게 바꿔놓았을까? 일본인과 중국요
리의 관계는 세계적으로 특별한 것일까?

이 책은 이런 소박한 의문을 염두에 두며 오늘날의 '중국요리'가
형성되어온 과정을 추적하고, 나아가 중국 각지의 요리가 다른 여
러 나라의 '국민 음식'이 된 사정을 밝힌다. 그리고 이를 바탕으로,
일본인이 더없이 사랑하는 중국요리를 세계사적 관점에서 객관적
으로 다시 바라보고자 한다. 달리 말해, 이 책의 지향점은 세계 각
국의 사람들이 중국요리에 담아온 저마다의 생각을 읽어내고 이를
하나의 역사 이야기로 풀어내어 전하는 것이다.

인류의 식료 자체는 곡물이든 동식물이든 수천 년이 넘는 세월 동안 그다지 크게 변하지 않았을지도 모른다. 그러나 음식에 맛을 내거나 음식에 의미를 부여하는 방식은 시대에 따라 전혀 다른 양상을 띠며 보다 다양하고 복잡하게 진화해왔다. 그리고 오늘날의 요리는 효율을 추구하는 패스트푸드 체인의 햄버거에서부터, 제철 맞은 식재료나 고객 한 사람 한 사람을 위한 접대를 중시하는 일본 요정에 이르기까지 그 안에 폭넓은 '사상'이 존재하며 중국요리, 프랑스 요리, 일본 요리 같은 '국적'까지도 갖고 있다.

이렇게 진화해온 요리를 문화나 예술의 한 분야로 파악하는 것에 대해서는 이미 이론의 여지가 별로 없다. 그리고 다른 문화·예술 분야와 마찬가지로 요리 역시 정치권력과 무관하게 발전할 수는 없다. 그러나 식문화를 사회·정치와 관련지어 고찰하고 요리를 미시적 생활사를 넘어 거시적 일국사나 국제 교류사 속에서 보려는 연구는 아직 충분히 이뤄지지 못했다.

특히, 국가권력이 문화를 이용해 스스로를 강화하고 국가권력에 공헌한 문화가 번영을 누리는 식의 문화와 정치의 밀접한 관계는 동서양을 막론하고 많은 구체적 사례를 통해 확인할 수 있다. 예컨대 우리는 고대의 청동기를 수집한 북송의 휘종徽宗, 다도를 중시한 오다 노부나가織田信長와 도요토미 히데요시豊臣秀吉, 빈 회의에서 천재 셰프 카렘Marie-Antoine Carême에게 요리를 만들게 한 프랑스의 외교관 탈레랑Charles-Maurice de Talleyrand-Périgord 등을 떠올릴 수 있을 것이다. 그렇기에 무의식중에 한 나라의 정치나 사회의 틀에 갇힌 요리와 식食에 대한 시각을 세계사적 관점에서 객관적으로 다시 살펴보는 것은 의의가 있다.

이 책은 주로 근현대 세계사에 대한 이해를 바탕으로, 가장 중요한 테마 중 하나인 국민국가nation-state의 건설에 초점을 맞춰 그것이 중국을 비롯한 세계 각국의 요리를 어떻게 바꾸어놓았는지 밝히고자 한다. 영토, 주권 및 주체적 국민을 거느린 국민국가는 18세기 후반 미국독립선언이나 프랑스혁명 이후 서양에 출현한 이래로 20세기 중엽에 이르러서는 아시아, 아프리카, 라틴아메리카를 비롯해 전 세계에서 발흥했다. 그리고 프랑스를 비롯한 국민국가는 '국민 요리national cuisine'를 만들어 외교의 장에서 활용했으며, 21세기에는 이를 대외적으로 선전해 수출하는 나라도 늘었다. 이러한 '국민 요리'에 관해 서양에서는 이미 논의가 축적되어 있으며[1] 일본에서도 근래에 들어 활발한 논의가 펼쳐지고 있다.[2]

이 책은 우선 청조의 궁정 요리에서 시작해 근대 중국의 도시 문화로서 중국요리가 겪은 변화를 해명하고, 나아가 중국요리라는 하나의 '국민 요리'가 형성된 과정을 살펴본다. A. 아파두라이 Arjun Appadurai가 유명한 논문에서 지적한 대로, 프랑스나 일본 등에 비해 광대한 국토와 다양한 민족을 가진 중국이나 인도에서는 국민국가를 수립하기 어려웠다. 그리고 지방 요리나 에스닉(민족) 요리의 고유성이 두드러져 단일한 '국민 요리'를 형성하기도 쉽지 않았다.[3] 그럼에도 중국이나 인도에서 '국민 요리'를 일궈내려는 시도는 20세기 후반부터 진전을 보였다.

또한, 당연하면서도 중요한 사실은 '국민 요리'와 '국민복'의 형성 과정에 닮은 구석이 많다는 것이다. 따라서 '중국복'의 형성 과정은 '중국요리'가 어떻게 확립되었는지 생각하는 데도 참고가 될 것이다. 야마우치 지에미山內智惠美의 중국 복식사 연구에 따르면,

쑨원孫文이 애용한 중산복中山服[쑨원이 고안한 남성용 복장으로, 인민복 또는 마오 슈트라고도 한다]이 1920년대 말 이미 '국복國服'으로 자리 잡았다는 설은 사실과는 거리가 멀다. 요컨대, 1929년 난징국민정부가 공포한 복제조례에는 중산복이 등장하지 않는다. 1942년에 왕징웨이汪精衛(왕자오밍汪兆銘)의 대일對日 협력 정권이 공포한 복제조례가 처음으로 '국민복'을 법령화하여 중산복(中山裝式)을 '국민복'으로 정했지만, 그 영향력은 한정적이었으며 이 탐탁지 않은 역사적 사실이 후세에 다시 주목받는 일도 없었다.

한편 1929년의 복제조례는 서양풍으로 개량된 차이나 드레스로 변모하고 있던 치파오旗袍를 여성용 예복과 공무원의 제복으로 지정하고 있었지만, 국제적인 장에서는 서양식 예복의 착용이 요구되는 실정이었다. 중화민국기[1912~49년]는 매우 다양한 복식이 혼재되어 착용되던 보기 드문 시대였다. 치파오는 복제조례와 무관하게 유행했지만 중화인민공화국 수립 후에는 착취계급의 화려한 옷으로 여겨져 입는 사람이 줄었다.

문화대혁명이 일어나고 1960년 말에 이르러서는 관복인 중산복과 그 지류에 해당하는 평복인 인민복(군편복)이 실질적 '국민복'이 되었다. 그러나 1980년대 이후 '개혁·개방' 정책의 영향과 경제 발전 속에서 치파오가 예복이나 레스토랑·호텔 종업원의 제복 등으로 다시 사용되기 시작했다. 그러자 중산복과 치파오가 중국의 '민족복' '국복'이라는 인식이 퍼졌으며, 급기야 2001년 상하이 APEC 후에는 신당복新唐服 열풍이, 이듬해에는 한복漢服 운동이 일어나 이네 가지 복장이 '민족성'과 '애국주의'를 놓고 다투는 상황이라고 한다.[4] 이와 같은 '국민복'의 형성을 염두에 두며 우선 중국에서 '국

민 요리'가 생겨난 과정을 밝히고자 한다.[5]

소프트파워로서의 중국요리

미국의 안전보장 전문가인 조지프 S. 나이Joseph Samuel Nye는 '소프트파워'라는 개념을 제창한 것으로 잘 알려져 있다. 그에 따르면, '소프트파워'는 자국이 바라는 결과를 타국도 바라게끔 만드는 힘이자 타국을 억지로 복종시키지 않고도 제 편으로 끌어들이는 힘으로, 이는 자국의 문화, 정치적 이상이나 가치관, 외교정책의 매력에서 비롯하는 것이다.[6]

이 책의 1부 3장에서 논하겠지만, 중국요리는 1949년 중화인민공화국이 수립된 후 외교의 장에서 적극적으로 활용되어 외빈들에게서도 높은 평가를 받았으며, 1970년대에는 미국이나 일본 국민이 중국에 대해 관심과 호감을 키워나가는 계기가 되기도 했다. 따라서 중국요리는 1941년 중국국민당이 대미 선전을 위해 증정한 판다보다 시기는 조금 늦을지언정[7] 판다와 함께 중국을 대표하는 '소프트파워'의 원천이 되었으며, 중화인민공화국이 국제적 지지를 얻기 용이한 환경을 만드는 데 이용되어왔다.

이렇게 중화인민공화국에서 확립된 '중국요리'를 우리는 중국요리에 대한 홍콩의 시각이나 타이완, 싱가포르 요리의 형성을 디딤돌 삼아 객관적으로 다시 살펴볼 수 있을 것이다. 싱가포르는 1990년대부터, 타이완은 2010년대부터 해외에서 음식 축제를 개최하는 등 자국에 중화인민공화국과는 다른 식문화가 있다는 것을 적극적으로 선전하고 있다. 그것은 중국이 아닌 다른 나라의 정부가 '퍼블릭 디플로머시'(문화 선전 외교)[8]에 중국요리를 이용하고 있다는 뜻이다. 관점을 달리하면, 중국요리가 중화인민공화국 바깥에서도 세계를 향해 자신을 알리고 있다고 생각할 수도 있다.

또한, 이 책은 아시아에서 새로 수립된 국민국가나, 아시아인에 대한 인종주의적 시각이 뿌리 깊었던 서양 국민국가 속에서 중국요리가 어떻게 자리매김해왔는지 살펴본다. 이를 통해 음식에 관한 중국·일본이나 세계 각국의 내셔널리즘을 상대적 관점에서 다시 바라볼 수 있을 것이다. 나아가 일본 요리를 비롯한 아시아 요리나, 프랑스 요리를 비롯한 서양 요리를 중국요리와 비교하는 담론을 고찰하여, 국제사회에서 중국이나 동아시아 여러 나라의 요리가 차지하는 위치와 그 변화를 드러내보이고자 한다.

여기서 말하는 '내셔널리즘'은 국민국가나 민족문화를 창출·유지하려는 정서, 사상, 활동 등을 가리킨다. 이렇게 소박하게 정의해도 '소프트파워'나 '퍼블릭 디플로머시' 같은 발상의 배경에 확고한 내셔널리즘이 존재한다는 것은 의심하기 어렵다. 그리고 한 나라의 사람들이 공통된 음식을 애호하는 것, 나아가 그 음식이 널리 다른 나라 사람들에게도 받아들여지기를 바라는 것은 내셔널리즘의 중요한 일면이라고 할 수 있다.

이 책은 국가나 민족에 대한 애착을 인류애나 향토애와 마찬가지로 존중하며[9] 결코 부정하려 하지 않는다. 한편으로, 내셔널리즘은 스스로를 명확히 의식할 때야말로 무의식적 동화나 배제의 정서를 쉽게 통제할 수 있다. 그리고 자국의 내셔널리즘을 이해하려면 이를 타국의 내셔널리즘과 비교해보는 것도 도움이 될 테다.

이 책은 중국요리를 둘러싼 세계 각국의 내셔널리즘의 양상을 비교·해명하여 일국의 정치나 사회의 틀에 갇힌 시각을 넘어 중국요리의 창출과 보급이 가진 세계사적 의미를 찾아내려는 시도이다. 그렇기에 일부 독자의 기대를 저버릴지도 모르지만, 이 책은 요리 자체의 레시피나 그 맛보다는 요리가 받아들여진 사회적 배경, 요리가 이용된 정치 정세를 공들여 고찰한다. 비유하자면, 이 책에서 중국요리는 세계사를 꿰뚫어 살펴보기 위한 렌즈이고 세계사를 그려내기 위한 단면이며 세계사를 봉제하기 위한 솔기이다.

요리와 제국

요리에 착안하여 고대에서 현대에 이르는 세계사를 부감한 레이철 로던Rachel Laudan의 『요리와 제국Cuisine and Empire』은 제국의 흥망이 요리에 끼친 영향을 논하고 있다. 로던에 따르면 "국가가 생긴 이래로 가장 널리 소비된 음식은 가장 크고 가장 강한 정치적 단위의 음식이었다. 그리고 지난 4,000년 동안 그 정치적 단위는 제국이었다." 요컨대 『요리와 제국』에서 말하는 '제국'은 '대국'으로 치환될 수 있는 넓은 의미의 개념이다.[10] 여기서 짚고 넘어가야 할 것은 요리의 세계적 확대를 논하려면 제국에 대해 생각해볼 필요가 있다는 사실이다.

'제국'의 정의를 둘러싸고는 이미 많은 논의가 있지만, 가장 중요한 점은 역시 지배 영역이 넓다는 것, 그리고 확대 지향성을 가진다는 것이다. 이에 비해 황제에 의한 통치는 공화제 시기의 프랑스나 19세기 말 이후 미국의 예로 알 수 있듯이 '제국'의 필수적 요건은 아니었다. 또한, 고대에서 근대에 이르는 제국의 기본 구조로서 민족·문화의 다양성과 더불어 중심/주변, 중심과 주변 사이의 지배/피지배 관계가 지적된다.[11] 이로 인해 민족·문화가 불균형하게 재편되거나 새로운 민족·문화가 억지로 만들어진 것은, 예를 들어 일본 제국이 '타이완 요리'나 '만주 요리'를 만들어 이를 중국요리와 구별했던 사실에서도 잘 드러난다(1부 5장).

이 책에서는 '동아시아'라는 용어를, 동북아시아와 동남아시아를 포함하는 넓은 의미의 지역 개념으로 쓴다. 그리고 근현대의 동아시아를 논하려면 적어도 중화 제국, 서양 제국(영英제국 등), 일본 제국(대동아공영권), 소비에트연방(러시아) 제국, 미美제국(소련과 미국이 '제국'인지 여부에 대해서는 여러 논의가 있지만)에 의한 광역 질서 구축과 이를 둘러싼 대항 관계를 주목할 필요가 있다.[12] 중화 제국을 제외하면 이들 제국은 모두 근대적 제국으로 구분할 수 있다.

즉, 전근대적 제국과 근대적 제국 사이에는 (하나의 대륙에 그치는) 땅의 제국과 (바다를 넘어서 주변 영토를 지배하는) 바다의 제국, (경합하는 다른 정치체를 인정하지 않는) 보편적 제국과 (제국의 영역성을 의식해 자국과 대등한 다른 제국과 경합하는) 영역적 제국이라는 기본적인 성격 차이가 어느 정도 인정된다. 또한, 제국의 건설·확대와 병행하여 영토·주권·국민을 갖는 국민국가의 건설이 진행되었다는 것이 근대의 제국 및 제국주의의 특징이다.[13] 따라서 식민지에 퍼져나간 제국의 식문화는 본국(종주국)의 국민 음식·국민 요리의 형성과 불가분의 관계에 있었다.

중국요리와 제국주의

일본에서 식문화 연구의 선구자로 통하는 문화인류학자 이시게 나오미치石毛直道는 중국요리가 세계로 퍼져나간 이유를 다음과 같이 설명하고 있다. "유럽의 음식이나 식사법은 이른바 근대에서의 세계의 서구화라는 정치, 경제, 군사적 배경에 기대어 진출했다. 이에 비해 중국의 경우는 국가권력 같은 것과는 무관하게 현지의 민중으로부터 맛있고 실질적인 식사라는 평가를 받아서 중국요리점이 전 세계에서 영업하게 되었다. 이는 중국의 음식 전통이 얼마나 뛰어난 것인지 말해준다."[14]

이시게의 견해에는 고개를 끄덕이게 하는 점이 많다. 확실히 중국요리의 보급은 중화 제국의 영역 확대나 주변 민족의 '한화漢化' 과정과는 궤를 달리한다. 오히려 중화 제국이 쇠퇴하고 위기를 맞은 시기에 어째서인지 중국 식문화가 세계 각국으로 퍼져나갔다는 역설을 관찰할 수 있다. 19~20세기에 세계 각국에서 이루어진 중국요리의 보급은, 18~19세기에 프랑스 요리가 외교의 장에서 공통적으로 이용되며 세계로 퍼져나간 것과는 전혀 다른 과정을 거쳤다. 그것은 서구 열강의 제국주의가 세력을 뻗친 아시아에서 서양 요리가 수용되어간 것과는 대조적이라 할 수 있었다.

따라서 중국요리가 세계로 퍼져나간 이야기를 하자면 그 주인공은 중국의 정부나 대기업이 아니라 개개의 '중국인' '화인華人'일 것이다. 무릇 중국요리는 1949년 중화인민공화국 수립 이전에는 중국의 '소프트파워'였다고 말하기 어렵다. 중국요리가 다른 여러 나라로 퍼져나간 것은 주로 이민자들이 고향의 요리를 세계 각지에 전한 결과이며, 적어도 20세기 전반까지는 중화 제국의 번영이나 중국의 국민국가 건설과 직접적 관계가 있었다고 할 수 없다.

이시게의 일반론에 대해서는 세계사적 관점에서 적어도 세 가지 반론이 나올 수 있다. 첫째로, 이시게의 견해는 어디까지나 아시아에서 바라본 것이라 할 수 있으며 서양에서 바라보면 같은 과정이 또 다르게 보인다. 예컨대 로마는 레기온(군단)으로, 영英제국은 해군으로, 미국은 대중 소비로, 그리고 중국은 값싼 노동력으로 세계를 정복했으며, 그러한 까닭에 화인 요리사는 '제국의 시중꾼 stewards of empire'에 비유된다.[15] 낮은 임금으로 일하는 화인 노동자를 대량으로 내보내온 중국은 현지국host country[수용·수입국 또는 거주·소재국이라고도 한다. 이 책에서는 이민이나 문화 전파의 대상이 되는 국가를 가리킨다]의 노동자들에게 제국주의적으로 비치고는 했다.

둘째로, 중국의 대외 출병이나 세력 확장이 국외에 중국요리를 전하는 계기가 된 경우도 있었다. 예컨대 전근대에는 1293년 몽골 제국(원나라)이 자바로 원정을 떠났을 때 원나라군의 탈영병이 인도네시아제도에 두부 제조법, 배추나 카이란芥藍, Chinese Kale[십자화과의 녹황색 채소로, 양배추나 브로콜리와 동류이며 중국 광둥 지방이 원산이다. 데치면 아스파라거스와 비슷한 맛과 식감을 가진다] 같은 중국 채소와 이를 볶는 조리법 등을 전했다고 여겨진다(2부 5장).

또한, 근대에는 조선에 대해 청나라가 서구 열강과 마찬가지로 식민주의적 정책을 시행한 바 있으며, 이것이 조선에서 중국요리 보급으로 이어졌다. 요컨대 1882년 임오군란이 일어났을 때 명성황후 등이 조선에 주둔하던 위안스카이袁世凱 휘하의 군대에 의지해 궁지를 벗어났기에 조선에서 위안스카이와 청나라의 영향력이 강화되었으며, 같은 해에 청나라와 조선이 맺은 '상민수륙무역장정商民水陸貿易章程'에 기초해 1884년에 인천, 1886년에 부산, 1888년에 원산에 청국전관조계淸國專管租界가 개설되었다. 이렇게 생겨난 중국 조계가 근대 한반도에서 중국요리의 발상·발신지가 되었다(2부 6장).

나아가 셋째로, 이것이 가장 중요한 점인데, 세계 각국에서 중국요리가 보급된 과정에는 중국보다는 오히려 중국요리를 수용하는 현지국의 국가권력이 깊이 관계되어 있었다. 치비에르트카Katarzyna J. Cwiertka는, 중국에서 일본의 군사주의적 확장이 중국요리가 일본에 보급되는 과정에서 중요한 역할을 수행했으며 이는 문명개화 정책이 일본에 서양 요리를 보급시킨 것의 중요성에 필적한다고 지적했다.[16] 내가 이전의 편저에서도 논했듯이, 일본 제국이 타이완과 중국 대륙으로 세력을 넓히면서 중국요리가 일본에 전해진 구체적 사례는 풍부하게 남아 있다.

예를 들어, 청일전쟁과 러일전쟁에서 승리한 일본 제국의 수도 도쿄에는 중국인 유학생 거리와 수많은 중국요리점이 생겨났으며, 또한 일본의 군대는 1918년 무렵부터 중국요리를 병식兵食에 적극 채용해왔다. 그런가 하면 타이완을 찾은 일본인들은 여행자부터 황태자, 황족, 총리에 이르기까지 '타이완 요리'를 대접받았다. 만주에서는 일본으로 교자나 징기스칸 요리[양고기를 사용한 철판구이 요리]가 전해졌다(1부 5장).

나아가 1938~45년에 종군하여 중국 각지의 식생활을 견문한 시노다 오사무篠田統는 일본에서 중국 음식사 연구의 초석을 놓았다. 그런가 하면 중일전쟁에서 일본군은 장제스蔣介石가 거점으로 삼은 쓰촨성에 진주할 수 없었으므로 쓰촨 요리는 전후에야 일본에 전해질 수 있었다.[17] 이러한 사실들은 하나같이 일본 제국의 확장과 중국요리 수용의 상관관계를 보여주고 있다.

아시아에 진출한 서양 제국의 경우에도 중국요리가 본국으로 전해졌다. 예컨대, 홍콩을 식민지로 삼은 영국에서는 19세기 후반부터 화인이 런던이나 리버풀에서 커뮤니티를 형성하였으며 1960~80년대에는 홍콩에서 런던 등지로 건너간 많은 이민자가 중국요리점을 열어 영국에 중국요리를 전파했다(3부 2장).

또한, 네덜란드는 17세기부터 인도네시아제도를 식민지로 만들어나갔으며 인도네시아에서는 1942~45년 일본군 진주, 1945~49년 독립 전쟁, 1965년 9·30 사건 이후 정정政情 불안 등의 영향으로 네덜란드로 이민이 끊이지 않았다. 그리고 1960년대 암스테르담에서는 인도네시아 화인에 의해 '인도네시아·중국요리점'이 우후죽순으로 생겨났다.

마찬가지로, 인도차이나(베트남)를 식민지화한 프랑스에는 아시아태평양전쟁, 인도차이나전쟁, 베트남전쟁 등 전란이 계속되던 베트남으로부터 많은 난민이 몰려들었다. 파리에서는 베트남 화인들이 중국요리와 베트남 요리를 함께 내세운 '중국·베트남 요리점'을 열었다(3부 3장).

그 밖에도, 미국은 1898년부터 1946년까지 필리핀을 식민지로 삼았으며 제2차 세계대전 후에는 세계 각국에 기지를 세우고 군대를 주둔시켜 강한 국제적 영향력을 행사해왔다. 미국 본국에서는 19세기 말에 이르러 촙수이를 비롯한 미국식 중국요리가 퍼져 있었다. 촙수이는 두 차례 세계대전의 전간기戰間期에는 이미 런던, 도쿄 같은 국제도시, 그리고 아마도 필리핀에 전해졌으며, 나아가 제2차 세계대전이 끝난 시점에는 인도에, 그리고 전후에는 미군 기지가 들어선 오키나와, 요코스카橫須賀 등지에도 전해졌다고 생각된다(2부 4장 및 7장, 3부 1장, 4부).

이렇듯 중국요리는 국가권력과 무관하게 세계 각국으로 전해진 것이 아니며, 제국주의·식민지주의의 확장과 함께 세계로 퍼져나간 것이었다.

중국요리의 현지화가 세계 각국의 국민 음식에 끼친 영향

중국 바깥으로 퍼져나간 중국요리의 현지화 정도는 세 단계로 나누어 생각해볼 수 있다. 첫째는 주로 화인들이 현지국에서 현지의 원재료를 사용하면서도 가능한 한 고향의 맛에 가깝게 하여 전통을 지키려고 하는, 본고장의 맛을 지향하는 중국 지방 요리(광둥, 산둥 요리 등)이다. 둘째는 현지국에서 현지화된 중국요리로, 이는 중국 본토에는 없는 중국요리이다. 일본의 싯포쿠卓袱[중국요리에 일본 요리의 수법을 가미한 나가사키 특유의 향토 요리로, 큰 그릇에 요리를 담아 식탁 가운데에 두고 각자 덜어 먹는 중국의 식사 양식을 취한다], 후차普茶 요리[중국에서 전해진 선사의 정진 요리로, 동물성 재료를 일절 쓰지 않았지만 기름을 많이 쓴 농후한 맛이 신기하다고 하여 환영받았다], 싱가포르나 말레이시아 등지의 뇨냐 요리[피낭(페낭), 믈라카(말라카), 싱가포르 및 인도네시아에 정착해 현지 말레이인과 결혼한 초기 중국 이민자 후손의 요리. 중국 식재료를 말레이·인도네시아의 향신료와 조리법으로 조리하는 것이 특징이다], 춥수이를 비롯한 미국식 중국요리 등을 대표적 예로 들 수 있다. 셋째는 중국요리에 기초하여 만들어진 현지국의 요리이다. 예컨대 일본의 라멘이나 교자, 한국의 짜장면, 베트남의 퍼, 태국의 팟타이, 싱가포르의 하이난 치킨라이스, 인도네시아의 나시고렝, 페루의 로모 살타도 등이 각국의 국민 음식이 되었다.

중국요리는 첫째→둘째→셋째순으로 '현지화'의 정도를 높여가며 현지의 식문화에 깊이 스며들었다고 할 수 있다. 그런가 하면 20세기 말 이후 일본에서 매운맛이 강한 마파두부가 사랑받은 것을 나카바야시 히로카즈中林廣一는 '원지화源地化[본고장의 맛을 추구·모방하는 것]'라는 조어로 논하고 있다.[18] 이 말을 빌리면, 중국요리는 숱한 '현지화'와 '원지화'의 경합 속에서 다양하게 변모해왔다고 할 수 있다. 나아가 예전에 필자가 교토의 중국요리를 사례로 논한 바 있듯이, 본고장의 맛을 지향하는 중국요리와 현지 요리의 일종이 되기를 지향하는 중국요리 사이에서는 이미 전통의 창조를 둘러싼 싸움도 벌어지고 있다.[19]

중국요리에 관해 이 책에서 무엇보다 주목하고자 하는 것은 중국요리가 위에서 이야기한 세계 각국의 국민 음식의 탄생에 큰 영향을 끼쳐왔다는 점이다. 외국 요리가 국민 음식이 된 사례를 들면, 인도의 '커리'는 영국과 일본에서 국민 음식이 되었으며 튀르키예의 되네르 케밥은 제2차 세계대전 후 튀르키예인 이민자들에 의해 널리 퍼져 지금은 독일의 국민 음식이 되어 있기도 하다.[20] 세계 각국의 사람들이 중국요리를 '번안'(새로운 목적에 맞춰 가공하는 것)하여 자국 요리를 만들어낸 사례도 수없이 많다.

이에 가장 열심이었던 국민은 아마도 일본인이라고 할 수 있을 것이다. 그렇기에 이 책에서 이야기하는 중국요리의 근현대사에는 일본인이 존재감 있는 조연으로 등장한다. 또한, 이 책은 해외에서 활약하는 일본인('와쿄和僑' '닛쿄日僑')이나 일본계 외국인 역시 서양에 중국요리를 전파한 사람들로서 주목하고 있다. 나아가 아시아나 서양 여러 나라의 중국요리를 사랑하는 사람들도 이야기에서 빠질 수 없는 중요한 역할을 맡을 것이다.

오리엔탈리즘의 시선으로 보던 중국요리

이야기는 조금 벗어나지만, 1930~40년대 샌프란시스코에서 이름을 날린 나이트클럽 겸 촙수이 하우스(중국요리점) '포비든 시티(자금성)'에는 일본, 조선, 필리핀계 퍼포머들이 있었는데, 그들은 화인을 가장해 무대에 오르기를 요구받았다. 요컨대 화인이 경영하는 나이트클럽은 아시아계 미국인으로 하여금 백인 역할을 연기하기 전에 우선은 완전한 화인이 되게 해서 화인의 무대라는 아이덴티티를 지키고 있었다(3부 1장).

이러한 사정은 요리에도 그대로 들어맞는다. 예컨대 중국인, 타이완인, 한국인이 일본 음식점을 경영하거나 베트남인이 중국 음식점을 경영하는 현상을 두고, J. 파러James Farrer 등은 '민족 계승ethnic succession'이라는 개념을 가지고 논하고 있다.[21] 서양에서는 근년에 많은 중국계나 한국계 요리사가 중국요리에 비해 고급스러운 느낌이 있는 일본 요리를 내고 있지만, 20세기 전반에는 많은 일본계가 일본 요리보다 인기가 있던 중국요리를 제공했다(3부 1장).

요컨대 서양의 아시아 음식점에서 '민족 계승'은 중국요리를 만드는 일본인에게서 일본 요리를 만드는 중국인에게로 그 중심이 옮겨갔다고 할 수 있다. 동시에 이는 서양인들에게는 여전히 중국요리·일본 요리, 화인·일본인 같은 구별보다 아시아 요리·아시아인이라는 하나의 커다란 카테고리가 중요하다는 것을 의미한다.

20세기에는 중국요리에 대한 현지국 소비자의 시선에도 사회적으로 중요한 의미를 지니는 변화가 일어났다. 미국에서는 반反화인 감정이 뿌리 깊은 가운데서도 19세기 말부터 중국요리가 널리 성행했다. 그러나 이는 실제로 중국에 존재하지 않는, 촙수이를 비롯한 미국식 중국요리를 떠받드는 것이었다. 즉, 공상·환상 속 '동양'을 동경하는 '오리엔탈리즘'의 시선이 중국요리와 이를 제공하는 차이나타운이나 아시아인에게도 향해 있던 측면이 있었다.

중국요리에 대한 미국인의 호기심 어린 시선은 나이트클럽 안 '화인'의 무대를 보는 시선과 마찬가지로 이른바 '중국(동양) 취미'의 일종이었다. 이는 촙수이와 함께, 전간기에 이르러 런던을 비롯해 유럽 각 도시에, 나아가서는 '동양'의 제국인 일본의 수도 도쿄나 고도古都 교토에도 전해졌다(3부 1장 및 2장, 4부).

다문화주의 속에 받아들여진 중국요리

미국에서 차이나타운은 제2차 세계대전을 거치며 민족·인종의 다양성, 말하자면 '인종의 용광로melting pot'의 예로서 프로파간다 영화에 빠지지 않고 등장하게 된다. 나아가 미국의 인종차별적 이민법은 1943년 이래로 개정되어갔으며, 1960년대 후반에는 공민권 운동이 고조되는 가운데 이민 제도 역시 철저하게 개정되어 중국계 이민자가 급증했다. 이들은 미국에 중국 각 지방의 요리를 보급시켜 촙수이의 시대를 끝내고 미국식 중국요리를 현대적인 것으로 갱신하였다. 예를 들어, 이 시기에 미국으로 이주한 앤드루 청Andrew Cherng, 程正昌은 캘리포니아에서 패스트푸드 중국요리점인 판다 익스프레스Panda Express를 창업해 미국 전역은 물론이고 일본을 비롯해 세계 각국에서 체인 사업을 전개했다(3부 1장).

호주에서는 1976년 사우스오스트레일리아주 총리인 D. A. 던스턴Donald Allan Dunstan이 웍wok(중화 팬)을 사용하는 자신의 모습을 담은 사진을 내건 요리서를 간행하며 "우리는 이미 다인종 사회이며 앞으로 더욱 큰 규모의 인종 혼합이 이루어질 것"이라고 선언했다. 그 무렵부터 사우스오스트레일리아주의 주도인 애들레이드의 식문화에 아시아계 이민자들이 큰 영향을 끼쳤다. 특히 커리락사는 '인종의 용광로'로 대표되는 '호주다운 것Australianness'의 상징이 되었다(3부 3장).

그런가 하면 싱가포르는 1965년 독립한 후 다문화주의를 통치이념으로 하여 화인계, 말레이계, 인도계 같은 민족·문화 간의 차이를 고정화하는 동시에 싱가포르인이라는 단일한 국민으로 통합을 추진해왔다. 이러한 민족 정책 속에서 화인 남성과 현지 여성의 혼혈인混血人 자손인 프라나칸Peranakan의 '뇨냐 요리'가 '진정한 전통적 해협 화인의 요리'이자 싱가포르의 대표적 요리로 자리매김했다.

싱가포르인들은 자국의 다문화주의를 '로작rojak'에 비유하고는 한다. 새우를 발효해 갈아 만든 페이스트가 들어간 과일·채소 샐러드인 '로작'은 말레이어로 '혼합mixture'을 뜻하며, 모든 식재료가 하나의 샐러드볼에 담겨 있으면서도 각각 분리되어 있는 요리이다 (2부 1장).

이렇게 1960~70년대에는 종래의 '오리엔탈리즘'과는 확연히 다른 시선이 화인과 중국요리로 향했다. 요컨대, 서로 다른 민족·문화의 공생·공존을 추진하는 '다문화주의' 속에서 화인과 중국요리를 적극적으로 받아들이려는 정책과 활동이 두드러진 것이다.

분명 세계 각국에는 자민족중심주의적인 언설이 뿌리 깊게 남아 있으며, 1980년대 이후 호주에서처럼 보수정당이 반反다문화주의적 정책을 추진하는 반동도 일어나고 있다. 그럼에도 '다문화주의'의 경험은 귀중한 자산으로서 오늘날까지 계승되고 있다. 서양에서도 아시아 요리에 대해 호기심을 넘어선 깊은 이해를 바탕으로 중국요리, 일본 요리 등을 세세하게 구별하는 등 높은 수준의 리터러시literacy를 깨치려는 사람들이 꾸준히 늘고 있다.

이 책의 목적—중국 내셔널리즘을 넘어선 중국요리의 세계사

음식을 통해 세계사를 논한 명저는 이미 많이 나와 있다. 하나의 식품·기호품으로 세계를 논하는 방법(one item approach)으로는, 예컨대 설탕이나 차를 비롯해[22] 소금, 후추, 고추, 간장, 감자, 바나나, 커피, 초콜릿 등의 세계사가 의욕적으로 쓰여왔다.

특히 차에 관한 연구는 일일이 셀 수 없을 정도이다. 17~19세기 영국이 제국 문화로 중국차를 흡수하여 19세기 후반에 차는 중국의 음료에서 영英제국의 음료가 되었다. 19세기 말에서 20세기 전반에는 식민지 인도의 실론산産 차가 영국 본국과 식민지로 시장을 확대하고, 제2차 세계대전 중에도 영제국에서 불가결한 역할을 수행한 차가 전후에는 제국 상품에서 세계 상품으로 변모한 역사의 전모가 이 연구들 속에 해명되어 있다.[23]

그러나 세계사 서술의 소재가 될 만한 일국의 요리는 중국요리 말고는 인도, 튀르키예, 프랑스 요리 등 손에 꼽을 수 있는 정도밖에 없다. 그리고 인도의 커리를 제외하고는[24] 내가 아는 한 세계사적 관점에서 종합적으로 논해진 요리는 아직 없다.

이러한 가운데 이 책이 이야기하려는 것은 중국요리의 내셔널리즘과 트랜스내셔널리즘의 성공담이 아니다. 요컨대 중국이 국민국가 건설과 함께 '중국요리'를 정비하고 나아가 국외의 화인들이 중국이라는 한 나라의 범위를 뛰어넘어 이를 세계로 퍼트렸다는 이야기만으로는 중국요리의 근현대사를 충분히 이해할 수 없다.

예컨대 중국요리는 중국이 제국·국민국가로서 쇠퇴하던 시기에 세계로 퍼져나갔다. 국가에 의한 중국요리의 체계화는 뒤처졌지만 민간인이 전한 지방 요리가 다른 여러 나라에서 국민 음식이 되었다. 그리고 중국인·화인뿐 아니라 외국인(특히 아시아인들)도 중국요리를 퍼트렸으며, 그중에서도 일본인(일본계)은 중국요리의 세계적 보급에 큰 역할을 했다. 이러한 역사적 사실을 구체적으로 살펴보고자 한다.

즉, 이 책의 목적은 중국의 요리가 특히 근대 이후에 오늘날과 같은 모습이 된 역사, 그리고 세계 각국 요리의 일부가 된 역사를 해명하는 것이다. 이를 통해 음식을 둘러싼 담론에 무의식적으로 포함되기 마련인 중국 내셔널리즘, 일본 내셔널리즘, 나아가 세계 각국의 내셔널리즘을 이해하고 비교해가며 이를 상대적 시각에서 새롭게 파악하고자 한다.

이 책을 읽기 전에—식문화사로의 접근

이 책은 일반적 교양물과 학술적 연구서의 중간, 나아가서는 그 양립을 지향한다. 우선 일반적 교양물로서 중국요리에 관한 흥미로운 연구 성과를 내셔널리즘과 세계사의 관점에서 정리하여 알기 쉽게 소개하려고 한다.

중국요리에 관한 개설서로는 일본어로 된 것만 해도 시노다 오사무의 『중국 음식사中國食物史』(柴田書店, 1974), 다나카 세이이치田中靜一의 『일의대수—중국요리 전래사一衣帶水—中國料理傳來史』(柴田書店, 1987), 장징張競의 『중화요리의 문화사中華料理の文化史』(筑摩書房, 1997) 같은 좋은 책들이 있다. 전 세계의 중국요리에 관해서는 영어권 및 중국어권(타이완이 중심)에서 근래에 들어 학술 연구의 성과가 급속히 축적되고 있다. 유감스럽게도 일본의 연구 상황은 아직 이에 뒤져 있다.

그러므로 이 책에서는 중국요리의 근현대사나 아시아, 서양 여러 나라에서 중국요리의 상황을 중심적으로 보완하면서, 사회적 배경이나 정세를 충분히 고려하여 세계사 서술로서 업데이트하고자 한다. 중국요리를 통해 세계사를 그리는 일이 무모한 시도로 보이기도 하지만, 자신이 속한 집단, 지역, 나라 등의 생활공간을 넘어서는 상상력을 기르려면 세계사에 도전하지 않을 수 없다. 이 책은 근래에 들어 화인 학자들이 중심이 되어 정력적으로 추진해온 연구의 성과를 정리·소개하면서도 일본인 학자의 관점에서 이를 재해석하고 사료나 논의를 추가하여 종합적 서술을 시도하는 '중국요리의 세계사'이다.

그런가 하면 이 책은 연구서로서 중국요리의 형성사 및 중국요리를 둘러싼 국제 문화 교류사의 관점에서 흥미로운 개별 테마를 다루며, 기존의 사료를 재검증하고 새로운 사료를 발굴하려고 노력했다. 또한, 후속 연구자에 의한 참조·반증의 가능성을 중시하여 많은 주(일반적인 내용은 적정선에서, 중요한 역사적 사실은 하나하나 자세하게)를 달아 논술의 전거를 일일이 밝히고 있다.

그렇게 한 까닭은, 식문화사의 분야에서는 사실에 반하는 설이나 상반되는 두 가지의 설이 아무렇지 않게 유포되어 있는 경우가 많기 때문이다. 이는 역사학자라면 연구할 가치가 있는 분야일지도 모른다. 그러나 음식의 역사를 이야기하다보면, 속설의 사실화나 '음식의 페이크로어culinary fakelore'(음식에 관한 거짓된 전승)[25]의 진화에 한몫 거들지 않기가 의외로 쉽지 않다는 것을 알게 된다. 예컨대 동파육東坡肉(둥포러우)이 북송의 시인 소동파蘇東坡(소식蘇軾)에 의해 창안되었다든가, 만한전석滿漢全席이 청 제국의 궁정 요리로서 성립했다든가, 회전 테이블의 발상지가 일본이라든가 하는 페이크로어가 서적, 인터넷, 텔레비전 등에 반복적으로 등장하고 있다. 이러한 오해의 확산을 막기 위해 할 수 있는 것이라고는 고작 원전 사료의 조사와 확인밖에 없다. 필자는 연구서, 논문 등에 인용된 사료도 가능한 한 원전을 확인했는데, 그 과정에서 생각지도 못한 새로운 사료와 우연히 맞닥뜨리기도 했다. 그럼에도 2차 문헌에 의거해 이야기를 풀어나갈 수밖에 없었던 곳도 적지 않으며 그런 경우에는 원전 사료에 다다를 수 있는 참고 문헌을 제시했다.

또한, 이 책에서는 가정 요리나 가정학, 위생 지식의 근대화 같은 테마보다는, 새로운 식문화를 발신하는 대도시의 레스토랑에 주목하여 주로 국민 요리, 에스닉 요리, 지방 요리의 형성이나 전파를 테마로 하여 논한다. 가정 내의 식사보다 외식에 중점을 두는 것은 근현대인이 먼저 외식을 통해 다른 지방, 다른 민족, 다른 나라의 요리를 체험한 뒤에 이를 가정 요리로 받아들였기 때문이다. 레스토랑과 그 요리는 종종 새로운 '사상'을 드러내며, 시공을 뛰어넘어 이를 읽어내는 것은 식문화 교류사를 연구하는 한 가지 방법이 될 수 있고 나아가서는 음식을 즐기는 한 가지 방법이 될 수도 있다.

이 책은 퓨전(융합) 요리나 다국적(무국적) 요리는 그다지 많이 다루지 않는다. 일본, 중국, 한국, 프랑스 어느 나라의 요리든 여러 나라의 요리가 융합하여 성립된 면이 있으며, 나아가 오늘날의 상황에서는 어떤 요리가 무국적을 주장한들 얻는 것보다 잃는 것이 많아 보이기 때문이다.

주요 용어도 설명해두자. 이 책에서는 일관되게 '중국요리' '화인'이라는 용어를 사용하며 '중화요리' '화교'라는 용어는 쓰지 않는다. 1960~80년대 일본에서는 본격적 조리 기술이 필요한 요리를 내는 고급 요리점이 '중국요리'를 자칭하여 거리의 '중화요리'와 차별화를 꾀하는 경우가 있었으며, 나아가 중국인이나 한국인 등에게 '중화요리'는 일본인의 미각에 맞춰 일본화된 중국요리로 비치기도 했다.[26] 이러한 사정에서 '중차이中菜' '중궈차이中國菜'[중국요리]의 번역어로서는 '중국요리'가 적합하다고 생각했다.

또한, 국적이나 세대 등에 기초해 '화교'와 '화인'을 구별해 사용하기도 하지만 애당초 구별이 모호한 경우도 많다. 게다가 '교僑'는 '임시 거처에 사는 사람'이라는 의미와도 이어져서 말레이시아 등에는 '화교'라는 호칭을 불쾌하게 받아들이는 사람들도 있다. 따라서 사료나 고유명사에 포함된 경우를 제외하고 일반적 호칭으로서는 '화인'이라는 말을 사용했으며, 아울러 '중국인 이민자'나 '중국계 ○○인' 같은 표현도 사용했다.

이 밖에도 확인해둘 것이 있다. 일본에서는 1980년대 무렵부터 주로 아시아 여러 나라의 요리가 '에스닉 요리'라는 카테고리로 묶여 '화和(일본)·양洋·중中'과는 다른 장르의 요리로 인식되고 있다. 그렇지만 중국요리나 일본 요리의 진가를 따지려면 일본 요리, 서양 여러 나라의 요리, 중국요리 역시 '에스닉 요리'에 속할 수 있다는 것을 상기할 필요가 있다. 또한, '에스닉 요리'는 외국으로부터 이민과 함께 들어온 요리를 함의하기도 하지만 이 책에서는 '에스닉 요리'를 '민족 요리'의 동의어로 사용하고자 한다.

마지막으로, 이 책에 등장하는 인물의 경칭을 일률적으로 생략한 것에 대해 양해를 구하고 싶다.

이 책의 개요—독서 안내

이 책은 1부에서 중국·타이완, 2부에서 아시아, 3부에서 서양, 4부에서 일본의 중국요리를 다룬다. 우선 '중국요리'의 형성과 타이완 요리의 탄생을 살펴본 뒤에, 중국의 요리가 아시아와 서양으로 전해져 세계 각국의 국민 요리·국민 음식의 일부로 자리 잡아가는 과정을 살펴본다. 마지막에는 이러한 중국요리의 세계사 속에 일본의 중국요리를 놓고 그 독특함을 부각하고자 한다. 독자들은 아래의 개요를 참조하여 각자 흥미를 느끼는 지역이나 테마를 다루는 부와 장에서부터 페이지를 넘겨도 좋을 것이다.

1부 '중국요리의 형성—미식의 정치사'

1장 '청나라의 요리—궁정 요리에서 만한전석으로'에서는 우선 중국의 마지막 왕조인 청조(1616~1912년)의 궁정 요리가 만주족이 있던 중국 둥베이(동북) 지방의 요리를 기초로 명대의 수도 베이징의 산둥 요리를 계승하고, 나아가 강남의 요리를 받아들여 형성된 사실을 확인한다. 그리고 검소한 식생활을 영위한 누르하치나 강희제康熙帝에서부터 미식가였던 건륭제乾隆帝나 서태후西太后에 이르기까지 역대 황제와 권력자의 식사가 어떻게 변천했으며 근대 이후에 궁정 요리가 어떻게 계승되었는지 살핀다.

특히, 청조의 궁정 요리로 연상되는 '만한전석'이 실제로는 19~20세기에 민간에서 발전된 것이라는 사실을 확인하며, 그 외에도 최신 연구 성과를 소개하며 중국요리에 관한 속설을 되짚고 기초 지식을 확인하고자 한다. 예컨대 중국의 '4대' 요리 계통은 20세기 후반부터 일상적으로 쓰인 설명 양식이라는 것, '동파육'이라는 명칭은 명대에 북송의 시인 소식(소동파)을 숭배하는 문인 관료들이 이를 연회에 내던 가운데서 등장했다는 것 등을 이야기한다.

2장 '근대 도시 문화로서의 중국요리—베이징, 상하이, 충칭, 홍콩의 경우'에서는 청대의 베이징에서부터 근대의 음식 수도 상하이, 중일전쟁기의 임시 수도 충칭, 인민공화국 건국 초기의 베이징이나 상하이, 반환 전후와 우산 운동 시기의 홍콩에 이르기까지 중국의 주요 도시에서 각 지방 요리가 맞은 유행 변화에 주목한다. 그리고 통치 권력이나 사회질서의 양상이 격동하는 가운데 중국요리와 이를 담당해온 사람들이 어떤 운명을 맞이했는지 살핀다.

특히, '음식은 광저우에 있다'는 인식이 민국기의 상하이로부터 퍼져나갔을 가능성, 상하이 요리의 형성과 보급의 과정, 전쟁 중에 충칭을 왕래하던 사람들이 '관차이官菜'(103쪽 참조)나 '촨양川揚'(103쪽 참조) 요리를 탄생시킨 것, 상하이 태생의 여성 둥주쥔董竹君이 쓰촨 요리점이자 고급 호텔로서 이름 높은 진장판뎬錦江飯店을 창업한 경위, 인민공화국 건국 초기와 문화대혁명 이전만 해도 고급 요리점과 그 요리사의 지위가 높았던 사실, 홍콩 신제新界의 지역 연회 요리 '푼초이盆菜'가 중화인민공화국 특별행정구에 대한 충성이라는 정치적 의미를 갖게 된 것 등을 논한다. 또한, '중국요리'가 하나의 국민 요리로서 체계화된 것은 1949년 중화인민공화국 수립 이후의 일이라는 점도 밝힌다.

3장 '중국의 국가 연회와 미식 외교—제비집, 샥스핀, 베이징덕'은 근현대의 중국 정부가 외교 현장에서 중국요리를 어떻게 이용해왔는지, 그리고 중국의 국가 연회 요리는 어떻게 탄생했으며 어떤

변혁을 거쳤는지 밝힌다. 중국의 미식 외교(요리 외교, 위장胃腸 외교)
는 이에 대한 사료와 연구가 많지 않아 그 진상을 잘 알 수가 없다.
그러나 이 장에서는 1870년대에 청나라나 일본을 찾은 율리시스
S. 그랜트Ulysses S. Grant 전 미국 대통령의 세계 일주 여행기에서 시
작해 중화인민공화국의 국가 연회 요리를 만든 명요리사의 회상록
에 이르기까지 어찌어찌 모을 수 있었던 단편적 사료를 바탕으로
불충분하나마 통사를 그려내려고 시도했다.

특히, 청대 한족 관료의 대표적 접대 요리인 제비집이나 샥스핀
요리가 중화민국·인민공화국으로 계승되었다는 것, 그리고 오리 요
리는 원래 명대 초기의 수도 난징의 명물이었으며 베이징덕은 중화
인민공화국 건국 후에 중국을 대표하는 요리가 되었다는 사실을
밝힌다. 나아가 중화인민공화국 건국 초기에 이뤄진 국가 연회의
정비나 그 후 마오쩌둥毛澤東이나 덩샤오핑鄧小平이 주도한 국가 연
회의 간소화를 추적한다. 또한, 미국의 닉슨Richard Milhous Nixon 대
통령, 영국의 엘리자베스Elizabeth II 여왕, 일본의 헤이세이平成 천황
을 접대한 국가 연회의 막후 사정도 살펴보고자 한다.

4장 '유네스코 무형문화유산 등재 신청'은 2010년대 들어 프랑
스, 튀르키예, 한국, 일본의 요리[구체적으로는 요리 '문화']가 유네스
코 무형문화유산에 잇따라 등재되는 가운데 중국요리만 몇 번이고
등재에 실패하며 시행착오를 거듭하고 있는 상황을 이야기한다.

중국에서는 고급 요리를 위한 수준 높은 조리 기술을 세계에 과
시하려는 발상이 강했던 데 비해 유네스코는 사람들의 일상생활
에 뿌리내린 식문화를 중시해왔다. 나아가 중국의 각 지방 요리 사
이에서는 유네스코 무형문화유산 등재 신청의 대표권을 놓고 이권

다툼이 벌어졌다. 이는 중국 국내의 국가·성省·시 차원에서 벌어지는 무형문화유산 등재를 둘러싼 이권 다툼과 같은 구도이며 그 연장선상에 있는 것이라 할 수 있다.

5장 '타이완 요리의 탈식민지화와 본토화'에서는 20세기 국제정치와 사회질서의 변동 속에서 '타이완 요리'와 '중국요리'가 어떠한 까닭에서 구별되어왔는지에 대해 최근 눈부시게 발전한 연구 성과를 참조하며 톺아보았다. 나아가 외교 현장에서 타이완이 어떤 요리를 이용해왔는지도 살펴본다.

일본 통치 시대에 '타이완 요리'는 '만주 요리'와 마찬가지로 식민자인 일본인이 강조한 요리의 카테고리로 등장했다. 타이완을 찾은 황태자 시절의 쇼와 천황이나 총리 시절의 도조 히데키東條英機 등도 '타이완 요리'를 대접받았다. 국공 내전 후 타이완으로 후퇴한 장제스 정권은 중국 대륙에서 전해진 '촨양'(쓰촨과 화이양淮揚의 융합) 요리 등을 위안산다판뎬圓山大飯店에서 열리는 국가 연회에 이용해왔다. 그러나 2000년 수립된 민진당 정권은 국가 연회의 본토화(타이완화)를 적극적으로 추진했다.

또한, 1949년 다롄大連에서 타이완으로 건너온 요리 연구가 푸페이메이傅培梅는 당초 중국요리를 중화민국의 요리로서 선전했지만, 이는 중화인민공화국이 유엔에 가입하여 국제적 지위를 높이는 1970년대에 들어 점차 어려워졌다. 21세기에 들어서면 버블티나 딘타이펑鼎泰豐의 샤오룽바오小籠包 등이 해외에서 타이완을 대표하는 음식으로 자리매김한다.

6장 '두부의 세계사—내셔널리즘에서 글로벌리즘으로'는 콩 및 콩을 사용한 식품이 원산지 중국에서 일본, 조선, 베트남, 인도네시아, 서양 등에 전해져 각지에서 현지화를 거치며 다양한 형태로 소비되어온 것을 살펴본다.

나아가 1910~20년대 중국에서는 채식주의가 진보적, 과학적이라고 여겨져 두부 등 콩으로 만든 식품이 국민 음식으로 자리매김하기도 했다. 또한, 1930년대 이후 중국에서는 채식주의가 내리막길에 접어들었는데도, 육식을 보급시킬 수 없었던 경제 상황 속에서 두부와 두유의 섭취가 계속 권장되어온 사실을 살펴보고자 한다.

2부 '아시아 여러 나라의 내셔널리즘과 중국요리'

1장 '싱가포르와 말레이시아—하이난 치킨라이스, 호커, 뇨냐 요리'는 식민지화 전에는 역사가 일천했던 싱가포르가 제2차 세계대전 후에 영국과 말레이시아로부터 독립한 뒤 어떤 요리를 '싱가포르 요리'로 삼았는지 살펴본다. 이를 통해, 인접국 말레이시아의 '말레이시아 요리'와 어떠한 경합을 벌였는지도 알 수 있을 것이다.

'뇨냐 요리'는 싱가포르가 지향하는 세계주의와 다문화주의의 이미지에 부합하였으므로 싱가포르 관광국은 뇨냐 요리가 싱가포르 고유의 요리와 가장 가깝다고 선전하였다. 그러나 말레이시아 정부 역시 뇨냐 요리 중 하나를 무형유산으로 지정하고 있다. 나아가 '하이난 치킨라이스'를 둘러싸고는 싱가포르와 말레이시아의 주장이 상충하고 있다.

또한, 싱가포르가 '호커'(포장마차) 문화를 유네스코 무형문화유산에 등재했지만 호커 문화는 말레이시아에서도 마찬가지로 중요하다. 그런가 하면 박쿳테(돼지갈비로 만든 탕 요리)는 싱가포르와 마찬가지로 말레이시아의 화인들 사이에서 인기가 높지만, 이슬람교

국가인 말레이시아의 정부는 이를 나라를 대표하는 요리로 선전하지는 않는다.

2장 '베트남―퍼와 반미로 보는 중국과 프랑스의 영향'은 우선 베트남의 식문화가 기원전부터 중국의 영향을 받고 19~20세기에는 프랑스의 영향을 강하게 받은 결과로 젓가락이나 바게트 등이 퍼진 사실을 살펴본다. 이를 바탕으로, 베트남 요리가 어떻게 탄생했는지 검증하고 나아가 베트남 요리와 중국요리가 어떻게 구별되어 이해되고 있는지 고찰하고자 한다.

특히, '퍼'는 19세기 말 이후 하노이 혹은 남딘에서 광둥의 탕면湯麵에다 프랑스 요리에 쓰이는 저민 쇠고기를 더해 만들어진 요리로 여겨지고 있다. '퍼'는 고기와 채소를 삶은 맑은 수프인 프랑스 요리 '포토푀pot-au-feu'의 '푀feu'(불을 뜻함)에 어원을 두고 있다는 설이 유력하다.

또한, 베트남인들은 쌀로 만들어진 요리를 베트남의 것, 밀로 만들어진 요리를 중국의 것이라고 생각하는 경향이 강하다. 예컨대 베트남의 월남쌈은 밀가루가 아닌 쌀가루로 피皮를 만드는 것이 특징이다. 이는 영어로 '서머 롤summer roll', 중국어로 '샤쥔夏卷' 등으로 불리며 중국의 '춘쥐안春卷(춘권)'과 구별된다.

3장 '태국―팟타이의 국민 음식화와 국외 전파로의 길'에서는 우선 국제 정세와 함께 변화하는 라타나코신 왕조와 그 궁정 요리를 살펴보면서 화인과 중국요리의 강한 영향력을 확인한다. 나아가 18세기 말 이후 태국 요리의 형성, 19세기에 이루어진 서양 요리의 중용과 중국요리의 주변화를 살펴본다.

20세기 태국과 관련해서는 내셔널리즘의 고조, 입헌군주제로의 이행, 제2차 세계대전에서 일본과의 동맹, 미국의 지원으로 이룬 전후의 경제 부흥으로 이어진 격동의 정치사 속에서 반反화인주의가 대두한 사실을 확인한다. 그리고 그 가운데서 중국의 면 요리를 기반으로 창안된 '팟타이'가 태국의 국민 음식이 된 과정을 검증한다. 또한, 근래에 들어 태국 요리가 어떻게 체계화되어 국외 선전의 대상이 되었는지도 알아본다.

4장 '필리핀—상하이 춘권과 광둥 국수가 퍼지기까지'에서는 우선 16세기에 시작된 스페인 통치 시대 화인의 지위와 '판시테리아'(중국요리점)의 출현을 살펴본다. 이어서 19세기 말부터 제2차 세계대전까지 미국이 통치하던 시대에 미국으로 건너간 필리핀 이민자가 춥수이 같은 미국식 중국요리를 즐겨 먹었던 사실도 확인한다.

나아가 20세기에 이루어진 필리핀 요리의 형성 및 '판싯'(국수)이나 '룸피아'(춘권)를 비롯한 필리핀화된 중국요리도 살펴본다.

5장 '인도네시아—네덜란드 식민지와 이슬람교, 중국요리의 곤경'에서는 우선 고대 이후 중국과 인도네시아 간 교역, 중국 식문화의 전파, 17세기부터 네덜란드의 지배를 받은 바타비아(자카르타) 등의 화인과 그 식문화를 간략하게 설명한다. 중일전쟁 때 상하이에서 바타비아로 도망쳐온 화인들이 만들었다는 요리도 살펴본다.

이어서 1950년 수립된 인도네시아공화국에서는 '인도네시아 요리'라는 공통의 개념이 형성되고 있다는 것을 확인한다. 한편, 중국요리는 국민 대다수를 차지하는 이슬람교도가 돼지고기 요리를 기피하는 데다 반反화인 감정마저 고조된 탓에 오랫동안 곤경에 처해 있었다. 그러나 20세기 말 이후 민주화의 움직임 속에서 뇨냐 요리나 중국요리가 확장세를 보이고 있다는 것을 이야기한다.

6장 '한국—호떡, 잡채, 짬뽕, 짜장면'에서는 우선 조선(한국) 요리의 형성을 개관한다. 조선에서는 일본이 식민 지배하던 시대에 이미 조선어로 조선 요리에 관한 서적이 간행되었으며 일본인들도 '김치' '설렁탕' '갈비구이' 등을 높이 평가했다. 그러나 조선의 궁정 요리가 국가적 상징national symbol으로서 정비된 것은 1960년대 한국의 박정희 정권 때부터라는 사실 등을 논한다.

이어서 식민지 시대 경성, 인천에서는 대형 중국요리점이 번성했으며 이들 가게가 조선 민족운동가나 반反식민지 활동가의 거점이 되었던 사실을 이야기한다. 나아가 제2차 세계대전 후에는 중국요리가 화인에게서 한국인의 손에 넘어가면서 '짬뽕'이 매워지고 '짜장면'이 검어짐과 동시에 단맛이 강해지는 등 중국요리의 한국화가 이뤄진 사실 등을 살펴본다.

이에 더해 중국요리와 관련이 깊은 '잡채雜菜', 짬뽕의 성립이나 짜장면이 국민 음식이 된 과정도 검증해두고자 한다.

7장 '인도—적갈색 쓰촨 소스'에서는 우선 제2차 세계대전 중에 영국과 중국이 나란히 연합국에 속하면서 영국령 인도제국의 거점인 콜카타(캘커타)나 뭄바이(봄베이)에서 중국요리점이 전성기를 맞이한 사실을 살펴본다. 나아가 그 무렵 미국식 중국요리 '촙수이 chop suey(雜碎)'가 전해진 것은 아닌지 미루어 헤아렸다.

20세기 후반 이후에는 차이나타운이 계속 쇠퇴해갔지만, 21세기에 이르러서는 '셰즈완(쓰촨) 소스'를 특징으로 하는 인도식 중국요리가 널리 퍼진 것도 살펴보고자 한다.

3부 '서양의 인종주의와 아시아인의 중국요리'

1장 '미국—촙수이에서 판다 익스프레스까지'는 근래에 축적된 연구 성과를 정리하고 중요 사료를 확인·보완하여 미국의 중국요리와 화인의 역사를 개략적으로 설명한다. 특히, 인종차별적 '배화법排華法[중국인 배척법Chinese Exclusion Act]이 제정된 1882년경 미국인의 반反화인 감정이 정점에 달하고 한편으로 1896년에 이홍장이 미국을 방문한 뒤나 중국과 미국이 연합한 제2차 세계대전 시기에 중국요리가 크게 유행한 사실을 논한다.

또한, 이홍장의 요리사가 촙수이를 창안했다는 속설은 사실과 어긋난다는 것을 확인한다. 나아가 19세기 말부터 1960년대까지 미국식 중국요리의 대명사였던 촙수이가 '포비든 시티' 같은 나이트클럽에서 제공되거나 회화, 사진, 음악의 소재가 된 사실을 살펴본다.

이 밖에도 뉴욕의 유대인은 왜 중국요리를 그토록 사랑하는지, 중국요리점에서 내는 포춘쿠키를 어째서 일본계가 창안했는지, 미군은 어떻게 촙수이를 미국 전역과 세계에 퍼트렸는지와 같은 흥미로운 문제를 상세하게 살펴보고자 한다. 나아가 영어로 쓰인 초기 중국, 일본, 조선의 요리서도 살펴보고자 한다.

제2차 세계대전 후에는, 1965년 이민법 개정이나 1972년 닉슨 대통령의 중국 방문을 계기로 미국의 중국요리에 큰 변화의 파도가 밀어닥친 사실을 살펴보며 미국에서 이민자의 지위와 요리의 지위 사이의 관계를 논한다.

이어서 세실리아 창Cecilia Chiang 등 미국 중국요리의 발전에 공헌한 레스토랑 경영자의 생애를 살펴본다. 마지막으로 미국 중국요리와 비교해 미국에서 태국 요리, 캐나다에서 중국요리 등이 보급된 양상도 언급한다.

2장 '영국—촙수이, 주고쿠한텐, 중국요리 대사'에서는 우선 20세기 초에 차이나타운이 형성되어 있던 런던에 S. 로머Sax Rohmer가 창작한 '동양의 괴인 푸 만추 박사'로 대표되는, 화인에 대한 위험한 이미지가 만연해 있던 사실, 한편 제1차 세계대전 후에는 미국과 마찬가지로 촙수이를 중심으로 해서 중국요리에 대한 관심이 높아진 사실을 살펴본다. 나아가 런던에서도 일본인이 중국요리점을 경영하고 있었지만 아시아태평양전쟁 발발 후에는 재영在英 일본인이 억류된 사실을 이야기한다.

제2차 세계대전 후 런던의 중심가에 본격적 중국요리점이 등장하고 새로운 차이나타운이 조성되었으며 식민지 홍콩 등에서 온 이민자들이 그 점주, 점원이 되었다. 런던의 차이나타운에서는 1980년대부터 관광 개발이 추진되었으며, 1990년대 이후에는 중국 대륙 출신자가 경영하는 중국요리점도 늘어났다.

나아가 영국에서도 케네스 로Kenneth Lo나 마이클 차우Michael Chow 같은 중국요리점 경영자가 유명인이 된 사실을 소개하고자 한다.

3장 '유럽·오세아니아·라틴아메리카—중국요리가 가진 문화적 의미의 다양성'은 그 밖의 나라들에서 중국요리가 갖는 특징이나 위상에 대해 다음과 같은 점을 중심으로 살펴본다. 유럽의 경우, 프랑스의 중국요리에서는 수프를 맨 처음에 내거나(중국에서는 마지막 차례) 로제 와인을 곁들인다. 또한, 프랑스에서는 '중국·베트남 요리점', 네덜란드에서는 '인도네시아·중국요리점'이 문을 열었다. 독일에서는 함부르크를 중심으로 수많은 중국요리점이 생겨나 근대성이나 세계주의의 상징이 되었다.

러시아에서는 중국 식품의 안전성이 의심을 사거나 중국인 노동자에게 일자리를 빼앗길 위기감에 반反중국 감정이 일어나고는 한다. 그 때문에 한국, 일본, 태국 등의 요리에 비해 중국요리의 보급이 어려운 형편이다. 불가리아에서는 20세기 말 사회주의가 붕괴된 후 중국계 이민자가 유입되어 중국요리점이 생겼다. 불가리아인들에게 미국 영화에서 본 중국요리를 먹는 일은 세계적·서양적 체험을 의미했다.

호주에서는 19세기에 화인 노동자가 유입된 뒤로 20세기 중엽에 이르기까지 배타적 백호주의白濠主義[White Australia policy. 1901년부터 1973년까지 호주 정부가 일관되게 유지했던 비백인 이민 제한 정책]가 강화되었다. 그러나 1970년대에 다문화주의가 도입되어 D. A. 던스턴처럼 웍 사용을 권유하는 정치가까지 등장했다. 뇨냐 요리의 하나인 커리락사는 다인종 사회의 호주를 상징하는 음식이 되었다.

라틴아메리카에서 중국요리점이 가장 많은 도시는 페루의 리마이다. 화인이 경영하는 식당은 볶는 조리법이나 쌀 등을 페루에 보급하는 역할을 수행했다. 그리고 1930년대에는 고급 중국요리점이 늘어나면서 중국요리점을 일컫는 '치파chifa'라는 호칭이 생겨 '치파'는 그 후 페루의 중국요리 일반을 가리키게 되었다. '로모 살타도Lomo Saltado'(소 등심 볶음)를 비롯한 치파는 오늘날까지 페루 요리의 중핵을 이루고 있다. 페루의 일본인 이민자들도 중국요리를 즐겨 먹어 전후에는 중국요리점을 경영하는 사람도 늘어났다.

또한, 페루의 리마 외에 브라질의 상파울루에도 중국요리점이 많으며 차우멘(차오몐, 볶음국수), 볶음밥, 춥수이 등이 사랑받고 있다.

상파울루의 동양 거리는 재팬타운에서 차이나타운으로 변모하고 있다고 한다.

4부 '세계사 속 일본의 중국요리'

앞에서 살펴본 아시아, 서양 여러 나라의 중국요리의 역사를 바탕으로 세계사적 관점에서 일본의 중국요리를 되짚어보고자 한다. 일본의 중국요리에 관해 이 책에서 새롭게 논하고 싶은 것은 주로 다음과 같은 사항이다.

1장 '근대라는 시대—가이라쿠엔, 춥수이, 회전 테이블, 아지노모토'에서는 메이지 시대의 중국요리를 대표하는 가이라쿠엔偕樂園의 요리가 오랫동안 에도 시대 싯포쿠 요리의 영향 아래에 있었던 사실에서 이야기를 시작한다. 메이지유신 후 일본에서 중국요리가 겪은 이러한 정체는 서양화를 추구하던 동시대의 태국에서도 같은 형태로 나타난다. 한편, 다이쇼 시대와 쇼와 초기의 일본에는 구미를 경유하여 춥수이를 비롯한 중국요리가 유입되었다. 또한, 중국요리의 회전 테이블이 일본에서 탄생했다는 설은 잘못된 것으로, 회전 테이블의 사용은 구미나 중국에서 이미 널리 이야기되고 있었다는 사실을 밝힌다.

중국요리와 일본 요리만큼 근대 이후 다양한 관점에서 비교·대조가 숱하게 거듭된 국민 요리는 많지 않다. 그런가 하면 일본에서 탄생한 아지노모토味の素[일본의 식품 기업 아지노모토 주식회사가 발매한 글루탐산모노나트륨 조미료 제품]가 중국, 일본, 동남아시아, 서양의 중국요리 맛을 균질화하여 중국요리의 표준화를 촉진한 사실을 확인한다.

나아가 2장 '근대에서 현대로—라멘, 진 겐민, 요코하마 중화 거리, 중화 오세치'에서는 국제 정세의 변화에 따라 라멘의 명칭이 변화하고, 메밀가루가 아닌 밀가루로 만드는 '오키나와소바'가 '소바(메밀국수)'로 불린 역사적 경위, 인스턴트 라멘이나 교자가 국민 음식·세계 음식으로 발전한 과정 등을 이야기한다. 또한, 제2차 세계대전 중에 동아시아를 전전하다가 전쟁 후 각기 중국, 타이완, 일본, 미국에 자리 잡고 살며 활약한 정상급 셰프들의 이력이나 요코하마 중화 거리의 푸드 테마파크화를 살펴본다. 그리고 '화혼한재 和魂漢才[중국에서 전래된 지식과 학문을 일본 고유의 정신에 입각해 흡수, 소화해야 한다는 입장과 이념을 가리키는 말]에 입각한 중국요리의 계보나 그 일례인 중화 오세치가 일본에서 성립·보급된 과정도 밝히고자 한다.

위에서 이야기하였듯이, '중국요리'나 중국의 '4대 요리'라는 카테고리, 나아가 오늘날의 중국을 대표하는 여러 미식 문화가 탄생하고 또 중국 각 지방의 요리가 일본을 비롯한 세계 각국으로 퍼져나간 것은 주로 19~20세기에 나타난 현상이다.

이 책은 중국요리가 형성되고 퍼져나간 근현대에 아시아, 서양의 여러 나라가 겪은 정치, 사회, 국제 정세의 변화를 읽어나가며, 발흥하는 국민국가가 요리를 재편·완성해가는 궤적을 드러내고자 한다. 이와 함께 중국요리에 관한 속설이나 상식을 되짚으며 중국인·화인 외에 일본인을 비롯한 세계 각국의 사람들이 중국요리의 발전·보급에서 수행한 역할에 주목하여 중국요리가 담긴 그릇 위로 보이는 세계사의 상像을 그려내고자 한다.

1부

중국요리의 형성
—미식의 정치사

1장

청나라의 요리
—궁정 요리에서 만한전석으로

중국 4대 요리는 언제 등장했는가

일본에도 잘 알려진 중국 4대 요리의 체계는 중국의 국토를 크게 동·서·남·북의 4대 지방으로 나누고 각각의 기후와 풍토나 지역 경제권과 관련지어 네 가지의 대표적 지방 요리를 설명한다.[1]

그러나 역사학자 진톈金恬 등이 논하고 있듯이, '4대' 혹은 '8대' 요리 계통('菜系')은 20세기 후반 이후에 특히 외국인에게 알기 쉽게 설명하려는 목적에서 상용된 분류 방법이다.[2] 그중에서도 '8대' 요리 체계에 대해 베이징에서는 1980년 〈런민르바오人民日報(인민일보)〉(「我國的八大菜系」, 6월 20일 4면)가 산둥, 장쑤, 저장, 광둥, 푸젠, 안후이, 후난, 쓰촨을 들고 있다. 그러나 홍콩이나 타이완 등에서는 각각 다른 지방을 들고 있는 데서 알 수 있듯이 오늘날에도 통일된

견해가 있는 것은 아니다.

종종 중국에서는 이미 고대부터 남과 북의 두 요리 계통이 존재했으며 당·송 시대에 이르러 각 지방에서 서로 다른 요리가 발전했고 청대 초기에 이르러 4대 요리라는 인식이 정착했다고 설명하고는 한다.[3] 이러한 통설이 반드시 사료로 완전히 뒷받침되는 것은 아니지만 그렇다고 싸잡아 거부할 수도 없다. 아래에서 논하겠지만, ① 북방 ② 강남(화이양) ③ 쓰촨 ④ 광둥·푸젠의 요리는 명말·청초 무렵에 이미 지식인들 사이에서 각각 어느 정도 널리 인식되고 있었다고 생각된다(여기서는 '강남'을 화이양[화이허淮河와 양쯔강의 하류 지역]과 마찬가지로 장강(양쯔강) 하류 유역을 넓게 포함하는 지역 개념으로 사용한다).

610년, 수나라 양제에 의해 중국 대륙의 양대 하천인 황하와 장강을 잇는 대운하가 개통되었다. 운하 건설의 부담은 수 왕조(581~618년)가 단명에 그친 한 가지 요인이 됐다. 그러나 수 왕조를 멸망시킨 당 왕조(618~907년)는 대운하를 이용해 강남에서 수도 장안이나 동도 낙양으로 쌀 등을 수송했다. 당대唐代 이래로 북방은 수도가 있는 정치 중심지, 남방은 북방으로 식량을 보내는 경제 중심지라는 지역 간 관계가 정착했다. 그리고 이 대운하를 통해 화이양 지방은 남북 물류의 요지로 번영을 구가해 이곳에서 중국을 대표하는 요리 체계의 하나인 화이양 요리도 자라났다.

또한, 양귀비楊貴妃가 리치Litchi[무환자나무과의 과일로, 껍질을 벗기면 나타나는 백색 반투명 과육은 과즙이 많고 당도가 높다]를 즐겨 먹었다는 이야기가 유명하듯이, 당대에는 광둥에서 수도 장안까지 과일을 들여오기도 했다고 전해진다. 그러나 광둥 요리는 그 후로도 하나의 뛰어난 요리 체계로 평가받지는 못한 모양으로, 오히려 북방에서 찾아온 이들 사이에서 광둥의 음식은 먹을 만한 것이 못 된다는 평판이 잇따랐다. 예컨대, 처음으로 유배 간 황주黃州(현재의 후베이성 내)에서 '동파육'을 창안한 미식가로도 유명한, 북송의 시인이자 정치가 소식(소동파, 1037~1101년)은 두 번째로 유배 간 혜주惠州(현재의 광둥성 내)에서 뱀으로 끓인 국 때문에 아내를 잃었다고 전해지며[4] 마지막 유배지인 해남도(하이난섬)의 먹거리도 싫어했다.[5]

소식은 틀림없이 돼지고기를 즐겼으며, 후베이성 황주에서 돼지고기를 조리는 방법을 창안했을지도 모르지만 그것이 독창적인 것이었는지는 불분명하다. 나아가 '동파육'이라는 명칭 자체는 명대에 소식을 숭배하던 문인 관료들이 이 요리를 연회에 내거나 선물로 주고받는 가운데 등장했다. 동파육은 서민의 가정 요리가 아니라 명청 시대 사대부(지식인층)의 신분을 상징하는 요리였다.[6] 따라서 1089년경 항저우의 태수로서 서호西湖의 정비 공사를 감독한 소식이 현지 사람들에게서 답례로 받은 돼지고기와 사우싱주紹興酒로 '동파육'을 창안했다는 유명한 일화는[7] 사료적 근거가 없는 후세의 창작에 불과하다.

항저우 서호의 호반에 들어선 '러우와이러우樓外樓'(1848년 창업)는 우시無錫의 '잉빈러우迎賓樓', 쑤저우蘇州의 '쑹허러우松鶴樓'와 더불어 강남의 3대 유명 노포 요리점으로 불리며 동파육을 명물 요리의 하나로 제공하고 있다. 러우와이러우는 1920년대에 아쿠타가와 류노스케芥川龍之介가, 중화인민공화국 수립 후에는 닉슨 미국 대통령을 비롯한 국내외의 요인들이 찾은 것으로도 유명하다.[8] 그러나 아쿠타가와는 러우와이러우 방문기 속에서 동파육에 대해 아무런 언급도 하지 않았다.[9] 동파육이 항저우의 명물 요리가 된 것은 아무리 일러도 중화민국 시대 이후의 일이라고 생각된다.[10]

지방 요리의 인지와 볶음 조리법의 등장, 송대에 시작된 새로운 변화

송대에 일어난 중요한 변화는 도시가 발달하고 인쇄술이 보급되어 각 지방의 음식 전통이 체계적으로 인지되기 시작했다는 것이다. 맹원로孟元老의 『동경몽화록東京夢華錄』(1147년 서序)은 북송 말기의 황제 휘종 치하인 12세기 초 변경汴京(현재의 허난성 카이펑開封)을 기록한 것으로, 주루酒樓, 음식점, 축산물 시장·어시장, 과일이나 기타 음식물 등을 기술하고 있다. 그리고 『동경몽화록』(卷四, 「食店」)에는 생선 요리 등을 파는 '남식점南食店'(남방, 즉 강남 요리점), '천반점川飯店'(쓰촨 요리점)이 등장하는 것으로 보아[11] 송대에는 변경(북방)의 현지 요리와 함께 3대 지방 요리가 확립되어 있었다고 할 수 있다.

수도 변경에는 전국의 사대부가 과거 수험 등을 위해 멀리서 찾아왔다. 이에 따라 각 지방의 관습을 따르는 여관이나 식당이 문을 열었으며 북방의 음식이 입에 맞지 않는 강남 사람들에게 남방의 맛을 제공하는 '남식점'이 번성했다. 강남에서는 독자적인 국수 요리가 발달해 있었으며, 변경의 '남식점'은 새우류의 국수가 특징이었다. 나아가 변경에는 소동파로 대표되는 촉蜀(쓰촨) 사람들도 많이 왕래·체재하고 있었으므로 '천반점'이 생겨났다.[12]

1부. 중국요리의 형성—미식의 정치사

참고로, 『동경몽화록』은 중국요리를 대표하는 조리법인 볶음이 송대에 이미 존재했음을 보여주는 사료이기도 하다. 『동경몽화록』(卷二, 「飮食果子」)에 등장하는 세 종류의 볶음 중 두 종류가 어패류(바지락과 게) 요리이다.[13] 중국 문학자 장징은 이러한 사실로 보아 볶음 요리가 아마도 강남 연해沿海 지역에서 단시간 내에 가열하는 것이 바람직한 어패류 같은 식재료에서 비롯되어 그 후에 시간을 두고 육류의 가공으로도 퍼져나갔다고 보고 있으며, 애초 송대의 요리는 '갱羹'(국)이 중심이었던 당대唐代까지의 요리와 다를 바 없었지만, 송이 금金에 패하여 강남으로 천도한 뒤로 볶음 요리가 많아졌다고 추측하고 있다.[14]

이시게 나오미치의 설에 따르면, 볶음 조리법은 송대 이후 코크스cokes[석탄 또는 석유에서 얻어지는, 탄소를 주성분으로 하는 고체 연료]가 취사에 이용되고 나아가 쇠 냄비가 보급되면서 퍼져나갔다. 또한, 중국에서는 고대부터 곡물을 낟알째 쪄 먹었으므로 찌는 조리법은 세계 어느 지역보다 특히 중국에서 발달했다. 이로써 찜과 볶음이 중국요리를 특징짓는 조리법이 되었다.[15]

금나라의 추격을 피해 항저우로 도망친 고종高宗은 1138년부터 그곳을 수도로 정하고 '임안臨安'이라 칭했다. 남송의 국도國都가 된 임안(현재의 항저우)에는 전국(특히 북방)에서 많은 피난민과 방문자가 모여들어 크고 작은 음식점이 밤낮없이 문을 열었으며 수준 높은 기술이 필요한 전문적 요리도 생겨났다. 임안에서는 변경에서 온 사람들도 요리점을 열어 북송의 수도가 있던 허난과 남송의 수도가 있던 저장의 요리가 융합되어갔다.[16]

예컨대 『동경몽화록』의 체재를 모방해 남송의 수도 임안을 묘사한 오자목吳自牧의 『몽량록夢粱錄』(1334년 서序)이라는 수필집에는 "그 옛날 변경에서는 강남의 면식점麵食店이나 쓰촨 요리점(川飯分茶)이 문을 열어 강남을 왕래하는 사대부가 북방에서 편하게 식사할 수 있도록 해주었다. 강남으로 건너간 지도 200여 년이 흘러 사람들은 기후와 풍토에 이미 익었을 뿐 아니라 음식물도 서로 뒤섞여混淆 남과 북의 구분은 사라졌다"(卷十六, 「麵食店」)[17]는 서술이 등장한다. 임안에서는 남북의 요리를 명확히 구별하기 어려워져 있었던 것이다.[18]

나아가 명대(1368~1644년) 말에 이르러서는 광둥(월粤)요리가 네 번째 지방 요리로 추가되어 산둥(노魯), 강남(화이양을 포함), 쓰촨, 광둥의 요리가 세간에 인지되었다고 생각된다.[19] 사조제謝肇淛(1567~1624년)가 지은 박물지 『오잡조五雜組』에는 명말 만력萬曆(1573~1619년) 연간의 각 지방 먹거리, 토산물에 관한 정보가 많은데, 이 책을 보면 "먹을 복에 관해서 오吳·월越은 민閩·광廣에 못 미친다"(地部二, 「九福」)고 되어 있다. 사조제는 푸젠(복주부福州府 장락현長樂縣) 출신의 문인 관료였으므로 고향의 음식을 자찬하는 것으로 볼 수도 있지만, 그의 생모는 저장(항저우) 출신이었다는 점에서[20] 당시 푸젠·광둥의 요리가 강남의 요리와 동등하게 평가받고 있었다는 것을 엿볼 수 있다.

또한, 중국에서 식재료나 조리법에 관한 기술記述은 기원전 1100년에서 600년경까지의 시가를 모은 『시경詩經』으로까지 거슬러 올라갈 수 있다.[21] 요리를 기록한 책으로는 두 종류가 있는데, 하나는 본초本草적 효능에 기초해 갖가지 병의 식료법食療法이나 양생법을 목적으로 한 책으로, 당대唐代에 잠은쌀殷이 지은 『식의심감食

1부. 중국요리의 형성—미식의 정치사

醫心鑑』이나 원대에 홀사혜忽思慧가 지은『음선정요飮膳正要』등을 꼽을 수 있다. 이 책들은 치료와 양생을 목적으로 하므로 식재료를 세세하게 잘 다루고 있다. 다른 하나는 가공 조리를 주로 다룬 요리서로, 선비족鮮卑族의 왕조인 북위北魏 말년경에 간행되어 현존하는 가장 오래된 요리서·농서農書로 여겨지는 가사협賈思勰의『제민요술齊民要術』등이 이에 해당한다.[22]

요리서 간행의 중심지는 강남이었으며 시대가 흐름에 따라 간행되는 양도 늘어났다. 그러나 중국에서 요리서의 집필은 남성 지식인의 전유물이었다. 여성이 집필한 최초의 중국요리서는 청나라 말기인 1907년 의사이자 시인인 증의曾懿(1852~1927년)가 펴낸『중궤록中饋錄』이라고 여겨진다.[23] 같은 시기에 중국과 미국에서 활약한 금아매金雅梅(1부 6장 참조)와 더불어 근대의 음식 분야에서는 증의 같은 중국 1세대 여성 의사가 큰 역할을 수행했다.

청나라의 성립과 만주족, 산둥, 강남의 요리

중국의 마지막 통일 왕조인 청조(1616~1912년)는 중화 세계에 군림한 최대 규모의 다민족국가이자 현대 중국으로 직접 이어지는 지배 영역과 지배 구조를 형성한 국가였다. 청나라의 지배 구조는 크게 직접 통치하의 '기旗'(특권적 사회집단인 기인旗人은 동북부에 있던 시대부터 만주족 외에 몽골족이나 한족을 포함했다)와 '한漢'(중국 내지의 한족), 간접 통치하의 '번藩'(몽골, 티베트, 신장新疆, 칭하이靑海)으로 나눌 수 있다. 이들 구성 민족은 민국 초기에 주로 북방에서 주창된 슬로

건인 '오족공화五族共和'를 이루는 여러 족—한, 만, 몽, 회回(후이족), 장藏(티베트족)으로 이어진다. 하지만 쑨원 등은 1920년대에 '오족공화'를 부정하고 단일한 '중화 민족'에 의한 국가 통합을 강조했다. 그리고 청나라의 직접 통치 구역은 현대 중국의 성省과, 간접 통치 구역은 현대 중국의 자치구와 거의 대응한다(칭하이성은 예외).[24]

여기서 중요한 것은 청나라가 판도를 넓힌 몽골, 티베트, 중앙아시아나 청대에 많은 화인이 도항한 동남아시아에 면식麵食을 비롯한 중국 식문화가 보급되었다는 점이다.[25] 나아가 청나라는 근현대 중국의 국가 연회(궈옌國宴, state banquet)나 '국민 요리national cuisine'의 형성에도 큰 영향을 끼쳤다. 따라서 이 장에서는 우선 황제들의 식사나 국가 연회를 예로 들어, 청나라가 어떠한 요리를 형성했는지를 살펴보고자 한다.

만주족('滿人')은 청조를 세우기 전부터 이미 중국 동북부에서 농사를 짓고 있었으므로 사슴 같은 수렵 포획물 외에 돼지나 양 같은 가축을 길렀다.[26] 그러나 그 조리법은 비교적 소박했다. 청조의 창건자 누르하치(1559~1626년)는 음식에 관해서는 검소했다. 그러나 1636년 2대 황제 홍타이지(1626~43년 재위)는 국호를 금에서 청으로 바꾸고 외번外藩[책봉 체제 내에서 제후·영주가 다스리는 나라를 황제의 직할지에 상대하여 이르는 말]의 통치자 등을 성경盛京(현재의 선양瀋陽)의 궁전으로 불러 대대적으로 식전을 집행했으며, 이는 각종 요리를 고루 갖춘 최대·최고급 연회의 선례가 되었다. 청조는 지배 체제가 확립되고 경제 상황도 좋아지자 점차 수준 높은 요리에 천착하였으며, 만주족 관원을 각지에 파견하여서 수준 높은 요리를 전국에 퍼트릴 수 있었다.[27]

한편, 현재의 표준 중국어('普通話' '國語')의 기반이 된 청대의 베이징 관화官話(만다린)는 베이징의 궁정이나 중앙관청에서 관료들이 사용하던 언어이다. 명나라 말기에 만주어를 모어로 쓰던 만주(여진)족을 중심으로 한 기인은 본거지 랴오둥遼東 평야(현재의 랴오닝 성 랴오허遼河 이동以東)에서 이미 한어漢語를 사용하고 있었다. 이 한어는 랴오둥과 교류가 활발하던 산둥 지방의 방언에 기초한 것이었으며, 기인들은 베이징으로 이주한 뒤 산둥 방언에 기초한 독자적인 기인 한어를 가지고 들어와 베이징 관화로 발전시켰다.[28] 청조의 궁정 요리 역시 베이징 관화와 같은 형성 과정을 거쳤다고 할 수 있다. 즉, 만주족을 중심으로 한 지배층이 랴오둥에서 베이징으로 본거지를 옮기며 산둥의 지방 요리를 기초로 하는 독자적 궁정 요리를 발전시킨 것이다.

만주족이 있던 동북부의 식재료와 조리법을 사용한 요리가 청조 궁정 요리의 기본이어서 청나라의 궁정 요리사 가운데는 만주족이 가장 많았다. 그들은 한족('漢人') 요리사에 대해 우월한 입장에 있었다. 명조에는 베이징 천도(1421년) 이후로 궁정 요리사에 산둥 사람이 많아졌는데, 청조도 이를 계승하였기에 산둥 출신 요리사가 그다음으로 많았다. 건륭제(6대, 1735~96년 재위)는 강남(쑤저우나 항저우 등)을 몇 번이고 행행行幸[임금의 궁 밖 거동]하여 현지의 요리를 즐겼는데 이에 건륭 연간에는 강남 출신 요리사도 가세하였다.

이로써 청나라 수라간(膳房)의 요리사는 만주족 외에 산둥과 강남 출신자가 많아졌다. 그리고 만주족, 산둥, 강남의 세 요리 체계는 명확히 구별되어 있던 것은 아니었다. 둥베이 지방의 식재료로 산둥, 강남의 요리를 만들거나 만주족 요리사가 산둥, 강남의 요리를 만드는 경우가 있었으므로 서로 영향을 주고받으며 융합되어 갔다고 할 수 있다.[29]

청조의 궁정 요리, 어선방과 광록시

청조의 황제는 하루 두 번 정식 식사('正餐')를 들었으며 그 외에 부정기적으로 간단한 식사인 '경식輕食'도 들었는데 식사는 대체로 홀로 했다. 황태후(어머니) 외에는 황제와 식탁에 함께 자리하는 것이 허용되지 않았으며, 황후나 황비는 각기 독자의 주방을 갖고 있어서 황제와 식사를 함께하는 일은 거의 없었다. 다만 청조의 초대 황제 누르하치는 다른 이들과 함께 식사했는데 그 전통을 계승하여 청조에는 황제의 식탁과는 별개로 식탁을 마련하여 가신과 신하가 식사할 음식을 차렸다고 한다.[30] 따라서 중국요리에서 큰 그릇 요리가 발달한 것을 황제가 가신과 식사를 함께하며 친목을 도모했기 때문이라고 보는 속설은 설득력이 부족하다.

청조 전성기의 발판을 마련한 명군 강희제(4대, 1661~1722년 재위)는 일반적 음식으로 만족하여 미식을 추구하지 않았으며 사치를 멀리했다. 그러나 강희제는 재위 기간에 총 두 차례에 걸쳐 65세 이상의 만주, 몽골, 한족의 문·무관이나 사대부와 서민 등을 수천 명 초대하는 대규모 연회인 '천수연千叟宴'을 열었다. 이는 만주족의 요리를 대표하는 '예이훠궈野意火鍋'(사냥으로 잡은 고기로 만든 전골 요리)나 '보보餑餑'(뒤에서 이야기할 경식) 등을 내어 요리와 연회

1부. 중국요리의 형성—미식의 정치사

로써 나라의 안녕을 도모한다는 명백한 정치적 목적을 가지고 있었다. '천수연'은 건륭제 치세에도 두 차례 열려 조선의 국사國使를 초대하기까지 했지만 그 뒤로는 열리지 않았다.[31]

강희제는 북방, 둥베이, 산둥, 강남 등을 순행巡幸[임금이 나라 안을 두루 살피며 돌아다니던 일]했으며 이 역시 후대 건륭제에 의해 계승되었다.[32] 강희제는 특히 북방을 수십 번도 넘게 순행했다. 그리고 청조에 충성을 맹세해 공물을 보내온 몽골 각 부족 등의 사절을 위해 잔치를 베푸는 자리를 마련하고('九白宴') 청조와 동맹을 맺은 몽골 각 부족의 왕후 귀족이나 (나중에는) 후이족이나 티베트 등의 부족도 초대해 연회를 베풀었다('外藩宴'). 나아가 건륭제가 동투르키스탄 일대를 '신장'으로 칭하고 이번원理藩院(각 민족에 의한 자치적 통치를 인정한 번부藩部의 사무를 관할하는 기관)의 통치하에 두자 이러한 연회는 최전성기를 맞았다('大蒙古包宴').[33]

이러한 국가 연회에서 건륭제는 종종 유차乳茶(버터차)를 대접했다. 차에 소 등의 젖을 넣는 것은 한족에게는 없는 풍습으로, 만주족의 청조가 다른 유목 민족과의 우호 관계를 다지려고 이용한 것이다.[34]

청나라는 강희·옹정雍正·건륭제의 시대에 판도를 넓혀 전성기를 맞았다. 그러한 가운데 권위의 상징인 궁중 연회에도 강희 치세부터 변혁이 시작되어 건륭 치세에 태세가 굳어졌다.[35] 황제의 식사를 담당한 것은 내무부 아래의 '어다선방御茶膳房'(청대 초기) 혹은 '어선방御膳房'(청대 중기 이후)['어선'은 임금에게 올리는 음식을 가리키는 말]이었다. 그러나 실제로 어선방을 지휘한 것은 내무부가 아니라 황제의 기호를 잘 아는 환관들이었다. 그리고 청나라 말기의 조직 개혁

이전에는 어선방 아래에 '훈국葷局', '반국飯局', '점심국點心局', '소국素局', '포합국包哈局' 등의 부문이 있었다. 그 가운데 어선방에서 가장 중요한 곳은 '훈국'이었으며, 여기에는 수많은 '짜오灶' 즉 부뚜막이 있어 냄비를 올려 다양한 방법으로 식재료를 조리했다.[36]

'포합국(괘로국掛爐局)'은 직화로 굽는 고기 요리를 만들던 곳으로, 사슴이나 양 등도 구웠지만 특히 '쌍고雙烤'라는 돼지와 오리 구이기 빈틸됐나. 돼시고기는 한족도 고대부터 즐겨 먹었지만 북방 유목민의 직화 구이 조리법은 독특했다. 그러나 이미 6세기『제민요술』(卷九, 「炙法第八十」)에는 돼지 통구이 조리법이 '자저법炙豬法'으로 등장하여 "緩火遙炙急轉勿住"(약한 불로 멀찍이 두고 구우며 끊임없이 회전시키도록 한다)라는 설명이 남아 있기도 하다.[37]

청대에 돼지 통구이는 '만석滿席'[만주 요리가 나오는 연회석]의 최상급 접대 요리로 취급되었으며, 이를 연회의 장에서 잘라 나누어 먹는 것이 만주족의 예절로서 중시되었다.[38] 그리고 새끼 돼지 통구이('燒(烤)乳猪', 그림 1-1)는 광둥에서 청명절의 제사용 요리로 정착했으며[39] 나아가 20세기 광저우, 홍콩에서 성행한 만한전석(대한전석大漢全席)으로 인해 광둥 요리를 내는 혼례에 빠질 수 없는 대표적 메뉴가 되기도 했다.[40] 또 하나 빠트릴 수 없는 요리인 '카오야烤鴨'(오리 통구이)는 뒤에서 이야기하고자 한다.

이 밖에도 '광록시光祿寺'라는 기관이 청조 궁정의 축전이나 제사를 관장하여 황제에게 공물을 헌상하는 외국, 외번, 각 성의 관원 등을 위해 연회를 베풀었다. 광록시는 명조의 기구를 계승하여 1644년 예부禮部 아래에 설치되었으며 1671년에 독립된 부서가 되었다.[41]

1684년(강희 23년)에 편찬되기 시작한 『대청회전大淸會典』(행정상의 법규·사례집)의 「광록시칙례光祿寺則例」는 '만석'과 '한석漢席'을 엄격히 구분하여 '만석'을 '한석'보다 우위에 두고, '만석'을 여섯 등급(예컨대 황제·황후의 붕어 후 연석은 제1등, 조선의 조공 사절을 초대한 자리는 제5등, 월남·류큐琉球·섬라暹羅(시암) 등의 사절을 초대한 자리는 제6등), '한석'을 세 등급으로 나누었으며 각 등급의 '만석' '한석'에 사용하는 식재료의 양 등을 세세하게 정해 두었다.[42]

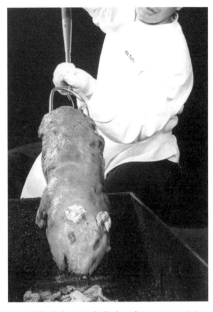

1-1 새끼 돼지 통구이 훙카오뤼주紅烤乳猪(긴자 아스터銀座アスター)

이렇듯 궁중에서는 지배자인 만주족의 요리를 다른 민족의 요리와 나란히 놓는 '만한전석'이 차려질 까닭이 없었다. '만석'과 '한석'의 구분은 한족을 다스리기 위한 정책이자 만주족 식문화의 특색을 지키기 위한 노력이었다.[43]

만주족의 식문화 '보보'

여기서는 만주족의 식문화를 대표하는 '보보餑餑'를 살펴보고자 한다. '보보'는 밀이나 잡곡 가루로 만든 덴신點心(경식·간식류)이다. 청대 초기에는 둥베이 지방의 곡물로만 만들었지만 건륭 연간부터는 황하 유역 등의 곡물도 사용하였다. 만주족의 '마화麻花'(밀가루 반죽을 밧줄 모양으로 만들어 기름에 튀긴 것, 그림 1-2) 등이 유명했지만 몽골, 후이, 한족 및 각 성의 것도 있었으며 이들의 융합도 나타났다. 예컨대 과자를 만드는 기술이나 공구가 청조 궁정에서 '보보'를 만드는 데 쓰이기도 했다.[44]

만주족은 '보보'를 잘 만들어서 '만점한채滿點漢菜'라는 말도 있듯이 만주족의 덴신과 한족의 요리가 연회 메뉴의 중심이 되었다.[45] 그뿐 아니라, 만주족의 '보보'는 청나라의 제사나 여러 정치의 장에 없어서는 안 되는 것으로서 특별한 지위를 자치했다.

예를 들어, '주보보煮餑餑'는 물만두를 가리키는데 오랜 역사를 가지는 만두는 만주족에게도 중요한 주식이 되었다.[46] 궁중에서는 누르하치 대부터 섣달그믐에 고기가 들어가지 않는 '소함素餡'(단, 광서제光緖帝 시기부터는 '육함肉餡') 만두를 먹어 죽은 이를 모셨으며 이것이 선조의 유훈이 되어 계속 이어졌다. 특히, 서태후가 '수렴청정'(섭정 정치)을 행한 청조 말기에는 섣달그믐에 궁중의 많은 사람을 모아 만두를 빚어 정월 초하루에 다 함께 먹으며 신의 가호와 선조의 비호에 감사를 올렸다.[47]

또한, 춘권은 진晉나라 사람 주처周處(236~279년)의 『풍토기風土記』에 등장하는 '오신반五辛盤'(매운맛의 봄 채소 다섯 종을 둥그렇게 한

1-2 마화

데 담은 것)이 원형으로 당대唐代에는 '춘반春盤'이라 불리고 송대 이후에는 '춘병春餅'으로도 불렸는데, 입춘 무렵에 봄이 찾아오는 것을 감축하며 먹는 음식이었다. 청조 궁정은 이 관습을 받아들여 특히 건륭제 시대부터 입춘 전날 둥베이산 동식물 재료를 고루 넣은 '춘병'을 먹었다.[48] 이렇듯 춘권은 청조의 궁정 요리로 채용되자 만주족의 색채가 짙어졌다.

이 밖에도 월병月餅은 당나라 이세민李世民(태종, 626~649년 재위) 시대에 토번吐蕃(티베트의 통일 왕조)의 상인으로부터 전해졌다는 이야기가 전해 내려온다. 송대 무렵부터 중추절[추석]에 월병을 먹는 일이 널리 행해졌으며, 명대에는 다양한 소를 넣은 월병을 만들었다. 청나라 궁정에서도 다양한 월병을 먹었으며 특히 중추절을 설 다음으로 중요한 명절로 여겨 월병을 올려 제사를 지냈다.[49]

이러한 국가 연회에서 사용된 '보보'는 민간에도 전해져 베이징에는 전문점 '보보푸餑餑鋪'도 생겼다. '보보푸'는 궁중의 뎬신을 모방했지만, 여덟 종류의 보보가 한 세트인 '대팔건大八件' '소팔건小八件' 등 궁정에는 존재하지 않는 상품도 판매했다.[50]

제비집, 오리, 담수어 요리를 즐긴 미식가 건륭제

베이징의 중국제1역사당안관中國第一歷史檔案館에는 청조 궁정의 일상적 식사에 관한 기록('淸宮膳底檔')이 보관되어 있으며 그중에서도 건륭제 시대의 문헌이 가장 많이 남아 있다. 6대 황제 건륭제는 음식에 사치를 부린 미식가로 하루 두 번의 식사(아침 6~7시쯤과 오후 1~2시쯤) 외에도 차나 경식을 들었는데 매 식사 시간은 15분에도 못 미쳤다고 한다. 그리고 건륭제는 만주족·한족, 북방·강남의 요리를 모두 일상적으로 먹어, 청나라 영내의 각지로 떠난 순행에 요리사를 대동하여 성경(선양)에서 강남 요리, 강남에서 북방 요리를 먹는 일도 많았다.[51]

「성경조상절차선저당盛京照常節次膳底檔」은 건륭제가 성경을 순행했을 때 매일의 식사 상황을 기록한 것이다. 이것을 보면 건륭제가 가장 마음에 들어 한 요리사는 쑤저우 출신으로 강남의 요리, 뎬신에 능했던 장동관張東官이었다는 사실을 알 수 있다. 장동관은 1765년부터 1784년까지 20년 가까이 궁정 요리사로 봉직했다. 건륭제의 하루 식사에서 처음으로 나오는 요리는 대체로 장동관이 만든 것이었으며, 건륭제가 장동관을 지명하여 요리를 추가로 내오게 하는 경우도 많았다.[52]

건륭제는 제비집, 오리, 강남의 담수어 요리나 덴신 등을 즐겼으며 샥스핀, 해삼, 새우, 전복 같은 해산물은 거의 먹지 않았다. 조선에서 대량의 해삼을 헌상해도 건륭제는 그저 감상만 했다고 한다.[53]

참고로, 제비집은 이미 17세기 초부터 네덜란드령 동인도의 바타비아(현재의 자카르타)에서 중국으로 수출되고 있었다는 것이 유럽인 관찰자의 기록으로 남아 있다. 18세기에는 태국에서도 화인 상인이 제비집을 활발히 채취, 수출했으며, 19세기에는 바타비아 외에 싱가포르도 제비집의 교역 거점이 되었다. 18세기 바타비아에서는 매년 약 400만 개의 제비집이 교역되고 19세기 말에는 매년 약 850만 개의 제비집이 광둥으로 수출된 것으로 추산되며 그중에서도 가장 질이 좋은 것이 베이징으로 보내졌다.[54]

건륭제 시대에는 강남의 요리사 외에도 황제·황비의 기호에 맞춰 다양한 요리사가 새로 고용되었다. 예컨대 1753년 베이징의 시중에서 두유('豆汁') 풍미의 요리가 유행하자 내무부는 민간에서 수준 높은 기술을 가진 요리사를 고용해 궁중에서 두유를 만들게 했다. 또한, 1759년 청나라는 준가르準噶爾[17세기 초 서몽골 고원에서 발흥해 18세기 중엽까지 존속한 몽골계 민족 오이라트의 부족 집단 및 그 국가]를 평정하고 준가르의 옛 영토 등을 '신장'이라 명명해 통치했는데, 이 시기의 전쟁에서 청군에 가세한 위구르족 일족에서 건륭제에게 시집간 이가 용비容妃(1734~88년, 전설상의 향비香妃의 모델)이다. 궁중에서는 용비를 위해 후이족 요리사를 고용해 '청진선淸眞膳'(중국식 할랄 요리)을 만들게 했다.[55]

건륭제 이후의 황제로는 도광제道光帝(8대, 1820~50년 재위)만이 검소한 식사를 했으며, 가경제嘉慶帝(7대, 1796~1820년 재위), 함풍제咸豊帝(9대, 1850~61년 재위), 동치제同治帝(10대, 1861~75년 재위), 광서제(11대, 1875~1908년 재위)는 모두 건륭제 못지않은 호화로운 식사를 즐겼다. 그리고 함풍제의 측비側妃이자 동치제의 어머니인 서태후(자희태후慈禧太后, 1835~1908년)는 호화로움이 절정에 달한 식사를 즐겼다.[56]

식재료를 보면, 청조의 궁정은 강희제 시대까지는 기본적으로 둥베이 지방의 식습관을 지켜 식재료 대부분을 베이징, 몽골, 둥베이에서 조달했다. 건륭제 시대 이후에는 이에 더해 강남 및 시베이西北·신장의 식재료가 대폭 늘었다. 도광제 시대에는 강남의 식재료가 줄고 북방의 식재료가 다시 중심이 되었다. 동치제 시대의 궁정 요리는 건륭제 시대보다도 풍부하고 다채로웠으며, 푸젠의 제비집을 제외한 남방의 많은 명산품(햄, 버섯, 채소 등)이 북방에서도 생산되었다. 또한, 광서제는 특히 해산물을 즐겨 연해 지방의 샥스핀, 전복, 해삼, 새우, 다시마 등이 매 끼니에 쓰였다.[57] 한편, 청나라에서 발달되지 않았던 연해어업은 일본으로부터 다와라모노俵物[에도 시대에 나가사키에서 중국으로 수출되던 건해삼, 건전복, 샥스핀 등 세 가지 해산물]를 수입해 보완했다.

참고로, 중국에서는 샥스핀의 수요가 늘어나 점차 국산품만으로는 충분한 조달이 어려워져서, 인도, 필리핀, 네덜란드령 동인도, 미얀마(버마), 하와이제도 등으로부터 샥스핀을 대량 수입하였다. 19세기 말에는 인도의 봄베이(현재의 뭄바이)나 첸나이(현재의 마드라스)의 항구가 중국이 수입하는 샥스핀의 주요 공급처가 되어 1920년대에는 중국이 수입하는 샥스핀 대부분이 인도에서 왔다.[58]

1부. 중국요리의 형성─미식의 정치사

궁중 요리사의 수는 건륭제·가경제 시대에 약 400명 정도로 많았으며, 도광제 시대에 반으로 줄었다가 그 후 다시 증가했다. 궁정 요리사에게도 각자가 가진 기예에 상응하는 등급이 있었으며, 자질구레한 용무를 보는 허드레꾼이 가장 많았지만 후한 대우를 받는 요리사는 지현知縣(지방의 하급 행정관)과 같은 7품관의 봉록을 받았다. 기술을 가진 요리사는 대체로 세습되어서, 궁정 요리가 크게 변화하는 일은 없었다.[59]

광서제의 유폐와 먹을 수 없던 장식용 요리

광서제 치세에 청조는 이미 멸망의 위기에 놓여 있었는데도 궁중의 연회석은 여전히 호화로웠다. 요리의 가짓수나 연회의 수준은 오히려 건륭제나 그 아들 가경제의 시대에 비해 대폭 증가, 향상되어 있었다. 광서제는 음식까지도 서태후의 지도를 받았으며, 나아가 1898년 광서제의 지지 아래 추진된 정치 개혁을 서태후가 위안스카이 등과 함께 좌절시킨 쿠데타(무술정변)에 의해 유폐되어 굶주림을 겪었다.

『청패류초淸稗類鈔』(第47冊, 飮食(上), 「德宗食草具」)가 전하는 바에 따르면 "광서제에게는 매끼 수십 가지의 요리가 나왔지만 자리에서 조금 떨어진 곳에 놓인 것은 반쯤 상해 불쾌한 냄새를 풍겼다. 이는 매일 진정進呈되는 요리가 장식용에 불과하여 치우고 새로 내오는 일이 없었기 때문이다. 나머지 요리들도 마르고 차가워 맛이 없어서 〔광서제는〕 한 끼도 배불리 먹지 못했다. 어쩌다 〔광서제가〕

새로 요리를 한 가지 내오도록 어선방에 명해도 어선방에서 서태
후에게 반드시 이를 아뢴 탓에 서태후는 항상 검덕儉德을 이야기하
며 힐난하였으며, 이에 〔광서제는〕 구태여 말도 꺼내지 않게 되었다"
(〔 〕는 인용자에 의함. 이하 동일)고 한다.[60]

오리와 돼지 요리를 즐긴 서태후

청조의 마지막 시기에 실권을 쥔 이 서태후(그림 1-3)야말로 청
조 전성기의 건륭제를 넘어선 미식가, 낭비가로 알려져 있다. 서태
후를 모신 여관女官 덕령德齡의 회상 소설『어향표묘록御香縹緲錄,
Imperial Incense』(영어판 1933년, 중국어판 1934년, 「九, 天廚玉食/Court
Cookery」)에 따르면, 서태후가 들던 하루 두 번의 식사('正餐')에는
매끼 열 가지가 넘는 요리를, 하루 두 번의 경식('小吃')에는 매번
20~50가지 정도의 요리를 내도록 했다. 그러나 서태후가 먹을 수
있었던 것은 서너 가지 정도였으며 남은 음식은 버려지거나 여관이
나 환관의 몫이 되었다고 한다.[61] 덕령의 이 기록이 반드시 과장은
아니라는 사실은 청말의 환관 신수명信修明이 쓴『궁정소기宮廷瑣
記』나 고궁박물원故宮博物院에 보존되어 있는 서태후의 식단으로도
알 수 있다.[62]

나아가 위에 인용한『어향표묘록』의 같은 장에 따르면, 서태후가
각별히 좋아하던 요리로는 '청돈비압淸燉肥鴨' 또는 '청돈압설淸燉鴨
舌'이라 불린, 오리나 오리 혀를 푹 끓인 요리가 있었다. '청돈비압'
은『어향표묘록』의 영어판에 "페킹 덕Peking duck"이라고 적혀 있지

1부. 중국요리의 형성—미식의 정치사

만, 뒤에서 이야기할 오늘날의 '베이징덕(베이징카오야北京烤鴨)' 과는 다른 요리이다. 서태후는 또한 '카오야烤鴨'(오리 통구이), '소유저燒乳猪'(새끼 돼지 통구이), '훈계燻鷄'(훈제 치킨), '외양퇴煨 羊腿'(양 다리 구이) 등도 좋아하여 이 요리들은 항상 식탁에 올랐다. 이러한 여러 구이 요리 중에서 서태후는 껍데기가 붙은 돼지고기를 소량의 기름으로 구운 뒤에 삶는 '소저육피燒 猪肉皮'를 특히 좋아했다. 또한, 작은 덩어리로 자른 돼지고기

1-3 서태후

를 체리와 함께 재워 조린 '앵도육櫻桃肉(cherry pork)'이라는 요리도 대단히 좋아했다고 한다.[63]

건륭제와 서태후의 식탁에 오른 어선御膳 요리의 식단표(고궁박물원 소장)를 비교해보면 대조적인 일면도 드러난다. 건륭제는 오리 외에도 야생의 사슴이나 산새 고기를 많이 먹었다. 이에 비해 서태후의 어선 요리에는 사육한 동물의 고기가 많고 신선한 채소류나 버섯류가 많이 쓰였으며 배추나 두부 요리도 자주 나왔다고 한다.[64]

그렇지만 서태후는 청조 궁정의 전통적 식사와는 다른 완전한 '소식素食'(채식)화에는 저항감을 느꼈다. 불교도 말고는 1세대 채식주의자로 여겨지는 오정방伍廷芳(1842~1922년, 싱가포르에서 태어나 런

던에서 법률을 공부한 정치가·외교관)이 채식을 권유해도 서태후는 이를 받아들이지 않았다.[65] 청조 후기의 일부 궁정 요리는 베이징과 도쿄(긴자銀座)의 '리자차이厲家菜'에서 맛볼 수 있다.

마지막 황제 부의의 식사와 청조의 전통

청조의 마지막(12대) 황제(선통제宣統帝, 1908~12년 재위)가 된 애신각라부의愛新覺羅溥儀(1906~67년)는 자서전 『내 전반생我的前半生』(北京, 群衆出版社, 1964)에서 궁중에서는 매끼 서른 가지 이상의 요리가 나왔다고 쓰고 있다(가짓수가 더 많았다는 증언도 존재한다).

그러나 부의의 『내 전반생』에 따르면, 어선방의 요리는 황제의 한마디에 곧장 내와야만 했으므로 12시간쯤 내지는 하루 전부터 만들어놓고 중간 중간 데워야 해서 너무 익어버렸다. 그 때문에 광서제 시대 이래로 황제에게 태후 및 태비의 주방에서 갓 만들어진 요리를 내오게 하는 것이 관습화되어 있었다. 어선방에서 만들어진 요리는 멀리 한구석에 놓인 견본일 뿐이었다.[66]

부의는 일본군의 괴뢰 국가 '만주국'(1932~45년, 1934년 부의가 황제에 즉위한 후로는 '만주 제국'이라 불리기도 했다)의 집정[만주국 건국 당시 국가 원수의 칭호] 및 황제에 취임했다. 그리고 만주국은 궁내부 아래에 사방司房(회계소會計所), 선방膳房(요리를 만드는 곳), 다방茶房(덴신을 만드는 곳), 창고를 두어 청조의 식사에 관한 규칙도 계승하고 있었다. 만주국 궁중 요리의 책임자였던 상영常榮은 몇 대에 걸쳐 청조의 요리사로 봉직한 집안 출신으로, 선통제가 퇴위한 뒤에도 황제를 수행한 우직한 충신이었다.

당시 부의의 측근 종자從者였던 상사과尙士科의 회상에 따르면, 만주국 선방의 요리사 가운데는 베이징의 청조 궁정에서 데려온 만주족이 많았다. 그러나 신징新京(창춘長春)에서 고용된 이들도 있어 그중 한 사람이 서양 요리와 일본 요리를 만들었다고 한다. 그런가 하면 궁중 관원들의 식사는 야마토 호텔의 요리사가 제공했다. 만주국 시대의 부의는 보통 '바차이八菜, 바판八飯, 이탕一湯'(반찬 여덟 가지, 주식 여덟 가지, 수프(국물 요리) 한 가지) 정도의 식사를 했다. 그러나 실제로는 정서 불안정 때문에 정진 요리(채소 요리)밖에 먹지 못한 기간이 2~3년 정도 있었다고 한다.[67]

또한, 동시대 일본 천황의 식사에서는 시종이 기미를 보는 관례가 이미 폐지되어 있었지만 만주국 황제 부의의 식사에서는 이러한 관례가 지속되어서, 1935년 부의의 첫 일본 방문 때는 마찰을 빚기도 했다. 궁내청 대선직大膳職 주주장主廚長으로서 궁중의 조리를 총괄한 아키야마 도쿠조秋山德藏의 회상에 따르면, 부의 일행은 진유眞鍮[놋쇠]로 테를 두른 나무통을 아카사카리큐赤坂離宮까지 짊어지고 와서는 머물던 방 가까이에 두었다. 이 통에 담긴 것은 만주에서 만들어 일부러 가져온 증류수로, 일행은 증류 기구도 가져와 온종일 증류수를 보충했으며 담당자가 이를 엄중히 지켰다. 요리, 차, 커피 등 일체의 것을 이 증류수로 만들어야 했다.

나아가 주방에는 언제나 수행원 두세 명이 자리를 잡고는 한시도 눈을 떼지 않았으며, 아키야마가 황제의 요리를 만들 때에는 곁으로 다가와 일거수일투족을 감시했다. 완성된 요리는 일본 측의 주선主膳[당시 일본 궁내성 대선료大膳寮의 직원. 식품 조달, 식기 관리, 회식

준비 등을 담당했다]이 날랐는데, 주방에서 황제의 방에 다다를 때까지 온 복도와 계단에 만주 측 사람들이 늘어서서 눈을 번뜩이고 있었다. 요리가 오면 독의 유무를 확인하는 이가 두세 명 있어 모처럼 근사하게 만든 요리를 젓가락이나 포크로 헤집어 망가뜨렸다. 이에 참다못한 아키야마가 따지고 들자 그 뒤로는 개선되었다고 한다.[68]

만한전석의 탄생,
만주족의 새끼 돼지 통구이와 한족의 제비집 수프

'만한전석'은 각각 만주족의 요리와 한족의 요리에서 가려 뽑은 메뉴를 한데 모은 최고급 연회 요리로 알려져 있다. 그러나 이는 궁중에서 실제로 제공된 적이 없으며 청말에 민간에서 생겨난 것으로 생각된다. 요컨대 앞서 이야기했듯 궁중의 공적 연회석은 '만석'과 '한석'으로 대별되며 각각에 등급이 매겨져 있었다. 여기에는 만과 한을 명확히 구별하는 청조의 정치사상이 반영되어 있으며, 관계官界에는 '만, 한석'은 있어도 양자를 섞어 함께 내는 '만한석'은 없었다.[69]

1684년(강희 23년)에 편찬하기 시작한 『대청회전大淸會典』에는 '만석'과 '한석'의 규정이 적혀 있으며 이를 통해 강희 연간에는 궁중에서 '만석'과 '한석'을 따로 냈다는 사실을 확인할 수 있다. '만'과 '한' 요리를 함께 표기한 것으로는 상하이의 지식인 요정린姚廷遴이 자신이 태어난 1628년부터 1697년까지의 이력을 서술한 『역년기

歷年記』중 1694년(강희 33년)의 기술에서 "擺滿, 漢飯"(만, 한석을 차리다)이라 적은 것이 최초로 여겨진다.[70]

건륭제는 60년의 재위 기간 중 합계 6회의 '남순南巡'(강남 일대로의 대규모 순유巡遊)을 거행했으며 순유 중에는 각지의 고위 고관으로부터 특산물을 받았는데, 이러한 건륭제의 남순은 베이징의 궁중과 관계에 '남미南味'(강남 요리)를 퍼트려 역대 왕조에 의한 각 지방 요리의 집성·융합의 마지막 전형적 사례를 낳았다. 이와 동시에 건륭제의 남순은 강남의 한족 부유층에게 베이징 궁정 요리의 영향을 '만, 한석'으로서 퍼트렸다고 생각된다.[71]

'만, 한석'에 관한 기술은 원매袁枚의 『수원식단隨園食單』(1792년) 등에도 보인다. 전당錢塘(항저우) 사람 원매가 쓴 『수원식단』은 맛있는 음식에 관한 지식을 향한 집념과 강한 주장이라는 면에서 거의 동시대의 프랑스인 미식가·작가 장 앙텔름 브리야사바랭Jean Anthelme Brillat-Savarin의 『미각의 생리학Physiologie du Goût』(1825년, 일본어판은 『미식예찬美味禮讚』)에 비견할 만한 저작이다.[72] 이 『수원식단』(須知單, 「本分須知」)은 "만주 요리에는 굽거나 조린 것이 많고 한인漢人에게는 국물 요리가 많다滿洲菜多燒煮, 漢人菜多羹湯"고 분류하고는, 만주족 관원이 한족 관원을 한족의 요리로 접대하고 한족 관원이 만주족 관원을 만주족 요리로 접대한다며 본분을 잊고 있다고 비판한다.[73]

이 밖에도 건륭 연간 내지는 그 후의 요리서로 여겨지는 『조정집調鼎集』은 '소소저燒小猪'(새끼 돼지 통구이), '괘로압掛爐鴨'(오리 통구이), '백합이파白哈尔巴' '소합이파燒哈尔巴'(돼지 등의 무릎 부위 요리) 등을 '만석'의 기본 요리로 들고 있다.[74] 이에 비해 '한석'의 대표적 요리로는 제비집 수프, 샥스핀이나 해삼 조림 등이 있었다. 그러나 청대에는 '한석'의 최상급 요리로 여겨진 제비집 수프조차도 '만석'의 돼지 통구이만 못한 것으로 취급을 받았다.

오늘날까지 중국요리의 최고급 메뉴로서 계승되고 있는 한족의 대표적 요리는 양저우揚洲의 '만, 한전석'을 기록한 이두李斗의 『양주화방록揚州畵舫錄』(1795년, 卷四, 「新京北錄中」)[75]에서도 확인할 수 있다.[76] 당시 양저우는 베이징의 궁정과 특별한 관계를 맺고 있었다. 정부의 전매 정책에 의해 부를 얻은 소금 상인은 수륙 교통의 요충이었던 양저우를 거점으로 삼았으며, 건륭제도 순행을 통해 그들과 관계를 강화하려고 했다. 이러한 소금 상인들이 『양주화방록』에 그려진 양저우 식문화의 절정기를 밑받침하고 있었던 것이다.[77]

참고로, 필자는 보지 못했지만 일본에서 1784년에 간행된 『당산관객지식唐山款客之式』도 '만, 한지之석'을 소개하고 있다고 한다.[78] 강남의 식문화가 일찍이 나가사키에 전해진 것이라고 생각된다.

중국요리사 연구자인 자오룽광趙榮光에 따르면, '만, 한석'이 아니라 '만석' '한석'이 합쳐져 일석一席이 된 '만한석'을 확인할 수 있는 최초의 기록은 평보청平步靑(1832~96년)의 『하외군설霞外攟屑』(卷三, 「辛夷坨蕿言」)에 수록된 진문술陳文述(전당(항저우) 사람, 1771~1843년)의 『연화벌蓮花筏』(卷一, 「戒殺生」)[79]이다. 이를 따르면, '만한석'은 19세기 초에 이르러 강남 지방의 민간 요리점에서 확립되었다고 하는 설이 유력하다. '만한석'보다 훨씬 호화로운 느낌의 '만한전석'이라는 명칭도 송강松江(현재의 상하이)의 한방경韓邦慶이 1892~93년에 연재한 산문을 모은 소설 『해상화열전海上花列傳』(1894년)의 제18회[80]에 나오는, 상하이 기생집에서 접대하는 장면에 처음으로 등장한다. 이렇게 '만한전석'은 청조 말기에 이르러 가장 호화로운 고급 연회석을 가리키는 일반 명칭이 되어 관·민을 불문하고 널리 사용되었다.[81]

그러나 태평천국의 난(1851~64년)에서도 나타난 '만족滿族'에 대한 '한족'의 배타적 민족주의가 (청조가 타도된) 신해혁명을 전후하여 고조되었다. 쑨원의 '오족공화'는 명목에 지나지 않게 되었으며, 만주족을 주체로 하여 청조 말기에 400만~500만 명이던 기인들은 민국기에는 청조 정권과 동일시되어 정치적·민족적 차별에서 벗어나지 못했다. 그 때문에 많은 기인이 자신들의 만족 성姓을 한성漢姓으로 바꾸어 기인이라는 사실을 숨겼다.[82]

요리의 세계에서도 사정은 마찬가지였다. 신해혁명에 의해 만주족의 청 왕조가 무너지자 상하이 등지에서도 '만한석'과 구성이 같은 요리를 '대한전석大漢全席'이라 불렀다.[83] '대한전석'이라는 명칭은 광저우나 홍콩에서는 이미 청말부터 사용하고 있었다.[84] 중화민국 시대에는 베이징, 상하이, 광저우, 홍콩 등에서 값비싼 '대한전석'이 거행되었으며, 특히 광저우 '모상관謨觴館'의 호화로운 만한전석이 유명했다.[85]

1932년 일본군의 주도로 세워진 괴뢰 국가 만주국의 고급 요리점에서도 '만한전석' '만한주석滿漢酒席'이나 '삼투완석三套碗席'(만주족의 대형 연회석) 등을 제공했다.[86] 일례로, 만주국의 국도가 된 신징(현재의 창춘)의 중앙판뎬中央飯店 등에서 '만한전석'을 제공했다는 것을 확인할 수 있다.[87] 이 밖에도 만주국의 만한전석 가운데에는 '만주소팔초滿洲小八炒'라는 코스가 있었으며 이 여덟 종류의 요리명은 예컨대 '어부팔보장御府八寶醬'(여덟 종류의 식재료를 간장으로 볶은 것)처럼 전부 '어부御府'[궁정의 창고를 가리킴]라는 말이 붙었다. 1644년 명이 멸망하고 청이 산해관山海關을 넘어 베이징으로 천도하기 전 선양(1634년부터 '성경'이라 칭함)을 수도로 삼았던 시기(1625~44년)의 궁정 요리를 '어부채御府菜'라고 한 데서 유래한 명명이었다.[88]

홍콩과 베이징에서 부활한 만한전석

1. 홍콩의 다이통자우가

홍콩의 '다이통자우가大同酒家'(1925년 창업)는 1927년부터 대규모 연회석을 제공하여 이름을 날렸다.[89] 홍콩에서는 아무리 호화로운 연회석이라 해도 제비집, 샥스핀, 해삼, '위두魚肚'(생선의 부레), '스위鰣魚'(준치), 낙타 혹, 사슴 힘줄, 웅장熊掌(곰 발바닥) 등 수륙水陸 팔진八珍을 사용하고, 새끼 돼지 통구이, 카오야(오리 구이), '합이파哈尓巴' 등 만주족의 풍미를 가진 요리와 밀가루로 만든 뎬신류를 갖춰야 비로소 만한전석(대한전석)이라 불릴 수 있었다. 만한전석은 홍콩을 통치하는 영국인의 비판을 받은 데다 사치에 대한 반감도 있어서 제2차 세계대전 무렵에는 한번 쇠퇴했지만 전후에 부활했다.[90]

1956년 8월, 홍콩의 미식가들이 다이통자우가에서 이틀에 걸쳐 '대한전정大漢全筵'의 대연회를 열었다. 이것이 제2차 세계대전 후 첫 본격적 만한전석으로 여겨진다.[91] 그 후 홍콩의 중국요리점은 예컨대 진미를 모두 갖추고, 실내를 호화롭게 장식하고, 궁정음악을 연주하고, 환관宦官과 여관女官으로 분한 종업원들이 야단스럽게 요리를 나르며, 청조의 궁정 요리로서 '만한전정'('만한화정滿漢華筵' '대한전정大漢全筵' 등)을 팔았다. 이러한 만한전석은 1960~70년대에 배금주의적 호화로움을 한층 키워나갔다.[92] 이는 타이완이나 일본으로도 전해졌다(그림 1-4, 그림 1-5).

일본에서는 1965년 3월, 오차노미즈お茶の水의 유시마세이도湯島聖堂 내에 있던 서적문물유통회書籍文物流通會가 홍콩으로 '만한전석 여행'을 주최한 것이 만한전석을 향한 푸드 투어리즘(음식 여행)의 시초가 되었으며[93] 그 후에는 오차노미즈 여자대학의 나카야마 도키코中山時子 등을 중심으로 홍콩의 다이퉁자우가로 만한전석을 먹으러 가는 여행단이 결성되기도 했다.[94] 그리고 1977년에는 일본 TBS의 텔레비전 프로그램 〈요리 왕국料理王國〉이 '궈반다이자우라우國賓大酒樓'에서 홍콩 역사상 가장 값비싼 만한전석을 거행하고는 이를 방영하여 주목을 끌었다. 나아가 이듬해에도 같은 가게의 만

1-4 만한전석의 모습(홍콩 다이퉁자우라우大同酒樓, 1973년)

1-5 만한전석(대한전정)을 위한 실내 장식(홍콩 다이퉁자우라우, 1973년)

한전석이 텔레비전에 방영되어 일본 전국에서 중국요리에 대한 새로운 관심을 불러일으켜 홍콩이나 타이완으로 만한전석을 먹으러 가는 단체 여행이 잇따랐다.[95]

1960~70년대 홍콩에서 만한전석은 베트남전쟁 특수로 돈을 번 신흥 부유층 사이에서 인기가 있기도 했지만, 일에 쫓긴 홍콩 사람들은 점차 식사에 많은 시간을 할애할 수 없었으며, 또 혼례나 보통의 연회에서도 만한전석을 내면서 그 신기함이 옅어져갔다. 결국 1980년대에 이르러 만한전석의 인기는 식게 되었고, 만한전석 투어를 조직한 일본인 관광객만이 이를 기꺼워하며 먹는 상황이 되었다. 1989년, 만한전석으로 유명했던 리쉬푹李樹福 셰프가 죽고 '감군자우라우金冠酒樓'가 문을 닫자 쇼로서의 만한전석도 거의 행해지지 않았다.[96]

그러나 이렇게 홍콩에서 만한전석이 사라져가던 무렵, 1986년 4월 상하이 난징루南京路의 옌윈러우燕雲樓에서 중국공산당 정권 아래 상하이의 첫 만한전석이 펼쳐졌다.[97]

2. 베이징의 팡산판좡

한편, 베이징에서도 청조 궁정 요리 및 '만한전석'의 기예가 계승되고 있었다. 신해혁명 후에도 청조의 마지막 황제 부의와 그 일족은 '청실우대조례淸室優待條例'(1912년)의 비호 아래 줄곧 자금성에 살며 호사스러운 생활을 이어나가고 있었던 것이다. 그러나 1924년 펑위샹馮玉祥은, 부의를 복벽復辟시켜 이용하려는 세력에 대항하고 또 베이징 정부의 재정 부담도 경감시키기 위해 '청실우대조례' 폐지를 선언하여 부의 일족을 자금성에서 추방했다. 그러자 이듬해에 청조 어선방의 요리사와 고용인 들은 베이하이北海 공원에서 '팡산차좡仿膳茶莊'을 창업했다. 팡산차좡은 당초 덴신과 차를 팔다가 얼마 뒤에는 간단한 요리도 만들었지만, 민국기에는 만한전석을 제공하지 않았다.

팡산차좡은 중화인민공화국 수립 후인 1955년 국영화되었으며, 이듬해에는 가게 이름을 '팡산판좡仿膳飯莊'으로 고치고 다섯 명의 청조 어선방 출신 요리사를 불러들였다. 팡산판좡은 같은 해 국경절(10월 1일)[건국 기념일]에 처음으로 외빈을 대접하는 연회를 열어, 서태후가 재계齋戒할 때 먹었다고 알려진 '소당와두小糖窩頭'(옥수숫가루와 콩가루를 섞어 원뿔형으로 찐 음식)를 4,000개나 제공했다고 한다.

그 후 팡산판좡은 주로 청조 시대의 궁정 요리를 냈으며, 1959년

1-6 팡산판창의 요리 '충바퉈장蔥扒駝掌'(낙타 발굽과 파 조림)

에는 호수(베이하이) 북안北岸에서 건륭 연간의 오래된 건물이 늘어
서 있는 호수 안의 섬으로 이전했다. 중국 상업부는 전국 각지에서
수많은 레시피를 발굴, 정리하게 하는 동시에 각 지방 요리의 명요
리사를 모아 팡산판창의 조리 기술을 향상시켰다. 팡산판창에서 현
재 제공하는 만한전석은 공산당 정권 아래 이루어진 이러한 노력으
로 완성된 것이다.[98]

　만한전석과 관련하여 주목할 만한 또 다른 인물인 저우진周錦
(1945년생)은 1962년부터 과거 청조 궁정의 어선방과 훈국 '어주御
廚'(요리사)였던 양화楊懷 밑에서 기예를 익히고 1967년 스승이 죽자
동창 선배인 쑤더하이蘇德海(베이징 벤이팡야덴便宜坊鴨店의 명요리사) 등
에게 배웠는데, 2002년 『만한전석』(農村讀物出版社)을 출판하는 등
만한전석을 널리 소개했으며 2004년에는 제5회 중국요리세계대회

에 참가해 자신이 재해석한 '만한전석·축수연祝壽宴'으로 금상을 받았다. 또한, 그는 '베이징 어선방·만한석 연구센터'를 설립하여 과거의 조리 기술을 오늘날에 계승하였으며 '국보급 요리 대가國寶級烹飪大師'의 한 사람으로 선출되기도 했다.[99]

21세기 중국 대륙에서는 1960~70년대의 홍콩이나 일본처럼 만한전석이 각광을 받고 있다. 만한전석에 관한 텔레비전 프로그램으로는 2002~07년 중국중앙텔레비전(CCTV)·중국요리협회中國烹飪協會·칭다오 텔레비전이 공동 제작한 중화 미식 문화에 관한 대형 프로그램 시리즈 〈만한전석〉이 있다. 만화로는 2009~10년 양메이揚眉가 상하이의 둥팡東方출판센터에서 간행한 시리즈가 있으며, 관련 전문서는 2017~19년 베이징의 고궁故宮출판사에서 잇따라 펴내고 있다.

지금까지 살펴보았듯이, 청조의 궁정에서는 만주족, 그리고 산둥이나 강남의 식문화가 융합된 요리를 만들었다. 청조의 황제는 건륭제 이후로 호화로운 식사를 하였으며, 청말에 실권을 쥔 서태후가 누린 호사가 특히 유명하지만 서태후 한 사람만 두드러지는 것은 아니다.

그런가 하면 오늘날에도 잘 알려진 만한전석은 원래 청조 궁정과는 직접적 관계가 없었으며 19세기 이후 민간에서 발전된 연회 요리였다. 20세기 들어 만한전석은 중화민국 시대의 음식 수도가 된 상하이나 광저우 등에서 성행하였으며 일본의 괴뢰 국가인 만주국에서도 행해지는가 하면 영국의 통치가 계속된 제2차 세계대전 후 홍콩에서도 유행했다.

만한전석은 홍콩에서는 1980년대 들어 사양길에 접어들었지만, 중화인민공화국에서는 정부의 보호 아래 1950년대 베이징에서 부흥하였고 근래에는 다시금 민간에서도 호화로운 연회석으로서 주목을 받았다. 이렇듯 오늘날 전해지는 만한전석은 청조 궁정의 유산이라기보다는 민간의 호사스러운 풍조, 그리고 중화인민공화국 정부의 노력에 의해 발전한 바가 크다.

2장

근대 도시 문화로서의 중국요리
─베이징, 상하이, 충칭, 홍콩의 경우

청대 베이징의 요리점

1644년, 명나라가 이자성李自成이 이끄는 농민반란군에 의해 멸망하고 이를 계기로 청의 어린 황제 순치제順治帝(3대, 1643~61년 재위)가 베이징에 입성했다. 청조는 명조의 수도였던 베이징의 황성皇城(자금성)·내성·외성이라는 3중 구조를 계승하여, 입성하고 수년이지나서는 성내에 거주하는 한족에게 외성으로의 이동을 명했다. 따라서 베이징의 내성에는 기인 관원과 군인이나 그 가족 등이, 외성에는 한족 관원과 민간인이 거주하게 되었다. 한족이 사라진 내성에서는 상업이 쇠퇴했으나, 성 내외의 경계에 있는 정양문正陽門·숭문문崇文門·선무문宣武門의 바깥쪽에 번화한 상업 지구가 생겨 특히 중앙에 위치한 정양문 일대(현재의 첸먼다제前門大街)에 많은 요

리점('飯莊')이 밀집했다.[1]

첸먼다제에 남아 있는 '두이추都一處' 역시 그러한 요리점 중 하나이다. 이 가게는 건륭 연간인 1738년에[2] 시산西山 출신자가 열어 동치 연간(1862~75년)부터는 특색 있는 유명한 사오마이燒賣를 팔기 시작했다(그림 1-7). 1752년에는 건륭제가 미복잠행하여 이 가게를 찾았으며 그 후 가게 이름을 적은 편액을 하사했다는 이야기가 근래에 들어 거의 공식적 역사인 양 되풀이하여 기술되고 있다.

그러나 이 사건에 대해서는 사료적 근거를 발견할 수 없다. 위안자팡袁家方의 고서 연구에 따르면 두이추의 창업자는 실제로 시산 출신일 가능성이 높은 듯하지만, 작은 요리점으로서라도 두이추의 존재가 확인되는 것은 가경 연간(1796~1820년)부터이며 건륭제에 얽힌 전설이 가게의 선전에 이용된 것은 민국기 이래의 일이다.[3]

강남과 비교하자면 청대의 베이징에서는 요리사를 고용해 집에서 접대하지 않고 요리점에서 연회를 베푸는 경우가 많았다. 반영페潘榮陛의 『제경세시기승帝京歲時紀勝』(1758년)을 보면, 건륭 연간의 베이징에서는 만주족 요리의 비중이 컸지만 산둥, 칭전清眞(이슬람교), 강남, 시산, 쓰촨 등의 명물 요리와 덴신도 있었다는 사실을 알 수 있다.[4] 베이징의 요리점은 직업이 제한되어 있던 기인이 출자한 경우가 많았으며, 경영자나 요리사, 잡역부에는 한족 중에서도 산둥 사람이 많았다. 하지만 19세기의 도광 연간(1821~51년)부터 '기민분성旗民分城', '만한분거滿漢分居' 제도가 완화되면서 성내에도 점포가 늘었으며, 19세기 후반의 함풍 연간(1851~62년)부터는 기인에 대한 직업 제한도 완화되어갔다.

신해혁명으로 청조가 멸망한 뒤에도 성 내외를 이동할 때에는

1-7 두이추의 사오마이

정양문, 숭문문, 선무문을 통할 수밖에 없었으며, 나아가 청말부터 경봉京奉, 경한京漢 철도가 정비되어 정양문 부근에 역사가 들어서면서 문 주변이 혼잡해져 시내 교통이 정체되었다. 그러나 1913년부터 성벽을 일부 헐고 성문 부근을 개조하여 도로를 내자 교통의 편리성이 향상되어 '만한분거滿漢分居'의 자취도 완전히 사라졌다. 베이징에서는 만주족 귀족 관료가 몰락하자 그들이 즐겨 드나들던 요리점의 장사도 쇠락했으며 이를 대신하여 새로운 요리점이 발흥했다. 예컨대 베이징에서는 원래 산둥 요리가 번성해 있었지만, 민국 초기에 위안스카이가 대총통이 되자 위안의 출신지인 허난의 요리가 인기를 얻었다.[5]

참고로, 위안스카이 본인은 '청증압자清蒸鴨子'(오리를 찐 요리)를 좋아해 겨울만 되면 이 요리가 끼니마다 식탁 한가운데에 놓였다고 한다. 나아가 그는 주식으로 찐빵이나 쌀밥 외에 쌀, 좁쌀, 옥수수, 녹두로 만든 허난식 죽을 즐겨 먹었다. 또한, 위안스카이는 1882년 명성황후 정권의 요청에 따라 이홍장 막하의 회군淮軍을 이끌고 조선으로 출병하여 임오군란을 진압하고 나서 1894년 귀국할 때까지 종주국 청을 대표하여 조선 왕조에 강한 영향력을 행사했다. 이렇게 위안스카이는 조선에 오랫동안 머물며 조선 세도가의 딸인 김 씨를 첩으로 맞아들였으며 김 씨가 절인 '고려 배추'도 좋아했다고 한다.[6]

1927년 4월, 장제스가 난징에 국민정부를 수립하여 난징이 중화민국의 수도 역할을 하게 되었다. 1928년 '베이핑北平'으로 개칭된 베이징에서는 당시까지 가장 번성해 있던 첸먼다제와 인근 다스란大柵欄의 상업 지구가 쇠락했다. 음식점은 시창안제西長安街에 집중되었지만 그곳에서도 전과 같은 번성을 바랄 수는 없었다.[7]

청말민국기의 음식 수도 상하이

아편전쟁으로 영국과 청나라가 체결한 난징조약(1842년)은 주권·인민·영토를 규정하는 국가의 존재를 전제로 하고 있으며, 바로 여기서 중국의 국민국가 형성이 시작되었다고도 할 수 있다.[8] 이 난징조약에 의해 상하이, 닝보寧波, 푸저우福州, 아모이(샤먼廈門), 광저우가 개항되고 홍콩섬이 영국의 식민지가 되었으며, 이는 많은 이민자가 중국에서 국외로 건너가 중국요리를 보급하는 계기가 됨과 동시에 중국의 도시 사람들이 외국 문화를 접하며 중국 문화를 알아갈 기회를 늘리기도 했다.

일례로 청말민국기를 대표하는 신문 〈신보申報〉(1872년 창간)의 데이터베이스를 살펴보면, 중국요리를 뜻하는 '탕차이唐菜'라는 용어가 1877년부터, 후대에 상용될 '중궈차이中國菜' '화차이華菜'가 1884년부터 각각 사용된 사실을 확인할 수 있다. 중국요리를 뜻하는 '탕차이' '중궈차이' '화차이' '중찬中餐' 같은 어휘는 서양 요리를 뜻하는 '판차이番菜' '와이궈차이外國菜' '시차이西菜' '시찬西餐' 같은 어휘와 대응 관계에 있으며 전자가 생겨날 계기를 마련한 것이 후자였다.[9] 19세기 말 당시는 중국인들이 자국을 세계 열국 중 하나로 보는 세계관이 일반화되어간 시기이자, 20세기 초 청말 신정新政에 의한 근대국가로서의 제도 정비로 이어져간 시기였다.[10]

상하이에는 19세기 전반까지만 해도 향토 요리 외에는 안후이 요리와 닝보 요리 정도밖에 없었다고 한다. 안후이(후이저우徽州) 상인은 아편전쟁 이전부터 상하이에서 활약하며 소금이나 직물 판매 외에도 조선造船이나 금융(전장錢莊[명대부터 청대까지 운영된 소규모 금융기관], 전당포) 분야를 지배했다. 19세기 상하이에는 안후이 상인의 전당포나 안후이 요리점이 많았다. 그러나 상하이 개항 후에 안후이 상인의 경제력이 서서히 약화되고 상하이와 가까운 닝보 상인이 대두했으며 이에 따라 닝보 요리점이 늘어났다.

상하이에서는 1845년에 영국, 1849년에 프랑스가 각각 조계租界를 개설했다. 그 후 태평천국의 난(1851~64년)과 이에 영향을 받은 비밀결사 소도회小刀會에 의한 상하이 현성縣城 점거 사건(1853년)이 발생하자 상하이의 조계 내로 많은 피난민이 몰려들어, 외국인 상인이 주거 임대로 수입을 올리려 했다. 이러한 혼란의 와중에서 조계 내에 외국인은 물론이고 중국인도 자리를 잡고 사는 '화양잡거華洋雜居'가 묵인되어 처음으로 부동산 열풍이 불었다. 그리고 이 무렵부터 상하이의 조계에는 중국 각 지방의 요리점이 등장하기 시작했다. 상하이 최초의 베이징 요리점은 동치 연간에 창업한 '신신루新新樓'라고 알려져 있으며, 그 후 고급 베이징 요리점은 베이징 등지에서 찾아오는 관리를 접대하는 데 편리하다는 이유로 성업을 이뤘으며 종래의 안후이 요리점의 지위를 빼앗았다.[11]

나아가 이노우에 고바이井上紅梅(1881~1949년, 마작을 일본에 최초로 소개했다고 알려진 중국 문학자)에 의하면, 상하이의 조계 내에서는 광서 초년(1875년) 무렵까지 톈진天津 요리가 전성을 누려 닝보 요리점 등은 항상 이류의 위치에 있었다. 이어서 난징, 양저우 요리점, 남북 절충 요리점 등이 나타났으며, 광서 말년(1908년) 무렵에는 베이징, 톈진 요리가 부흥했다. 신해혁명 후에는 우선 남방파南方派(쉬충즈許崇智 혹은 뒤에서 이야기할 푸젠계 해군을 가리킴) 세력이 늘어남과 동시에 푸젠 요리가 대두하고, 그다음으로는 혁명의 발단이 될 민중 봉기가 일어난 쓰촨의 요리가 유행했으며, 1910년대에는 푸젠, 쓰촨 요리의 전성기가 도래했다.[12] 수많은 지방 요리의 유행이 이렇듯 어지러이 변화하는 것이야말로 청말 이후에 나타난 식문화의 근대성이라 할 수 있다.

또한, 상하이와 마찬가지로 톈진에서도 개항에 따라 요리점이 급증했다. 1860년 베이징조약에 따라 개항된 톈진에는 중국에서 가장 많은 9개국의 조계가 설치되었다. 나아가 직례총독直隷總督·북양통상대신北洋通商大臣, 여러 외국의 영사, 양행洋行(외국 상사) 및 중국 기업이 집결해 상업이 발전했으며, '팔대성八大成'이라 불린 여덟 군데의 대형점을 비롯해 다양한 레스토랑이 번성했다. 민국기의 톈진은 베이징의 안방과 같은 장소가 되었으며, 많은 정치가와 군벌, 관료, 외국인 상인, 중국인 매판[외국의 자본에 종속되어 자국 내의 상거래를 청부하는 상인], 청조의 유신遺臣 등이 조계에 살았기에 요식업도 번성했다. 그 밖에 베이징에서도 특히 20세기 초부터 수많은 남방(강남·상하이) 요리점이 문을 열었다. 민국기에는 베이징의 요리점이 남방에 진출하기보다는 그보다 훨씬 많은 수의 남방 요리점이 베이징에 진출하여 요식업계의 경쟁이 격화되었다.[13]

이처럼 상하이를 비롯한 대도시에서 요리점이 치열한 경합을 벌이며 요식업이 발전하던 당시에, 중국 사람들은 자국 요리와 외국 요리를 비교하며 자신들의 식문화에 대한 자신감을 키워나가고 있었다. 쑨원(1866~1925년)은 1912년 난징에서 수립된 중화민국의 임시 대총통에 한 차례 취임한 뒤 일본으로 망명(1913~16년)하였다가 1917년 광저우에 수립된 중화민국 군정부(광둥정부)의 대원수로 선출되지만 주도권 싸움에서 패해 이듬해 사임하고[14] 『건국방략建國方略 쑨원 학설孫文學說』(1919년 초판)을 집필했는데, 그 책에서 쑨원은 "우리 중국의 근대 문명의 진화는 하나같이 전부 남에게 선수를 빼앗겨 뒤처져 있지만 단 하나, 음식의 진보만큼은 지금에 이르기까지 문명 각국이 아직 중국에 미치지 못한다"고 쓰고 있다.[15]

『쑨원 학설』의 이 구절은 예컨대 1920년대 상하이 훙커우虹口의 광저우 요리점 '안러위안주자安樂園酒家'의 광고에도 인용되어 장사에 이용되었다(그림 1-8). 그리고 쑨원이 자찬한, 서양으로 퍼지고 있는 중국요리는 실제로는 광저우(광둥) 요리가 중심이었다.[16] 또한 쑨원의 이 중국요리 우월론은 21세기에 중국요리의 유네스코 무형

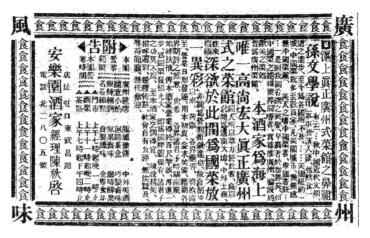

1-8 상하이의 광저우 요리점 안러위안주자의 광고(《신보》 1927년 3월 28일 자)

문화유산 등재 신청을 둘러싼 논의에서도 때때로 인용되었다.[17]

유행의 변화가 어지러이 거듭되는 민국기의 상하이에서는 중국 각 지방 요리의 차이가 점차 널리 인식되어갔다. 1917~20년 상하이의 상무인서관商務印書館에서 출판된 서가徐珂(저장성 항저우 출신)의 『청패류초淸稗類鈔』는 중국요리를 일본 요리와 서양 요리에 견주며 자찬하지만 거기서 그치지 않고 중국 각 지방 간 기호의 차이도 지적하고 있다.

예를 들어, 서가는 "북방 사람들은 파나 마늘을 좋아하고, 윈난, 구이저우, 후난, 쓰촨 사람들은 매운 것을 즐기며, 광둥 사람들은 담백한 맛을, 장쑤 사람들은 단맛을 좋아한다"고 쓰고 있다.[18] 역사학자 진텐이 지적하듯 서가의 글은 중국 각지의 음식에 관한 두드러진 풍습을 열거했을 뿐 각 지방 요리 계통의 체계적 분석과는 거리가 멀었다.[19] 그렇지만 중화민국 식문화의 중심적 발신지라 할 수 있는 상하이에서 중국요리의 우월성과 함께 중국 각 지방 식문화의 차이도 인식되었다는 사실을 확인할 수 있다.

근대 상하이의 쓰촨, 광둥, 푸젠 요리

여기서는 특히 ① 쓰촨 요리 ② 광둥 요리 ③ 푸젠 요리를 예로 들어, 이들 요리가 어떻게 상하이에 전해졌는지 따져보고자 한다. 나아가 근대에 이 세 지방 요리가 처해 있던 상황을 음식 수도 상하이로부터 살펴보자.

1. 쓰촨 요리와 마파두부

민국기 이후 상하이에서 중국요리가 겪은 유행의 변화에 대해서는 당시 최고 수준의 미식 가이드북인 『상하이더츠上海的吃』(狼呑虎嚥 客編, 上海, 流金書店, 1930) 등이 생생히 전하고 있다. 이 전간기戰間期 상하이의 미식 가이드북은 쓰촨 요리를 정치精緻하고 아름답다고 평하면서 그다지 매운 요리로 특징짓고 있지는 않다. 제2차 세계대전 후 일본에서 쓰촨 요리의 대명사가 되는 '마파두부'도 전쟁 이전의 상하이에서는 아직 수용되지 않았던 듯하다.

참고로, 마파두부麻婆豆腐(마포더우푸)는 청말의 청두성成都城 북문 교외에서 처음 만들어진 것으로 보이며, 동치 연간에 진陳 씨가 창안했다는 설과 광서 연간에 온溫 씨가 창안했다는 설이 있다.[20] 이 중 유력한 것은 요리사 진 씨의 아내가 식당에서 만들기 시작했으며, 아내의 얼굴에 마맛자국('麻')이 있던 데 말미암아 '진마파두부陳麻婆豆腐', 이를 줄여 '마파두부'라 불렸다는 설이다.[21] 부숭구傅崇矩(1875~1917년)가 편찬한 『성도통람成都通覽』(成都通俗報社, 1909)에 "청두의 저명한 식품점"의 하나로 "진마파지두부陳麻婆之豆腐"가 기재되어 있는 것으로 보아[22] 마파두부는 청말의 청두에서 현지 명물 요리의 하나가 되었다고 볼 수 있다.

또한, 청말의 청두를 기록한 주순周詢의 『부용화구록芙蓉話舊錄』(卷四, 간행 연도 미상)에는 "북문 바깥에 진마파라는 자가 있어 두부를 맛있게 조리하며, 조미료나 식재료 및 조리 공임工賃을 두부 값에 전부 합쳐도 한 그릇을 동전 8문에 판다. 술과 밥도 팔고 혹시 돼지고기나 쇠고기를 추가하고자 하면 손님이 스스로 가져가도 되고, 가게에서 손님 대신 사러 가기도 한다. 가게 이름은 잘 알려져 있지 않지만 진마파라고 하면 모르는 자가 없다"는 대목이 있다.[23]

『부용화구록』 속 '진마파'에 관한 기술이 '소식小食'(간식) 항목에 들어 있다는 데서 알 수 있듯이, 당시의 마파두부는 지역 서민의 경식이지 일류 요리점에서 내는 일품요리는 아니었다. 또한, 마파두부의 고기는 원래 따로 추가하는 것이었지만 1920년대에는 처음부터 고기가 들어간 요리가 되었으며 20세기 중엽에는 고급 조미료였던 두반장도 사용되기에 이르렀다고 생각된다.[24]

이 마파두부가 전국적으로 알려진 요리가 된 것은, 일러야 중일 전쟁 때 각지 사람들이 국민당 지배하의 쓰촨으로 몸을 피하고 전후에 전국 각지로 돌아간 뒤의 일일 것이다. 예컨대 상하이의 대형 신문 〈신보〉에 '마파두부'가 처음으로 등장한 것은 1948년 5월에 청두 음식을 소개한 기사이다. 참고로, 이 기사에서는 마파두부의 유래가 삼국시대 제갈량 군대의 에피소드로까지 거슬러 올라간다고 되어 있다.[25] 그리고 인민공화국이 수립된 무렵에는 공산당 정권 치하를 떠난 요리사들이 홍콩, 타이베이 등지에서도 쓰촨 요리나 마파두부를 전파하였다. 특히 일본에서는 진 겐민陳建民(천젠민, 1919~90년)의 공적이 컸다.

이 밖에도, 입수하지 못해 아직 보지는 못했지만 청말의『금성죽지사錦城竹枝詞』(금성은 청두를 뜻함)에도 '마파진씨麻婆陳氏'를 적은 구절이 있다고 한다. 또한, 2002년에는 '마파두부 연회(麻婆豆腐宴)'가 '중국 국가 연회'라는 평가를 얻었다. 나아가 2010년에는 '진마파두부'가 청두시의 무형문화유산에 등재되었다.[26] 마파두부의 탄생을 둘러싼 전승은 앞으로도 이야기로 전해지며 정착해나갈 것이라고 생각된다.

2. 광둥 요리의 명성, '음식은 광저우에 있느니'

상하이에서 쓰촨 요리의 유행은 이미 1930년대에 광둥 요리에 완전히 자리를 내주었다.[27] 광둥 요리('粵菜')는 광둥 출신 화인 상인들이 난징루에 개업한 4대 백화점(센스先施·융안永安·신신新新·다신궁쓰大新公司)의 레스토랑에서 새롭게 유행하기 시작해 '吃(食)在廣州(음식은 광저우에 있느니)'라는 명성이 상하이에 퍼져나갔다.[28] 상하이에서 광둥 요리의 발흥은 1926년 광저우에서 북벌을 개시한 장제스의 국민혁명군에 비유되기도 했다.[29] 그 함의는 중국의 다른 지방 요리를 모두 쓰러트리고 서양 요리에 대항했다는 데 있을 것이다.[30]

예를 들면, 신신궁쓰新新公司에서 독립한 '신더우판뎬新都飯店'에서는 상하이 흑사회黑社會[중국어권 범죄·폭력 조직을 총괄하여 일컫는 말] 두목 두웨성杜月笙의 아들의 결혼 피로연이 열렸다. 또한, 신더우판뎬과 쌍벽을 이루던 '신야웨차이관新雅粵菜館'은 "상하이의 외국인이 가장 잘 알고 있는 곳은 '신야新雅'로, 그들은 '신야'의 광둥 요리를 중국을 대표하는 요리로 인식"[31]하고 있었다고 이야기될 정도로 유명해졌다. 중일전쟁 후 신야웨차이관의 손님 셋 중 둘은 서양인이었으며, 리쭝런李宗仁 총통 대리가 외빈을 초대하는 장소로 이용하기도 했다.[32]

민국기의 음식 수도이자 대중문화의 중심지였던 상하이의 신문, 잡지에는 광저우의 음식을 상찬하는 수많은 기사가 게재되었다. '음식은 광저우에 있느니'라는 말에 대해 문학자이자 작가인 저우쑹팡周松芳은 주로 민국기의 상하이에서 퍼진 것이 아닌가 하는 의견을 내놓고 있다.[33] 이 견해는 신문이나 인터넷 뉴스 사이트에도 게재되어 퍼져나가[34] 바이두백과百度百科(중국판 위키피디아)의 '중국 요리(中國菜)', '4대 요리(四大菜系)' 항목에서도 이를 채용해 정설화하고 있다. 나아가 저우쑹팡은 상하이식 광둥 요리('海派粵菜')의 융성에 주목하여 이를 '궈차이國菜' 즉 '민국을 상징(表征民國)'하는 요리로까지 높이 평가하고 있다.[35]

하지만 저우쑹팡이 분석한 민국기 상하이의 잡지에 실린 광저우 음식 소개 기사 중 가장 많은 수를 차지하는 것은 '다루茶樓'(다관茶館)에 관한 기사이다.[36] 중국요리 연구가 도비야마 유리코飛山百合子에 따르면, 원래 얌차飮茶[딤섬(딤삼)에 차를 곁들이는 광둥의 식문화]는 차를 마시는 데 중점을 두므로 "다루는 요리를 취급하지 않고, 주루(요리점)는 딤섬을 취급하지 않는다"는 불문율이 있었다. 그 때문에 1920년대까지 다루는 빙스餠食(쿠키류)만을 제공했다. 1930년대쯤부터 서서히 다루와 주루의 구별이 사라져갔지만, 그럼

에도 다루가 내는 것은 만두, 사오마이, 찐빵 같은 딤섬이나 면·밥 류가 중심이었다.[37]

따라서 민국기 상하이 사람들이 '음식은 광저우에 있느니'라는 말에서 연상한 것은 주로 다관의 얌차였다. 상하이 사람들은 상하이식 광둥 요리를 떠받들었지만, 광저우 현지의 본격적 요리를 잘 알지는 못했다는 사실을 알 수 있다.

한편, 1900년경부터 홍콩에는 광저우의 요리점 경영자가 많이 진출하여 전복이나 샥스핀 같은 고급 재료로 만드는 요리를 내는 가게를 열었다.[38] 그렇다면 '음식은 광저우에 있느니'라는 상황은 당시 홍콩에 이미 있었으므로, 이 유명한 말이 청말민국기 초에 홍콩에서부터 퍼져나가 그 후에 상하이로 전해졌을 가능성도 부정할 수 없다. 나아가 상하이에서 '음식은 광저우에 있느니'라는 인식이 퍼진 1920년대 무렵 광둥에서는 이미 '음식은 광저우에 있느니'가 퇴색하기 시작해 '음식은 홍콩에 있느니'라는 상황으로 변해가고 있었다고도 할 수 있다.[39]

광저우의 유명 요리점도 여기서 간단히 살펴두자. 1930년대에 '음식은 광저우에 있느니'를 대표하던 4대 요리점('四大酒家')은 '남 원南園' '만원文園' '사이원西園' '다이삼원大三元'이었다.[40] 이 가운데 최초로 창업한 '다이삼원자우가大三元酒家'는 1919년 죽이나 면을 파는 작은 가게로 출발해[41] 광저우의 요리점으로서는 최초로 엘리베이터를 설치했으며, 1930년대에 이르러 그 명성이 퍼져나갔다(2000년 폐점).[42]

또한, 광저우에서 가장 유명한 가게가 되는 '궝자우자우가廣州酒家'의 전신인 '사이남자우가西南酒家'가 문을 연 것은 1935년[43] 내

지는 1937년[44]경이다. 궝자우자우가는 민국기의 정政·상商 유력자
들로부터 '食在廣州(음식은 광저우에 있느니)' '廣州第一家(광저우에
서 제일가는 집)'라고 적은 액자를 받았으며, 인민공화국 건국 후인
1957년부터 중국수출상품교역회('광저우 교역회')가 열리자 대외 접
대용 가게로 지정되었다.

궝자우자우가와 함께『중국명채보中國名菜譜』(인민공화국 초기에 편
찬)에 실린 유명한 가게 '다이퉁자우가'는[45] 1938년 일본인 나카자
와 지카노리中澤親禮가 그 전신인 '궝자우원자우가廣州園酒家'를 개
점한 것이 그 시초다. 그 후 경영 부진에 빠진 궝자우원자우가는
1942년 홍콩 다이퉁자우가(앞에서 이야기한 만한전석으로 유명한 가게)
의 점주 풍김상馮儉生 등에게 매입되어 '다이퉁자우가'로 이름이 바
뀌었다.[46]

3. 푸젠 요리와 중국 해군

푸젠 요리는 신해혁명 후 전성기를 지나서도 '샤오유톈小有天'의
'홍사오위츠紅燒魚翅'(샥스핀 간장 조림) 등으로 유명했다. 푸젠 요리는
특히 일본인들에게 사랑받았는데, 1922년 일본인 거주 구역인 베
이쓰촨루北四川路에 '중유톈中有天'이 문을 열자 연일 일본인이 찾아
와 '샤오유톈'은 손님을 빼앗겼다.[47]

그런가 하면 간소하고 값싼 푸젠 요리점은 상하이 남쪽의 강변
부두 일대에 빽빽이 늘어섰다. 그곳은 중국 해군 군함의 정박지로,
해군 사령부가 있었다. 이들 가게의 요리는 값은 쌌지만 사령함장
의 개인 요리사였던 솜씨 좋은 요리사도 있어 샤오유톈 같은 유명
요리점에 뒤지지 않을 정도로 맛있었다고 한다.[48]

참고로 해군 장교, 병졸이 푸젠 요리를 즐긴 것은, 푸저우와 가까운 마웨이馬尾에 1866년에는 당시 동아시아 최대의 조선창造船廠이었던 '푸저우 선정국船政局'이, 1867년에는 해군 학교 '푸저우 선정학당船政學堂'이 개설된 이래로 푸젠(특히 푸저우) 출신자가 해군의 최대 파벌이 되었기 때문이다. 중국 해군 내에서는 '푸젠 출신자의 해군'이라는 비판이 나올 정도로 동향 의식을 중요시하였으며, 푸젠 출신이 아니면 사령관이 될 수 없다고 할 만큼 동향인을 중용하였다.

1905년 청나라 정부는 남양·북양 해군을 통일하여 상하이의 강남제조총국江南製造總局(강남 조선창의 전신)에 해군의 사무 기관을 설립하였으며, 이곳을 거점 삼아 푸저우 출생의 살진빙薩鎭冰으로 하여금 남양·북양 해군을 통괄하게 했다. 푸젠계 해군은 신해혁명 후에는 베이징 정부의 '중앙 해군'이 되었으며, 장제스가 북벌을 시작한 뒤로는 국민혁명군에 붙어 그대로 국민정부의 '중앙 해군'이 되어 중일전쟁 직전까지 해군의 최대 파벌로서 그 지위는 흔들리지 않았다.[49]

상하이 요리의 형성과 홍콩으로의 전파

이제부터는 상하이 요리('上海本幇菜')의 형성과 보급을 살펴보자. 상하이어가 닝보나 쑤저우 등의 방언이 융합해 생겨났듯이 상하이 요리도 닝보의 요리 기술이나 쑤저우·우시 등의 풍미가 합쳐져 생겨났다.[50] 상하이 요리 최대의 특색은 '농유적장濃油赤醬'을 쓴다는 점이다.[51] 이는 기름이 많고 농후하며 단맛이 돌고 빛깔이 고운 간장으로, '훙사오紅燒'(간장 조림)에 적합하다.

민국기의 상하이에서 상하이 요리는 '번방차이本幇菜' '번디차이本地菜'라고 불렸다. 이러한 음식을 파는 가게는 대체로 닝보 요리점이 변화한 곳으로, 규모가 작고 일상적 식사('家常便飯')만 제공했으며, '라오정싱관老正興館' '정싱관正興館' '취안싱관全興館' 같은 이름을 달고 죽 늘어서 요리점 골목('飯店弄堂')을 이루었다.[52] 1926년에 상하이를 다시 찾은 일본의 소설가 다니자키 준이치로谷崎潤一郎는 "줄로 된 포렴을 내건 밥집" "하등한 곳"에 가길 바라 '라오정싱관'에 안내되었다. 그곳은 "순수한 닝보 요리" 가게로, 손님도 다수가 닝보 사람이었으며 대부분의 요리 재료로 선어鮮魚를 사용하고 있었다. 음식을 맛본 다니자키는 어린 시절에 어머니가 반찬으로 만들어준 생선 조림을 떠올렸다.[53]

상하이 요리는 1920년대 이전에는 상하이 현지에서도 명성이라고는 없었지만 1930년대에 들어 급속히 퍼져나갔다. 그 배경으로는, 스류푸十六铺(황푸黃浦강 기슭)의 '더싱관德興館'(1878년 내지는 1883년 창업)과 같은 상하이 요리점('本幇菜館')이 '샤쯔다우찬蝦子大烏參'(해삼 안에 고기나 새우 알을 넣고 쪄 간장 양념을 끼얹은 요리) 같은 명물 요리나 명요리사를 낳아 상하이 번방차이의 품격과 지위를 높인 것을 들 수 있다. 두웨성이나 쑹메이링宋美齡(장제스 부인) 같은 유명인이 상하이 요리에 대한 애정을 드러내며 이목을 끈 덕분에 이를 모방하는 사람도 늘었다. 한편, 상하이 요리가 유행하면서 '라오정싱老正興'(1862년에 닝보 사람 주정번祝正本 등이 개업한 포장마차가 최초로 여겨짐)이라는 가게가 널리 이름을 알리자, 여기저기서 '라오정

싱'이라는 이름의 가게가 문을 열어 가짜 상하이 번방차이도 많아 졌다.[54]

중일전쟁이 끝나고 많은 상하이 사람은 전전의 번영을 되찾기를 바랐으며, 상하이 요리는 지나간 세월을 떠올리게 해줘 인기를 얻으며 최전성기를 맞았다. 장제스의 아들 장징궈蔣經國는 국민당 정권 말기에 중국 대륙에서 행해진 '다라오후打老虎(금은·미국 달러·물자 은닉자 단속)가 한창일 때도 더싱관의 상하이 요리를 먹으러 갔다고 한다.

중화인민공화국이 수립된 1949년을 전후하여 많은 상하이 사람이 홍콩, 타이완 등지로 이주하자 상하이 요리는 고향에 대한 그리움을 달래는 요리가 되었으며 홍콩이나 타이베이에서도 상하이 요리점이 문을 열었다. 1950년대 홍콩에서는 상하이 출신자가 많이 살아 '작은 상하이小上海'라 불린 박콕北角(노스포인트)을 중심으로, 인기를 양분한 '허핑차이관和平菜館'과 '쓰우류四五六'를 비롯해 많은 상하이 요리점('滬菜館')이 문을 열어 번성했다. 당시 홍콩에는 홍콩 원주민보다 상하이에서 온 사람들 중에 부유한 자가 많았으며 그들은 광둥 요리보다는 상하이 요리로 호화로운 연회를 열었다.[55]

참고로, 민국기의 상하이에서는 서양식 나이트클럽이나 극장 레스토랑 같은 업태를 받아들인 중국요리점(주루)이 생겨나 있었다. 이런 가게에서는 밴드가 연주하는 음악에 맞춰 가수가 노래를 부르고 손님은 이를 들으며 식사를 했으며 플로어에서는 춤도 출 수 있었다. 3부 1장에서 살펴보겠지만, 미국에서는 찹수이 레스토랑(중국요리점)이 나이트클럽의 선구가 되어 있었으므로 그 유행이 상하이에 미쳤다고 생각할 수도 있다. 그리고 이러한 가게는 1950년 홍콩 박콕 등지에서 문을 열어 '자우라우예중우이酒樓夜總會'혹은 '호이파이자우라우海派酒樓'(상하이풍 레스토랑)라 불리며 1960년대 홍콩에서 '예중우이夜總會'[나이트클럽] 황금시대의 발판을 마련했다.[56]

두웨성은 1949년에 홍콩으로 이주하여 1951년에 병으로 죽었는데, 그 짧은 동안에도 상하이 요리를 그리워하여 상하이에서 홍콩으로 요리사를 불러오려 했다. 두웨성은 상하이시 부시장 판한녠潘漢年의 특별 허가를 받아 더싱관의 명요리사 탕융푸湯永福와 그 제자를 홍콩으로 불러 상하이 요리를 만들게 했다.[57] 이 더싱관은 홍콩의 중완中環(센트럴)에 '궁자오쥐러부公教俱樂部' '리츠화위안麗池花園'을 새로 열었으며 상하이의 유명 요리 '샤쯔다우찬'도 내서 환영받았다.[58] 나아가 1955년에는 상하이 '라오정싱'의 지점도 생겨 1993년 '라오상하이老上海'로 이름을 바꿨다.[59]

그런가 하면 상하이의 더싱관은 1950~60년대에 덩샤오핑, 쑹칭링宋慶齡(쑨원 부인), 천윈陳雲, 리푸춘李福春, 뤄루이칭羅瑞卿 같은 많은 당·정부 지도자를 접대하는 가게가 되었다. 천이陳毅는 당시 상하이시장이던 덩샤오핑을 더싱관에 초대해 '샤쯔다우찬' 등 상하이 요리를 대접하여 호평을 얻었다.[60] 인민공화국 초기에는 베이징이나 톈진 같은 대도시에서도 '메이웨이자이美味齋' '라오정싱' 같은 상하이 요리점이 문을 열었다. 그러나 계획경제가 실행되는 가운데 상하이 이외의 지역에서 상하이 요리가 유행하는 일은 없었다.[61] 상하이 요리가 전국적으로 각광을 받은 것은 뒤에서 이야기하듯 1990년대 말부터였다.

상하이 요리가 1930년대에 확립되어 1990년대 말에 전국으로 퍼진 것은 전간기와 '개혁·개방'(계획경제의 개혁이나 시장의 대외 개방) 시기에 찾아온 상하이의 경제적 번영과 무관하지 않다. 근대에 탄생한 상하이 요리는 오늘날 오랜 역사를 가진 화이양 요리보다도 유명한 지방 요리가 되어 있다.

수도 난징에서 배도 충칭으로

난징에는 이미 청말민국기부터 성 남쪽의 번화가에 수많은 요리점이 있었다. 나아가 1927년에 난징국민정부가 수립되자 그 수도가 된 난징의 요식업은 비약적으로 발전했다. 전국의 정치가, 관원 등이 난징을 찾아오면서, 광둥, 베이징, 쓰촨, 닝사오(닝보·사오싱紹興) 등 각 요리 계통의 수많은 가게가 생겨 서로 경합하였다.

예컨대 난징의 후난 요리점 취위안曲園은 1928년 난징국민정부 초대 주석·행정원장에 취임한 탄옌카이譚延闓(1879~1930년, 후난 출신)가 좋아하던 가게로, 이곳에는 많은 정치가나 문화인이 드나들었다.[62] 또한, 1840년에 회민回民(무슬림)의 포장마차로 출발한 마샹싱馬香星은 신해혁명 후에 정치가나 문화인과의 연줄이 생겼으며 1927년 이후에는 왕징웨이(왕자오밍)나 바이충시白崇禧 같은 국민정부 고관들이 편의를 봐주었다. 나아가 마샹싱은 1946년에 국민정부와 교섭하려고 방문한 저우언라이周恩來로부터도 비호받아 1958년에 국유화되었다. 이곳은 오늘날에도 여전히 좋은 정진 요리를 제공하며, 아랍문자를 광고에 사용하는 등 난징에서 현존 최고最古의 요리점으로서 건재하다.[63]

한편, 일본군의 침공을 받은 국민정부는 1937년 11월 '국민정부 충칭 이주 선언國民政府移駐重慶宣言'을 발표해 12월부터 충칭을 중화민국의 전시 수도로 삼았다. 국민정부 중앙 기관은 잠정적으로 우한武漢으로 이전하였으며 장제스도 12월 7일 난징을 탈출했다. 그리고 12월 13일 난징은 일본군에 함락되었다. 1940년 9월 6일, 국민정부는 충칭이 중화민국의 '배도陪都'(수도에 준하는 도시)라는 것을 정식화했다. 이러한 상태는 전후인 1946년 5월 국민정부가 간신히 '환도령還都令'을 발포하여 충칭에서 난징으로 개선하기까지 계속되었다.

이로써 전시의 임시 수도가 된 충칭에서도 외식업이 번성했다. 전국 각지의 사람들이 충칭에 모여들었으며, 충칭의 기관과 기업에서 일하는 인원 중에는 가족을 동반하지 않은 사람이 많아, 봉급생활자들의 일상적 식사부터 접대용 연회에 이르기까지 요리점의 수요는 컸다. 더구나 전시의 충칭에서는 유흥업이 발달하지 않아 많은 사람이 먹는 즐거움을 추구해 오락을 대신하고 있었다.[64]

당시 충칭에는 현지의 요리를 내는 쓰촨 요리점 외에 베이핑의 '펑쩌위안豊澤園'(산둥 요리), '허우더푸厚德副'(허난 요리), '취위안曲園'(후난 요리), 광저우의 '다이삼원大三元'(95쪽 참조), 상하이의 '관성위안冠生園'(광둥 요리·양식) 등 각 지방 요리의 유명 가게들이 점포를 냈다.[65] 특히, 상하이를 본거지로 하여 충칭에 분점을 낸 외식·제과업의 관성위안은 1943년에는 국민정부가 외빈을 초대하는 연회·다회도 맡았다.[66]

그러나 충칭에 찾아온 정부 관리나 그 가족 중에는 현지의 쓰촨 요리가 입에 맞지 않는 이들도 있었다. 그 때문에 관청·관원에 고용된 요리사('官廚')는 쓰촨 요리를 개량하여 쓰촨 요리의 특색을 지키면서도 연해 지역 사람들의 기호에 맞는 요리를 만들었으며, 이것이 '관차이官菜'라 불렸다. 예컨대 대형 연회가 많이 열려 이름을 떨친 중양판덴中央飯店의 요리 등이 '관차이'라 불렸을 것으로 생각된다. 이러한 충칭의 '관차이'는 근래에 들어 "중화 민족의 불행한 역사의 산물일 뿐"이라고 평가되어, 이를 역사적·문화적으로 가치 있는 요리로서 발굴하거나 상업적으로 재생시키는 데에는 비판적인 의견이 많다.[67]

1940년대 초부터 난징이나 상하이에서는 난징(화이양)과 충칭(쓰촨)의 두 요리를 모두 취급하는 가게가 출현했다. 이 무렵에는 두 지역의 관·군 관계자의 이동에 따라 쓰촨과 화이양의 퓨전 요리인 '촨양' 요리가 창안되어 유행했으며 1945년에 전쟁이 끝난 뒤로 한층 인기를 얻었다.

그 대표적 가게인 메이룽전梅龍鎭은 1938년 상하이 웨이하이루威海路에서 작은 가게로 시작해 양저우의 경식 등을 냈지만 경영이 어려워졌고 좌파 문예가 리보룽李伯龍이 가게를 매입해 난징루의 현재 위치로 이전하였으며, 영화·무대 배우이자 공산당 지하당원인 우메이吳湄(1906~66년)가 경영을 맡았다. 우메이가 유명 요리사를 초빙한 뒤로 메이룽전은 화이양 요리점으로서 이름을 떨쳤다. 일본이 전쟁에 패하기 1년 전, 우메이는 일본이 반드시 패배하고 그 후 쓰촨 요리가 상하이에서 유행하리라 생각하여 쓰촨 요리의 명요리사 선쯔팡沈子芳을 불러와 요리를 만들게 했다. 이로써 메이룽전은 양저우(화이양) 요리에 쓰촨의 맛을 더해 쓰촨과 양저우가 융합된 상하이식 요리를 내게 되었다.

우메이의 예상대로, 중국이 전쟁에서 이긴 후 충칭에서 상하이로 온 국민정부의 접수接收 인원과 그 가족 등이 쓰촨의 맛을 그리워하여 상하이에서 쓰촨 요리가 다시 유행하기 시작했다. 메이룽전은 크게 번성하여 쓰촨과 화이양 요리가 융합된 '촨양' 요리를 정착시켰다.[68] 1946년 10월의 시 재정국 통계에 따르면, 상하이시의 중국요리점 1,114곳 중 36곳이 촨양 요리점이었다.[69]

1949년 국민정부가 타이완으로 물러나자 관료나 그 가족, 그리고 정부 기관에서 요리를 만들던 촨양 스타일의 요리사 들도 타이완으로 옮겨갔다. 뒤에서 이야기할, 타이베이에서 1952년 문을 연 위안산다판뎬에서 조리장으로 일한 청밍차이程明才가 그 일례이다.[70] 이 장에서 살펴보았듯 국민정부의 소재지는 중국 각지의 요리를 집적했으며, 국민정부의 이전에 따라 요리의 중심지도 난징→충칭→타이베이로 옮겨갔다.

한편, 상하이의 우메이는 그 후로도 메이룽전주자梅龍鎭酒家의 지배인으로 남았으며, 1956년에 음식점 공사합영화公私合營化가 완료되자 상하이시 음식복무공사飮食服務公司의 부경리로 취임했다. 그러나 문화대혁명이 시작되고 장칭江靑이 배우 시절의 일을 문제 삼아 공격하자 우메이는 잔혹한 박해 속에서 억울하게 죄를 뒤집어쓰고 죽을 수밖에 없었다.[71]

상하이의 실업가 둥주쥔이 선보인 쓰촨 요리

이제부터는, 20세기 상하이를 대표하는 여성 실업가 둥주쥔(1900~

97년)이 쓰촨 요리점·고급 호텔로 유명한 진장판뎬을 창업한 과정을 살펴보자. 둥주쥔은 1900년 상하이에서 태어나 1913년 기루妓樓에 들어갔지만 1914년 전 쓰촨성 부도독副都督이자 혁명당원인 샤즈스夏之時와 결혼하여 일본으로 건너가 도쿄 여자 고등사범학교의 전 과정을 수료한 뒤 상하이에 돌아와 1남 4녀를 두었고 1934년 이혼했다. 둥주쥔은 상하이의 쓰촨 요리가 맛이 너무 짙고 너무 매운 데다 더부룩하여 쓰촨 사람 이외에는 그다지 찾는 손님이 없는 것을 보고, 조미 방식 등을 바꾼 쓰촨 요리점을 열고자 생각해 1935년 3월 상하이의 다스제유러창大世界遊樂場 근처에 작은 식당을 열고는 '진장錦江'이라 이름 붙였다.

개점 후 진장은 연일 대성황으로 난징국민정부의 요인, 상하이의 군·정계 사람들, 흑사회·비밀결사의 우두머리까지 찾아와서 자리에 앉기까지 장시간 기다려야 했다고 한다. 그중에서도 비밀결사 칭방青帮의 두목이자 미식가인 두웨성은 진장의 단골이 되어 가게의 확장에도 힘을 보탰다.[72] 참고로, 민국기의 상하이에서 레스토랑을 열기 위해서는 경영자가 비밀결사(방후이帮會)·경찰·당·정부 등과 특별한 관계를 맺을 필요가 있어서 요식업은 '샤더싱예下等行業'(하등한 업계)로 깔보이고는 했다.[73]

당시 쓰촨 요리는 관계官界의 연회석과 서민의 요리가 전혀 달랐는데, 전자는 손이 많이 가는 요리로 기름지지 않고 그다지 맵지도 않았지만, 후자는 간단한 요리로 기름기가 많고 매운맛도 강렬했다. 진장은 양쪽의 장점을 합쳐 쓰촨 사람의 기호에 치우치지 않고 중국 남방인이나 북방인, 나아가 외국인의 입맛도 고려하여 화인이나 외국인 손님을 끌었다. 특히 '샹쑤지香酥鷄'(중국풍 로스트 치킨), '즈바오지紙包鷄'(페이퍼 치킨, 기름종이로 감싸 튀긴 닭고기), '간사오 둥쉰乾燒冬筍'(죽순을 튀기듯 볶은 뒤 조린 것) 등이 인기가 있어, 영국 출신의 희극배우이자 영화감독인 찰리 채플린도 샹쑤지를 즐겼다고 한다.

또한, 1936년에는 프랑스 조계의 프랑스 공원(현재의 푸싱復興 공원) 근처에 진장차이관錦江菜館의 분점으로 '진장차스錦江茶室'가 문을 열었다. 일본 점령하(1941~45년)의 상하이에서 다실은 에로틱한 노래와 웨이트리스의 교태로 손님을 끌어모으는 경향이 강했다. 그 때문에 정통파 다실의 분위기를 유지한 진장차스는 영업상 타격을 받았지만, 유수의 신문 〈다궁바오大公報〉(1902년 창간해 현재에 이르는, 중국에서 발행 기간이 가장 긴 신문)의 여성 기자로부터 절찬을 받기도 했다.

진장의 성공으로 세계 각지에서는 진장을 모방하는 많은 가게가 생겨나 홍콩, 타이완, 파리, 로스앤젤레스 등에서도 '진장'을 칭하는 레스토랑이 출현했다. 또한, 미국 대사관 상무공사가 뉴욕에 분점을 내도록 진장에 권하거나, 국민당 정부 기관지 〈중양르바오中央日報〉가 중앙은행에서 융자를 받아 진장을 호텔로 탈바꿈시키는 계획을 제안하기도 하고, 두웨성이 자신이 창설할 대형 종합 오락시설 내에 진장을 개점하자는 이야기를 꺼냈지만 어느 것도 실현되지는 않았다. 1940년 둥주쿼이 필리핀 마닐라로 망명하여 그곳에서도 진장의 마닐라 분점 개설이 한번 확정되었지만, 아시아태평양전쟁의 발발로 중지될 수밖에 없었다.

왕징웨이의 대일 협력 정권 아래서도 상하이의 진장은 성황을 이루었지만, 경영 대리 책임자가 자신의 사리사욕을 채우는 데 악용되기도 했다. 1945년 1월 둥주쵄은 일본군 점령하의 마닐라에서 난민선을 타고 탈출해 모지門司, 부산, 펑톈奉天, 톈진을 경유해 2월에 상하이에 닿았다. 그해 늦봄에 둥주쵄은 신사군新四軍[중일전쟁 중 창장 중·하류 유역에서 활약한 중국공산당군] 연락부장 천퉁성陳同生에게 심부름꾼을 보내 자신이 이미 귀국하여 당 조직과의 관계를 구하고 있다고 전했다. 차오디추曹荻秋(신사군 행정공서주임, 인민공화국 수립 후에 상하이시장에 취임) 등이 둥주쵄과 연락

1-9 진장차이관 앞에 선 둥주쵄(1935년)

을 취한 사실을 라오수스饒漱石(중국공산당 화중국 대리서기·신사군 정치위원)에게 보고하자 둥주쵄은 지하 인쇄소를 개업하여 문화 선전 공작에 임할 것을 지시받았다. 일본 패전 후 1946년 늦여름에 중국공산당이 상하이국을 성립시키자 진장차이관·진장차스는 정식으로 당의 비밀 연락 거점이 되었다.

1949년 5월 상하이에 인민해방군이 진주했으며 그 며칠 뒤 진장차이관에 전前 신사군의 각 방면 책임자가 여럿 모습을 드러내며 대연회가 열렸다. 1951년 초봄에는 상하이시 공안국과 시 당위원회가 진장차이관·진장차스를 13층짜리 건물 화마오궁위華懋公寓(Cathay Mansion. 원래 영국계 유대인 서순이 보유하던 건물로, 현재의 진

장판덴 북루에 해당한다)로 이전시켜 중앙 지도자나 고급 간부, 외빈 등을 접대하는 고급 호텔로 발전시키도록 요청했다. 진장차이관·진장차스의 정리와 이전 비용은 상하이시 당위원·부시장 판한넨이 마련했다. 호텔의 명칭은 '진징판덴'으로 하고 둥주쥔이 회장 겸 총지배인에 취임하여 1951년 6월 정식으로 문을 열었다.

참고로, 바이두백과의 '진장판덴' 항목에 따르면, 진장판덴에서 최초로 접대한 외국인 손님은 조선의 저명한 무용가 최승희崔承喜(1911~69년?)였다. 일본에서 현대무용을 배운 뒤 조선 무용의 요소를 춤에 도입해 일본이나 구미에서 높은 평가를 받은 최승희는 중일전쟁 때에는 일본군 위문 활동도 하였으며, 전후에 남편과 함께 북한으로 옮겨가 1951년에는 베이징에 무용을 지도하러 와 있었다.

둥주쥔은 1953년 정치적 이유에서 돌연 진장판덴의 경영 일선에서 물러나 회장 겸 고문이 되었다. 둥주쥔은 그 후 1954년 상하이시 인민대표대회 대표, 1957년 중국인민정치협상회의 위원으로 임명되었지만, 문화대혁명으로 1967년부터 5년간 감옥 생활을 해야 했다.[74] 그러나 그 무렵 진장판덴은 1972년 중국을 방문한 닉슨 일행이 숙박해 그해 2월 27일 미중공동성명(상하이 코뮈니케)의 조인 회장이 되기도 했다.[75]

둥주쥔의 이러한 극적 생애는 1999년 텔레비전 드라마 〈세기인생世紀人生〉(셰진謝晉 총감독)으로 만들어졌다. '홍색紅色 자본가'로서 추어올려진 둥주쥔의 성공담을 통해 우리는 중일전쟁과 중국 혁명의 격류 속에서 작은 쓰촨 요리점이 상하이를 대표하는 고급 호텔로 발전한 도정을 확인할 수 있다.

'사회주의 경쟁'과 음식 전람회

도시의 레스토랑 수는 경기에 민감하게 반응하여 증감한다. 중일전쟁 전에 약 300곳이던 상하이의 레스토랑은 중일전쟁 초기에 상하이의 조계로 사람, 물자, 돈이 도피해 와 한때는 1,500곳 정도로 증가했지만, 그 뒤로는 물자 부족이나 물가 상승으로 인해 급감했다. 전후에 경제가 되살아나며 1946~48년에는 700곳 남짓까지 회복했지만, 공산당 정권의 수립을 앞두고 관료나 부호가 상하이를 떠나 레스토랑의 영업액이 감소해 1949년에는 가게 수도 600곳 남짓까지 줄어들었다.

그러나 인민공화국 초기에는 당·군 간부 등을 접대할 필요가 있어 베이징이나 상하이의 요식업계는 다시 활황을 맞았다. 또한 1953년에는 일시적으로 자유 시장이 확대되면서 기업의 이윤이 증가해 자본가에게는 잊기 힘든 황금 같은 한 해가 되었으며, 실컷 먹고 마시는 사회현상이 퍼져나가 레스토랑도 번성했다. 그 때문에 민영기업 공사합영화(실질적 국영화)의 완료가 선언된 1956년에도 상하이에는 800곳 가까운 레스토랑이 있었다.[76]

중국공산당은 1950년대에 지방·중앙의 당·정부 간부 등을 접대할 필요가 있었으므로 고급 요리점을 재건하려 노력했다. 1950년대 말부터 1960년대 초에 걸쳐 정치 엘리트가 그러한 요리점의 주요 고객이 되었다. 관료들은 대약진운동에 이은 대기근 때조차 양질의 식사를 했다고 알려져 있으며, 그렇기 때문에 일반 노동 인민의 구매력보다 값이 비싼 명물 요리를 파는 가게가 존속할 수 있었다.[77]

그러나 1950년대 상하이에서는 요리점이 상업 중심지인 황푸黃浦구 등지에 집중된 탓에 공장과 가까운 교외에서는 요리점을 찾아볼 수 없는 비합리적인 지리적 분포나, 요리점에서 회계, 접대, 잡무를 보는 인원은 있어도 요리사가 없는 '삼다일소三多一小' 상황이 심각한 문제가 되었다.[78] 특히, 요리사 부족 현상이 발생한 것은 상하이의 요식업계가 어려움에 처해 요리사들이 제자를 받을 수 없고 나아가 다른 지역과 업종에 전속된 요리사도 많기 때문이었다.[79] 그 해결책으로 요리점은 소비가 아닌 생산의 장소로서 전략적으로 새로운 위치를 부여받아 요리사의 훈련이 이뤄지는 한편으로 고급 요리점의 요리사도 사회주의의 모범적 노동자가 되었다.[80] 그러나 이러한 '사회주의 경쟁(競賽)'으로도 요리사 부족은 해소되지 않았다.[81]

참고로, 중국에서 조리 기술 교육은 1960년경까지만 해도 스승이 제자를 받아들이는 도제 방식이 주류였지만 이 무렵부터 근대적 학교교육이 종래의 도제제를 대신해갔다. 1960년대에는 베이징, 상하이를 비롯해 전국 각 도시에서 조리를 위한 직업학교('飲食業學校')가 문을 열어 표준화된 요리를 보급하였다.[82] 그런데 상하이에서는 다른 성에서 지나치게 많은 학생이 몰려들어 훈련하려면 교실에서 줄을 서야 하는 사태도 일어났다. 나아가 조리 학교의 학생들은 접대 임무나 정치 운동으로 바빠 업무 훈련에 대한 열의를 잃는 경우도 있었다.[83]

한편, 상하이의 중심 황푸구에 자리한 '신두판뎬新都飯店'에서는 1956년 5월에 '음식 전람회'가 열려 시 전체의 이목을 끌었다. '음식 전람회'에서는 각 지방 요리 계통의 음식점이 보내온 약 3,800종의 메뉴 가운데 광둥, 베이징, 쑤저우, 후난, 쓰촨 등 15개 지방의 메뉴 1,419종이 선정, 전시되었다. 이 전시는 200여 종의 '밍차이밍뎬名菜名點'(유명 요리·뎬신)을 비롯해 '신상차이뎬欣賞菜點'(감상 요리), '이반차이뎬一般菜點'(일반 요리), '후이차이回菜', '쑤차이素菜'(할랄·정진 요리), '가오퇀뎬신糕團點心'(과자류), '시차이시뎬西菜西點'(서양 요리), '예웨이루웨이野味鹵味'(사냥한 고기를 양념에 조린 요리) 등 일곱 부문으로 나뉘었다. 전람회에 전시된 유명 요리·뎬신은 황푸구의 유명 요리점 외에 진장판뎬, '궈지판뎬國際飯店' 같은 일류 호텔에서 파견된 요리사의 손으로 만들어졌다.[84]

상하이시에 이어 광저우시에서도 같은 해 6~7월 '광저우시 밍차이밍뎬 전람회'를 열어 궝자우자우가 1층 홀에 요리 약 600종과 딤섬(뎬신) 138종을 전시했다.[85]

하지만 이들 음식 전람회가 개최된 1956년 당시는 각 지방(방幇) 요리의 특색이 사라지고 오래된 유명 요리점에서도 요리의 질이 떨어지고 있었다. 상업부가 상업 경영에서는 뛰어난 특색이 유지되어야 한다고 명확한 지시를 내렸기 때문에 상하이시 정부도 이 문제를 가벼이 여길 수 없었다. 당시는 훗날의 문화대혁명 시기와는 달리 '음식점 경영의 특색을 유지, 진작'하는 것이 중요한 임무로 생각되었다. 그리하여 유명 요리사의 사회적 지위가 높고 사람들은 유명 요리사를 존경했으며 또 그렇게 할 것이 요구되었다.[86] 1960년에는 상하이시 제2상업국이 중국요리는 '우리 나라의 귀중한 문화유산 중 하나'이며, 상하이에는 특색 있는 가게가 마흔 군데, 명물 요리와 뎬신이 5,000~6,000종 존재하며, 사라져가던 전통적인 특색이 있는 요리나 조리 기술도 기본적으로 모두 되살아났다고 인식

할 정도가 되었다.[87]

이 무렵에는 국무원(정무원) 총리 저우언라이의 배려로 전국 각성·시에서 선발된 우수한 요리사가 베이징으로 와서 당 중앙·국무원의 각 기관이나 시내의 큰 호텔 등에 배속되었다.[88] 일례로, 1956년 8월 광저우의 다이퉁자우가는 베이징으로 요리사와 종업원을 보내 베이징에도 다이퉁자우가를 열었다.[89] 그런가 하면 국무원은 1964년 49명의 요리사와 3명의 홀 종업원을 베이징에서 상하이로 파견해 반년간 훈련을 받게 했다. 요리사들은 진장판뎬에서 쓰촨 요리와 광둥 요리·뎬신을, 궈지판뎬에서 베이징 요리와 면·뎬신을, 상하이다사上海大廈에서 화이양 요리와 면·뎬신을, 허핑판뎬和平飯店에서 상하이·쓰촨 요리와 아시아 여러 나라의 요리를, 화차오판뎬華僑飯店에서 광둥·푸젠 요리를 익혔다. 종업원들은 모두 진장판뎬에서 훈련받았다.[90]

상하이에서 가장 유명한 베이징 요리점인 궈지판뎬에는 베이징의 요리사도 배우러 올 정도였다는 것은 주목할 만하다. 1947년 궈지판뎬은 베이징의 펑쩌위안판좡豊澤園飯莊(1930년 창업, 인민공화국기에는 10대 원수 중 한 명인 예젠잉葉劍英의 의향에 따라 외국인 접대용 레스토랑이 되었다)[91]과 합작하여 호텔 2층에 펑쩌위안찬팅豊澤園餐廳을 열었으며 그 후 베이징, 톈진에서 요리사를 초빙했다.

인민공화국 건국 후 궈지판뎬은 외국 정부의 수뇌나 외빈을 접대하는 대외 교섭용 호텔이 되었으며, '간사오황러우위츠干燒黄肉魚翅'(샥스핀 조림)가 국가 연회에 상용되는 중심 요리가 되었다. 개혁·개방기에 이르러 궈지판뎬의 베이징 요리는 전통을 지키면서도 '상하이화'되었다. 예컨대 '짜오류위펜糟溜魚片'(가스지루粕汁[주박을 넣

어 끓인 국] 맛의 걸쭉한 국물을 끼얹은 생선 요리)은 베이징과 톈진에서
는 잉어를 쓰지만, 잉어를 입수하기 어려운 상하이의 귀지판뎬에서
는 부세(黃魚, 민어·조기의 동류)로 대신했다.[92]

『중국명채보』의 성립과 그 정치적 배경

이런 가운데 1958~65년에는 『중국명채보』(第二商業部飲食業管
理局 編, 輕工業出版社) 전 11권이 출판되었으며 그 후에 가정용인
『대중채보大衆菜譜』(輕工業出版社, 1966년 1월 초판)가 뒤를 이었다. 나
아가 1975~82년에는 『중국채보中國菜譜』(中國財政經濟出版社) 전
12권이 간행되었다. 이 책들은 중국 각 지방의 요리를 하나의 국민
요리로서 체계화한 가장 이른 시기의 요리서로 여겨진다.

참고로, 중화민국 시대에도 수많은 요리서가 출판되었다. 예컨대
『가정식보家庭食譜』(李公耳 著, 中華書局, 1917), 『가정식보』 속續·3·4편
(時希聖 編, 中華書局, 1924~26), 『미미팽조비결美味烹調秘訣—식보대전
食譜大全』(李公耳 編, 世界書局, 1925), 『훈소팽조葷蔬烹調—중서식보대
전中西食譜大全』(祝味生 編, 大通圖書社, 1935) 등이 있다. 그러나 이 책
들은 모두 상하이 등지에서 생활하는 도시 중간층 여학생이나 주
부 등에게 제공하는 일용적 레시피집이며, 과학적 관점에서 쓰인
요리·식품에 관한 대중서라는 의미에서는 획기적이었지만, 전국 및
외국의 사람들에게 중국요리를 체계적으로 해설하려는 의도는 보
이지 않았다.

인민공화국 초기에 『중국명채보』가 편찬된 정치적 배경으로, 당

시 베이징에서 천성陳勝(광둥 요리, 1959년 베이징시 노동 모범), 판쥔캉範俊康(쓰촨 요리, 베이징판뎬北京飯店 부경리, 1959년 전국 노동 모범), 뤄궈룽羅國榮(쓰촨 요리, 베이징시 정치협상회의 위원), 왕란王蘭(회이양 요리, 1959년 베이징시 노동 모범) 등 네 사람이 중국요리계의 '4대 명요리사'(그림 1-10)로 불리며 권위와 발언권을 갖게 된 것을 들 수 있다. 이 네 명의 요리사는 국가 연회의 요리를 담당해 그들의 '국수식예國粹食藝'가 인민공화국의 외교에 불후의 공헌을 남겼다고 평가받아 '중국 외교 업무의 공신'으로서 떠받들어졌다.

이 네 명에 량수쩡梁書增(신차오판뎬新僑飯店, 러시아 요리)을 더한 다섯 명은 1959년 베이징에서 조리기술실연대회가 개최되었을 때 '특급 요리사(特級廚師)'로서 최종 심사에 임했다. 이 대회에서 우승한 사람은 상하이시에서 베이징판뎬에 배속되어 온 양저우 요리의 리쿠이난李魁南이었다. 그리고 1960년 1월, 중앙정부 상업부는 54명의 명요리사에게 '제1기 조리 기사(第一批烹飪技師)' 칭호를 수여했다. 그 필두가 판쥔캉, 서열 2위가 뤄궈룽, 3위가 천성, 4위가 리방칭李邦慶(베이잔찬팅北展餐廳, 러시아 요리), 5위가 왕란, 6위가 량수쩡이었으며 이 밖에도 9위에 펑창하이彭長海(뒤에서 이야기할 베이징판뎬 탄자차이譚家菜), 31위에 리쿠이난, 44위에 우위성伍鈺盛 등이 있었다.[93]

이 가운데 우위성(1913~2013년)에 대해 살펴보고자 한다. 우위성은 쓰촨성 쑤이닝遂寧현에서 태어나 1933년부터 충칭에서 가장 유명한 바이메이구이주자白玫瑰酒家에서 일했으며, 국민당 정권이 충칭으로 이전해 전시의 수도로 삼은 뒤로는 장제스, 허잉친何應欽, 쑹쯔원宋子文, 쿵셴시孔祥熙 같은 국민정부 유력자를 위해 연회 요

1부. 중국요리의 형성—미식의 정치사

1-10 인민공화국 초기 베이징의 '4대 명요리사'(왼쪽부터 천싱, 판궈캉,
뤄궈룽, 왕란, 〈베이징완바오北京晚報〉 1959년 10월 20일 자)

리를 만들었다. 특히 장제스의 중요한 연회를 맡아 장제스의 네 공
관 모두에서 요리를 만들었으며, 그때 쑹메이링이나 장징궈의 치하
를 받아 국민당과 공산당 양당의 절충을 위해 온 저우언라이도 보
았다고 한다. 1946년부터 2년간 상하이의 위위안찬팅玉園餐廳에서
일한 우위성은 비밀결사 영수 황진룽黃金榮·두웨성, 대大실업가 룽
이런榮毅仁·후원후胡文虎 등의 연회 요리도 만들었으며, 그 후 홍콩
으로 옮겨가 홍콩이나 마카오의 총독에게도 요리를 냈다.

그러다 우위성은 1951년 저우언라이의 초대를 받아 홍콩에서
베이징으로 가서 중화인민공화국의 건설에 참여하였다. 우위성은
국가 부주석 장란張瀾(중국민주동맹의 창립자 중 한 명), 정무원 부총
리 둥비우董必武(중국공산당의 창립자 중 한 명) 등에게 높은 평가를
받아 시창안제에서 베이징 최대의 쓰촨 요리점인 어메이주자峨嵋
酒家를 열었으며 메이란팡梅蘭芳(경극 배우)이나 장유위張友漁(법학자)

같은 각계의 명사를 고객으로 받았다.

1951~56년 어메이주자는 '삼반·오반' 운동(관료와 민족 자본가의 강기숙정[나라의 법과 풍속의 기율을 엄히 바르게 함]을 도모한 정치 운동)의 영향으로 휴업할 수밖에 없었다. 그러나 우위성은 40년간의 긴 세월 동안 어메이주자에서 조리장으로 일하며 '어메이파派' 쓰촨 요리를 확립했다. 특히 1950년에 그가 개량한 '궁바오지딩宮保鷄丁'(닭고기를 견과류, 고추와 함께 볶은 것)은 닭을 네모난 덩어리로 잘라 열전달을 고르게 하여 맛이 배어드는 면을 넓힌 것으로, 최상급의 요리를 뜻하는 '좡위안차이狀元菜'로서 높이 평가되었다.[94] 그리고 1958년에 간행된『중국명채보』에는 이 '궁바오지딩'을 비롯하여 우위성이 자랑하던 어메이주자의 요리 여덟 가지가 수록되었으며[95] 1959년 우위성은 인민공화국 제1기 '조리 기사' 54명 중 한 명으로 뽑히기에 이른다.[96]

문화대혁명과 게

1966년 문화대혁명이 일어나자, 요리사나 종업원이 무언가 특색이 있는 서비스를 제공하는 것은 '자산계급을 위해 봉사하는 것'이며 이러한 '수정주의 경영 노선'을 '중국의 흐루쇼프Nikita Khrushchev'인 류사오치劉小奇와 상하이에서 그를 대리하던 천비셴陳丕顯(중국공산당 상하이시위원회 서기, 상하이시의 제일인자)이나 차오디추(상하이시장)가 추구했다며 비판되었다.[97]

요리점은 노동자·농민·군인을 위해 대중화되었지만, 대중화는 요컨대 간소화를 말하는 것이었다. 그 결과, 지방 요리점의 전통이 사라졌으며 쓰촨, 베이징, 광둥, 화이양 등의 요리도 특색을 잃었다.[98]

예컨대 앞에서 등장한 메이룽전주자는 매일 낮 난징시루南京西路에 늘어서는 배달 트럭 운전수들의 식사 장소가 되었다.[99] 또한 '우웨이자이五味齋'는 '인민'으로, '신야'는 '훙기紅旗'로, '다이삼원'은 '공농병工農兵'으로 각기 가게 이름이 혁명풍으로 고쳐졌다. 그뿐 아니라, 이들 가게는 내부 여기저기에 '마오 주석 초상'이나 '마오 주석 어록'을 붙여놓는 등 노동자·농민·군인을 위한 대중식당, 나아가서는 홍위병의 아지트나 무료 식당이 되었다.[100]

1976년, 문화대혁명을 지도한 '4인방'이 실각한 것은 마침 게가 맛있을 가을철의 일이었다. 그 때문에 상하이 사람들은 4인방을 '수게 세 마리와 암게 한 마리'에 비유해 게를 삶아 술을 마시며 승리를 자축했다고 한다. 이를 보도한 기사로서 야오원위안姚文元은 「신편新編 역사극 〈해서파관海瑞罷官〉을 평하다」(1965년 11월 10일)를 발표했으며, 이는 문화대혁명의 발단을 제공했던 상하이의 〈원후이바오文滙報〉(1977년 2월 4일 자)에 게재되었다.

〈원후이바오〉에 따르면, 4인방은 아무것도 할 수 없는데도 당·정부·문화 여기저기에 게처럼 집게발을 뻗어 권력을 손에 넣었으며 옆(橫) 걸음질이 전부인 게처럼 횡(橫)포를 일삼았지만 결국 게처럼 아무것도 움켜쥘 수 없었으며 역사의 심판대 앞에 서게 되었다.[101]

개혁·개방기 국가의 요리 명장과 일본의 역할

그 후 개혁·개방의 시대에는 요리사의 지위가 다시 상승한다. 그 배경에는 조리 협회의 설립이 있었다. 1984년에는 '베이징요리협회北京烹飪協會', 1987년에는 전국 조직인 '중국요리협회', 1991년에는 '세계중국요리연합회世界中國烹飪聯合會'가 창설되었다. 나아가 1994년에는 요식업 경영자를 위한 '중국음식점협회中國飯店協會'도 설립되었다.

2002년 베이징요리협회는 '베이징 국보급 요리 대가' 16명을 선출했으며, 2006년에는 중국 상무부에서 처음으로 전국의 명요리사를 표창했다. 2012년에는 베이징요리협회와 상무부가 처음으로 '국가'라는 명칭을 단 요리사의 입지전집立志傳集 『국가명주國家名廚』(中國商業出版社)를 간행했다. 『국가명주』에 실린 명요리사의 조건으로는 무엇보다도 '애국애당'이 요구되었다. 그리고 인격과 기예 양면이 모두 뛰어나 뽑힌 61명의 '국보급 요리 대가' 가운데 3분의 1 이상인 23명이 베이징에 거주하고 있는 요리사이다.[102] 선출된 '국보급' 요리사들은 수도 베이징에 편중되어 있어 베이징 이외의 지역에서는 그 명망이나 영향력이 한정적일지도 모른다.

한편, '국보급' 요리사의 경력을 살펴보면 개혁·개방 초기에 중국요리의 발전, 특히 '국가'를 대표하는 명요리사나 국민 요리로서의 중국요리 확립에서 일본이 중요한 역할을 수행했다는 것을 알 수 있다. 예컨대 '국보급' 산둥 요리의 태두로 여겨지는 추이이칭崔義清은 1922년 산둥성 지난濟南에서 태어나 1938년 지난의 르번거日本閣라는 요정에서 일본 요리를 배우고 그 후에 도쿄 긴자에서 서양 요리도 배웠으며 1946년부터는 지난의 쥐펑더聚豊德에서 산둥 요리를 익혔다. 그리고 1960년대에는 『중국명채보』의 제작에 참여할 정도가 되었다.

또한, '중화요리 철인'의 칭호를 지닌 추이위펀崔玉芬(1943년생)은 1970년 베이징의 취안쥐더카오야뎬全聚德烤鴨店에 배속되었으며 1974년부터 '취안야시全鴨席'의 명요리사였던 왕춘룽王春隆을 스승으로 모셨다. 그는 1982년 도쿄에서 신타카나와新高輪 프린스 호텔이 개업하자 그곳의 중국요리점에서 2년간 일했으며 쇼와 천황에게도 요리를 내어 치하를 받았다. 1985년부터 베이징 국제 호텔 내 산둥 요리점의 조리장으로 일한 추이는 1999년 일본 후지 텔레비전의 초대를 받아 〈요리의 철인料理の鐵人〉에 출연해 저명한 진 겐이치陳建一를 누르고 '중화요리의 철인' 칭호를 얻었다.

추이위펀 외에도 '국보급 요리 대가' 61명 중 19명이 1980년대부터 2000년대 전반까지 일본에서 호텔의 요리사나 조리장, 조리 실연·강연자, 국제 조리 대회의 참가자, 심사 위원 등을 거쳤다는 사실을 『국가명주』에서 확인할 수 있다.[103] 이 시기에는 중·일 양국 간 경제 격차가 커서 중국요리의 일류 요리사들에게 일본은 유망한 일자리가 있는 나라로 여겨졌으며, 나아가 일본에서의 경력이 중국에서 명망을 획득하는 데 도움이 되기도 했다. 한편으로, 당시에는 최고 수준의 중국요리가 시차 없이 일본에 전해졌다고도 할 수 있다.

개혁·개방기 지방 요리의 유행 변화

쓰촨 사람이 상하이의 쓰촨 요리점에서 쓰촨 요리를 맛보면 이는 쓰촨 요리가 아니라고 하며, 상하이의 광둥 요리점에서 광둥 요리를 맛본 광둥 사람은 이를 상하이의 광둥 요리라고 한다. 1986년 상하이시의 요식업자들은 '특정 요리 계통에 진정으로 속해 있다는 사실을 강조해야 하는가'에 대해 토론했다. 그 결론은 부정적이었는데, 상하이의 요리점은 자신만의 길을 걸으며 상하이 요리 계통('海派菜' 上海菜系')의 특색을 창출하지 않으면 안 된다는 의견이 나왔다. 또한, 상하이(번방本帮) 요리점은 상하이 요리(번방차이 本帮菜) 외에 쓰촨, 산둥, 광둥 등 각 지방 요리를 제공하여 고객의 선택을 받으면 그만이라고도 생각되었다.[104] 이렇게 상하이에서는 다시금 지방 요리의 어지러운 유행 변화가 시작된다.

1980년대 광둥성에서는 홍콩 문화가 개혁·개방의 상징이 되어 홍콩의 광둥 요리가 열광적으로 받아들여졌으며, 그 유행의 파도가 중국 전역의 대도시로 퍼져나가 상하이에서는 이것이 '웨차이베이파粤菜北伐'[광둥 요리의 북벌]라 일컬어졌다. 민국기에는 장제스의 북벌에 비유된 광둥 요리의 유행이 다시 찾아온 것이다. 상하이의 많은 레스토랑이 홍콩에서 초빙한 요리사를 인기몰이에 동원했으며 신선한 해물 요리가 특히 인기였다. 그 후 만주 요리가 유행하여 많은 레스토랑이 만주식을 표방하였다.[105]

1989년 6월 톈안먼사건에서는 민주화 운동이 탄압되어 개혁·개방도 정체되었다. 그러나 1992년 덩샤오핑이 남방 각 도시에서 시장경제의 추진을 주창하는 이른바 '남순강화南巡講話'를 발표한 뒤로 개인이 경영하는 가게에 대한 규제가 완화되어 전국 규모의 자창차이家常菜(가정 요리) 붐이 일어났으며[106] 이는 호화로운 해산물을 중심으로 한 광둥 요리의 라이벌이 되었다. 예컨대 1990년대 중반 상하이에서는 접대용 고급 요리점이 즐비한 황허루黃河路와, '창샤熗蝦'(새우와 채소 등의 무침), '쭈이셰醉蟹'(술에 담근 게), '셴파오판咸泡飯'(탕을 끼얹은 밥) 같은 자창차이를 내는 간이식당 중심의 자푸루乍浦路의 미식 거리가 경합을 벌였다.[107]

나아가 같은 시기의 상하이에서는 광둥 요리나 자창차이에 더해 쓰촨 요리, 특히 훠궈가 인기를 얻어 1992~93년 겨울 무렵에는 '쓰촨훠궈', 1995~96년 겨울 무렵에는 '위안양훠궈鴛鴦火鍋'(백白·적赤 두 색의 전골)가 유행했다.[108] 당시에는 쓰촨 요리에 대해 일반적으로 '大菜不辣小菜辣'(큰 그릇의 연회 요리는 맵지 않고 작은 그릇의 가정 요리는 맵다)라는 표현이 쓰였다. 요컨대 연회에는 다양한 기호를 가진 사람들이 와서 모두의 입에 맞는 요리를 만들 필요가 있었던 것이다. 이러한 가운데 앞서 이야기한 진장판뎬의 쓰촨 요리도 상하이에서 다시 각광을 받았다. 이는 쓰촨에 기원을 두면서도 쓰촨의 것과는 다른 독특한 맛을 가지고 있었다. 예컨대 '바수퍄오샹巴蜀飄香'이라는 요리는 고급 푸젠 요리인 '불도장佛跳牆(포탸오창)'의 특색 등을 채용해 맵지만 맛이 아주 좋았다고 한다.[109]

1990년대 말부터는 '상하이 요리'가 상하이시를 비롯해 전국에서 주목을 받았다. 그 무렵 상하이의 옛 현성縣城 지구에서는 위위안豫園 후신팅湖心亭의 다관(1855년 창업)이나 뤼보랑綠波廊(명대부터 역사를 간직한 곳으로, 1978년에 요리점이 되었다), 난샹만터우뎬南翔饅頭店(1900년에 창업했다고 알려져 있다) 같은 노포 요리점을 둘러싼 중심가가 재발견되었다. 나아가 그 부근의 대로에도 명청 시대나 중화민국 시대의 저잣거리를 재현한 '상하이라오제上海老街'가 조성되어 특색 있는 지역 관광지로서 정비되었다.

이처럼 지방 정부, 기업, 유력자가 옛 저잣거리를 복원하여 그 지역만의 음식물을 제공하는 관광 개발은 전국 각 도시에서 추진되었다. 하지만 사회인류학자 가와이 히로나오河合洋尙가 광저우시 사이관西關에서 수행한 필드워크에서 밝혀졌듯이, 새롭게 만들어진 '음식 경관foodscape'은 예로부터 그곳에 살던 현지인의 눈에는 거짓되고 부적절한 것으로 비쳤다.[110]

1999년경에는 상하이시의 호텔·레스토랑 2만여 곳 중 약 3분의 1에서 상하이 요리('上海菜' '本帮菜')를 팔았다. 나아가 상하이 요리는 1990년대 말에 처음으로 전국적으로 유행하여 베이징이나 선전深圳 등지에서도 '상하이번방차이上海本帮菜' '정쭝(정통)상하이차이正宗上海菜' '상하이자창차이上海家常菜'의 광고를 찾아볼 수 있었다. 베이징에서도 광둥 요리, 쓰촨 요리에 이어 상하이 요리가 한 시대를 풍미하여 1997년 당시 30곳 이상의 비교적 큰 상하이 요리점이 생겨났다. 일례로 베이징의 레스토랑 '예상하이夜上海'는 가게 안에 1930년대 영화 〈천애가녀天涯歌女〉, 〈마로천사馬路天使〉 등의 포스터를 붙이고 당시의 유행가 〈사계가四季歌〉 등의 레코드를 틀었다. 상하이 요리점은 '상하이 문화(海派文化)'를 전면에 내세우며 요리를 홍보하고는 했다.

상하이에서는 유행에 따라 광둥 요리에서 간판을 바꾼 가게도 많았으며, 상하이 이외의 상하이 요리점의 경우에는 상하이 출신자가 경영하는 가게가 거의 없었다. 그런 탓에 상하이 요리('本帮

茶')의 메뉴에 쓰촨 요리 '마파두부'나 광둥 요리 '하오유뉴러우蠔油牛肉'(쇠고기 굴소스 볶음)가 들어가 있기도 했으며, 이는 '리푸離譜' 현상(본래의 차림표에서 이탈하는 현상)이라 불렸다. 이렇게 해서 가짜 상하이 요리('假本幇')가 나도는 가운데 진정한 상하이 요리란 무엇인지를 놓고 논의가 되풀이되었다.[111]

참고로, 홍콩에서도 상하이 요리점은 원래 상하이에서 온 일부 사람들만 이용했을 뿐 홍콩 시민들 사이에서는 인지도가 낮았다가 1990년대 말 이후 고급 상하이 요리점이 속속 문을 열었다. 홍콩특별행정구의 초대 행정장관 둥젠화董建華(1997~2005년 재임)는 1947년 일가족이 상하이에서 홍콩으로 이주한 대실업가로, 행정장관 재임 중 상하이를 찾았을 때는 일부러 더싱관의 총경리이자 '국가급 고급 기사'인 런더펑任德峰을 불러 요리를 만들게 했다.[112]

하카 요리와 '신파이웨차이'로 본 홍콩 사회의 변화

1842년, 아편전쟁에서 패한 청나라는 영국과 난징조약을 체결해 홍콩섬을 영국에 할양하였다. 나아가 애로호 전쟁(2차 아편전쟁)의 결과로 1860년에는 베이징조약이 체결되어 주룽九龍반도 남부가 영국에 할양되었으며 1898년에는 주룽반도 북부의 신제 역시 99년 기한으로 영국에 조차되었다.

이렇게 19세기에 영국의 식민지가 된 홍콩은 20세기의 대부분을 영英제국의 일부로 보냈다. 홍콩은 아시아태평양전쟁 중에 일본군에 의해 점령되었지만 전후에는 영국이 식민지 지배를 재개했으며 1949년에 수립된 중화인민공화국도 그러한 상황을 유지, 이용했다. 영국에 의한 홍콩 통치는 1980년대의 반환 교섭을 거쳐 신제의 조차 기한이 끝난 1997년에 중국이 홍콩 전역을 회수해 끝이났다.

이러한 홍콩의 20세기사를 중국요리에 주목하여 논한 명저로는 도비야마 유리코가 홍콩 제일의 요리 평론가이자 실업가인 웨이링唯靈(1936년~)을 취재한 『홍콩의 먹보香港の食いしん坊』(白水社, 1997)가 있다. 『홍콩의 먹보』는 중국요리에 대한 웨이링과 도비야마의 깊은 조예가 유감없이 발휘되어 있으며 시사하는 바가 풍부하다. 그러나 주로 웨이링의 체험과 인식에 기초해 쓰인 탓인지 역사적 사실의 고증이 불충분해 기술이 부정확한 곳도 더러 보이는 데다 21세기의 상황은 논외로 하고 있다.

여기서는 이런 점을 보완하면서 우선 하카客家 요리와 '신파이웨차이新派粤菜'라는 대조적인 두 유행을 들어 홍콩 식문화의 현대사를 되돌아보고자 한다.

1. 기름지고 짜고 냄새가 좋은 '하카 요리'

제2차 세계대전이 끝나고 얼마 지나지 않은 1950년대 홍콩에서는 하카 요리가 유행했다. 하카는 한족이기는 하지만 '손님' '새로 온 사람'이라는 의미로, 전형적으로는 중국 남부의 외지고 낙후한 고원지대 등에 흩어져 살았으며 각 지역에서 사회적 지위도 낮았다.[113] 또한 하카는 고대 이래로 북방에서 남하한 사람들로 알려져 있으며, 중원(황하 유역)의 고음古音이 남아 있다고 일컬어지는 하카어를 쓰는 민족 집단이다.

1-11 대표적 하카 요리인 메이차이커우러우

하카 요리는 '비肥'(기름지다), '함鹹'(짜다), '향香'(냄새가 좋다)을 특징으로 하며 대이동의 역사를 반영하듯 염장한 생선이나 고기, 말린 채소, 절임 등 저장 식품을 즐겨 먹었다. 대표적 하카 요리로는 간장으로 밑간을 하여 한 번 튀겨낸 삼겹살과 '메이차이梅菜'(모이초이)라는 절임 식품을 함께 찐 '메이차이커우러우梅菜扣肉'(모이초이키우뉴, 그림 1-11) 등이 있다. 1950년대 홍콩에서는 경공업이 발전하여 대규모 인프라 정비도 진행되고 있었는데, 관련 업종에 종사하던 노동자들에게 맛있고 지방분이 풍부한 하카 요리는 썩 마음에 드는 것이었다. 홍콩의 하카 요리는 1960년대에 최전성기를 맞아 30곳 이상의 하카 요리점이 생겼다.[114]

그러나 1980년대에는 홍콩의 급속한 경제성장을 거쳐 생활에 여유가 있는 계층을 중심으로 한층 섬세하고 이국적이며 세련된 요리에 대한 욕구가 강해져, 그 결과 하카 요리 레스토랑은 쇠퇴를 맞았다.

그러다 1990년대 말에 하카 요리가 다시 각광을 받기 시작했다. 그 배경으로는 우선 하카 요리가 홍콩의 경제 발전을 아로새기고 있어서 특히 노년 세대로 하여금 지나간 호시절의 기억을 떠올리게 한 것, 그다음으로 홍콩 주민이 일상적으로 화난華南 지방으로 여행 갈 수 있게 되고 하카 촌락도 관광지가 되어 그곳에서 전통적 식생활이 재현된 것, 마지막으로 홍콩 경제의 불황에 의해 고급 디너의 수요가 대폭 저하된 것 등을 들 수 있다.[115]

2. 재료의 맛을 살리는 새로운 광둥 요리 '신파이웨차이'

이어서 '신파이웨차이新派粤菜'(Nouvelle Cantonese, 새로운 광둥 요리)의 번영을 살펴보자. '신파이웨차이'는 1970년대 초 프랑스 요리의 새로운 조류인 '누벨 퀴진'의 영향을 받아 홍콩에서 1970년대에 꽃을 피우고 1980년대에 전성기를 맞은 코즈모폴리턴적 광둥 요리라고 정의할 수 있다.

그 특징은 해물이나 과일·채소를 다양하게 사용하며, 볶거나 튀기는 조리를 줄이고, 재료가 가진 맛을 살리는 가볍고 건강한 조리법을 취하며, 염분이나 향신료를 최소화한 담백한 맛을 지향하고, '상탕上湯'이라 불리는 손이 많이 가는 스톡을 만들어 사용하는가 하면, 건해삼이나 건전복 등 건어물도 넉넉히 사용하고, 무늬 없는 본차이나에 보기 좋게 담아 재료를 잘 보이게 하는 것 등이었다. 또한, 일본 요리에 영향을 받아 와사비 등을 사용하기도 했다.[116] 나아가 '예웨이野味'라 불린, 뱀이나 문착(사슴), 너구리 등 야생 조수(사냥으로 포획한 것) 요리나 과일을 넉넉히 쓴 요리, 식후의 모둠 과일, '와이성차이外省菜'(광둥 이외의 중국 각 지방 요리) 등도 신파이웨차이의 중요한 포인트였다.

대형 외식 기업인 맥심 그룹(메이삼잡튄美心集團)은 1971년 '처이윈翠園(Jade Garden)'을 열었다. 이곳은 일찌감치 서양식 서비스와 경영 방식을 도입한 중국요리점으로, 턱시도와 흰 장갑 차림의 웨이터가 작은 접시에 음식을 덜어주는 '맥심 스타일 서비스'를 보급하였다. 또한, '와이성차이'를 체인으로 운영하는 등 맥심 그룹은 신파이웨차이의 번영에 큰 역할을 했다.[117]

단, 광둥 요리가 끊임없이 변화하는 가운데 신파이웨차이의 조류가 언제 흥했는지 꼬집어 말하기는 어렵다. 1930~40년대 상하이식 광둥 요리는 이미 일본식 사시미 전채, 파인애플이나 레몬을 쓴 오리·닭 요리, '룽샤사루龍蝦沙律'(닭새우 몸통을 삶아 마요네즈에 버무린 뒤 대가리와 꼬리 사이에 놓아 플레이팅한 샐러드) 같은 홍콩의 신파이웨차이를 연상시키는 요리를 냈다고 한다. 그런가 하면 초기의 신파이웨차이는 예컨대 통째로 구운 새끼 돼지의 눈에 체리를 박아 넣거나 전구를 점멸시키는 등 궁리를 짜내어 기존의 플레이팅에 새로움을 불어넣는 경우가 많았다.[118]

신파이웨차이가 출현한 배경으로는, 1970년대가 되면서 홍콩이 비즈니스맨·화이트칼라가 주축인 두터운 중간층을 거느린 풍족한 현대 도시가 되어, 이들 중간층을 중심으로 좀 더 세련된 고급 요리에 대한 수요가 생겨난 것을 들 수 있다. 1980년대 이후에는 캐나다 도시부의 쇼핑몰에도 신파이웨차이 레스토랑이 입점하였다.[119]

이렇게 신파이웨차이가 대두하면서 종래의 '간추이농페이甘脆濃肥'(달고 바삭바삭하며 풍미가 깊고 기름지다)식의 미각은 시대에 뒤떨

1-12 슈추사이보 시로카네테이의 완서우궈위츠

어진 게 되자, 보수적인 '라오파이웨차이老派粤菜'도 시대가 요구하는 '칭단쯔란淸淡自然'(산뜻하고 담백하며 식재료의 맛이 살아 있다)식의 미각에 가까워지지 않을 수 없었다. 그 때문에 1990년대에는 '신파이新派'와 '라오파이老派' 사이의 장벽이 점차 허물어져 홍콩의 광둥요리가 다음 단계에 접어들었다고 여겨진다.[120]

또한, 일본에서는 신파이웨차이를 대표하는 셰프 중 한 명이었던 저우중周中이 2006년 도쿄 시로카네다이白金臺에 '슈추사이보周中菜房 시로카네테이白金亭'를 열었다. 이 가게는 파파야 열매로 된 그릇을 도려내며 먹는 샥스핀 수프('완서우궈위츠萬壽菓魚翅')가 맛있다(그림 1-12). 이것은 하와이에서 동과冬瓜(동아) 수프를 만들려던 저우중이 시장에서 동과를 구하지 못하자 떠올려낸 요리라고 한다.

'푼초이'로 본 홍콩 정치

1990년대 홍콩에서는 토착적·가정적·전통적 조리 기술을 전면에 내세운 전원풍 요리가 인기 있었다. 그중에서도 가장 유명한 것이 '푼초이'라 불리는 연회 요리이다. 푼초이는 오래전부터 홍콩의 교외 지역인 신제 사람들이 일반적으로 제사나 결혼식 피로연 등에 내던 주요리로, 값싼 식재료를 몇 겹에 걸쳐 하나의 큰 '푼盆'(대야) 안에 담아 조리해 이를 테이블 가운데에 놓고 모두 손을 뻗어 먹는다.

푼초이를 먹는 것('食盆')은 곧 식사를 함께하는 것으로, 종족宗族(부계 동족 집단)의 경계를 명시하는 역할을 했으며 때로 신제의 지방 정치에서 하카계 사람들을 배제하는 작용을 했다. 나아가 신제의 푼초이 문화는 지역 관광산업을 진흥하는 데 일익을 담당해, 1990년대 이후에는 외국인 관광객보다도 오히려 지역민 관광객을 끌어모았다.

푼초이의 기원에 대해서는 다양한 설이 전해져오고 있지만 그 설이 어떻든 간에, 푼초이는 근래에 들어 '재발견'된 토착 요리로 현지의 관광업자에 의해 '전통의 맛'이라며 대대적으로 선전되었다. 많은 홍콩 주민에게 푼초이는 중국 대륙과 구별되는 홍콩의 토착적 전통으로 연상되는 것이었다. 푼초이와 같은 홍콩의 토착적·향토적·전前 식민지적 전통의 탐구는 1997년 홍콩 반환을 전후한 불안정한 시기에 홍콩 주민들 사이에서 움트기 시작한 아이덴티티의 자각 및 위기를 반영한 것이었다.

푼초이는 1990년대 홍콩에서 영국에 의한 지배의 종식이 가까위지면서 많은 홍콩 주민이 문화적 귀속 의식을 찾고 있다는 정치적 메시지를 띠고 신제뿐 아니라 홍콩 전체의 통합을 상징하게 되었다.[121] 1997년 6~7월에는 홍콩 관광국(당시는 '홍콩관광협회香港旅遊協會, Hong Kong Tourist Association') 등의 행정조직이나 각종 단체가 영국에 의한 홍콩 지배의 종식이라는 역사적 이벤트를 축하하려고 푼초이 연회를 열었다. 이렇게 푼초이는 영국에서 중국으로의 홍콩 반환, 그리고 중화인민공화국의 특별행정구라는 홍콩이 가진 독특한 지위의 상징이 되었다.[122]

하지만 푼초이는 그 뒤로 체인 레스토랑 등에서 상품화되어가며 정치적 의미가 옅어졌다. 2000년경부터는 맥심 그룹의 체인점에서 춘절에 푼초이를 팔기 시작했으며 다른 패스트푸드 체인도 그 뒤를 따랐으므로, 2004년경에는 홍콩에서 한 해 중 어느 때라도 푼초이를 먹을 수 있었다. 매스미디어는 푼초이를 '진정한 홍콩 요리', 오랜 전통을 가진 광둥인의 새해 음식으로 선전했다. 푼초이는 가족 모임 등을 위한 포장 구매가 편리해 홍콩의 도시 중간층 사이에서 인기가 있었다.

그러나 홍콩 주민의 90퍼센트 이상은 신제 출신이 아니며 원래는 푼초이를 몰랐으므로, 이를 신제의 요리로 생각해 홍콩 전체의 전통문화라고 인식하지는 않았다. 그런 의미에서 푼초이는 비교적 근래에 창조된 홍콩의 문화유산이다.[123]

나아가 홍콩 신제에서 필드워크를 행한 저명한 사회인류학자 J. 왓슨James Watson에 따르면, 2010년대 중반 이후 푼초이는 홍콩의 사회적·문화적 변화를 반영하여 다시 정치적 색채를 강화하고 있다. 2014년 행정장관 선거 방식에 항의하는 반정부 데모('우산 운

1-13 홍콩의 푼초이

둥')가 일어나 홍콩의 자치나 민주화를 요구하는 운동이 고조되는 가운데 푼초이는 중화인민공화국에 대한 충성이라는 의미를 갖는 요리가 되어갔다.

예컨대 2014년 방송된 중국중앙텔레비전의 〈혀끝으로 만나는 중국A bite of China〉(1부 4장 참조)에서는 푼초이가 홍콩과 인접한 경제특구 선전에 위치한 광둥인 마을의 연회 요리, 그리고 광둥성 북부 메이저우梅州의 하카 요리로 등장했다. 중화인민공화국에서는 푼초이를 홍콩이 아닌 광둥의 요리로 인식하고 있는 것이다.

2017년에는 홍콩의 중국 반환 20주년을 기념하여 수많은 푼초이 연회가 열렸다. 예컨대 신제의 어느 조직이 연 푼초이 연회에는 1만 3,000명이 모여 홍콩 반환 20주년을 축하하며 정부의 경제개혁을 지지하고 반정부 데모의 중완[홍콩의 핵심 상업 지구] 점거에 반대했다고 한다. 물론 반정부 데모 참가자도 푼초이를 먹기는 했지만 그것이 운동의 상징이 되지는 않았다.

또한, 같은 해에는 런던 차이나타운의 중심인 제라드 스트리트Gerrard Street에서도 홍콩특별행정구 경제무역대표부와 연줄이 있는 런던차이나타운협회가 푼초이 연회를 조직했다. 이 연회에는 국제개발담당장관Minister of State for International Development이나 런던의 몇몇 자치구장 등을 비롯한 약 800명이 초대되었다고 한다.

나아가 그해 푼초이는 홍콩의 대표적 무형문화유산으로 선정되어 중국 정부에 등록되었다. 이렇게 푼초이는 홍콩의 탈식민지화, '중국의 일부인 홍콩'을 의미하는 요리로 부동의 지위를 확립했다.[124]

이상과 같이 청대에서부터 중화민국 시대를 거쳐 중화인민공화국에 이르기까지 다양한 요리가 도시 문화의 일부로서 국내 정치의 영향을 받으며 어지럽게 성쇠를 거듭해온 사실을 살펴봤다. 도시와 국가의 발전이 전국 각지의 요리를 융합하고 새로운 식문화를 낳는 속도는 근대에 들어 현저하게 빨라졌다.

특히, 중앙정부의 힘이 강한 중화인민공화국의 수립은 중국요리의 체계화를 촉진하고 국민 요리의 형성을 가져왔다는 점에서 중요하다. 다음 장에서는 중국의 내정에서 외교로 눈을 돌려 중국이 외교의 현장에서 이용해온 요리의 변천을 살펴보고자 한다.

3장

중국의 국가 연회와 미식 외교
─제비집, 샥스핀, 베이징덕

그랜트 미국 전 대통령의 세계 일주와 중국·일본 요리

미국의 남북전쟁(1861~65년)에서 북군의 사령관으로서 승리에 공헌한 율리시스 S. 그랜트Ulysses Simpson Grant 장군(1822~85년)은 1869년 3월부터 1877년 3월까지 미국의 18대 대통령으로 재임했고 대통령에서 퇴임하고 얼마 지나지 않은 1877년 5월에 필라델피아를 출발하여 1879년 9월에 샌프란시스코에 도착하기까지 2년여에 걸쳐 아내와 자녀 등을 대동하여 세계 일주 여행을 했다.

그랜트의 세계 일주 여행에 동행한 아일랜드 태생의 저널리스트 존 R. 영John Russell Young은 곧바로 1879년에 『그랜트 장군과의 세계 일주 여행Around the World with General Grant』이라는, 일러스트가 들어간 두 권짜리 여행기를 펴내 큰 반향을 불러일으켰다.[1]

1. 태국—서양 요리와 태국풍 커리 맛의 요리

이 세계 일주가 끝나갈 무렵 그랜트는 미국의 역대 대통령으로서는 처음으로 1879년 4월에 태국(당시는 시암), 5월에 중국(당시는 청), 6월에 일본을 찾아 각국 수뇌의 정중한 대접을 받았다.

태국 국왕이 주최한 만찬회에서는 미국인들이 차마 손대지 못한 태국풍 커리 맛의 요리 몇 가지를 제외하고는 유럽식 요리가 제공되었다.[2] 2부 3장에서 살펴보겠지만, 1870년대 태국 왕궁에서는 라마 5세가 한창 서양 요리, 서양 식기를 도입하고 있었다.

2. 중국—포크와 나이프로 먹는 제비집 수프, 샥스핀 조림, 오리 구이

태국이나 일본에서는 정부 주최의 국가 연회에 서양 요리가 나온 데 비해 중국의 국가 연회는 중국요리를 대접했다는 것이 특징적이다. 광둥(광저우)의 만찬회는 아마도 양광총독兩廣總督 유곤일劉坤一이 주최했을 것으로 생각되는데, 나이프와 포크, 유리잔이 사용된 것 말고는 완전한 중국요리였으며 젓가락도 나왔다고 한다. 제비집 수프, 샥스핀 조림, 돼지 통구이, 오리 구이 등을 비롯한 약 70가지의 요리는 더 이상 바랄 게 없는 최고 수준의 향응이었다고 할 수 있다.

그런데 영은 제비집 수프를 "그들 문명의 도달점 중 하나"로서 존중하면서도 "단순히 맛이 느껴지지 않으며", "조미가 필요한, 불쾌하지는 않은 끈기가 있는 음식"이라 평하고 있다. 나아가 샥스핀 조림이 중국에서 아주 귀한 음식이라는 것을 이해하면서도 "기름지고 악취를 풍긴다"고 혹평했다. 또한, 그랜트 일행은 중국의 만찬에 빵이 나오지 않는 것, 식사 내내 큰 접시를 놓고 다 함께 덜어

먹는 것이나 요리를 집은 젓가락을 교체하지 않는 것이 불만이었던 듯하다.[3]

그랜트 일행은 마카오와 상하이를 경유해 톈진에 들러 직례총독 겸 북양통상대신 이홍장을 만난 뒤 베이징으로 향했다. 베이징의 궁정에서는 어린 광서제나 그 후견인인 서태후를 대신해 광서제의 숙부이자 군기대신軍機大臣·총리아문대신總理衙門大臣이었던 공친왕恭親王(애신각라혁흔愛新覺羅奕訢)이 그랜트 일행을 위한 국가 연회를 주최했다. 베이징의 만찬회에서는 역시 제비집 수프, 샥스핀 조림, 오리 구이 등이 나왔지만, 광둥이나 상하이, 톈진의 연회와는 달리 차분한 분위기 속에서 진행되었다고 한다. 그랜트와 공친왕의 회담은 다이닝룸 테이블에 차, 과자, 샴페인이 놓인 뒤에 계속되었다(그림 1-14).

이 회담의 화제는 중국의 교육, 자원 개발, 외국의 정치적 영향 등이었다. 특히 공친왕은 일본의 류큐 처분에 대해 "류큐는 명대부터 [자국에 대한] 중국의 주권을 인정해왔지만, 이 섬의 국왕이 퇴위당해 일본에 강제로 이주하게 되자 그 주권이 소실"되었으며 이는 국제법에 반하는 처사라고 비판하면서, 일본이 이에 대해 청나라 측과 어떠한 논의도 하려 하지 않는 것에 불만을 드러냈다. 이에 대해 그랜트는 지금은 일개 민간인이어서 힘이 없다면서도 무력 충돌을 피하는 것이 중요하다고 이야기하며, 일본에 가면 이 문제를 협의하겠다고 약속했다.

그랜트 일행은 일본으로 향하는 도중에 재차 톈진을 거쳤다. 톈진에서 다시 만난 이홍장은 공친왕의 의견을 되풀이하고는 류큐제도를 일본이 영유하면 청나라의 태평양 통상 루트가 막히므로 청

1-14 그랜트와 공친왕의 회담(1879년)

나라는 이를 허용할 수 없다고 덧붙였다. 그랜트는 이홍장 앞에서 이 문제의 평화적 해결에 도움이 되고자 하는 의욕을 내비쳤다.

텐진에서는 1879년 6월 식문화 교류로서도 의의가 있는 연회가 열렸다. 텐진의 해관 세무사 G. 데트링Gustav Detring은 그랜트와 이홍장을 만찬회와 야회에 초대했다. 이홍장이 외국을 여행하는 것은 1896년의 일인데, 그보다 훨씬 전에 여성도 함께 자리하는 저녁 식사 자리에서 서양인과 만나 사교하는 첫 기회를 얻은 것이다.

또한, 이홍장 부인은 그랜트 부인이나 텐진 조계에 살던 서양인

1부. 중국요리의 형성─미식의 정치사

부인 몇 사람을 저녁 식사에 초대했다. 유럽식으로 설치된 회장의 테이블 위에는 프랑스제 은 식기와 많은 장식용 꽃이 놓였으며 옆 방에는 피아노가 있었다. 요리로는 먼저 유럽식 코스 요리가 나오고, 이어서 은으로 된 접시와 국자, 상아 젓가락과 함께 중국요리와 중국술이 나왔다. 다만, 서양의 부인들이 젓가락질에 애를 먹어가며 열심히 중국요리를 먹어보려 한 데 비해 중국의 부인들은 중국요리만 먹었다고 한다.[4]

3. 일본—생선 튀김, 사시미, 국

세계 일주의 마지막 행선지로 그랜트는 일본을 찾았다. 이는 미국의 역대 대통령에 의한 첫 일본 방문이었다. 일본에서는 1854년 미일화친조약 조인 후 막부가 요코하마에서 M. C. 페리Matthew Calbraith Perry 제독 등을 선어鮮魚 중심의 혼젠本膳 요리[관혼상제에 쓰이는 의식 요리로, 상을 차려내는 순서와 먹는 방법에 정해진 예절이 있다]로 접대했지만, "식생활에서는 류큐인이 일본인보다 명백히 뛰어나다"는 불평만 들을 뿐이었다.[5] 그 때문인지 1867년 쇼군 도쿠가와 요시노부德川慶喜가 오사카성에서 영국, 프랑스, 미국, 네덜란드 등 4개국의 공사를 접대할 때는, 요코하마의 외국인 거류지에서 호텔을 경영하는 프랑스인에게 프랑스 요리를 만들게 했다.[6]

그 뒤로도 일본 정부가 주최하는 국가 연회에서 일본 요리가 나온 일은 없었던 듯하다. 그 대신, 그랜트가 일본을 방문했을 때는 나가사키의 상인들이 시중의 오래된 사원으로 일행을 초대해 6~7시간에 걸쳐 현지 요리를 차려 성대히 대접한 것을 영은 상세히 기록하고 있다.

그랜트 일행이 대접받은 혼젠 요리는 생선국 몇 종류, 돌돔 등의 튀김, 사시미, 나마스膾[어패류나 채소 등을 잘게 썰고 조미 식초로 무쳐 날로 먹는 일본 요리], 해조류 등 해산물 요리가 충실했으며 후지산의 풍경을 본떠 요리를 담아내는 등 일본 요리의 특색을 강조하는 코스였던 모양이지만, 그랜트 일행은 빵이나 와인도 없이 쌀과 일본주 일색인 것이 불만이었으며 조금 전까지만 해도 쟁반 위에서 꿈틀대던 활어를 날로 먹을 용기도 없었던 듯하다.[7]

도쿄로 간 그랜트 부부는 고쿄皇居에서 이와쿠라 도모미岩倉具視의 호위를 받으며 메이지 천황·황후와 회견을 가졌다. 그랜트는 대통령 재임 중이던 1872년에 미국을 방문한 이와쿠라 사절단과 회견한 바 있었으니 이와쿠라와는 7년여 만에 재회한 것이었다. 재회 당시 이와쿠라는 메이지 정부의 중추 역할을 하고 있었다. 이 회견에서 메이지 천황은 자진하여 그랜트와 악수를 나누었는데, 이는 일본의 천황이 외빈과 나눈 최초의 악수로 알려져 있다.[8]

천황은 뒤에 다시 그랜트와의 비공식 회담을 요청하여 고쿄에서 이와쿠라 도모미를 배석시켜 긴 시간에 걸쳐 담화를 나누었다. 이 자리에서는 국회 개설이나 외채外債의 위험성 등이 화제에 올랐으며, 그 밖에도 중국에서 공친왕이나 이홍장이 그랜트에게 부탁한 바 있는 류큐 문제도 논의되었다. 이와쿠라는 청나라와의 우호 관계가 중요하다는 것을 확인했으며, 그랜트는 다른 여러 나라가 동아시아에서 영향력을 확대하는 것을 막기 위해서라도 일본과 청나라는 류큐 문제 등을 의논하여 전쟁을 피해야 한다고 힘주어 말했다고 한다.

그러나 이와쿠라 도모미는 그랜트 일행이 찾은 닛코日光에 이토

히로부미伊藤博文와 사이고 주도西鄕從道를 파견하여 7월 22일 거듭 류큐 문제를 논하게 했다. 이토가 일본은 예로부터 류큐에 대한 주권을 가지고 있다고 주장하자, 그랜트는 청나라가 용인하고 일본의 권리도 침해받지 않는 방법이 있을지도 모르며 군사력으로는 일본이 청보다 우세할지 모르지만 일본과 청의 전쟁은 결국 유럽 국가들에 이로운 일이라고 다시금 힘주어 말했다.[9]

4. 샌프란시스코 화인의 환영

그랜트 일행은 세계 일주를 마치고 1879년 9월 샌프란시스코에 도착했다. 그랜트는 시장을 비롯해 각계 대표자의 환영을 받았다. 그중 샌프란시스코 화인 상인의 인사를 받아들여야 할지가 문제가 되었다. 1870년대 캘리포니아에서는 3부 1장에서 보듯이 화인에 대한 반감이 절정에 달해 있었기 때문이다.

그러나 그랜트는 중국의 지배자나 정치가에게서 받은 후대에 대한 답례로 미국의 화인에 대해 후의를 표하고자 했다. I. 맥도웰Mcdowell 장군의 공관에서 환영회가 열린 날에 그랜트는 화인 대표와 공공연하게 인사를 나눴다.[10]

청말민국기의 국가 연회

위에서 살펴본 그랜트의 세계 일주 여행기 외에는 청나라 및 중화민국의 정부가 외빈에게 어떤 요리를 대접했는지 상세히 기록한 사료가 별로 남아 있지 않은데, 여기서 중국 정치·외교사를 연구하는 가와시마 신川島眞이 발굴한 사료를 한 가지 소개하고자 한다.

타이완의 중앙연구원 타이완사연구소에는 1910년 11월 11일(선통 2년 10월 13일) 청나라 외무부가 주최한 만찬회의 메뉴가 남아 있는데, '청탕관연淸湯官燕'(제비집 수프), '소계화어燒桂花魚'(쏘가리 조림), '백소어시白燒魚翅'(본연의 맛과 색을 가진 샥스핀 조림), '홍소록근紅燒鹿筋'(사슴 고기 간장 조림), '백소별군白燒鼈群'(본연의 맛과 색을 가진 자라 조림), '초팔보채炒八寶菜'(갖가지 재료를 볶은 것), '홍주사작紅酒沙雀'(레드 와인), '카오야烤鴨', '십금계화고什錦桂花糕'(금목서를 쪄서 만든 과자), '선과鮮果'(과일)가 나온 것을 알 수 있다.[11]

이는 청말 당시의 궁정 요리를 반영하고 있으며, 사슴 고기 요리에서는 지배 민족인 만주족의 영향을 볼 수 있다. 또한, '백白'(조미료로 맛을 내지 않고 재료 본연의 색을 살려 완성하는 것)이나 '백자白煮'(탕이나 물에 넣고 원래 색대로 끓이는 것)는 '소고燒烤'(고기류 직화 구이)와 함께 만주족의 특징적 조리법으로,[12] 위의 메뉴에서는 '백소白燒'를 찾아볼 수 있다.

나아가 위의 코스에서는 중국요리에 양주(레드 와인)가 함께 나온다. 이 사료에는 치즈, 버터, 화이트소스, 푸아그라, 생채소 등을 사용한 프랑스 요리 코스 메뉴도 게재되어 있다. 따라서 청말의 외빈에게는 중국요리뿐 아니라 프랑스 요리도 대접되었다는 것을 확인할 수 있다.

만주족이 세운 청 왕조가 멸망한 뒤 중화민국의 국가 연회에서는 청조 시대에 일약 고급 식재료가 된 사슴의 꼬리로 만든 요리를 찾아볼 수 없게 되었다.[13] 이는 1913년 10월 10일 위안스카이가 중화민국의 대총통에 취임한 날 저녁 식사 메뉴에서도 나타난다. 영

　　　　　1부. 중국요리의 형성─미식의 정치사

국 대리공사 다니엘레 바레Daniele Varè 등의 기록에 따르면 이날의 식사에는 "제비집, 샥스핀, 새우, 닭 조림, 시금치와 고기, 달걀 케이크(카스텔라), 생선 조림, 오리 조림, 채소, 과일, 커피"가 나왔다.[14] 이 메뉴에는 사슴 고기, 직화 구이 요리, 가능한 한 조미료를 쓰지 않는 '백白' 요리 등이 포함되지 않는 등 만주족의 영향이 완전히 자취를 감추고 있다.

반면, 청대의 대표적 한족 요리('漢席')인 제비집 수프나 샥스핀 조림은 중화민국의 국가 연회로 계승되었다. 이에 더해 오리 통구이(훗날 '베이징덕') 등은 외빈을 접대하는 국가 연회에 빠질 수 없는 요리로 청나라에서부터 오늘날 중화인민공화국에 이르기까지 자리를 지키고 있다.

광둥 요리 '탄자차이'가 국가 연회에 오르기까지

중화인민공화국의 국가 연회를 논하기 전에 청말민국기에 이름을 날린 '탄자차이譚家菜'가 국가 연회 요리의 하나가 된 과정을 살펴보고자 한다. 탄자차이의 확립은 어느 광둥 미식가의 요리가 중국을 대표하는 요리가 된 궤적이자, 근대 중국에서 개인·가족·지방의 요리가 국민 요리가 된 일례이다.

광둥 요리('粵菜')는 중화민국 시대에 한 차례 융성기를 맞았다. 특히 장타이스궁江太史公(장쿵인江孔殷, 1864~1951년)의 '타이스차이太史菜'와, 탄좐칭譚篆靑 때 전성기를 맞은 '탄자차이'가 명성을 쟁취했다. 이 두 요리는 '음식은 광저우에 있느니(食在廣州)'의 시대를 열었다고 일컬어지고는 한다.[15] 타이스차이가 광저우에서 광둥 요리의 전통을 지킨 데 비해, 탄자차이는 화이양 요리 등 다른 계통의 요리와 융합하여 베이징에서 최고급의 '관푸차이官府菜'(관아 요리, 관리 접대 요리), 나아가서는 국가 연회 요리가 되었다.

청말 베이징의 관원들은 종종 서로 연회를 열어 접대하고는 했다. 베이징의 한림원(장래에 중용할 젊은 엘리트 관료를 모아두는 기관)에 들어간 광저우 출신의 탄쭝쥔譚宗浚(1846~88년)은 베이징의 요리를 고향 광둥의 요리와 절묘하게 융합한, 독특한 풍격이 있는 맛있는 요리로 사람들을 접대했다. 탄쭝쥔은 쓰촨, 강남, 윈난에 부임한 뒤로 관리의 길에서 물러났으며 고향으로 돌아가는 길에 병으로 죽었다.

그의 셋째 아들 탄좐칭은 미식에 대한 열정으로는 아버지 못지않아 아버지의 여러 부임지에서 오래된 식보食譜(식단을 채록한 것)를 수집했다. 아버지가 죽은 뒤에 탄좐칭은 광둥의 고향으로 돌아가지 않고 베이징에 자리 잡고 살며 관직에 올랐다. 탄좐칭은 민국 초년부터 돈을 아끼지 않고 각지의 유명 요리사를 초빙하였으며, 이에 탄자차이는 많은 사람의 호평을 얻었다. 당시 베이징에서는 돤치루이段祺瑞(베이징 정부의 육군총장 등을 역임)의 '돤자차이段家菜'를 비롯하여 몇몇 쓰자차이私家菜(개인 요리)의 명성이 퍼져 있었는데, 탄자차이도 그중 하나가 되었다. 탄자차이의 초석을 놓은 것은 탄좐칭이었다고 할 수 있다.

1920년대에 탄가家는 이미 몰락해 있었지만 탄좐칭의 미식을 향한 열정은 사그라들지 않아 가산과 가옥을 매각하면서까지 열정을 키워나갔다. 어려운 형편 속에서 탄좐칭은 탄자차이를 팔아보겠다는 생각을 하고는 연회를 맡아 대금을 받기 시작했다. 단, 가문의 체면을 지키기 위해 간판을 걸지 않고 집 안에서만 연회를 열기로 하고는 이를 '자추볘옌家廚別宴'(집 주방의 연회)이라 명명했다. 1923년 차오쿤 회선曹錕賄選(차오쿤曹錕이 국회의원을 매수, 협박하여 중화민국 대총통이 된 선거)을 전후하여 베이징에서는 뇌물로 이익을 챙긴 의원 등이 나타나 고관들 사이에서 사치스러운 식사가 만연했다. 그러한 가운데 탄자차이도 상류사회 속에서 한 시대를 풍미하여 좀처럼 예약을 잡을 수 없을 정도가 되었다고 한다.

탄자차이의 첫 요리사는 타오싼陶三이라는 화이양 요리의 명수 등에게서 배운 첫째 부인이었으며 이를 둘째 부인이 거들었다. 1920년대 말에 두 부인이 죽자 탄촨칭은 요리 솜씨가 뛰어난 셋째 부인을 광저우로부터 맞아들여 베이핑에서 계속 탄자차이를 제공해나갔다. 탄촨칭은 탄자차이의 브랜드를 지키기 위해 자신들의 요리가 외부로 유출되지 않도록 주의를 기울였는데, 1930년대 국민정부의 행정원장이었던 왕징웨이가 베이핑에서 연회를 열기 위해 탄가家에서 요리사를 빌리려고 했지만 거절했다는 일화가 있다. 1940년대가 되자 탄촨칭과 그의 셋째 부인이 잇따라 세상을 떠나 탄자차이는 정신적 지주를 잃고 몰락했다. 그리하여 탄가에서 펑창하이, 추이밍허崔鳴鶴, 우슈취안吳秀全과 그들의 제자 천위량陳玉亮이 독립하여 넷이서 베이징의 시단西單에 요리점을 열었다.[16]

인민공화국 수립 후 정부는 탄자차이를 보호하기 위해 이를 광둥 요리점 '언청쥐恩成居'에 흡수시켜 탄자차이부部를 만들게 했다. 시단 부근으로 옮긴 언청쥐는 전원前院에서는 일반 광둥 요리를, 후원後院에서는 탄자차이를 판매했다.[17] 그러나 전에 탄자차이를 먹어본 고급 관원들은 인민공화국 수립 전에 도망치거나 몰락해 있었다. 또한, 평창하이 등도 공산당 정권하 베이징에서 구舊 사회의 최고급 관아 요리('官府料理')를 표방할 수는 없는 노릇이었다.

그러다 1958년, 저우언라이가 프랑스에서 온 손님을 접대했을 때 외교부 예빈사禮賓司(의전국)가 평창하이 등의 탄자차이를 이용하자고 제안했다. 이때 탄자차이를 맛본 저우언라이 등은 절찬을 아끼지 않으며 탄자차이는 국가 고유의 요리이므로 가능한 한 보호해야 한다는 뜻을 내비쳤다고 한다. 같은 해 평창하이 등이 모두 베이징판뎬에 들어가면서 베이징판뎬의 요리에는 산둥, 광둥, 쓰촨, 화이양 요리에 이어 탄자차이가 추가되었다. 베이징판뎬은 많은 요리사를 양성하여, 뒤에서 이야기할 인민대회당이나 댜오위타이 국빈관釣魚臺國賓館에도 요리사를 배출하였으므로 탄자차이는 국가 연회 요리의 일부가 되었다고 할 수 있다.

탄자차이의 특징은, 강한 화력으로 급속히 볶지 않고, 구이, 찜, '후이燴'(전분을 넣어 끓이는 것), '먼燜'(뚜껑을 닫고 약한 불로 끓이는 것), '파扒'(약한 불로 장시간 끓이는 것) 등 하나같이 뭉근한 불의 조리 기술을 구사한 요리라는 것이다. 또한, 소금과 설탕만을 사용해 식재료의 맛을 끌어올리고 후추, 초피, 웨이징味精(화학조미료)은 쓰지 않는다. 샥스핀과 제비집 요리는 탄자차이 연회 요리의 쌍벽이라 할 수 있다.[18] 베이징판뎬 내 탄자차이는 오늘날 국빈 이외의 일반인에게도 개방되어 있지만, 필자가 2019년에 방문한 바로는 역시 개인이 먹으러 가는 곳이 아니라 공비公費로 열리는 연회를 위한 곳이라는 느낌이었다.

1부. 중국요리의 형성─미식의 정치사

베이징판뎬과 '개국제일연'의 화이양 요리

중화인민공화국의 건국자인 마오쩌둥은 건륭제나 서태후처럼 음식에 관해 사치를 추구하지는 않았지만 쑨원 등과 마찬가지로 중국요리에 큰 자부심을 갖고 있었다. 1950년대에 마오쩌둥의 보건의로 일한 쉬타오徐濤의 회상에 따르면 마오쩌둥은 이렇게 말했다. "중국에는 세계에 가장 공헌하는 것이 두 가지 있으니, 하나는 중국의 의학·한방약이며 다른 하나는 중국의 요리이다. 음식도 문화이다. 전국에 많은 성省과 지방이 있으니 요리는 또 얼마나 다양하겠는가?" "서양인의 음식은 기름지고 서쪽으로 가면 갈수록 기름기가 많아지며, 그들 중에는 심장병에 걸리는 자가 중국보다 많다." "중국요리는 도리에 부합하며 건강에 관해서는 서양 요리보다 훨씬 뛰어나다."[19]

이 장에서는 특히 중국의 '궈얀國宴'(국가 연회, state banquet)에 대해 살펴본다. 궈얀은 국가원수나 정부 수뇌가 국외의 손님이나 국내의 요인을 초대해 거행하는 정식 연회이다. 정부가 주최하는 '궁얀公宴'(공식 연회)으로는 '궈얀' 외에 '성얀省宴' '스얀市宴' '셴얀縣宴' '샹얀鄕宴' 등[행정구역별 연회]도 있지만[20] 이 가운데서 '궈얀'이 가장 격식이 높은 연회이다. 또한, 외교상의 연회로는 '궈얀' 외에 '완얀晩宴'(만찬회), '초대회', '지웨이주후이鷄尾酒會'(칵테일파티), '다회', '볜찬便餐'(식사회) 등도 있지만[21] '궈얀'이 가장 엄숙한 정식 연회이다.

1949년 10월 1일, 건국 식전('開國大典')이 끝나고 저우언라이, 주더朱德, 류사오치 등 중앙인민정부의 지도자와 국내외의 내빈 600여 명은 모두 함께 톈안먼 광장에서 베이징판뎬으로 이동하여

1-15 중화인민공화국의 개국제일연(1949년 10월 1일, 베이징판뎬)

정오[22]부터 중화인민공화국의 성대한 첫 국가 연회를 열었다[23](그림 1-15).

　연회장이 된 베이징판뎬은 베이징(베이핑)의 중심부에 위치하는 몇 안 되는 고급 호텔로서 격동하는 중국 근대사의 무대가 되어 왔다. 베이징판뎬은 1900년 둥자오민샹東交民巷에서 프랑스인이 개업한 뒤 이듬해에는 의화단을 지지한 청나라 군대의 공사관 구역 포위를 푼 8개국 연합군의 주둔지 북측으로 이전하였으며, 1903년 창안제長安街 왕푸징난커우王府井南口의 현재 자리로 이전했다. 베이징판뎬은 1925년 쑨원이 세상을 떠나기 전 마지막으로 묵은 호텔이며, 1936년 시안사건 후에는 장쉐량張學良과 장제스가 처음으로 만난 호텔이 되었다.

　아시아태평양전쟁이 발발하자 베이징판뎬은 프랑스인 경영자가 일본인 경영자에게 매도하였으며 전후에는 국민정부에 접수되었다. 1946년 1월에는 이곳에서 국민당의 장췬張群, 공산당의 저우언라이, 미국의 조지 마셜George Marshall이 3자 회담을 갖고 정전협정을 발표했다.[24] 그리고 1949년 중화인민공화국의 '개국제일연開國第一宴'이 열려, 베이징판뎬은 최대의 역사적 사명을 다하게 된다.

1949년 10월 1일, 베이징판뎬의 직원들은 전날 밤 중난하이中南海 화이런탕懷仁堂에서 열린 정치협상회의준비회 개막식의 연회를 담당한 데 이어 연일 일하게 되었다.[25] 건국 식전의 연회에는 화이양 요리를 중심으로 전국 각 지방의 요리 계통('菜系')이 한자리에 모여 샥스핀(홍사오위츠), 잉어(홍사오리위紅燒鯉魚), 돼지고기 완자(홍사오스쯔터우紅燒獅子頭), 오리(홍파야紅扒鴨) 등 가열 조리한 주요리(번차이本菜) 여덟 가지가 나왔다.[26] 총주방장을 맡은 주뎬룽朱殿榮은 화이양 요리(양저우 주변의 요리)에 정통했으며, '사오스쯔터우燒獅子頭' 등의 명수였다.[27]

앞서 이야기한 것처럼, 화이양 요리는 수나라 양제가 개통시킨, 황하·장강 일대를 잇는 대운하를 통한 남북 교류가 발달시킨 요리라고 할 수 있다. 화이양 요리가 인민공화국의 건국 식전에 오른 것은 북과 남의 조리 기술 계통, 짠맛의 요리 계통과 단맛의 요리 계통의 중간에 위치하여 전국 각지에서 온 모든 사람의 입맛에 비교적 맞기 때문이었다고 알려져 있다.[28] 좀 더 자세한 경위로는, 화이양 요리가 친숙한 장쑤성 화이안淮安 출신의 저우언라이가 국가 연회를 위해 9명의 화이양 요리사를 선발했다는 설도 있지만,[29] 정무원 전례국장 위신칭余心淸이나 베이징판뎬의 경리(지배인) 왕런王韌이 정치협상회의에서부터 건국 식전까지의 연회 요리를 중간적 특색의 화이양 요리로 정했다는 설도 있다.[30]

인민공화국 초기의 국가 연회와 저우언라이·마오쩌둥

1949년 10월 중앙인민정부 외교부가 창설되었으며, 1954년 9월에는 이를 전신으로 하여 중화인민공화국 외교부가 발족했다. 외교부장 저우언라이는 "온건한 입장에 서서, 정책을 장악하고, 업무를 숙지하고, 기율을 엄수한다(站穩立場, 掌握政策, 熟悉業務, 嚴守紀律)"는 '16자 방침'을 천명했으며, 이는 외교부에 들어가면 처음으로 배우는 말이 되었다.[31] 1954년에는 중화인민공화국 외교부의 '예빈사(의전국)'가 정식으로 발족되고, 커화柯華가 그 초대 사장에 취임하여 저우언라이의 강력한 영향 아래 국가 연회를 준비하였다.

예컨대 잡지 〈샤오캉小康〉의 기자 쑨샤오칭孫曉靑이 외교부 당안관檔案館에서 찾은 저우언라이의 수고手稿에 따르면, 1956년 2월에 저우언라이 총리는 국가 연회의 형식에 대해 지시를 내려, 기맥상통이 용이한 연회 분위기를 위해 네모진 식탁을 원탁으로 바꾸게 했다.[32] 타이완에서는 2000년에 취임한 천수이볜陳水扁 총통 시대에야 국가 연회 테이블이 원탁으로 바뀌었으니,[33] 국가 연회에 관한 저우언라이의 세세한 아이디어가 얼마나 선구적이었는지 알 수 있다.

1957년 4월 17일, 마오쩌둥은 중난하이 화이런탕에서 소련 최고회의 간부회의장(국가원수에 해당) 클리멘트 보로실로프Kliment Voroshilov를 맞았다. 이날 저녁에는 류사오치나 저우언라이 등 중국공산당의 최고 지도자가 빠짐없이 출석하여 국가 연회가 거행되었다. 보로실로프는 1956년 2월 니키타 흐루쇼프가 스탈린 비판을 시작하자 일시적으로 구舊 스탈린파에 가담하여 흐루쇼프를 공격했다(1957년 6월 권력투쟁에 승리한 흐루쇼프 측으로 돌아섰다). 당시 중국의 국가 연회는 통상 베이징판뎬에서 열렸으므로 보로실로프를 중난하이(당 중앙위원회, 국무원, 당·국가 지도자의 거택이 있는 정무 중심지)에서 맞은 것은 파격적 대우로, 요컨대 스탈린 비판에 반발한 마오쩌둥의 의향이 반영된 것이라고 볼 수 있다. 외교부 당안관에 남아 있는 사료에 따르면, 이날 저녁에는 제비집이나 샥스핀 요리를 비롯한 여섯 가지의 주요리 등 호화로운 메뉴가 나왔다.

반면, 흐루쇼프도 1958년과 이듬해에 중국을 방문했지만 이러한 후대를 받지는 못했다.[34] 외교의 장에서는 상대의 중요도에 따라 연회의 내용에 격차가 생기며, 국가 연회의 요리 내용도 국빈에 대한 정치적 판단에 따라 크게 달라진다는 것을 이 일화는 말해주고 있다.

인민공화국 초기의 국가 연회에서는 제비집과 샥스핀 요리가 가장 빈번하게 주요리로 채택되는 등 제일 중시되었다.[35] 국가 연회에 사용되는 식재료는 꼼꼼한 조사를 거쳐 선택하였으며, 제비집은 태국의 상등품, 샥스핀은 남중국해산, 전복은 다롄, 대하(중국흰새우)나 참돔은 산둥, 닭새우는 푸젠, 양羊은 장자커우張家口, 준치는 전장鎭江, 육두구('金絲小棗')는 러링樂陵 등으로 산지를 엄선하였다. 시기적으로도 가장 제철을 맞은 식재료를 사용하였다.[36]

어느 요리사의 회상에 따르면, 건국 초기의 국가 연회를 담당한 요리사는 160명 정도로, 총주방장이 한 명, 그 밑에 여덟 부문의 정正·부副 조리장이 있었으며, 특급·특기·고급·중급 같은 등급도 생겨났다. 국가 연회 담당 요리사는 전국에서 선발하였으며, 정치 심사를 거쳐 높은 정치적 소질(중국공산당에 대한 충성심)을 확인해야만 했다. 나아가 문화적 소양도 요구되어 세계 각국의 풍속·문화와 전국 각지의 유명 요리를 연구하지 않으면 안 되었다.[37]

인민대회당의 요리 '탕차이', 서양식으로 먹는 중국요리 '중찬시츠'

1949년 인민공화국이 건국되었을 때부터 1959년 9월까지 국가 연회는 베이징판뎬에서 열렸지만, 건국 10주년의 국경절에 맞춰 인민대회당이 건설되자 건국 10주년 축하연은 인민대회당에서 1959년 9월 30일 저녁 7시에 열려 4,647명(그중 외국인이 1,681명)이 참석했다. 단, 규모가 커서 연회는 뷔페 형식으로 진행되었으며, 대약진운동의 실패로 인한 대기근의 영향으로 이 무렵에는 돼지고기를 입수할 수 없었다고 한다.

그 후 국빈을 환영하는 정식 연회는 인민대회당에서 거행되었다. 또한, 인민대회당이 생김으로써 수천 명 이상의 대규모 국가 연회가 때때로 열리게 되었다.[38]

인민대회당의 주요 요리사들은 자신들의 요리를 '탕차이堂菜'라 불렀으며, '탕차이'는 서양 요리의 조리법도 많이 채용하고 있었다. 저우언라이는 당초 식재료를 전부 국산품으로 한정하도록 지시했지만, 서양식 요리를 내게 되자 서둘러 금령을 해제했다.

1959년 인민대회당의 요리사(쓰추司廚)가 되어 그 후 50년간 일하며 조리장(쓰추창司廚長)도 맡은 바 있는 궈청창郭成倉에 따르면, 국물 요리가 전채(렁차이冷菜)와 주요리(번차이本菜) 사이에 나오는 것은,

'중찬시츠中餐西吃'(중국요리를 서양식으로 먹는 것)라고 하는, 인민대회당에서 열리는 국가 연회의 특색을 잘 드러낸다.

또한, 국가 연회에 사용되는 식재료의 조달은 건국 이래로 베이징 둥화먼다제東華門大街 34호(번지)에 설치된 특별공급소('特供處')가 담당했으며 이곳은 오랫동안 비밀 유지를 위해 '34호'라고만 불렸다. 인민대회당 주방의 식품 안전 검사는 공안부국의 직접적 관여 없이 인민대회당의 화학 검사실과 전문 검사원이 담당하여, 식재료를 자른 후나 가열한 요리를 냄비에서 꺼낸 뒤에는 과학 검사원이 곧바로 샘플을 채취해 보관하였으며, 식사가 끝나고 두 시간이 지날 때까지 문제가 생기지 않으면 폐기했다.[39]

댜오위타이 국빈관의 요리 '타이차이'와
그 맛의 기조 '칭셴핑허'

건국 10주년 축하연이 열린 1959년 9월에는 댜오위타이 국빈관이 준공되어 이곳에서도 국가 연회가 거행되었다. 댜오위타이釣魚臺라는 명칭은 약 800년 전에 금나라의 장종章宗이 전각을 짓고는 거기서 낚싯줄을 드리운 데서 유래한다고 알려져 있다. 이곳 부지는 원대에는 유람의 명승지, 명대 영락永樂 연간 이후에는 고관이나 귀족의 별장지였으며, 청대에는 건륭제에 의해 이궁離宮[임금이 나들이 때 머물던 별궁]으로 지정되기도 했다. 댜오위타이 국빈관은 외국의 국가원수, 정부 수뇌, 대표단 등 국빈을 접대하는 시설로, 일본의 천황, 영국의 여왕, 미국의 대통령 등도 숙박했다.[40]

댜오위타이 국빈관의 요리는 '타이차이臺菜'라 불리며 명성을 얻었으며 이곳의 중국요리와 서양 요리는 모두 높은 평가를 받았다. '타이차이'는 중국 각 지방 요리의 장점을 취해 궁정 요리에서부터 민간의 풍미까지, 세계 각국의 풍미에서부터 국내의 8대 요리 계통에 이르기까지 고루 흡수하여 그 정수를 집성했다. '뛰어난 맛은 담백하지 않으면 안 된다'는 중국의 전통에 입각하면서도, '저당, 저염, 저지방, 고단백'을 중시하는 세계적 경향을 고려하여 적절한 개량을 거친 뒤 '칭셴핑허淸鮮平和' '칭단셴넌淸淡鮮嫩'과 같은 댜오위타이 요리의 독자적 맛의 기조가 만들어졌다.[41]

댜오위타이 국빈관은 1979년부터 외부에 문호를 개방하여 많은 유명인과 여행단을 맞아들였다. 나아가 댜오위타이 국빈관의 중국요리는 해외로도 진출하여 싱가포르, 홍콩, 마카오 등지에서 조리 기술을 소개한 바 있다. 1992년에는 도쿄의 포시즌스 호텔 진잔소椿山莊에서 중국요리점 '양위안자이養源齋'가 문을 열자 댜오위타이 국빈관은 1년 교대로 조리장 이하 수 명의 요리사를 파견했다(2005년 폐점).[42]

참고로, 베이징판뎬은 1999년 9월부터 50년 전 10월 1일의 '개국제일연' 메뉴를 재현하여 팔기 시작했으며,[43] 인민대회당 역시 일반에 개방되어 이곳에서 언론을 상대로 발표를 하거나 성명을 내놓는 것이 기업과 개인의 신분을 상징하였다. 예컨대 2005년 2월에는 중국부빈기금회中國扶貧基金會가 인민대회당에서 자선 만찬회를 열었는데, 가장 높은 '총통 귀빈석'은 한 사람당 3.8만 위안(약 50만 엔 상당)이었다고 한다.[44]

중국요리협회 회장 쑤추청蘇秋成에 따르면, 2005년경에는 '궈옌'

(국가 연회) '궈옌다스國宴大師'(국가 연회 대가) '궈옌차이뎬國宴菜點'(국가 연회 요리) 같은 말을 사용해 레스토랑의 영업을 확대하려는 광고가 부쩍 눈에 띄게 되었다. 쑤추청은 '국가 연회'는 국가 주석이나 총리가 나라를 대표하여 행하는 의례·의식의 하나이며 강한 정치성을 띤 엄숙한 호칭이므로 국가 연회에서 요리를 만든 경험이 없는 요리사나 그들이 만든 요리를 선전할 때 함부로 이 말을 사용해 소비자를 속여서는 안 된다고 호소하고 있다.[45] 또한, 2019년 6월 필자가 베이징을 찾았을 때는 베이징판뎬의 '개국제일연' 메뉴가 이미 사라진 상태였으며, 인민대회당 참관도 접수를 받지 않았다.

베이징덕이 중국요리를, 취안쥐더가 베이징덕을 대표하게 되기까지

인민공화국 수립 후 베이징덕의 명성은 날로 높아져 국외에서도 알 정도가 되었다.[46] 1958년 간행된 『중국명채보』의 1집(第二商業部 飲食業管理局 編, 輕工業出版社) 첫머리(5쪽)에는 '과루카오야掛爐烤鴨' '베이징카오야北京烤鴨'가 실렸는데 '취안쥐더全聚德'와 '볜이팡便意坊'('便宜坊'을 잘못 쓴 것으로 추측된다)이 가장 유명하다고 되어 있다. 이렇게 해서 공식적으로 베이징덕이 중국요리를, 취안쥐더가 베이징덕을 대표하게 되었다.

그러나 '카오야'(오리 통구이)가 베이징과 중국을 대표하는 요리가 된 것은 베이징이 중국의 수도가 되었기 때문일 뿐이다. 역사적으로 보면, 오리 요리는 사실 베이징보다 난징에서 발달했다. 난징에서는 이미 춘추전국시대부터 오리를 먹었다는 사실을 『초사楚辭』 등에서 확인할 수 있으며, 명대에는 오리 요리가 수도 난징의 명물이 되었고, 청말에는 난징의 오리 요리가 전국에 알려질 정도로 발전했다고 한다. 서태후는 매년 난징에서 대량의 '옌수이야鹽水鴨'(염장하여 삶은 오리 요리)나 '반야板鴨'(소금이나 간장에 절여 말린 오리 요리)를 사들여, '옌수이야'와 '반야'는 헌상품으로서 영예를 얻었다.

예컨대 난징 '한푸싱韓復興'(1866년 창업)의 '반야'는 베이징의 관청에 납품되어 '관리궁야官禮貢鴨'로 알려졌다. 이 요리는 1910년 난징에서 개최된 중국 최초의 대형 물산 박람회인 남양권업회南洋勸業會에서 금상을 수상했으며, 민국기에는 난징 최고의 오리 요리로서 베이징의 취안쥐더와 어깨를 나란히 했다. 한푸싱반야덴韓復興板鴨店은 1994년 난징의 다른 식품업체와 합병하여 난징구이화야지퇀南京桂花鴨集團이 되었다. 참고로, 난징 사람들은 '우야부청시無鴨不成席'(오리가 없으면 연회석이 성립하지 않는다)라는 표현을 쓴다. 또한, 오늘날에도 베이징 사람들이 레스토랑에서 '카오야'를 먹는 경우가 많은 데 비해 난징 사람들은 '옌수이야' 등을 사서 집에서 먹고는 한다. 요컨대 오리 요리는 베이징보다는 난징에서 서민 생활에 좀 더 깊이 뿌리내렸다고 할 수 있을 것이다.[47]

강남·화이양 지방의 오리 요리가 베이징에 보급된 것은 1421년 명조가 난징에서 베이징으로 천도한 무렵의 일이라고 생각된다. 강남의 오리는 케이지에 갇힌 채 배로 대운하를 따라 수송되어서 베이징에 다다를 즈음에는 살이 올라 지방질이 풍부해졌다. 그러나 베이징에서는 현지의 오리를 단기간에 살찌울 필요가 있었으므로, 오리에게 강제로 사료를 먹이는 '전압塡鴨'이라는 방법이 고안되었다고 알려져 있다. '전압'을 기록한 최초의 문헌은 저장 전당錢塘(현재의 항저우) 사람인 하증전夏曾傳(1843~83년)이 지은 『수원식단보증隨園食單補證』(「蒸鴨」)으로, 이 책에는 "북방 사람은 (사료)를 강제로 먹여 (사육하기)에 오리를 단기간에 살찌울 수 있다"는 기술이 등장한다.[48] 강제로 모이를 먹이는 이러한 사육법은 프랑스의 푸아그라와 마찬가지로 현재의 동물 윤리의 관점에서 보자면 비판될 수밖에 없는 것이다.

주목할 만한 것은 오리를 굽는 방식에는 두 가지가 있었다는 사실이다. 간접 가열에 의한 구이(먼루카오야燜爐烤鴨[화덕에서 간접적으로 열을 가해 구운 오리])는 명초에 난징에서 베이징으로 전해졌다고 여겨지며, 베이징에서는 볜이팡이 이 방식으로 유명했다. 다른 하나는 직화 구이(과루카오야掛爐烤鴨)로, 청조 궁정에서 시작되어 청말에 민간으로 전해졌다고 여겨지며 취안쥐더가 이를 도입해 볜이팡과의 차별화를 꾀했다.[49]

2021년 현재 기업 홈페이지 등의 공식적 선전에 따르면, 볜이팡은 1416년 창업하여 2008년 그 기술이 국가 무형문화유산으로 선정되었으며, 같은 해에 '베이징 먼루카오야 기예 박물관'을 열었다.[50] 한편, 취안쥐더는 1864년[51] 창업하여 역시 2008년 그 기술이 국가의 무형문화유산으로 선정되었으며,[52] 2014년 창업 150주년을 기념하여 카오야박물관을 열었다.[53] 단, 볜이팡의 실제 창업은 1855년[54] 내지는 1869년, 취안쥐더의 창업은 1901년이라며 비교적 얼마 지나지 않은 것으로 보는 설도 있다.[55] 중국을 대표하는 노포 요리점이라 해도 창업 연도를 실제보다 훨씬 앞선 것으로 선전할 가능성이 있다.

한편, 저우언라이 총리는 베이징덕의 이용 가치에 크게 주목하여 시찰이나 외빈 접대를 위해 총 29회나 베이징 취안쥐더를 찾았다. 저우언라이는 오리고기를 싸는 전병을 정원正圓에서 타원형으로 바꾸게 하여 외빈의 호평을 받았다.[56] 또한, 1966년 8월 문화대혁명이 일어난 베이징에서 홍위병이 처음으로 밀어닥친 요리점 역시 취안쥐더로, 그들은 '반혁명' 등의 죄상을 가게에 내붙이고 가게 이름을 '베이징카오야뎬北京烤鴨店'으로 바꿨다. 그러한 와중에도 저우언라이가 찾아왔다는 사실은 취안쥐더 요리사들의 버팀목이 었다.[57]

나아가 1971년 7월 극비리에 중국을 방문하여 저우언라이와 회담한 헨리 키신저Henry Kissinger는 저우언라이가 대접한 취안쥐더의 베이징덕을 아주 마음에 들어 했다. 키신저의 귀국 후 닉슨 대통령은 키신저가 중국에서 비밀리에 회담을 가졌으며 이듬해에는 자신이 직접 중국을 방문할 예정이라는 사실을 전격 발표하여 일본을 비롯한 세계 각국에 충격을 주었다(닉슨 쇼크). 키신저는 훗날 중국을 다시 방문했을 때에도 취안쥐더를 찾았다.[58] 그리고 닉슨이 중국을 찾았을 때 저우언라이가 베이징덕을 대접한 것이 계기가 되어 미국에서 베이징덕이 대유행하였다.

미국인 작가 펄 S. 벅Pearl S. Buck은 선교사의 딸로 장쑤성에서 자랐으며 난징에서도 오래 살았다. 그런데도 벅은 말년인 1972년 출판한 『펄 벅의 오리엔탈 쿡북Pearl S. Buck's Oriental Cookbook』(499쪽 참조)에서 난징의 '옌수이야'가 아닌 베이징의 '카오야'를 명물로서 소개하고 있다.[59] 이렇듯 '난징덕'이 아닌 베이징덕이 중국 안팎에서 이름을 떨친 것은 베이징을 수도로 삼은 중화인민공화국 정부가 이 요리를 중시한 결과라고 할 수 있다.

국가 연회 개혁과 저우언라이의 반대

당 중앙선전부 부부장으로서 『마오쩌둥 선집毛澤東選集』을 편찬한 후차오무胡喬木의 회고에 따르면, 장원톈張聞天(1954~59년 외교부 부부장 재직)은 저우언라이 총리의 지칠 줄 모르는 업무에 감복하면서도, 한편으로 저우에게는 쇄말주의('事務主義')라는 결점이 있어 매사에 지나치게 구체적으로 관여하여 좀처럼 아랫사람에게 일을 맡기지 않으며 그런 만큼 정책 연구나 규칙·제도 설계 같은 기본 업무가 불충분해진다고 생각했다.[60] 확실히 저우는 국가 연회의 사소한 절차 하나하나에 빠짐없이 신경을 썼다.

예컨대 예빈사 사장 대리였던 루페이신魯培新의 회고에 따르면, 저우언라이는 국가 연회의 석순席順을 매우 중시하여 직접 전화하여 좌석을 지시하고는 했다. 또한, 1960년대의 중소논쟁 국면에서 중·소 양국은 국가 연회에서 강화講話를 발표했는데, 당시에는 가열 조리한 주요리가 나오기 전에 강화를 발표하는 것이 통례였기에, 소련 사절단은 제대로 배를 채우지 못했는데도 항의의 뜻에서 연회 도중에 자리를 뜰 수밖에 없었다. 이 사실을 알게 된 저우는 예빈사에 지시를 내려 세 번째 주요리가 나온 뒤에 강화를 발표하도록 순서를 고쳐 소련 사절단이 충분히 배를 채운 뒤에 자리를 뜨도록 했다고 한다.[61]

1957년에는 외빈에 대한 과잉 접대로 인해 낭비가 심하다며 외교부 부부장 장원톈이 국제적 관례에 따른 '예빈 개혁'을 단행하려 했지만, 당시 국무원 총리와 외교부장을 겸임하고 있던 저우언라이가 앞으로는 외국인을 접대할 돈이 없으면 자신의 급료를 쓰겠다며 강하게 반대해 '예빈 개혁'은 실행되지 못했다.[62]

그러나 1959년 7월 외교부는 '각국 원수와 정부 대표단을 접대하는 예우 처치를 조정하는 것에 관한 건의(초안)'를 제출하여 국가 연회의 규모를 대대적으로 축소하는 안을 내놨다. 나아가 1965년 2월 외교부는 '국빈을 접대하는 예의의 절차를 개선하는 것에 관한 몇 가지 의견'을 제출하여, 국가 연회에서 외교단이 축배를 드는 것('祝酒')과 술을 권하는 것('敬酒')을 중지하고, 협의 후에 외교단이 줄지어 술을 권하러 가는 행위를 피하며, 중국의 지도자 역시 각 사절의 테이블에 술을 권하러 가지 않을 것 등을 제안했다.

하지만 이런 개혁은 그 후 문화대혁명 중에는 진전을 보이지 못하다가, 1978년 9월부터서야 겨우 정식으로 실시되었다.[63] 이처럼 외교부를 주체로 한 국가 연회의 간략화가 더디게 진전된 것은 국가 연회 개혁에 소극적이었던 저우언라이의 영향이 크다고 생각된다.

마오쩌둥의 국가 연회 개혁
'주요리 네 가지와 탕 하나면 족하다'

한편, 마오쩌둥은 (문화대혁명에 즈음하여 혁명가의 제목이 되기도 한) "혁명은 손님을 식사에 초대하는 것이 아니다"라는 유명한 말을 남긴 바 있다.[64] 마오는 성대한 국가 연회에 매우 비판적이었으며 1965년 3월 측근 왕둥싱汪東興을 통해 국가 연회에 관한 의견을 밝혔다.[65] 1965년부터 약 20년간 예빈사의 참사관('參贊')이었던 우더광吳德廣이 참고한 노트에는 중화인민공화국 지도부의 예빈(의전)이나 의례에 대한 지시·담화의 요점이 적혀 있는데, 그중에서도 마오의 지시는 엄격했다고 한다.

마오쩌둥의 지시에 따르면, 요컨대 접대 연회는 화려하게 하는 것만 생각하여 먹지도 못하는 음식이 많으며 국가의 금전과 물자를 낭비하고 있다. 모두가 똑같이 제비집이나 샥스핀 요리 같은 고급 요리를 내면 돈도 많이 드는 데다 실리적이지도 못하다. 어떤 외국인들은 이런 요리를 입에도 대지 않는다. 따라서 외국인을 초대할 때에는 '쓰차이이탕四菜一湯'이면 족하다는 것이다.[66] 저우언라이 총리는 마오의 비판에 따라 '쓰차이이탕'(주요리 네 가지와 탕 한 가지)을 국가 연회의 표준으로 정하게 된다.[67] 우더광에 따르면, 1965년 저우는 예빈사에 대해 "'예빈 개혁'이라는 네 글자를 벽에 붙이고 마음에 새기도록" 주문했다.[68]

이러한 국가 연회 개혁은 마오쩌둥 본인의 식생활을 반영한 것이기도 했다. 관계자의 회고에 따르면, 마오는 매일의 식사에서도 '싼차이이탕三菜一湯'(주요리 세 가지와 탕 한 가지) 내지는 '쓰차이이탕'을 지켰다. 돼지고기 외에 시금치 같은 채소를 즐겨 먹었으며, 재료 본연의 맛을 좋아해 고추는 써도 생강이나 파 같은 향미 채소는 쓰지 않았으며 간장도 적게 썼다. 마오가 가장 좋아한 것은 주식으로는 '바바오판八寶飯'(찹쌀을 쪄 설탕이나 라드 등으로 맛을 입히고 금목서, 대추야자, 연밥, 용안 등을 더한 납팔절臘八節(음력 12월 8일) 음식), 곁들이(푸차이副菜)로는 '훙사오러우紅燒肉'(삼겹살을 간장으로 조미하여 볶아낸 뒤 조린 요리)로, 모두 검소한 것이었다.

마오쩌둥은 돼지고기 비계나 라드로 조리한 요리를 좋아한 것으로 잘 알려져 있다. '훙사오러우'라면 사족을 못 써서 항일 전쟁 당시 중국공산당의 거점이었던 옌안延安에서 아내 장칭에게 훙사오러우를 먹는 것은 촌놈('土包子')이라는 잔소리를 들은 뒤로 아내와 함께 식사하지 않았을 정도였다. 이어진 국공 내전 시기에도 마오는 훙사오러우를 강장제('補腦子')라며 즐겨 먹었다. 또한, 마오는 무순과 무청을 기름에 지져 익힌 '와와차이娃娃菜'(그 자리에 있는 사람들을 웃기는 요리라는 뜻)를 직접 개발하고는 그 쌉싸래한 맛이 좋아 즐겨 먹었을 뿐 아니라 국가 연회 요리로도 추천하여 실제로 1960년 우창武昌에서 북한 손님을 접대했을 때부터 이 음식을 냈다고 한다.

한편, 마오쩌둥은 제비집이나 샥스핀, 해삼 같은 고급 식재료에는 흥미가 없었다. 일례로, 인도네시아에서는 1965년 9·30 사건(국군 부대의 쿠데타 미수)에 의해 중국공산당과 가까웠던 인도네시아 공산당이 괴멸되고 많은 인도네시아 화인이 희생되었으며 화인과 중국의 관계는 철저한 감시를 받았는데, 이 무렵 중국 정부가 인도네시아 화인의 보호를 표명하자 인도네시아 화인은 대량의 제비집을 중국에 보냈지만 마오쩌둥은 이를 조금도 수중에 남기지 않고 전부 인민대회당에서 외국인을 접대하는 데 쓰도록 지시했다고 한다.[69]

지금이야 마오쩌둥의 식생활이 이렇듯 소상히 밝혀져 있지만,

마오 생전에 이는 국가 기밀이었다. 1956년부터 1976년까지 마오쩌둥과 장칭의 전속 요리사였던 청뤼밍程汝明(1926~2012년)의 회상에 따르면, 청은 매끼 식사를 만든 뒤에는 식단표를 스스로 처분했다. 이는 식사 메뉴의 변화를 통해 국가 지도자의 건강 상태가 새어나가는 것을 막기 위한 조처였다.[70]

마오쩌둥의 의향을 반영한 극단적으로 검소한 국가 연회 요리의 일례로, 1965년 5월 저우언라이가 알바니아에서 온 일행 30여 명을 다자이大寨에 데려가 접대한 식사를 들 수 있다. 그곳에서 저우는 '다자이 정신'을 화제 삼아 중국공산당의 '간고분투艱苦奮鬥, 자력갱생自力更生'(근면과 자립)의 빛나는 행보를 소개하고는 맛있고 실리적인 '다자이판大寨飯'을 대접했다. 타이위안太原에서 조직되어 함께 다자이로 온 요리사와 종업원이 '위미멘워워터우玉米面窩窩頭'(옥수숫가루와 콩가루를 섞어 찐 것으로, 가난한 이들이 먹는 거친 음식으로 여겨졌다), 좁쌀죽('小米稀飯'), 양고기 만두, 라드가 들어간 전병('油糕') 같은 주식과 '쓰차이이탕'을 냈다. 나아가 일행은 다자이의 백주('大寨高粱白')를 마시며 잘게 채를 썬 감자볶음('土豆絲')이나 절임('腌咸菜')을 먹었다.[71]

1966년 9월에는 외교부가 연회에서의 절약에 관해 보고하면서 '쓰차이이탕' 외에 연회 시간을 한 시간 반으로 정하는 것 등을 제안해 중앙정치국의 승인을 받았다. '쓰차이이탕'의 원칙은 그 후로도 엄수되었으며, 1990년대 말부터는 '싼차이이탕' '량차이이탕兩菜一湯'[주요리 두 가지와 탕 한 가지] 같은 표준도 시도되다가 2000년대 초부터 '싼차이이탕'이 표준이 되었다. 단, 요리 가짓수의 규정은 어디까지나 주요리('本菜')의 수에 관한 것으로, 전채('冷盤'), 뎬신,

과일 등은 포함되지 않아서 실제로 주요리만 아니라면 몇 접시든 낼 수 있다. 또한, 한 접시에 두 종류의 요리를 담는 것도 허용되고 있다.[72]

덩샤오핑 시대의 국가 연회 개혁, 규모·시간의 합리화와 '분찬제'

1978년부터 덩샤오핑이 외교 업무를 맡게 되자 외교부는 인력·물력·재력 및 중앙 지도자의 시간을 절약하면서도 중화 민족이 예禮를 중시하는 것을 보여주고 국제적 표준에서도 벗어나지 않도록 하려고 약 20항목에 이르는 '예빈 개혁'안을 제시하여 승인을 받았으며, 이 개혁안의 대부분은 덩샤오핑이 직접 심사, 수정한 것이었다. 그 후로 국가 연회 자리에서는 강화가 발표되지 않았으며, 사절이 국가 연회에 참석하지 않게 되었으니 국가 연회의 규모는 테이블 약 50개 규모에서 10개 정도 규모로 축소되었다.[73]

참고로, 국가 연회를 합리적으로 개혁한 덩샤오핑은 결코 미식가는 아니었지만 마오쩌둥과는 달리 고급 식재료를 마다하지 않았으며 이를 상찬하기도 했다. 광둥 요리에서는 전복과 샥스핀이 고급 연회 요리에 빠질 수 없는 양대 식재료로, 1970~80년대 홍콩에서 전복 요리는 '푸란판딤富臨飯店', 샥스핀 요리는 '산퉁록新同樂' '푹란문福臨門'의 것이 유명했다. 푸란판딤의 창업자 영군얏楊貫一(애칭 '아얏阿一)은 1986년 댜오위타이 국빈관에 불려가 정부 요인을 위해 전복 요리를 만들었다. 요리를 맛본 덩샤오핑은 "국가가 개방정책을 시행하고 있어서 이렇게 맛있는 전복을 맛볼 수 있는 것"[74]이라고 개혁·개방 정책을 자찬하면서 영군얏의 전복을 칭찬했다고 한다. 이 발언이 중국에 보도되자 영군얏의 전복 요리는 널리 이름을 떨쳤으며, 푸란판딤은 중국 정부의 요청을 받아 1995년 베이징에 지점을 열게 된다.[75]

1-16 인민대회당의 국가 연회 요리 '쿵췌카이핑孔雀開屏'과 '펑촨무단鳳穿牡丹'

그 밖의 국가 연회 개혁으로는, 인민공화국 건국 초기의 국가 연회에서 요리를 큰 그릇에 담아내어 테이블에서 종업원이 각자에게 덜어주고는 남은 것을 테이블 한가운데 놓아 각자 추가로 덜어먹게 하던 방식에서 1987년부터는 요리사가 미리 참석자 수에 맞춰 요리를 나누어 담아내는 '분찬제分餐制'로 고친 것을 들 수 있다. 후야오방胡耀邦 총서기가 프랑스를 방문했을 때 '분찬제' 방식의 국가 연회를 체험하고 돌아와 청뤼밍이나 경위국 복무처의 간부와 의논하여 분찬제 도입을 결정한 것이다.[76] 이는 프랑스 요리의 법식이 중국 국가 연회에 영향을 끼친 일례라 할 수 있을 것이다. 이 밖에 건국 초기에는 국가 연회가 두세 시간에 걸쳐 행해졌지만, 나중에는 1시간 15분으로 정해지기도 했다.[77]

국가 연회 브랜드와 '국주', 마오타이주에서 사오싱주로

인민공화국 건국 초기에는 '중화中華' 브랜드의 담배, 구이저우의 마오타이주茅台酒, 저장의 룽징차龍井茶 등이 국가 연회의 표준 품목으로 정해져 있었지만, 개혁·개방 후에 '예빈 개혁'이 진행된 뒤로는 국가 연회에 담배나 독한 술이 나오지 않게 되었다. 그 대신 사오싱 자판주紹興加飯酒, 왕차오푸타오주王朝葡萄酒, 톈진간바이푸타오주天津干白葡萄酒, 코카콜라, 옌징燕京 맥주, 청바오橙寶(오렌지주스), 예쯔즈椰子汁(코코넛주스), 비윈둥쾅취안수이碧雲洞礦泉水(미네랄워터) 등이 국가 연회에 쓰는 주된 음료가 되었다.[78]

참고로, 구이저우의 증류주(백주)인 마오타이주는 1915년 샌프란시스코에서 개최된 파나마·태평양 세계박람회Panama-Pacific International Exposition에서 사오싱주와 함께 금상을 수상한 바 있으며,[79] 1935년 3월 홍군(중국공산당군)이 구이저우 마오타이로 진군했을 때 현지의 관습을 흉내 내어 술로 얼굴이나 다리를 씻던 병사를 저우언라이가 훈계했다는 일화도 전해진다. 1950년 9월 마오타이주는 인민공화국 건국으로부터 2년째를 맞는 국경절을 축하하는 술로서 정무원 총리 저우언라이가 선택했는데, 저우는 구이저우성 당위원회 서기 쑤전화蘇振華에게 직접 전화를 걸어 이 술을 가져오게 했다.[80] 그 후로 마오타이주는 국가 연회용 술로서 정착했지만, 1969년 3월 저우는 마오타이주(백주)를 국가 연회에 내지 말도록 지시했다.[81]

그러다 1972년 2월 27일 상하이에서 미중공동성명('상하이 코뮈니케')이 발표된 뒤 열린 축하연에서 저우언라이는 닉슨에게 따자시에 大閘蟹(참게 요리)를 들게 하며 샴페인이나 사오싱주가 아닌 마오타이주를 권했다. 저우의 이러한 접대는 '마오타이 외교'(그림 1-17)로 알려지며[82] 마오타이주를 전 세계에 알렸다. 국가 연회에 사용하는 구이저우의 마오타이주는 '국주國酒(궈주)'로 불리게 되었으며, 1975년에는 국무원 부총리 왕전王震이 전국적 회의의 장에서 구이저우 마오타이주를 '국주'로 선언했다.[83] 또한, 1986년에는 파나마·태평양 세계박람회 금상 수상 70주년을 기념하여 〈마오타이주의 전설〉(구이저우 텔레비전)이라는 텔레비전 연속 드라마도 방영되었다.[84]

그러나 1988년 8월 리펑李鵬 총리가 일본의 다케시타 노보루竹下登 총리를 접대한 무렵부터 국가 연회에서 주로 쓰이는 중국술이 마오타이주에서 사오싱주로 바뀌었다. 연회 당일 저녁에 외교부 관원이 〈런민르바오〉의 기자에게 답한 바에 따르면, 국제관례상 귀빈에게 독한 술을 대접하는 일이 드물어져서 마오타이주를 포함한 독한 술을 내지 않도록 개혁했다는 것이다.[85]

사오싱주는 1910년 난징에서 개최된 남양권업회, 1915년 파나마·태평양 세계박람회에서 금상을 수상하면서 이름을 알렸다. 1952년 저우언라이는 사오싱주의 생산 설비 개선과 국가 연회용 술의 전용 창고 건설을 명했으며, 1955년 외교부·상업부·경공업부·저장성이 출자하여 이를 실현시키면서 사오싱주의 생산량과 품질이 향상되었다. 나아가 1956년부터 1967년에 걸친 '12년 과학 계획'에도 '사오싱주의 총괄과 향상' 프로젝트가 포함되었다. 사오싱시 양주총공사醸酒總公司가 생산하는 '구웨룽산古越龍山' 상표의 사오싱주(자판주加飯酒, 화댜오주花彫酒)를 1959년부터 댜오위타이 국빈

1-17 마오타이주로 닉슨 대통령을 접대하는 저우언라이 총리(1972년 2월 25일)

관이나 중국 대사관 등에서 쓰면서 국외에서도 이름을 알렸다.

그런가 하면, 1988년 마오타이주가 국가 연회에서 사라지고 사오싱주가 국가 연회 전용 술로서 주목받자 곧바로 '밍파이名牌'(유명 상표를 뜻함), '사오싱 특산', '명주名酒' 등을 위칭하는 조악한 사오싱주가 시장에 유통되었다. 이에 사오싱시 양주총공사는 상표등록을 통해 '자판주' 등의 브랜드를 지키고 '국빈주'로서의 명성을 유지하였다.[86]

한편, 일본에서는 2012년 4월 후루카와 모토히사古川元久 국가전략담당대신이 일본주나 소주燒酎[일본의 증류식 소주]를 '국주'로 지정하고 해외 판로의 확대를 지원하겠다는 방침을 발표했다.[87] 그 후 관·민이 함께하는 'ENJOY JAPANESE KOKUSHU'(국주를 즐기자) 프로젝트가 출범했다. 일본 국가전략실 홈페이지에서는 일본주·소주를 "일본의 '국주'이자 일본의 기후와 풍토, 일본인의 강한 인내심, 정중함, 섬세함을 상징하는, 말하자면 '일본다운 것의 결정結晶'"이라 설명하고 있다.[88] 이러한 일본의 '국주' 프로젝트는 중국이 구이저우의 마오타이주를 '국주'로 삼은 데서 힌트를 얻은 것이다.[89]

각국 요인에게 맞춘 국가 연회

국가 연회에서는 각국의 풍속·관습에 세심한 주의를 기울여 요리를 준비해야 했다. 예컨대 일반적 국제회의의 연회에서는 이슬람교의 교의 등을 고려하여 돼지고기를 사용하지 않는다.[90] 댜오위타이 국빈관의 부副총주방장으로 일한 왕훙유王洪友에 따르면, 국가 연회를 담당하는 요리사는 각국 식문화의 금기 사항을 숙지해야 했다.

예를 들어, 소를 신성시하는 인도인(힌두교도)에게는 비프스테이크를, 염소와 공작을 상서롭지 못한 것으로 여기는 영국인에게는 이 두 동물의 모습으로 조각한 음식을, 그리고 국화를 좋아하지 않는 프랑스인에게는 국화를 내지 말아야 한다는 것이었다.[91]

여기서는 특히 북한, 미국, 영국, 일본, 러시아의 예를 순서대로 살펴보고자 한다.

1. 김일성 주석과 개고기 요리

1970년 4월 저우언라이 총리가 북한을 방문했을 때 김일성 주석은 개 요리 일색의 오찬회('全狗午宴')를 준비해 대접했으며, 김일성이 중국을 방문하여 마오쩌둥이나 저우언라이 등의 접대를 받았을 때는 반드시 김일성이 좋아하는 개고기 요리 한 가지를 넣었다.[92]

참고로, 중국에서 개고기를 식용한 역사는 유구하여 이미 기원전『주례周禮』에서 개고기는 사대부(귀족층) 이상의 사람들이 일상적으로 먹는 것으로서 양생·양로에 적합하다고 높이 평가되었다. 그러나 개를 수렵에 이용하는 유목민이 지배 민족이 되고 나아가 불살생 사상을 가진 불교가 퍼진 육조시대부터는 개고기 식용이 줄어들어 개고기는 일반 서민이 먹는 하급 요리가 되었다.[93] 근래에도 광둥에서 개고기를 즐겨 먹는 것은 개고기를 식용하던 한족이 남하한 결과라고 생각된다.[94]

홍콩에서는 1950년 애견인들이 광견병의 대유행을 교묘히 활용하여 개고기 식용을 금지하는 조례의 제정을 이끌어냈다.[95] 타이완에서도 2001년 '동물보호법'이 개정되어 개나 고양이 같은 애완동물의 도살이 금지되었다.[96] 중국 대륙에서는 지금도 개고기를 먹지만 한반도에서와는 달리 개고기가 국민 요리로서 문화적 아이덴티티와 결부되지는 않는다.

2. 닉슨 대통령을 접대한 국가 연회 메뉴

1972년 2월 21일 저녁 7시, 중국을 방문한 닉슨 대통령을 초대하여 인민대회당에서 열린 국가 연회의 메뉴는 각 신문, 잡지의 보도에 따라 약간 차이가 있지만 대략 '바이즈둥쑨白汁冬筍'(죽순 조림), '훙사오위츠'(샥스핀 조림), '유바오다샤油爆大蝦'(참새우 볶음), '피단皮蛋'(송화단), '단쥔蛋捲'(으깬 새우가 들어간 달걀말이), '훠투이샹창火腿

香腸'(윈난의 햄과 소시지), '예쯔둔지椰子燉鷄'(야자 과즙이 들어간 닭고기 조림), '베이징카오야'(베이징덕), '싱런나류杏仁奶露'(아몬드가 들어간 우유), '정빙스차이蒸餅時菜'(찐 전병과 채소) 등이었다.

미·중 국교 정상화(1979년)의 실마리를 연 이 역사적 국가 연회의 요리에 대해 재일在日 화인 중국요리 연구가들, 요리사들은 "일본의 물가로 환산하면 한 테이블당 3만 5,000엔 정도로, 신중국이 된 뒤로는 대국의 원수라 한들 특별하게 대우하지 않게 된 것은 아닐는지"(구중정顧中正), "간편하게 국내에서 입수할 수 있는 것으로 만든 메뉴로, 특히 제비집이나 해삼 요리가 빠진 것은 고급 요리 치고는 옹색하다"(우스다 소가臼田素娥. 유명 작가 규 에이칸邱永漢의 누나)라는 등의 혹평을 내렸다.[97] 그러나 당시의 국가 연회는 앞서 이야기한 '쓰차이이탕'이라는 기준 때문에 전채('冷菜')나 경식(뎬신)을 제외한 주요리('本菜' '熱菜')는 원칙적으로 네 종류까지로 한정되어 있었다.[98]

게다가 이 국가 연회의 식재료는 실은 통상 수준 이상으로 엄선되어, 예컨대 죽순은 쓰촨성 창닝長寧현의 것이었는데 창닝현은 국가 연회를 위해 죽순 두 근(약 1kg)을 조달하도록 긴급 지령을 받았다. 현 측은 어디에 쓰일지도 모른 채 정치 임무로서 죽순을 모았으며, 후에 보도를 통해 죽순이 닉슨을 위한 국가 연회에 쓰인 사실을 알게 되었다.[99]

또한, 2월 25일 답례연에서는 미국 측이 샥스핀을 내지 말도록 요청해서 중국 측은 그 대신에 흰목이버섯을 내려고 했다. 당시 흰목이버섯은 귀한 야생종으로서 값이 샥스핀의 다섯 배에 달했으며 품질이 좋은 것은 전부 수출되었으므로 입수하기가 어려웠지만, 간

1-18 베이징판뎬의 주방에서 시식하는 닉슨 대통령 부인 퍼트리샤(1972년 2월 22일)

신히 베이징 퉁런탕同仁堂에 한방약용으로 남아 있던 것을 구입했다고 한다.[100]

이 밖에도, 닉슨을 접대하는 연회에서는 황해의 전복이 사용되었으며 이 전복은 정치 임무를 부여받은 랴오닝성 다롄시 창하이長海현 장쯔다오獐子島 인민공사의 잠수대가 1972년 1월 말 영하 20도의 바다에서 채취하여 좋은 것만 골라 베이징에 보낸 것이었다.[101]

닉슨에 대한 저우언라이의 접대로 인해 중국요리는 미국을 비롯한 전 세계에 선전되었다. 닉슨 대통령 부인 퍼트리샤 Patricia Ryan Nixon가 베이징판뎬의 주방을 찾은 모습은 텔레비전으로 방송되어 미국 전역에서 중국요리 붐이 일어나는 계기가 되었다[102](그림 1-18). 저우언라이가 주최하는 국가 연회는 '마오타이 외교'로서뿐 아니라 '카오야 외교'로서도 이름을 알려[103] 닉슨의 중국 방문은 미국에서 베이징덕의 유행을 낳았다(3부 1장).

닉슨의 중국 방문 후에는 후지야마 아이이치로藤山愛一郎, 미키 다케오三木武夫, 다케이리 요시카쓰竹入義勝, 가와사키 히데지川崎秀二, 그리고 다나카 가쿠에이田中角榮 같은 일본 정치가가 중국을 찾

1부. 중국요리의 형성—미식의 정치사

아 만찬회에서 중국요리를 대접받았다. 이를 보도한 일본의 한 주간지는 "중국요리는 중국 외교의 가장 유명한 무기"라고 썼다.[104]

3. 엘리자베스 여왕과 불도장

1986년 10월, 영국 여왕 엘리자베스 2세가 중국을 방문했다. 당시의 최고 실력자 덩샤오핑은 베이징 댜오위타이 국빈관의 양위안자이養源齋에서 여왕 일행과 회견하고 여왕을 오찬에 초대하여 샥스핀, 전복, 해삼 등 고급 식재료를 며칠에 걸쳐 조리하는 푸젠식 탕 요리인 '불도장'(그림 1-19)을 냈다.[105] 또한, 상하이에 간 엘리자베스 여왕은 위위안상청豫園商城의 뤼보랑주러우綠波廊酒樓에서 덴신을 먹었으며 이는 '궈얀샤오츠國宴小吃'[국가 연회의 경식]로서 알려졌다.[106]

참고로, 승려도 담장을 넘어 먹으러 올 정도로 맛있다는 그 이름의 유래로 유명한 '불도장'은 미국의 로널드 레이건Ronald Reagan 대통령(1981~89년 재임)이나 조지 H. W. 부시George H. W. Bush 대통령(1989~93년 재임)도 좋아한 음식이다.[107] 불도장의 성립 과정은 불분명하지만 청말에 푸저우의 관은국官銀局 장관이 자택에 포정사布政使를 초대해 대접한 푸저우의 요리를 토대로 한 것이라는 설이 널리 퍼져 있다.

불도장은 푸젠에서 지리적으로, 그리고 언어적·문화적으로 가까운 타이완에는 이미 1950년대에 전해져 있었다. 타이베이에서 불도장을 접한 홍콩의 부상富商 고우척훙高卓雄은 1960년대 말 '감군자우라우金冠酒樓'에서 상어 지느러미를 잇는 간판 요리로 불도장을 선보였으며, 이것이 홍콩 최초의 불도장으로 여겨진다.[108] 불도장은

1-19 불도장(긴자 아스터)

광저우에서도 1960년대 중반 해외 요인을 접대하는 정부의 연회 요리로 인기가 있었다.[109] 또한, 일본에서도 인기 만화 『맛의 달인美味しん ぼ』(가리야 데쓰雁屋哲 원작·하나사키 아키라花咲アキラ 그림)에서 '궁극의 메뉴' 가운데 하나로 불도장이 등장한 바 있다 (9권 2화, 1987년).

이처럼 불도장은 접대 연회용 요리로 귀한 대접을 받아왔다고 할 수 있다. 불도장을 만들려면 수많은 건조식품을 물에 불리고 익히는 데 오랜 시간이 걸린다. 유행에 편승한 포장마차, 간이 레스토랑, 패스트푸드 가게 등이 불도장을 메뉴에 올렸지만 그 자리에서 뚝딱 만들어서는 맛이 없기에 유행은 오래가지 못했다.[110] 이러한 상황은 예전의 홍콩이나 근래의 상하이에서도 되풀이되었다.

4. 헤이세이 천황·황후와 따자시에

이야기를 되돌리자면, 국가 연회가 각국 요인의 특별한 사정을 배려하여 행해진다는 사실은 주목할 만하다. 일례로, 1992년 10월 헤이세이 천황과 황후가 중국을 우호 방문했을 때 일본 천황이 중국을 방문한 것은 사상 처음이어서 일본 언론의 관심이 매우 높았다.

천황이 상하이를 찾았을 때 국가 연회에서 따자시에(상하이식 참게 요리)가 나올 예정이었다. 그러나 일본 측은 천황이 게를 먹는 모습은 텔레비전에 방송될 이미지로서 좋지 못하다고 생각하여 메뉴 변경을 요구했다. 이에 중국 측 요리사는 게살을 미리 발라 게의 등딱지에 담아내어 천황이 게를 손에 대지 않고 먹을 수 있도록 궁리를 짜냈다고 한다.

5. 옐친과 마오타이주

같은 해 11월, 러시아 연방의 초대 대통령 보리스 옐친Boris Yeltsin이 중국을 방문하자 인민대회당에서 국가 주석 양상쿤楊尙昆이 성대한 국가 연회를 거행했다. 당시 예빈사 사장 대리였던 루페이신의 회고에 따르면, 이 국가 연회는 요리의 분량을 늘렸으며 러시아인이 반기지 않는 해삼은 쓰지 않았다.

그런가 하면, 당시는 이미 국가 연회에서 독한 술이 쓰이지 않게 되어 있었지만 관례를 깨고 마오타이주를 냈다고 한다.[111]

지금까지 살펴보았듯이, 중국의 국가 연회 요리는 제비집 수프, 샥스핀 조림, 오리 구이 등이 그러하듯 청대에서 현대에 이르기까지 변함없는 계승성을 띠는 한편으로, 지도자의 생각이나 외교 자세를 반영하여 조정이 거듭되어왔다.

그리고 중화인민공화국의 건국은 중국요리의 국내적 체계화나 국민 요리의 창출은 물론이고, 외국의 손님을 접대하는 국가 연회 요리의 정비나 변혁에서도 중요한 의미를 갖고 있었다. 중화인민공화국의 호화롭고 주도면밀한 국가 연회 요리는 저우언라이의 지도 아래 완성되었지만, 마오쩌둥에 의해 간소화되고 덩샤오핑에 의해 합리화되어 오늘날에 이르렀다고 할 수 있다.

4장

유네스코 무형문화유산
등재 신청

중국 국내의 무형문화유산을 둘러싼 정치

이 장에서는 프랑스, 일본, 한국 등과 마찬가지로 자국의 요리를 유네스코(유엔 교육과학문화기구) 무형문화유산에 등재시키려는 중국의 정치 과정을 살펴보고자 한다. 단적으로 말해, 이는 중국의 수준 높은 조리 기술을 국외에 내보이려는 시도가 국내에서 이권 다툼을 수반하며 실패를 거듭한 과정이었다.

2003년 10월 유네스코 총회에서 '무형문화유산의 보호에 관한 협약'이 채택되어 중국도 2004년 8월 이 협약을 체결했다. 중국에서는 곧바로 2003년부터 각 성·(직할)시·자치구, 시·현 등에서 무형문화유산의 신청·인정 작업이 활발하게 이뤄졌다. 국무원은 2006, 2008, 2011, 2014, 2021년에 중국 국내의 국가급 무형문화유산 목록 및 그 확대 목록을 공포하였으며, 2011년에는 '중화인민공화국 비물질문화유산법'(무형문화유산법)을 공포·시행했다.[1]

이 법률의 제1장 총칙의 제1조는 "중화 민족의 우수한 전통문화를 계승·선전하여 사회주의 정신문명 건설을 촉진하고, 비물질 문화유산의 보호·보존 업무를 강화하려고 이 법을 제정한다"고 되어 있다. 나아가 제4조는 "비물질 문화유산을 보호하려면 그 신빙성, 완전성, 전승성을 중시해야 하며, 그럼으로써 중화 민족의 문화적 아이덴티티의 향상, 국가 통일과 민족 단결의 유지, 사회의 조화와 지속 가능한 발전에 공헌한다"고 되어 있다. '비물질문화유산법'에서 거듭 강조되듯, 중국 정부는 '중화 민족'의 전통문화 발전을 무형문화유산 등재의 목적으로 하고 있다.[2]

중국 문화부는 2007, 2008, 2009년 국가급 무형문화유산을 대표하는 전승자 목록을 발표했다. 그런데 음식 관련 항목은 전통 수공예, 전통 중국 의약, 민속 등 서로 다른 카테고리에 기계적으로 포함되어버렸다.[3] 예컨대 2008년 국무원이 정한 제2기 '국가급 비물질문화유산'의 '전통 수공예(傳統手工技藝)' 목록에는 취안쥐더의 과루카오야나 쥐춘위안聚春園(푸저우, 1865년 창업)의 불도장 등 약 70개의 음식 관련 항목이 포함되었다. 이는 중국 문화부가 요리나 식품의 무형문화유산 등재에 적극적이지 않았다는 것을 말해주고 있다. 1987년 설립된 중국요리협회는 애당초 민정부民政府에 등기하여 상무부의 관리를 받았으므로 문화부와는 직접 접촉하는 것조차 불가능했다.[4]

또한, 기업명으로 이뤄지는 무형문화유산의 신청에는 적지 않은 논의가 있었던 듯하다. 참고삼아 바이두백과의 '인스선이飲食申遺'

[음식의 문화유산 등재 신청] 항목(2021년 4월경 삭제)에 적혀 있던 상황을 소개하면, 2009년 성·시가 공시한 무형문화유산 목록에는 음식 관련한 것들이 포함되었지만 그중 다수는 제조 공장이나 상점의 이름으로 추천된 것이었다. 취안쥐더의 카오야처럼 중국의 노포에는 뛰어난 기예, 생산 공정, 전통이 있어 무형문화유산에도 알맞다는 의견이 있는가 하면, 무형문화유산이 상업 광고에 이용될 수밖에 없다는 비판적 의견도 나왔다고 한다.

유네스코 무형문화유산 등재를 둘러싼 논의

2011년 중국요리협회는 35개 카테고리, 130계열의 전통적 기예를 비롯한 중국의 조리 기술을 테마로 해서 처음으로 유네스코 무형문화유산 등재 신청을 시도했다.[5] 그러나 이 신청은 어떠한 구체적 요리가 아니라 중국의 조리 기술 전체를 등재시키려는 시도였다.[6] 무형문화유산의 보호·전승자가 전문적 요리사로 한정되어 주부나 가정을 비롯한 광범위한 민중의 식문화 실천이 등한시된 것이 요인이 되어 등재 신청은 실패로 끝났다.[7]

중국요리의 유네스코 무형문화유산 등재를 둘러싼 논의는 2008년에 시작되었다. 2011년 11월에는 항저우에서 제1회 '아시아 식학단食學壇'이 개최되어 양저우 대학 관광조리학과의 리훙쿤李鴻崑이 발표한 논문이 언론의 주목 속에서 뜨거운 논쟁을 불러일으켰다. 리훙쿤은 '중궈펑런中國烹飪'(중국의 조리)이라는 명칭으로 특히 칼질, 불 조절, 풍미 조절 등 세 가지 기술에 무게를 두고 유네스코 무형문화유산 등재를 신청해야 한다고 주장했다. 이에 대한 반론으로, 중국요리에는 각 요리의 계통이 있으며 전국적으로 널리 퍼진 요리나 식품이 없으므로 '중국의 조리'라고 한마디로 표현하기는 불가능하며, 또한 음식의 유산은 민중의 입에 의해서만 보호되는 것이므로 유네스코 무형문화유산 등재를 신청할 필요는 없다는 주장이 나왔다.[8]

예컨대 민속학자 완젠중萬建中은 〈중궈이수바오中國藝術報〉를 통해 중국요리는 유네스코 무형문화유산에 등재시켜 보호해야 하는 위기 상황에 놓여 있지 않으며, 오히려 프랑스 요리 등보다도 발전하고 있으므로 등재 없이도 빛나는 미래가 있을 것이라고 주장했다.[9] 이에 대해 리훙쿤은 다른 민족이나 지역의 식문화를 놓고 우열을 논하는 그릇된 사고방식이라고 비판했다.[10]

그러나 리훙쿤이 상대하지 않고 넘어간 완젠중의 또 다른 지적이야말로 문제의 핵심을 찌르고 있었다. 그것은 유네스코 무형문화유산 등재 신청에 관한 돈과 권력의 문제이다. 요컨대 문화유산의 신청 과정·결과는 막대한 경제적 이익을 가져오므로, 지방 요리·에스닉 요리 중에서 특정한 무언가를 '대표'나 '전형'으로 선택해 보호하면 그 보호는 특권화되어 쟁탈의 대상이 되며 등재 신청은 정치 현상이 된다. 나아가 무형문화유산 등재는 결과적으로 식문화에 국제급, 국가급, 성급, 시급 등등 우열을 부여하기 때문에 문화 보호의 원칙에 어긋난다.

일례로, 중국 국내에서 네 지역의 단오절이 국가급 무형문화유산에 등재되자 그 밖의 다른 지역의 단오절이 소멸될 위기에 처한 일이 있었다.[11] 또한, 쇠고기·양고기 조리 기술의 전형으로서

2008년부터 국가급 무형문화유산에 등재된 것은 베이징의 '둥라이순東來順' 등 노포 기업이었지 돼지고기를 먹지 않는 후이족(중국 무슬림)이 많은 닝샤寧夏나 간쑤의 요리가 아니었다.[12]

참고로, 『중국명채보』에 따르면, 양고기 샤부샤부('涮羊肉')를 판매한 최초의 한족 가게는 함풍 4년(1854년)에 베이징의 첸먼제前門街에서 문을 연 '정양러우正陽樓'로, 이곳은 고기를 써는 기술을 개량하여 이름을 떨쳤다.[13] 이 정양러우의 양고기 요리가 1910년대 이후 만주의 일본인 사회, 나아가 일본으로 전해진 징기스칸 요리의 원형이라고 여겨진다.[14] 한편, 둥라이순은 1903년 후이족 출신 딩쯔칭丁子淸이 개업한 식당이 그 시초로, 1912년 정양러우의 우수한 절육 기술자와 그 제자들을 초빙하여 양고기 샤부샤부를 팔기 시작했으며, 1942년 정양러우가 휴업하자 둥라이순은 베이징에서 양고기 샤부샤부로 가장 유명한 가게가 되었다.[15]

한국과의 비교 논쟁

2010년대에 세계 각국의 식문화가 유네스코 무형문화유산에 등재된 것도 중국요리의 등재 신청을 촉진했다. 2010년에는 프랑스인의 미식 문화, 멕시코의 전통 요리(2005년에는 등재에 실패)가, 그 이듬해에는 튀르키예의 전통 의식 요리 케슈케크(결혼식의 축하 음식 등)가, 2013년에는 한국의 김장(김치를 담그고 나누는 것), 튀르키예식 커피 문화와 전통, 지중해식 식문화, 일본의 전통 식문화 와쇼쿠和食가 각각 등재에 성공했다.

중국이 특히 강하게 의식한 것은 프랑스, 튀르키예, 한국, 일본이었다. 중국에서는 세계 3대 요리 체계 중 프랑스 요리와 튀르키예 요리가 이미 유네스코 무형문화유산에 등재된 가운데 중국요리만 뒤처졌다는 인식이 있었다. 나아가 한국 요리나 일본 요리는 중국의 요리 계통에서 갈라져나온 것인데도 중국요리를 앞질러 등재되었다는 시각도 존재했다.[16] 중국요리협회에서 일한 적이 있는 요식업 연구가 청샤오민程小敏은 식문화에 관한 중국인의 실용주의적 철학이 프랑스 요리를 굳게 지키려는 프랑스의 자세, 와쇼쿠에 대한 일본의 경외, 한식에 대한 한국의 자부심과 같은 것을 잃게 만들었다고 논하고 있다.[17]

그중에서도 한국의 자국 식문화에 대한 긍지와 적극적 대외 선전은 중국 사람들을 강하게 자극하여 논쟁으로까지 번진 일이 있었다. 한국에서는 일찍이 2005년 강릉의 단오제가 유네스코 무형문화유산에 등재되었다. 중국에서는 중국에서 한국으로 전해진 단오절과 그 음식 풍속이 중국을 앞질러 유네스코 무형문화유산이 된 것을 하나의 경종으로 받아들였다.[18]

그리고 한국은 2009년부터 '한식의 세계화' 전략을 추진하여 한국의 식문화를 국내외에 적극적으로 선전하고 있다. 당시 이명박 대통령(2008~13년 재임)은 다양한 장에서 한국 요리에 대한 긍지를 표명했으며, 2017년까지 한국 요리를 세계 5대 요리 중 하나로 발전시키겠다고 공언했다.[19] 한국에서는 김치를 담가 겨울을 나고 이웃끼리 이를 나누면서 연대감과 귀속감을 길러왔다고 알려져 있다. 광주는 '김치의 고장'이자 '문화 수도'로서 선전되며 1994년부터 매년 10월이나 11월에 김치 축제를 열고 있다.

그런데 중국에서는 기원전의 시를 수록한 중국 최고最古의 시집 『시경』에 나오는 '저菹'를 김치의 기원이라 할 수 있는 저장 식품의 일종으로 해석한다. 2013년 김장이 유네스코 무형문화유산에 등재 되자 중국의 인터넷상에서는 쓰촨에도 '파오차이泡菜'(한국의 김치와 는 다른 저장 식품이지만 중국어에서는 김치도 '파오차이'라고 표기한다)가 있다는 의견이 많이 나왔으며, 김치의 기원이 쓰촨에 있는지 중국 동북부에 있는지를 두고 논의가 이뤄졌다. 또한, 한국이 원래 '중 국 배추Chinese Cabbage'라고 부르던 것을 등재 신청 전에 '김치 배추 Kimchi Cabbage'로 고친 것은 마음이 좁기 때문이라는 이야기도 나 왔다.[20]

나아가 2020년 11월, 중국의 파오차이 제조법이 국제표준화기구 (ISO)의 인가를 받자 이번에는 한국의 인터넷 사용자들이 강하게 반발했다. 한국 농림축산식품부가 중국의 파오차이에 관한 ISO 인 가와 한국의 김치는 관계가 없다는 성명을 발표하자 중국공산당 중 앙위원회 기관지 〈환추스바오環球時報(환구시보)〉는 그러한 한국 정부 의 태도를 보도했다.[21] '파오차이'를 둘러싼 한·중 간 논쟁은 한·중 인기 유튜버의 게시물 댓글난 등으로 번져나가며 확대되었으며, 중 국공산당 중앙정법위원회의 SNS에서까지 다뤄졌다.[22]

참고로, 한국의 식문화 연구자 이성우李盛雨 등은 한국의 저장 식품에 대한 '저'의 영향을 인정하면서도 근세의 한반도에서 초피, 마늘, 생강, 고추, 생선이나 새우의 내장을 발효시킨 장 등을 더한 독자적 풍미의 저장 식품이 진화를 거듭한 사실을 논하고 있다. 이 러한 견해는 중국에도 소개되었다.[23]

〈혀끝으로 만나는 중국〉과 소프트파워,
그리고 유네스코 무형문화유산

이 밖에 자국 요리에 대한 중국인들의 긍지가 표명된 또 다른 예로 중국중앙텔레비전(국무원 직속 텔레비전 방송국)이 2012년(시즌 1), 2014년(시즌 2), 2018년(시즌 3)에 방송한 다큐멘터리 프로그램 〈혀끝으로 만나는 중국A Bite of China〉이 있다. 이 프로그램은 요리의 맛이나 조리 방법을 소개하기보다는 중국의 다양한 지역, 민족, 세대에 속한 사람들이 각기의 생활 관습 속에서 식문화를 만들어가는 과정을 공들여 기록하고 있다. 〈혀끝으로 만나는 중국〉은 중국을 다민족국가로서 그려내 중국식 다문화주의를 형성하려는 시도였다고 할 수 있다.

〈혀끝으로 만나는 중국〉에 등장하는 많은 이야기는 중국 시청자들을 감동시켜 자신들의 식문화에 대한 자신감을 고취하고 '중화메이스中華美食'(중화 민족의 미식)라는 생각을 일깨웠다. 이는 시진핑習近平 정권이 2012년 11월 천명한 '중국몽', 즉 '중화 민족의 위대한 부흥'이라는 국가 통치 이념과도 부합했다.[24]

〈혀끝으로 만나는 중국〉의 제작 고문을 맡은 중국 식문화 연구자 둥커핑董克平은 중국요리의 유네스코 무형문화유산 등재와 중국의 소프트파워 향상을 직접적으로 관련지어 생각한 듯하다. 참고삼아, 바이두백과의 '인스선이飮食申遺' 항목(2021년 4월경 삭제)에 게재되어 있던 둥의 발언을 소개하고자 한다. 둥에 따르면 "유네스코 무형문화유산 등재 신청은 중국요리가 세계를 향해 크나큰 한 걸음을 내딛는 것을 돕는다. 오늘날에 이르기까지 국외 차이나타운의 중국요리는 여전히 가장 저렴한 축에 속하는데, 이는 우리들의 문화적 지위에 전혀 부합하지 않는다. (…) 중국요리의 식문화가 중국의 소프트파워를 향상시킨다는 것은 조금도 의심할 나위가 없다".

한편으로 〈혀끝으로 만나는 중국〉은 식문화 분야에서 중화인민공화국의 영역을 획정劃定하려 했다고도 할 수 있다. 2012년의 시즌 1은 신장의 '낭饢'(후빙胡餅. 밀가루를 발효시켜 원반형으로 구운 빵['餅']의 일종), 티베트의 송이버섯과 함께 타이완의 우위쯔烏魚子(염장·건조 어란)를 등장시켰으며, 2014년의 시즌 2는 각 지역의 특산을 나타내는 중화인민공화국의 지도 속에 타이완을 포함시켰다.[25]

참고로, 비슷한 시기에 출판된 『중국 음식 문화사中國飮食文化史』(趙榮光 編, 中國輕工業出版, 2013) 시리즈 전 10권도 한족의 거주 지역에 맞춰 중국을 크게 10개 지역으로 나누고 있다. 그리고 신장, 몽골, 티베트 등 소수민족의 식문화에 대해서는 정식으로 한 권을 편찬하지 않고 각 권 속에 흩트려 편입시켜 한눈에 알아보기 힘들게 만들어놓았다. 이는 오늘날의 국민국가 중화인민공화국의 윤곽을 출발점 삼아 그 지역적 틀 안에 요리의 역사를 꿰맞춘 것이다.[26]

중국요리협회와 입장이 가까운 요식업 연구가 청샤오민에 따르면, 종래 중국요리의 국외 발전은 국가 전략에 의해 추진된 것이 아니라 외국 소비자의 기호에 적응해가며 현지화되는 가운데 이뤄진 것이었다. 그럼으로써 중국요리는 세계의 맛이 되었지만, 현지화의 과정에서 '중화 음식 문화의 전통'이 소실되는 것은 피하기 어려운 일이었다. 이는 이미 '진정한 중국 음식 문화'가 아니어서 설령 중국요리점이 전 세계로 퍼져나가 국제적 평판을 얻는다 해도 전통

문화를 굳게 지키는 일과 그에 대한 자존심은 타격을 입을 수밖에 없다.[27]

이처럼 국가 전략에 의해 진정한 중국의 식문화를 세계로 퍼트려야 한다는 주장이 전개되던 무렵, 중국요리협회는 서양의 공자학원孔子學院을 거점 삼아 중국요리 전시회나 교습을 활발히 펼치며 국가의 소프트파워와 민간 외교의 영향력을 발휘하려고 했다.[28] 공자학원은 중국어나 중국 문화의 교육·선전을 목적으로 하는 중국 정부의 기관으로, 2004년 11월 서울에 최초로 설립되었으며 일본에서는 2005년 설립된 리쓰메이칸 공자학원이 최초였다.

유네스코 무형문화유산 등재를 향한 중국의 시행착오

유네스코가 2004년 채택한 '창의도시 네트워크Creative Cities Network' 프로젝트에 의해 중국에서는 청두시(2010년), 광둥성 포산佛山시의 순더順德구(2014년), 마카오(2017년), 양저우시(2019년)가 '미식의 도시City of Gastronomy'로 인정되었다(일본에는 데와산잔出羽三山의 정진 요리로 알려진 쓰루오카鶴岡시[2014년]뿐이다). 이들 도시에서는 음식을 테마로 한 관광(푸드 투어리즘)의 홍보 활동이 시작되었다.[29]

그리고 중국요리협회의 비서장 펑언위안馮恩援에 따르면, 중국 문화부는 중국요리협회에 2013년까지 유네스코 무형문화유산 등재 신청을 준비하도록 요청했으며 협회는 '중궈펑런中國烹飪(중국의 조리)'이라는 이름으로 등재를 신청하기로 결정했다.[30]

2013년 10월, 베이징에서 유네스코 창의도시 회의가 개최되어 중국을 찾은 유네스코 사무국장(당시) 이리나 보코바Irina Georgieva Bokova는 중국요리협회의 펑언위안 회장과 중국요리의 유네스코 무형문화유산 등재 신청에 대해 의견을 교환했다.[31]

2014년 7월, 중국요리협회는 이듬해에 중국요리를 유네스코 무형문화유산에 등재 신청할 것을 정식으로 발표했다. 중국에서는 2001년 쿤취昆曲[장쑤성 남부와 베이징·허베이 등지에서 유행했던 지방 희곡]의 유네스코 무형문화유산 등재가 사실상 확정(2009년에 정식 등재)된 것을 시작으로, 2013년 말 기준 세계 최다인 27개 항목이 유네스코 무형문화유산으로 등재되어 있었으며 그때까지의 신청 경험이나 그 영향력에 강한 자신감을 갖고 있었다.[32] 2015년에는 중국의 8대 요리 체계의 권위자로 여겨지는 100명 이상의 요리사가 베이징에 모여 이 정상급 요리사들이 직접 요리를 선보였으며, 유네스코 무형문화유산 등재 신청을 협의하여 중국요리협회가 정식으로 신청을 선언했다.

그러나 광대한 중국의 요리와 식문화에는 너무나 큰 다양성이 존재했다. 중국요리협회의 펑언위안에 따르면, 35개 카테고리와 130계열로 나뉜 중국요리의 기법에는 '자炸'(기름으로 튀기다)라는 조리법 하나에만 7~8종류가 있으며 내용이 지나치게 다양해 마땅한 표현을 찾기가 어려웠다. 또한, 란저우蘭州의 요리사는 란저우라멘蘭州拉麵, 쓰촨의 요리사는 훠궈, 허난의 요리사는 '뤄양수이시洛陽水席'(당대唐代 측천무후則天武后 때 시작되었다고 알려진 총 24가지의 탕요리 코스)라는 식으로 각자 제 지방의 요리를 추천하는 통에 무엇을 신청할지 결론이 나지 않았다.

논의 단계에서는 ① 조리 기예('란화다오蘭花刀'[채소에 아름다운 칼집을 내는 것] 등), ② 음식의 습속(춘절에 만두를 빚는 것, 원탁 등), ③ 전승 보호의 성공 사례(산시山西성 청추淸徐현의 라오천추老陳醋[식초] 양조)가 신청 후보로 거론되었으며, 이 기운데 ② 습속이 가장 유력시되었다. 나아가 중국요리협회는 전문 팀을 전국에 파견해 가장 유력한 후보를 찾게 하였으며, 베이징덕, '녠예판年夜飯'(섣달그믐에 함께 먹는 음식), 만두, 월병, 두부, 란저우라멘, 훠궈, 쭝쯔粽子[찹쌀을 댓잎이나 갈댓잎에 싸서 삼각형으로 묶은 후 찐 떡] 등을 신청 후보로 검토했다.[33]

참고로, 란저우라멘은 중국에서 라멘이라 하면 곧 '란저우라멘'을 가리킬 정도로 퍼져 있지만, 후이족의 마바오쯔馬保子라는 요리사에 의해 1915년경에 창작된 비교적 새로운 요리이다. '칭전淸眞' 요리(중국 무슬림 요리)로도 알려져 있는 란저우라멘을 란저우 이외의 곳에서도 먹을 수 있게 된 것은 1990년대 이후의 일이다. 또한, 중국 각지에서 란저우라멘 가게를 경영하는 점주로는 란저우시 출신이 아니라 이웃한 칭하이성의 화룽化隆 후이족 자치현이나 그 주변에서 타지로 돈을 벌러 나온 농민이 많다. 나아가 란저우라멘 체인점 중에는 후이족 자본이 아닌 기업도 있다.[34] 그럼에도 간쑤성 란저우시에서는 2020년에 린허궁지퇀林和宮集團 동사장董事長(회장)과 간쑤성 민족기업연합상회 회장 마유린馬有林이 발기인이 되어 '란저우 우육면 박물관'을 개관했다.[35]

'패전 부대'의 요리, 거듭되는 실패

일본의 경우와 달리 중국 정부는 유네스코 무형문화유산 등재 신청에 관한 자세한 사항을 공개하지 않아 그 후의 정책 결정 과정은 알 길이 없다. 그러나 결국 후보에 오른 요리는 거의 채택되지 않았으며, 2015년에도 중국 8대 요리 체계의 조리 기술을 결집하여 신청이 이뤄졌다. 2015년 3월에 중국요리협회는 식용유 대기업 진룽위金龍魚와 협력하여 요리사 20명을 파리의 유네스코 본부로 데려가 140명의 유네스코 직원, 각국 대표, 무형문화유산 심사위원을 초대해 중국 8대 요리의 조리 기예 실연과 품평회를 열었다.

이때 중국요리협회는 광대하고 심원하고 복잡한 중국의 요리 체계 중에서 가장 대표적인 요리로서 다음 여덟 가지, 즉 '광스카오야廣式烤鴨'(광둥식 오리 구이), '둬자오정위剁椒蒸魚'(후난의 고추가 들어간 생선찜), '싱샹샤파이杏香蝦排'(새우튀김), '쏸싱지츠蒜香鷄翅'(닭 날개 마늘 간장 구이), '우샹둥양가오五香凍羊糕'(양고기 편육), '양저우차오판揚州炒飯'(달걀 볶음밥), '원쓰더우푸겅文思豆腐羹'(청대 건륭제 때 양저우의 명승 원쓰文思가 만들었다고 알려진 두부 수프), '메이간차이먼뉴파이梅干菜燜牛排'(광둥성 메이저우(하카 거주지)의 절임 식품 메이차이를 넣고 조린 우삼겹 요리)를 골랐다.

동시에 중국의 전통적 조리 기예로서 '룽쉬멘龍須麵'(북방의 아주 가는 면), '궈수댜오커果蔬雕刻'(조각으로 장식한 과일), '유멘워워麵窩窩'(벌집처럼 빽빽이 담은 대통 모양의 귀리 국수), '간피擀皮'(얇게 밀어낸 덴신용 피), '바오자오쯔包餃子'(만두), '체더우푸쓰切豆腐絲'(실처럼 가늘게 채 썬 두부로, 원쓰더우푸 역시 그 일종이다), '뎬처우부체러우쓰墊綢布切肉絲'(고기를 가늘게 썬 산둥 요리)의 조리 실연을 선보였는데, 일례로 '진룽위 국제요리연구원'(2010년 개교)의 저우샤오옌周曉燕 원장은 중국 무형문화유산 신청단의 부副총주방장으로서 원쓰더우푸의 두부를 가늘게 써는 기법 등을 선보였다. 그 후 곧바로 중국 정부는 유네스코에 중국요리의 무형문화유산 목록 등재를 정식으로 신청했다.[36]

2015년의 신청은 각 요리 계통의 대표적 요리 50여 가지를 모아 중국 식문화의 다채로운 역사와 내용을 전면적으로 제시한 것이었다. 그중에는 중국 국내의 성·시·현급의 무형문화유산에 등재된 것이 적지 않게 포함되어 있었다.[37]

그러나 이 등재 신청 역시 중국요리를 유네스코 무형문화유산에 올려놓지는 못했다. 〈런민르바오(해외판)〉에 따르면, 2015년의 등재 신청은 사람들을 놀라게 할 만한 조리 기예, 진귀한 식재료, 다양한 요리뿐 아니라, 민중을 주체로 하여 사람들이 함께 향수해온, 영양을 고루 갖춘 건강에 좋은 식문화라는 점을 중시하여 어필했다.[38] 그러나 실제로는 여전히 전자의 비중이 커 후자가 돋보이지 못했다고 할 수 있다. 신청 내용에는 일류 요리사들의 조리 기술에 대한 중국요리협회의 강한 집념과 자존심이 숨어 있었다.

〈커지르바오科技日報〉의 양쉐楊雪는 유네스코 본부에서 가장 대표적인 요리로 선보인 앞의 여덟 가지 요리를 '패전 부대'라 부르며 통렬히 비판했다. 양쉐에 따르면, 이 고상하기 이를 데 없는 요리들은 미식가들도 반 정도밖에 먹어보지 못한 것으로, 그 맛은 서양에 놀러 가서 먹는 일반적인 '궁바오지딩宮保鷄丁(kung pao chicken)'에도 못 미쳤다.[39]

나아가 이 여덟 가지의 대표적 요리 가운데 지방색이 짙은 것은 '양저우차오판'뿐으로, 이러한 사실에서도 중국 국내에서 비판이 나오던 식문화 보호를 둘러싼 정치적 쟁탈전의 결과를 읽어낼 수 있다. 참고로, 양저우의 가정에서는 달걀 볶음밥을 즐겨 먹기는 해도 이를 '양저우차오판'이라 부르지는 않는다.[40]

쿵푸차이의 등재 실패

2016년에는 산둥성 취푸曲阜의 '쿵푸차이孔府菜'에 대해 유네스코 무형문화유산 등재 신청이 이뤄졌다.[41] 바이두백과의 '쿵푸차이' 항목 등에 따르면, 쿵푸차이는 북송 4대 황제 인종仁宗 치세의 보원寶元 연간(1038~40년)에 취푸에서 공부孔府(공가孔家의 공저公邸)가 정비된 이후에 성립하여 청대 건륭 연간에 전성기를 맞았다. 하지만 청의 강희제(4대 황제)나 건륭제는 순행에서 취푸의 공묘孔廟(공자를 모신 사당)를 찾아도 대개 궁중의 요리사를 대동했으므로 공부의 요리를 먹는 일은 드물었다.

쿵푸차이는 중국에서도 그 특색을 아는 사람이 많지 않으며, 많은 사람의 일상생활에 뿌리내린 식습관과는 동떨어져 있었다. 그 때문에 쿵푸차이의 등재 신청은 애당초 많은 사람의 이해를 얻을 만한 것은 아니었다. 〈커지르바오〉의 양쉐에 따르면, 김장의 등재 신청에서 김치 자체는 신청 내용의 2할에 그쳤으며 김치를 만드는 과정에서의 이웃 간 교류나 김치를 먹는 관습이 지역 사람들의 정신문화에 끼치는 영향에 중점이 놓여 있었다. 이에 비해 쿵푸차이의 등재 신청은 중화 유교 문화의 정통성을 세상에 높이 드러내려는 것이었다.[42]

본래 쿵푸차이의 등재 신청은 유네스코를 이용해 요리를 브랜드화하려는 상업적 목적이 두드러져 중국 국내의 전문가나 국가 관료도 거리를 두고 있었으므로 이러한 요리가 유네스코 무형문화유산에 등재될 가능성은 희박했다.[43]

만두의 등재 신청, '미식'에서 '음식'으로

2011, 2015, 2016년에 세 번의 실패를 겪고서 다음 차례의 유네스코 무형문화유산 등재 신청을 앞두고는 산해진미나 고급 궁정 요리·관부官府(관아) 요리가 아닌 정감 있는 고향의 맛, 어머니의 맛, 많은 사람들의 기억에 남아 있는 평범한 먹거리가 제안되어, 구체적으로는 만두(餃子), 두부, 훠궈, 월병, 쭝쯔 등이 후보로 거론되었다.[44] 그중에서도 중국요리협회의 부주석 가오빙이高炳義나 부회장 벤창邊彊의 발언에서 만두의 등재 신청이 추진되고 있는 것을 엿볼 수 있다.

가오빙이는 "만두는 2,000년의 우수한 역사를 지니며 중국의 가정과 애정의 징표가 되어왔다. 매년 섣달그믐밤에 온 가족이 모여 단란하게 만두를 빚는 것은 중국 대부분 지역의 전통적 습속이다. (…) 깊은 역사, 넓은 지역, 식용의 빈도, 문화적 의미 어느 것을 보더라도 만두는 중국의 미식을 대표하는 것으로서 단연 뛰어나다"고 한다.[45] 또한, 벤창에 따르면 2017년의 시점에 이미 만두를 중심으로 한 '녠예판'(섣달그믐에 온 가족이 함께하는 저녁 식사)의 등재 신청이 유력시되었다.

단, 유네스코에 문화유산 등재를 신청하려면 우선 중국 문화부

(2018년에 문화관광부文化和旅遊部로 개편)에 추천하여 선발되어야 한다. 그러나 당시까지 만두의 등재 신청은 업계 단체와 민간 조직이 추진하고 있었으며, 정부의 관심과 자금은 불충분했다.[46] 문화부가 요리의 등재 신청에 소극적이었던 것은 단순히 비용-편익분석에 기초한 것이었다. 따라서 민간단체로서는 이 등재 신청이 반드시 유네스코에 받아들여지리라는 것을 보여줄 필요가 있었다.[47]

그러한 가운데 2018년에는 2015년도 등재 신청의 협찬 기업이었던 진룽위가 '중화 만두 전석(中華餃子全席)'을 주최했다. 미국, 프랑스 등 20개국의 사절이 초대되어 국가 연회를 담당하는 요리사 16명이 진룽위의 매장용 만두 가루(餃子粉)[일반 밀가루보다 글루텐 함량이 높은 만두용 밀가루]로 108가지 맛의 만두를 만들었다. 이러한 기획에 의해 만두의 유네스코 무형문화유산 등재 신청이 추진될 움직임을 보이고 있다.[48]

참고로, 만두에 대해서는 그 기원이 되는 '교이嬌耳'라는 음식을 후한 말의 의학자 장중경張仲景이 개발했다는 민간전승이 있다. 그러나 만두가 문헌에 등장하는 것은 삼국시대 위나라의 한어 훈고학자 장읍張揖이 지은 백과사전 『광아廣雅』(227~232년경에 성립)에 나오는 '혼돈餛飩'(완탄[중국요리의 덴신 중 하나. 양념한 돼지고기나 다진 파 등을 얇은 밀가루 피로 감싸 삶아낸 것])이 최초라고 알려져 있다. 나아가 1959년에는 신장 위구르 자치구 투루판 지구의 아스타나에 있는 당나라 시대의 무덤에서 오늘날의 것과 다르지 않은 만두와 완탄의 화석이 출토되었다.[49] 따라서 중국의 만두에 대략 1,300년 이상의 역사가 있다는 것은 틀림없는 사실이다.

문화인류학자 P. 뎀젠스키Philipp Demgenski는 요리가 문화, 그리고 무형문화유산으로서 인정받으려면 수준 높은 기술을 요하는 고급 요리여야만 한다는 중국요리협회 등의 그릇된 인식을 '엘리트주의'적 감각이라고 비판하고 있다. 그러나 이러한 엘리트주의적 경향에도 최근 변화의 조짐이 나타나고 있다. 예컨대 음식 무형문화유산을 의미하는 용어가 '메이스페이이美食非遺'에서 '인스페이이飲食非遺'[각각 '미식 무형문화유산', '음식 무형문화유산'이라는 의미]로 바뀌었다고 한다. 이에 수반하여 국민 문화보다 지방 문화가 주목받게 되었으며 유네스코 무형문화유산에 관해서는, 세계적인 것이 되려면 우선 지역적인 것이 되어야 한다는 이해가 증진되고 있다고 한다.[50]

2020년 말에는 싱가포르의 호커 문화(음식을 파는 포장마차 거리)가 유네스코 무형문화유산에 등재되었다. 이 역시 중국의 관계자에게 무언가 일깨우는 바가 있었을 것이다.

2부와 3부에서 자세히 살펴보겠지만, 중국요리는 국가에 의해 체계화된 국민 요리로서가 아니라 각 지방에서 발달한 민간의 요리로서 세계 각국으로 퍼져나간 전형적 사례이다. 뎀젠스키의 지적이 시사적인 것은, 그가 지적한 경향이 최근의 유네스코 무형문화유산 등재 신청에서 재현되고 있기 때문이다.

요컨대 19세기부터 현재에 이르기까지 국민적인 것보다 지역적인 것이 오히려 세계적이 되기 쉽다는 국면이 존재했다. 그리고 현대 중국은 중국요리의 세계적 인식이나 평가를 제고하기 위해 '미식의 내셔널리즘' 극복이라는 과제에 직면해 있다고 할 수 있다.

5장

타이완 요리의
탈식민지화와 본토화

일본 통치 시대 타이베이의 중국요리점

5장에서는 타이완사로 눈을 돌려보자. 일본 통치 시대 타이완의 중국요리('臺灣料理' '支那料理')에 대해서, 근래의 '타이완인' 아이덴티티의 형성과도 관련하여 정력적으로 연구가 이뤄져온 것은 주목할 만한 일이다.[1]

'타이완 요리臺灣料理'라는 호칭은 1895년 일본이 타이완을 영유한 뒤 늦어도 3년 이내에 타이완의 일본인들에 의해 쓰이기 시작했다.[2] 단, '타이완 요리'와 '지나 요리支那料理'[중국요리]라는 호칭이 혼용되었다. 당시의 '타이완 요리'는 예컨대 샥스핀 같은 고급 식재료를 사용하는 중국의 연회 요리를 가리키는 말이었다.[3]

'타이완 요리'를 다룬 최초의 요리서는 1912년 간행된 『타이완 요리 안내臺灣料理之栞』로, 타이완 총독부 법원의 통역 하야시 규조林久三가 쓰고 타이완 다거우打狗(가오슝高雄) 신방新濱의 사토무라 사카에里村榮가 발행한 책이다. 하야시는 서언에서, 타이완 요리는 조리법이 평이하고 냄비와 칼, 찜통만 있으면 충분하므로 "안주인들께서는 나날의 밥반찬으로 한 번쯤 시도해보면 어떻겠습니까" 하고 권하고 있다. 이 책은 레시피를 모아놓은 것으로, 개중에는 커리 가루를 사용한 '자리지加里鶏' '자리위加里魚'도 들어 있었다.

일본 통치 시대에 타이베이의 3대 번화가는 오래된 순으로 청네이城內, 멍자艋舺(현재의 완화萬華), 다다오청大稻埕이다. 일본의 식민지 지배가 시작되고 얼마 지나지 않은 20세기 초에 음식업과 오락업은 멍자에서 가장 발달했지만, 다다오청이 차茶 무역 등에 의해 발흥하여 타이베이 인구의 절반 이상이 집중된 중심지가 되어 번성했다.[4]

여기서는 우선 타이완 요리사 연구의 일인자인 쩡핀창曾品滄·천위전陳玉箴 부부의 연구에 기대어, 일본 통치 시대 타이베이의 대표적 중국요리점을 다섯 곳만 소개하고자 한다.[5]

1. 펑러유와 푸젠 요리

1896년경 멍자에서는 곡예사 황룬탕黃潤堂이 푸젠 요리점 '펑러유平樂遊'를 창업했다. 펑러유는 당초 크게 번성했지만 1910년대에는 쇠락했다. 쇠락의 원인으로는 중국 각지의 요리가 일본을 거쳐 타이베이에 전해지면서 펑러유의 단순한 푸젠 요리로는 손님을 만족시킬 수 없게 된 것, 펑러유에서는 예기藝妓에게 '난관南管'(남방 가곡)을 익히게 했지만 당시에는 '베이관北管'(북방 가곡)이나 유행가가 인기였던 것을 들 수 있다.

그러나 평러유가 쇠락한 보다 큰 원인은 멍자의 옛 신사 계급이 몰락하고 다다오청의 상인, 지주가 신세대 엘리트로 대두하여, 신사와 문인들의 집회·연회 장소가 멍자의 평러유에서 다다오청의 '둥후이팡東薈芳' 등으로 옮겨간 데 있었다.

2. 다다오청의 둥후이팡

둥후이팡은 1884년(연도에 대해서는 여러 설이 있다) 샤먼의 요리사 바이아볜白阿扁이 타이베이 다다오청에서 창업한 가게로, 1910~13년경에 우장산吳江山이 경영에 참가하여 가게를 일본 요정이나 서양 요리점처럼 화려하게 꾸민 뒤로 더욱 인기를 얻었다. 중국이나 남양南洋군도 곳곳을 누빈 우장산은 여러 중국어 방언을 구사할 수 있었으며, 실업가로서 넓은 인맥을 가지고 있었다.

그러나 1925년 둥후이팡의 소유주(주주[股東])들이 분쟁을 일으켜 가게가 문을 닫자 '장산러우江山樓'가 타이완 제일의 중국요리점이 되었다.

3. 장산러우, 타이완 최대의 '지나 요릿집'

장산러우(그림 1-20)는 1921년 다다오청에서 문을 열어(창업 연도에 관해서는 1917년 등 여러 설이 있다) 일본 통치 시대에 타이완 중국요리점으로서 절정을 구가한 유명한 가게이다. 둥후이팡의 경영에서 물러난 우장산이 상하이에서 유람한 신스제유러창新世界遊樂場(1915년 개업)을 본떠 창건하였으므로, 장산러우의 건물은 일본보다는 상하이의 근대 건축에 가까웠다. 따라서 장산러우는 타이완 사

1-20 장산러우의 외관(《타이완일일신보臺灣日日新報》 1921년 11월 18일 자)

람들이 일본 제국권의 범위를 넘어 중화권의 현대성 역시 적극적
으로 받아들인 대표적 사례라 할 수 있다.

4층 규모로서 800여 명을 수용할 수 있었던 장산러우는 이발이
나 입욕 시설도 갖추고 있었으며, 고객에는 타이완의 지역 명사가
많아 각종 정치, 상업, 문화 활동에 이용되기도 했다. 또한, 처음으
로 '화쿠이퍄오쉬안花魁票選'(투표로 마음에 드는 기녀를 뽑는 것)이 행해
지는 등 상당히 화려한 장소였다. 장산러우는 타이베이의 '우메야시

키梅屋敷'(일본 요정·여관으로 쑨원이 숙박한 적이 있어 국부사적기념관으로
서 이설되어 오늘날에 이르고 있다), '데쓰도鐵道 호텔'(서양 요리점), 혹은
상하이의 '신스제新世界'(오락 시설)와 함께 일컬어지고는 했다.

'지나 요릿집(支那料理屋)'으로서 광고를 낸 장산러우는 푸젠 요
리 말고도 중국 각지(북방·쓰촨·장쑤와 저장·상하이·광둥 등)의 요리를
제공했다. 장산러우의 메뉴에는 북방의 '과루카오야'(베이징덕)나 저
장의 '동파육' 등도 있었다.

다만, 일본인들은 장산러우를 '타이완 요리'의 대표로 인식하고
있었다. 뒤에서 이야기할 텐데, 1923년 일본의 황태자(후의 쇼와 천
황)가 타이완을 행계行啓했을 때 '타이완 요리'를 제공한 것은 주로
이 장산러우였다.

4. 춘펑더이러우, 타이완문화협회의 반식민지 운동

다다오청은 일본 통치 시대의 타이완에서 새로운 사상이나 문
화의 발신지가 되었다. '춘펑더이러우春風得意樓'(1920년경 개점)는 그
러한 사실을 잘 보여준다. 춘펑더이러우에서는 타이완문화협회가
연회나 연설회를 개최하였으며, 1922년에는 사회운동가 장웨이수
이蔣渭水(1890~1931년)가 이곳의 소유주가 되었다.

1921년 장웨이수이와 실업가 린샨탕林獻堂(1881~1956년. 1945년에
는 귀족원 칙선 의원이 되기도 했다)이 설립한 타이완문화협회는 표면
적으로는 '타이완 문화의 발전(促進本島文化)'을 내세우고 있었지만,
실제로는 식민지주의에 반대하는 사회·문화운동의 주요 기관이었
으며 타이완의 의회 설치 청원 운동의 중심적 조직이기도 했다. 타
이완문화협회는 후에 타이완인 아이덴티티의 역사적 근거가 된다.

5. 펑라이거의 푸젠·광둥·쓰촨 요리

'펑라이거蓬萊閣'는 1927년(1922년으로 보는 설도 있다) 둥후이광이 쓰던 건물에서 개업하여 타이완을 대표하는 중국요리점으로 발전하였다. 펑라이거는 장산러우 등과 마찬가지로 '지나 요리점'을 표방했지만 '타이완 요리'를 대표하는 가게로 인식되었다.

펑라이거는 당초 푸젠 요리를 주로 냈지만 경영자 황둥마오黃東茂는 직접 상하이, 항저우, 쑤저우, 톈진 등을 두루 돌아다니며 중국 각지의 요리를 연구한 끝에 특히 쓰촨 요리 요리사를 고용해 타이완으로 불러들였으며, 나아가 광둥 요리를 위해 쑨원의 전속 요리사였던 두쯔자오杜子釗도 불러들였다. 쓰촨 요리는 일본에서는 중일전쟁 후에야 퍼졌지만, 타이베이에서는 일본 통치 시대에 이미 경영자들의 노력으로 보급되어 있었다.

또한, 펑라이거가 문을 연 1927년 당시는 좌파 노동운동이 고조되던 시기여서 펑라이거에서는 많은 대중 집회가 열리기도 했다.

1936년에 경영을 이어받은 천수이톈陳水田(식료품 도매상·우싱五星 상회 주인) 역시 곧장 중국 각지(베이핑, 상하이, 난징, 푸저우, 광둥, 홍콩) 및 일본의 도쿄 이서以西 각지의 유명 요리점으로 '요리 답사'를 떠나 펑라이거의 발전을 꾀했다.[6]

펑라이거는 1955년 문을 닫았다. 그러나 펑라이거의 요리사나 종업원들은 1950~60년대 관광 개발이 추진된 신베이터우新北投의 '펑라이거 별관' 등에서 활약하며 오늘날의 타이완 요리의 한 줄기 원류를 이루었다.

식민지 시대 타이완의 일본인들에게 타이완 문화는 중국 문화의 대체물이었다. 일본인들은 당초 이들 '주러우酒樓'(중국요리점)를 중국 문화의 일부로 여겼지만, 점차 일본 제국을 구성하는 식민지의 풍물로 해석하게 되었다. 중국의 전통문화에 정통한 일본인들에게 '주러우'에 가서 중국요리를 맛보며 문인 문화를 체험하는 것은 관광의 하이라이트가 되었다. 특히 1920년대에 장산러우나 펑라이거가 문을 닫은 뒤로, 그 높이 솟은 누각이나 맛있는 요리는 타이완 도시 문화의 상징으로서 일본인이 쓴 타이완 기행문에 등장하였다.

그와 동시에 타이완의 중국요리점은 일본화되어갔다. 예컨대 가게 앞의 '오료리御料理'[일본어로 '요리'를 높여 부르는 말]라 적힌 목패 간판, 일본 요리(및 일본주, 일본 맥주, 커피, 케이크 등)의 제공, 일본식 의복을 입은 종업원, 일본어를 쓰는 예기나 작부酌婦 등을 찾아볼 수 있게 되었다.[7]

식민지 요리로서의 '타이완 요리'

일본의 식민자들은 '타이완 요리'를 '지나 요리'(중국요리)와 구별해서 이를 중국 문화로부터 분리하여 일본 제국 문화의 일부로 편입시키려 했다고 할 수 있다. 예컨대 1903년 오사카에서 개최된 제5회 내국권업박람회内國勸業博覽會에서는 타이완 총독부가 '신新영토'를 소개하기 위해 타이완관을 설치했다. 이곳에서는 타이완의 우롱차烏龍茶를 소개하는 다방 외에 타이완의 주루를 모방한 '타이완 요리점'이 문을 열어 타이완에서 불려온 요리사가 국수, 닭·오리

(돼지는 없었다), 생선·새우··게, 샥스핀 등의 요리를 내서 4만 명에 가까운 사람들이 이를 맛보았다.[8] 이렇게 1903년 내국권업박람회는 '타이완 요리'를 선전하여 처음으로 중국요리를 일본의 '식민지 요리'로 인식시켰다.

그 후 도쿄에서 열린 여러 박람회에서도 '타이완 요리'의 선전이 계속되었는데, 예컨대 권업박람회(1907년, 우에노上野)에서는 타이완 우롱차 등을 내는 다방이 출점했으며[9] 평화박람회(1922년, 우에노)에서는 타이완 요리점이 문을 열었다.[10] 또한, 타이완박람회(1922년 도쿄 료고쿠兩國의 국기관國技館에서 개최)에서는 '우롱차 선전부'가 '타이완 요리 정식'을 냈다.[11]

나아가 '타이완 요리점'은 일본 내지에서도 문을 열었다. 1911년 천첸완陳千萬이라는 통역이 교토 오미야도리大宮通り와 하나야초花屋町의 교차점 북쪽에 가게를 열어 4월 초순 신문기자를 초대해 개업 축하를 겸한 리셉션을 가졌다. "귀여운 열두세 살 소녀 23명을 부려 아주 싼 값에 여러 타이완 요리를 판매"하기 시작한 이 가게는, 다이온키大遠忌(종조宗祖 사후에 갖는 법회)를 위해 교토의 본산 사찰을 찾아오는 타이완('本島') 사람들의 편의를 도모하고 타이완 사람들의 생활을 일본 내지 사람들에게 소개하는 것을 목적으로 하고 있었다. 내가 알기로는 이를 보도한 〈타이완일일신보臺灣日日新報〉의 기사가 일본 내지의 타이완 요리점에 대한 가장 오래된 기록이며, 이는 동시에 교토의 중국요리점(후차 요리를 제외한)에 대한 가장 오래된 기록이기도 하다.[12]

1923년 4월 일본의 황태자(훗날 쇼와 천황)가 타이완을 방문하였는데, 이는 천황과 황태자가 식민지를 순행한 유일한 사례가 되

　　　　　　　1부. 중국요리의 형성―미식의 정치사

었다(그림 1-21). 황태자의 이 타이완 행계는 장웨이수이 등에 의한 타이완 의회 설치 청원 운동 같은 민족운동이 고조되는 가운데 이루어졌다. 이는 타이완을 천황제가 지배하는 공간 내 '지방'으로 인식시켜 '제국'의 통합을 강화하려는 의도를 가진 의식儀式 전략의 일환이었다.[13]

이 타이완 행계 중에 황태자는 '타이완 요리'를 먹었다. 현지의 고급 중국요리점인 장산러우, 둥후이팡이 제비집이나 샥스핀 같은 대표적 고급 식재료를 '타이완 요리'로 만들어 제공하였으며 이를 〈타이완

1-21 타이완을 방문한 황태자(《타이완일일신보》 1923년 4월 26일 자)

일일신보〉가 대대적으로 보도하였다.[14] 일본의 천황과 황태자가 식민지에서 현지의 요리를 먹은 것도, 해외에서 서양 요리 이외의 외국 요리를 먹은 것도 이때가 처음이었으며 이를 위해서는 복잡한 의례가 필요했다. 조리에 쓸 식재료는 장산러우, 둥후이팡의 정진부精進部에서 정선하였으며, 요리를 만들 주인과 요리사 여덟 명은 일주일 전부터 격리된 장소에서 목욕재계했다.[15] 이처럼 황태자가 '타이완 요리'를 맛보는 일은 식민지를 제국에 편입시키려는 통합 의례의 일환으로 이해될 수 있다.

하지만 쇼와 천황은 그 후로도 중국요리를 즐겨 먹었다. 후에 '천황의 요리사'라 불린 아키야마 도쿠조는 1913년 프랑스에서 귀

국한 뒤 1917년에는 초대 궁내청 대선직 주주장에 취임하여 다이 쇼·쇼와 천황의 식사를 담당하고 궁중의 조리를 총괄한 인물로, 1922년 궁내성이 중국 대륙에 파견하여 상하이를 거점으로 반년 간 중국요리를 연구하였으며[16] 1925년경에는 궁중에서 중국요리를 종종 냈다.[17]

나아가 황태자에 이어 타이완을 찾은 지치부노미야秩父宮(1925년 5월), 아사카노미야朝香宮(1927년 10월), 구니노미야久邇宮(1928년 4월), 후시미노미야伏見宮(1929년 5월), 나시모토노미야梨本宮(1934년 10월) 같은 황족들도 '타이완 요리'를 먹었다.[18] 일본의 황족들이 '타이완 요리'를 먹은 사실이 〈타이완일일신보〉를 통해 거듭 보도되면서 '타이완 요리'는 '지나(중국) 요리'와 구별되는 '제국의 한 지방'[19]의 요리로 널리 인식되어갔다. 그리고 1943년 5월 타이완을 찾은 도조 히데키東條英機 총리도 하세가와 기요시長谷川清 총독이 주최한 초대 만찬회에서 '타이완 요리'를 먹고는 몹시 흡족해했다고 한다.[20]

일본 제국과 '타이완 요리' '조선 요리' '만주 요리'

여기서 덧붙여두고 싶은 것은, 일본인이 '지나 요리'(중국요리)와 구별하여 제국 문화의 일부로 편입시키려 한 요리로는 '타이완 요리' 외에 '만주 요리'도 있었다는 사실이다. 1932년 3월 일본군이 괴뢰 정권 '만주국'(1934년 3월부터는 '만주 제국')을 세운 뒤 일본 본국에서는 만주국과 관계가 있는 갖가지 요리가 퍼져나갔다. 예컨대 만주국 건국을 축하하는 차원에서 '신만주 지라시新滿洲ちらし', '신국

1-22 '오족협화 덮밥'(《료유糧友》, 1939년)

가 덮밥新國家丼, '오족협화 덮밥五族協和丼'(그림 1-22), '국기 도시락國
旗辨當'을 만들었다. 또한, 만주에서 생산되는 콩과 녹두로 키운 콩
나물과 숙주를 사용한 중국요리나 만주의 식량 자원인 고량高粱[볏
과의 한해살이풀. 수수의 하나로, 주로 중국 만주에서 재배된다] 같은 곡
물을 반죽해 만든 영양가가 높은 '만주빵'이 보급되는 한편, 배추
나 꿩·메추라기 같은 만주의 특산품을 채용한 고급 일본 요리가 창
안되기도 했다.[21]

　나아가 '만주 요리'에, '만주국'이라는 국민국가의 국민 요리로
서 체계화되고 보급되어야 한다는 목표를 부여한 것은 주목할 만
한 사실이다. 만주국은 다민족국가이며 그 주체인 중국인 역시 '혼
혈 민족'이었으므로 "정확한 의미에서 말하자면 만주 요리라는 특
수한 요리가 있을 리는 없다"고 하는 것이 현실적이다.[22] 그런데도
예컨대 당시의 저명한 중국요리 연구가 야마다 마사헤이山田政平는
"베이징 요리의 기조를 이루고 있는 것은 오히려 만주 요리"이며,
"지난날의 청조가 베이징 요리를 대성大成시켰듯이 우리는 향후 만

주에서 만주 요리가 대성하기를 간절히 바란다"[23]고 썼다. 야마다는 중국요리와는 구별되는 '만주 요리'를 확립하려고 했다.

또한, 만주국 관계자 역시 '중국요리'가 아닌 '만주 요리'라는 호칭을 사용했다.[24] 이처럼 '만주 문화'를 중국 문화에서 분리하여 전자의 고유성과 독자성을 강조한 것은 민족학, 역사학, 국립박물관의 전시, 영화 등 많은 영역을 관통하는 만주국의 문화 정책을 반영하고 있었다.

1934년 7월 '재팬 투어리스트 뷰로'(이하 'JTB'로 약칭)의 다롄 지부는 〈여행만주旅行滿洲〉(1938년 4월 호부터 〈관광동아觀光東亞〉로 개명)라는 여행 잡지를 창간했다. 이것을 보면 남만주철도주식회사가 경영하는 야마토 호텔, 철도의 식당차, 국책 여행 회사인 JTB 등이 만주국의 독자적 식문화 창출을 목표로 야마토 비프스테이크, 징기스칸 요리, 고량으로 만든 과자 같은 명물을 만들어낸 것을 알 수 있다. 하지만 이 '만주 요리' '만주 음식(滿洲食)'은 현지 중국인의 지지를 얻지 못했으며 만주국이 붕괴된 후에는 중국 동북부에서 거의 흔적도 찾아볼 수 없게 되었다.[25]

그런가 하면 일본 본국에는 만주의 요리로서 야키교자燒き餃子(군만두)나 징기스칸 요리 등이 전해졌다. 중국어 '餃子(자오쯔)'에 대한 일본어 'ギョーザ, ギョウザ(교자)'의 발음이 20세기 전반 중국 둥베이(만주) 방언의 중국어 음音이라는 것은 이를 밑받침하는 동시대 문헌 사료가 여럿 남아 있으므로 틀림이 없다.[26] 또한, 양고기 구이 요리를 '징기스칸'이라고 명명한 것은 1910년대 베이징에 주재하던 일본인 기자이며, 징기스칸 요리는 베이징으로부터 만주 및 일본 내지의 각 도시로 전파되었다고 생각된다.[27] 1927년 11월 육

군 양말창糧秣廠(병량의 연구·보관·생산 기관)의 외곽단체 료유카이糧友會의 기관지 〈료유糧友〉(2권 11호)는 권두에 '양고기 식용 선전의 취지'를 게재했으며, 그 무렵부터 일본 내지에서도 징기스칸 요리가 보급되어갔다. 예컨대 1933년 3월 도쿄 오이大井의 슌주엔春秋園에서 만주국 건국 1주년을 기념하여 열린 만찬회의 주요리는 '징기스칸 요리成吉思汗料理'였다.[28]

이렇듯 일본 제국이 타이완, 조선, 만주를 영유하자 일본인은 식민지의 식문화에 비교적 강한 관심을 가졌으며, 일본 내지에서도 '타이완 요리' '조선 요리' '만주 요리'라는 카테고리가 자리 잡았다. 식민지의 요리가 본국의 요리 잡지나 여성지에 때때로 게재되는 것은 아시아에 진출한 여러 유럽 열강에서는 나타나지 않은 현상이었다. 이러한 현상의 배경으로는 본국 일본이 식민지 타이완, 조선과 같은 아시아권에 속한 나라라는 데서 비롯된 식문화의 유사성이 크게 작용했다. 나아가 일본이 서양 열강보다 한발 늦게 극동에 식민지를 건설하여 소小제국을 이룩한 시대에 음식 분야에서는 일본 요리보다 중국요리가 세계적으로 보급되어 있었던 것도 '타이완 요리' '만주 요리'에 대한 관심의 배경을 이루었다고 생각된다.

'타이완 요리'는 20세기 초엽부터, '만주 요리'는 1930년대부터 현지의 피식민자보다는 일본인 식민자가 강조하는 요리의 카테고리라는 성격이 강해졌다. 그런가 하면 뒤에서 이야기할 '조선 요리'는 이 두 요리와는 대조적으로 식민지의 민족주의를 상징하고는 했다.

참고로, 일본 제국의 식민지 요리였던 '타이완 요리' '조선 요리' '만주 요리'는 제2차 세계대전 후에는 제각각 다른 길을 걸었다. 타이완 현지의 식자층은 1930년대 말부터 향토 요리를 '타이완 요리'라고 불렀지만, 1960년대에는 지역 서민 요리를 '타이차이臺菜'라 칭하며 내놓는 가게가 늘었다.[29] '조선 요리'는 민족문화로서 발전하고 선전되었지만, 한국전쟁 후 남북 분단에 의해 '한국 요리'와 '조선 요리'라는 구분이 생겨났다. 그런가 하면 일본인 귀환자와 함께 중국 대륙에서 자취를 감춘 '만주 요리'는 간신히 일본에서만 향수의 대상이 되어 그 잔영을 간직했다.[30]

제2차 세계대전 후 타이완에 생겨난 화이양, 쓰촨, 후난 요리의 유행

1949년 12월 국공 내전에서 패한 장제스 등이 타이베이로 물러나 그곳에서 중화민국 정부를 유지하자, 타이베이의 도로에는 삼민주의의 '민족' '민권' '민생'이나 중국 대륙의 성省·도시에서 따온 이름이 붙여졌다. 중화민국 정부와 함께 중국 대륙의 요리사('大陸廚師')들이 타이완으로 왔는데, 그들 다수는 군인과 고관, 부유한 상인 등의 전속 요리사로, 장쑤·저장이나 후난 출신자가 중심을 이루고 있었다. 예컨대 상하이, 저장, 장쑤 사람들이 타이베이시 중심의 헝양루衡陽路로 이주하여 레스토랑을 열자 헝양루는 타이베이의 '작은 상하이'가 되었다. 타이베이는 1960년대에 이르러 중국요리의 세계적 중심지 중 한 곳으로 알려졌다.

당시 타이완에서 특히 유행한 것은 첫째로, 장쑤·저장 요리('蘇浙菜') 혹은 화이양 요리였다. 장제스를 비롯하여 국민당의 당·정부·

사법 관계자 중에는 장쑤·저장 출신이 많아서 장쑤·저장 요리가 '관차이官菜'라 불리며 퍼져나갔다.

둘째로, 쓰촨 요리가 유행한 것은 충칭에서 일본에 맞서 싸운 뒤 타이베이로 온 국민당 관계자 중에 쓰촨 출신이 많았기 때문이었다. 예컨대 1950년 창업한 '위위안촨차이찬팅渝園川菜餐廳'은 타이완에서 가장 오래된 쓰촨 요리 전문점이라고 알려져 있으며, 고기가 들어간 당면 요리인 '마이상수螞蟻上樹'(개미가 나무를 오르다)가 유명했다. 또한, 1938년 상하이에서 문을 열어 (앞에서 이야기했듯이) 전후에 '촨양' 요리(쓰촨과 화이양을 융합한 상하이 요리)를 내어 번성한 메이룽전차이관梅龍鎭菜館은 1961년 타이베이에도 점포를 냈다. 타이베이에는 1984년 기준으로 쓰촨 요리점만 300곳 이상 있었으며, 그러한 도시는 당시 세계에서 타이베이가 유일했다고 한다.

셋째로, 후난 요리의 유행은 천청陳誠이 1948년 장제스에 앞서 군을 이끌고 타이완으로 와 타이완성 주석 겸 타이완 경비 총사령에 취임한 데서 영향을 받았다고 알려져 있다. 천청의 아내는 후난 독군督軍 겸 성장省長이자 상군湘軍[청말에 태평천국의 난을 진압하기 위해 조직된 후난 의용군] 총사령이었던 탄옌카이의 딸이었으며, 천청의 군 관계자 가운데 후난 지방 출신이 많아서 후난 요리는 '쥔차이軍菜'[군대 요리]라 불리기도 했다. 또한, 쓰촨 요리와 후난 요리는 서로 융합하여 '촨샹차이川湘菜'(쓰촨·후난 요리)가 되었으며, 이후 타이완의 간이식당에서 종종 제공되고 가정 요리 속으로 흡수되기도 했다.[31]

이러한 가운데 제2차 세계대전 후 타이완에서는 타이완을 대표하는 중요한 요리가 몇 가지 생겨나 일반적인 요리로 정착했다. 여기서는 '쭤궁지左公鶏(제너럴 치킨)', '칭저우샤오차이淸粥小菜', '싼베이지三杯鶏', '우육면牛肉麵(뉴러우멘)' 등 네 가지를 소개하고자 한다.

1. 쭤궁지(제너럴 치킨)—미국으로 퍼져나간 타이완의 후난 요리

타이완에서 만들어진 후난 요리로서 유명한 것이 '쭤궁지(좌종당계左宗棠鶏(쭤쭝탕지), General (Governor) (Tso's) chicken)'(튀긴 닭고기에 달고 매운 양념을 버무린 요리)이다. 이 요리를 창안한 펑창구이彭長貴(1918~2016년)는 1952년 국민정부의 해군 장교가 미국 해군 제7함대의 사령관을 접대하기 위한 연회에서 이 요리의 원형을 만들었다고 이야기한 바 있다. 그러나 펑은 1955~56년경에 자신이 이 요리를 창작했다고 이야기하기도 했으며 후자의 시기가 유력하다. 따라서 당연하게도 후난 출신 마오쩌둥에게 몇 번이고 요리를 만들어준 후난 요리의 명요리사 역시 '쭤궁지'라는 요리를 알지 못했다.

참고로, 요리 이름의 '쭤궁左公'은 좌종당左宗棠(1812~85년)을 가리킨다. 좌종당은 후난성 출신의 유력자로, 청말 태평천국의 난을 토벌할 때는 민절총독閩浙總督[저장·푸젠·타이완을 관할한 청대의 지방장관]이 되었으며, 섬감총독陝甘總督[산시陝西·간쑤·신장을 관할한 청대의 지방장관]으로서 회민기의回民起義(청조에 대한 이슬람교도의 반란)나 야쿱 벡[코칸트한국의 호족. 1865년 신장에 침투하여 무슬림을 규합하고 카슈가르를 거점으로 국가를 건설했지만, 1877년 좌종당이 이끄는 청군에 패한 뒤 자살했다]의 난을 평정했다. 특히 그는 연안부의 방비를 우선시하는 이홍장 등의 해방론海防論에 반대하여 내륙부 변경의 방비를 중시하는 새방론塞防論을 주장한 것으로 알려져 있다. 따라서 '쭤궁(좌종당)지'는 대륙 수복의 꿈을 단념하지 않는 장제스 등의 의지와 부합하는 요리명이라 할 수 있었다.

평창구이는 1949년 인민공화국 수립을 전후하여 타이완으로 건너간 뒤 1974년경에는 미국으로 건너가 뉴욕 맨해튼에 '평위안彭園'을 열었다. 평위안은 곧바로 ABC 텔레비전의 뉴욕 지역 뉴스에서 다뤄졌으며, 이를 계기로 '쭤궁지'는 '이홍장 춥수이'를 제치고 미국에서 가장 유명한 중국요리 중 하나가 되었다. '쭤궁지'는 미국에서 한국, 필리핀, 도미니카 등으로도 퍼져나갔으며, 중국 대륙의 대도시에도 전해졌다.

평창구이에 따르면, 후난 요리는 미국의 쭤궁지처럼 달지 않으며 브로콜리를 곁들이지도 않는다고 한다. 지금도 미국에서 인기가 있는 쭤궁지의 레시피는 미국인의 기호에 맞춰 튀김옷을 바삭하게 만드는 등 여러 개량이 거듭되었다.

또한, 1977년에는 당시 교환학생이었던 마잉주馬英九(후난 출신. 타이베이시장·중화민국 총통을 역임)가 평위안에서 결혼식을 열었으며, H. 키신저는 평위안과 그곳의 쭤궁지를 좋아했다. 그러나 평창구이는 1980년대에 뉴욕의 가게를 닫고 타이완으로 돌아갔으며, 그 후 타이완에서 평위안의 체인 사업에 성공했다.[32]

2. '칭저우샤오차이'—'타이완 요리'에서 '타이차이'로

냉전기 타이완에서는 해외로부터 수송이 막혀 고급 식재료를 입수하기 어려웠으며, 대류 수복을 노리는 장제스 정권하에서 사치스러운 연회석이 늘어날 수도 없었다. 이 때문에 1960~70년대에는 고급 연회 요리점을 대신하여 검소한 일상 음식을 제공하는 '타이차이'(타이완 요리) 가게가 늘어났다.

그 무렵 죽과 함께 먹는 경식인 '칭저우샤오차이'가 나이트클럽 등에서 한바탕 놀고 나서 심야에 먹는 음식으로 정착했다. 예컨대 '차이푸단菜脯蛋'(생선과 말린 무를 넣은 달걀말이) 등이 '타이차이'를 대표하는 일품요리가 되었다.[33] 1964년에는 '칭저우샤오차이'를 내세운 타이완 요리점 '칭예青葉'가 중신베이루中山北路에서 문을 열었다.

'타이완 요리'라는 호칭이 일본 통치 시대부터 쓰였던 것에 비해, '타이완차이臺灣菜' '타이차이'는 중화민국 정부가 타이완으로 옮겨 오고 나서야 쓰였다. 그리고 '요리'는 손이 많이 가는 고급 음식, '차이菜'는 보다 일반적인 일상의 음식을 가리키게 되었다.

1960년에는 '타이완차이'를 처음으로 제목에 넣은 요리서인 『타이완차이펑런징화臺灣菜烹飪精華[타이완 요리의 진수]』(鄭文龍 著)가 간행되었다. 이 책은 식민지 시대 일본 식문화의 영향을 간직한 채로 타이완의 노점에서 팔리고 있는 경식류를 수록한 점이 특징적이다. 또한, 1977년 리슈잉李秀英이 연 요리점 '신예欣葉'는 1990년대 이후 본격적인 '타이완차이' '타이차이' 번영의 선구가 되었으며, 리슈잉 역시 1997년 『타이차이징쉬안랴오리臺菜精選料理[타이완 요리 정선]』(臺中, 中流)라는 저서를 간행했다.[34]

3. 싼베이지—1970년대에 퍼진 국민 음식

오늘날 타이완을 대표하는 요리 중에는 의외로 오래전의 것이 아닌, 제2차 세계대전 후에야 창안, 보급된 것이 적지 않다는 사실 역시 주목할 만하다. 예컨대 '싼베이지(三杯鷄)'(그림 1-23)가 그러하다. 싼베이지는 간장, 미주米酒[타이완에서 일반적인 증류주], 참기름

등 세 가지 조미료(三杯)나 설탕과 함께 닭을 질냄비에서 조려 마지막에 맛의 비법인 '주청타九層塔'(타이완 바질)를 더한 요리이다.

이 요리는 전후 초기에 외성인外省人[국공 내전에서 패한 국민당과 함께 대륙에서 타이완으로 건너온 사람들과 그 자손]들 사이에서는 장시江西 등지에서 전해졌다고 이야기되었으며, 본성인本省人[중화민국이 타이완을 통치하기 전부터 타이완에 살던 한족]들은 닭의 상미 기한을 늘리기 위한 혹은 산후의 몸보신을 위한 요리로 여겼다. 그러나 싼베이지는 1970년대에 '투지청土鷄城'(교외의 실외에서 토종닭 등을 먹는 시설)이 생기고 나서야 퍼졌으며, 조리법도 그 무렵에 표준화되었다고 여겨지고 있다.[35]

1-23 싼베이지

4. 우육면—타이완 발상설의 진위

타이완이라 하면 '우육면(뉴러우몐)'을 맨 먼저 떠올리는 세대가 있을지도 모르겠다. 타이베이와 홍콩의 먹거리에 관해 많은 에세이를 쓴 고대사가 루야오둥逯耀東에 따르면, 타이완의 '훙사오뉴러우몐紅燒牛肉麵'이 가오슝시 강산岡山의 공군기지에서 처음으로 만들어졌을 가능성을 우선 생각해볼 수 있다. 강산의 공군 병사나 그 가족 중에는 청두[마파두부와 두반장으로 유명하다]에서 온 사람이 많았으며, 원래 두반장이 생산되던 강산에서는 현지화를 거쳐 단맛이 나는 '강산 두반장'이 생겨났다. 이것을 사용한 쇠고기 요리 '훙탕뉴러우紅湯牛肉'가 또한 현지화를 거치고 면이 들어가 타이완의 우육면이 생겼을지도 모른다.

우육면의 기원에 대해 두 번째로 생각해볼 수 있는 것은 같은 시기에 타이베이에서 유행한 '칭전뉴러우몐淸眞牛肉麵'이다. 칭전뉴러우몐에는 잘 익은 쇠고기 외에 '판궁데어빙反共抵俄餅'(발효시킨 밀가루 반죽을 구워 정치 표어를 찍어낸 것)이 띄워져 있었다고 한다. 칭전뉴러우몐을 파는 포장마차 다수는 산둥 출신자들이 화이닝제懷寧街, 보아이루博愛路 일대에서 운영했는데, 도로 정비를 위해 포장마차가 뿔뿔이 흩어지자 칭전뉴러우몐이 몰락하고 쓰촨 풍미의 우육면만 남았을지도 모른다.[36]

널리 유포되어 있는 이러한 우육면의 타이완 발상설은 사료적 근거를 결여한 채 추론의 영역을 벗어나지 못한다. 중일전쟁 시기는 쓰촨, 후난, 상하이 등지에서 다양한 우육면을 먹을 수 있었다는 이야기도 있다.[37] 여하튼 1960년대 후반 이후 타이완에서 인스턴트 국수가 제조, 판매되기 시작하자 훙사오뉴러우몐은 각 회사의 주력 상품으로 보급되었다.

나아가 1970~80년대에는 화인 실업가들이 미국(캘리포니아) 및 중국 대륙에서 우육면 체인 사업을 펼쳤다. 따라서 오늘날의 중국 도시에서도 '미스터 리 캘리포니아 우육면 대왕(李先生加州牛肉面大王)'이나 '미국 캘리포니아 우육면 대왕(美國加州牛肉面大王)' 같은 체인점을 발견할 수 있다.

국빈용 호텔 위안산다판뎬의 개업

타이베이의 위안산다판뎬圓山大飯店(The Grand Hotel, 그림 1-24)은 중화인민공화국의 댜오위타이 국빈관에 해당하는 타이완의 국빈 접대용 호텔이다. 위안산다판뎬은 타이완 신사(타이완 신궁)가 있던 자리에 세워진 타이완다판뎬臺灣大飯店을 개축하여 1952년 문을 열었다. 참고로, 타이완 신사는 1901년 젠탄劍潭산에 창건되어 타이완의 총진수總鎭守[나라 또는 지방 전체를 지켜주는 신이나 그 신을 모신 신사]로 여겨졌으며, 1944년에는 '타이완 신궁'으로 승격되었다.

1950년 6월 타이베이를 찾은 더글러스 맥아더Douglas MacArthur는, 타이베이에 아직 국빈용 호텔이 없어 마침 장제스가 스린士林 관저로 이주하여 비게 된 양밍陽明산 차오산草山 관저에 묵었다.[38] 차오산 관저는 원래 1923년 황태자(훗날 쇼와 천황)의 타이완 행계에 앞서 1920년 타이완제당주식회사가 세운 보양 시설이었다. 이곳은 1949년 말 장제스가 타이베이로 퇴각한 뒤로는 최초의 총통 관저가 되었으며, 1950년 퇴거한 뒤로도 장제스 등은 이곳을 피서용으

1-24 위안산다판덴(2010년)

로 사용했다. 2002년 타이베이시 정부는 이곳을 '역사 건축'으로 지정하여 '차오산싱관草山行館'이라 명명했다.[39]

또한, 1923년 황태자의 타이완 행계에 즈음하여 타이완 신사 참배를 위해 만들어진 '칙사가도勅使街道'는 제2차 세계대전 후 중산베이루가 되었다. 1950년대에는 이 길을 따라 국민당 상급 관리의 주거 공간, 미군 시설, 외국 대사관 등이 늘어서며 중산베이루는 국제·국내 정치의 무대가 되었다. 중산베이루의 도로변에서는 외빈 마중을 위해 동원된 학생들이 도열하여 깃발을 흔들었다. 그리고 중산베이루에 있는 위안산다판덴이 외빈을 맞이했다.

타이완의 중화민국은 한국전쟁 후 미국과 서태평양 여러 나라의 안전보장 체제에 편입되었다. 1953년 말에는 미국의 닉슨 부통령과 J. F. 덜레스John Foster Dulles 국무장관이 잇따라 타이완을 찾았으며,

이는 1954년 12월 냉전기의 미국과 타이완의 관계를 규정한 미국-타이완 상호방위조약 체결로 이어졌다. 이러한 가운데 1954년 7월 장제스는 관광사업의 발전을 선언해, 외국인 손님을 맞을 수 있는 수준의 호텔을 정비하려고 했다. 중화민국 정부는 정권의 정통성을 확립하여 국위를 떨쳐 일으키겠다는 정치적 이유에서 관광업에 관심을 가졌다.[40]

또한, 자유롭게 해외를 드나들 수 있게 된 1964년 일본인의 타이완(타이베이) 관광은 밤거리를 한껏 즐기는 '남성 천국'으로 일컬어지고는 했지만, 1977년 2월에는 〈레저 아사히レジャーアサヒ〉가 '여성을 위한 타이완 투어'를 기획했다. 이는 1967년 미국의 〈포천Fortune〉이 세계 10대 호텔 중 한 곳으로 선정한 위안산다판뎬에 숙박하며 타이완 태생의 가수 "주디 옹Judy Ongg과 함께 차이나 드레스 파티"를 열고 "쓰촨, 광둥, 상하이, 타이완 요리를 마음껏 먹는" "요리 천국 타이완"으로 여성 관광객을 유치하려는 기획이었다. 그러나 관광객들에게 특히 주목받은 먹거리는 쓰촨 요리, 얌차, 해물 요리, 사오싱주, 타이완 과일 등이었으며 '타이완 요리'는 존재감이 약했다.[41]

위안산다판뎬의 국가 연회 요리—'촨양' 요리를 중심으로

타이완 식문화사 연구자인 쩡핀창·천위전 부부는 위안산다판뎬과 그 국가 연회 요리에 관해서도 뛰어난 연구를 남겼다.[42] 위안산다판뎬은 개인 소유의 상업용 호텔로 등록되었지만, 실제 관리자는 장제스 부인 쑹메이링과 그 조카딸 쿵링이孔令儀로, 현직 총통의 가족이 경영하는 호텔이었다. 1960년대 중화민국과 중화인민공화국의 외교적 경쟁이 격화되는 가운데서 국민정부는 타이완을 찾아온 외국인을 접대하는 위안산다판뎬을 확장했다.

1973년 위안산다판뎬은 14층 규모의 중국 궁전식 본관을 증축하여 현재의 모습이 되었다. 타이완의 전통적 건축양식은 주로 남南푸젠 스타일이었지만, 당시 대다수를 점하고 있던 중국 대륙 출신의 중·고급 관리가 보기에 이는 한 지방의 특색에 불과했다. 중화민국 정부는 예컨대 1966년부터 마오쩌둥의 문화대혁명을 '전통문화 파괴 행위'로서 비판하고 이에 대항하여 '중화 문화 부흥 운동'을 개시했듯이, 민족 고유의 전통문화 부흥을 주창했다. 따라서 그 무렵에 세워진 국립역사박물관(1964년 완공)이나 국립고궁박물원(1965년 완공) 같은 공공시설은 하나같이 고전 중국 스타일의 건축이 되었으며 위안산다판뎬의 본관도 그 일례였다.

그런가 하면 타이완에서 국빈이나 왕족을 접대하는 국가 연회는 총통부, 중산탕中山堂(국회의사당으로 쓰였다), 스린 관저 등에서도 열렸다. 그곳들 모두에서 위안산다판뎬의 요리사와 종업원은 국가 연회의 준비에 중요한 역할을 맡고 있었다. 중화민국 정부는 왕조 시대 중국의 이미지를 타이완에 이식하려 해서, 국가 연회에서는 장제스나 관료들이 중국 전통 의상('長袍')를 걸치고, 중국 가구를 세워놓는가 하면, 전통음악을 틀거나 메뉴를 기원전 진대秦代의 전자체篆字體로 적기도 했다.

초기 위안산다판뎬에서 조리장으로 있던 청밍차이(1921~81년)는 양저우에서 태어나 장쑤·저장 요리가 전문이었으며, 상하이의 레스토랑에서 일한 뒤 국민정부의 관료와 함께 1949년에 타이완으로 건너갔다. 그리고 장제스 가족의 개인 요리사로 있다가 위안산다판덴의 조리장으로 임명되었다.[43] 참고로, 청밍차이는 그 후 일본으로 건너가 요코하마나 도쿄에서 요리사로 일했으며 1973년에는 미국으로 건너갔다. 그리고 청밍차이의 아들 앤드루 청이 뒤에서 다룰 미국 최초의 중국요리 패스트푸드 체인인 판다 익스프레스를 창업한다.[44]

청밍차이 밑의 요리사 중에 '촨양'(쓰촨·화이양의 퓨전) 스타일을 주특기로 하는 사람이 많아서 위안산다판덴이 촨양 요리의 중심지·발신지가 되었다는 것은 주목할 만하다.[45] 장제스의 친구 시얀奚炎의 의붓딸인 얀추리嚴裘麗에 따르면, 장제스는 장쑤·저장 요리를 좋아했지만 '위샹체쯔魚香茄子'(위샹魚香이라는 매운 소스가 들어간 가지 볶음) 등 쓰촨 요리도 몇 가지 먹었다.[46] 따라서 촨양 요리는 장제스 가족이나 중앙정부 관료들의 사랑을 받으며 타이완 정부 고관의 연회에서 빠지지 않는 공통 요리가 되었다.

국민정부 관계자들이 촨양 요리를 자주 먹은 것은 이것이 전쟁 중이나 전쟁이 끝난 뒤 중국이 가난했던 시기에 적합했기 때문이다. 당시에는 생선, 새우, 게 등 고급 해산물을 사용해 담백한 맛을 내는 화이양 요리보다는 값싼 돼지, 닭고기 토막을 사용해 기름지고 풍부한 맛을 내는 촨양 스타일의 요리가 바람직했다. 1960년대에는 위안산다판덴을 중심으로 촨양 요리가 국가 연회에서부터 일반 시민에게까지 퍼져나가며 연회 요리의 주류를 이루었다.

그렇지만 화이양 요리나 쓰촨 요리도 국가 연회에 올랐다. 그리고 1970년대부터 촨양 요리가 쇠퇴하고 당시의 경제 발전을 바탕으로 신선한 해물을 사용하는 광둥 요리가 대두하였으며, 타이완인 의식이 고조되면서 타이완 현지의 요리도 주목받았다.[47] 위안산다판덴은 촨양 요리 외에 베이징덕이나 샥스핀 요리, 비둘기 요리 등으로도 유명했다.[48]

참고로, 촨양 요리는 상하이에서 타이베이로 전파된 것은 물론이고 상하이에서 베이징이나 톈진으로도 전해졌다. 베이징의 민쭈판뎬民族飯店은 1983년 『베이징 민쭈판뎬 요리책北京民族飯店菜譜—촨양 요리川蘇菜』(中央旅遊出版社)라는 레시피집을 펴냈다. 이 책에 따르면, '촨쑤川蘇 요리'('촨쑤'는 '촨양'과 거의 같은 의미이다)는 상하이에서 시작되어 베이징이나 톈진 등에서도 인기를 끌어, 민쭈판뎬의 요리사도 이를 상하이에서 익혔다.[49]

또한, 위안산다판덴은 베이징의 댜오위타이 국빈관이나 인민대회당과 마찬가지로 외빈의 음식에 관한 금기 사항에 세심한 주의를 기울였다. 예컨대 닭고기를 먹지 않는 사람은 비교적 적고, 쇠고기와 양고기를 먹지 않는 사람은 비교적 많다고 생각했으며, 돼지고기는 무슬림 등을 배려하여 원칙적으로 쓰지 않고, 국가에 따라 음주가 가능한지 여부에도 주의를 기울였다.[50]

1958년 이란 황제 모하마드 레자 팔라비Mohammad Reza Pahlavi(1979년 이란혁명으로 실각한 팔라비 왕국의 마지막 황제)가 타이완을 방문했을 때는 타이완 전역에서 청전 요리의 명요리사들을 한데 불러모아 30종 이상의 요리를 만들게 하여 대접했으며, 동물을 도살할 때는 이슬람교의 교의에 입각해 이슬람교협회回敎協會에서 파견된 아훙阿訇[이슬람 신학자·성직자]이 쿠란을 낭송했다.[51] 또한, 위안산다판덴은 2017년 중국이슬람교협회의 '무슬림 친화적 호텔'인증을 취득하는 등 무슬림 시장을 개척해나가고 있다.

국가 연회 요리의 변천

나아가 주목해야 할 것은, 타이완의 국가 연회가 총통의 교체에 따라 빈도와 내용 면에서 큰 변화를 겪었다는 점이다. 장제스 총통 시기의 국가 연회는 서양식과 중국식이 있었는데, 중국식의 경우에는 위에서 이야기한 촨양 요리가 중심이었으며 메뉴도 전서篆書로 세로쓰기했다. 또한, 식후에는 찐빵('包子' '饅頭')이 나왔는데 이는 숱한 전란을 거친 지 얼마 지나지 않은 시기에 손님에게 포만감을 주려는 배려였다.

장징궈 총통 시기에는 메뉴를 해서楷書로 가로쓰기한 것으로 바꾸었다. 또한, 근검절약의 관점에서 국가 연회의 횟수를 줄이고 시간도 단축하였으며, 닭새우나 샥스핀 요리는 빠지지 않았지만 그밖의 다른 요리로는 일상적인 것이 늘었다. '우(류六)차이이탕五菜一湯'(요리 대여섯 가지와 탕 한 가지)으로 이루어진 소박한 '메이화찬梅花餐'은 이미 장제스 시대부터 국가 연회에 채용되었다. 나아가 장징궈 시대에는 근검절약을 지향하는 연회 개혁 운동이 전개되어 정부는 각급 기관이나 공영·민영 사업 단체에 메이화찬을 널리 권장했다.

리덩후이李登輝 총통 시기에는 성대한 국가 연회가 가장 많이 열렸다. 당시에는 타이완의 경제 사정이 좋아서 국가 연회도 체재體裁를 중시하여 총 10가지에 달하는 광둥 요리를 중심으로, 샥스핀,

전복, 닭새우 등 고급 해산물을 사용한 호화로운 메뉴가 나왔다. 또한, 위안산다판뎬 외에 민간의 고급 호텔도 국가 연회 장소로 쓰였다.[52]

나아가 천수이볜 총통(2000~08년 재임)은 2000년 중화권에서는 처음으로 민주적 선거를 통한 정권 교체를 실현해 민진당에서 선출된 총통이었다. 천 총통은 리덩후이 전 총통의 노선을 계승하여 타이완을 중국의 일부로 보지 않고 주체성을 강조하여 국명을 '중국(중화민국)'에서 '타이완'으로 바꾸려는 '타이완 본토화'를 추진한 것으로 알려져 있다.

2000년 5월에 열린 천수이볜 총통의 취임을 축하하는 국가 연회에는 평민화, 본토화, 쭈췬룽허族群融合(본성인, 외성인, 민난閩南[푸젠 남동부, 광둥 동부 및 타이완 중심의 연해 지방]인, 하카 등 각 사회집단 간의 융합) 같은 정치적 의미를 담았다. 예컨대 '쓰지얀四季宴' 중 '샤즈위夏之育'로서 만들어진 '타이난완궈臺南碗粿'(타이난臺南 볼케이크[갈아낸 쌀에 돼지고기, 새우, 표고 등을 넣고 그릇째 쪄낸 요리])나 '스무위완탕虱目魚丸湯'(갯농어 완자 수프)은 타이완의 본토화나 총통의 평민화를 상징했다. 위안산다판뎬의 '훙더우쑹가오紅豆鬆糕(팥이 들어간 스펀지케이크)는 장제스 부인 쑹메이링이 좋아한 덕에 명물이 되었다(그림 1-25). 천수이볜 총통의 국가 연회에서는 타이완 본토 식재료의 적극적 사용이 모색되어서, 훙더우쑹가오의 팥소를 토란이나 고구마 간 것으로 대체하고 팥은 표면에만 뿌렸다. 이렇게 토란과 고구마로 '쭈췬룽허'를 표현하였다.

나아가 2004년 5월 열린 천수이볜 총통의 두 번째 임기 취임을 축하하는 국가 연회는 '난베이이자친南北一家親'(남북은 한 가족)을 테

1부. 중국요리의 형성―미식의 정치사

1-25 위안산다판뎬의 '훙더우쑹가오'

마로 하였다. 따라서 총통부는 가능한 한 타이완 본토의 식재료, 혹은 '쭈췬룽허'를 의미하는 식재료를 사용하도록 요청했다. 또한, 천수이볜 총통의 재임 중에는 지방이 중시되어 국가 연회는 타이베이의 위안산다판뎬뿐 아니라 가오슝, 타이중臺中, 이란宜蘭, 신주新竹 같은 지방 도시에서도 열렸다. 그리고 타이완 각 지방의 특색 있는 식재료를 계절에 맞춰 선정하였다. 예컨대 여름에는 '메이런투이美人腿'(아름다운 다리)라 불리는 쌘즈三芝의 바이주白竹(청죽青竹) 싹이나 이란의 '야상鴨賞'(오리 햄), 핑둥屏東의 남방젓새우 등을 사용하였다.

마잉주 총통(2008~16년 재임) 취임 때 국가 연회는 가오슝의 위안산다판뎬에서 열렸다. 이 연회는 '환바오環保'(환경보호), '젠넝젠탄節能減碳'(에너지 절약·저탄소)이 테마여서 식재료를 먼 곳에서 들여오거나 먼 곳으로 구하러 가지 않았다. 그러나 주요리인 '룽샤龍蝦'(닭

새우)만은 수입품을 쓸 수밖에 없었다. 또한, 환경보호를 표방하였으므로 언론의 주목을 피하려면 보호 대상인 샥스핀이나 값비싼 전복 등도 사용할 수 없었다.[53]

특히 샥스핀이 쓰이지 않은 배경으로는, 2010년 세계적 영향력을 가진 NGO인 세계자연보호기금(WWF)이 상어 난획이나 잔인한 어업 방식에 반대하는 운동을 시작해 미국 NBA의 전 프로농구 선수 야오밍姚明이나 스타 배우 성룡Jackie Chan 등이 이에 동참한 것을 들 수 있다. 2011년에는 미국 하와이주나 캘리포니아주, 캐나다의 토론토 등 중국계 이민자가 많은 지역에서 샥스핀의 소지나 판매를 금지하였다. 이러한 동향에 따라 2012년부터 세계 각지의 페닌슐라 호텔 레스토랑에서는 샥스핀을 사용한 요리를 제공하지 않게 되었다.[54]

이 무렵 중화인민공화국과 중화민국(타이완) 모두 국가 연회 메뉴에서 샥스핀 요리를 제외하였다.[55] 근세 이래로 접대 연회에 빠지지 않던 고급 식재료였던 샥스핀은 중일전쟁 시기에 왕징웨이 정권이 제비집, 곰 발바닥, 전복과 함께 연회에서 사용을 금지한 적이 있었는데[56] 21세기 초에 이르러 그 지위를 완전히 잃게 된 것이다. 이러한 세계적인 샥스핀 반대 운동에서 더 나아가, 중국 대륙에서는 2013년 식품 낭비 반대 운동인 '광판싱둥光盤行動'(그릇에 담긴 요리를 남김없이 먹는다는 의미)이 개시되고, 2021년에는 '반식품낭비법'도 공포, 시행하여 샥스핀 등 고급 식재료를 공무 접대용 연회 요리에 사용하는 것을 금지하였다.

이러한 조처들의 영향으로 일본에서 상어 어획량이 가장 많은 '상어 마을' 게센누마氣仙沼의 상어 지느러미 가격은 2006년 사상 최고가를 기록하고는 10년 이내에 그 60퍼센트 수준까지 떨어졌다. 다만, 게센누마에서 잡히는 상어의 90퍼센트 이상을 차지하는 청새리상어와 악상어는 멸종 위기종이 아니라는 점에 유의해야 한다. 또한, 에도 시대 말부터 샥스핀 생산을 시작한 게센누마에서는 메이지 시대부터 상어 고기를 사용해 지쿠와竹輪, 가마보코蒲鉾, 한펜半片 등의 어묵 제조를 활발히 했으므로, 지느러미를 제외한 부위를 전부 버린 것은 결코 아니다. 나아가 일본 수산청은 2008년부터 상어를 잡아 지느러미만 잘라내고 도로 바다에 버리는 방식의 어획(shark-finning)을 금지하고 있다.[57]

20세기 후반의 미식 외교와 푸페이메이

유럽의 중국요리점은 1956년에 500곳 이하였던 것이 1963년경에는 약 3,000곳으로 늘어나 영국에만 약 2,000곳, 프랑스와 네덜란드에 각각 약 200곳, 서독에 약 100곳, 벨기에에 약 50곳의 가게가 있었다. 같은 시기에 미국의 중국요리점은 1만 곳이 넘어 뉴욕에만 2,000곳 이상의 가게가 있었고, 일본에서는 화인이 경영하는 중국요리점만 2,000곳이 넘었으며, 인도나 중남미에서도 중국요리점이 늘었다. 이러한 가운데 화인이 경영하는 세계 각지의 중국요리점에서는 요리사가 부족해졌다.

1963년 중화민국 정부의 교무僑務위원회는 세계 각국에 있는 대사관과 화인 단체에 서신을 보내 화인이 경영하는 레스토랑에서 필요한 요리사의 수를 조사했다. 그 후 교무위원회와 타이완성 타이베이구 국민취업보도중심國民就業輔導中心['국민고용지원센터'의 의미]에서 중국요리사를 선별해 경험이 풍부한 93명을 채용했다. 이들 다수는 각기 서독, 일본, 류큐[미군이 신탁통치 하던 시기의 오키나와], 한국, 이탈리아, 프랑스, 레위니옹섬(프랑스령), 스페인, 포르투갈, 포르투갈령 동아프리카(현재의 모잠비크), 영국, 벨기에, 스웨덴, 말레이시아, 태국, 이란, 에티오피아, 미국으로 출국하여 각국의 요리점에 소개, 고용되었다.[58]

나아가 1964년 7월에는 중화민국 정부가 한국에 중국요리 전문가를 파견했다. 그들은 레스토랑의 경영 관리 방법이나 조리 기술을 소개하거나 한국의 요리 전문가들과 만나 훈련반을 조직했다. 그리고 요리 면에서는 단순한 북방의 맛에서 한발 나아가 각종 요리·덴신을 메뉴에 추가하게 하는 등의 성과를 거두었다.[59]

또한, 중화민국 정부의 교무위원회는 해외 중국요리업의 발전을 위해 1987년부터 요리 전문가 푸페이메이의 조리 비디오 '중스차이푸中式菜譜'를 구입하여 유럽 각국(벨기에, 스페인, 서독 등)의 화인 단체에 요리의 개선과 혁신을 위한 참고 자료로 제공하여 호평을 받았다. 특히 동남아시아의 인도차이나반도 등에서 온 이민자가 경영하는 중소 규모의 중국요리점에서는 전문 요리사를 고용할 수 없는 경우가 많아서 이 비디오 교재가 큰 도움이 되었다.[60] 그리고 중화민국이 중국요리를 대외적으로 선전하는 과정에서 푸페이메이는 대단히 큰 역할을 해냈다.

푸페이메이(1931~2004년, 그림 1-26)는 산둥 사람으로, 관동주關東州 다롄시에서 태어났으며 일본어 교육을 받아 일본어를 조금 말할 줄 알았다. 1949년 타이완으로 건너간 푸는 1961년부터 자택에

1-26 타이완에서 방송에 출연한 푸페이메이

서 요리 교실을 열었으며, 이듬해에는 타이완의 텔레비전 방송 개시와 동시에 요리 프로그램을 담당하였다. 1970~80년대에는 필리핀, 일본, 싱가포르, 홍콩, 한국, 말레이시아, 호주, 남아프리카, 미국, 네덜란드 등 외국 여러 나라를 찾아 중국요리를 전수했으며, 특히 1978~83년에는 일본 후지 텔레비전의 〈안주인 쿠킹奥さまクッキング〉에 출연하여 중국요리를 전수했다. 나아가 필리핀에서도 푸의 프로그램을 타갈로그어로 더빙해 방송하였으며, 미국에서는 타이완의 대사관 역할을 맡고 있던 타이베이경제문화대표처의 요청에 따라 텔레비전에 출연했다.[61]

역사학자 진톈의 검증에 따르면, 푸페이메이는 1969년, 1974년, 1979년에 『페이메이스푸培梅食譜, Pei Mei's Chinese Cookbook』를 펴냈는데, 그중 1969년판(臺北, 中國烹飪補習班)은 세계에서 가장 일찍 중국요리를 동·서·남·북의 4대 요리 체계로 나누어 설명한 책 중 하나이다. 1969년판 『페이메이스푸』는, 중국의 지방 요리를 네 가지로 나누는 것은 식자층의 중국인 독자라면 지나친 단순화라며 반대할지도 모르지만 외국인 독자가 중국 각 지방 요리의 차이를 쉽게 파악하기에는 좋은 방법이라고 쓰고 있다. 중국의 4대 요리 체계가 외국인에 대한 설명 양식으로서 일반화되었다는 것을 알 수 있는 대목이다.

참고로, 『페이메이스푸』(1969년판)는 가정에서는 만들기 힘든 베이징덕이나 미국의 중국요리인 촙수이도 싣고 있다. 그리고 1969년 당시는 중화민국(타이완)의 국제적 영향력이 절정에 달한 시기여서, 중화민국의 역사를 쑨원까지 거슬러 올라가면서 중국요리를 중화민국의 요리로서 선전할 수 있었다.[62]

그러나 1971년 유엔총회에서 중화인민공화국의 중국 대표권을 인정하는 결의가 채택되자 중화민국은 더는 유엔에 머물지 못하게 되었다. 그 때문에 1974년판 『페이메이스푸』는 아직 쑨원의 삼민주의를 인용하고는 있지만 타이완의 정치적, 물질적 성공을 더 강조하였다. 나아가 1979년판 『페이메이스푸』나 그 이후의 서적은 타이완의 정치적 명성에 관한 서술을 대폭 줄이고 중국요리의 문화적인 면을 강조하면서 타이완을 중국 전역의 요리를 맛볼 수 있는 장소로 제시하였으며, 푸젠·후난과 함께 타이완을 독자적 지방 요리의 계통에 포함시켰다.

그렇지만 푸는 이 세대의 많은 인물들과 마찬가지로 타이완만이 진정한 중국요리의 전통을 지키고 있다는 식의 사고를 선전하고 있었다. 이러한 관점은 중국의 전통문화가 타이완에서만 번영하

고 있다는 당시 국민당의 주장과 일치하는 것이었다.[63]

푸페이메이는 1960~80년대 타이완의 중국요리를 대표하는 인물이었다. 그러나 1990년대에 들어서는 다른 각종 타이완 요리('臺灣菜') 서적의 출판이 잇따랐으며, 그중에서도 정양지鄭衍基(아지스阿基師, 1954년~)의 책과 텔레비전 프로그램이 인기를 얻으며 푸페이메이의 지위를 빼앗았다.[64]

21세기의 미식 외교와 딘타이펑의 샤오룽바오

유엔 회원국의 지위를 잃은 타이완(중화민국)에게 문화 외교, 특히 미식 외교는 귀중한 외교 수단 중 하나이다. 타이완 정부가 타이완 음식의 보급을 지원하고 촉진하는 목적은 타이완과 중국 대륙의 식문화 차이, 그리고 타이완의 매력이나 재미를 인식시켜 음식을 통해 관광객을 유치하는 데 있다.[65] 일례로, 2007년 12월 타이완 정부는 파리에서 열린 미식 전시회에서 '딘타이펑'을 후원하였으며 이는 타이완의 외교 이벤트가 되었다. 그러나 딘타이펑이 내세운 것은 타이완의 지역 음식local food이 아니라 샤오룽바오(소롱포)를 비롯한 상하이 주변의 요리였다.

오늘날 해외에서 타이완을 대표하는 레스토랑 체인으로 성장한 딘타이펑의 창업자 양빙이楊秉彝는 1927년 산시山西성에서 태어나 청년 시절에 산시에서 입대하여 항일 전쟁에 참전했으며 1948년 여름 상하이에서 타이베이로 건너갔다. 1949년 친척의 소개로 '형타이펑恆泰豐'이라는 유류 판매소에 취직한 그는 얼마 후 동료 라이

펀메이賴盆妹(타이완 태생의 하카)와 결혼했으며, 1958년 '딘타이펑鼎泰豊'이라는 상호로 유류 판매업을 시작해 1972년에는 같은 이름의 레스토랑을 개업했다. 딘타이펑의 손님 중에는 장웨이궈蔣緯國나 롄잔連戰 같은 외성인 유력자들이 있었으며, 본성인인 리덩후이나 천수이볜 등은 방문한 적이 없었다고 한다.

일찍이 1996년 딘타이펑은 다카시마야高島屋[일본의 유명 백화점]와 프랜차이즈 계약을 맺고 일본에서 5개 점포를 열어 일본에 샤오룽바오를 유행시켰다. 그리고 2000년 딘타이펑은 큰 전기를 맞는다. 그해 딘타이펑은 외부 자금을 들여 가족 경영을 법인 경영으로 전환하고, 전문 경영자 팀을 맞아들였으며, 수제 샤오룽바오 외에는 전부 공장 생산으로 돌렸다. 나아가 같은 해부터 중국(상하이)이나 미국(캘리포니아 남부의 아케이디아) 등 세계 각국에 지점을 냈다.[66]

타이완이 자신들의 문화를 세계로 발신하고 이른바 '소프트파워'로서 이를 강화하는 작업은 2000년 민진당 천수이볜 정권의 부총통 뤼슈롄呂秀蓮(2000~08년 재임)에 의해 시작되었다. 그리고 2008년 수립된 국민당 마잉주 정권(2008~16년)은 이를 계승하여 본격적으로 추진했다.[67]

예컨대 타이완 정부의 대對영국 미식 외교는 2010년 마잉주 총통이 타이완 음식 등의 판매 촉진을 위해 약 2,000만 파운드를 투자하며 시작되었다. 그 후 영국에서는 뒤에서 이야기할 '버블티 bubble tea(珍珠奶茶)'가 급속히 퍼지는 등 타이완 음식에 대한 인지도가 확실히 높아졌다. 한편, 파리에서도 2014년 9월 타이완 문화부가 9일간에 걸친 음식 축제를 주최했다. 이러한 타이완 정부의 문화 외교는 점점 타이완인 고유의 아이덴티티를 강조하였으며 타이완(중화민국)과 중국 대륙(중화인민공화국)의 구별을 지향하고 있다.

또한, 타이완은 2013년 3,420만 달러를 들여 타이완 식문화의 보급 촉진을 도모했다. 타이완 레스토랑의 해외 개업을 지원하고, 국내외에서 약 3,500곳의 타이완계 레스토랑을 개점시키고, 6,200만 달러에 가까운 민간투자를 유치한다는 계획이었다. 이를 통해 예컨대 미국 캘리포니아주 어바인에서는 카페 '85℃'가 인기를 끌었다고 한다.

이 밖에도 타이완 정부는 타이완계 레스토랑이나 타이완인 요리사의 훈련을 지원하고 조리 경연을 주최하는가 하면, 요리에 관한 싱크탱크를 창설하고 식품·관광 산업 제휴를 지원하는 네트워크를 구축했다. 또한, 타이완의 '예스夜市'(포장마차 거리) 투어도 지원했다.

참고로, 말레이시아 정부 역시 포장마차 거리를 미식 외교에 이용하고 있으며, 런던, 뉴욕, 로스앤젤레스에 포장마차 거리를 조성한 적이 있다.[68] 또한, 앞에서 이야기했듯이 2020년 말에는 싱가포르의 포장마차 거리인 호커 문화가 유네스코 무형문화유산에 등재되었다. 하지만 외국인이 보기에는 타이완, 싱가포르, 말레이시아의 포장마차 거리가 구별이 가지 않는 것이 사실이다.

버블티, 해외에서 타이완 식문화의 상징

마지막으로, 타이완의 먹거리를 대표할 정도로 해외에서 널리 알려진 버블티에 대해 살펴보자. 버블티는 알갱이가 큰 검은 타피오카 펄이 들어간 단맛의 밀크티로, 굵은 전용 빨대를 사용해 마시는 타이완의 음료이다. 타피오카 펄 특유의 쫀득쫀득한 식감을 즐길 수 있는, 타이완의 번화가에 늘어선 음료 가게의 대표적 메뉴이다.

1980년대 타이완의 노점에서는 빨대가 딸린 비닐봉지에 홍차를 담아 팔았다. 그 후에는 셰이커에 홍차와 얼음을 넣어 만드는, 당시로서는 근사했던 '파오모홍차泡沫紅茶'가 유행했으며, 간 얼음 등과 함께 파오모홍차의 토핑으로 쓰던 굵은 알갱이의 타피오카를 넣어 버블티가 탄생했을 것으로 추측된다.[69]

일본에서는 1990년대 타이완에서 온 신규 이민자가 경영하는 신주쿠新宿의 타이완 요리점 '긴핀吟品' 등이 일찌감치 버블티를 취급했다. 2000년 이후에 일본 아시아 항공의 방송 광고에 대대적으로 등장한 버블티는 롯데리아의 기간 한정 셰이크나 패밀리마트의 캠페인 상품으로 채용되기도 했으며, 하라주쿠原宿에서는 버블티를 내세운 패스트푸드점도 등장했다. 일본에서 급격히 인기를 얻은 버블티는 홍콩에서도 큰 주목을 받으며 수용되었고, 홍콩에서 화인 네트워크를 통해 말레이시아나 싱가포르 등 동남아시아로 전해지는가 하면, 중국 대륙, 한국, 미국에도 가게가 생겼다.[70]

근래에는 해외에 진출한 타이완 주요 외식 기업의 상위를 버블티 체인이 차지하며 타이완 외식 기업의 국제화를 특징짓고 있다. 나아가 이들 기업은 전부 중국 대륙에 대한 출점 집중도가 높으며, 타이완의 많은 외식 기업에게 국제화는 곧 중국 대륙 진출을 의미하는 상황이 되어 있다.[71] 그런가 하면 일본에서도 2020년 신종 코로나바이러스가 세계적으로 대유행하기 직전까지만 해도 세 번째 버블티 붐이 일어 요코하마 중화 거리에서부터 도쿄 도내의 상점가에 이르기까지 현지 자본의 가게가 급증해 있었다.

버블티는 중국의 차가 유럽으로 건너가 홍차가 된 후 타이완으로 역수입되어 검은 타피오카를 넣는 등 개량을 거쳐 다시 전 세계로 팔려나가고 있는 음료이며,[72] 우육면이나 딘타이펑의 샤오룽바오 등과 함께 외국인에게는 타이완 음식 문화를 상징하는 존재가 되어 있다.

요컨대 버블티는 외국으로부터 받아들인 것을 자국에서 개량, 발전시켜 탄생했다. 이는 타이완 문화의 특별한 장점으로 이해되며, 타이완인의 아이덴티티와 관련해서 논해지기도 한다. 외국 문화의 수용과 응용에 능한 것은 일본인만이 아니며, 타이완을 비롯한 아시아 여러 나라와 지역의 사람들 역시 자랑스럽게 여기고 있는 바다.

이 장에서는 식민지 당국이 일본의 황태자·황족이나 총리에게 대접한 '타이완 요리'에서부터 장제스가 위안산다판뎬에서 국빈에게 대접한 촨양 요리, 산시성 출신 창업자가 타이완에서 전 세계로 퍼트린 딘타이펑의 샤오룽바오에 이르기까지, 중국 대륙에서 비롯되어 타이완에서 꽃핀 요리를 소개했다.

또한, 제2차 세계대전 후 타이완의 서민 요리로 인기를 끈 '타이차이'에서부터 1980년대 타이완의 노점에서 탄생해 일본 등 아시아 국가나 미국으로 퍼져나간 버블티, 식재료나 메뉴로 '타이완 본토화'나 환경보호의 뜻을 표현한 21세기 타이완의 국가 연회 요리에 이르기까지, 타이완에서 비롯되어 타이완에서 꽃핀 음식도 살펴보았다.

이는 모두 각 시대의 타이완을 상징하는 음식 문화라 할 수 있다. 그리고 그 음식 문화의 변천은 일본의 식민지에서 중국 대륙 수복의 거점, 나아가 독자적인 국민적 아이덴티티를 지닌 지역으로 발전한 타이완 현대사의 궤적과 포개진다.

6장

두부의 세계사
—내셔널리즘에서 글로벌리즘으로

중국, 일본, 한반도, 베트남의 콩 식품

중국요리 가운데 세계적으로 가장 널리 퍼진 기본적 식품은 국수와 두부이다. 그중 국수에 관해서는, 기원전 중국에서 비롯한 그 기원에서부터 근현대 일본에서 라멘의 발전에 이르기까지 흥미로운 연구서가 여럿 존재하며,[1] 이 책에서는 4부에서 다룰 것이다. 이 장에서는 두부 및 콩 식품이 중국에서 탄생하고 발전하여 동아시아 및 서양에서 수용된 과정을 확인하고자 한다. 근래에는 전 세계의 인구 증가, 식량 부족, 환경 파괴에 대한 대책으로서, 낮은 가격에 단백질을 섭취할 수 있는 콩 식품에 대한 기대가 점점 높아지고 있다. 이러한 까닭으로, 두부나 콩의 세계사 관련해서 윌리엄 셔틀레프William Shurtleff와 아오야기 아키코靑柳明子나[2] 크리스틴 뒤부아

Christine Du Bois[3] 등에 의해 뛰어난 연구 성과가 발표되고 있다.

두부를 많이 섭취하는 중심 지역은 중국, 일본, 한반도, 베트남이다.[4] 특히, 두부를 비롯한 콩 식품이 일찌감치 동아시아에 퍼져 어느새 중국에서 유래되었다는 사실조차 잊힐 정도로 식생활에 깊이 스며들어 있었는데도, 근대 중국에서는 그것이 국가적 상징 national symbol이 되기도 했다는 사실을 살펴보고자 한다.

중국의 콩 식품으로는 '시豉'(콩을 소금에 절여 발효시킨 조미료)가 전한(기원전 206년~기원후 8년) 무렵에 쓰이기 시작했으며, '장醬'(된장과 간장의 원형으로 여겨짐)은 전한에서 송대 중엽에 걸쳐 주요한 조미료였다고 생각되고 있다.[5]

두부 제조법에 관해서는 한족이 북방 유목 민족의 우유·양유羊乳 제품 제조 방식을 모방했다는 설이 있다.[6] 명대에 이시진李時珍이 지은 『본초강목本草綱目』(1596년 간행, 1607년 하야시 라잔林羅山이 나가사키에서 입수하여 도쿠가와 이에야스德川家康에게 헌상한 바 있다)에 따르면, 전한을 세운 유방劉邦의 손자인 회남왕淮南王 유안劉安(기원전 179~기원전 122년, 『회남자淮南子』의 주 저자)이 두부를 발명했다. 그러나 두부는 10세기 오대 말 혹은 북송 초에 도곡陶穀이 쓴 『청이록淸異錄』에서 '소재양小宰羊'이라는 이름으로 비로소 문헌에 등장하며, 유안이 두부를 발명했다는 설은 전설에 불과하다고 여겨진다.[7] 나아가 유안으로부터 약 2세기 뒤인 후한의 고분(1959~60년에 허난성 미현密縣 다후팅打虎亭에서 발굴)에 그려진 그림을 두부의 원형이 되는 음식을 만드는 장면으로 보는 해석도 유력하다.[8]

또한, 한반도에서는 삼국시대(기원전 1세기~기원후 7세기) 고구려에서 이미 콩으로 발효 조미료(장)를 만들었다고 여겨진다. 하지만

1부. 중국요리의 형성—미식의 정치사

21세기에 들어, 고구려가 한민족의 독립국이었는지, 중국의 한 지방 정권이었는지를 놓고 한국과 중국 사이에서 '고구려 논쟁'이 격화되어 '장'의 발상지에 대한 논쟁으로까지 번졌다.[9]

한반도에서는 삼국시대로부터 몇 세기 지나지 않아 '간장'이나 '된장'이 발전했으며, 16세기 후반에 고추가 유입되자 17세기에 이르러 '고추장'도 만들어졌다고 여겨진다.[10]

일본에서는 헤이안 시대에 '장'이 현지화되어 콩뿐 아니라 종종 쌀누룩도 넣어 만드는 미소味噌가 만들어졌으며, 무로마치 시대에는 미소시루味噌汁[미소로 끓인 국]도 발전했다. 그런가 하면 가마쿠라 시대의 선승 가쿠신覺心은 남송 시대의 항저우에 유학하여 '긴잔지미소徑山寺味噌(金山寺味噌)' 제조법을 고향 기슈紀州 유아사湯淺에 전했으며, 긴잔지미소에서 스며나온 '다마리쇼유溜まり醬油'에서 간장(醬油)이 비롯되었다는 설이 있다. 한편, 미소에 비해 자가 양조가 어려운 간장은 16세기 무렵에야 퍼졌으며 에도 시대에는 사시미나 스시 등을 많이 찍어 먹었다.[11]

또한, 두부는 일본에 8세기 무렵 유학승이나 귀화승이 전래했다고 여겨진다.[12] 오늘날에 이르기까지 일본 이외의 나라에서 두부를 전문으로 하는 고급 요리점은 찾아볼 수 없으며 일본은 두부 요리를 독자적으로 발전시켜왔다고 할 수 있다.

베트남에는 '장'이 기원전 중국에서 만들어진 직후에 전해졌다는 설이 있다.[13] 그리고 두부는 5세기[14] 혹은 10~11세기쯤 베트남에 전해졌다는 설 등이 있다. 10~11세기는 베트남에서 불교가 가장 흥했던 시기로, 중국의 송나라와 송나라가 책봉한 베트남의 리李 왕조 간 불교 교류에 따라 두부가 전해졌다고도 생각되고 있다.

베트남의 문헌 사료에는 18세기에야 콩이나 두부가 등장한다. 레黎 왕조 후기의 관리·학자인 레꾸이돈黎貴惇, Lê Quý Đôn(1726~84년)의 『번다이로아이응으蕓臺類語, Vân đài loại ngữ』(1773년)에서 '콩' 과 '두부'를 찾아볼 수 있다.[15] 그리고 저명한 의사인 레흐우짝黎有晫, Lê Hữu Trác(1720~91년)의 『느꽁탕람女功勝覽, Nữ công thắng lãm』 (1760년)에도 '더우나인豆@@, Đậu nành'(두부)에 대한 서술이 등장한다. 『느꽁탕람』의 쯔놈字喃(베트남어의 한자 표기) 원전을 입수하지 못해 직접 살필 수는 없었지만, 레흐우짝은 두부 제조법이나 두부를 사용한 채소 요리, 그리고 두부의 다양한 효용(부상에서의 회복, 여성 미용, 해독 작용 등)을 소개하고 있다고 한다. 이러한 기술들로 보아, 베트남에서는 18세기경에 두부가 일반적 음식이 되었다고 생각된다.[16]

인도네시아의 템페

콩 식품은 인도네시아제도에도 전해져 그곳에서 독자적 진화를 이루었다. 1293년 자바 원정에 나선 몽골제국(원나라) 군대가 격퇴당한 뒤 마자파힛 왕국(1293~1527년?)이 세워졌다. 이때 원나라 군대에서 달아나 자바에 정착한 화인 병사 등이 인도네시아제도에 두부 제조법을 전했다고 여겨진다.

또한 17세기에 이미 수마트라에 콩이 전해져 있었다는 사실이 영국인 탐험가나 식민자의 기록에 남아 있다. 네덜란드령 동인도의 시대(1609~1949년), 특히 1825~30년 자바 전쟁 때 반反식민지 운동

1부. 중국요리의 형성―미식의 정치사

이 진압되었는데, 그 후 네덜란드 제국은 식민지에서 담배, 차, 커피 플랜테이션을 도입하는 한편, 쌀이나 콩 등 일상적으로 식용하는 작물의 재배는 가벼이 여겼다.[17]

오늘날 인도네시아에서 가장 대표적인 콩 식품은 두부가 아니라 콩 등을 템페균(리조푸스 곰팡이)으로 발효시킨 '템페tempe'(그림 1-27)이다. 1814년 자바어로 쓰인 고전적 설화·교훈집 『스랏 첸티니 Serat Centhini』는 템페를 영양 식품이라고 기술하고 있다.[18] 영국 동인도회사의 T. 래플스Thomas Raffles(싱가포르의 창건자)가 자바섬의 식민지 경영을 맡고 있던 짧은 시기(1811~16년)가 바로 그때였다. 그 후 19세기 말에 이르러 네덜란드령 동인도는 유럽인과 현지인을 공적으로 구분하는 법제를 정비해나갔다. 이에 따라, 네덜란드인 가정에서는 유럽과 현지의 음식을 구별하여 템페를 먹지 않게 되었다. 그러나 어린이들은 부모의 눈을 피해 와룽warung(매점)에서 템페를 사 먹었다고 한다.

1949년 인도네시아의 독립을 달성한 수카르노Sukarno 대통령은 "템페의 나라가 되어서는 안 된다", 즉 템페 같은 값싸고 평범한 것을 먹고 살아가는 국민이 되어서는 안 된다고 되풀이하여 이야기했다. 수카르노의 사고방식은 토착 식품인 템페를 먹어서는 안 된다고 한 식민지 지배자층의 그것을 이어받은 것이었다.[19]

그러나 1968년 수하르토Soeharto 정권이 탄생한 뒤 1970년대부터는 인도네시아 교육부가 템페 제조의 전국적 확대를 목적으로 인도네시아어와 각 지방의 방언으로 쓰인 소책자를 배포하기 시작했다. 이러한 교육적 노력은 별로 효과가 없었지만, 훗날 단백질 부족을 겪는 사람들이 많은 도서 지방에 두부나 템페 제조자를 파견

1-27 템페(자카르타)

해서 성과를 거두었다. 그리고 1997년 아시아 금융 위기로 인한 경제 불황의 시기에는 고기의 소비가 줄었으며 콩 식품이 단백질 부족을 보충했다.

인도네시아 가정에서는 화인의 것이라는 이미지가 있는 두부보다는 템페가 좀 더 널리 보급되어 있다.[20] 템페는 빈부 격차 없이 널리 섭취된 덕에 2000년대에는 '민주적'이라고 재평가되었다.[21] 또한, 템페는 대통령 관저의 파티에서도 나라를 대표하는 먹거리로 상에 올랐다.[22]

2017년 템페는 인도네시아의 무형문화유산에 포함되어 유네스코 무형문화유산 등재도 노리고 있다.[23] 한편, 말레이시아 국가문물부Jabatan Warisan Negara, National Heritage Department 공식 사이트에

게재된 무형문화유산 목록에도 역시 템페가 포함되어 있다.[24]

근대 중국의 채식주의를 뒷받침한 콩 식품과 내셔널리즘

중국 북방(화베이華北)의 콩은 대두박 비료로 양쯔강 하류 유역의 목화 재배에 이용되어왔다. 그러나 1840년대부터는 저장, 광둥, 푸젠의 사탕수수 재배에 가장 많이 쓰였으며, 1890년경부터는 공업용 재료(비누나 인쇄 잉크 등)나 비료로 수요가 늘어난 일본으로 가장 많이 수출되었다.[25]

유럽에서는 19세기 후반부터 프랑스의 순화협회Societé Zoologique d'Acclimatation나 오스트리아 왕립농업학교의 프리드리히 하버란트Friedrich J. Haberlandt 등을 중심으로 콩을 식품, 기름, 사료로 이용하기 위한 연구가 진행되었다.[26] 젊은 시절의 리스청李石曾(1881~1973년, 고궁박물원장 등을 역임)은 20세기 초 파리에서 생물학을 배우며 무정부주의에 경도되어 있었는데, 만주에서 유럽으로 콩 수출이 늘어난 때를 틈타 장사를 하여 이익을 보았다.

리스청은 1909년 파리 교외에서 두부·두유나 그 밖의 콩 제품(소스, 면, 비스킷, 케이크, 오일, 빵, 스프레드)을 만드는 공장을 창업하여 제1차 세계대전 후 불황에 직면하게 되는 1921년까지 조업을 계속했다. 1910년 영국에서 '식물성 우유vegetable milk 및 콩을 이용한 그 파생물'에 관한 특허를 신청하기도 한 그는 채식('素食')주의를 주창하며 식물로부터 '우유'를 제조하는 중국의 방법을 열성적으로 소개했다.[27] 하지만 리스청은 당시 쑨원이 조직한 중국동맹회의 파리 대표로서 주로 활동했으며, 두부 회사는 혁명의 위장막일 뿐 실제로 두부 제조·판매는 이뤄지지 않았다는 설도 있다.[28]

나아가 리스청은 1910년 상하이에서 채식주의자 외교관 오정방과 함께 중국 최초의 채식주의 단체인 '신식위생회愼食衛生會'를 창설했으며, 아마 그보다 먼저 상하이 프랑스 조계의 어느 호텔 한편에 채식주의를 시도한 서양 요리점 '미차이리蜜菜里'를 열었던 것 같다. '미차이리'의 시도는 파리의 두부 회사와 마찬가지로 지나치게 급진적이었던 나머지 단명으로 끝났다. 그러나 1922년 상하이에서 '궁더린功德林'이 문을 열어 불교 정진 요리 가게로서 이름을 떨치기에 앞서 중국인에 의한 채식주의 서양 요리점이 존재했다는 사실은 무척 흥미롭다.[29]

1920년대에 이르러 유럽에서는 채식주의가 진보적, 과학적, 위생적 관행으로 여겨졌다. 한편, 아시아에서 채식주의는 1880년대 말 런던에 머무른 뒤로 채식주의자가 된 간디Mohandas Gandhi의 경우처럼 내셔널리즘과도 관계가 있는 관행이었다.

상하이에서는 1917~18년 『동방잡지東方雜誌』 지상에서 이 잡지의 편자인 장시천章錫琛이나 후위즈胡愈之, 기상학자 주커전竺可楨 등이 국외의 논설을 소개하며 채식주의를 주창했다. 그들은 육식은 생활비를 늘리며 가난한 사람들로부터 값싸고 건강한 먹거리를 생산하는 토지를 빼앗는 것이라 비판했다. 1917년에는 베이징 대학의 학생이 채식 식당 개설을 요구하는 공개 서장을 제출하여 교장 차이위안페이蔡元培(1868~1940년, 학술의 자유를 옹호하였으며 신문화 운동에도 관여했다)가 이에 긍정적으로 회답한 일이 있었다.[30]

그리고 홍콩에서 서양 의학을 배우고 마카오와 광저우에서 의사

　　　　　1부. 중국요리의 형성—미식의 정치사

로 일한 적이 있는 쑨원은 1919년 공표한 『건국방략』 속에서 두부를 중국의 국민 음식 자리에 앉혔다. 요컨대 쑨원에 따르면 "중국의 소식자素食者[채식주의자]는 반드시 두부를 먹는다. 두부는 실은 식물 속의 육류로, 육류의 효용은 있어도 육류의 독은 없어 중국 전역에서 소식素食하는 자들 모두가 [두부를] 늘 먹고 있는 것이며 이는 [서양] 학자의 주장을 기다릴 필요도 없는 일이다."[31]

그러나 중국에서는 1920년대 말에 반채식주의가 대두하여 채식주의는 내리막길을 걸었다. 1927년 생물화학자이자 영양학자인 우셴吳憲은 「영양에 관한 현대 지식에 비춰본 중국의 음식」이라는 영향력 있는 논문을 발표했다. 이 논문에 따르면, 중국 음식에 포함된 동물성 단백질의 양은 서양 여러 나라는 물론이고 일본보다도 적어(단, 조선보다는 많다) 부적당했다.[32] 우셴을 비롯한 영양학자들은 콩을 동물 유래 단백질의 대용품으로 삼는 것에 회의적이었으며, 달걀의 소비를 늘리고 우유와 버터의 사용을 장려했다.

그럼에도 불구하고 당시의 경제 상황에서 동물성 단백질의 섭취는 현실적이지 않아서 콩 및 콩 제품의 사용이 권장되었다. 그리고 중국의 영양학자나 생리학자 등은 종래의 '더우장豆漿'(물에 불린 콩을 간 것)을 근대적이고 질이 좋은 두유('豆奶' '豆乳')로 탈바꿈시키는 실험에 나섰다.[33]

1928년부터 생리학자 주선즈祝愼之, Ernset Tso 등이 영아에게 모유나 우유 대신 두유를 먹였을 때의 효용에 관한 연구 성과를 발표했다. 나아가 1933년에는 난징시 정부가 영양실조에 걸린 유아들에게 두유를 배포하는 시험적 계획을 실행했다. 1934년 상하이시 정부의 조사에 따르면, 공동 조계 주변에는 15곳 이상의 두유 공장이 있었다. 또한, 중일전쟁 발발 이전 상하이에서는 제칠일안식일예수재림교회Seventh-day Adventist Church의 의료 선교사인 해리 밀러Harry Miller가 두유의 개발과 보급에 크게 공헌했다.

1937년 11월부터 이듬해 3월에 걸쳐 상하이 난민아동영양위원회는 두유와 '더우자빙豆渣餠'(콩깻묵으로 만든 과자)을 1만~1만 5,000명가량의 난민 아동에게 배포했다. 1930년대 말에 두유 광고는 그 주된 수익자로 어린이를 중시하였다. 1937년 일본군이 중국을 침공하자, 미국의 사업가 줄리언 아놀드Julean Arnold는 중국 사람들의 영양 보급에 두유를 이용하기 위한 지원 활동을 펼쳤다. 또한, 캐나다 화인 상인의 아들이었던 의사 천다밍陳達明(Harry Chan)은 1939년 자신이 개발한 제조법으로 만든 두유를 '가이나이성잉양펀鈣奶生營養粉'이라는 이름으로 상하이에서 발매했다.

그들은 콩을 '중국의 젖소Cow of China'라고 불렀다. 20세기 전반에 두유는 과학적인 것으로 인식되면서, 중국의 발전을 상징하는 것으로서 취급되었다. 그러나 오늘날에는 두유를 비롯한 콩 제품을 중국의 내셔널리즘과 관련짓는 논의를 거의 찾아볼 수 없다.[34] 그렇지만 중국에서는 현재도 두유의 종류가 우유에 비해 훨씬 다양하다.

또 한 가지 중요한 콩 식품으로는 간장이 있다. 깃코만龜甲萬의 간장은 아지노모토나 진탄仁丹[구중청량제 은단의 상표명]과 함께 근대 중국에서 판로를 넓힌 일본제 식품이었다. 일본 간장의 양조는 만주에서 러일전쟁 중에 군수를 충족시키기 위해 시작되었으며, 전쟁 후에는 그 기재가 재류 일본인에게 불하되었다. 만주는 콩의 산지로, 일본인들은 현지에서 낮은 비용으로 일본 간장을 생산할 수

있었으며, 그중 비교적 품질이 떨어지는 것은 가격 면에서 중국 간장에 대해 경쟁력을 갖추고 있어 중국의 고급 중국요리점이나 중·상류 가정에 보급되었다. 1930~40년대에는 깃코만(노다野田 간장)이나 야마사ヤマサ 같은 대형 양조업자도 만주에 진출하여 현지 생산을 개시했다.

그러나 중국 간장의 주산지인 장강 이남 지역에서는 중국 간장의 상등품이 일본인도 사용할 수 있을 만큼 품질이 좋고 가격도 일본 간장의 절반 이하이어서 일본 간장은 판로를 확대할 수 없었다. 중국 간장은 중국 시장 및 (다음으로 이야기할) 세계 시장에서 제2차 세계대전기까지는 일본 간장과의 경쟁에서 완전히 우위에 서 있었다.[35]

간장에서 대체육까지, 서양으로 퍼져나가는 콩 식품

서양인이 일본이나 중국에서 콩을 접한 기록은 16세기 말부터 존재하지만, 콩이 실제로 서양에 전해진 것은 18세기에 들어서였다. 1739년 중국에 체류하던 프랑스인 선교사가 파리식물원으로 콩 종자를 보내자 식물원에서 이를 재배한 것이다.[36]

북미 최초의 콩은 1765년 조지아 식민지에 심겼다.[37] 그리고 1770년 벤저민 프랭클린Benjamin Franklin(1706~90년, 정치가·물리학자)이 친구 존 버트럼John Bartram(1699~1777년, '미국 식물학의 아버지'라 평가받는다)에게 보낸 편지는 어떻게 하면 콩에서 치즈가 만들어지는지 설명하고 있다. 중국의 발명품인 두부가 이 무렵 이미 미국의 식민자에게까지 전해져 있었던 것으로 보인다.[38] 그렇지만 북미의 농가나 과학자들 사이에서 콩 재배는 19세기 말까지 줄곧 관심 밖이었다.

그런가 하면 간장은 18세기에 이르러 네덜란드 상인에 의해 일본에서 유럽 각지로 전해졌다. 19세기에는 일본의 간장이 유럽에서 선풍적 인기를 얻어 수출량이 늘어났다. 그러나 유럽에서는 간장을 사용하는 주된 목적이 어디까지나 소스에 섞어 맛을 돋우는 데 있어서, 값비싼 일본 간장 대신 품질은 떨어져도 값이 싼 중국 간장이 쓰였다. 나아가 인도네시아산 간장인 '케찹kecap'이 일본 간장과 비슷한 용기에 담겨 일본 간장으로서 낮은 가격에 팔렸다. 그 결과, 일본 간장은 메이지 초기에 이미 유럽 시장에서 내몰릴 지경에 이르렀다. 이렇게 해서 일본어 '쇼유しょうゆ(sooyu)'에서 전화轉化된 네덜란드어 '소야soya'는 일본의 간장 및 그 원료인 콩이 아니라 주로 중국 간장을 의미하게 되었다.[39]

참고로, 1837년 영국에서 제조·판매되기 시작한 우스터소스worcestershire sauce에도 간장이 사용된다. 이는 간장이 서양에서 상업적으로 이용된 가장 이른 시기의 사례이다.[40]

그런가 하면 청일전쟁(1894~95년) 후 극동에서 콩 무역이 확대되자 1898년 미국 농무부는 신종 콩을 재배하기 시작했다. 또한, 러일전쟁(1904~05년)은 만주(중국 동북부)의 콩 권익을 둘러싼 전쟁이기도 했다. 이 전쟁을 기점으로 세계경제에서 콩의 중요성이 커졌으며, 일본은 기름과 비누의 원료로서 만주산 콩을 유럽으로 수출하였다. 그러나 제1차 세계대전(1914~18년) 중에는 유럽의 기름 부족 속에서 미국산 콩이 품질이 나쁜 만주 콩을 제치고 시장을 확대했다.

미국에서 콩 재배와 콩 연구가 활기를 띠게 된 것은 20세기 이후의 일이다. 특히 제1차 세계대전 중에는 농무부나 군이 미국인의 입맛에 맞는 콩 식품을 연구했다. 그러한 가운데 미국의 의과대학을 졸업한 중국의 여성 의사 금아매(1864~1934년)가 연구의 선도나 계몽 활동에서 중요한 역할을 수행하여 1917년 1월 〈뉴욕 타임스〉

1-28 〈뉴욕 타임스〉에 게재된 금아매의 초상(1917년)

가 이를 특필하였다[41](그림 1-28). 또한, 포드사는 자동차 산업 외에 '농산화학' 분야에서 혁신적 사업을 펼쳐 1930년대에는 대체육, 섬유, 플라스틱 등 콩의 독창적 사용 방법을 고안해냈다.

제2차 세계대전이 한창이던 1942년에는 미국의 콩 생산량이 마침내 만주를 넘어섰다. 미국산 콩은 콩기름, 군용 식량(K-ration), 마카로니, 마가린 등의 원료로 사용되었다. 제2차 세계대전 중에는 육류의 상당 부분이 병사의 식료로 쓰여서 미국 농가에는 콩 증산이, 시민에게는 더 많은 콩 섭취가 요구되었다. 1943년에는 전국의 슈퍼마켓에 콩가루가 진열되었으며, 콩은 고기나 쿠키의 양을 늘리는 효과로 인기를 얻었다.

제2차 세계대전이 끝나자 콩 단백질은 위세를 잃고 콩을 사용한 가공식품의 소비는 줄어들었으며 콩깻묵은 식용에서 사료용으로 바뀌었다. 그러나 1970년대 후반부터 왕성해진 뉴에이지 운동New Age Movement(신비주의적 자기 계발 운동)은 개인이나 인류에게 도덕적으로 옳은, 순수한 음식으로 다시금 콩에 주목했다. 또한, 아시아계 이민자의 증가나 건강·의학의 견지에서도 콩에 대한 관심이 높아져 미국에서 콩 식품 소비는 점차 회복세를 보였다.

1970년대에는 미국 전역에 테이크아웃 프라이드치킨 가게가 많이 생겨, 그 재료인 닭에게는 콩을 먹이고 닭을 튀기는 데는 대량의 콩기름을 사용해 콩의 수요가 크게 늘어났다.[42]

또한, 그 무렵부터는 브라질이나 아르헨티나가 콩 생산에서 미국과 경합을 벌였다. 2020년에는 이 세 나라가 전 세계 콩 생산량의 약 80퍼센트를 차지했으며, 브라질은 미국을 제치고 세계에서 제일가는 콩 생산국이 되었다. 그러나 브라질에서는 콩 대부분이 착유搾油나 닭의 사료에 쓰이고 있으며, 두부나 콩 식품은 일본계나 화인들이 먹기는 해도 브라질 요리의 일부를 이루고 있지는 않다.[43] 참고로 미국 농무부의 통계에 따르면, 인구 한 명당 콩 소비량을 어림잡으면 파라과이, 아르헨티나, 브라질이 최다 그룹에 속하며, 중국은 미국보다 적고 일본은 중국보다도 적다.[44]

중국에는 기원전으로 거슬러 올라가는 '쑤차이素菜'(콩을 비롯한 식물 및 균류로 만드는 요리)의 오랜 역사가 있다. 그리고 근래에는 미국, 일본, 타이완 등지에서 대두나 완두콩 등을 원료로 하는 고품질 '대체육'의 개발과 시장 확대가 가속화되고 있다. 이 장에서 그

1부. 중국요리의 형성—미식의 정치사

초기 과정을 살펴본 바 있는 콩 식품의 세계화는 요리의 국적이나 장르를 넘어 향후 더욱 진척될 것으로 보인다. 다만, 보다 맛있는 콩 식품의 생산과 소비 방식이 안전, 환경, 빈곤에 한층 신경을 써야 한다는 바람도 존재한다.

콩이나 콩 식품은 중국에서 동아시아와 서양으로 퍼져나가 음식의 세계화를 촉진해왔다. 청말민국기에는 콩이나 콩 식품이 중국의 것으로서 자국 식문화에 대한 긍지나 민족의식을 고취하고는 했다. 그러나 오늘날 중국 안팎에서 콩 식품이 중국에서 유래된 것이라는 강한 의식을 찾아보기는 힘들다.

중국의 지방 요리가 보급되는 과정 역시 이와 마찬가지이다. 국외에서는 중국의 요리가 화인에 대한 반감이나 배척이 고조되면서 곤경에 처하고는 했다. 그러나 더욱 중요한 것은 중국의 요리가 중국 내셔널리즘에서 벗어나 중국의 것으로 의식되지 않게 되었으며, 오히려 현지국에서 내셔널리즘이 고양되는 가운데 개량, 보급되어 외국 요리의 일부가 된 경우도 많았다는 사실이다. 이어지는 2부와 3부에서는 이러한 두 측면을 살펴보고자 한다.

2부

아시아 여러 나라의
내셔널리즘과 중국요리

1장

싱가포르와 말레이시아
─하이난 치킨라이스, 호커, 뇨냐 요리

동남아시아의 중국요리─중국 각 지방 요리의 현지화

세계 각지의 차이나타운에서 현지 조사를 수행한 인문지리학자 야마시타 기요미山下淸海에 따르면, 중국요리는 화인이 타국에 지역 사회를 형성해나갈 때 최대의 '무기' 혹은 '자원'이 된다. 그리고 일본 요리와는 다른 중국요리의 강점은 이주지의 식재료를 이용하여 손쉽게 현지화되고 현지 사람들의 입맛을 사로잡아 대중화되는 것이라고 한다. 야마시타는 인도의 커리나 중동의 케밥 역시 해외에서 '범용성'이 높은 음식이지만, 중국요리만큼 현지의 재료를 써서 현지 사람들의 기호에 따라 조리되는 적응력을 갖춰 이주지에서 널리 사랑받는 음식은 존재하지 않는다며 세계 각지에 나타난 중국요리의 확산을 높이 평가하고 있다.[1]

야마시타의 견해에는 나 역시 이의가 없다. 나는 세계 여러 나라의 요리 가운데 중국요리의 가장 두드러진 특색은, 많은 나라에서 현지 사회에 적응하여 각 나라 사람들의 식생활에 깊이 스며들고 나아가 외국 요리나 에스닉 요리의 범주를 넘어 현지국의 국민음식이 된 경우가 많았다는 점에 있다고 생각한다. 널리 세계를 조망하자면, 중국요리는 (중국 대륙과 타이완을 제외하고) 특히 동남아시아, 일본·한국, 구미에서 독자적 진화를 이뤘으며, 이에 더해 페루나 인도 등지에서도 독자적 발전을 이뤘다.

중국요리는 어떻게 이렇게나 큰 세계적 영향력을 지닐 수 있었을까? 첫째로, 100도 이하의 물로 익혀 재료에서 맛을 끌어내는 것이 기본인 일본 요리 등과 비교하면 200~300도의 기름으로 볶거나 튀기고 조미료를 통해 외부적으로 맛을 주입하는 것이 기본인 중국요리 쪽이 미지의 현지 식재료에 대응하기 쉬웠다는 점을 들수 있다.

둘째로, 중국계 이민자의 많은 인구와 오랜 역사를 들 수 있다. 각종 통계에 따르면, 중국 국외의 화인 인구는 약 4,000만~6,000만 명까지 다양하게 추산되며 그중 70~80퍼센트가 동남아시아에 살고 있다고 여겨진다.[2] 특히, 많은 중국인이 국외로 떠난 19세기 후반 이후에는 먼저 이민한 동족·동향자를 연고로 하여 이민하는 연쇄 이민chain migration이 늘었다.

예컨대 광둥인, 하이난인, 하카는 동남아시아 전역으로 이민했으며, 푸젠인(민난인)은 말레이시아, 싱가포르, 인도네시아, 필리핀으로, 차오저우潮州인은 태국, 라오스, 캄보디아로, 윈난인은 태국, 미얀마로 이민한 경우가 많았다.[3] 이렇게 동남아시아에서는 중국의 서로 다른 지방 요리가 각지로 전해져 각기 현지화를 거치며 발전하여 중국요리와 이에 영향을 받은 현지 요리가 다양화되었다.[4]

이러한 까닭으로 동남아시아에서는 중국요리와 현지 요리를 구별하기 쉽지 않은 경우가 많다. 동남아시아의 부엌에서는 양쪽에 손잡이가 달린 중화 팬이 만능 요리 팬으로 널리 쓰이고 있으며, 조리용 칼도 직사각형 칼날을 가진 중국식이 보통이다.[5] 동남아시아 각지에서 일반적인 두부, 면 요리, 볶는 조리법, 닭·오리·돼지고기와 백미를 함께 먹는 요리 등은 중국요리의 영향을 받은 것이다.[6] 다만, 중국과 달리 동남아시아에서는 밀이 생산되지 않아 쌀국수가 많다.

또한, 동남아시아 도시에는 화인이 많이 살고 있어서 현지의 화인을 고객으로 하여 중국요리를 상품화할 수 있었으며, 중국요리가 어느 정도는 원형을 지키며 각지에서 받아들여졌다. 이에 비해 미국의 중국요리점은 당초부터 화인 이외의 지역민을 고객으로 삼아서 촙수이 등 중국에는 존재하지 않는 미국화된 중국요리를 많이 내게 되었다.[7]

이 장에서는 우선 동남아시아 중국요리의 중심지라 할 수 있는 싱가포르와 그 이웃 국가인 말레이시아의 상황을 살피고, '싱가포르 요리'나 '말레이시아 요리'는 어떻게 형성되었으며 그 과정에서 중국요리가 어떻게 자리매김했는지 밝히고자 한다.

싱가포르의 식민지화와 중국 지방 요리

싱가포르(원래 이름은 '테마섹Temasek')는 13~15세기에는 무역항으로서 번영을 구가했지만, 영국 동인도회사의 진출에 따라 18세기 말에 이르러서는 중세의 번영은 온데간데없이 작은 어촌과 다르지 않게 되었다.[8] 1819년 영국 동인도회사의 T. 래플스가 조호르 왕국(1528~1957년)의 내분을 틈타 싱가포르섬(당시는 '싱가푸라Singapura')을 사들여 요새와 상관을 건설하고 자유무역항을 선언했다. 1824년에는 영英제국이 싱가포르의 주권 및 영유권을 획득했으며, 1826년에는 피낭·믈라카·싱가포르로 이루어진 해협식민지를 성립시켰다. 해협식민지는 인도 벵골 총독부의 관할이었지만, 1867년 영국 식민성으로 이관되었다.

그리고 1887년 싱가포르에 래플스 호텔이 창건되었다. 이곳에서는 1889년부터 '티핀 룸Tiffin Room'('티핀'은 점심 식사를 뜻하는 남아시아어)에서 치킨커리 등 경식을 제공하였으며, 1915년부터는 호텔 내 '롱 바Long Bar'에서 달콤한 맛의 칵테일 '싱가포르 슬링Singapore Sling'을 만들어 파는 등[9] 현재도 싱가포르 관광의 인기 상품인 세계적으로 유명한 음식물의 발상지가 되었다.

1820년대 말레이반도에서는 주석[쉽게 녹아 널리 쓰이는 금속] 열풍이 불어 약 1만 2,000명의 화인 광부가 반도 전역으로 건너왔으며, 1860년경에는 그 수가 10만 명 정도로 불어났다. 이에 1830년대까지만 해도 말레이인이 인구의 다수를 차지하던 싱가포르에서 1840년대부터는 화인이 지배적이 되어 인구 과반수를 넘기게 된다. 1844년 영국은 해협식민지에서 태어난 사람들은 영국의 신민이며 이들에게는 영국의 보호권이 미친다고 선언했다. 이에 대항하려고 청나라는 이곳의 중국계 사람들을 일단 '화민華民' '인민' '상민商民'과 같은 이름으로 칭하며 이들이 청나라의 신민이라고 주장하기 시작했다. 이때 화인은 사실상 청나라의 공인을 받게 된다.

나아가 청나라는 1868년 영사 파견을 결정하고 1877년부터 파견을 개시했다. 1909년 청나라가 제정한 '대청국적조례大淸國籍條例'는, 부계혈통주의를 바탕으로 하여 부모 중 한 사람이 중국 국적인 경우에 그 자녀는 자동으로 중국의 신민이 된다고 하였으며 복수국적을 부정하지 않았다. 참고로, 혈통주의와 복수국적 용인은 1929년 국민정부가 제정한 '중화민국국적법'에서도 계승되었다. 그러다 마침내 1950년대 중반부터 중화인민공화국이 동남아시아 여러 나라와의 우호를 위해 방침을 바꿔 1980년에 제정된 '중화인민공화국국적법'은 복수국적이 인정되지 않음을 비로소 명기하고 있다.[10]

청말에 나타난 중국의 재생·재건을 향한 여론은 입헌파와 혁명파를 불문하고 한족을 중핵으로 하는 국민국가 형성을 지향했으며, 두 파 모두 화인의 존재를 재평가하여 '애국화교'의 재정적, 정신적 지원을 중시했다. '멸만흥한滅滿興漢(한족 정권의 부흥)을 호소한 쑨원은 흥중회興中會를 조직하였으며, 광저우에서 봉기가 실패로 돌아간 뒤에 흥중회 간부 유례尤烈가 싱가포르로 건너가 보황파保皇派 캉유웨이康有爲 일파의 세력을 제압했다. 쑨원은 먼저 일본으로, 그다음에는 하와이로 도피하여, 1905년 도쿄에서 중국동맹회를, 이듬해에는 싱가포르에서 그 분회를 만들었다.

싱가포르에서는 19세기 말부터 '화교'라는 집단을 영어 '네이션

nation'이라는 근대적 관념을 통해 이해하는 현지의 화인 지식인층이 출현했다. 1919년 쑨원은 중국국민당을 결성하여 싱가포르·말레이반도의 화인과 관계를 구축해나갔으며, 1949년 중화인민공화국 수립 후에는 그 관계가 타이완의 국민당 정권으로 이어졌다. 그런가 하면 싱가포르의 대부호 천자경陳嘉庚이 중국 대륙으로 귀향하여 베이징에서 인민정치협상회의 부주석 등을 지낸 것처럼, 공산당 정권에 가세하는 화인도 다수 존재했다.[11]

1932년 간행된 화인을 위한 싱가포르 입문서 한 권은 요리를 둘러싼 20세기 전반 싱가포르의 상황을 이야기하며 싱가포르의 주루(중국요리점)에서는 차오저우, 광둥, 푸젠, 하이난섬, 말레이의 요리를 먹을 수 있다고 쓰고 있다.[12] 또한 1940년대 어느 일본인의 회상에 따르면, 싱가포르 근방에 거류하던 일본인 중에는 말레이 요리가 아닌 중국요리('支那料理')를 먹으러 가는 사람이 많았다. 싱가포르의 중국요리는 식재료 조달이 여의치 않아서 고급스럽다고 할 수는 없었지만, 제비집, 게, 새우 등은 풍부하여 비교적 싼값에 배불리 먹을 수 있었다. 또한, '대중적 지나支那 국숫집'이 어디에서나 성업이었으며 그 대다수는 광둥계였지만, 나가사키 근방 출신자들은 호키엔미福建麺('福建餛飩')['푸젠 국수'라는 뜻으로, 말레이시아와 싱가포르에서 흔히 먹는 면 요리이다]를 각별히 좋아했다.[13]

또한, 근래에는 하이난 치킨라이스, 카야토스트, 삼수이 진저치킨 등이 향수를 자극하는 음식으로서 상품화되어 싱가포르를 대표하는 요리가 되었는데, 이 음식들의 기원 역시 뒤에서 이야기하듯이 이 무렵으로 거슬러 올라간다. 싱가포르의 국민 음식이라 할 만한 이 요리들이 하나같이 고급 요리가 아닌 부담 없는 서민 음식인 것은, 이 음식들이 원래 이민자가 경영하는 자영 소점포에서 이민노동자들이 먹던 것이기 때문이다.

싱가포르와 제2차 세계대전, 그리고 탈식민지화

한편, 1930년대에는 세계적 불황의 여파와 영국 식민지 정청의 일관성 없는 농민 정책으로 인해 화인이 농촌에 들어가 말레이인과 반목하게 되었다. 나아가 1941년 말부터 말레이반도에 진격한 일본군이 저항을 억누르려고 도회에 사는 화인을 농촌으로 몰아낸 탓에 말레이인과 화인 사이에 긴장이 조성되었다. 1942년 2월 싱가포르의 영국군이 전면 항복하자, 일본군은 민족별 통치 정책을 이용해 반영反英에 요긴한 존재로 말레이인 좌파를 중시하면서 항일 화인의 단속과 강제 노동 징용에 말레이인 관리官吏를 활용했다. 그 때문에 두 민족 사이에 적대감이 자라나 이 또한 말레이인과 화인의 민족 간 알력의 한 가지 요인이 되었다.

1945년 8월 일본이 전쟁에서 패하자 말레이반도는 다시 영국의 통치하에 들어갔다. 그러나 말라야 공산당(1930년 결성)은 일본 점령기의 항일 게릴라전을 통해 화인 사회에 강한 기반을 다지고 있었으며, 1948년부터는 영국으로부터 독립을 요구하며 무장투쟁을 개시했다. 항일운동이나 공산 세력을 지지한 화인의 과거는 훗날 중국 대륙의 공산당 정권과 호응하여 현지에서 혁명운동을 일으키는 건 아닐까 하고 의심을 사는 요인이 되었으며, 그럼으로써 그동안 억압받던 화인의 현지화가 촉진되었다.[14]

말레이반도에서는 제2차 세계대전 중 영국이 일본의 진격을 방위하는 데 실패하면서 전후에는 더 이상 옛 질서 속으로 되돌아갈 수 없다고 생각하게 되었으며, 국가로서의 독립이 이전보다 한층 중요한 정치 문제가 되었다.[15] 1946년 영국 아래에 '말라야 연합Malaya Union'이 수립되어 그 헌법은 종족의 구별 없이 시민권을 부여했다. '말레이인의 말라야'를 주장하던 말레이인은 이에 대해 불만을 품고 같은 해에 '통일말레이국민조직United Malays National Organization(약칭 UMNO)'이라는 단체를 결성했다. 이 단체는 복합민족국가 건설을 표방했지만 실제로는 화인의 시민권을 제한하려고 했다.

1948년 영국은 말라야 연합을 해체시키고 말레이 각 주州의 상징적 군주(술탄)의 지위를 회복시켜 말레이인에게 선주민의 특권을 인정하는 '말라야 연방Federation of Malaya'을 수립시켰다. 그리고 1957년 말라야 연방이 영국으로부터 독립하여 UMNO가 주도권을 쥔 형태로 말레이인·화인·인도인 등 세 민족의 정당이 연립하여 정권을 맡았다. 나아가 1963년에는 말라야 연방에 과거 영국령이었던 싱가포르·사바Sabah·사라왁Sarawak을 더한 '말레이시아 연방'이 수립되었지만, 1965년 싱가포르가 분리 독립하였다.[16]

탈식민지화 시대 싱가포르의 서양 요리와 중국요리

이처럼 제2차 세계대전 후 말레이반도가 영국으로부터 독립하여 새로운 국가의 형태를 모색하는 가운데서도, 싱가포르에서 출판된 요리서에는 현지의 식재료를 이용한 유럽 요리를 소개하는 것이 많았다. 1952년에는 현지 필자에 의한 싱가포르 요리의 레시피집이 최초로 간행되었다.[17] 그러나 이듬해에 간행된 P. 앨릭스Pierre Allix의 『말라야의 메뉴Menus For Malaya』(Singapore: Malaya Publishing, 1953)는 여전히 영국의 식민지주의적 가이드북의 전통을 이으며, 이 요리서에서 메뉴의 "다수는 유럽 스타일로, 말라야의 전통도 있는" 것이었다. 여기서 말하는 "말라야의 전통"은 식민지의 전통, 즉 유럽의 전통이지 말레이 현지의 요리가 아니다. 그밖에 이국정서를 조금 가미하려고 '선데이 커리'나 중국요리가 몇가지 포함되었을 뿐이었다.[18]

1950년대부터 간행된 서양인을 겨냥한 수많은 싱가포르 여행 가이드북은 말레이 요리는 거의 싣지 않고 중국요리·중국요리점을 여럿 소개했다. 예를 들어, 1956년 간행된 어느 여행 가이드북에는 '싱가포르의 동양 레스토랑 완전 미식 가이드A Complete Gastronomic Guide to Singapore Oriental Restaurant'가 딸려 있는데, 이 부록에서 호키엔미는 스파게티와, 퀘티아우(쌀국수)는 탈리아텔레(이탈리아 파스타의 일종)와, 광둥의 완탄餛飩은 라비올리와 비슷하다고 소개되어 있다. 나아가 광둥, 광둥 정진Cantonese vegetarian, 차오저우, 베이징, 쓰촨, 하이난 요리 레스토랑도 실려 있다. 예컨대 베이징 요리로는 '베이징덕(Peking duck, 香蘇鴨)', 하이난 요리로는 하이난 치킨라이스(279~281쪽 참조)를 내는 레스토랑이 소개되었다.[19]

1960년에는 서양인 군인, 선원, 항공기 조종사와 그 가족 등을 위한 싱가포르 음식 전문 가이드북이 간행되었다. 여기에 소개된 총 206종의 요리 대부분이 서양 요리였으며, 중국요리도 스무 가

지나 실려 있는데 탕수육(sweet and sour pork), 차시우叉燒(Chinese barbecued pork) 같은 흔한 광둥 요리 외에 미국식 촙수이나 '해협 화인Straits Chinese'(의 요리)이라는 주가 달린 춘권 튀김(popiah goreng) 등이 포함되었다. 말레이 요리는 사테 커리satay curry와 말라야풍 파파야papaya à la Malaya 등 두 가지뿐으로, 이와 비교하면 중국요리는 구색이 훨씬 다양했다.[20]

이 밖에도 1961년 간행된 서양인 대상의 관광 가이드북은 차이나타운의 피플스 파크People's Park in China town를 싼 가격에 배를 채울 수 있는 인기 장소로 소개하고 있으며, 벤쿨렌 스트리트 Bencoolen Street의 '홍콩반점(Hongkong Bowl)'이나 메이페어Mayfair 호텔의 '상하이 룸Shanghai room' 등을 대표적 중국요리점으로 꼽았다.[21]

또한, 1971년 간행된 싱가포르의 미식 가이드북은 당시 인기 있는 식사 장소로 ① 맛있는 호키엔미 등이 있는 푸젠 스트리트 ② 비치 로드의 작은 막다른 골목에 '사테satay'(꼬치구이) 포장마차가 일렬로 늘어서 있는 '사테 클럽Satay Club'(1940년대~1995년)[22] ③ 호키엔미, 사테, 오이스터오믈렛, 양고기 커리, '무르타박murtabak'(빵 튀김), 바나나 튀김, 거북 수프 같은 단품을 판매하는 이동식 포장마차가 모인 오처드 로드Orchard Road 주차장 등을 소개하고 있다.[23] 호키엔미에는 크게 세 종류가 있는데, 싱가포르에서는 새우가 들어간 멀건 볶음국수(그림 2-1)를, 쿠알라룸푸르에서는 검은 볶음국수를, 피낭에서는 빨간 국물의 새우 국수를 주로 먹는다.

이렇듯 싱가포르는 서양인 관광객에게 식민지 시대 이후의 서양 요리 외에 다양한 중국 각 지방 요리의 이국정서를 만끽할 수 있는

2-1 싱가포르의 호키엔미

도시였다. 그리고 손이 많이 가는 고급 요리에서부터 간단한 포장
마차 요리에 이르기까지 풍부한 중국계 요리군을 어떻게 '싱가포르
요리'로 재편할지가 영국 및 말레이시아로부터 독립한 국민국가 싱
가포르의 과제가 되었다.

참고로, 사테는 인도네시아, 말레이시아, 싱가포르, 필리핀, 태국
등지에서 보편적인 꼬치구이 요리로, 아마도 남아시아의 케밥을 모
델로 하여 자바인 노점상이 개발한 것이라고 생각된다.[24] 한편, '사
테'라는 명칭은 '셋'을 의미하는 중국어(광둥어)에서 유래했다는 속
설이 있으며[25] 이 속설이 유포된 것은 1909년으로까지 거슬러 올
라간다.[26]

제2차 세계대전 이전과 전쟁 중의 말레이반도에 체재하던 일본
인들도 싸고 맛있는 사테를 즐겨 먹었다. 일본인들에게 '삿테サッテ'

는 "소나 염소의 뼈에 붙어 있는 소량의 고기를 떼어내 꼬치에 꿰어 매운 카레 국물에 재운 뒤 구운 것으로, 내지의 야키토리燒き鳥 같은 것"으로 받아들여졌다.[27] 또한, 오늘날 싱가포르 화인의 사테 포장마차에서는 돼지고기 사테도 주문할 수 있다.[28]

그런가 하면 타이완 등지에서 쉽게 찾아볼 수 있는 '사차沙茶'의 맛은 사테에서 비롯되었다. 19세기 차오저우·산터우汕頭에서 동남아시아로 온 이민자들이 사테를 가지고 다시 고향으로 돌아가 '사차'로 개량하였으며, 이것이 다시 제2차 세계대전 후 바다 건너 타이완에 전해져 '사차장沙茶醬' '사차뉴러우沙茶牛肉' '사차훠궈沙茶火鍋' 등으로서 스며들었다. 사테와 사차 모두 지역에 따라 여러 종류가 있는데, 사테가 맵고 달며 땅콩의 맛이 진하다면 사차는 맵지 않고 샤장蝦醬[새우젓과 비슷한, 새우를 발효해 갈아 만든 페이스트] 맛이 진하다.[29]

'다문화 사회'를 강조한 싱가포르 푸드 카니발

싱가포르의 온건한 민주사회주의파 지도자 리콴유Lee Kuan Yew, 李光耀(1923~2015년)는 1954년 인민행동당People's Action Party(PAP)을 결성해 좌파 세력의 지지를 모으면서 화인의 내셔널리즘에도 부응하여 발언력을 키웠다. 1957년 독립한 말라야 연방이 1963년 말레이시아 연방 결성을 목표로 통합을 추진하던 시기에 리콴유는 국민투표에 호소하여 신新연방 가맹을 성공시켰다. 그러나 그는 UMNO의 지도부와 대립하고 PAP 내부에서도 친공파親共派와 갈

라섰으며, 그러한 가운데 1964년에는 말레이계 주민에 대한 우대 정책을 요구하는 시위대와 중국계 주민이 충돌한 '싱가포르 인종 폭동'이 일어나기도 했다.

1965년 8월 9일, UMNO의 당수이자 말레이시아 연방 총리인 압둘 라만Abdul Rahman과 PAP 당수 리콴유의 합의를 바탕으로 싱 가포르는 말레이시아 연방에서 추방되는 형태로 분리 독립했다. 독 립 사실을 국민에게 전하는 텔레비전 연설에서 리콴유가 눈물을 흘릴 정도였으니, 싱가포르로서는 망외의 독립이었다.[30] 이 분리 독 립 이후로 관계가 얼어붙은 말레이시아는 경계해야 할 인접국이 되고 주류駐留 영국군의 철수마저 발표되는 가운데 싱가포르의 국 민적 심정은 정치적, 경제적 생존으로 쏠렸다. 국민 형성과 국가 존 속이 우선시되는 가운데 국민의 역사national history 구축은 뒤로 미 뤄졌다. 특히, 민족 집단ethnic group 고유의 기억은 잠재적으로 민족 간 충돌을 불러올 수밖에 없으니 정부는 의도적으로 소거하였다.[31]

이 싱가포르의 분리 독립에서 2개월도 채 지나지 않은 1965년 9월 말부터 10월 초에 걸쳐 '싱가포르 푸드 카니발Singapore food carnival, 新嘉坡佳餚嘉年華會'이라는 행사가 개최되었다. 이 행사의 팸 플릿(그림 2-2)은 "싱가포르에서 더 많은 동양을 보자YOU SEE MORE OF THE ORIENT IN SINGAPORE"고 선언하고, 푸드 카니발의 주된 개 최 목적을 "각국 관광업의 대표자들에게 우리 나라 관광업의 발전 을 보다 잘 이해시키는 것"이라 설명하고 있다. 따라서 이 푸드 카 니발은 "우리 나라의 화華(중화), 무巫(말레이), 인印(인도) 등 각 민족 의 유명한 요리를 소개"하려고 했다.

푸드 카니발에 대해 리콴유 총리는 "싱가포르의 다양한 요리에는 우리의 다문화 사회multi-cultural society가 반영되어 있다"는 메시지를 내놓았다. 싱가포르 관광촉진국The Singapore Tourist Promotion Board(관광국(STB)의 전신, 1964년 1월 1일 창설) 국장 K. M. 번Byrne 역시 푸드 카니발이 싱가포르의 '많은 인종의 사람들the peoples of many races'에 의한 것이라는 점을 강조했다.

그럼에도 불구하고, 푸드 카니발에서 소개된 요리는 대부분 화인의 것이었다. '자야오메이덴佳餚美點(Special Dishes)'(특별 요리)으로 팸플릿에 소개된 71곳의 레스토랑 스툴(포장마차) 중 서양 요리점으로 확인되는 곳이 세 곳, 일본 요리가 한 곳, 말레이 요리가 두 곳, 인도 요리가 한 곳이며 나머지는 전부 중국요리점으로 보인다. 특

2-2 싱가포르 푸드 카니발(1965년)의 팸플릿

히 '리화주자麗華酒家'나 '시린 먼다판뎬喜臨門大飯店'의 베이징 덕('北京烤鴨' '北京塡鴨'), '홍콩의 명요리사(香港名廚師)'를 불러 만든 '가우룽라우九龍樓'의 광둥 요리, '메이린차이관梅林菜館'의 유명 '강남' 요리 등이 크게 다뤄졌다.[32]

이처럼 싱가포르 식문화에서는 사실 중국요리가 대부분의 영역을 차지하며 힘을 과시했지만, 통치 이념·문화 정책 면에서는 이러한 실태가 일관되게 감추어졌다. 그리고 싱가

포르의 요리서나 관광 가이드북의 제작 이념은 영국 통치 시대의 반쯤 무의식적인 식민지주의에서 독립 후의 의식적 다민족·다문화주의의 강조로 변모했다고 할 수 있다.

니콜 타룰레비치Nicole Tarulevicz의 표현을 빌리자면, 독립 후 싱가포르는 중국의 과거를 환기해서 그때까지 확립되어 있던 영국의 전통을 의식적으로 아시아의 과거로 바꿔놓았으며, 그와 동시에 다인종주의에 근거하여 다양한 요리의 전통을 예외 없이 존중하게 되었다고 할 수 있다. 이러한 요리의 이데올로기는 아시아적 가치를 옹호하는 리콴유의 유명한 언설, 즉 아시아를 일반화하여 그 현재와 과거를 주장함으로써 식민지화 이전 싱가포르 역사의 부족을 보완하려는 언설과 이어지는 것이다.[33]

『미시즈 리의 쿡북』과 뇨냐 요리

1974년 리콴유 총리의 어머니인 리친쿤 부인李進坤夫人, Mrs. Lee Chin Koon, Mama Lee(초아진니우蔡認娘)은 과거에 가족의 비전秘傳이었던 뇨냐 요리 기술을 공개하려고 실용적 요리서 『미시즈 리의 쿡북 Mrs. Lee's Cookbook』을 출판했다. 리 부인에 따르면, 당시에는 주부가 가족 내에서 요리를 배울 기회가 사라지고 있었으며 뇨냐 요리는 소멸이 코앞이었다.

리 부인은 이 책의 서문에서 자신은 "해협 태생 화인Straits-born Chinese"의 4대째로, "'프라나칸'이라 알려진 우리들 해협 화인, 여성은 '뇨냐', 남성은 '바바'라고 불린다"고 설명하고는 "우리들 뇨냐

We Nonyas"및 "우리들의 뇨냐 요리our Nonya food"를 소개한 뒤 "우리들 해협 화인은 더는 분리된 그룹이 아니며, 우리는 모두 싱가포르인이다We Straits-born Chinese are no longer a separate group, but instead we are all Singaporeans"라는 문장으로 서문을 끝맺고 있다.[34]

'뇨냐 요리'에 관한 이 선구적 저서는 싱가포르인 아이덴티티를 일깨우려는 싱가포르 정부의 정책 과제를 선취하는 것이었다.[35]

또한, 이 책의 간행으로부터 약 30년이 지난 2003년 리 부인의 손녀인 셔메이 리Shermay Lee는 『미시즈 리의 쿡북』 신판을 간행했다.[36] 그 목적은 '정통 프라나칸 요리authentic Peranakan dish'를 후대에 전하고자 한 리 부인의 소망을 달성하는 것이었다.

셔메이 리의 복간판은 리 부인의 원판과 비교해, 예컨대 레시피를 간략화하여 만들기 쉽게 하고, 향신료 사용이나 조미를 자극적이지 않게 하며, 말레이인을 배려해 닭고기 사용을 늘리고 돼지고기를 줄이는 등 가정 내 보급을 위한 궁리가 엿보인다. 나아가 이책에서 요리의 명칭이 '뇨냐 요리'에서 '프라나칸 요리'로 바뀌어 있는 것은 뒤에서 이야기하듯이 주목할 만한 점이라 할 수 있다.

싱가포르 요리의 창출

1980년대 중반부터 싱가포르 정부는 기억의 공유가 국민이라는 감각에서 중요하다는 명확한 인식을 바탕으로, 싱가포르의 과거를 되살리는 일에 본격적으로 착수했다. 싱가포르는 국가로서 오랜 역사를 갖고 있지 못해, 개별 민족 집단의 역사를 싱가포르의 역사와 연결시켜 보다 심원한 국가의 기원을 창출하려고 했다. 당시에 는 민족 고유의 역사가 정치적 긴장으로 이어진다고 더는 생각되지 않았다. 이로써 그때까지 공식적 역사 언설에서 주변화되어 있었던 혹은 무시당하기 일쑤였던 프라나칸이나 광둥인 같은 하위 민족 집단의 기억을 표현하는 것이 열렬히 추구되었다.

여기서 주목해야 하는 것이 바로 요리이다. 싱가포르에는 국민 국가보다 오랜 역사를 갖는 수많은 음식이 존재했기에 이 음식들 은 민족 집단의 아이덴티티에서 중요한 것으로, 기억을 집적하기 위한 유력한 수단 중 하나가 되었다. 예컨대 '하이난 치킨라이스(海南鷄飯)'는 중국 하이난섬의 닭고기 요리가 아니지만, 이 요리가 중국에서 오랜 전통을 갖고 있다고 함으로써 싱가포르 요리로서의 정통성도 주어졌다.

이렇듯 싱가포르의 국민 요리를 구성하는 것은 각 지역의 요리 가 아니다. 싱가포르와 싱가포르 요리에서 중요한 것은 '화인계 싱 가포르인Singaporean-Chinese, 말레이계 싱가포르인Singaporean-Malay, 인도계 싱가포르인Singaporean-Indian' 등 하이픈이 들어간 민족적 아 이덴티티가 국민적 아이덴티티와 공존하는 공간을 만드는 것이다. 그리고 거기서는 다민족·다문화 간 차이가 표준화, 융합되지 않고 오히려 강조, 고정화된다.[37]

싱가포르 사람들은 이러한 다문화주의를 '로작rojak'(그림 2-3)이 라는 요리에 비유하고는 한다. 로작은 말레이시아, 싱가포르, 인도 네시아 등지의 과일·채소 샐러드로, 향신료가 들어간 새우 페이스 트 소스나 땅콩을 쓴다. '로작'이라는 말은 말레이어로 혼합mixture 을 뜻하며, 모든 식재료가 한 샐러드볼에 담겨 있으면서도 각기 분

2-3 로작 모형(피낭 원더푸드 뮤지엄(食物狂想館, 2015년 개관))

리되어 있는 것을 가리킨다. 오늘날까지도 싱가포르에서는 다양한 문화를 한데 섞는 '문화적 용광로cultural melting pot'라는 개념이 통용된 적이 없다. PAP는 언어 관습, 주택, 커뮤니티 조직 등에 개입하여 하이픈이 들어간 민족적ethnic 아이덴티티가 국민적national 아이덴티티를 위협하는 것을 방지해왔다.

참고로, 말레이시아에서는 '로작 문화kebudayaan rojak'라는 말을, 말레이인의 헤게모니나 언어·문화의 순수성을 지키려는 말레이인 민족학자 등이 부정적 의미로 쓰는 경우가 있다고 한다. 반면, 예컨대 단편 애니메이션 〈로작!Rojak!〉(2009년)에서처럼 자유주의적 말레이시아인은 이 말을 긍정적으로 사용하고 있다. 이 영화는 식사를 함께하는 장면으로 끝나며 이는 음식에 대한 사랑이 모든 말레이시아인을 결속시킨다는 것을 표현하고 있다.[38]

싱가포르 정부는 1979년에 국가구술역사부National Oral History

Department를, 1993년 국가문물국National Heritage Board(NHB)을 창설했다. 국가문물국의 지원을 바탕으로 국립공문서관National Archives이 운영하는 국가구술역사부는 싱가포르인들이 국민적 아이덴티티를 공유할 수 있도록 '국민의 기억national memory'을 보관하는 업무를 수행한다. 나아가 2011년부터는 국가문물국의 지원을 바탕으로 싱가포르 음식의 기억을 기록하는 시리즈('Singaporean Memories Gastronomic Literary Series')가 출판되었는데, 거기에는 『향수는 가장 강력한 조미료Nostalgia is the most powerful seasoning』 같은 책이 포함되어 있다.[39]

이러한 가운데 재개발에 따라 공중위생의 차원에서 푸드 센터로 이전되었던 차이나타운의 포장마차 거리는 2001년 약 20년 만에 음식의 거리로 되살아났다. 또한, 싱가포르 관광국Singapore Tourism Board(STB)의 관광 진흥 정책을 바탕으로 역사를 테마로 한 프라나칸 요리점이나 광둥 수프 레스토랑 등도 문을 열었다.[40]

나아가 싱가포르 정부는 1994년부터 국내외에서 정기적으로 음식 축제를 열어 하이난 치킨라이스 등을 제공하고 있다. 인도의 뭄바이(1998년)나 첸나이(2013년)에서는 칠리크래브, 미고렝(향신 조미료 삼발sambal 등으로 맛을 낸 볶음국수), 타후고렝(채소로 속을 채운 두부 튀김), '포피아popiah, poh pia, 薄餅'(생춘권), 런던(2005년)에서는 사테, '아이스 카창ais kacang'(빙수), 일본(2006년)에서는 앞에서 등장한 '싱가포르 슬링' 등이 나왔다.[41]

참고로, 칠리크래브는 1950년대 싱가포르에 살던 차오저우 출신 경찰관의 아내가 창안한 것이라고 여겨진다. 게를 토마토소스와 함께 볶고 고추를 넣는 등 흔히 먹는 게 찜과는 조리법이 다른 이

2-4 싱가포르의 차이나타운

음식은, 경찰관 부부가 처음에는 손수레에 놓고 팔다가 1956년 해안에 면한 작은 식당을 연 것이 그 시초라고 여겨진다.[42]

'프라나칸'과 '바바', '뇨냐'

말레이반도의 중국계 프라나칸은 15세기 명나라 영락제永樂帝가 믈라카의 술탄에게 딸을 시집보내고 딸의 시녀들이 술탄을 모시는 관리들에게 시집간 데서 기원한다는 전설이 있다. '프라나칸peranakan'이나 '바바', '뇨냐'라는 호칭은 일반적으로 푸젠이나 차오저우 출신의 개척자와 말레이 현지인 여성 사이의 자손을 가리

킨다. 말레이시아나 싱가포르의 프라나칸은 모어로 크리올(혼합)화
된 말레이어를 쓰지만, 피낭의 프라나칸은 말레이어보다는 현지화
된 푸젠어를 사용하며, 오늘날 싱가포르의 많은 프라나칸은 말레
이어보다는 영어를 쓰게 되었다. 이들은 남성은 '바바', 여성은 '뇨
냐'(말레이어로 '부인'이라는 뜻)라고 불린다.[43]

또한, 1970년대 이후 싱가포르에서는 해협 화인뿐 아니라 사라
와이나 동남아시아 도서 지역의 모든 화인을 포함하는 연대를 지
향하는 정치적 의도로 '바바'와 '뇨냐' 대신 '프라나칸'이라는 호칭
을 빈번히 사용하였는데, 이는 '프라나칸주의Peranakanism'라는 비
판을 불러오기도 했다.[44] 이 책에서는 남녀 모두를 포함하는 편리
한 호칭이라는 이유에서 '프라나칸'이라는 용어를 준용하였지만,
요리에 관해서는 좀 더 일반적인 '뇨냐 요리'라는 말을 사용한다.

18~19세기 중국 본토에서 말레이반도로 건너온 화공華工(중국인
이주 노동자)들이 실력으로나 머릿수로나 프라나칸을 따라잡지 못
한 것은 현지에서 성공을 거둔 이민자가 너나없이 프라나칸 사회에
흡수되었기 때문이다. 화인은 말레이어를 쓰는 등 문화 변용을 이
뤄내도 무슬림이 아니어서 말레이인으로 인정받지 못했으며 어디
까지나 화인일 뿐이었다. 나아가 이슬람교로 개종한 화인 역시 말
레이인으로 받아들여지지는 못했으며, 거꾸로 그들은 비무슬림 화
인들로부터 화인으로 인정받지 못하였다. 따라서 어느 정도 문화
변용을 이뤄내도 이슬람교로 개종하지 않는 프라나칸이 존속하
였다.

1830년대 무렵부터 영국령 말레이반도는 국제적 경제 분업화
체제에 편입되었다. 그에 따라 후추, 감비르gambir(염료), 사고sago[사

고 야자나무의 녹말] 등의 플랜테이션이나 주석 개발이 이뤄지는 한편, 아편으로 얻는 수익도 늘어 프라나칸 사회의 성장이 가속화되었다. 19세기 중엽부터 프라나칸은 영국에 충성을 맹세한 '국왕의 화인King's Chinese'을 자인했으며, 양복을 입는 직업(식민지의 관리나 영국 기업의 직원 등)을 얻어 상류 계층에 속하게 된 사람도 적지 않았다.

프라나칸은 1890년대 해협 전체(피낭·믈라카·싱가포르)에서 총인구의 10퍼센트(5만 명)를 차지했을 만큼 말레이반도에서의 인구 비율이 컸다. 그러나 19세기 말에 이르러서는 중국(특히 푸젠)으로부터 새로운 이민자, 즉 '신자新家'가 급증하는 한편으로 프라나칸의 사업 일부도 막다른 길에 봉착해, 프라나칸의 사회·문화는 서서히 쇠락의 길을 걷기 시작했다. 그리고 아시아태평양전쟁을 거치며 영英제국이 쇠퇴하자 친영親英적이라고 간주되던 프라나칸 사회도 쇠락을 면치 못해 1940~50년대에는 그 물질문화도 많이 사라졌다. 오늘날에는 특징적인 공예품이나 요리·복식이 문화유산이나 관광 자원으로 남아 있을 뿐이다.[45]

뇨냐 요리

뇨냐 요리는 '중국의 조리법과 말레이시아 식재료, 향신료의 결혼'이라 일컬어지고는 한다. 뇨냐 요리가 지닌 말레이적 요소는 ① 코코넛밀크나 야자유의 사용 ② 산미료로 식초 대신 타마린드 주스나 감귤류를 쓰는 것 ③ 조미료로 '삼발'(인도네시아·말레이 요리에 쓰이는 대표적인 매운맛 조미료), '블라찬belacan'(작은 새우나 곤쟁이[醬蝦]를 염장해 3주~4개월간 발효시켜 굳힌 페이스트), '삼발 블라찬sambal belacan'(블라찬으로 만든 삼발. 새우 풍미의 겨자 페이스트), '굴라이gulai'(코코넛밀크가 들어간 인도네시아나 말레이시아의 커리수프) 등속을 사용하는 것 등이다.

대표적 뇨냐 요리로는 '락사laksa, 叻沙'가 있다. 매콤한 쌀국수 탕면인 락사는 오늘날 싱가포르나 말레이시아를 대표하는 요리로, '뇨냐 락사'는 락사의 원조라 일컬어지며 대량의 코코넛밀크를 사용한 농후한 맛이 특징이다.

프라나칸의 뇨냐 요리 중 몇 가지는 말레이인의 요리와 비슷하지만 돼지고기를 쓴다는 점에서 말레이인의 요리와 확연히 구분된다. 그런가 하면 중국요리의 잔영이 짙게 남아 있는 요리로는 '찹차이chap chai, 雜菜'(원추리[金針菜]나 두부피, 당면 등을 볶은 프라나칸식 채소 볶음), '뇨냐 포피아'(달걀을 넉넉히 쓴 부드러운 피皮, 흑설탕과 쌀가루를 녹인 소스가 특징인 춘권 요리) 등이 있다. 중요한 것은 말레이시아나 싱가포르에서는 '뇨냐풍'이라는 말이 붙으면 고급 요리로 받아들여질 정도로 그 조리 기술이 높이 평가받고 있다는 점이다. 고급 뇨냐 요리 레스토랑도 존재하며 그중에는 미슐랭 가이드에서 별을 획득한 가게도 있을 만큼 뇨냐 요리는 가정 요리의 차원을 완전히 벗어나 발전을 이루었다.[46]

뇨냐 요리에서 영국 식민지 시절의 영향이 엿보인다는 것도 흥미로운 사실이다. 예컨대 뇨냐 요리 중 일반적인 전채 요리인 '쿠에 파이티kuih/kueh pie tee'는 타르트 같은 작은 컵 속에 새우 등의 재료를 넣은 요리로, 중산모와 비슷한 모양 때문에 '톱해트top hat'라고

불리는 데서 알 수 있듯이 18세기 말 영국에서 창안되어 19세기 중엽부터 상류 계층에서 유행한 실크해트의 모양에 착안해 믈라카에서 탄생했을 가능성이 높다(일본군이 싱가포르를 점령한 시기에 이름을 알린 '쇼난파이昭南バイ'에서 유래했다는 설도 있다). 또한, 피낭의 뇨냐 요리에서는 영국의 우스터소스를 '인치 캐빈inchee kabin'(프라이드치킨) 같은 요리에 쓰기도 한다. 이 밖에 파인애플 타르트도 맛볼 수 있다.[47]

프라나칸 문화를 콘텐츠화한 드라마 〈리틀 뇨냐〉

조금 비껴간 이야기이지만, 이쯤에서 프라나칸 문화의 콘텐츠화 (작품화)에 대해 언급하고자 한다. 2008년 11월부터 이듬해 1월까지 싱가포르의 미디어 기업 미디어코프Mediacorp는 텔레비전 드라마 시리즈 〈리틀 뇨냐小娘惹, The Little Nyonya〉(중국어·영어 자막)를 방송했다. 드라마는 1930년대부터 70년 세월에 걸쳐 세 유복한 프라나칸 가족이 겪어온 고난의 이야기로, 싱가포르에서 중국어 화자, 영어 교육을 받은 화인계 싱가포르인, 중국어를 모르는 말레이인이나 인도인 등 폭넓은 부류의 사람들이 프라나칸 문화에 관심을 갖게 했다. 나아가 〈리틀 뇨냐〉는 싱가포르에 이어 말레이시아, 캄보디아, 프랑스, 필리핀, 미얀마, 베트남, 태국, 중국, 홍콩, 미국 등지에서도 일찌감치 방송되었다.

이 드라마는 프라나칸의 현재를 그 역사에 투영해 그린 것이었다. 첫째로, 이 드라마가 그리고 있는 것처럼 프라나칸의 일반적 이미지는 제2차 세계대전 이전 해협식민지의 엘리트에 가까우며 가난한 프라나칸은 많지 않다고 생각하는 경향이 강하다. 부지런히 일하는 중국 태생의 가난한 쿨리coolie[苦力. 중노동에 종사한 중국인이나 인도인 하층 노동자. 19세기 후반의 노예제 폐지 후 흑인 노예를 대신할 식민지 노동력으로서 외국 상인·중국 매판에 의해 아메리카 대륙, 서인도제도, 남아프리카, 호주 등지로 보내졌다. 형식적으로는 계약 노동이 많았지만, 그 실태는 인신매매에 의한 노예노동에 가까웠다]와 현지 태생의 유복한 프라나칸

2-5 프라나칸 여성이 입었던 크바야와 사룽
(쿠알라룸푸르의 말레이시아국립박물관)

을 대비시키는 이분법적 이해도 흔하게 나타난다. 그러나 실제로는 모든 프라나칸이 넉넉한 형편이었던 것은 아니다.

둘째로, 이 드라마에서는 프라나칸 여성이 평상복으로 '크바야kebaya'(말레이인, 자바인 등의 부인복)를 입고 있지만 1930~50년대 프라나칸 여성은 화인 여성과 마찬가지로 집에서는 '상하이드레스'라고 불린 '삼푸samfoo'(중국의 부인복)를 입었다.

셋째로, 이 드라마는 1930~60년대 말레이반도의 다민족·다언어 상황, 즉 프라나칸이 매일 말레이인, 인도인, 유라시아인 같은 현지 사람들과 접촉한 사실을 그리지 않고 있다. 이 드라마에 등

장하는 것은 중국어를 쓰는 유력자와 영어를 쓰는 영국인 몇 명이 전부다. 이는 경제 발전을 위해서는 영어와 중국어가 필요하다는, 오늘날 싱가포르의 개발주의자들이 품은 포부를 반영하고 있다고 할 수 있다.[48]

이렇듯 중국계 프라나칸은 싱가포르의 코즈모폴리턴을 상징했다. 나아가 그 이미지는 정부 관광국에 의해 외국인 방문객을 겨냥한 싱가포르의 브랜드화에 이용되었다.[49]

1980년대 싱가포르에서는 프라나칸 문화의 재생이 시작되었지만, 1990년대에 프라나칸협회는 그 문화와 전통의 소멸에 대해 위기감을 드러냈다. 그러나 21세기에 들어 프라나칸 문화의 중흥이 추진되었다. 예컨대 2008년에는 국립 프라나칸박물관이나 바바 하우스가 문을 열어 공예품, 가구, 식기 등을 문화유산으로서 전시했다. 나아가 요리를 통한 프라나칸 문화의 보급을 목적으로 많은 프라나칸 레스토랑이 문을 열었다.

프라나칸 레스토랑의 이미지 구축

싱가포르의 프라나칸 레스토랑은 광고에 크바야나 '사롱sarung(사롱sarong)'(남녀 구별 없이 입는 하의)을 입은 프라나칸 여성의 이미지를 사용한다(그림 2-5). 이러한 레스토랑은 프라나칸의 '숍하우스'(한 건물에 칸막이벽을 여럿 두어 몇 가구로 나눈 주거 형태. 1층이 가게, 2층이 주거용이다)에 자리를 잡고, 뇨냐 요리의 조리 도구나 식재료 등을 진열한 채 크바야·사롱을 입은 프라나칸 여성이 접객을 맡아 요리나 차를 프라나칸의 자기 식기에 담아 낸다(그림 2-6).

2-6 숍하우스에 문을 연 뇨냐 음식점(믈라카)

아이러니하게도, 전통적 뇨냐 요리는 생존을 위해 레스토랑에서 판매될 필요가 있었으며, 이를 위해서는 '정통' 뇨냐 요리도 개량될 필요가 있었다. 예컨대 클루악 열매를 넣은 치킨커리인 '아얌 부아 클루악ayam buah keluak' (그림 2-7)은 전형적인 뇨냐 요리이지만 쓴맛이 나는 클루악을 빼고 새우나 돼지고기 다짐육을 넣는 레스토랑도 생겼다.[50]

싱가포르 관광국은 프라나칸 요리를 '싱가포르 고유의 요리와 가장 가까운 것the closest Singapore has to an indigenous cuisine'(2001년)으로 선언했다. 이에 따라 많은 프라나칸 레스토랑이 '진정한 전통 해협 화인 요리authentic and traditional Straits Chinese cuisine'와 같은 문구를 광고에 이용하고 있다.[51]

사회학자 A. 아파두라이는 인도의 국민 요리 창출에서 '무글라이 요리'(무굴 제국에서 발달한 남아시아와 중앙아시아·이란의 식문화가 혼성된 요리)를 '인도 요리'로서 내보이는 것이 중요했다고 논한 바 있다. 마찬가지로 싱가포르에서는 뇨냐 요리가 국민 요리의 창출에

2-7 클루악이 들어간 치킨커리ayam buah keluak(싱가포르 카통Katong의 프라나칸 인
Peranakan Inn)

서 불가결한 역할을 짊어지고 있다. 뇨냐 요리는 민족·문화의 혼성
성混成性을 상징하며, 또한 프라나칸 사회는 규모가 작아서 뇨냐 요
리를 강조한들 기존의 민족적 위계질서hierarchy가 위태로워지지 않
는다. 따라서 뇨냐 요리는 싱가포르 국민의 과거를 상기시키는 데
쓸모가 있다.[52]

나아가 프라나칸 요리는 대외적으로도 싱가포르의 국민 문화로
서 선전되고 있다. 2010년 상하이 세계박람회의 싱가포르관에서
는 락사, 쿠에파이티, 치킨커리 같은 뇨냐 요리가 베스트셀러가 되
었다. 그해 중국에서는 켄터키 프라이드치킨(KFC)이 커리 맛의 뇨
냐 치킨 윙Nyonya chicken wing을 발매해 크바야와 사룽을 입은 여성
의 사진을 광고에 이용했다.

나아가 같은 해 8월에는 베이징에서 공기업인 인터내셔널 엔터
프라이즈 싱가포르International Enterprise Singapore가 싱가포르 음식
홍보 캠페인을 시작했으며, 그 일환으로 사롱과 크바야를 입은 모
델이 싱가포르의 식문화를 선보였다. 이 무렵에는 싱가포르의 여성
외교관이 베이징에서 열린 행사에 사롱이나 크바야를 입고 등장하
기도 했다.

그런가 하면 2011년부터는 싱가포르 관광국이나 인터내셔널 엔
터프라이즈 싱가포르 등이 '싱가포르 테이크아웃Singapore Takeout'이
라는 프로젝트를 출범시켰다. 유명 요리사가 세계 주요 도시(런던,
파리, 뉴욕, 홍콩, 상하이, 모스크바, 시드니, 델리, 두바이)를 찾아 락사, 새
우 커리, 춘권 같은 뇨냐 요리를 만들어 싱가포르 요리를 알렸다.
이렇게 프라나칸 여성(뇨냐)의 이미지는 싱가포르 문화의 상징이 되
었으며, 프라나칸(뇨냐) 요리는 해외에서 싱가포르를 대표하는 요리
가 되었다.[53]

향수 어린 맛을 되살려내다

나아가 뇨냐 요리 외에 싱가포르를 대표하는 요리로 널리 알려
진 다섯 가지 식문화를 소개하고자 한다.

1. 하이난섬에는 없는 하이난 치킨라이스

이 장에서도 몇 차례 등장한 바 있는 하이난 치킨라이스(그림
2-8)는 1930년대에 부기스Bugis의 '옛콘逸群, Yet Con' 같은 곳에서 낸

것이 그 시초라고 여겨진다.[54] 또한, 훗날 싱가포르 최고의 치킨라이스 가게로서 전설이 된 '쉬키瑞記, Swee Kee'는 1949년에 창업했다고 알려져 있다.[55]

하이난섬에 '하이난지판海南鷄飯'(하이난 치킨라이스)이라는 요리는 애당초 존재하지 않는다. 이 요리는 아마도 싱가포르나 말레이시아에 살던 하이난 출신자가 하이난성 원창文昌의 유명 요리인 원창지판文昌鷄飯을 바탕으로 만들어낸 것이라고 여겨진다. 하이난 치킨라이스는 특제 고추 딥dip(라자오장辣椒醬)을 사용하는 것 말고는 극히 일반적인 중국요리 식재료를 사용한 패스트푸드이다.

이런 종류의 지판鷄飯(치킨라이스)은 싱가포르와 말레이시아의 하이난 치킨라이스 말고도 광둥의 '칫가이판切鷄飯', 태국의 '카오만가이', 베트남의 '꼼가', 인도네시아의 '나시아얌', 캄보디아의 '바이

2-8 하이난 치킨라이스(싱가포르의 친친 이팅 하우스(津津餐室), 1955년 창업)

2부. 아시아 여러 나라의 내셔널리즘과 중국요리

모안' 등 중국에서 동남아시아에 걸쳐 분포해 있으며 조미료의 사용·조리법도 다양하다. 특히 싱가포르, 말레이시아, 태국 등지에서는 국민 음식이라 할 수 있을 정도로 대표적인 포장마차 요리로 정착해 있다. 나아가 미국 등지의 싱가포르·말레이시아 요리 전문점에서는 하이난 치킨라이스를 메뉴에 반드시 포함하고 있으며, 태국 요리점에서도 대체로 카오만가이를 낸다.

이렇듯 하이난 치킨라이스는 다국적 요리이지만 특히 싱가포르가 이를 국민 음식으로 만드는 데 열심이며, 관광객의 기억에 남기 쉽게 '싱가포르 치킨라이스'라고 칭하기도 한다.[56]

2. 하이난 출신자가 연 코피티암

말레이반도에서 하이난 치킨라이스를 창안했다고 여겨지는 하이난 출신자들은 '코피티암kopitiam'이라 불리는 커피숍을 연 것으로도 알려져 있다. 그들은 후발 이민자여서 선발 이민자인 푸젠, 차오저우 출신자들을 상대로 한 간편식 포장마차를 개업하거나 영국 식민지 행정관 가정의 요리사, 고용인으로 일했다. 하지만 하이난섬에는 독자적 커피 문화가 존재하지 않으므로, 차를 마시며 긴 시간 이야기를 나누는 하이난섬의 관습('老爸茶')이 하이난 이민자와 함께 말레이반도로 유입된 뒤 현지 및 영국의 식습관과의 융합을 거쳐 화인들이 아침 식사 때 커피에 빵을 곁들이는 관습이 정착했을 것으로 생각된다.[57]

코피티암은 설탕과 연유가 들어간 '코피'(커피)나 '테'(홍차) 같은 음료와 '카야토스트'(카야잼과 버터를 바른 토스트) 같은 경식을 내는 가게이다. 현존하는 유명 코피티암으로는 각각 1919년과 1944년에 문을 연 '킬리니 코피티암Killiney Kopitiam'과 '야쿤 카야토스트Ya Kun Kaya Toast, 亞坤珈琲店'(1926년 문을 연 커피숍의 후신)가 있다.[58]

1928년 공표된 싱가포르 각 업계의 조사 보고에 따르면, 커피숍('珈琲茶店') 366곳이 공부국工部局의 허가를 받아 영업하였으며 그 경영자로는 광둥, 푸젠, 하이난섬(충저우瓊州) 출신자가 많았다.[59] 또한 화인을 겨냥한 당시 싱가포르 안내서에 따르면, 싱가포르에서는 커피가 일상적 음료로 널리 보급되어 있었으며 번화가 한복판과 시가에서 벗어난 골목을 불문하고 커피숍이 늘어서 있었다. 마찬가지로 서양 요리점 역시 많았으며 그 경영자나 요리사 다수가 하이난섬 출신이어서 서양 요리는 '하이난차이海南菜'(하이난 요리)라고 불리기도 했다.[60]

코피티암이 싱가포르 국민의 역사와 포개져 이해되기도 한다는 것은 흥미롭다. 예컨대 하이난섬에서 싱가포르로 건너온 야쿤 카야토스트의 창업자가 중국인을 아내로 맞아 민족의 경계를 지키면서 근면과 자기희생을 통해 무일푼에서 회사를 일으켰다는 유명한 이야기가 있다. 리콴유의 자서전과도 맞물리는 이러한 이야기는 싱가포르의 내셔널 히스토리를 강화하는 기능을 한다. 그러한 까닭에 싱가포르 국립박물관(1887년 창립된 래플스 도서관·박물관을 모체로 하여 2006년 12월 개관)은 싱가포르의 민족의 다양성, 이문화 교류, 문화적 혁신을 반영하는 것으로서 1950~70년대의 싱가포르 길거리 음식을 전시한 적이 있다. 그 전시에서 하이난 치킨라이스와 코피티암은 선조의 발자취를 이해하는 데 중요한 문화유산으로 취급되었다.[61]

1950년대부터 국수나 죽 등을 제공하는 코피티암도 생겨나 텔레비전이 일반 가정에 보급되기 전까지 사람들이 사교와 정보교환을 할 때 중요한 장소로 기능했다. 코피티암은 오늘날에는 숍하우스에서 몰mall로, 자영 소점포에서 체인점으로 발전했다. 현대적 코피티암 체인은 '난양南洋'이나 '하이난' 같은 키워드를 사용하며, 가게를 복고풍으로 장식하는 등 싱가포르와 말레이시아 화인의 공감을 불러일으키는 향수 어린 과거를 교묘하게 이용하고 있다.

나아가 현대적 코피티암은 말레이인 이슬람교도들도 먹고 마실 수 있는 할랄 식품을 제공하여 민족의 장벽을 뛰어넘어 다 함께 식사할 수 있는 장소가 되었다. 따라서 코피티암은 민족, 계급, 젠더, 세대를 넘어선 다양성이나 시민의 민주적 언설을 환영하는 코즈모폴리턴의 음식 공간으로 여겨진다. 코피티암은 국내외 싱가포르인, 말레이시아인의 온라인 공개 토론 사이트의 이름으로 사용되기도 했으며, 싱가포르, 말레이시아 사람들의 국민적 아이덴티티를 상징하고 있기도 하다. 근래에 들어 코피티암 문화는 상업적으로 홍콩 스타일의 카페 '차찬텡茶餐廳'[홍콩식 카페 일반을 가리킴]의 도전을 받고 있다.[62]

3. 수프 레스토랑과 삼수이 진저치킨

오늘날 싱가포르에서는 '수프 레스토랑Soup Restaurant, 三盅兩件'이라는 레스토랑이 체인 사업을 펼치고 있다. 수프 레스토랑의 요리는 차이나타운에서 생겨난 것이며 그 문화유산의 일부를 이루고 있기도 하다. 싱가포르에서는 1970년대에 들어서 구시가지 대부분이 차이나타운의 양상을 띠었지만, 오늘날에는 차이나타운이라 하면 관광 가이드에 '차이나타운'이라고 적혀 있는 광둥인 거리 즉 크

2-9 삼수이 진저치킨(수프 레스토랑)

르타아예르牛車水 지구를 가리킨다. 싱가포르 관광국은 1998년 크르타아예르를 음식의 거리로 부흥시키려고 출자를 선언하고 본격적 관광 개발에 착수했다.[63]

수프 레스토랑은 이 차이나타운에 원래부터 있던 광둥 다관을 모델로 하여, 싱가포르 차이나타운 태생의 광둥인 경영자 목입펭 Mok Yip Peng이 자신의 뿌리를 보존하려는 생각에서 개업한 곳이다. 수프 레스토랑은 1920년대(일설에 따르면 19세기 말)부터 싱가포르로 건너와 건설 현장 등에서 일한 광둥 삼수이三水 출신 여성의 초상화를 사용하고 있다. 머리에 두른 '빨간 두건(紅頭巾)'이 트레이드마크로, 고향 삼수이의 수해와 싱가포르의 인력 부족 때문에 싱가포르로 건너와 일한 삼수이의 여성들은 싱가포르 최초의 여성 노동자이기도 했다.

수프 레스토랑의 인기 메뉴는 광둥 삼수이 출신 여성 노동자들이 음력설(춘절)에 먹던 삼수이 진저치킨('三水姜茸鷄', 그림 2-9)이다. 원래 삼수이 진저치킨은 축하·기념일의 특별 요리였지만, 종래의 것이 개량되기도 하여 오늘날에는 일상적 요리가 되었다. 또한, 원래 이 요리는 소금으로 간한 뼈가 붙은 단단한 고깃덩이를 생강 딥에 찍어 먹는 것이었지만 오늘날에는 뼈가 없는 저민 고기를 양상추와 함께 먹는 웰빙 요리가 되었다.

나아가 수프 레스토랑은 광둥 요리에서 중요하게 여기는 수프나, 광둥 가정 요리에서 볶음 요리보다 일반적인 찜 요리를 전문으로 하고 있다. 찜 요리는 경영자 목입펭의 입장에서는 차이나타운과 어울리는 것이지만, 시간이 오래 걸리는 데다 만드는 이의 의욕도 사라져 쇠퇴를 맞고 있다. 게다가 홍콩 스타일 광둥 요리가 유입되자 많은 레스토랑에서는 더욱 표준적이고 특징이 부족한 요리를 내게 되었다.[64]

4. 남인도계 이민자의 창작 요리, 피시헤드 커리

말레이반도에서 중국과 인도의 식문화가 만나 탄생한 새로운 요리의 좋은 예로는 피시헤드 커리(그림 2-10)가 있다. 말레이반도의 타밀인[타밀어를 사용하는 민족. 주로 인도 남부와 스리랑카 동북부에 살며, 힌두교를 믿는다] 다수는 영국의 식민지 당국에 의해 영국령 말라야의 인프라 건설을 위해 모집된 노동자들의 자손이다. 또한 인도아대륙에서 온 이민자 중 일부는 무슬림으로, 이들과 말레이인의 혼인 관계 속에서 '자위 프라나칸Jawi peranakan'이 생겨났다.[65] 그

2-10 싱가포르의 피시헤드 커리

리고 말레이반도의 남인도계 이민자 역시 중국요리의 여러 요소를
받아들였다. 피시헤드 커리는 향신료나 조리법이 남인도의 피시 커
리와 비슷하다고 해서 인도 요리로 여겨지고 있지만, 인도인들이
요리에 생선의 대가리만 사용하는 경우는 없다.

　싱가포르에서 1950년경에는 많은 남인도 출신 이민자가 바나나
잎에 담아 손으로 먹는 맵싸한 요리를 파는 호커hawker(포장마차)
를 운영하였다. 케랄라Kerala주 출신의 MJ 고메즈Gomez라는 인물은
호커를 운영하면서 화인들이 생선 대가리를 즐겨 먹는 것을 보고
1949년 생선 대가리와 커리를 함께 조리하여 화인 손님을 끌어야
겠다고 생각했다. 고메즈는 훗날 고향에 돌아가서도 피시헤드 커리
를 전파했다고 한다.

　나아가 1936년 싱가포르에 온 화인 홍아콩Hoong Ah Kong은 인

도 요리를 배워 생선 대가리를 커리에 넣기 전에 한 번 쪄서 식감을 개선할 궁리를 짜냈으며, 1951년에는 스스로 가게를 열어 피시헤드 커리를 팔기 시작했다. 그 후 싱가포르에서는 피시헤드 커리가 큰 인기를 얻어 1960년대에는 피시헤드 커리에 쓰이는 생선 대가리의 가격이 폭등할 정도였다.

1972년에 만들어진 관광 명물 머라이언Merlion은 상반신은 사자, 하반신은 생선 모양을 한 상으로, 원래 붙어 있던 생선 대가리가 피시헤드 커리에 들어가버려서 사자 대가리가 달렸다는 농담도 생겨났다.[66]

5. 유네스코 무형문화유산이 된 호커 센터

한편, 싱가포르에서는 1860년대부터 간편한 로컬 푸드를 파는 호커가 어디를 가든 흔하게 눈에 띄었다. 1950~60년대에는 급격한 도시화가 진행되는 가운데 호커 센터(음식점과 포장마차가 모인 복합 시설)가 여럿 생겨났다. 1968~69년 싱가포르 전역에서 호커 등록제가 시행되고, 1974~79년에는 호커 센터의 건설에 박차를 가하면서 거리의 호커는 종적을 감추었다.[67] 모든 민족, 성별, 세대에 속한 요리사와 고객이 모인 호커 센터는 값싸고 맛있는 일상적 식사를 제공할 뿐 아니라, 가족이나 친구와 친목을 도모하는 장소로도 기능하여 싱가포르의 식생활에서 빠질 수 없는 존재가 되었다.

근래에는 호커 센터가 싱가포르의 공통적 국민 의식을 함양하게 해줄 것으로 기대를 모아 싱가포르 문화의 상징·체험 장소로서 보호받고 있다.[68] 국부 리콴유의 아들 리셴룽李顯龍 총리(1952년생, 2004년부터 재임)는 2018년 8월에 싱가포르의 호커 문화를 유네스코에 추천할 것을 공식 표명했다. 이에 따라 싱가포르 정부는 2019년 3월에 '호커 문화—다문화 도시환경에서의 공동체 식사와 식문화Hawker Culture in Singapore: Community Dining and Culinary Practices in a Multicultural Urban Context'의 무형문화유산 등재를 신청하여, 이듬해 12월 등재에 성공했다.[69]

싱가포르 관광국은 호커 센터 및 호커 스타일의 요리를 싱가포르 브랜드로 확립하려 애써왔다. 일례로, 관광지로 가장 유명한 호커 센터인 라우파삿Lau Pa Sat(그림 2-11)의 마켓은 1973년 국가 지정 역사 건조물National Monument로 지정되었다. 라우파삿은 1894년 워터프런트에서 현재의 시 중심부로 이전하면서 빅토리아 양식의 특징적 팔각형 건물은 기본 형태로 유지하고 시계탑과 주철 골조를 추가했다. 원래 워터프런트의 마켓이었던 라우파삿은 국가의 인가를 받고 호커 센터로서 브랜드화되었으며, 관광자원으로 홍보되고 있다.[70]

한 가지 덧붙이자면, 말레이시아, 타이완, 홍콩 등지에도 유사한 포장마차 거리가 있다는 것을 염두에 두어야 한다. 이미 이야기했듯이 타이완이나 말레이시아에서도 이를 대외적 관광자원으로서 선전하고 있다.

한편, 싱가포르의 호커 센터에서 무조건 모든 국민이 함께 식사할 수 있는 것은 아니다. 분명 1960년대까지만 해도 말레이인 무슬림과 화인이 호커 센터에서 함께 식사를 하며 돼지고기, 라드가 포함되지 않은 요리를 먹고 술을 마시는 것이 일상적인 풍경이었다. 그러나 1964년 싱가포르 인종 폭동이나 이듬해의 싱가포르 분리 독립으로 상징되는 말레이인과 화인 사이의 긴장 관계가 지속

2-11 라우파삿(호커 센터)

되는 가운데 이슬람교의 식사 계율이 점차 엄격해졌다. 그에 따라
1970년대 중반부터 말레이인이 많이 사는 지역에 이슬람 호커가
등장하여 '할랄 호커 센터halal hawker centre' 등으로 불렸다.[71]

말레이시아 요리의 창출과 나시르막

이쯤에서 싱가포르에서 말레이시아로 눈을 돌려보자. 말레이시
아에서는 국민 요리가 체계화, 제도화되어 있지 못하며, 대개는 '말
레이시아 요리'에 대한 뚜렷한 이미지를 떠올리기도 어렵다. 영국
식민자가 말레이 요리를 거들떠보지도 않아 '말레이시아 요리'의
인지, 발전을 방해한 것도 그 배경의 일부를 이루고 있을 것이다.

이렇게 '말레이시아 요리'가 발달하지 못한 것은 일본 식민자의 선전으로 '타이완 요리'가 발달한 것과 대조를 이룬다.

그러나 '말레이시아 요리'를 말레이시아에서 조리, 취식되는 일련의 음식이라고 정의한다면 그것은 분명 존재한다고 할 수 있다. 예컨대 코코넛밀크나 향신료를 사용해 현지 식재료를 조리하고, 돼지고기와 관련된 식재료를 쓰지 않는 것은 말레이시아 요리만의 특징이다.[72]

말레이시아 요리는 영국 통치 시대로 거슬러 올라가는 민족 집단 분류 방식인 'MCIO(Malays, Chinese, Indians and Others)'를 반영하여, 다음 네 가지로 나누어 설명하는 경우가 많다.

① '말레이 요리Malay cuisine'—향신료와 코코넛밀크가 특징.
② '말레이시아 중국요리Malaysian Chinese cuisine'—'박쿳테bak kut the, 肉骨茶', '차퀘티아우cha kwetiau, 炒粿條(볶음 쌀국수), 커리 미curry mee, 피낭 호키엔미, '판미pan mee'(푸젠식 면 요리), 완탄민 등.
③ '말레이시아 인도 요리Malaysian Indian cuisine'—바나나 잎 라이스, 차파티(빵의 일종), 피시헤드 커리 등.
④ '뇨냐 요리'[73]

20세기 초부터는 영국의 식민지 지배에 대해 말레이 내셔널리즘이 고조되면서 말레이인이라 불리는 하나의 공통된 민족 집단 ethnicity이 형성되어갔다. 그리고 식민지 정부가 도입한 민족별 토지법이나 관료 기구 등에 의한 말레이인과 비말레이인의 구분은 독립 후 민족 정치의 방향을 결정하였다. 말레이인의 아이덴티티 형성에서 중요한 것은 이슬람교, 말레이어, 술탄(이슬람 세계의 군주)의 지위 등 세 가지이다. 1969년에는 말레이시아의 수도 쿠알라룸푸르에서 말레이인과 화인이 총선거 결과를 놓고 충돌하여(5월 13일 사건) 많은 사망자가 발생하는 대참사가 빚어졌다. 그 배경에는 1963년 건국 이래로 자유방임 경제 속에서 화인의 경제력이 신장한 데 비해 말레이인은 뒤처져 있다는 불만감이 있었다.

이 폭동을 계기로 말레이시아 정부는 1971년 UMNO(통일말레이국민조직)의 주도로 빈곤 상태의 말레이계를 우대하는 신경제 정책(통칭 '부미푸트라 정책')을 도입했다. 이렇게 해서 1970년대부터 말레이인 무슬림은 말레이시아의 다른 토착민들과 함께 화인에 대항하기 위해 '부미푸트라Bumiputera'(토착민)의 기치 아래 하나로 뭉쳤다.

그와 동시에 말레이시아 정부는 국민 통일과 민족 화합을 강조하는 정책을 관철하기 시작했으며, 그 일환으로 1971년 쿠알라룸푸르의 말라야 대학에서 국민문화회의National Culture Congress를 개최했다. 이 회의에서는 말레이시아 국민 문화의 세 원칙 중 하나로서 이슬람교의 중요성이 표명되었다.[74]

1972년에는 말레이시아 관광발전협회The Malaysian Tourist Development Corporation가 창립되었으며, 1987년에 문화관광부The Ministry of Culture and Tourism가 그 역할을 이어받았다. 1998년부터 문화관광부(2013년 관광예술문화부The Ministry of Tourism, Arts and Culture Malaysia으로 개편)는 '말레이시아 진정한 아시아Malaysia Truly Asia'라는 유명한 캠페인을 시작하여, 많은 민족 집단이 평화적으로 공존하는 말레이시아야말로 '진정한 아시아'라고 설명했다.

1990년대부터 말레이시아 정부는 관광자원으로서 음식에 많은 관심을 쏟았다. 2006년에는 '세계의 말레이시아 키친' 프로그램'Malaysia Kitchen for the World' programme(MKP)을 도입하여 정부가 국외 말레이시아 요리점의 개업 및 환경 개선을 지원했으며, 그 첫 성과로서 2008년 도쿄에 '좀 마칸Jom Makan'이 문을 열었다(2010년대 후반에 폐점). 말레이시아 정부가 지원하는 반관반민의 레스토랑은 도쿄에 이어 런던 등지에서도 문을 열었다. 특히, 2010년부터 말레이시아 정부는 말레이시아의 국민 요리를 엄밀히 규정하여 영국, 미국, 호주, 중국 등 세계 각국으로 보급을 시도했다.[75]

말레이 요리, 그리고 말레이시아 요리를 대표하는 것으로는 인디카 쌀에 코코넛밀크를 넣어 짓는 '나시르막nasi lemak'이 많이 거론된다. 말레이인 무슬림, 채식주의자가 많은 인도계 사람, 돼지고기를 먹는 화인 등 모두가 주식으로 쌀을 먹는다. 나시르막은 채식주의자도 먹을 수 있고 화인의 쭝쯔와도 비슷해서 말레이시아의 모든 국민에게 사랑받기 쉽다.[76]

이처럼 말레이시아의 국민 음식이라고 여겨지는 나시르막은 싱가포르에서도 대단히 인기가 높다. 화인이나 프라나칸은 독자적 스타일의 나시르막을 개발하기도 했다. 예컨대 화인의 나시르막 호커 중에는 코코넛밀크가 위장에 가스를 발생시킨다고 하여 이를 넣지 않고 만드는 곳도 있다.[77] 또한, 하이난 치킨라이스 역시 나시르막과 같은 이유로 말레이시아 전 국민의 사랑을 받기에 부족함이 없지만[78] 이미 살펴본 대로 이는 싱가포르의 국민 음식이 되어 있다.

말레이시아의 박쿳테와 중국요리

더욱 주목할 만한 것은, 말레이시아 정부는 자국 문화를 선전하기 위해 에스닉 푸드를 이용하면서도 공식적으로 소개할 요리는 이슬람교의 교리에 근거하여 선별했다는 점이다. '말레이시아 진정한 아시아' 캠페인의 웹사이트에서는 화인계 요리인 차퀘티아우, 하이난 치킨라이스, '용타우푸yong tau foo, 釀豆腐', 월병 등을 소개하고 있다. 용타우푸는 살짝 데쳐 으깬 어육, 두부, 채소 등의 재료에 면과 국물을 넣어 먹는 하카식 요리로,[79] 쑨원이 즐겨 먹었다고한다.[80]

한편, 말레이시아 정부는 매우 유명한 요리인 박쿳테를 자국 요리로 소개한 적이 없는데, 이는 말레이시아에서는 돼지고기나 라드사용을 기피하기 때문이다.[81] 박쿳테肉骨茶는 뼈가 붙어 있는 돼지고기를 각종 향신료와 함께 끓여낸 국물 요리이다. 박쿳테는 조리가 간편하고 맛이 좋아 말레이시아나 싱가포르 화인들이 즐겨 먹는 대표 음식으로, 근래에는 일본에서도 쉽게 접할 수 있다.

박쿳테의 기원에 관해서는 설이 나뉘어 말레이시아의 항구도시 클랑Klang, 巴生과 싱가포르 간의 논쟁을 불러오기도 했다. 1983년 (2월 19일) 말레이시아의 〈뉴 라이프 포스트(新生活報)〉에 실린 인터뷰 기사(邱敬耀, 「尋訪巴生肉骨茶傳人」)에 따르면, 제2차 세계대전 이전의 클랑 남구South Klang(구시가) 일대에서는 푸젠성 융춘永春 출신의 화인들이 거리에서 고향의 경식을 팔았으며 그 무렵 이미 뼈가 붙어 있는 돼지고기를 간장에 조린 '박쿳肉骨'이라는 요리가 있었다. 또한, 푸젠 융춘에서는 한방약 수프로 몸을 보강('補身')하는 식습관이 있었으므로 화인들은 돼지고기를 익힐 때 한방약을 넣었다.

그러다 제2차 세계대전 중 폐허가 된 클랑 남구의 한구석에서 리원디李文地라는 인물이 전후에 '박쿳' 전문점인 '텍테Teck Teh, 德地'를 열어 인기를 끌었다. 리원디의 '박쿳'은 그의 이름에서 한 글자(地)를 취해 '박쿳테肉骨地'라 불렸으며, 푸젠 융춘 방언에서 '地'와 '茶'가 동음이었던 데에 말미암아 '박쿳테肉骨茶'라는 명칭이 퍼져나갔다.

박쿳테는 원래 항만 노동자들이 먹던 음식이었는데, 이는 당시 원재료인 돼지고기나 한방약이 쌌기 때문이다. 이 항만 노동자들은 아편을 피운 뒤 박쿳테 포장마차에서 진한 차를 조금씩 마시며 목을 회복시켰으며, 이것이 '박쿳테'의 명칭과 관련이 있다는 설도 있다. 이렇듯 '박쿳테'라는 명칭 자체는 제2차 세계대전 후에 생긴 것이다. 그러나 리원디의 부친은 전쟁 이전인 1936년경에 이미 박쿳테라고 할 수 있는 음식을 판매한 바 있으며, 따라서 이 요리의 기원은 1930년대 이전의 클랑으로 거슬러 올라갈 수도 있다.[82]

박쿳테에는 차오저우식, 광둥식, 푸젠식 등 세 종류가 있으며, 그중 가장 인기가 높은 차오저우식 박쿳테는 푸젠성 융춘의 것과는 기원이 다를 수도 있다. 반면, 싱가포르 박쿳테의 기원은 명확하지 않다. 참고로, 싱가포르에서 많은 점포를 열어 가장 널리 알려진 '송파박쿳테松發肉骨茶, Song Fa Bak Kut Teh'(그림 2-12)는 1969년 싱가포르의 중심적 번화가인 부기스에서 문을 열었다.[83]

말레이시아에서는 돼지고기나 라드에 대해 각별한 주의를 기울이며, 학교 등 공공시설의 식당에서 돼지고기를 내는 일은 없다. 나

2-12 박쿳테(싱가포르의 송파)

아가 화인의 집에 놀러 간 말레이인은 돼지고기 제품과 접촉했을 가능성이 있는 식기를 사용하기 어려우므로 가게에서 따로 사온, 포장 용기에 담긴 음료를 대접받는다. 또한, 화인의 결혼식이 중국 요리점에서 열리는 경우에는 무슬림 하객을 위한 별도의 테이블이 마련되지만, 그럼에도 불안해하는 무슬림이 있을 정도라고 한다.[84]

말레이시아의 중국요리가 지닌 특색으로는, 화인 가운데 푸젠 출신자가 가장 많은데도(단, 쿠알라룸푸르나 이포Ipoh 등지에는 광둥인이 많다) 요리로서는 광둥 요리가 많다는 점을 들 수 있다. 이는 요식업계에서 광둥 출신자가 많이 활약하기 때문이다. 또한, 가정에서는 설령 푸젠 요리를 일상적으로 먹더라도 레스토랑에서는 좀 더 이국적이고 국제적으로도 잘 알려진 광둥 요리를 내세우는 쪽이 손님을 끌기 쉽다는 이유도 있을 것이다. 말레이시아에는 광둥 요리를 만드는 요리사가 가장 우수하다는 고정관념도 존재한다. 나아가 광둥 요리의 명성은 종종 홍콩과 결부되어왔다. 예컨대 '홍콩 딤섬香港點心', '홍콩 사오카오香港燒烤'(돼지나 오리·닭 구이), '홍콩 완탄민'처럼 요리 이름에 '홍콩'을 넣는 가게도 적지 않다.

또한, 말레이시아에서는 인도네시아인 무슬림 행상이 중국의 국수, 소가 든 찐빵('包子'), 춘권 등을 팔고는 한다. 말레이시아의 말레이인이 1980년대쯤부터 점차 중국요리를 즐겨 먹게 된 것에 비해 인도네시아에서는 예로부터 많은 사람이 중국요리를 즐겼다. 그리고 인도네시아제도와 말레이반도의 사람들은 언어적, 문화적으로 가까워서 인도네시아인들에 의해 말레이시아에 중국요리가 보급되었다.[85]

말레이시아와 싱가포르 요리의 공통성과 경합

말레이시아 국가문물부Jabatan Warisan Negara, National Heritage Department 공식 웹사이트의 말레이시아 무형문화유산 목록에는 앞서 이야기한 나시르막, 싱가포르 다문화주의의 상징이기도 한 로작, 뇨냐 요리의 일반적 전채인 쿠에파이티, 앞으로 소개할 '이상yee sang, 魚生', 포피아 등이 포함되어 있다.[86] 이 밖에도 말레이시아와 싱가포르의 화인들 사이에는 하이난 치킨라이스, 박쿳테, 차퀘티아우(그림 2-13), 커리락사 등 공통의 요리가 여럿 있다.

말레이시아와 싱가포르는 1965년 이후 독립된 두 주권국가가 되었지만, 본래 같은 문화권에 속해 있었다. 프라나칸 요리 작가 크

2-13 차퀘티아우 모형(피낭 원더푸드 뮤지엄)

리스토퍼 탄Christopher Tan은 싱가포르 요리와 말레이시아 요리는 서로 닮아 있지만 '악센트accent'라 할 만한 유의미한 차이가 존재해, 두 요리는 각각 다른 악센트를 지니고 있다고 이야기한다.[87]

　이러한 이유에서 두 나라의 지식인, 현지 유력자, 화인 정치인 등은 위에 열거한 요리들의 국민적 아이덴티티를 두고 논쟁을 벌여왔다. 관광 진흥을 위해 음식을 선전하는 데는 싱가포르가 더 적극적이었지만, 근래에 와서는 말레이시아도 열심이다. 이 공통의 요리들이 싱가포르의 것으로서 선전되는 데 반대하여 말레이시아의 현지 유력자, 화인 정치인은 이를 말레이시아 요리라고 주장하고 있다. 마지막으로, 싱가포르와 말레이시아의 대표적인 공통의 요리 일곱 가지를 소개하며 이 장을 마치고자 한다.

1. 뇨냐 요리

싱가포르 요리의 중핵을 차지하는 뇨냐 요리는 말레이시아 쿠알라룸푸르의 (관광객을 상대로 한) 민족 레스토랑에서도 피낭 등지의 지방 요리로서 제공된다.[88]

프라나칸 문화는 싱가포르에서와 마찬가지로 말레이시아에서도 문화유산으로서 정부의 지원을 받고 있다. 1980년대부터는 싱가포르와 말레이시아 양국에서 뇨냐 요리의 상품화가 추진되었으며, 나아가 인도네시아에서도 뇨냐 요리 레스토랑이 생기고 있다. 또한, 프라나칸은 화인으로서의 아이덴티티도 가지고 있어 뇨냐 요리는 중국요리의 일종이라 할 수도 있다.[89] 이렇듯 뇨냐 요리를 특정 국가의 요리로 보기는 어렵다.

2. 하이난 치킨라이스

하이난 치킨라이스는 닭고기를 삶아 그 육수로 지은 쌀밥과 함께 먹는 요리이다.

2009년 말레이시아의 하이난회관연합회는 하이난 치킨라이스 합격증을 발행하여 요리가 정통적이라는 것을 증명하게 했다고 한다. 그러나 현실적으로 말레이반도의 화인이 만들어낸 요리를 현재의 국경에 기초하여 어느 한쪽의 요리라고 판단하기는 불가능하다.[90]

3. 이상

이 밖에도 음력설에 부귀와 장수를 기원하는 뜻을 담아 다 함께 '로헤이'를 외치며 '이상'이라는 생선회 샐러드를 섞어 먹는 관습

2-14 피낭의 이상과 로헤이

인 '로헤이lo hei, 撈起'(prosperity toss)가 있다(그림 2-14).

로헤이는 싱가포르의 독립을 한 해 앞둔 1964년 '라이와자우가麗華酒家, Lai Wah Restaurant'(1963년 창업)에서 시작되었으며, 오늘날에는 싱가포르를 대표하는 식문화로 알려져 있다.[91]

생선을 날것으로 먹는 관습 자체는 고대 중국의 '회膾'로 거슬러 올라갈 수 있다. 그런가 하면, 말레이시아의 화인이 이상의 기원에 대해 이의를 제기하자 말레이시아 국가문물부도 이상을 말레이시아의 무형유산에 포함시켰다.[92]

4. 포피아

말레이시아나 싱가포르에서 인기 있는 생춘권인 '포피아popiah, poh pia, 薄餅'(그림 2-15)는 푸젠성에서 전해진 '룬빙潤餅'이 그 시초라

2-15 포피아(피낭)

고 생각된다. 이는 인도네시아나 필리핀에도 '룸피아lumpia, 潤餅'라는 이름으로 존재하며, 재료나 크기 등에서 차이가 있다.

　동아시아에 널리 보급된 춘권에는 실로 다양한 변형이 존재하며, 그 전체상을 밝히는 것은 향후의 과제로 남겨두고자 한다.

5. 호판

　말레이시아, 싱가포르, 그리고 태국에는 '호판hofan, 河粉'('하펜' 등으로도 불린다)이라는 넓적한 쌀국수가 있다.

　말레이시아에서는 이포Ipoh, 怡保 스타일이 가장 유명하며, 이는 '이포 호판怡保河粉'이라고 불린다. 이포 호판은 '사호판沙河粉'('사호'는 광저우 시가지의 지명)이라고도 불리는 데서 알 수 있듯이 아마도 근대에 광저우에서 전해진 것이라고 생각된다.

　이포 호판은 호주 등 해외의 말레이시아 요리점에서도 찾아볼 수 있으며, 말레이시아의 중국요리를 홍콩, 타이완의 요리와 구별해 주는 표지이다.

6. 차오저우 죽

말레이시아에서는 죽이라 하면 '차오저우 죽潮州粥, Teochew porridge' 이 유명하다. 동남아시아의 화인들 사이에서 죽은 일반적으로 영아나 환자의 음식이다. 그러나 차오저우 출신자들은 자반이나 절임을 곁들여 일본의 죽과 비슷한 건더기 없는 흰죽을 즐겨 먹는다.

이 밖에도 동남아시아에서 유명한 다른 차오저우 요리로는 스팀보트(전골 요리), 퀘티아우, 제비집 수프('燕窩湯'), 그리고 샥스핀 요리 등이 있다.

7. 오이스터오믈렛

'오이스터오믈렛oh chian, 蠔煎'은 푸젠 남부나 차오저우의 음식으로, 말레이시아와 싱가포르에서는 포장마차에서 쉽게 찾아볼 수 있는 경식으로서 알려져 있다.[93]

이 장에서 살펴보았듯이, 영국 식민지 시절 싱가포르의 대표적 요리는 서양인에게는 서양 요리, 중국인과 일본인 등에게는 중국요리였다. 제2차 세계대전 후에 이르기까지 싱가포르의 영어판 여행 가이드북에서는 서양 요리의 메뉴를 열거하고 있었다. 그런가 하면 싱가포르가 독립한 1965년 정부의 주도로 개최된 푸드 카니발에는 중국요리 레스토랑과 포장마차가 한데 모였다.

그 후 싱가포르는 자국 요리를 열성적으로 체계화하고 이를 국민적 아이덴티티의 기반이나 관광자원으로서 이용해왔다. 싱가포르 요리의 중핵을 차지하는 뇨냐 요리나 유네스코 무형문화유산에 등재된 호커 문화는 쇠퇴·소멸의 위기에 처해 있었지만 싱가포르 건국 후 보호를 받으며 부활했다.

1930년대로 거슬러 올라가는 하이난 치킨라이스의 역사가 발굴되고, 싱가포르를 대표하는 요리로서 주목받게 된 것은 1980년대 이후의 일이다. 싱가포르의 이 식문화들은 모두 말레이시아와 공통되는 것이어서, 싱가포르가 이를 정비하여 자국 요리로 대외적으로 강하게 선전할수록 말레이시아와 마찰을 빚기 십상이다.

2장

베트남
—퍼와 반미로 보는 중국과 프랑스의 영향

**중국의 문화적 영향을 보여주는
한월어와 젓가락, 그리고 남국 의식**

동남아시아의 여러 나라 중 중국의 영향을 가장 크게 받은 곳은 베트남이다. 현재의 베트남 북부는 기원전 111년부터 기원후 939년까지 천 년 이상에 걸쳐 중국의 통치를 받은 역사가 있다. 즉, 기원전 221년 중국을 통일한 진의 시황제始皇帝는 기원전 214년 현재의 화난華南에서 베트남 북부에 이르는 영남 지방을 평정했다. 진나라 멸망 후인 기원전 203년에는 이 지역에 남월南越이 건국되었지만, 남월은 기원전 111년 한의 무제武帝에 의해 멸망하여 교지交趾, 구진九眞, 일남日南 등 세 군郡이 세워졌다. 그 후 베트남 북부에서는 몇 차례 반란이 일어났지만, 939년 최초의 민족 왕조인 응오

吳 왕조가 독립을 이룩할 때까지 대부분의 기간을 중국의 지배 아래서 보냈다.

이 '북속기北屬期'에 중국의 여러 왕조는 유교에 기초한 관료제도, 베트남어의 한자 표기(한월어漢越語, 오늘날에도 베트남어 어휘 중 65~70퍼센트는 한어에 기원을 둔 한월어이다), 과거제를 비롯해 중국식 의식, 행정 등을 도입하여 베트남 사람들을 '문명화'했다. 그런가 하면 지방관, 상인과 농민 등으로 중국과 베트남을 왕래하며 점차 베트남에 동화되어간 중국 사람들도 많았다.[1]

이렇게 오랜 세월에 걸쳐 베트남은 중국으로부터 많은 영향을 받았다. 중국요리나 면 요리를 먹는 경우는 논외로 한다면, 베트남은 중국계 주민이 주체인 싱가포르를 제외하고 동남아시아에서 유일하게 모든 식사에서 젓가락을 주로 사용하는 나라가 되었다. 베트남 다음으로 태국에서도 젓가락을 비교적 많이 사용하기는 하지만, 인도 문명의 영향이 강한 동남아시아 국가들에서는 어디까지나 손으로 하는 식사가 중심이었다. 베트남에서는 기원전 3세기 진나라가 월남(베트남)을 침공한 뒤로 서서히 젓가락이 보급된 것으로 추정된다. 이에 비해 일본에서는 607~608년 스이코推古 천황이 오노노이모코小野妹子를 견수사遣隋使로 파견한 뒤로 젓가락이 보급된 것으로 여겨진다. 따라서 베트남에서는 일본보다 훨씬 예전부터 젓가락이 쓰였다는 이야기가 된다.[2] 참고로, 중국에서는 젓가락을 식탁에 놓는 방향이 가로에서 세로로 바뀌었으며, 젓가락을 가로로 놓는 오랜 관습은 일본에만 남아 있을 뿐, 베트남이나 한반도에서는 오늘날까지도 중국과 마찬가지로 젓가락을 세로로 놓는다.

베트남 연구자 후루타 모토오古田元夫에 따르면, 베트남은 10세

기에 중국으로부터 자립한 뒤로 19세기에 프랑스의 식민지 지배를
받기까지 기본적으로 스스로를 중화 세계의 일원으로 여겼다. 전
근대 베트남의 국가 의식은, 중국을 '북국'으로 보고 이에 대응하여
베트남 즉 '남국南國'의 문명성과 자립을 주장하는 것이었다.

이처럼 스스로를 중화 세계의 일원으로 보는 자의식은 천 년 이
상 지속된 중국의 지배가 남긴 유산·산물이라기보다는 베트남의
자주적 선택에 가까웠다. 이는 중국의 압력에 대항하기 위한 선택
이었으며, '탈중국을 위한 중국화' 혹은 '중국화되지 않기 위한 중
화화'였다. '남국 의식'이라는 이 베트남판 중화 의식은 중국에 대
항하는 국가 의식의 강화로 이어졌다. 그러나 한편에서는 중화 문
명을 공유하지 않는 주변 국가·민족과 자국 베트남의 차이를 야만
대 문명이라는 도식으로 파악하는 경향 역시 존재했다.[3]

응우옌 왕조 시대의 궁정 요리와 서민 요리

근대라는 시대에는 도시화, 산업화가 진행되고 내셔널리즘이 발
흥한다. 1789년 떠이선西山 왕조가 청나라의 간섭을 물리치고 베트
남을 통일했지만, 1802년 응우옌푹아인阮福暎이 프랑스의 원조를
받아 떠이선 왕조를 무너뜨리고 응우옌阮 왕조의 초대 황제(자롱嘉
隆 황제, 1802~20년 재위)에 즉위했다. 이렇게 성립된 베트남 최후의
왕조 응우옌 왕조(1802~1945년)가 근대 베트남을 통치하였다.[4]

응우옌푹아인은 18세기 말의 전반생에 메콩강 삼각주에서 전투
를 치르면서 검소한 식생활을 했기 때문에 응우옌 왕조의 궁정 요

리는 가난한 가정에서도 먹을 수 있는 요리를 포함하고 있었다. 응우옌푹아인 세력이 군사적 승리를 거둔 것은 메콩강 삼각주에서 플랜테이션을 실시하여 쌀을 풍부하게 재배할 수 있었기 때문이다. 나아가 황제에게 시집가 수도 후에順化로 오게 된 측실들이 궁정에 서민의 음식을 가져왔다. 한편, 궁정에는 고지의 야생동물 고기나 각지의 쌀 등 전국에서 보내온 특산품도 있었다.

2대 민망明命 황제(1820~41년 재위)는 궁정 요리의 규칙을 정하여 성문화했다. 황실의 음식은 내무부의 감독을 받았고, 황제는 매끼 50가지 요리가 나오는 식사를 홀로 들었으며, 부정을 멀리하도록 명받은 15명의 요리사는 각자 자신이 만든 요리에 책임을 졌다. 요리의 가짓수는 마지막 황제 바오다이保大(1926~45년 재위) 대에 이르러서는 35가지로 줄었다.

왕실에 시집간 쯔엉티빅Trương Thị Bích, 張氏璧(1862~1947)이라는 여성은『특포박티엔Thực Phổ Bách Thiên, 食譜百篇』이라는 궁정 요리서를 썼다. 이 책에 따르면, 응우옌 왕실에서는 첫째로 민물고기, 조개, 해산물을 쌀과 함께 먹었으며, 채소가 둘째, 그리고 고기는 셋째에 지나지 않았다. 또한, 발효시킨 생선이나 채소 절임이 인기였으며, 샥스핀이나 전복, 제비집 등 중국요리에서 쓰이는 고급 식재료는 가끔 나올 뿐이었다.[5]

17세기에 청조가 수립되자 그전부터 건너오던 광둥과 푸젠의 상인에 더해 명조의 옛 신하, 병사 등이 중국에서 베트남(안남安南)으로 도망쳐 호이안會安에 자리 잡고 살며 집락을 이루었다. 나아가 현지에서 태어난 중국계 이민자의 자손들은 장사를 위해 임시로 살고 있을 뿐이던 화인과 구별되었으며, 1827년에는 그들의 촌락

이 '민흐엉싸明香社'에서 '민흐엉싸明鄉社'로 개칭되었다. 이들 '민흐엉
明鄉'은 복장을 비롯한 풍속·관습을 베트남식으로 바꾸도록 요구받
기도 했지만, 한편으로는 응우옌 왕조의 관리가 될 길도 열렸다.[6]

현지 사회에 동화된 민흐엉은 독자적 문화를 계승하지 못했기
에 (화인과 현지인 여성 사이의) 동남아시아 혼혈인 가운데 태국의 룩
친Luk Chin[중국인의 자손]과 비슷하며, 싱가포르·말레이시아·인도네
시아의 프라나칸이나 필리핀의 메스티소와는 다르다.[7] 19세기 초
에 이르러서는 3만 명 이상의 화인이 베트남 남부에 살아, 수천 명
의 화인·베트남인 혼혈이 있었으며, 적어도 광둥, 차오저우, 푸젠,
하이난, 하카 등 다섯 가지의 방언을 구사하는 사람들이 있었다고
한다.

베트남인 아내는 남편이 1대째 혹은 2대째 중국계 이민인 경
우 화인이나 민흐엉을 고용하여 특별한 요리를 준비시키고는 했다.
나아가 베트남 도시에는 중국요리점이 생겨나 주로 광둥 요리를
냈다. 광둥 출신 남성이 식료·잡화점, 푸줏간이나 가공육 가게를 열
고, 가게 앞에는 차시우나 사탕물을 발라 구운 오리를 매달았다.
광둥인 상인이 가지고 들어온 오랜 시간 쑨 죽('老火粥')이나 탕면,
완탄민 등이 베트남의 '전골(러우lẩu)' 요리, '후띠에우hủ tiểu'(돼지고
기, 새우, 숙주 등을 넣은 베트남 남부의 반건조 쌀국수 요리), '완탄(북부에
서는 반탄vằn thắn, 남부에서는 호아인타인hoành thánh)' 등으로 진화했다고
생각된다.[8]

프랑스의 식민지 지배가 끼친 사회적 영향과 화인

1858년 프랑스의 나폴레옹 3세Charles Louis Napoléon Bonaparte는 응우옌 왕조의 선교사 처형을 구실로 스페인과 연합함대를 베트남에 파견했다. 당시 프랑스는 중국에서 영국과 함께 2차 아편전쟁을 치르고 있었는데, 1860년 이 전쟁이 끝나자 병력을 베트남에 집중했다. 나아가 프랑스는 1862년 사이공조약을 체결하여 응우옌 왕조를 개국시킴과 동시에 사이공을 포함한 코친차이나(베트남 남부) 동부를 할양받았으며, 1880년대에는 베트남 북부를 침공하고 1884년에는 청불전쟁에서 승리하여 이듬해 톈진조약을 통해 베트남을 자국의 보호국으로 만들었다. 1887년 프랑스는 베트남과 캄보디아를 프랑스령 인도차이나 연방으로 하였으며, 1899년에는 라오스도 보호국으로 만들어 이에 편입시켰다.

이렇게 시작된 프랑스의 식민지 지배(1887~1945년)는 베트남을 중화 세계에서 떼어놓는 데 큰 역할을 했다. 요컨대 프랑스에 의한 지배는 ① 베트남에 대한 중국의 종주권을 부정하였고 ② 베트남을 '인도화된 동남아시아'의 일원인 캄보디아, 라오스와 함께 인도차이나라는 틀 안에 넣어 지배하였으며 ③ 과거제도를 폐지하고 베트남어 로마자 표기법을 보급하여 지식인을 한자 문명에서 분리했다. 이 세 가지 측면에서 프랑스의 식민지 지배는 베트남을 중화 세계로부터 떼어놓으려는 의도를 가지고 있었다고 할 수 있다.[9]

프랑스 식민지 시대의 베트남에서 화인 상인은 베트남과 교역을 확대하여 프랑스인과 베트남인의 중개자 역할을 했다. 베트남에서는 중국계 이민자가 급증하여 1880년경에 약 4만 5,000명이었던 것이 1902년에 이르러서는 약 두 배, 1911년에는 약 세 배로 늘었다. 그럼에도 프랑스령 인도차이나에서 화인은 어떠한 정치적 권리도 얻지 못했으며, 프랑스인은 화인을 외국인으로 여겨 그들이 식민지에 있는 것 자체가 특권이라고 생각했다. 프랑스인은 화인을 중개자로 이용함과 동시에 이윤이 생기는 경제 부문에서는 화인의 지위를 빼앗으려 했다.

19세기 베트남과 미국(3부 1장 참조)에서 화인이 처해 있던 경제적 환경은 대조적이었다. 요컨대 미국에서는 화인 노동자와 현지 백인 노동자가 경합하여 하층민 사이에서 '노란 프롤레타리아트'에 대한 두려움이 퍼진 데 비해, 베트남에서는 이미 지위를 확립해놓은 화인 실업가에 대해 새로 들어온 야심에 찬 프랑스인 실업가가 안달복달하고 있었다.[10]

고정관념에 물든 프랑스령 인도차이나의 언론은 화인 무역상이 큰돈을 벌어 장가를 가고 파렴치하게도 베트남인 처자식을 버리고 중국으로 돌아간 뒤에 비로소 진짜 가정을 꾸린다고 주장했다. 그러나 실제로는 화인과 베트남인의 혼혈인 민흐엉의 공동체가 도시와 지방에 넓게 형성되어 있었다. 또한 베트남에서는 변발과 함께 비만이 화인 남성의 표지가 되고는 했는데, 베트남인은 일반적으로 화인보다 말랐으니 화인은 가난한 베트남인을 희생시켜 살을 찌웠다는 주장을 한 것이다.

이 밖에도 1880년대에는 사이공의 차이나타운 쩔런Chợ Lớn에 사는 화인 대부호가 고액의 급료로 프랑스인 셰프를 고용하여 각종 고급 중국요리를 만들게 한다는 소문이 퍼졌다. 소문의 진위는 분명치 않지만, 화인 유력자가 프랑스인 셰프를 훈련시켜 고급 중

국요리를 만들게 한다는 인식은 식민지에서 화인 실업가의 부와 권력에 대한 평판을 확고하게 만들었다.[11]

프랑스 식민지 시대 식문화의 대표, 반미와 베트남 커피

여기서는 주로 E. J. 피터스Peters의 뛰어난 연구를 바탕으로 프랑스 식민지 시절의 베트남 식문화에 관해 이야기하고자 한다. 피터스의 연구에 따르면, '느억맘nước mắm'(작은 생선을 염장하여 발효시킨 어장魚醬)이나 미주米酒(넵머이 등) 같은 일상적 음식물은 원래 베트남의 것이라고 인식되지는 않았지만, 프랑스의 침략을 겪은 뒤로는 베트남을 대표하는 음식물이 되었다.

한편으로, 베트남 요리는 프랑스 요리로부터 큰 영향을 받았다. 1885년 프랑스는 친프랑스파인 동카인同慶 황제(1885~89년 재위)를 옹립하여 후에에서 즉위시켰다. 동카인 황제는 즉위 후 첫 뗏tết(음력설) 축하 자리 등에 프랑스인 관리들을 불러 호화로운 유럽식 연회를 열었다. 동카인 황제는 호화로운 서양 요리를 준비하여 프랑스인들의 인정을 받았지만 베트남인들에게는 적국에 대한 협력자로 비치기도 했다.

또한, 쩔런의 유력자이자 민흐엉 대부호였던 도흐우프엉Đỗ Hữu Phương, 杜有芳은 프랑스 요리를 받아들여 베트남 요리를 개량한 것으로 알려져 있다. 1893년경 그는 자신의 집에 찾아오는 다양한 손님에게 호화로운 베트남 요리를 대접하였으며, 특히 프랑스인 손님에게는 정성을 들여 베트남 요리 연회를 베푼 뒤 유럽식으로 큰 스

테이크를 내어 접대했다.[12]

나아가 프랑스의 식민지 통치가 시작되고 얼마 지나지 않아 베트남에서는 프랑스의 바게트가 퍼졌으며 이는 당초에는 '서양 빵'을 의미하는 '바인따이bánh tây'라고, 후에는 '밀 빵'을 의미하는 '반미(바인미)bánh mì'라고 불렸다.

베트남에서 바게트는 원래 마가린이나 버터, 설탕 혹은 잼을 발라 먹었지만, 20세기 초부터 혁신이 일어나 베트남의 식재료를 넣어 일상적으로 즐겨 먹는 간편한 샌드위치 같은 것으로 바뀌었다. 베트남에서 반미는 점심, 저녁 식사의 따뜻한 밥을 대신하지는 못했으며, 아침 식사나 경식으로 먹는 음식이었다.

참고로, 남북 분단 시기(1955~75년)의 남베트남에서는 북에서 온 난민에게 체더치즈 등을 배급했지만 좀처럼 인기가 없던 탓에 그걸 반미 속에 넣어 값싸게 팔았다.[13]

또한, 1880년대에는 베트남의 연회에 프랑스 주류가 나오기 시작했다. 베트남인 엘리트나 화인 부유층이 프랑스의 와인이나 샴페인 및 홍콩에서 들어오는 그 위조품을 마셨으며, 이에 따라 1910년대에는 프랑스산 와인의 소비가 급증했다.

이 밖에도 우유는 샴페인 등과 함께, 근대화를 추구하면서도 적국에 협력하던 베트남인을 상징하기도 했다. 사이공에서는 19세기 말 프랑스인에게 우유를 제공하기 위해 타밀인 이민자들이 착유장을 다수 개업했다.[14] 나아가 제1차 세계대전 때에는 베트남어 신문에 깡통 분유 광고가 실려, 수입품 분유가 건강을 지키고 사회적 신분 상승도 가능하게 한다고 선전했다. 도회지의 베트남인들은 깡통 분유를 디저트, 소스, 커피에 넣어 먹었다.

우유가 들어간 베트남 커피 역시 프랑스 식민지 시대부터 마시기 시작한 것이다. 1880년대 말에는 사이공 시내 곳곳의 길모퉁이에서 베트남인 여성이 커피를 팔았다.[15] 당시부터 대규모 커피콩 농장이 퍼져나가 오늘날 베트남의 커피 생산량은 브라질에 이어 세계 2위를 달리고 있다.

프랑스인 식민자의 식생활과 화인 요리사·중국요리

그런가 하면 프랑스인 식민자는 인종적으로 더럽혀질 것을 우려하여 베트남이나 중국의 음식을 입에 대지 않았다. 프랑스인들의 작은 커뮤니티는 식문화 전통의 경계를 엄격히 유지하고 있어서 아시아 음식을 먹는 프랑스인과 프랑스 음식을 먹는 아시아인은 비판의 대상이었다. 식민지의 프랑스인들은 본국 사람들보다 고기를 많이 먹었으며, 프랑스에서는 그다지 먹지 않는 채소 통조림을 먹었다. 다만 커리는 베트남 현지 요리가 아니라 영국에 의해 해석, 수정된 것이어서 식민지 프랑스인의 식탁에도 종종 올랐다.

많은 식민지 엘리트들이 가장 친근하게 여긴 화인 남성은 그들의 요리사였다. 1970~80년대의 코친차이나에서는 화인 남성이 식민지에서 가장 뛰어난 요리사라는 인식이 공통적으로 자리 잡고 있었다.[16]

그러나 19세기에는 중국에서조차 중국요리 연회에 참가하는 프랑스인은 많지 않았다. 중국에 거주하는 프랑스인들 사이에서는 연회에서 먹고 싶지 않은 것을 테이블 아래에 버리거나 이미

식사를 끝마쳤다며 연회 자체를 거절하는 것이 권장 사항이었다. 1906~07년에는 코친차이나에서 가래톳페스트가 유행하자 중국 음식에 대한 공포심이 고조되어 모든 중국계 이민자가 코친차이나에 들어올 수 없게 되었으며 화인 사회에 대한 감시도 강화되었다. 베트남의 프랑스인은 중국의 프랑스인보다 더더욱 중국요리를 받아들이려 하지 않았으며, 1920년대에 와서야 화인과 장사를 하던 이들이 중국요리 연회에 적극적으로 참가하였다.[17]

프랑스인과는 대조적으로 베트남인은 유럽 음식을 먹듯 중국요리도 먹었으며, 이는 식민지에서의 도회적 세련미나 개인의 높은 위신을 나타냈다. 독이나 오염 등에 관한 소문에도 불구하고 베트남 사람들은 중국요리점에 가고, 거리의 중국 음식을 먹었으며, 화인이 만든 식품, 차, 술을 즐겼다. 고향 사이공에 단골로 드나들던 카페와 중국요리점이 있던 어느 베트남인 하급 관리는 1922년 하노이를 여행했을 때도 그곳의 베트남 요리점보다는 중국요리점에서 오히려 고향에 있는 듯한 느낌을 받았다고 했다.[18]

베트남 대기근과 전쟁 시대의 음식

1940년에 일본군이 프랑스령 인도차이나에 도착하자, 프랑스의 비시Vichy 대독 협력 정권하에 있던 장 드쿠Jean Decoux 제독의 인도차이나 식민지 정부는 일본에 쌀이나 고무 등을 공급하기로 합의했다. 이렇게 인도차이나에서는 일본군이 진주한 후에도 프랑스의 식민지 지배가 계속되었다. 1941년 7월 일본은 프랑스령 인도차이나 남부로의 진주를 요구했으며, 프랑스의 비시 정권은 인도차이나에 대한 프랑스의 주권을 일본이 인정한다는 조건 아래 이를 승인했다. 일본군 및 프랑스의 인도차이나 식민지 정부에 의한 식량 징발은 가혹했지만, 전시의 배급제 아래서는 베트남인과 화인 유력자들도 '유럽인'의 배급 카드를 입수할 수 있었으며 통조림이나 수입술 등이 암시장에 나돌았다.

그러나 1944년 가을에는 악천후로 인한 흉작에 더해 미군의 공습으로 교량 등이 파괴되고 나아가 군수품 수송이 민수품보다 우선시되어서, 비옥한 남부 메콩강 삼각주에서 북부로 식량을 수송하기가 어려워졌다. 이렇게 해서 '베트남 대기근'이 발생하여 베트남 북부를 중심으로 전에 없던 수(최대 약 200만 명으로 추정)의 아사자를 냈다.[19]

한편, 1941년에는 호찌민胡志明(1890~1969년)이 이끄는 '베트민 Việt Minh, 越盟'(베트남 독립동맹회)이 정식으로 결성되었다. 주목해야 할 것은 조직명에 '인도차이나'가 아닌 '베트남'이 들어가 있다는 사실이다. '베트남越南'은 응우옌 왕조 시대의 정식 국호였지만 20세기 초 판보이쩌우潘佩珠 등은 이를 조국 독립의 회복을 위한 개념으로 제시하였으며, 1940년대에는 민족 독립을 목표로 하는 당파의 명칭에 공통적으로 쓰였다.[20]

베트민은 제2차 세계대전 중에는 일본군, 전후에는 일본군의 본국 송환 감시를 위해 북베트남에 온 중국국민당군의 식량 징발에 맞서, 지방 주민을 조직하여 저축 식량을 은닉했다. '베트남 대기근'의 영향으로 베트민에 대한 지지가 확산되고, 호찌민의 지도 아래 식민지 지배에 맞서 싸우는 정치 세력의 결집이 도모되었다. 호찌

민은 일본이 항복한 1945년 8월 전국에서 봉기를 일으켜 그해 9월 베트남민주공화국을 수립했다.[21]

그러나 1945년 9월 영국의 제20인도보병사단이 사이공에 진격하여 프랑스에 의한 식민지 지배를 지속하려 했다. 그 후 프랑스군도 도착하자 프랑스와 베트남민주공화국 사이에서 인도차이나전쟁이 발발했다. 1949년에는 프랑스가 남부에 베트남국을 세워 응우옌 왕조 최후의 황제 바오다이를 옹립했으며, 같은 해에 중화인민공화국이 수립되자 그 영향에 따른 베트남의 공산주의화를 우려한 미국도 이 전쟁에 개입하여 프랑스를 지원했다.

이에 베트민은 농촌으로 물러나 저항을 이어나갔다. 수만 명의 도시 거주자가 농촌에서 전쟁을 이어나가서 1946년부터 7년간 계속된 반식민지 전쟁은 사상 최악의 '베트남 대기근' 직후 농촌의 식량 부족을 심화시켰다.

하지만 북베트남에서는 1940년대 말부터 지주의 토지를 소작농에게 양도하는 토지개혁이 시행되었으며 이는 1952년부터 가속화되었다. 토지개혁은 마을 법정에서 재판을 거쳐 많은 지주를 처형하는 등 잔혹성을 드러냈지만, 소작농들을 동원해 전장으로의 식량 공급을 가능하게 했다. 그리고 이는 1954년의 디엔비엔푸 전투에서 베트민이 프랑스군에 승리하는 결과를 가져왔다. 패배한 프랑스는 휴전 쪽으로 기울어, 같은 해에 제네바 휴전 협정이 체결되었다. 이 협정은 북위 17도선을 경계로 휴전하고 2년 후에 남북 통일 선거를 실시할 것을 의결하였다.

그러나 미국은 바오다이를 추방하고 응오딘지엠吳廷琰(1901~63년)으로 하여금 베트남공화국(1955~75년)을 세우게 하였으며, 이에 따라 남북 통일 선거는 실시되지 못했다. 이에 호찌민은 1960년 남베트남 민족해방전선(베트콩)을 조직해 남베트남에서 게릴라 봉기를 전개했다.[22]

프랑스, 미국, 러시아의 식문화—바게트와 흰 빵, 흑빵

이렇게 남베트남에서는 1955년 10월 프랑스를 대신하여 미국을 후원자로 하는 응오딘지엠 정권이 수립되었다. 그러자 미국의 국민 음식인 햄버거나 핫도그, 인스턴트커피, 립턴 홍차 등이 젊은이들 사이에서 유행했다. 그렇지만 샌드위치에 사용되는 하얗고 부드러운 슬라이스 빵은 프랑스의 바게트만큼 인기를 얻지는 못했다. 미국의 영향 아래 있던 시기의 남베트남에는 수많은 미국 군인과 민간인, 외교관, 저널리스트, 지원 노동자 등이 있었으며, 이들은 프랑스 음식이나 레스토랑을 좋아해서 오히려 프랑스의 식문화가 눈부신 발전을 보였다.[23]

미국은 1964년의 통킹만 사건을 구실로 북베트남 공습(북폭)을 개시했으며, 이듬해부터는 베트남에 대규모 병력을 투입하고 네이팜탄이나 고엽제를 사용하면서 인명 피해를 확대시켰다. 그러나 미국은 고전을 면치 못했고 그 와중에 재정난에 빠졌으며, 1973년의 파리협정을 거쳐 베트남에서 물러났다.

미국이 역사상 처음으로 패배했다고 여겨지는 이 전쟁 중에 미군이 제공하던 통조림은 베트남 병사들에게는 생경한 맛이어서 인기가 없었다. 1960년대 말에는 어장魚醬은 상하기 쉽다고 해서 미국산 대두 간장이 쓰였지만, 이는 남베트남 병사들의 사기를 떨어뜨릴 뿐이었다. 그런가 하면 남베트남까지 밀고 들어온 북베트남 병사는 반식민지 전쟁 때 도입한 바 있는, 전장에서 연기를 피우지 않고 밥을 짓는 방식을 다시 도입하여 성공을 거뒀다.[24]

1975년 베트남민주공화국(북베트남)의 승리로 베트남전쟁이 종결되고, 남·북의 베트남이 통일되었다. 그러자 1970년대 말부터 1980년대에 걸쳐 소련에서 많은 공직자나 사업가가 베트남에 찾아왔으며, 이에 따라 러시아의 흑빵이나 사워크림 등이 베트남에 전해졌다. 당시 낮은 품질의 밀가루로는 바삭바삭한 바게트를 만들 수 없어 바게트가 부족했던 탓에, 이를 대신하여 러시아의 흑빵이 시장에 나돌았다. 그러나 러시아 식품들은 값이 비쌌고, 베트남인들의 입에도 맞지 않아 일반 서민 사이에서는 그다지 퍼지지 못했으며, 소련인들이 떠나자 베트남인들은 곧바로 러시아의 음식을 잊어버렸다.[25]

한편, 프랑스 식민지 시절에 보급된 커피는 공산주의하의 북베트남에서도 계속 즐겨 마셨다. 그리고 2010년대에는 공산주의를 콘셉트로 한 복고풍 카페인 꽁까페cộng càphê가 하노이를 중심으로 점포를 늘려나갔다.

퍼의 탄생, 중국의 국수와 프랑스의 저민 쇠고기

베트남 요리를 대표하는 국민 음식 '퍼phở'(고기가 들어간 쌀국수)는 프랑스 식민지 시대인 20세기 초에 탄생해 베트남전쟁(기간에 대해 여러 설이 있지만 여기서는 1954~75년으로 한다) 때 널리 퍼진 것이다. 퍼는 결코 오랜 역사를 가진 음식이 아닌데도, 현지에서 먹었을 때 그 참맛을 발견할 수 있는 요리 중 하나이다. E. J. 피터스는 광둥의 탕면에 프랑스 요리에서 쓰이는 저민 쇠고기가 들어가 탄생한 새로운 클래식이 바로 퍼라고 이야기한다.[26] 그러나 퍼의 성립 과정이 그렇게 단순하지는 않을 것이다. 나아가 밀가루 국수(광둥식 탕면)와 쌀가루 국수(퍼)의 차이가 지닌 중요성은 뒤에서 언급하고자 한다.

퍼의 기원에 대해서는 정설이 없다. 19세기 말부터 20세기 초에 걸쳐 프랑스의 식민자들로부터 쇠고기가 전해져 하노이에서 탄생했다거나, 프랑스군 병사들에게 제공되는 요리로 하노이에서 남동쪽으로 약 100킬로미터 떨어진 남딘Nam Định, 南定에서 만들어졌다는 설 등이 있을 뿐이다.

프랑스의 식민지가 되기 전 베트남에서는 농사일에 이용하는 소의 고기를 먹는 일은 없었다. 그러나 20세기 초에 이르러 프랑스군이 하노이를 비롯한 베트남 각지에 주둔하게 된 뒤로 프랑스 요리 비프스튜가 레스토랑은 물론이고 가정에서도 만들어져 베트남인들도 차츰 이를 먹었으며, 나아가 베트남식 비프스튜인 '보코bò kho'가 이것에 찍어 먹을 빵과 함께 대로변 포장마차에서도 팔렸다.[27]

'퍼'의 어원은 프랑스어로 '불'을 의미하는 '푀feu'로, '포토푀pot-au-feu'(쇠고기 수프)의 '푀'에서 왔다는 설이 유력하다. 과거에 퍼는 대나무 장대에 나무 상자 두 개를 매달아 들고 다니는 거리의 행상이 파는 음식이었다. 행상은 나무 상자를 길거리에 내놓고 불을 지펴 퍼를 덥혔으므로 이 광경을 마주한 프랑스군 병사가 이 음식을

'퍼'라 불렀다고 추측할 수도 있다.[28]

이 밖에도 면에 주목하여 넓적한 쌀국수인 '호판', 마찬가지로 쌀국수의 일종인 '퀘티아우', 혹은 면의 원료가 되는 쌀가루 '펀粉, fen' 등을 어원으로 보는 설도 있다. 그러나 베트남어 연구자 시미즈 마사아키清水政明(오사카 대학 외국어학부)에게서 들은 바에 따르면, 베트남 북부에서는 '호판' 이외로부터의 음성변화는 일어나기 어렵다고 한다. 또한, 홍하紅河의 부둣가에서 화인 노동자들이 먹던 쇠고기 쌀국수인 '응으우뉴펀ngưu nhục phấn, 牛肉粉'이 포장마차에서 단축된 이름으로 불리며 '퍼'가 되었다는 설도 있다.[29]

그런가 하면, 퍼의 성립 연대에 관해 가장 면밀한 연구를 하고 있는 찐꾸엉중Trịnh Quang Dũng, 鄭光勇은 퍼가 1908년경에 탄생해 1930년대부터 1954년경에 걸쳐 최초의 전성기를 맞았다고 본다. 20세기 초에는 프랑스인이나 중국인이 운영하는 기선이 중국 윈난성에서 베트남 북부로 흐르는 홍하(홍강)를 통해 하노이, 하이퐁, 남딘, 박장(옛 풀랑트엉Phù Lạng Thương, 諒滄府) 등을 왕래했다. 이 도시들의 부두에서 먼저 '싸오쩌우xáo trâu, 炒㹴'라는 물소 수프가 등장했으며, 여기에 화인들이 자신들의 면을 더해 새로운 요리를 만들어냈다고 생각된다.

나아가 딴다Tàn Đà, 傘沱라는 시인이 지은 「도박Đánh bạc」(1905~07년)이라는 시에도 퍼가 등장하며, G. 뒤무티에Dumoutier라는 인물은 "퍼는 1907년 이전에는 베트남에 없었다"고 썼는데, 이것들로 미루어 퍼가 탄생한 것은 1908년경이라고 추측할 수 있다.[30]

퍼의 발상지로 여겨지고는 했던 남딘은 프랑스 식민지 시대에 섬유공업을 중심으로 한 공업 도시로 성장했으며, 하노이와 하이퐁

2-16 퍼보Phở bò(소고기 퍼, 하노이의 노포 자쭈옌Gia Truyền)

에 이어 베트남 북부 홍하 삼각주 제3의 도시가 되었다. 2000년경 부터 하노이에서는 '퍼 남딘Phở Nam Định'을 내건 가게가 등장했다.

　이들 퍼 가게 중 약 80퍼센트는 점주가 남딘 안에서도 번꾸Vân Cù 마을에서 온, '꼬Cồ, 瞿' 씨 성을 가진 사람들이었다. 번꾸는 농경지가 적어 벼농사가 충분히 이뤄지지 못해서 이 마을 사람들은 외지로 장사를 나갔다. 퍼를 파는 꼬 씨 성의 마을 사람들은 딘보린丁部領(정선황丁先皇, 924~979년)이 베트남 북부를 평정하여 968년에 국호를 '대구월大瞿越'로 정하고 딘 왕조를 창건했을 때부터 대를 잇는 일족이라고 전해진다. 그들에 따르면, 퍼를 누가 처음 만들었는지는 알 수 없지만 '반Vặn'이라는 이름의 마을 사람이 하노이에서 처음으로 가게를 열었으며 이는 1925년의 일이었다고 한다.[31]

2부. 아시아 여러 나라의 내셔널리즘과 중국요리

2-17 분짜(호찌민의 분짜닥낌Bún chả Đắc Kim, 1966년 창업)

참고로, 남딘의 퍼가 별로 달지 않은 데 비해 하노이의 퍼는 쇠뼈로 육수를 내고 쇠고기의 단맛을 두드러지게 하는 것이 특징이며, 사이공의 퍼는 한층 달다고 여겨진다.[32] 남딘은 근래에 중국제 면포가 수입되면서 쇠퇴의 길을 걸었으며, 이에 따라 많은 사람이 하노이나 호찌민 등지로 흘러들었다. 이 때문에 전국적으로 유명한 남딘의 퍼도 현재는 그 맛을 잃었다고 한다.

퍼는 원래 서민의 음식으로, 삶은 쇠고기를 넣는 것이 전부였으며 하노이에서도 1954년 이전에는 닭고기 퍼를 내는 가게가 거의 없었다고 한다.[33] '퍼가phở gà'(닭고기 퍼)가 퍼진 것은 1939년 정부가 사역 동물[일에 부리는 동물]의 도살을 관리하려고 매주 월요일과 금요일 이틀간 쇠고기 판매를 금지했기 때문이라는 설이나,[34] 일본의 침략으로 인해 전쟁 말기에 쇠고기를 입수하기 어려워졌기 때문이라는 설이 있다.[35] 하노이에서는 1960년대에도 마찬가지로 쇠고기 판매 금지로 인해 닭고기 퍼가 보급된 바 있다.[36]

한편, 돼지고기는 퍼의 맛과 맞지 않는다고 여겨지지만 다른 종류의 쌀국수인 '분bún'의 경우에는 돼지고기와 함께 먹는 '분짜bún chả'(그림 2-17)가 대단히 인기가 있다. 분은 압출식으로 만드는 가는 면으로 월남쌈 등 많은 베트남 요리에 쓰며, 약간 넓적한 면인 퍼와 함께 베트남의 국민 음식이라 불리기도 한다. 고도古都 후에의 분이 유명하며,[37] 해주자海株子(응우옌반산阮文珊)가 편찬한 『대남국어大南國語』(1899년 간행)에도 '粉米粺'(32쪽)이 등장하므로 분은 퍼보다 오래된 베트남의 면 요리라 할 수 있다.

퍼의 보급, 베트남 북부에서 남부로 그리고 세계로

1934년에는 뚜머Tú Mỡ(본명은 호쫑히에우Hồ Trọng Hiếu, 胡重孝, 1900~76년)라는 하노이의 애국적 풍자시인이 「퍼의 송가Phở Đức Tụng」를 지어 "퍼를 시답잖은 음식이라 깔봐서는 안 된다"고 노래했다.[38] 이 시를 통해, 전간기 무렵 하노이에서 퍼가 대표적 서민 음식이 되었다는 사실을 알 수 있다.

나아가 1957년에는 하노이 태생의 작가 응우옌뚜언Nguyễn Tuân, 阮遵(1910~87년)이 「퍼」라는 에세이를 발표했다. 미식가였던 응우옌은 베트남인들에게 퍼가 갖는 특별한 의미나 하노이의 다양한 퍼나 퍼 가게, 퍼를 둘러싼 생활 습관이나 생각 등을 생생하게 표현했다.[39] 이 에세이는 중화인민공화국의 '백화제방·백가쟁명'의 영향에 따라 베트남민주공화국에서도 정치적 분위기가 자유로웠던 시기에 발표된 것이며, 혁명 정신을 고무하는 내용은 아니었다. 따라서 이 에세이는 후에 베트남 노동당으로부터 "내용이 빈약한, 사회주의 리얼리즘에 어긋나는 작품"이라는 비판을 받았으며 응우옌은 자기비판을 강요받았다.[40]

그런가 하면 1954년 제네바 휴전 협정이 체결되면서 프랑스가 인도차이나에서 물러나자 북베트남에서 약 200만 명의 사람들이 남베트남으로 도망쳤으며, 이를 계기로 퍼가 베트남 북부에서 중부와 남부로 퍼져나갔다.[41]

참고로, 베트남 남부의 식문화는 ① 코코넛 열매와 코코넛밀크를 많이 사용하며 알싸한 향신료를 즐기는 메콩강 삼각주의 크메르인의 음식 ② 전골이나 국수, 완탕 등이 대표적이며 설탕을 많이 쓰는, 17세기 명청 교체기의 정치 난민 이후로 광둥에서 사이공 등지로 이주한 사람들의 음식 ③ 베트남 북부에서 남부로 이주한 사람들의 음식 등이 융합된 것으로서 이해할 수 있다.[42] 사이공에 1950년경에는 퍼가 전해져 있었다고 여겨진다. 1954년 이전 베트남 중부와 남부에도 퍼가 있었을지는 모르지만, 여타 중국 면 요리와의 구별이 모호했을 뿐 아니라 두드러진 지위를 차지하지도 않았다.[43]

1950년대 말 이후 정부가 많은 사업을 국영화하자 사람들은 퍼를 먹으려 할 때도 국영 국수 가게에 늘어서야만 했다. 하노이의 길거리에서 파는 퍼에는 쌀을 절약하려고 감자 전분으로 만든 면을 썼으며 가게의 요리사들도 아마추어였다. 이 때문에 맛있는 퍼를 찾아볼 수 없게 되었지만, 나중에는 이 무렵의 퍼가 오히려 향수의 대상이 되었다. 1965년 미국이 베트남에 대한 본격적 군사개입을 개시하자, 사이공에서는 베트콩의 스파이 조직이 '퍼빈Phở bình'이라는 작은 가게를 시작했다. 이곳은 첩보나 무기 수송에서 중요한 역할을 했으며, 1968년 뗏 대공세에서도 거점이 되었다.[44]

또한, 1975년 베트남전쟁 종결을 계기로 전 세계로 망명한 베트남인들에 의해 많은 나라에 퍼가 보급되었다. 과거의 종주국인 프랑스의 수도 파리에서도 1980년대에 베트남인 이민자에 의해 퍼가 보급되어 점차 인기를 얻었다.[45] 그런가 하면 뉴욕의 차이나타운에서는 광둥성 출신의 중국계 베트남·라오스·캄보디아 난민이 이스트 브로드웨이를 중심으로 모여 살았다.[46]

참고로, 베트남의 아침 식사는 원래 퍼, 분짜, 반미, '쏘이xôi'(찹쌀밥)가 중심이었지만 근래에 들어 인스턴트 국수가 아침 식사 풍경을 바꿔놓았다고 한다. 베트남의 인스턴트 국수 소비량은 일본보다 많으며 세계 3위(2020년 기준)이다(650쪽 참조). 특히, 1995년 베트남에 진출한 일본 식품 기업 에이스쿡Acecook의 간판 상품 '하오하오 Hảo Hảo'(2000년 판매 개시)는 베트남 인스턴트 국수 시장에서 50퍼센트 이상의 시장점유율을 차지하며 베트남의 새로운 '국민 음식'이라고까지 이야기되고 있다.[47]

베트남 화인과 중국요리의 중심지 쩔런

베트남에서 중국요리가 가장 발달한 곳은 사이공(1976년에 '호찌민'으로 개칭)의 차이나타운인 쩔런이다. 1930년대 말부터 1950년대에 걸쳐 중국에서 온 많은 난민이 쩔런에 모여들어 베트남공화국

(남베트남) 시대 화인 경제의 기초를 닦았다.

하노이에 차이나타운이 없다는 데서 알 수 있듯이 베트남의 화인 대다수는 원래도 남부에 살고 있었지만, 제네바 휴전 협정으로 베트남이 남과 북으로 분단되자 더욱 많은 화인이 남쪽으로 이동하여 사이공의 쩔런에 자리를 잡았다. 1950년대 쩔런에는 다양한 중국요리점이 있었으며, '작은 파리Petit Paris' 사이공 속의 '작은 광저우'라 불린 쩔런은 홍콩보다 큰 도회지였다.

1975년 베트남민주공화국(북베트남)이 사이공을 접수하기 이전에는 사이공시 인구 약 370만 명 가운데 화인이 약 110만 명(약 30퍼센트)을 헤아렸으며, 쩔런에만 약 70만 명의 화인이 살고 있었다. 그러나 그 후 많은 화인이 국외 탈출을 도모하고 민영이 전면 금지되는 1978년경에는 쩔런의 화인 인구가 10만 명 정도로까지 줄었다.

베트남에서 화인의 지위가 회복되고 그 인구도 늘어난 것은 1986년 '도이머이Đổi Mới(쇄신)' 정책이 시행되고 1990년대에 중국과 베트남의 관계가 회복된 후의 일이다. 쩔런의 중국요리점은 포장마차나 거기서 발전한 소규모 레스토랑이 주를 이루고 있으며, 대형 중국요리점 중에는 베트남공화국 시대를 방불케 하는 가게도 있다고 한다.

나아가 베트남에서 해외로 재차 이주한 화인들이 세계 각지에서 베트남 요리를 보급했다는 사실도 주목해야 한다. 일본에서도 베트남 요리를 내는 중국요리점은 도쿄뿐 아니라 일본 각지에 있으며, 이들 가게 중에는 베트남에서 일본으로 이주한 화인이 연 곳도 있다. 홍콩의 유명 베트남 요리점 '인핑燕萍'(2001년 창업) 역시 호찌

민 출신의 베트남 화인 부부가 연 곳이다.[48]

베트남 요리와 중국요리의 경계

중국에는 '난미베이몐南米北麵'(남방인은 쌀, 북방인은 밀가루 면)이라는 말이 있는데, 베트남에서는 '베트남인은 쌀가루 면, 중국인은 밀가루 면'이라고 한다. 베트남인이 자국인과 중국인을 비교하는 것은 중국인이 남방인과 북방인을 비교하는 것과 비슷하며, 베트남과 화난(중국 남부)은 역사적으로 동일한 '월越(웨/비엣) 문화권'에 속한다고 볼 수 있다.[49]

이러한 까닭에 베트남과 화난에서는 같은 음식이 각 지역의 전통 요리가 되어 있거나 베트남의 대표적 음식이 실은 중국에서 유래된 것인 경우가 많이 보인다. 그런가 하면 제2차 세계대전 후 베트남 요리가 잘 알려져 있지 않았던 일본에서 문을 연 베트남 요리점이 중국요리점을 자칭했다는 사실도 흥미롭다.[50] 베트남 요리와 중국요리는 외국인이 보기에는 쉽게 구별이 가지 않을 정도로 비슷한 구석이 많았던 것이다. 여기서는 다섯 가지 예를 살펴보고자 한다.

1. 어장(느억맘)과 새우젓(맘똠)

생선을 염장하여 발효시켜 만드는 어장의 일종인 '느억맘nước mắm'은 어디에나 들어갈 수 있는 베트남의 대표적 전통 조미료로 여겨지는데, 어장은 푸저우 등지에서 간장보다 많이 사용되며 홍콩 등 중국 동남부 연해 지역에는 어장의 오랜 역사가 있다.

베트남의 또 다른 대표적 조미료인 '맘똠mắm tôm'은 새우를 발효시킨 조미료(새우젓)로, 홍콩 등 화난 지방에서 널리 쓴다.[51]

이 때문에 홍콩의 베트남 요리는 메뉴가 풍부하고 맛이 덜 자극적이며 베트남 현지의 것보다 더 맛있다는 이야기까지 나왔다.[52]

2. 베트남의 춘권 바인꾸온과 홍콩의 청판

베트남의 바인꾸온Bánh cuốn, 餠卷(그림 2-18)은 묽은 쌀가루 반죽을 넓게 펴서 찐 뒤 다짐육이나 목이버섯 등을 넣고 만 춘권이다. 바인꾸온과 홍콩의 청판腸粉은 요컨대 쌀가루 반죽을 찐 하나의 요리가 두 지방의 전통 요리가 되어 각각 베트남 요리와 중국요리로서 인식된 경우이다.

베트남에는 아침 식사에 바인꾸온을 먹는 150년 이상의 역사가

2-18 바인꾸온과 느억맘

있다. 광둥에서는 1930년대에 청판이 유행했다. 청판은 항일 전쟁 시기에 광저우의 '영통호신군洋塘荷仙館'에서 개발한 것이며, 역시 광저우에 있는 '인지銀記'의 쇠고기 청판은 피가 얇지만 씹는 맛이 있고 식감이 좋아 가장 이름난 청판이 되었다. 그런가 하면 돼지고기 청판은 1930년대 포장마차의 경식에서 시작되었다고 여겨진다.

광둥의 무역상은 베트남과 수백 년에 걸쳐 교역을 해왔다. 이 때문에 바인꾸온은 광둥의 상인에 의해 베트남에서 광저우에 들어와 약간의 개량을 거쳐 돼지고기 청판이 되었으며, 이것이 오늘날 홍콩의 청판이 되었다고 여겨진다.[53] 또한, 광저우의 청판 가게 '인지'는 2020년 현재 토론토, 로스앤젤레스, 샌프란시스코, 뉴욕, 싱가포르에도 가게를 냈다.[54]

3. 월남쌈 고이꾸온과 중국의 튀긴 춘권

월남쌈(고이꾸온gỏi cuốn, 북부에서는 냄꾸온Nem cuốn이라고도 한다)은 퍼와 함께 베트남 요리를 대표하는 요리로서 특히 일본을 비롯한 국외에서 잘 알려져 있다. 일본에서는 태국의 스위트칠리소스를 찍어 먹고는 한다. 중국 전역에서 튀긴 춘권을 먹지만, 베트남의 월남쌈은 피를 밀가루가 아닌 쌀가루로 만든다는 점이 특징적이다.

베트남의 월남쌈은 중국어로는 '웨난춘쥐안越南春卷' 혹은 '샤쥐안夏卷', 영어로는 '서머 롤summer roll'이라고 하며, 중국의 튀긴 춘권(춘쥐안春卷, spring roll)과 구별된다.

그런가 하면 베트남에도 고기, 버섯, 채소를 라이스페이퍼로 싸서 튀긴 춘권(짜조Chả giò, 냄란nem rán)이 있다. 이는 식민지 시대 말기에 프랑스인들의 식탁에 올랐고 프랑스의 제과점에서도 판매된 적이 있으며[55] 그 후 베트남인 이민자와 함께 서양에 퍼졌다.

4. 베트남식 찹쌀떡 바인쯩과 바인뗏

이 밖에 베트남식 찹쌀떡인 '바인쯩bánh chưng'과 이를 음력설(춘절)의 제사 음식으로 먹는 '바인뗏bánh tét, 餅節' 역시 중국에서 유래된 음식인 동시에 베트남의 것으로서 인식되고 있다.

춘절의 관행이나 '바인(餅)' '뗏(節)' 같은 명칭은 전부 중국에서 유래된 것이지만, 베트남 각지에도 바인뗏에 얽힌 전설이 전해진다. 예컨대 기원전 반랑국文郞國 6대 왕이 후계자를 정하려고 왕자들로 하여금 세계에서 가장 근사한 음식을 가져오도록 경쟁시키고는, 이 검소한 떡을 가져온 왕자를 후계자로 지명했다는 우화가 있다. 이 전설은 왕에게는 사람들에게 음식을 주는 능력이 가장 중요하다는 것, 그리고 고급 요리보다 쌀이 중요하다는 것을 이야기하고 있다고 생각된다.

바인쯩이나 바인뗏은 제사에 빠질 수 없는 음식이었을 뿐 아니라, 떠이선의 난(1771년)에서부터 디엔비엔푸 전투(1954년), 그리고 베트남전쟁(1954~75년)에 이르기까지 군량으로서 중시되었다. 이는 보존과 휴대가 간편하고 영양가와 열량이 높은 데다, 베트남을 대표하는 음식으로 인식되었으므로 병사들은 문화적, 심리적 만족도 얻을 수 있었다.[56]

5. 베트남의 튀긴 빵 꾸어이와 중국의 유탸오

참고로, 필자가 2019년 베트남을 여행하며 관광 가이드 등에게서 들은 바에 따르면, 중국요리는 오늘날 베트남에서 가장 인기 있는 외국 요리이다. 라이벌인 일본 요리나 프랑스 요리는 값이 비싸고 태국 요리나 한국 요리는 맵다는 이미지가 강하다고 한다.

그리고 여행 중에 관찰한 베트남 요리와 중국요리의 차이는 역시 미묘했다. 필자가 보기에는, 베트남 사람들은 완탄이나 찐빵(만터우)은 틀림없는 중국요리지만 볶음밥(차오판炒飯)은 베트남 요리라고 인식하는 경우가 많은 듯하다. 이 구분 방식에는 밀은 중국의 것, 쌀은 베트남의 것이라는 생각이 작용하고 있을지도 모른다.

이 밖에 베트남의 아침 식사에서 퍼나 죽과 함께 먹는 '꾸어이 quẩy'는 중국의 '유탸오油條'와 흡사한 길고 가느다란 튀긴 빵이다. 그러나 꾸어이는 쌀가루로 만들며 베트남 음식으로서 인식되고 있다.

또한, 중국요리에서는 전골 등 뜨거운 요리가 선호되는 반면, 베트남 요리에서는 (뜨거운 쌀 요리, 면 요리 역시 물론 빠트릴 수 없지만) 상온의 음식이 비교적 흔하다는 것 역시 중국요리와 베트남 요리의 차이점이다.

이 장에서 살펴봤듯이, 베트남의 젓가락 사용과 반미는 각각 기원전부터 중국에 의한 지배와 19세기 이후 프랑스에 의한 지배의 영향을 받은 식문화의 대표적 사례이다. 이에 비해 퍼는 20세기 중국(화인)과 프랑스 식문화의 영향을 강하게 받으면서도 베트남의 풍부한 쌀로 만든 면을 이용해 베트남 북부에서 만들어져 전국으로 그리고 전 세계로 퍼져나간 베트남의 대표 요리라 할 수 있다.

베트남 요리와 중국의 광둥 요리는 공통점이 많으며 중국요리는 오늘날 베트남에서 가장 인기 있는 외국 요리 중 하나이다. 그러나 베트남 요리는 중국요리와 명확히 구별된다. 나아가 베트남 요리에 미친 프랑스 식문화의 영향은 타이완 요리에 미친 일본 식문화의 영향과 마찬가지로, 스스로를 중국과 구별하는 아이덴티티의 기반을 마련해주는 것이었다. 다만, 인도차이나전쟁의 끝에 독립을 쟁취한 베트남인들의 프랑스에 대한 생각과 독립 전쟁을 경험하지 않은 타이완인들의 일본에 대한 생각을, 식문화에서도 같은 선상에서 논할 수는 없는 것일지 모른다.

3장

태국

―팟타이의 국민 음식화와 국외 전파로의 길

태국의 화인과 라타나코신 왕조의 수립, 그리고 쌀의 생산과 수출

태국(옛 국명은 '시암'이지만 이 책에서는 '태국'으로 통일하여 표기한다)과 중국 사이에는 남송 이래로 인적 교류가 있었다. 수코타이 왕조(1238~1438년)는 원나라에 조공하였으며, 명대에는 정화鄭和가 태국에 기항한 바 있다고 알려져 있다.

태국 남부에 터를 잡은 화인은 아유타야 왕조(1351~1767년) 시대에 들어 태국 사회에 녹아들기 시작했다. 태국과 화난은 공통적으로 생선과 쌀을 먹고, 기후도 비슷하며, 종교적으로도 서로 위화감이 없다. 아유타야 왕조는 왕가를 중심으로 독점적 무역을 행하였으며 주로 중국 남부로 쌀을 수출하여 국력을 키웠다. 농업을 중시한 반면에 직공이나 서비스업 종사자, 상인에 대한 관심은 상대적으로 낮았으며, 그 공백을 메우는 형태로 화인을 받아들였다. 17~18세기 푸젠에서 마닐라로 가는 배는 한 해에 30여 척, 바타비아로 가는 배는 10~20척이었던 데 비해 푸젠·광둥에서 태국으로 향한 배는 100척가량이었으며, 수도 아유타야 인구의 10분의 1 이상이 화인이었다고 한다.

1767년 미얀마 꾼바웅 왕조의 침략으로 아유타야가 파괴되고 아유타야 왕조는 멸망했다. 지방정권 중 하나였던 톤부리의 딱신(정신鄭信. 중국 차오저우계 태국인)이 미얀마인에게 반격을 가해 독립을 회복하고는 왕위에 올랐다. 딱신 대왕은 톤부리(현재의 방콕 시내)를 새 수도로 삼았다. 방콕의 타창 지구에는 대규모 화인 거주지가 생겼으며 왕의 향당鄕黨인 차오저우 사람들이 세력을 키워나갔다.

딱신의 정권은 아유타야 왕조를 계승했다기보다는 인도차이나 반도에 포진한 화인 네트워크가 국가로 발전한 것에 가까웠다. 딱신 대왕은 즉시 1768년부터 청나라에 사절을 파견하고 1776년에 섬라暹羅(시암)국의 정소鄭昭라는 이름으로 조공을 허가받아 청나라와 통교를 부활시켰다. 참고로, 딱신 대왕이 청나라에서 대량의 냄비를 구입했다는 기록이 남아 있는데, 이는 당시 태국에 있던 청나라 원군이나 화인 상인 등의 수요에 따른 것이라 생각되고 있다.[1]

그러나 딱신 대왕이 점차 기행을 보이자 1782년 부하 짜끄리 Chakri가 왕위를 찬탈해 오늘날까지 존속되는 라타나코신 왕조(짜끄리 왕조)를 세웠다. 짜끄리(라마 1세, 1782~1809년 재위)는 딱신의 중국 이름인 '정소'에 착안하여 마치 왕조가 계승되고 있다는 듯이 '정화鄭華'라는 이름을 사용해 조공 무역을 이어나갔다.

짜끄리의 아들 라마 2세(1767년생, 1809~24년 재위)는 시인으로서
도 유명하며 왕세자 시절에 음식을 칭송하는 뱃노래인 「깝헤촘크
르앙카오완Kap He Chom Khrueang Khao Wan」을 지었다. 이는 태국의
수많은 요리를 포괄적으로 표현한 최초의 노래로, 인도의 커리나
중국의 경식, 포르투갈의 디저트 등도 등장하지만 당시 방콕의 일
반인들이 특별한 때에 먹던 요리가 다수 실려 있으며, 이 요리들은
오늘날 태국 요리의 선구로서 자리매김해 있다.[2]

라타나코신 왕조는 톤부리 건너편의 방콕을 수도로 하여, 원래
화인 호상豪商의 땅이었던 짜오프라야강 연안의 땅을 양도받아 왕
궁을 세웠다. 나아가 왕궁 가까이에 있던 화인 집거지를 현재의 삼
펭 지역으로 이주시켰다. 1864년에는 왕궁에서 영사관 거리로 통
하는 차른끄룽 대로(뉴 로드)가 만들어져 약 3킬로미터에 달하는
화상華商 거리가 생겨났다.

또한, 방콕이 수도가 된 이래로 짜오프라야강의 광대한 삼각주
습지는 쌀과 사탕수수 플랜테이션 지대로 바뀌어갔다. 라타나코신
왕조 역시 왕실 독점 무역에 재정 기반을 둔 통상국가의 성격을 띠
며, 방콕을 중심으로 교역과 농업에서 번영을 구가했다. 태국은 화
인들의 최대 도항渡航지가 되어, 항만 통계에 따르면 1824~1917년
에 태국에 들어온 화인의 총수는 203만 명, 이 가운데 이주 노동
자를 제외한 순 유입자가 약 37퍼센트를 차지했다.[3]

태국의 궁정 요리

태국과 청나라의 교역은 라마 3세(1824~51년 재위) 치세에 최전
성기를 맞았으며, 청나라 및 이웃한 국가들로부터 많은 이민자가
유입된 태국은 국력을 키워나갔다. 그 무렵에는 태국 궁중의 주방
에서도 중국 식문화의 중요성이 두드러졌다. 예컨대 화인들은 음
력설에 닭이나 오리를 왕에게 헌상했으며 왕은 이를 승려에게 주
었다. 또한, 왕족이나 정부 고관 등은 외식보다는 화인 요리사를 고
용해 공관에서 식사하는 것을 선호했으며 서양 요리 외에 중국의
경식도 만들게 했다.

예컨대 프랑스인 가톨릭 대목代牧[포교지 등의 임시교구인 대목구
를 관할하는 교황 대리 교구장]으로 라마 3세 시대인 1830년 태국에
와서 1862년 방콕에서 생을 마감한 장바티스트 팔구아Jean-Baptiste
Pallegoix의 기록에 따르면, 당시 방콕에서 먹을 수 있었던 것은 태
국 요리와 중국요리 두 종류로, 태국 요리는 매워서 도저히 먹을
수가 없었으며 중국요리는 다소 심심했다고 한다.[4]

라타나코신 왕조는 라마 4세(몽꿋Mongkut, 1851~68년 재위)와 라
마 5세(쭐랄롱꼰Chulalongkorn, 1868~1910년 재위) 시대에 미얀마를 병
합한 영국과, 인도차이나를 획득한 프랑스로부터 영토 할양을 요
구받으며 식민지화의 위기를 맞았다. 라마 4세는 1854년 청나라에
대한 조공을 중지하고 책봉 체제에서 벗어나는 한편, 1855년에는
영국과 보링 조약을 체결해 왕실의 무역 독점을 손보고 자유무역
을 받아들였으며 3퍼센트의 정률 관세, 영사재판권, 치외법권, 아
편 거래의 합법화 등을 인정했다.

그럼에도 불구하고 왕실의 독점 무역을 담당하고 있던 화인들이 몰락하는 일은 없었다. 유럽인들은 태국 시장에서 언어 구사력이나 지식, 네트워크가 모자랐으므로 화인 상인에게 의지할 수밖에 없었으며 유럽의 자본을 기존의 화인 무역 네트워크에 주입하는 것이 고작이었다.[5] 그 결과, 19세기 말에는 태국 화인의 3분의 2가 방콕에 살았으며 방콕 인구의 절반가량이 화인이었다는 추계도 있다.[6]

영국으로부터 불평등조약의 체결을 강요받은 라마 4세는 외국인 고문을 여럿 받아들여 태국의 근대화를 도모했다. 예컨대 라마 4세는 영국에서 애나 리어노웬스Anna Harriette Leonowens를 가정교사로 초빙해 자식에게 서양식 교육을 받게 했다. 이때의 일은 후에 마거릿 랜든Margaret Landon의 소설 『애나와 시암 왕Anna and the King of Siam』(1944년)에 묘사되면서 유명해졌다. 다만, 이 소설을 원작으로 한 영화나 뮤지컬이 라마 4세를 올바르게 전하지 않는다고 하여 태국에서는 평판이 나쁘며, 상영 금지 처분을 받기도 했다. 한편, 라마 4세 시대의 궁중 만찬회에서는 먼저 서양 요리가 나오고 이어서 태국 요리, 중국요리가 나오는 것이 순서였다.

이렇게 식생활 면에서도 중국 문명이 기세등등했던 시기는 지나가고 서양식에 의한 문명화가 추진되었다. 예컨대 젓가락은 라마 4세 시대에 이미 태국의 엘리트층 사이에서 친숙한 존재가 되어 있었는데, 라마 3세 치세 말기부터는 스푼이나 포크도 점차 식탁에 오르기 시작했다. 그리고 1870년 라마 5세가 태국 국왕의 첫 외국 방문으로서 싱가포르를 찾은 뒤로는 평소의 식사에서도 유럽식 아침 식사나 스푼과 포크, 식탁보가 본격적으로 도입되었으며,

1888년경에는 완전히 구색을 갖춘 서양 식기를 썼다. 이에 따라 왕의 일상 식사에서도 우선 테이블 중앙에 서양 음식이 놓이고, 이어서 왕의 오른편에 쌀과 함께 먹는 태국 음식이, 왼편에 중국 음식이 놓였으며, 왕족이나 고급 관료가 이를 모방했다.[7]

나아가 라마 5세가 솜씨 좋은 외교로 영국·프랑스와 맞붙은 덕에, 태국은 국토를 많이 할양하면서도 동남아시아에서 유일하게 식민지화의 위기를 면해 독립을 지킬 수 있었다. 따라서 태국이 열강 간의 완충지대여서 독립을 유지할 수 있었다는 설은 태국 학자들의 도전을 받고 있다.

태국은 음식의 체계에서도 식민지화를 겪지 않아서 미각의 탈식민지화 역시 논의된 바가 없다. 19세기 말에 서양식 아몬드 케이크나 아이스크림 같은 디저트의 레시피가 영어판 〈방콕 관보 Bangkok Gazette〉에 실린 데서 알 수 있듯이, 유럽의 식품은 태국 국민에게 별다른 저항 없이 받아들여졌다.[8] 나아가 라마 5세의 탁견을 바탕으로 서양의 기술과 화인 노동자의 힘에 의해 1897년부터는 철도망이 북으로, 또 동북으로 뻗어나갔다. 이로써 대량 수송이 원활해진 20세기 초부터는 태국 북부와 동북부에서 방콕으로 돼지고기가 운송되어 화인 이외의 사람들도 돼지고기를 즐겨 먹게 되었다.[9]

또한, 라마 5세 치세의 후반 무렵에는 근대 태국 요리의 형식(식재료, 식기, 조리법 등)이 확립되었다고 여겨진다. 라마 5세를 받들어 대신을 역임한 관료 귀족의 부인인 탄뿌잉쁠리엔파사꼬라웡Thanpuying Plien Phasakoravongs은 자신의 회갑을 기념하여 『매끄루아후아빠Mae Krua Hua Pa』(1908년 초판)라는 책을 간행했다. 태국 요리를 망라하여 수록한 최초의 본격적인 레시피집인 이 책은 19세기 후반 태국 궁중이나 궁중과 가까운 사람들의 식탁을 반영한 것으로, 근대 태국 요리의 출발선에 서 있다.

『매끄루아후아빠』는 1861년 영국의 작가 이사벨라 비튼Isabella Beeton (1836~65년)이 간행한 『가정독본The Book of Household Management』을 모델로 한 것이었다. 『가정독본』이 중간층을 위한 것인 데 비해 『매끄루아후아빠』는 태국 상류 계층 사이에서 읽혔다. 그리고 『매끄루아후아빠』는 제비집 수프나 볶음밥 등 많은 중국요리를 싣고 있었다.[10]

방콕 차이나타운과 중국요리점의 번영

19세기 말에는 방콕 차른끄룽의 화상 거리 인근에 야오와랏로 路가 만들어져 차른끄룽, 야오와랏, 삼펭 등 이웃한 세 길이 화인의 거점이 되었다. 태국 정부는 국가가 독점하던 목재, 주류, 아편, 도박 같은 사업을 민간에 불하하여 그로부터 안정된 재원을 확보하려 하는 한편, 성외의 토지도 민간에 싼값에 넘겨 이에 투자한 왕족, 관료 귀족, 화인 부호 등이 도로나 운하 건설로 막대한 이익을 챙겼다.

이로써 야오와랏을 거점으로 하는 화인 대부호가 등장해, 방콕은 싱가포르, 홍콩과 함께 화인 상권의 중심지가 되었다. 야오와랏 주변에는 태국에서 가장 높은 빌딩, 나이트클럽, 도박장, 매음굴, 연극·영화·음악 시설, 시장 등이 생겨 번성했다.

그런가 하면 야오와랏에는 '라오樓'라 불리는 고급 중국요리점도 생겼다. 최초의 라오는 1912년 하카나 차오저우인 부호들이 창업하여 사교장으로 만든 '호이텐라오海天樓'이다. 호이텐라오는 2010년까지 팬퍼시픽 호텔에서 영업했다.

라오가 생긴 당시 태국에서는 외식 문화가 발달하지 않아 호텔 내 서양 요리점 말고는 이렇다 할 레스토랑이 없었다. 따라서 라오나 이를 모델로 한 중소 레스토랑이 방콕은 물론이고 화인이 많이 사는 지방 도시로도 퍼져나가, 중국요리와 태국 요리가 융합하여 고급 음식점을 중심으로 중국요리를 기반으로 한 요리가 많이 만들어졌다. 이로써 일상적으로는 태국 요리를 집에서 만들거나 시장에서 구매해 집에서 먹고, 레스토랑에서는 중국요리를 바탕으로

2-19 푸드코트에도 입점해 있는 샥스핀 요리 전문점(방콕의 쇼핑몰)

한 요리를 즐기는 것이 일반적이 되었다.[11]

태국의 중국요리에 대해 언급하자면, 방콕의 유명 중국요리점 대다수에서는 오늘날까지 중국 남방 요리를 내며 샥스핀이나 제비집 같은 남방산 고급 식재료를 쉽게 찾아볼 수 있다. 특히 방콕의 차이나타운에는 차오저우 출신자가 많아 차오저우에서 많이 먹는 샥스핀 요리를 전문으로 하는 가게가 두드러진다. 그런가 하면 방콕에서 베이징덕 등 중국 북방의 요리는 지금도 그다지 쉽게 찾아볼 수 없다.[12]

내셔널리즘의 고조와 화인 동화 정책

라마 6세(와치라웃Wachirawut, 1910~25년 재위)는 태국에서 내셔널리즘의 아버지로 여겨지고는 한다. 라마 6세는 '락타이lak thai'(태국의 원리), 즉 '찻, 종교, 국왕'에 대한 절대적 충성을 강조했다. '찻chat'은 민족·국민·국가 등 세 가지 의미를 지닌 영어 '네이션nation'에 상응하는 말로, 1880년대 이후 태국에서 자주 쓰였다.[13]

태국 경제는 1855년 보링 조약이 체결된 이래로 화인이 지배하는 식품 산업에 대한 의존도가 높았다. 그리고 1910년, 전해에 도입된 인두세를 놓고 방콕의 화인이 총파업을 일으키자 식품 생산이 정체되고 물가가 상승해 화인에 대한 감정이 악화되었다.

그러한 가운데 라마 6세의 저술로 알려진 『동양의 유대인Jews of Orient; Phuak Yiw Haeng Burapha Thit』(1913년 간행)에서는 화인이 동화를 거부하고 기회주의적인 데다 시민으로서 덕성을 결여한, 돈을 숭배하는 무리라고 논했다. 이는 태국 국민이 자국의 주권과 자주성에 눈을 뜨고 새로운 시대로 나아가기 위해 화인을 문제시해야 한다고 촉구하는 것이었다. 하지만 이러한 반중국 감정 때문에 태국에서 중국요리가 배제되는 일은 없었다.[14]

1910~20년대에는 화난에서 태국으로 유입되는 인구가 정점에 도달하여, 농업 이외 노동력의 60~70퍼센트, 실업계의 약 85퍼센트, 무역의 약 90퍼센트를 화인이 차지할 정도였다. 이러한 가운데 1913년 시행된 국적법은 출생지주의에 기초하여 화인의 현지인화를 의도한 것이었다. 태국에서는 화인과 현지인의 통혼이 보편화되면서 '룩친'(중국인 아버지 밑에서 태어난 사람, 중국어로는 '차오성僑生' '화이華裔')이나 '루앗팟솜'(태국인 아버지와 중국인 어머니 밑에서 태어난 사람, 화인 사회에서는 주변적 존재)이 늘어났다. 그러나 1950년대의 한 시기를 제외하고는 태국 국내 출생자는 부모의 국적과 관계없이 태국 국적을 취득할 수 있었다. 나아가 1919년 제정된 사립학교법은 다른 동남아시아 국가들에 앞서 외국인학교의 수업에 태국어 필수必修 시간을 부과하고, 외국인학교 교장에게는 태국 중학 교육 수료의 자격을, 외국인 교사에게는 태국어 습득의 자격을 요구했다.

이러한 강제 동화 정책이 시행된 배경으로는, 태국에서 내셔널리즘이 고조되고 중국 여성의 이주와 중국식 가정이 늘어나 화인이 태국 사회에 동화되는 속도가 더뎠던 것을 들 수 있다. 당시에는 화인 이주자의 증가에 따라 도회에 대규모 시장이 늘어났으며 그 주변에서는 퀘티아우 등 간단한 중국요리를 팔았다고 한다.

그러나 노동력 부족은 해소되어 곧 포화 상태에 이르렀다. 방콕에서 태국인과 화인 노동자의 불화는 1928~34년경 절정에 달해

1928년에는 보이콧이, 1932년 이후에는 파업이 잇달아 일어났다. 나아가 1930~33년 세계적 불황으로 고무와 주석 시장이 붕괴되고 임금이 감소하였으며, 태국에 입국하는 화인이 급격히 줄어들었다.[15]

1932년 6월 24일 인민당이 입헌 혁명을 실행하고 국왕 라마 7세(1925~35년 재위)가 이를 받아들여 태국은 피 한 방울 흘리지 않고 입헌군주제로 이행했다. 그 후 궁정 요리를 아는 귀족이 레스토랑을 열거나 직접 요리서를 집필해 궁정 요리의 지식이 방콕 사회에 퍼져나갔다.

1933~38년 총리에 재임한 인민당의 파혼(폿 파혼요틴Phot Phahonyothin, 1887~1947년)은 입헌제를 정착시키는 데 국가國歌 제정이나 제일祭日(국경일)의 국기 게양 등 '찻'을 중시하는 정책을 폈다. 이는 인민의 충성을 국왕에게서 다른 데로 돌리려는 것을 목적으로 했다.

그와 동시에 1936년 상업등록법에 의해 상업이 일률적으로 정부의 통제 아래에 놓이자, 화인 상인의 영업이 제한되어 상점 간판도 태국어로 표기하게 되었다. 입헌 정부의 급진적 관료 중에는 이미 태국 사회에 동화된 부유한 화인의 자손이 다수 있었으며 그들로서는 태국의 역사·문화야말로 문명이었으니, 중국색을 고수하는 화인에게 반발감을 느끼는 것이 당연했다. 또한, 중국국민당이 영국에 대한 반대 기조를 내세우고 있어서, 영국과 입장을 같이하고 있던 태국인 관료는 화인을 신용하지 않았다.[16]

1938년에는 피분(쁠랙 피분송크람Plaek Phibunsongkhram, 1938~44년, 1948~57년 총리 재임)이 총리에 취임했다. 피분은 찻 건설이라는 기본 정책을 바탕으로, 경제·군사 면의 성과를 목표로 하여 국민 문화의 창조와 국민 형성[국민의식을 가진 '태국인'을 만들어내는 일]에 한층 힘썼다. 1939년 피분 정권은 입헌 혁명의 날인 6월 24일을 찻의 날로 정하고, 그해 6월 24일 최초의 '라타니욤'(찻의 독자적 풍습과 전통을 지키기 위한 총리부 포고)을 발표해 국명을 바깥에서 일컫는 말인 '시암(사얌)'에서 '타이(태국)'로 고쳤다.

나아가 피분은 라타니욤을 보완하는 요청, 통달, 명령 등을 잇달아 발표했다. 예컨대 1939년 6월에는 태국 국적에 어울리는 태국어식 발음으로 이름을 변경해야 한다는 통달을 발표했으며, 이듬해에는 중국의 음력설을 휴일로 하는 것을 금지했다. 화인에 대한 태국 국적 부여와 동시에 행해진 라타니욤은 화인을 태국인화하는 동화 정책의 의미를 내포하고 있었다. 이와 병행하여 피분 정권은 경제와 교육의 태국화를 추진했다. 예컨대 정부는 담배나 정미精米 공장 외에 해운업과 석유업에도 개입하여 이 산업 부문들은 태국인의 손에 넘어갔다. 또한, 소득세법이 개정되어 화인의 세 부담이 커졌으며 화인 학교가 폐쇄되고 화어華語 신문사가 엄격한 통제를 받았다.[17]

이 무렵에는 화인의 제비집 채취까지도 통제를 받았다. 태국에서는 18세기부터 특허를 받은 화인 상인들이 제비집을 채취해왔다. 제비집은 태국 요리에 받아들여지지 않고 주로 중국이나 베트남으로 수출되었다.[18]

제2차 세계대전 시기와 전쟁 후 화인을 둘러싼 정치와 식문화

1941년 12월 8일 일본군이 태국에 진주하자 피분 정권은 일본군에 협력하기로 결정했다. 같은 달 21일에는 일·태 공수동맹 조약이 체결되어 태국은 일본의 동맹국이 되었으며, 이듬해 1월 태국 피분 정권은 영국과 미국에 선전포고해 사실상 추축국으로서 세계대전에 참전하였다. 그 후로도 피분 정권은 만주국과 왕징웨이 정권을 승인하는 등 친일적 입장을 강화해나갔다.

이러한 가운데, 항일운동에 종사하던 화인들도 태도를 바꾸어 장제스의 사진을 불태우고 왕징웨이 정권의 깃발을 게양했다. 1942년 1월 태국의 중화총상회中華總商會는 왕징웨이에 대한 전면적 협력과 충칭 국민정부에 대한 원조 중단 성명을 냈다. 태국이나 일본의 화인들은 저항 끝에 결국 대일 협력 정권을 지지하여 '친일'로 태세를 전환해서 살아남을 수밖에 없었다.

1944년 7월 피분은 실각하여 총리직을 사임했다. 그리고 미국에서 시작된 태국인의 항일 레지스탕스 '자유 태국 운동'(1941~45년)의 지도자들이 정권을 이어받았다. 태국의 중국국민당 조직은 1939년에는 이미 괴멸 상태였지만, 자유 태국 운동은 1942년부터 충칭 국민정부와 연계하고 있었다.

1945년 8월 일본이 항복한 후 영국은 태국을 패전국으로 취급하려 했다. 그러나 미국은 태국을 프랑스와 마찬가지로 취급하여 태국의 선전포고를 불문에 부치고 전쟁 책임도 묻지 않기로 했다. 하지만 피분 등 대일 협력자는 구속을 면치 못했다. 일본의 항복으로부터 이틀이 지난 8월 16일에는 중화총상회 회장 천서우밍陳守明

이 누군가의 손에 암살당했다. 일본군 점령 시대에 리더십을 쥐고 있던 천에게 원한을 품은 화인 지하조직에 의한 범행이라는 것이 일반적 견해였다.[19]

반일 노선을 주장한 자유 태국이 미국에 협력했으므로 태국은 추축국으로서의 책임을 지지 않았으며, 전후에는 미국의 원조를 바탕으로 경제 부흥도 이루었다. 대일 협력자로서 체포된 피분도 1948년 정권에 복귀해 친미 반공 노선을 취했다.

한편, 태국의 화인들 사이에서는 1948년 봄부터 1950년 여름에 걸쳐 중국공산당의 인기와 정치력이 높아졌다. 그러나 1950년 6월부터 이듬해 말에 걸쳐서는 태국 정부가 반공 정책을 강화하고 한국전쟁에서 중국군이 후퇴하는가 하면 1951년경에는 차오저우로부터 토지개혁에 대한 악평이 전해져, 태국 주재 화인들의 친親베이징 열기는 점차 냉각되어갔다. 〈와키우얏보우華僑日報〉는 1951년 10월경에 공산당이 지배하는 중국 대륙의 실태를 조명하며 중공 정권에 핏대를 세웠다.

나아가 피분 정권은 1952~54년 무자비한 반화인 정책을 실시해, 화인 학교를 탄압하고 태국화 운동을 추진했다. 이는 화인들에게 1939~40년의 암흑시대(제1차 피분 내각의 수립, 화인 불온 분자 검거, 일본군의 프랑스령 인도차이나 진주)에 필적하는 엄혹한 시기가 되었다. 반공주의와 반화인주의가 결합하여 군사적·반민주적 지배의 유지에 활용되었으며, 화인에 대한 편견은 1938년보다도 심했다.[20]

1957년 9월 사릿 타나랏Sarit Thanarat 장군(1959~63년 총리 재임)이 중심이 되어 일으킨 쿠데타로 피분 정권은 무너졌다. 1959년 2월 총리에 취임한 사릿은 과거 라마 6세가 정식화한 '찻, 종교, 국왕'이라는 태국적 원리를 국가 건설의 이데올로기로서 전면에 내세웠다. 사릿은 입헌 혁명 이후 저하된 국왕의 권위를 드높이며, 자신의 권위주의 체제를 정당화하고, 외국 자본을 적극적으로 도입해 개발독재를 펼쳤다. 1946년부터 2016년까지 오랜 세월 재위한 라마 9세(푸미폰Bhumibol 왕) 역시 적극적으로 왕권을 강화하여 후에는 초법적 조치로 총리를 사임시키는 등 비공식적 정치권력을 숱하게 행사하기에 이르렀다.

한편, 사릿의 개발 정책에 의해 노동자들이 태국 동북부에서 방콕으로 속속 유입되며 태국 동북부의 요리가 중앙부에 보급되었다. 태국 동북부의 식문화인 이산 요리에는 태국의 다른 지역과는 판이한 전통이 있다. 찹쌀을 주식으로 하여 날고기나 곤충을 먹는 관습이 있으며 조리법 역시 독자적인 구석이 있어, 이산 요리는 당초 외국 요리에 가까운 것으로 여겨졌다.

사릿은 1963년 병으로 죽었지만 그 후의 정권들은 하나같이 군을 배경으로 의회정치를 억압하고 개발을 추진하는 개발독재 체제를 유지했다. 태국에서는 때로 쿠데타가 일어나면 그때마다 국왕 라마 9세가 조정에 나서는 식의 독자적 입헌군주정이 기능해왔다. 또한, 태국은 1975년 중화인민공화국과 국교를 수립했다.[21]

1960~70년대부터는 방콕의 레스토랑에서도 중국요리의 영향이 상대적으로 감소하고 태국 요리가 발흥했다. 제2차 세계대전 후의 방콕에는 고급 중국요리점 몇 곳과 호텔(오리엔탈 호텔 등)의 서양 요리점 외에는 변변한 레스토랑이 없었으며, 작은 가게에서도 퀘티아우나 '카놈친khanom chin'(소면과 비슷한, 압출식으로 제조된 가는 면) 같은 쌀국수나 태국 커리를 내는 것이 고작이었다.[22]

그러나 1960~70년대에는 호텔에 중국요리점이 빠짐없이 들어서면서 중국요리점과는 별도로 태국 요리점이 있는 중·고급 호텔도 늘어났다. 이는 태국 요리에 관심 있는 관광객의 요망에 따른 것으로, 이들 가게에서는 매운맛을 덜고 육류를 넉넉히 쓰는 등 태국 요리에 약간의 변형을 가했다. 베트남전쟁 중 휴양차 태국을 찾은 수많은 미군 병사를 고객으로 하는 태국 요리점이 생겨나 태국 요리가 외국인에게 알려진 것 역시 그 배경을 이루고 있었다.[23]

나아가 방콕에서는 1976년 버스 노선이 민영에서 공영으로 전환되자 통근권이 확대되면서 인구가 증가하여 그 무렵에는 500만 명을 넘겼다. 이러한 신흥 개발지에는 1980년대 중엽부터 광대한 부지를 활용한 대규모 레스토랑이 출현했으며, 그 메뉴는 중국요리의 영향을 받기는 했지만 어디까지나 태국 요리가 주를 이루었다.[24]

태국 정부가 주도한 팟타이의 탄생

태국을 대표하는 국민 음식이며 외국인들에게도 인기가 있는 '팟타이pad thai; phat thai'(태국식 볶음, 볶음 쌀국수)는 제2차 세계대전 시기에 창안되어 전후에 보급된 비교적 새로운 음식으로, 내셔널리즘의 관점에서 중국의 면 요리와 태국의 면 요리를 구별할 필요가 있어 1930년대 말 방콕에서 만들어진 음식이다.[25]

팟타이의 창안과 보급에 관해서는 방콕의 연구자로부터 협력을 얻어 당대의 자료를 찾아보았지만 유감스럽게도 직접적 근거가 될 만한 사료는 발견하지 못했다. 현재 인터넷상에 전해지고 있는 에피소드를 편집한 것으로는 일본어판 위키피디아의 '팟타이' 항목이 흥미로우니 그쪽을 참고하기 바란다.[26] 여기서는 주로 푼폰 코위분차이Poonpon Khowiboonchai의 최근 연구를 바탕으로 팟타이의 성립 과정을 개관하고자 한다.

열전도율이 뛰어난 금속제 팬에 라드(돼지기름)를 넣어 볶는 조리 방식은 태국에서도 화인들이 보급시킨 것이었다. 그 이전 태국에서는 조리에 질냄비를 사용했으므로 담그고 버무리거나 끓이는 조리법이 많았으며, 볶음의 경우에는 기름을 두르지 않고 볶는 것이 통상적이었다. 1934년부터는 국민의 건강이 곧 나라의 건강이라고 생각한 태국 정부가 라드 대신 식물성 기름 사용을 장려하는 캠페인을 실시했다. 식물성 기름은 값이 비싸고 요리에 향과 윤기를 입힐 수 없었는데도 1957년경에는 본격적으로 쓰였다.

팟타이는 피분 정권 시대에 탄생한 요리이다. 당시에는 중국의 볶음 쌀국수 요리인 '퀘티아우粿條'가 이미 인기를 끌고 있었다. 제2차 세계대전의 영향으로 쌀값이 치솟는 가운데 백미 생산 공정에서 튕겨 나온 싸라기를 원료로 하는 쌀가루에 다른 것을 섞어 만드는 퀘티아우는 저렴한 데다 영양도 균형이 잡힌 음식이었다. 정부는 쌀 소비를 억제하려고 퀘티아우를 장려했다.

1939년 11월 공시된 라타니욤 제5호는 태국 국민이 자국에서 생산, 제조된 소비재를 이용하도록 한 것으로, 제1항은 "태국 국민은 태국 국내에 기원을 두는 것, 태국 국내에서 생산된 것을 사용한 음식만을 소비할 것"이라 명시하고 있다. 피분 총리 등은 퀘티아우를 두부, 건새우, 풋마늘, 달걀, 생숙주와 함께 볶아서 중국요리의 흔적을 지우고 태국 요리로 탈바꿈시키고자 했다. 특히, 돼지고기는 중국요리의 식재료이며 태국인들은 돼지고기를 그다지 먹지 않아서 돼지고기 대신 새우를 넣었다.

이 요리에는 '퀘티아우 팟타이'(뒤에서 이야기할 팁사마이의 설명에 따르면 '퀘티아우 팟')라는 새 이름을 붙이고 정부는 퀘티아우 대신 이것을 만들어 먹도록 장려하였다. 퀘티아우를 팟타이로 대체한 것은 태국 문화의 영역에서 중국을 배제하려는 태국 정부의 노력의 일환으로, 팟타이는 중국요리를 개량하여 완전한 태국 요리로서 확립시킨 것이라 할 수 있다.

그와 동시에 태국 정부는 '숙주를 재배해 이웃 주민에게 팔기만 해도 가난에서 벗어날 수 있다'라는 표어를 바탕으로 국민이 스스로 숙주를 재배하고 소비하는 캠페인을 실시했다. 나아가 태국 정부는 라타니욤 제7호를 통해 "매일 달걀을 먹도록" 닭 사육을 장려했다. 달걀은 구하기 쉽고 영양이 풍부한 식재료였기 때문이다. 이로써 팟타이는 절대군주제가 붕괴한 지 얼마 지나지 않아 아직 계급에 따른 문화 차이가 짙게 남아 있던 시대에 모든 국민이 신분과 관계없이 먹을 수 있는 요리가 되었으며, 태국의 계급사회에 새로운 규범을 부여했다.

제2차 세계대전 후 태국은 전후 보상으로 영국에 쌀 150만 톤을 무상으로 제공할 의무를 졌으며, 퀘티아우나 팟타이를 먹는 것은 태국 국내의 쌀 소비 감소로 이어졌다. 태국 정부는 자국민으로 하여금 팟타이가 국민 스스로 만들어낸 문화라고 여기게 하는 데 성공했으며, 이 음식은 오늘날까지 태국 국민이 품고 있는 '태국다운 것'을 형성하는 데 중요한 역할을 수행했다.[27]

이렇듯 태국의 팟타이는 베트남의 퍼와 마찬가지로 중국의 면

요리를 바탕으로 하면서도 그것과 구별되도록 만들어진 태국 요리
이다. 퍼와 비교했을 때 팟타이의 창안과 보급은 정부의 영향력에
의한 바가 컸다는 점이 그 특징이다. 주목할 점은 팟타이가 창안,
보급된 1930~50년대는 태국에서 내셔널리즘과 반화인 감정이 고
조되어 화인에 대한 동화 정책이 강력하게 추진된 시기에 해당한다
는 사실이다. 태국의 동화 정책은 화인은 물론이고 그들의 음식에
도 영향을 끼쳤으며, 팟타이가 그 산물이었다.

팟타이의 국민 음식화와 퀘티아우

이쯤에서, 방콕에서 팟타이를 탄생시킨 가게라고 칭해지는 '팁
사마이Thipsamai'(2019년 3월 방문)가 홍보하는 이야기를 소개하고자
한다. 팁사마이는 홈페이지에 그들과 팟타이의 역사에 관한 영상
을 공개해놓고 있다.[28] 이 영상에 따르면, 1938년 피분이 총리에 취
임한 뒤 태국 정부는 부족을 겪고 있는 쌀의 소비를 억제하려고 면
식麺食을 장려하여 국민 음식으로 '퀘티아우 팟kuay tiew phad'을 창
안하고 이를 보급시키려 했다. '팟'은 볶는다는 뜻이며 이 '퀘티아우
팟'이 나중에 '팟타이phat thai' 즉 '태국식 볶음'이라 불리게 되었다
고 한다.

1939년, 어린 시절의 사마이Ms. Samai는 어머니를 도와 운하의
배 위에서 음식을 팔며 요리를 배웠다. 사마이는 결혼 후 1948년
남편과 함께 팟타이 포장마차를 시작하였으며, 이들의 평판을 접
한 피분 총리도 팟타이를 먹으러 부부의 포장마차를 찾았다고

한다. 사마이는 1966년 점포를 내고 '팁사마이 팟타이 쁘라뚜삐 Thipsamai Padthai Pratoopee'(쁘라뚜삐는 지역명)라 이름 지었다. 그 후 가 겟세가 올라 사마이는 포장마차로 돌아가야 했지만 1983년 가게를 재개했다. 2012년에는 사마이의 아들(Dr. Sikarachat Baisamut)이 가 게를 물려받아 현대적 경영을 시작하였으며, 진정한 팟타이와 태국 의 문화를 세계에 알리는 것을 목표로 하고 있다.

팁사마이는 현재 두 종류의 팟타이(그림 2-20, 2-21)를 내고 있으 며, 피분 총리가 먹은 바 있는 원래의 팟타이도 옛 레시피 그대로 남아 있다. 이는 쌀국수 센찬을 볶아 진한 맛의 새우 기름을 더하 고 달걀옷을 입힌 뒤 새우를 얹은 것으로, 다소 생소한 팟타이이지 만 맛이 좋다. 또한, 팁사마이는 가정에서도 가게와 똑같은 맛을 재 현할 수 있는 팟타이 소스도 판매하고 있다.

1948년 막 총리에 취임한 피분이 사마이의 이름난 포장마차를 찾아 팟타이를 먹었다는 이야기는 사실일 가능성이 충분하다. 제 2차 세계대전 후 태국 정부는 식량 부족이나 실업에 대한 대책으 로 팟타이의 보급을 꾀한 듯하며, 피분은 전국 각 현의 학교 교사 나 공무원 등에게까지 쌀국수를 팔게 하여 그 '태국화'를 추진하려 했다.[29] 이러한 팟타이의 국민 음식화 과정에서 중국의 요리가 태 국 요리에 동화되어 화인에 대한 반감이 사그라들었다.

참고로, 중국의 쌀국수는 라마 5세(1868~1910년 재위) 시대에 탕 면('湯麵')이나 볶음국수('炒麵')로 방콕에서 인기 있는 에스닉 푸드 였다고 한다.[30] 그 때문에 태국에서는 지금도 팟타이와 마찬가지로 퀘티아우를 이용한 중국요리를 많이 먹는다고 한다. 예컨대 검은 간장 국물의 '퀘티아우 루아kuaitiao rua'는 시큼하고 매워 태국인의

2-20 방콕 팁사마이의 오리지널 레시피를 바탕으로 한 팟타이(Superb Padthai)

입맛에 잘 맞는다. 이 음식은 '보트 누들boat noodle'이라고도 불리듯이, 원래 운하의 배 위에서 팔던 것으로 1942년 대홍수가 발생했을 때 방콕으로 퍼졌다.[31]

이러한 태국식 '라멘'에도 다양한 종류가 있는데, 일례로 '퀘티아우 랏나kuay tiew rad naa'는 볶은 퀘티아우에 고기나 채소를 넣고 약간 끈기가 있는 달고 짭짤한 맛의 국물을 끼얹은 것이다. 일본의 '간톤멘廣東麵'과 비슷한 이 요리는 태국에서 가장 인기가 많은 중국요리 중 하나이다.[32] 주의해야 할 것은, 이처럼 퀘티아우를 이용한 면 요리는 많지만 오직 팟타이만이 태국을 대표하는 국민 음식이 되었으며 나머지는 태국식 중국요리로 여겨진다는 점이다.

또한, 쌀국수 말고도 중국요리가 태국의 음식에 끼친 영향은

2-21 방콕 팁사마이의 일반적 팟타이

광범위하며 태국 요리와 중국요리의 구별은 미묘한 경우가 적지 않다. 예컨대 중국에서 즐겨 먹는 '카오야'(오리 구이), 팔각 등을 넣고 익힌 돼지고기, 어육 완자, 발효시킨 콩 등은 태국 요리의 레퍼토리에 포함되어 있다.

나아가 태국의 길거리 음식(포장마차의 경식)에는 중국에서 유래된 것이 적지 않다.[33] 예컨대 '까놈찝kanom jeeb'은 중국의 찐 샤오마이를 태국식으로 변형한 것으로, 피는 쌀가루로 만들며 소는 약간 알싸한 맛이다.[34] 이 밖에 '카오소이khao soi'는 윈난의 후이족에게서 미얀마 및 라오스, 태국 북부로 전해진 면 요리로, 태국식 카오소이는 코코넛밀크가 들어간 커리 국물에 난면卵麵을 넣은 것이다.[35]

'글로벌 태국' 계획과 태국의 4대 지방 요리

한편, 태국 국내에서 태국 요리점이 문을 연 것은 공식적으로는 1985년부터이다.[36] 그 무렵에는 총리 관저에 국민 아이덴티티 위원회National Identity Board가 설치되어 태국의 아이덴티티에서 음식이 중요하다는 인식이 자리 잡았다.[37] 그리고 2002년부터 탁신 친나왓Thaksin Shinawatra, 丘達新(화예華裔 하카계 실업가, 2001~06년 총리 재임) 정권은 외국의 태국 요리점 수를 늘리는 '글로벌 태국' 계획을 출범시켰다.

태국 정부는 태국 요리점의 개업을 지휘·감독하고, 태국의 바람직한 이미지를 증진하는 레스토랑에 '태국 셀렉트' 상표를 발급했으며, 이들 레스토랑에는 특정 태국 요리를 메뉴에 넣어 태국의 국가적 이미지를 고수할 것이 요구되었다. 팟타이는 똠얌꿍, 똠카까이(닭고기 코코넛 수프), 그린 커리green curry 등과 함께 태국 요리의 표준화, 규격화된 공식 메뉴에 포함되어 있다.[38] 그리고 팟타이는 미국 등지에서 똠얌꿍 다음으로 인기가 있는 태국 요리가 되어 있기도 하다.

영국의 경제지 〈이코노미스트The Economist〉는 즉각 '글로벌 태국' 계획을 다루며 이를 '미식(위장胃腸) 외교gastrodiplomacy'로서 논평하였다. 이는 그 뒤에 등장한 타이완의 '덴신 외교', 한국의 '김치 외교', 인도의 '사모사 외교' 등의 선례가 되었다.[39]

태국 요리에서는 지방에 따라 차이가 있기는 해도, 어장魚醬, 레몬그라스, 고수, 마늘, 단맛의 태국 바질, 민트, 고추, 생강 혹은 방동사니galingale 등을 혼합, 조화시킨 맛이 태국 공통의 맛으로 인식되고 있다. 또한, 콩으로 만드는 간장은 태국에서 중국요리에서 말고는 그다지 존재감이 없다. 요컨대 태국 요리 맛의 기본은 허브와 향신료의 조합에서 비롯하는 것으로, 일본 요리의 다시出汁, 중국요리의 '탕湯'(맛국물), 프랑스 요리의 퐁fond이나 부용bouillon 등에서 만들어지는 것과는 다르다.

참고로, 태국의 궁정 요리는 농민 요리와 비교해 원재료의 질이나 상에 오르는 요리의 가짓수가 다르며, 좀 더 세련되고 맛이 조화롭고 달며 장식과 서빙에 좀 더 정성이 들어간다. 그러나 요리의 구성은 같아 궁정만의 특별 요리가 있는 것은 아니다. 이러한 이유로 1970년대부터는 궁정 요리를 간소화하여 조리하기 쉽게 한 요리가 진정한 태국의 맛으로서 요리서에 재현되었다.[40]

태국 요리는 북부(치앙마이 등지), 동북부(이산 지방), 중부(방콕), 남부 등 네 지방의 요리로 나눌 수 있으며, 이 지방 요리들은 각각 이웃한 나라로부터 영향을 받았다고 여겨진다. 예컨대 남부 지방의 커리에는 코코넛밀크가 들어가지만, 북동부의 요리는 라오스의 영향이 커 코코넛밀크를 그다지 넣지 않는다. 태국의 지방 요리는 원래 수도 방콕 요리의 영향이 컸지만, 1980년대부터 외국인 관광객이나 이주자가 증가하면서 방콕에서는 태국 각 지방의 요리를 제공하는 곳이 늘어나 각 지방 요리 간의 차이도 주목받았다.[41]

예컨대 태국 방콕의 문화부 문화촉진국Department of Cultural Promotion, Ministry of Culture은 『네 지역 태국 요리의 아이덴티티The Identity of Thai Cuisine in the 4 Regions』라는 책을 펴냈다.[42] 이 책의 서문에 따르면 "태국 요리는 뛰어난 가치를 지닌 탁월한 국민적 문화유산으로, 널리 알리기 위해 보급, 촉진할 가치가 있으며", "문화부는 무형문화유산 전문가의 지지를 얻은 태국 요리에 관한 정보를 기업가, 조직, 일반 공중에게 전하고자 한다." 태국 문화부는 이렇듯 태국 요리를 홍보하려고 태국의 식문화를 네 지방의 요리(북부, 동북부, 중부, 남부)로 나누어 설명하고 있다. 공식적 견해에서도 화인에 의한 중국요리의 영향을 언급하고 있다.

『네 지역 태국 요리의 아이덴티티』에 따르면 첫째로, 치앙마이 등 북부 요리의 아이덴티티는 찰기가 있는 쌀, 돼지고기와 토마토가 들어간 맵싸한 딥 '남프릭옹nam phrik ong', 돼지고기를 발효시켜 보존하는 방법, 샐러드에 들어가는 채소에도 열을 가하는 것 등에 있다. 그리고 북부 요리에는 중국계 이민인 '친하우Chin haw, Jee haw'(대체로 윈난 출신으로, 미얀마나 라오스를 거쳐 태국에 온 사람들)의 영향을 받은 면 요리인 '카오소이khao soi'가 포함된다.

둘째로, 중부의 요리는 여성들이 과일이나 채소를 꽃 모양으로 조각하는 것 같은 궁정 문화의 영향에 더해 교역이 활발했던 나라들의 영향을 받았다고 여겨진다. 예컨대 인도로부터는 코코넛밀크와 커리믹스를 포함한 요리가 전해졌으며, 중국으로부터는 기름에 볶는 조리법이나 이를 위한 둥그런 팬이 전해졌다. 참고로, 중국에서 철제 냄비가 전해지기 전 태국에서는 꼬치구이나 토기를 사용한 조리가 일반적이었다.[43] 그런가 하면 팟타이 역시 중부 지방의 요리로 취급된다.

셋째로, 동북부 요리의 아이덴티티는 생선을 염장해 발효시킨 조미료인 '쁠라라pla-rah'를 일상적으로 사용하는 것, 현지의 채소로 '랍laab'(고기가 들어간 샐러드)이나 '솜땀somtam'이라 불리는 파파야 샐러드를 만들어 먹는 것 등에 있다. 참고로, 동북부의 이산 요리는 태국인들 사이에서도 특수한 요리로 여겨지고는 한다. 이를 표준적 태국 요리에 포함시키려고 방콕의 중간층은 발효한 생선이나 곤충 같은 요리를 빼고, 닭고기 구이나 솜땀, 랍 등에 고추의 사용을 줄이고 설탕 사용은 늘려 맛을 손보았다.

넷째로, 남부 요리의 아이덴티티는 매운맛, 짭짤한 맛, 강황, 신선한 채소 등에 있다.[44]

이 장에서 살펴봤듯이, 태국에서는 18세기부터 현재에 이르기까지 라타나코신 왕조가 이어지고 있는데도 서민 요리와 구별되는 특별한 궁정 요리가 발전하지는 않았다. 태국의 궁중에서는 19세기 전반에는 중국요리, 19세기 후반부터는 서양 요리와 중국요리가 태국 요리와 함께 국왕의 식탁에 올랐다.

19세기 태국은 영국이나 프랑스의 식민지가 되는 일은 면했지만, 경제 면에서는 무역부터 식품 산업에 이르기까지 화인에 대한 의존도를 높여나갔다. 이에 따라 태국의 도시 지역에서는 대부호부터 노동자에 이르기까지 화인 인구가 높은 비율을 차지하였으며, 음식 분야를 비롯해 화인의 사회적, 문화적 영향력이 강해졌다.

그러나 20세기 이후 내셔널리즘이 고조되면서 태국 정부는 엄격한 반反화인 정책이나 화인 문화의 태국화 운동을 추진하였으며, 화인과 중국 문화는 태국인과 태국 문화에 동화될 것을 강하게 요구받았다. 팟타이는 이러한 동화 정책의 일환으로서 중국의 면 요리인 '꿰티아우'가 태국식으로 개량되어 태국 요리로서 성립한 것이다.

베트남의 퍼와 태국의 팟타이는 20세기 들어 중국의 면 요리가 개량되어 탄생했으며, 국민 음식이 될 정도로 보급된 데서 나아가 외국으로까지 퍼졌다는 점에서 공통점을 갖는다. 그러나 팟타이는 퍼보다 30년쯤 늦게 성립했으며, 퍼와는 달리 정부의 주도 아래 창안, 보급된 요리이다. 즉, 퍼가 탄생하고 얼마쯤 지난 뒤에 베트남의 내셔널리즘과 관계 맺게 된 것과 달리, 팟타이는 '태국식 볶음'을 의미하는 그 이름대로 태국 내셔널리즘의 직접적 산물이었다.

_4장_

필리핀
―상하이 춘권과 광둥 국수가 퍼지기까지

스페인 통치 시대의 화인과 중국요리점 판시테리아

1565년부터 필리핀(루손섬)의 식민지화를 추진한 스페인 제국은 1571년에는 통상과 포교의 기지로서 마닐라항을 개항했으며, 그 후에 마닐라와 아카폴코(멕시코)를 이어 고수익의 갈레온(범선) 무역을 시작했다. 화인은 송대에 이미 필리핀에 와 있었지만 이 무렵부터 필리핀에 자리 잡고 사는 화인이 급증하여 1600년경에는 스페인인 인구보다 많은 약 2만 명의 화인이 마닐라 주변에 살았다. 1603년에는 스페인 당국이 반란을 의심하여 약 2만 명의 화인을 학살하는 사건이 일어났지만, 그럼에도 많은 화인이 경제적 기회를 찾아 필리핀으로 흘러들어 마닐라의 화인 인구는 수년 안에 1만 명대를 회복했다.

17~18세기 무렵 필리핀 및 자바, 말레이로 건너간 화인은 주로 푸젠 남부 사람들이었으며, 광둥 동부 사람들도 있었다. 화인 상인들은 견직물이나 도자기를 마닐라에 가지고 들어가 멕시코 은과 교환했으며, 이 밖에 마닐라에서 옥수수와 고구마, 담배, 땅콩 같은 신대륙의 작물을 매입했다. 이것들은 17세기부터 중국에서 미개발지를 척식할 때 위력을 발휘했지만, 푸젠을 비롯한 중국 내지의 인구 급증으로도 이어져 다시 국외로 이민자를 내보내는 한 요인이 되기도 했다.

1621년 스페인의 식민지 정부는 마닐라 '파리안'(1581년에 설치된 화인 지정 거주 구역)의 화인 수를 6,000명 이내로 제한하는 포고를 발표했다. 단, 가톨릭으로 개종한 사람이나 화인과 현지 여성 사이에서 태어난 '메스티소'(개종 혼혈인)는 파리안 바깥에서 선주민과 섞여 자유롭게 살 수 있었다.

1639년, 1662년, 1686년, 1762년에도 화인 학살이 일어났지만, 화인들이 경제적 기회를 찾아 계속 필리핀으로 흘러들어서 17세기 대부분에 걸쳐 화인 인구는 2만~3만 명 규모를 유지했다. 그러나 1755년과 1766년에는 화인에 대한 대규모 국외 추방이 단행되어 그 후 수십 년간은 화인 인구가 5,000~1만 명 정도로 낮은 수준을 유지했다.

이러한 스페인 통치 시대에 필리핀에 살던 화인은 보다 자유롭고 일반적으로 유복한 사회계층으로 여겨지던 메스티소의 범주 안에 유입되어 중국 성姓을 버리게 되었다. 그 때문에 메스티소는 18세기에 필리핀 인구의 약 5퍼센트를 차지할 정도가 되었으며, 19세기에 이르러서는 메스티소라 하면 거의 중국계 메스티소를 의미하게 되었다. 예컨대 독립 운동으로 유명한 호세 리살José Rizal(1861~96년)은 중국계 메스티소 5세였다(후에 선주민으로 전적).

중국계 메스티소는 마닐라 시내와 그 주변부 및 루손섬 중부의 도시들에 모여 살았으며, 마닐라와 지방을 잇는 물류의 중심에 진출하여 필리핀의 경제·사회에서 중요한 역할을 했다. 그러나 이들은 말레이시아나 인도네시아의 프라나칸처럼 독자적 요리를 발전시키지는 못했으며, 독립된 사회집단으로서 중국계 메스티소는 스페인 통치 시대 말기에 이르러 소멸했다.

근래에 필리핀에서 화인 인구 비율이 1퍼센트 남짓으로 낮은 것은 개종 정책과 잡혼(서로 다른 민족 간 결혼)으로 인해 동화가 촉진되었기 때문이다. 필리핀에서는 태국과 마찬가지로 화인의 현지 사회 동화가 일찌감치 진행되었으며, 국민국가 건설에서도 화인계가 활약했다. 필리핀과 태국은 인도네시아나 말레이시아처럼 국민국가 건설에서 화인의 존재가 큰 문제가 된 나라들과는 대조적이라고 할 수 있다.[1]

한편, 스페인의 식민지 정부는 담배 산업을 육성하여 세입歲入[한 회계 연도에서 정부 또는 지방 자치 단체의 모든 수입]을 늘렸는데, 이와 함께 공장노동자들에게 음식을 파는 화인 행상이 출현했다. 이러한 행상들은 얼마 지나지 않아 자신들의 가게를 갖게 되었는데, 이를 '판시테리아panciteria'라 불렀다. 타갈로그어 '판싯'은 중국식 국수를 뜻하며, 푸젠어 '便食(pian sit)'(준비가 간편한 음식) 혹은 '扁食(pian sit)'(푸젠의 얇고 넓적한 쌀국수)에서 유래되었다고 여겨진다. 판시테리아는 그 국수, 즉 판싯을 제공하는 곳이라는 뜻으로, 국수 외에 각종 중국요리도 함께 제공했으므로 중국요리점 전반을 가리키는 호칭이 되었다. 이것이 필리핀 중국요리점의 원형이라 할 수 있다.

펠리페 2세(1556~98년 재위) 시대의 어느 공무원이 쓴 편지에 따르면, 당시 판시테리아의 메뉴에는 중국요리의 이름이 스페인어로 적혀 있었다. 즉, 필리핀에서 중국요리는 초창기에는 스페인어를 매개로 하여 받아들여진 것이다. 판시테리아의 메뉴는 그 후 스페인어 외에 타갈로그어나 영어로도 병기되었다.[2]

필리핀의 독립 운동과 미국의 식민지 지배

1834년 스페인 제국이 당시까지 자신들이 독점하던 마닐라항을 국제무역항으로서 개항하자, 필리핀에서는 사탕수수, 마닐라삼 Abacá, 담배 같은 수출용 상품작물의 재배가 급속히 확대되었다. 그리고 플랜테이션 개발에 의한 상품작물의 대량 재배가 경제를 발전시켜 메스티소나 '인디오'(필리핀제도의 원주민) 사이에서도 부유층이 출현했으며, 신흥 부유층의 자식들이 스페인 유학의 기회를 얻어 필리핀을 외부에서 객관적으로 바라보게 된 것이 필리핀 혁명을 불러왔다.

1896년 8월 '카티푸난'이라는 비밀결사가 반스페인 무장봉기를 일으키자, 1898년 에밀리오 아기날도Emilio Aguinaldo가 독재 정권을 수립하여 독립을 선언했다. 아기날도의 세력은 1899년 1월에 내각을 조직하고 헌법을 공포하여 필리핀공화국(제1차 필리핀공화국, 말롤로스 공화국)을 정식으로 수립했다. 이는 아시아에서 민족 해방 투쟁이 승리를 거둔 최초의 사례로, 오늘날에도 필리핀인 아이덴티티의 원천이 되어 있다. 그러나 미국이 미국-스페인 전쟁(1898년), 미국-필리핀 전쟁(1899~1902년)에서 승리를 거두며 필리핀을 식민지화해서 이때의 독립은 단명으로 끝났다.[3] 그러나 미국 식민지 시대의 필리핀에서는 자치, 선거, 의회가 도입되어 마누엘 케손Manuel Quezon 같은 숙달된 의회정치가가 나타났으며, 이것이 제2차 세계대전 후 국가 건설에 영향을 끼쳤다.[4]

한편, 1834년 마닐라 개항 이후 중국계 이민자의 대량 유입이 허가되어 미국의 식민지 지배가 시작된 무렵 필리핀에는 약 10만 명의 화인이 있었다. 미국에서 1882년 제정된 '배화법'(456~57쪽 참조)은 1902년 미국령 필리핀에도 적용되었다. 그러나 이미 터를 잡고 살고 있던 화인들은 귀화가 불가능한 외국인으로 취급되어 '배화법'의 대상에서 제외되었으므로 이들이 식민지의 상업 활동을 장악하였다. 그 결과, 필리핀인 내셔널리즘이 고조되어 화인을 배척하는 기운이 생겨났으며 1920년대부터 1940년에 걸쳐 외국인의 상업 활동에 갖가지 규제가 가해졌지만, 그럼에도 불구하고 1939년에 화인의 수는 12만 명을 약간 밑돌 정도로 늘어나 있었다.

1930년대 국외의 화인은 중국에서의 항일운동에 자금 조달이나 인민 동원, 선전 활동 등을 통해 공헌했는데, 그중에서도 필리핀의 화인은 특히 열심이었으며 일본 측도 이를 인식하고 있었다. 1942년 일본군이 필리핀을 점령했을 때에는 일본에 협력한 화인도 있었지만, 많은 화인이 지하로 숨어들었으며 게릴라에 참가한 이들도 있었다. 일본의 점령기부터 전후에 걸쳐 필리핀은 기아와 빈곤으로 신음했다. 사람들은 주로 고구마 죽, 죽순, 중국 간장, 더우츠 장豆豉醬[콩을 낱알째 발효시켜 반쯤 건조한 중국요리의 조미료] 등으로 굶주림을 견뎠다.[5]

미국 본국의 필리핀인은 귀화가 불가능한 외국인으로서 취급되었지만 미국의 이민 제한 대상이 되지는 않아서 1930년에는 캘리포니아 농업 노동자의 약 14퍼센트를 차지할 정도로 늘어났다. 제2차 세계대전 후에는 약 15만 명의 필리핀인이 미국 본토와 하와이, 알래스카에 살았다.[6]

한편, 미국의 차이나타운에서는 1920년대부터 필리핀인이 현지의 식재료로 필리핀 요리를 내는 레스토랑이나 식품점을 열었다. 나아가 1930년대에는 필리핀인 거리('필리피노 타운' '리틀 마닐라' '마닐라 타운')가 로스앤젤레스, 샌프란시스코, 시애틀, 스톡턴 등의 중심부에 생겨났다. 필리핀인 거리는 일본인 거리와 마찬가지로 차이나타운에 인접하여 이에 의존하면서 형성되었다. 필리핀인들은 중국요리점으로도 종종 발걸음을 옮겼다. 필리핀인들은 쌀을 먹을 줄 알고 중국요리가 익숙한 데다, 중국요리점에서는 차별 대우를 받을 걱정도 없었기 때문이다. 특히 필리핀인 거리가 없는 지역의 필리핀인들에게 중국요리점은 소중한 존재였다.[7]

3부 1장에서 이야기할 유대인 이민자 등의 경우와 마찬가지로 필리핀인들에게도 미국식 중국요리의 상징적 메뉴인 '촙수이chop suey'를 먹으러 가는 것은 미국화된다는 뜻이었다. 미국의 필리핀인들은 생일이나 급여일, 세례성사 날 등 다양한 때에 촙수이를 먹으러 외출했다. 1936년에는 필리핀계 미국인에 의한 최초의 식품 체인점이 캘리포니아 피스모 비치에서 문을 열었으며, 그 후 P. I. 마켓Philippine Islands Market이 필리핀계 미국인 사회의 거점이 되었다. 오늘날에도 필리핀계 미국인은 아시아계 미국인 중에서 중국계 다음으로 많다. 단, 필리핀인은 레스토랑을 주요한 수입원으로 하지 않아서, 필리핀 음식은 뒤에서 이야기할 아도보, 룸피아, 판싯 말고는 비非필리핀계 미국인들에게 알려지지 않았다.[8]

1946년 미국 독립 기념일(7월 4일)에 필리핀공화국은 독립을 이루었다. 그러나 이는 미국에 의해 주어진 독립으로, 독립 후에도 미군의 주둔은 계속되었으며 미국에 의존한 단일 재배 경제 monoculture economy[한 국가의 생산이나 수출이 한정된 몇 가지의 1차산품에 크게 의존하는 경제]가 유지되었다. 나아가 필리핀에서는 화인의 경제 지배에 대한 경계심이 강해 1954~75년 화인의 경제 활동이 제한되었다. 외국 국적의 주민은 국적 취득에 높은 장벽이 생겼을 뿐 아니라 소매업을 비롯한 다양한 분야의 경제 활동에서 배제되었으며 가옥이나 토지 소유도 제한되었다. 또한, 외국무역이 필리핀인의 손에 들어갈 수 있도록 필리핀인에게 외화를 우대하여 할당하는 제도가 실시되었다.

그 후에도 친미·반공의 마르코스Ferdinand Marcos 대통령(1965~86년 재임)이 1972년부터 1986년까지 군사독재 정권을 유지하였으며 개발 이윤을 일족이 독점했다. 그러나 1986년 2월 시민에 의한 비폭력 항의 운동인 '피플 파워 혁명'(에드사 혁명)에 의해 마르코스가 하와이에 망명하고 코라손 아키노Corazon Aquino 대통령(1986~92년 재임)이 취임했다. 아키노 대통령은 푸젠성 취안저우泉州부 퉁안同安현(현 샤먼시 퉁안구)의 쉬許 씨 자손으로 메스티소 혈통이었다.[9]

필리핀 요리의 형성과 말레이, 중국, 스페인, 미국의 영향

'필리핀'이라는 국명은 스페인의 원정대가 16세기 스페인 왕자 펠리페(훗날 펠리페 2세)의 이름에서 따온 '이슬라스 필리피나스islas filipinas'(펠리페 왕의 섬들)라는 명칭에서 유래한다. '필리피노'라는 말이 도서 지역의 모든 사람을 포괄하게 된 것은 1896~98년의 필리핀 혁명과 공화국의 수립, 그리고 독립에 개입한 미국과의 전쟁을 통해서였다. '필리피노'라는 자각은 당초 소수의 부유한 엘리트층에 한정되어 있었지만, 필리핀의 해방과 필리핀인의 자유를 위해 목숨을 바치겠다는 마음이 가톨릭 신앙을 통해 일반 민중 사이에서도 움트기 시작했다. 필리핀의 독립 운동가 호세 리살의 처형은 예수 그리스도의 수난에 비유되어 받아들여졌다.[10]

한편, 1898년 필리핀공화국의 출범을 기념하는 파티에서는 프랑스 요리가 나왔다. 그리고 제2차 세계대전 후 독립에서부터 근래에 이르기까지 말라카냥 궁전(대통령 관저)의 만찬회에서도 필리핀 음식은 어쩌다 몇 가지 나오는 것이 고작이었다. 이처럼 필리핀 정부가 자국 요리를 격하하여 다뤄온 것은 근대에 겪은 식민지화와 제2차 세계대전 후 재차 겪은 식민지화의 영향이라고 이야기되기도 한다. 그러나 대도시를 제외한 지방의 레스토랑에서는 스페인, 미국 음식이 거의 나오지 않으며 중국 음식은 오랜 시간에 걸쳐 동화되어서 완전한 토착 요리로 여겨지고 있다. 요컨대 필리핀에서는 대체로 이른바 '식민지 요리colonial cuisine'보다는 토착 요리를 많이 먹는다고 할 수 있다.[11]

그런가 하면 1918년에는 저널리스트·작가·페미니스트인 푸라 비야누에바 칼로Pura Villanueva Kalaw(1886~1954년)가 스페인어로 된 소책자 『토산 조미료Condimentas Indigenas』를 펴냈으며, 이 책은 그 후 타갈로그어 등의 번역판으로도 간행되었다. 내셔널리즘의 기준에 따라 음식을 선택하고 있는 이 소책자는 가장 이른 시기에 나온 필리핀 요리서 중 하나로 꼽힌다. 그러나 그 후에도 필리핀 요리는 어디까지나 식당이나 매점에서 먹는 것이었으며, 식탁보를 까는 고급 필리핀 요리 레스토랑은 1970년대에야 등장했다.[12]

필리핀 요리는 다음의 네 가지 층으로 이뤄진다고 할 수 있다.

첫째, 넓은 의미의 말레이 음식이 토착의 것으로서 기초를 이루고 있으며, 과실과 과즙을 요리에, 잎을 포장과 장식에 사용하는 코코넛이나 쌀이 중요하다. 특징적인 '시니강sinigang'(타마린드를 사용한 산미가 있는 수프) 역시 말레이계 요리에 포함된다.

둘째, 9~11세기 무렵 중국과 교역이 시작된 이래로 중국 음식의 영향이 깊이 스며들어서 필리핀 사람들은 더는 그것을 외국의 것으로 생각하지 않는다. 예컨대 판싯(국수), 룸피아(춘권), '토크와tokwa, 豆乾'(더우간豆干. 물기를 뺀 단단한 두부), '토요toyo, 豆油'(간장), '비혼bihon'(비훈[미펀米粉, 쌀국수]), '소탕혼sotanghon'(녹두 당면), '시오파오siopao, 燒包'(찐빵), '시오마이siomai, 燒賣' 등이 일용식으로 퍼져 있으며 볶는 조리법도 중국에서 받아들인 것이다.

셋째, 스페인 요리는 중국요리와 달리 주로 크리스마스나 가족 모임 등에서 기념·축하의 의미를 담아 먹는 것으로, 예컨대 '레촌lechon'(새끼 돼지 통구이)이나 '모르콘morcon'(쇠고기 말이) 등이 이에 해당한다. 또한, '아도보adobo'는 마리네mariné[생선, 고기, 채소 등을 식초, 소금, 샐러드유, 와인, 향신료 등을 섞은 즙에 재우는 조리법, 또는 그렇게 만든 요리]를 뜻하는 스페인어로, 식초, 간장, 마늘 양념에 재운 닭, 돼지, 생선, 오징어, 조개, 공심채 등을 조린 요리이다.

넷째, 미국의 영향은 파이, 프라이드치킨, 샌드위치 등에서 엿보인다. 이 밖에도 아랍이나 인도 식문화의 영향이 남부를 중심으로 나타난다.

이 요리들 중에서도 특히 판싯이나 아도보는 필리핀 '국민 음식 national dish'의 후보이다. 그런데 판싯은 현지화되었다고는 해도 엄연히 중국의 면 요리에서 유래한 것이다. 또한, 아도보는 적어도 그 이름만큼은 스페인 혹은 멕시코에서 재워 굽는 고기 요리인 '아도바다adobada'에서 유래한다.[13]

이 밖에도 미국 통치 시대(1898~1946년)에는 햄버거, 핫도그, 스파게티, 샐러드, 햄, 베이컨 같은 미국의 식문화가 필리핀에 들어왔다. 과거에 음식의 스페인화는 주로 스페인인 관리나 수도사 등과 관계가 있는 일부 엘리트층에 한정된 것이었지만, 미국화는 위생이나 과학적 식생활 교육, 그리고 잡지와 신문, 영화와 음악, 요리서 등 대중문화를 통해 보다 많은 사람들 사이에서 퍼져나갔다. 미국의 음식은 전통적인 것으로 여겨진 스페인 요리보다 위신은 떨어질지언정 강한 영향력이 있었으며, 50년 조금 못 미치는 미국의 통치가 300년 이상 이어진 스페인의 통치(1565~1898)보다 필리핀의 민중 생활에 큰 영향을 끼쳤다고까지 이야기된다.

또한, 미국 통치 시대는 화인들에게도 상대적으로 좋은 시대였으며 시내 곳곳에 위치한 사리사리(가족 경영의 잡화점)에서는 중국의 먹거리를 살 수 있었다.[14] 필리핀에서는 중국요리점이나 그 밖의 레스토랑에서 촙수이를 즐겨 먹으며, 촙수이는 값이 싼 덕에 가정에서도 부담 없이 만들어 먹을 수 있다. 이는 아마도 미국 통치 시대에 보급되었으리라 생각되지만 확실한 것은 알 수 없다.

필리핀화하는 중국요리

필리핀 화인의 90퍼센트 가까이는 푸젠성 남부에 뿌리를 둔 사람들이다. 필리핀의 식탁에 빠질 수 없는 '페차이pechay, 白菜'(배추), '쿠차이kuchay, 韮菜'(부추), '토요toyo, 豆油'(간장), '토게toge, 豆芽'(콩나물) 같은 식품은 중국어 중에서도 민난어 명칭으로 불린다. 필리핀에서 중국요리는 많은 사람의 일상생활에 스며들어 있다.

1949년 중국공산당이 중화인민공화국을 건국한 뒤로 중국과 필리핀 간의 왕래가 어려워졌지만, 1960년대 말부터 1970년대 중반에 걸쳐서는 얼마간 사정이 나아져 화난에서 많은 이민자가 홍콩을 경유해 필리핀으로 몰려들었다. 그들은 필리핀 화인 상인의 친척으로, 중국 대륙에서 나오지 못하고 있거나 홍콩에 남겨져 있던 사람들이었다. 그리고 이 무렵 마닐라 등지에서는 중국요리점, 중국 약품점, 찐빵이나 사오마이, 샤먼 춘권 등 경식류를 파는 작은 가게가 속속 생겨났다. 당시 필리핀인들은 중국에서 유래한 음식이라 해도 필리핀의 것으로 인식하는 경우가 많았다.

필리핀의 중국요리는 원래 푸젠 혹은 광둥의 요리였지만 점차 필리핀화된 요리로 변해갔다. 이러한 진화의 전형적 사례가 바로 판싯이나 룸피아다.[15] 여기서는 필리핀 식문화에 뿌리내린, 중국에서 유래한 요리 다섯 가지를 소개하고자 한다.

1. 판싯

중국식 국수를 가리키는 '판싯pansit'이라는 명칭은 푸젠어 '便食 (pian sit)'(준비가 간편한 음식) 혹은 '扁食(pian sit)'(푸젠의 얇고 넓적한 쌀국수)에서 유래한다고 생각된다. 필리핀의 판싯은 중국에서와 마찬가지로 건강과 장수, 행복을 비는 의미를 담고 있으며 크리스마스 연회에서도 상에 오른다.

필리핀 각지에는 '판싯 말라본pancit Malabon', '판싯 마릴라오pancit Marilao' 같은 각 지방 고유의 판싯이 있다. 나아가 난면卵麵(달걀면) 으로 만든 '판싯 칸톤pancit Canton'(광둥 국수[廣東麵], 그림 2-22)에는 고추 맛, '칼라만시calamansi'(필리핀에서 인기 있는 감귤류) 맛, 달면서 짭짤한 맛 등 다양한 맛의 인스턴트 국수가 등장했다.

요컨대 필리핀의 판싯은 일본의 라멘, 한국의 짜장면(炸醬麵), 말

2-22 판싯 칸톤(마닐라 차이나타운의 카페 메자닌Café Mezzanine)

2부. 아시아 여러 나라의 내셔널리즘과 중국요리

레이시아·싱가포르의 락사와 마찬가지로 현지화된 중국 면 요리 중 하나이다.[16]

2. 룸피아

'룸피아lumpia'(춘권)라는 말은 푸젠어 '潤餠(lun bian)'에서 유래 한다. 필리핀에서는 푸젠의 춘권, 특히 '샤면 룸피아E-meng lumpia' 가 유명하다. 또한 '룸피아 상하이lumpiang Shanghai'(상하이 춘권, 그 림 2-23)도 인기가 있으며, 속에 다진 돼지고기, 잘게 썬 당근과 감 자, 양파를 넣어 케첩이나 토마토 베이스의 달콤한 소스에 찍어 먹 는다. 룸피아에는 생춘권과 튀긴 춘권, 두 종류가 있으며[17] 위의 두 요리는 모두 튀긴 춘권에 속한다.

필리핀인이 돈벌이를 위해 진출한 주변국으로도 필리핀 스타일

2-23 룸피아 상하이(마닐라)

의 중국 식품이 퍼져나갔다. 재외 필리핀인의 연회에는 특히 판싯과 룸피아가 빠지지 않으며, 필리핀 사람들은 이 음식들의 기원이 중국에 있으며 그 이름은 푸젠에서 유래한다는 사실을 완전히 잊어버렸다.

그런데 필리핀의 판싯 칸톤(광둥 국수)이나 룸피아 상하이(상하이 춘권)는 광둥이나 상하이에는 존재하지 않는다. 중국에 가는 필리핀인은 흔히 "상하이에서 상하이 춘권을, 광둥에서 광둥 국수를 찾지 말 것"이라는 충고를 듣고는 한다.[18] 요컨대 일본의 덴신한天津飯이 톈진에는 존재하지 않는 것과 마찬가지라 할 수 있다.

3. 마미

'마미mami'(닭고기 국수)는 제2차 세계대전 후 마원루馬文祿라는 학교 교사가 '바미ba-mi'라는 돼지고기 국수를 바탕으로 개발, 판매한 것이다. 이는 1978년 간행된『필리핀의 유산—네이션의 창조 Filipino heritage: the making of a nation』에 수록되어 필리핀의 국민적 문화유산으로 다뤄진 바 있다.[19]

4. 시오파오와 시오마이

'시오파오siopao, 燒包'(찐빵)나 '시오마이siomai, 燒賣'는 광둥에서 유래한 음식이지만, 이 음식들의 타갈로그어 명칭은 푸젠어에서 파생된 것이다. 시오파오와 시오마이는 학교나 직장 등에서 파티 음식으로 자리 잡았으며 세븐일레븐 같은 편의점에서도 판매한다.

시오마이는 돼지고기 소가 중심이었지만 1990년대부터 덴신(중국의 분식·경식류)이 유행하자 채소, 게맛살, 메추리 알, 베이컨, 햄,

닭고기 등 다양한 소가 들어간 시오마이가 등장했다.[20]

5. 호피아

'호피아hopia'는 녹두mongo나 자주색 참마ube로 만든 소를 얇은 피로 감싼 중국계 필리핀 과자이다(그림 2-24). 이것은 현재 세븐일레븐 등 편의점에서도 팔고 있으며 해외에 가는 필리핀인들이 선물로 즐겨 찾는다.

타갈로그어 '호피아hopia'는 푸젠어 '好餠(ho bian)'에서 유래하며 푸젠성에도 호피아와 비슷한 과자가 있다. 또한, 말레이시아의 '멍빈 비스킷mung bean biscuit, 豆沙餠[녹두 과자] 역시 호피아와 비슷한 과자이다. 20세기 초 필리핀에 전해진 호피아는 원래 녹두나 팥으로 소를, 밀가루로 피를 만들던 간단한 과자였으며, 어깨에 쟁반 두 개를 짊어진 소상인이 팔았다. 초기에는 '일본 호피아hopiang hapon'라 불린 것도 있었으며 이는 외피가 일본 종이처럼 얇았다고 한다.

필리핀에서 호피아는 점차 흔한 먹거리가 되어 모양이 예쁘고 위생적인, 기계로 만든 과자에 밀려났다. 이렇게 호피아의 매상이 떨

2-24 호피아(왼쪽은 엥비틴 제품)

어지는 가운데 1985년 '엥비틴Eng Bee Tin, 永美珍'(1918년 포장마차로서 창업)의 3대 사장 제리 추아Gerry Chua가 자주색 참마ube 아이스크림에서 힌트를 얻어 자주색 참마 소가 들어간 호피아를 개발했으며, 이것이 크게 히트하여 호피아의 매상이 회복되었다. 나아가 2006년부터 추아는 필리핀인이 좋아하는 스페인·미국 유래의 맛을 담은 호피아를 개발해 자주색 참마가 들어간 우유, 치즈, 잭프루트 호피아, 초콜릿 땅콩 호피아 등을 발매했다.[21]

참고로, 관광지화에 뒤처져 있던 마닐라의 차이나타운은[22] 2019년 방문해보니, 정비가 이뤄져 밝고 청결하고 멋스러우며 값이 비싼 음식점이나 기념품점이 많이 생겨나 있었다. 현재 마닐라의 차이나타운에서는 예쁘게 포장된 '엥비틴'의 호피아를 도처의 가게에서 찾아볼 수 있다.

이 밖에 '토푸tofu, 豆腐', 토크와豆腐乾, '타호taho, 豆花'(부드러운 두부), 토요(간장), '타우시tausi, 豆豉'(더우츠), '토게toge, 豆芽'(콩나물) 등 다양한 콩 식품이 중국(주로 푸젠)으로부터 받아들여졌다. 또한, '소탕혼sotanghon'(녹두 당면)은 '山東粉(sua-tang-hun)'을 어원으로 하는데, 수프 등에 들어간다.[23]

한편 필리핀에서는 1980년대에 패스트푸드가 보급되면서 중국요리 패스트푸드점도 문을 열어, 과거 판시테리아에서 팔던 간단한 음식을 밝고 청결한 환경에서 값싸고 빠르게 제공하였다. 유명한 '졸리비Jollibee'는 1975년 화인계 필리핀인 토니 탄Tony Tan이 창업한 아이스크림 가게로 출발해서, 오늘날 필리핀 국내 최다인 1,000여 개 점포를 거느린 햄버거 체인으로 발전해 국민적national

브랜드로 자리매김했다. 또한, 졸리비는 1998년 캘리포니아 샌프란시스코 남쪽의 데일리시티Daly City에 진출한 것을 시작으로 미국에서도 체인 사업을 펼쳤다.

졸리비 그룹은 1985년부터 '차우킹Chowking, 超群'이라는 중국요리 패스트푸드 체인점을 시작해 중국요리의 경식류(국수, 볶음밥, 고기만두, 완탄, 사오마이 등)를 내고 있다.[24] 세계적으로 봐도 필리핀의 차우킹은 미국의 판다 익스프레스 다음으로 성공한 중국요리 패스트푸드 체인점이라 할 수 있을 것이다.

필리핀 요리, 그리고 필리핀 식문화는 일본에서는 비교적 인지도가 떨어지지만, 남방계 중국요리의 현지화나 미국 식문화의 큰 영향 등을 보면 일본의 식문화와 공통점이 많다. 필리핀에서는 국수류, 춘권, 콩 식품을 비롯한 중국요리가 더 이상 중국에서 유래했다고 인식되지 않을 만큼 일상생활에 깊이 스며들어 있으며, 중국에는 없는 독자적인 광둥 국수나 상하이 춘권도 정착해 있다. 이러한 필리핀의 상황은 일본의 중국요리를 연상시킨다.

단, 말레이와 중국, 스페인, 미국 등 네 층의 식문화가 포개진 필리핀 요리는 국가 연회 요리를 봐도 알 수 있듯이 아직은 충분히 체계화되어 있다고 할 수 없으며, 필리핀 요리 내에서 중국계 음식이 갖는 위상도 제대로 정립되어 있지 않다. 또한, 일본과는 달리 역사가 아로새겨진 오래된 고급 중국요리점이 충분히 발달해 있다고 하기도 어렵다.

그렇지만 중국요리 패스트푸드 체인이 이 정도로 성공을 거둔 나라는 많지 않으며, 화인이 필리핀인 사회에 동화된 것과 마찬가지로 중국요리는 필리핀의 식문화에 잘 동화되어 있다. 필리핀에서 생겨난 독특한 중국 식품은 세련을 거듭하고 있으며 필리핀인의 해외 진출이나 필리핀을 찾는 관광객의 증가에 따라 앞으로 더욱 주목을 모으며 판로를 확대할 가능성이 있다.

5장

인도네시아
—네덜란드 식민지와 이슬람교, 중국요리의 곤경

자바의 화인과 중국요리의 전래

고고학상의 발견에 따르면, 중국과 인도네시아제도 사이에는 한 대漢代부터 교역 관계가 있었다. 7~10세기 초 믈라카해협에서의 교역으로 수마트라반도에서 번영한 스리위자야 왕국은 670년경부터 741년까지 당나라에 조공을 바쳤다. 화인의 국외 진출은 당대唐代 중엽(8~9세기)에 시작되어 정크선이 발달한 북송 중엽(11~12세기)부터 본격화되었다. 그 후 현지처를 둔 화인이나 정주 화인이 점차 늘어나, 명대에 들어서는 차이나타운이 형성되기에 이르렀다.[1]

1293년에는 몽골제국(원나라)군이 자바 원정에 나섰으며 원나라 군대가 격퇴당한 뒤 마자파힛 왕국이 세워졌다. 이때 원군에서 도망친 병사가 처벌을 두려워하여 자바에 머문 것이 화인이 인도네시아제도에 자리 잡고 산 계기가 되었다. 이러한 원군이 인도네시아제도에 두부의 제조법이나 배추, 카이란芥藍 같은 중국 채소, 나아가 그 채소를 볶는 조리법 등을 전했다고 여겨진다. 자바 사람들에게 중국요리의 볶고 끓이고('燜') 간장에 조리는('紅燒') 등의 조리법은 미지의 것이었으며 해삼이나 제비집의 조리법도 지금까지와는 다른 기술이 필요했다.

그런가 하면 중국에서는 남송·원·명의 시대에 도시를 중심으로 식생활 수준이 향상되어 후추의 수요가 늘어났으며, 그 최대의 공급지가 바로 수마트라섬이었다. 자바의 마자파힛 왕국이나 태국의 아유타야 왕조는 명나라와의 조공 무역과 동남아시아의 역내무역을 연결시켜 번영을 구가했다.[2]

명조(1368~1644년)는 왜구 등의 밀무역을 막으려고 1381~1567년 엄중한 연안 봉쇄, 즉 '해금海禁'령을 내렸다. 그러나 연안 무역은 허용되었으며 푸젠 남부에서 광둥에 이르는 지역에서 해금은 유명무실한 것이었다. 일본의 쇄국과 같은 해금이 이루어진 것은 훗날 청대의 광둥 무역 체제(1757~1842년) 때뿐이다.

1406~23년 정화가 이끄는 명나라 함대가 도래한 무렵, 자바의 연안 지역에서는 이미 주요 무역항과 그 주변 지역을 중심으로 많은 화인이 터를 잡아 살고 있었다.[3] 정화는 윈난 출신의 무슬림으로, 1405~33년 일곱 차례에 걸쳐 동남아시아에서 동아프리카 동안까지 원정했다. 정화의 남해 대원정은 대함대를 이끌고 각지의 세력에 명나라에 대한 조공을 촉구하는 것을 주된 목적으로 했지만, 교역 활성화를 촉진하고 나아가 순례를 위해 중국에서 메카로 가는 안전한 해상 루트를 개척하려는 목적도 있었다고 생각된다.

오늘날 인도네시아에서 정화의 내항來航은 중국인이 인도네시아의 이슬람화에 공헌한 사례로 이야기되며, 무슬림이 인구의 약 90퍼센트를 차지하는 인도네시아에서 화인의 역사적 중요성을 강조하는 언설을 창출하고 있다. 이렇게 정화는 포스트 수하르토 시기에 한창 논의된 '다원주의pluralism'나 '관용toleransi'의 상징으로 자리 잡았다. 단, 인도네시아 이슬람교의 기원이 단지 아랍에만 있는 것이 아니라 중국을 경유했을 가능성을 시사하는 정화에 대한 이러한 재평가는 민감한 문제이며 항상 호의적 지지를 받는 것은 아니다.[4]

이슬람교가 전해지기 전 인도네시아제도의 사람들은 돼지고기를 먹었으며 특히 숲에 사는 야생 돼지를 좋아했다. 13세기 말부터 이슬람교가 수용되자 돼지고기 등의 취식이 금지되었으며 육식은 가금류나 소에 한정되었다. 물론 현지인들이 전부 무슬림이 된 것은 아니며 가톨릭, 개신교, 힌두교, 불교 등을 믿는 이들도 있었지만, 돼지고기는 화인의 표지가 되었다.

오늘날 자바섬의 무슬림은 '산트리santri'라는 경건한 무슬림과, 힌두교, 불교, 애니미즘과 혼합된, 계율이 느슨한 이슬람교를 실천하는 이들인 '아방간abangan'으로 나뉜다. 이 가운데 산트리는 돼지고기를 먹지 않으며 가금이나 소의 고기도 정규 이슬람 의례에 따라 도살된 할랄(淸眞) 음식이라는 것이 확실하지 않으면 이를 파는 중국요리점을 피한다. 산트리를 고려하면, 돼지고기가 들어간 것으로 오해를 사기 좋은 요리명, 이를테면 '셰러우쥐안蟹肉卷'(게살로 만든 롤)처럼 '肉'이라는 자가 들어가는 요리명은 모두 변경될 필요가 있다.[5]

그러나 인도네시아는 필리핀과 마찬가지로 말레이시아나 싱가포르에 비하면 화인의 수가 적어서, 할랄 중국요리가 제공되는 등 중국요리는 한층 현지의 식문화에 녹아들어 있다. 많은 자바 사람이 중국요리를 좋아하며, 경건한 무슬림도 국수, 숙주, 배추, 두부·두부피, 두장豆醬·간장·장유가오醬油膏(단맛이 도는 걸쭉한 간장) 등을 일상적으로 먹는다.

찐빵이나 사오마이도 길거리에서 팔리며 현지인들의 사랑을 받는다. 라마단 때도 밤에는 식사해도 무방해서 찐빵의 인기가 높다. 라마단이 끝나면 동남아시아의 무슬림은 '크투팟ketupat'이라는, 주머니 모양으로 엮은 야자수 잎에 멥쌀을 넣고 찐 떡(말레이반도에서도 즐겨 먹어서 중국어로는 '말라이쭝馬來糭'(말레이식 쭝쯔)이라고 한다) 등을 먹는다. 또한, 자바섬 중부의 화인도 원소절元宵節[중화권의 정월 대보름]에 이와 비슷한 음식을 먹는데 이는 '론통 찹고메Lontong Capgomeh, 十五夜飯團'라고 하며 쌀떡을 야자가 아닌 바나나 잎으로 싼 것이다.[6]

네덜란드 식민지 지배의 시작

1570년대는 세계 자본주의 시스템이 막을 올린 시대라고 할 수 있다. 남미 포토시Potosí 은광이 풀가동되고, 나가사키와 마닐라가 개항하였으며, 일본이나 멕시코의 은과 중국 산품이 대량으로 교환되어, 동고서저東高西低형 세계무역이 융성했다. 그리고 16세기 말 자바 중부에서는 쌀 생산과 해상무역을 장악한 마타람 왕국이 발흥하고 있었다. 자바에 진출해 성공한 화인은 현지처를 맞아들여 명목적으로라도 이슬람교로 개종하여 영주하였으며, 태국의 화인과 마찬가지로 징세 청부 등을 맡아 마타람 왕국을 위해 일했다.

그러다 포토시 은광의 은 산출량이 1630년대부터 급락했다. 또한, 아시아에서 손꼽히는 은 산지로 알려진 일본은 1635년부터 남만 무역을 그만두고 쇄국에 돌입하였으며, 청나라도 정성공鄭成功 일족의 진압에 여념이 없었다. 그리고 동남아시아 해상 왕국의 양웅兩雄이었던 마타람과 자바 서부의 반튼(반탐, 1527년경~1813년)은 1628년경부터 네덜란드의 무력에 압도당하기 시작했다. 이렇듯 동아시아의 많은 지역에서 빈곤의 조짐이 나타나고 있었다.[7]

그 후 네덜란드 동인도회사(VOC, 1602~1799년)는 무역의 독점뿐만 아니라 정부에 준하는 특권(조약 체결이나 교전 등)을 부여받은 칙허 회사로서 인도네시아제도의 식민지 지배를 실행했다. 1619년에는 네덜란드 동인도회사가 자야카르타Jayakarta를 점령하여 바타비아성을 축조하고 바타비아Batavia로 지명을 변경했다. 참고로, 바타비아는 자카트라Jacatra[자카르타의 네덜란드어 옛 이름. 일본에서는 '자가타라ジャガタラ'라고 읽었다]라고도 불렸으며, 네덜란드와 교역한 에도 시대 일본에서는 이 이름이 정착해 '자가이모ジャガイモ'[감자]의 유래가 되었다고도 여겨진다.

바타비아성을 건설할 때는 푸젠에서 기술자와 수천 명의 노동자가 찾아왔으며 그 무렵 푸젠의 제당업이 자바에 이식되었다. 이 밖에도 네덜란드는 가옥과 도로, 운하를 건설할 노동자나 병사의 옷과 신발이나 시계 같은 소지품을 수리할 직공이 필요하여 화인의 이민이 촉진되었다. 화인은 바타비아 및 자바섬 북안에 모여 살았으며 그들의 명운은 네덜란드령 동인도 총독의 손에 달려 있었다.

네덜란드 동인도회사는 종족 간 융합을 고려하지 않고 분할통치를 추진하였으며, 거주구 제도를 시행해 화인을 농촌에서 배제하여 도시에 살게 했다. 네덜란드 동인도회사는 자신들의 피지배자들을 '외래 동양인Foreign Orientals'과 '선주민'으로 나누고 신분이나 법을 엄격하게 구분했다. 그리고 부나 명망이 있는 화인이 카피탄甲必丹[동남아시아의 식민 정부가 외국인 통치를 위해 위임한 화인 공동체의 지도자]을 정점으로 하는 관리 그룹에 등용되었다. 화인 유력자는 카피탄이나 그 상위인 마요르 등의 지위에 올라 세금 징수 그리고 아편이나 술, 소금 등의 전매를 청부하여 부유한 상인이 된 이들도 나타났다. 화인들은 그 근면함으로 말미암아 존경을 받기도 했지만 가난한 화인은 나라의 안전을 위협하는 자로 여겨지고는 했다.

이러한 네덜란드 식민지 시대의 주민 구분이나 화인 징세자 등의 통치 형태는 인도네시아 독립 이후 화인에 대한 법적, 사회적 차별의 원천이 되었다. 예를 들어, 네덜란드가 분할통치를 한 인도네시아에서는 화인이 15세대에 걸쳐 중국 성을 버리지 않고 계보를 이어나간 경우가 있었다. 이와 대조적으로, 예컨대 태국에서는 출세를 통해 태국인 상층사회에 들어갈 길이 열려 있어서 화인은 3~4세대를 거치며 태국 성을 얻어 동화되었다. 이처럼 식민지 통치의 양상이 화인의 사회적 지위에 끼친 영향은 컸다.[8]

네덜란드령 동인도의 화인과 푸젠에서 온 음식

1690년대부터 1730년경까지 바타비아는 설탕 제조의 최전성기를 맞았으며, 그 배후지의 제당장을 경영하는 기업가 대다수는 화인이었다. 그러나 바타비아의 설탕은 유럽 시장에서는 값싼 서인도 식민지 설탕의 도전을, 아시아 시장에서는 부활한 벵골 설탕의 도전을 받았다. 또한, 페르시아의 설탕 수요는 사파비 왕조의 쇠망으로 인해 감소했으며, 이윽고 일본도 도쿠가와 요시무네德川吉宗의 식산흥업책殖産興業策에 따라 설탕 국산화의 움직임을 보였다. 붐이 사그라들 조짐 속에서 동인도회사가 설탕 매입가를 인하하자 화인 기업가 중에서 많은 파산자가 발생해 룸펜 집단도 생겨났다.

1740년 당시 바타비아의 화인 인구는 약 1만 5,000명에 달했지만 설탕 수출의 침체로 많은 실업자가 생겨 바타비아의 치안이 악화되었으며, 화인과 네덜란드인 관리, 화인과 현지인의 관계도 양호하다고는 할 수 없었다. 화인 실업자로 골머리를 앓던 동인도회사는 화인 노동자를 네덜란드령 실론에 보내려는 계획을 세웠다. 그러나 대양 한복판에서 바닷속에 던져질지도 모른다는 유언비어가 돌아 반란자들이 선전포고를 했으며, 바타비아 시내에서도 반란에 동참하는 이들이 나타났다. 네덜란드 측은 이에 대한 보복으로 선주민, 노예와 협력하여 여성과 아동을 포함한 약 1만 명의 화인을 학살했다. 이는 '바타비아 사건' '홍하紅河 사건' '홍시찬안紅溪慘案[앙케Angke강(학살 현장 중 하나. 중국어로 홍시허紅溪河라 불렸다)의 학살]' 등으로 불린다.

이 바타비아 사건 이후로는 경제적 성공을 노리는 화인과 현지 여성 사이의 혼혈인 '프라나칸Peranakans'이 존재감을 드러내어, 인구는 1퍼센트 정도에 불과했지만 점차 부귀영화를 독점해갔다. 화인 남성은 자바인 여성과 결혼하여 혼혈을 거듭하는 가운데서도 이슬람교 입교入教 같은 문제가 있어 반半동화 상태가 이어졌다. 그러한 사람들은 자바의 요리나 의복, 서양풍 건물을 받아들이는 한편, 중국 성이나 조상 숭배를 버리지 않고 독자적인 혼합 문화를 형성하여 선조의 이름을 기억하는 프라나칸으로서 자바인과는 구별되었다.

나아가 19세기에는 쪽빛의 염료가 되는 인디고나 설탕, 담배, 커피, 차의 대농원(플랜테이션), 방카섬의 광업 회사나 수마트라의 탄광 등에서 일하기 위해 화난이나 동남아시아로부터 많은 사람이 몰려들어 신규 이민자가 증가했다. 19세기 중엽까지는 화인의 3분의 2가 자바 본도에 살았으며 압도적으로 푸젠인이 많았지만, 19세기 중엽부터는 광둥에서 온 이민자로 인해 인도네시아의 화인 인구가 급증했다. 이들 광둥 이민자는 '계약이민' 형식으로 뱃삯과 3년치 임금을 미리 받고, 가혹한 계약 조건과 노동 환경 아래 백인이 경영하는 플랜테이션에서 일했다. 예컨대 19세기 말부터 1930년대까지 약 100만 명이 산터우에서 수마트라 동안주東岸州로 건너갔다고 여겨진다.[9]

원래 바타비아 및 자바섬에 사는 화인의 다수는 푸젠인이었으며 광둥인이나 하카의 유입은 그보다 늦게 이뤄졌다. 자카르타의 음성언어 중 중국어에서 차용된 말의 80퍼센트 이상이 푸젠어이며, 자카르타의 중국어 유래 지명이나 도로명의 90퍼센트가량이 푸젠어이다. 인도네시아어는 가장 많은 사람이 사용하는 자바어가 아닌, 당시 통상通商 언어였던 말레이어를 모체로 하여 인공적으로 만들어져 1945년 국어로 제정된 언어이다. 예컨대 음식의 경우에는 '퀘티아우kueitiao, 粿條', '비훈bihun, 米粉', '페차이pecai, 白菜', '찹차이capcai, 雜菜' 등이 푸젠어에서 유래된 것으로 여겨지는 인도네시아어의 예이다.[10]

네덜란드 식민지 시대의 음식에 관해서는 자세하게 알려진 바가 없지만 A. G. 포르데르만Adolphe Guillaume Vorderman이 1880~1901년 네덜란드령 동인도의 위생 부문에 재직하며 당시의 화인 및 현지인의 음식에 관한 상세한 조사를 실시한 바 있다. 이 조사에 따르면, 화인의 음식은 생선이나 고기, 가금, 채소 등을 제외한 절임 식품과 염장 달걀, 팽이버섯 등 많은 식자재를 중국에서 수입하고 있었다. 그러나 두부나 장유가오, 쌀로 빚은 '아락arak'(값싼 술로서 동인도회사가 네덜란드인 병사들에게 팔았다) 등은 현지에서 생산되었다.[11]

참고로, 네덜란드의 식민자들은 쌀은 아시아인들의 주식이며 자신들에게는 어울리지 않는다고 생각했다. 그런데도 쌀밥과 인도네시아 각지의 음식을 테이블에 잔뜩 늘어놓는 특별 요리인 '레이스타펄rijsttafel; ricetable'이 창안되었지만, 네덜란드 본국 사람들은 이조차도 식민지의 음식으로서 거리를 둬야 한다고 생각했다.[12]

20세기의 내셔널리즘과 화인 사회

19세기 말 이후 인도네시아제도에 온 화인들은 이미 본국에서 내셔널리즘의 세례를 받아 애국심이 강해 본국의 정변에 민감했다.

20세기에 들어선 뒤로는 중국 여성의 이주도 늘었으며, 광둥인을 중심으로 한 새로운 이민자는 '신커新客'(광둥어로는 '신케')라고 불렀다. 그리고 '신커' 중에서도 현지에서 중국인끼리 결합한 사람들은 중국풍 가정을 이뤄 중국어(광둥어)를 잊지 않고 중국 문화를 지켜가는 사회집단인 '토톡totoks'을 형성했다. 그 결과, 화인 사회는 토톡 그리고 현지에 동화된 프라나칸으로 나뉘었고 토톡의 세력이 프라나칸을 능가하기에 이르렀다. 참고로, 이러한 토톡화의 움직임은 말레이나 필리핀에서도 나타나고 있었다.

1898년에는 이익률이 가장 높았던 아편의 전매 청부 제도가 완전히 폐지되어 자바섬의 많은 프라나칸이 경제적으로 곤궁해졌다. 이러한 가운데 부유한 프라나칸을 중심으로, 화인이 곤궁에 빠진 이유를 자문하면서 프라나칸 아이덴티티의 모색이 시작되었다.

1900년에는 프라나칸과 토톡의 유력자들이 중화회관中華會館을 설립하여, 출신지와 언어의 구별을 넘어선 화인 아이덴티티 형성의 계기가 마련되었다. 1901년 중화회관 학교가 문을 열자 이에 대항하여 1908년에 네덜란드 식민지 정청이 네덜란드 중화 학교를 창립했다. 나아가 1910년에는 생지주의를 따르는 네덜란드 신민법이 제정되어 많은 화인이 이중국적을 갖게 되었으며 화인들은 중국파와 네덜란드파로 나뉘었다.

1911년 신해혁명이 성공하여 이듬해에 중화민국이 수립되면서 프라나칸과 토톡 모두 중국에 대한 심리적 거리를 좁혀 화인 간 결속이 강화되었다. 그러나 이는 화인에 대한 네덜란드 식민지 정부의 우려를 심화시켰고 그와 동시에 화인과 화인 이외의 현지인 사이에 알력이 일어나는 계기가 되기도 했다. 반화인 감정의 고조는,

1911~12년 자바섬 동부의 도시 솔로에서 결성되어 수년 사이에 자바 전역으로 퍼져나간 이슬람계 대중 단체 '사레캇 이슬람Sarekat Islam'(이슬람 동맹)에 의해 표면화, 조직화되었다. 나아가 1920~30년 대 중국 본토에서 국민당과 공산당의 대립이 심화되자 자바의 중국파 그룹 내에서도 세분화가 진행되었다.[13]

제2차 세계대전과 중국요리

1937년 7월 중일전쟁이 발발하자 보다 안전한 땅을 찾아 많은 상하이의 요리사가 바타비아에 왔다. 전쟁 중 바타비아에 머문 상하이의 요리사들은 현지 고객으로부터 일본인으로 오인되는 경우도 있었다. 바로 이들이 '쿨루육kuluyuk, 咕嚕肉'(탕수육) 같은 중국요리를 인도네시아에 소개했을 뿐 아니라 바타비아에서 '쿨루육' 혹은 '루작 상하이rujak Shanghai'(그림 2-25)라 불리는 오징어 샐러드나 '에스 상하이es Shanghai'라 불리는 과일 빙수를 창안했다고 여겨진다.

1942년 2월 일본군의 침공으로, 300년 이상 이어진 네덜란드의 식민지 지배는 종언을 고하고 바타비아는 자카르타Djakarta(1972년부터 'Jakarta')로 개칭되었다. 루작 상하이나 에스 상하이 등은 제2차 세계대전 중 자카르타에서 일본인에게도 제공되었다고 한다. 또한, 전쟁 중에 부자가 된 사람들은 유명 레스토랑에 가족을 데리고 가서 이 음식들을 주문하고는 했다.

제2차 세계대전 후에는 연합군 관계자를 주된 고객으로 하여

2-25 루작 상하이

중국요리점이 다시 번성했다. 1950년 잡지 광고를 보면 자카르타의 차이나타운인 판코란Pancoran 지구에 적어도 여섯 곳의 대형 중국 요리점이 있었으며, 이 가게들은 모두 전쟁 전부터 있었던 곳이라는 사실을 알 수 있다.[14]

인도네시아공화국의 수립과 중국요리점

'인도네시아'는 유럽의 지리학자가 붙인 이름으로, 인도아대륙에서 뻗어나가는 섬들을 뜻하는 명칭이다. 1928년 1월 바타비아에서 열린 제2회 인도네시아 청년 회의에서는 '인도네시아'를 조국·민족·언어의 명칭으로 선언한 '청년의 맹세'가 채택되었다.[15]

제2차 세계대전에서 일본이 패배하자 1945년 8월 17일 인도네시아공화국의 초대 대통령 수카르노(1901~70년)와 부통령 모하맛 하타Mohammad Hatta(1902~80년)가 독립을 선언하였으며 18일에는 '인도네시아공화국 헌법'이 제정되었다. 그러나 네덜란드는 독립 선언을 승인하지 않고 인도네시아를 다시 식민지로 삼으려 했다.

　　1949년 12월 헤이그 원탁회의에서 네덜란드가 인도네시아연방공화국에 주권을 이양하고 1950년 8월 단일국가 인도네시아공화국으로 이행하면서 인도네시아공화국은 단계를 밟아 단일한 주권국가가 될 수 있었다. 수도 자카르타는 수카르노의 주도로 네덜란드색을 지우려고 지명이나 도로명을 바꾸었을 뿐 아니라 기념물이나 새로운 건축물 등을 통해 국가적national 공간으로 연출하였다. 예컨대 네덜란드 식민지 시대에 정치의 중심지였던 코닝스 광장은 '독립 광장'으로 이름을 바꾸었으며 그 중심에는 독립 기념탑을 세웠다.[16] 네덜란드의 식민지 지배에서 벗어나 국민국가를 수립한 역사에 대한 공통의 이해는, 이후에 인도네시아가 정치 대립을 넘어 하나의 나라로서 결속해나가는 데 가장 큰 기반이 되었다.[17]

　　이렇게 출범한 수카르노 정권은 사회주의를 공유한다는 점에 말미암아 1950년 4월 아시아 국가로서는 솔선하여 중화인민공화국과 국교를 수립했다. 1955년의 반둥회의(아시아·아프리카회의)가 상징적으로 보여주듯이, 인도네시아공화국과 중화인민공화국은 동서 냉전하의 비동맹 제국諸國 연합으로서 많은 전략적 이익을 공유하였으며, 수카르노, 하타, 마오쩌둥, 저우언라이 같은 정치 지도자들의 개인적 교류도 활발히 이뤄졌다. 수카르노는 인도네시아 공산당을 지지해 군부를 견제했으며, 중국공산당과 입장을 가까이하는 화인에 대해서도 비교적 열린 정치를 펼쳤다. 그러한 가운데 네덜란드의 상업 권익은 철수할 수밖에 없었고, 화인이 온 나라의 비농업 경제를 손에 넣을 것처럼 보였다.

그러나 인도네시아공화국이 독립하고 얼마 지나지 않아 약 1만 명의 화인이 네덜란드로 건너갔다. 그리고 1950년대 전반에는 '벤텡Benteng[인도네시아 내셔널리즘의 상징인 자카르타의 요새, 혹은 화인과 인도네시아인의 혼혈인을 뜻한다] 정책'이 실시되어 특정 물품의 수입에 관한 허가나 융자가 인도네시아의 민족자본 기업에 우선적으로 주어졌다. 나아가 1959년 인도네시아 정부는 대통령령 10호('PP 10', 페페 스풀루)를 발령해 화인의 농촌 거주나 소매업 경영을 금지했다. 그 결과 더욱 많은 화인이 중국 대륙이나 타이완, 네덜란드를 비롯한 유럽 국가, 미국·호주, 남미 등지로 이주했다.[18]

이처럼 화인을 둘러싼 정치·경제 상황이 나빠지자 자카르타의 중국요리점도 쇠퇴를 면치 못했다. 도로 확장으로 인해 차이나타운의 대형 레스토랑은 사라지고 작은 가게만 몇 곳 남게 되었다. 그 중 한 곳은 1923년 이전에 창업한 오래된 하카 요리점인 '시아우 아 찹Siauw A Tjiap'으로, 이 가게는 '쿠막ku mak'(붉은 발효미醱酵米로 맛을 낸 쓴맛이 도는 녹색 채소)과 함께 조리한 장어 볶음을 창안했다고 주장하고 있으며 자카르타에 체인점도 몇 곳 냈다.

또한, 1959년 창업한 국수 가게 '바크미 가자마다 77Bakmi Gajah Mada 77'은 일본 점령기에 일거리를 잃은 어느 광둥인 가구 제조업자가 전후에 가구 제조를 재개했는데도 사정이 여의치 않자 과거에 손님들에게 이따금 제공하여 호평을 들은 바 있는 국수를 판 것이 그 시초였다. 이 가게도 훗날 체인 사업을 펼치는 등 국수 가게로서 성공을 거두었다.

이 밖에도 '윤냔Jun Njan, 永源'이라는 해산물 레스토랑은 1950년 광둥인 이민 2세인 주朱라는 인물이 자카르타의 외항 탄중 프리옥 Tanjung Priok의 슬럼가에 가게를 낸 것이 그 시초였다. 주의 아버지 는 주석 광석을 운반하는 선박의 수리공으로, 제2차 세계대전 후 자카르타에 왔다. 주는 아버지의 일을 거들 때 접한 새우 요리를 파는 포장마차를 열었으며, 찐 새우와 이를 찍어 먹는 고추 딥이 입 소문을 타고 유명해져 고급 관리나 은행가, 외교관, 장군까지 주의 가게를 찾았다. 이 가게는 1976년 자카르타 도심으로 이전했으며, 이후 주의 자식들이 이어받았다.[19]

수하르토 정권의 수립과 화인의 곤경

1960년대에도 경제 상황의 악화와 더불어 반화인 감정이 고조 되었다. 그 과정에서 육군이 반화인 감정을 부채질한 것과는 대조 적으로, 중국공산당과 친밀했던 인도네시아 공산당은 화인을 비 호하는 입장을 취해서 화인 중에는 공산주의에 친근감을 느끼는 사람들이 늘었다. 그러나 1965년 인도네시아 국군 부대의 좌파 계 열 군인이 쿠데타(9·30 사건)를 일으키자 이를 진압한 수하르토 (1967~98년 대통령 재임)가 인도네시아 공산당 관계자를 대량으로 학살하여 당을 붕괴시켰다.

1966년 수하르토가 중심이 된 육군은 수카르노에게서 정권을 이양받았다. 육군은 권력 장악을 위해, 정권 교체에 공공연하게 반대하는 베이징 정부의 영향력을 차단하려고 인도네시아 화인과 중국의 연계를 철저하게 감시했으며 중국어로 이루어지는 정보전을 좌시할 수 없었기에, 베이징 정부의 프로파간다에 한몫 거드는 것으로 여겨지던 화어 학교나 화어 출판사 대부분을 폐쇄, 접수해버렸다. 나아가 수하르토 정권은 1967년 중국과 단교했으며, 이때도 많은 화인이 이민을 선택하였다.[20]

수하르토 정권은 여러 민족의 문화가 섞인 형태를 국민 문화로서 규격화하여 문화적 다양성을 정치적으로 관리하려 했는데, 이러한 국가에 의한 문화 프로젝트에서도 화인은 철저히 배제되었다. 1967년 7월 수하르토 정권은 '치나 문제 해결 기본 정책'을 발포했다. 수하르토 체제하에서의 '치나 문제'는 인종·민족으로서의 화인, 중국이라는 국가, 유교를 위시한 신앙이나 문화 전부를 대상으로 하는 것이었다. 그때까지 '티옹호아Tionghoa'(중화)라 불렸던 화인이나 '티옹콕Tiongkok'(중국)이라 불렸던 중국 관련 명칭은 모두 '치나Cina'(지나支那)라는 멸칭으로 통일되었다(2014년 유도요노Yudhoyono 대통령에 의해 폐지).

인도네시아 화인들 사이에서는 동화주의('중국다운 것'이나 화인의 독자적 의견 표명을 부정하는 주장)와 통합주의(중국계 인도네시아인의 독자적 문화를 유지한 채 다른 종족과 평등하게 대우받아야 한다는 주장) 간 논쟁이 있었다. 수하르토 정권은 동화주의적 정책을 채용하여 '중국 종교, 신앙, 관습에 관한 1967년 대통령 훈령 14호'를 발표해, 공적인 장에서 중국적 종교 행사나 문화 활동을 금지했다. 중국어 사용과 교육, 음력설 등 중국식 관습의 실천이 금지되었으며, 공인 종교에서 유교가 삭제되고, 개인과 상점의 중국 이름이 인도네시아식으로 고쳐졌다.

당시 일부 가정에서는 연중행사 관련한 음식을 계승하거나 전직 화어 학교 교원 등을 가정교사로 고용해 사적으로나마 간신히 화인 문화를 이어나갔다. 그러나 화인 문화에 관한 집합적 기억을 갖지 못하는 로스트 제너레이션(잃어버린 세대)이 생겨나는 것은 불가피한 일이었다.[21]

수하르토 정권하에서 화인계 재벌의 대두와
고급 중국요리점의 호황

반공과 개발주의를 축으로 하는 수하르토 정권기(1967~98년)는 많은 화인에게 수난의 시대가 되었지만, 한편으로 권력과 가까운 일부 화인 기업가에게는 황금의 시대였다. 수도노 살림Sudono Salim, 林紹良 같은 많은 기업가가 수하르토 및 육군의 사업 파트너가 되어 독점적, 특권적 사업권을 얻어 막대한 부를 축적했다. 1965년부터는 인플레이션이 심해져 수하르토가 현지 기업가와 합작 기업 형태로 외자를 끌어들이자 많은 화인이 외자계 기업의 파트너가 되었다. 그런가 하면 유력한 인도네시아인 기업가는 1970년대 말에야 등장했다.

1973년 8월 반둥에서 반화인 폭동이 일어났다. 나아가 1974년 1월 일본의 다나카 가쿠에이 총리가 자카르타를 방문한 것을 계기로 인도네시아 정부에 대한 불만이 반일 폭동으로 발전했다. 이 말라리 사건(1월 15일의 참화)은 개발독재가 진전하면서 빈부 격차가 확대된 상황에서 특권계급의 군인이나 일본계 기업과 협력 관계에 있던 화인계 재벌에 대한 불만이 표출된 것이었다. 그 후로도 화인계 재벌은 발전을 거듭하여, 1980년대 후반에는 일련의 경제자유화정책에 힘입어 아시아를 대표하는 기업가로 발돋움하는 화인도 나타났다. 이처럼 권력을 동원하여 부를 축적하는 화인은 '추콩Cukong, 主公'이라 불렸다.[22]

수하르토 정권, 그리고 정권과 가까운 관계에 있던 화인 재벌이 견인하는 경제 발전 속에서 1980년대에는 인도네시아의 요식업이 다시 호황을 맞았다. 그러자 일례로 1980년대 초부터는 고급 호텔의 레스토랑에 노래방 시설이 갖춰졌다. 또한, 1980년대 후반부터는 점심으로 홍콩식 딤섬을 제공하는 레스토랑이 등장하여 특히 친구와 점심을 함께하는 여성들 사이에서 인기를 얻었으며, 딤섬을 대량생산해 레스토랑에 제공하는 기업도 나타났다.

1990년대에는 1967년부터 단교 상태였던 중국과 국교를 수립하여 무역 관계도 회복되어서 중국요리점이 속속 문을 열었다. 당시에는 중국 대륙이나 타이완의 고급 요리점은 물론이고 간단한 국수 가게조차도 신기한 것이었다. 인도네시아에서 중국요리의 선택지가 확대되면서 남방의 광둥, 하이난, 차오저우·산터우, 하카 요리 외에 상하이, 베이징, 쓰촨, 후난 요리, 그리고 타이완의 죽까지 맛볼 수 있었으며, 나아가 1990년대에는 고급 아파트에 사는 사람들을 겨냥한 중국요리 배달 서비스도 등장했다.[23]

1998년 반화인 폭동의 충격

경제 격차와 이에 따른 노동·토지 쟁의가 정부의 실정失政이 아닌 탐욕스러운 화인 기업가의 탓으로 여겨져, 인도네시아 화인의 사회적 입장을 위태롭게 하고 있었다. 화인 기업가의 파트너였던 수하르토 대통령도 사회 불만의 화살을 정부가 아닌 화인 기업가에게 돌렸다. 1990년대에는 자바와 수마트라의 주요 도시에서 화인 상점에 대한 방화 사건이 빈발했다.

1997년 7월 태국 통화 밧의 폭락으로 시작된 아시아 금융 위기에 대해 수하르토 정권은 이렇다 할 대책을 내놓지 못했다. 1998년 1월부터 인도네시아 통화 루피아의 폭락과 일용품 가격의 급등이 통제 불능 상태에 빠지자, 전국 각지에서 수하르토의 퇴진과 민주화를 요구하는 시위가 잇달아 발생했다. 이러한 시위는 수하르토 체제하에서 경제적 이익을 누려왔다고 여겨진 화인에 대한 폭동으로 비화했다.

특히 1998년 5월 자카르타에서는 차이나타운 글로독Glodok의 상업 지역을 중심으로 5,000곳 이상의 화인 상점과 주택이 습격을 받아 방화나 강도 등의 피해를 입었으며, 화인을 비롯해 약 1,200명이 사망하고 수만 명이 국외로 피난했다고 이야기된다. 혼란의 와중에 화인 여성을 표적으로 한 강간 사건이 일어났으며, 이러한 강간 및 일련의 방화와 강도 사건이 군 일각에 의해 의도적으로 선동된 것이라는 해석이 널리 공유되어 화인 사회를 공포에 몰아넣었다. 1998년 5월의 폭동은 수도 자카르타에서 일어났으므로 국내외에 널리 보도되어 국제사회의 비난을 받았을 뿐 아니라, 인도네시아 사회에 내재하는 인종차별의 위험성을 인식시키는 충격적인 사건이 되었다.

그 결과, 수하르토 퇴진 이후 들어선 정권에서는 '화인성'이라는 부담을 경감하려는 방향 설정에 따라 '화인 문화'의 창달이 지원되어 중국요리도 퍼져나갔다.[24]

인도네시아 요리의 형성과 인스턴트 조미료

오늘날 인도네시아공화국은 약 700개의 언어를 사용하는 약 300개의 민족으로 이뤄진 2억 6,000만 명 이상의 인구와 1만 7,000개 이상의 섬을 거느린 거대한 국민국가이다. 이 놀라운 문화적 다양성을 고려하면 단일한 '인도네시아 요리'의 형성이 얼마나 어려운 일인지는 쉽게 상상할 수 있을 것이다.

그러나 다언어·다민족의 인도네시아에서는 국민 요리가 형성되는 데 요리서보다 인스턴트 조미료의 역할이 중요했다. 구보 미치코 久保美智子의 연구에 따르면, 요리서가 전국의 조리 기술을 표준화하는 것과 마찬가지로 인스턴트 조미료는 사람들이 이를 식재료에 첨가하는 것만으로도 매번 같은 풍미의 요리를 재생산할 수 있게 해준다. 이에 따라 인도네시아에서는 민족 집단이나 지방 요리의 틀을 넘어선 '인도네시아 요리'라는 공통의 개념이 형성되고 있다고 한다.

아지노모토는 동남아시아에서 필리핀(1958년), 태국(1960년), 말레이시아(1961년)에 이어 인도네시아에서도 현지 생산을 개시하려

고 1969년 PT 아지노모토 인도네시아PT Ajinomoto Indonesia를 설립했다. '마사코masako'는 그 주력 상품이며 인도네시아에서 가장 잘 팔리는 조미료이다. 이는 일본의 '혼다시ほんだし'에 해당하며 치킨 맛, 쇠고기 맛 등이 있어 태국, 베트남, 필리핀 등지에서도 다른 이름을 달고 판매되고 있다.

이 밖에도 아지노모토는 굴 맛이나 데리야키 맛의 액상 조미료 '사오리saori', '나시고렝nasi goreng'(인도네시아식 볶음밥으로, 중국 볶음밥[炒飯]의 조리법이 전해졌다는 설도 있다)이나 프라이드치킨의 조미료 믹스 등을 판매하고 있다. 2010년대에도 아지노모토는 인도네시아의 공장을 증설, 신설하여 현지 생산을 증강해나갔다. 아지노모토 외에도 1987년 반둥에서 창업한 코키타Kokita, 1994년 통합·상장한 인도푸드Indofood 등이 인도네시아를 대표하는 인스턴트 식품 기업이 되어 있다.

구보 미치코는 자카르타에서의 설문 조사(2008년 실시)를 비롯하여 인도네시아의 인스턴트 조미료 믹스, 요리서(인도네시아어·영어·일본어), 도쿄의 인도네시아 레스토랑 등에 관한 종합적인 조사를 했다. 이 조사에 따르면, '가도가도gado-gado'(삶거나 데친 채소에 달고 짭짤한 땅콩 소스를 뿌린 것), '른당rendang'(쇠고기 등의 조림 요리), '굴라이gulai'(코코넛 풍미의 커리 수프), '소토soto'(수프)가 공통적인 인도네시아 요리로 꼽힌다. 이 요리들은 특정 민족 집단과는 관계없이 많은 이들 사이에서 일반적인 '인도네시아 요리'로 인식되고 있다고 한다.

이 요리들은 특히 수하르토 시대에 노동자가 이동하면서 전국에 퍼진 지방 요리로, 국민 음식으로 자리 잡는 데는 인스턴트 조미료도 일조했다. 이에 더해, 인도네시아의 대표적 조미료인 케찹 마니스(코코넛슈거를 사용해 점성이 높고 단맛이 도는 간장)로 맛을 내는 사테(꼬치구이)나 케찹 마니스 및 대표적 매운맛 조미료인 삼발 등으로 맛을 내는 나시고렝이나 미고렝(볶음국수)도 아주 인기가 있으며, 특히 나시고렝이나 사테는 인도네시아의 국민 음식이라 일컬어지기도 한다.

그러나 이 음식들은 모두 말레이시아에서도 보편적으로 먹는 것이다. 나아가 른당은 말레이시아 국가문물부의 무형유산 목록에도 들어가 있으며, 른당이 어느 나라의 요리인지에 대해서는 인도네시아와 말레이시아 사이에 다른 의견들이 있다.[25] 른당은 인도네시아에서는 '파당Padang' 요리로 분류된다.

참고로, 파당 요리는 인도네시아공화국 관광창조경제부의 일본어 공식 홈페이지에 게재된 '인도네시아 요리 즐기기'에도 향토 요리로서 수도 자카르타의 요리보다 앞서 소개되어 있다. 이에 따르면 "아마도 섬들에서 가장 사랑받고 있는 음식은 서수마트라 미낭카바우족의 향신료가 들어간 맵싸한 파당 요리"로, "수마트라는 군도의 서쪽 끝에 위치해서 인도·아랍 무역상들의 최초 기항지가 되었으며, 연안의 수마트라인은 무역상이 가져온 향신료, 스튜, 커리, 케밥 등을 기꺼이 받아들였다."[26] 오늘날 자카르타 시내에서는 가게 앞 유리 너머로 요리가 담긴 그릇을 겹겹이 쌓아놓은 파당 요리점을 쉽게 찾아볼 수 있다.

화인 문화의 해금과 뇨냐 요리·중국요리

1998년 5월 폭동으로 수하르토 대통령이 사임하고 유숩 하비비Jusuf Habibie가 부통령에서 대통령이 되었다. 하비비는 언론의 자유나 인권 보장 등 민주주의의 기반을 정비함과 동시에 수하르토 시대에 제정된 화인에 대한 차별적 법령의 개정에 착수하고 화인 문화를 해금했다. 2000년에는 하비비의 후임인 압두라만 와히드 Abdurrahman ad-Dakhil Wahid 대통령이 '중국 종교, 신앙, 관습에 관한 1967년 대통령 훈령 14호'를 폐지함과 동시에 화인에 대한 차별적 법률이 전부 무효화되었다.

그 결과, 30년 이상에 걸쳐 억압되었던 화인 문화가, 정치적 의도와 함께 사회의 전면에 재등장했다. 예컨대 자카르타 교외의 공영 테마파크인 '타만 미니 인도네시아 인다'('아름다운 인도네시아의 미니어처 공원'이라는 뜻, 1975년 개장)에는 원래 화인에 관한 전시가 없었지만, 1998년 전국에 있는 각종 화인 단체의 산하 조직으로서 설립된 인화백가성협회印華百家姓協會(PSMTI)를 기획의 모체로 하여 '인화印華 문화 공원'이 설립되었다. 나아가 그 부근에는 정화기념관과 인도네시아 하카박물관이 개관했다(2019년 8월 방문).

또한, 인도네시아 정부는 2008년부터 '비짓 인도네시아visit Indonesia'라는 관광 진흥 캠페인을 추진했는데, 담당 부서인 인도네시아공화국 관광창조경제부의 영문 공식 사이트에는 중국의 음력설 행사나 그 음식, 화인과 관계된 사묘寺廟 등이 다수 게재되어 있어,[27] 오늘날 각 지방의 화인 문화가 관광 자원으로서 인도네시아의 공식 문화에 포함되어 있다는 사실을 알 수 있다.[28]

화인 문화에 이어 프라나칸 문화(화인·현지인 혼혈의 문화)도 소비할 수 있는 형태로 편집되어 제공되기 시작했다. 예컨대 서양식 복장이 아니라 식민지 시절의 카피탄처럼 '전통적 프라나칸 복장'을 하고 중국식 의례를 거행하는 프라나칸 결혼식이 열렸다. 또한, 2013년에는 프라나칸을 테마로 한 개인 경영 박물관인 '벤텡 헤리티지Benteng Heritage'가 탕에랑에서 문을 열었다. 이곳에서는 할랄 뇨냐 요리 파티나 프라나칸 복장의 시착 및 사진 촬영 등이 계획되었다고 한다.

그런가 하면 뇨냐 요리가 큰 인기를 끌게 되어, 세 곳의 가게 ① 스테이크 등 네덜란드 요리를 함께 내는 '다푸르 바바Dapur Babah(峇峇廚房)' ② '뇨냐 요리의 최고 걸작'이라 일컬어지는 '아얌 클루악 ayam keluak, 黑果燜鷄'(클루악 열매와 닭고기 조림) 등을 내는 '크다이 티가 뇨냐Kedai Tiga Nyonya(三女店)' ③ '솬탕파이구酸湯排骨'(새콤한 국물로 조리한 갈비) 등을 내는 '미라 들리마Mira Delima(紅石榴)'가 특히 유명해졌으며, 이들 레스토랑에서는 손님이 여러 종류의 '삼발 sambal'(인도네시아에서 가장 기본적인 매운맛 조미료)을 놓고 선택할 수 있었다.[29]

인도네시아에서는 민주화 이후 쇼핑몰에서도 중국요리를 찾아볼 수 있게 되었다. 근래에 들어서는 자카르타의 포장마차에서 화인이 아닌 인도네시아인이 죽과 국수, 사오마이 등을 팔고 있다. 중국요리의 재료는 대체로 중국 대륙과 홍콩, 싱가포르에서 수입되며 자카르타 북부 차이나타운의 시장에서 살 수 있다. 나아가 근래에는 인도네시아의 슈퍼마켓에서도 (일본산 식품 곁에 진열된) 중국산 식품을 찾아볼 수 있다.[30]

그런가 하면 2018년 자카르타의 포도모로 대학에 제출된 어느 박사 학위 논문은 차이나타운의 '중화민족 요리문화 보존센터' 개설에 대한 구상을 논하고 있다.[31] 그러나 2019년 여름에 찾았을 때 자카르타의 차이나타운 글로독은 치안은 나쁘지 않았지만 부랑자나 쥐, 바퀴벌레가 눈에 띄는 등 위생 상태가 열악했다. 인근 거리에는 중국요리점이 있었지만, 국민의 90퍼센트가량을 차지하는 이슬람교도는 돼지고기가 사용될지도 모른다는 우려에서 중국요리점을 편히 드나들지 못한다고 한다.

차이나타운의 입구 근처에 자리한 비교적 크고 눈에 띄는 중국요리점 '판초란 티 하우스Pantjoran Tea House(汲泉茶舍)'에서 먹은 '푸융하이fuyunghai, 芙蓉蟹'(게살 오믈렛)나 '찹차이capcay seafood kembang taihu, Chinese mix vegetable & dried beancurd with seafood/chicken'는 맛이 아주 좋았다. 단, 이것들은 모두 20세기 전반에 이르러 세계 각국에서 찾아볼 수 있었던 고전적이고 흔한 요리이다. 나아가 이곳의 메뉴에는 중국의 볶음밥과 비슷한 나시고렝이 몇 종류 있었지만 중국요리를 변형했다고 할 만한 요소는 부족했다. 요컨대 인도네시아 중국요리의 메뉴 진화는 앞으로의 귀추를 지켜봐야 할 것으로 생각된다.

지금까지 살펴봤듯이, 인도네시아제도에서는 네덜란드 식민지 시대부터 독립 후 공화국 시대에 이르기까지 경제적 성공을 거둔 화인 부유층이 출현했지만, 한편으로는 화인에 대한 민중의 반감이 폭발한 사건이 단속적으로 일어나고 정부가 반화인 정책을 실시하는 등 화인의 사회적 지위는 불안정한 상태에 놓여 있었다.

나아가 인도네시아는 국민 대다수가 돼지고기를 기피하는 무슬림이어서 중국의 여러 이웃 나라에 비해 중국요리의 발전이 뒤처질 수밖에 없었다. 그러나 중국과 오랜 교역을 해온 역사를 통해 국수나 콩 식품 등 중국에서 유래된 음식이 인도네시아 사람들의 일상생활 속에 깊이 스며들어 있다는 사실을 간과해서는 안 된다.

6장

한국
—호떡, 잡채, 짬뽕, 짜장면

일본 통치하의 조선 요리

한국의 한국(조선) 요리 및 중국요리에 대해서는 근래에 와서 상세한 역사 연구가 이뤄지고 있다. 이 장에서는 내셔널리즘의 관점에 유의하면서 필자 나름의 생각과 함께 최신 연구 성과를 간결하게 정리하여 소개하고자 한다.

먼저 근대의 조선 요리는 식민지 요리(207쪽 참조)로서 발달해, 당시 조선 요리점의 상황은 타이완과 유사한 점이 많다는 것을 지적할 수 있다. 조선에 처음으로 다수가 들어온 외국인은 일본인이었으므로 1887년에 이르러서는 고급 일본 요정이 등장했다. 나아가 1896년 일본인 게이샤의 조선 도항이 허가되자 1900년대에는 조선에서 일본 요정이 증가했다.

이러한 일본 요정의 증가는 이를 모방한 조선의 요릿집과 식당의 발전으로 이어졌다. 1890년대부터는 조선인 남성 손님이 먹고 마시며 기생을 불러 유흥하는 조선인이 경영하는 고급 요리점이 생겼다. 1910년 한일 병합을 전후하여서는 왕실 전속의 요리사 '숙수熟手'들도 독립하여 민간에서 요식업에 종사하였으며, 그중 하나로 여겨지는 '명월관明月館'(1903년 창업)은 식민지 시기의 조선을 대표하는 유명 조선 요리점으로 성장했다.

　요리를 예로 들자면, 궁중에서 '열구자탕悅口子湯'이라 불린 '신선로神仙爐'(그림 2-26)는 중앙에 연돌煙突을 달아놓은 듯한 독특한 용기를 사용하는 전골 요리로, 일본인들에게는 조선 명물이 되어 있었다. 그뿐만 아니라, 식민지 시대의 고급 조선 요리점은 신선로를 비롯한 궁중 요리에 더해 일본, 서양, 중국 요리를 비롯한 국제적인 메뉴를 갖추고 있었다. 요컨대 궁중 요리밖에 만들지 못하는 일부 요리사들이 요리의 가짓수를 확보하려고 서양 요리를 이용하고 나아가서는 중국요리나 일본 요리도 낸 것이다.[1]

　일본 내지에서는 1895년 최초의 조선 국숫집 '닛칸로日韓樓'를, 조선에서 돌아온 일본인 경영자가 고베神戸의 미나토야마湊山 온천에서 열었다. 이어서 1905년 일본의 조선 요리점 가운데 가장 이른 시기에 속하는 '칸산로韓山樓'를 경성(현재의 서울)의 조선인 이인직李人稙이 도쿄 우에노上野에서 열었다. 칸산로의 메뉴도 신선로 등 조선 요리 외에 중국요리와 서양 요리를 혼합한 것이었으며, 그 고객은 한국의 외교 관원 및 지식인, 한국 부임 경험이 있는 일본의 관원, 호기심 많은 일본인 등이었다고 한다. 나아가 1927년경 경성의 기생 노경월盧瓊月이 도쿄 간다神田에서 '메이게쓰칸明月館(명월관)'

2-26 신선로(열구자탕, 서울의 코리아하우스)

(경성의 명월관과는 관계가 없다)을 창업했다. 메이게쓰칸은 당초 조선인 유학생을 상대로 한 식당 같은 곳이었지만, 점차 고급화되어 1932년경에는 나가타초永田町[국회의사당 등이 위치한 일본 정치의 중심지]에 진출하는 등 정치가의 접대에도 이용되었다.

이들 고급 요리점 외에도 일본의 조선인 사회에는 조선인을 상대로 한 값싼 식당이 많이 생겼으며 '평양냉면', '간토다키關東煮'(어묵), '천엽'(소의 제3위장) 등이 인기였다. 그러나 이러한 조선 요리는 중국요리와는 달리 당시의 일본인들 사이에서는 그다지 알려져 있지 않았다.

참고로 사사키 미치오佐々木道雄의 연구에 따르면, 손님이 스스로 고기를 구워 먹는 '야키니쿠야燒肉屋'[숯불구이 고깃집]는 조선에서 갈비구이나 불고기를 받아들인 오사카 이카이노猪飼野의 조선 식당이 모습을 바꿔 재탄생한 것이라고 한다. 1930년대 오사카 재류 조선인이 만들어낸 야키니쿠燒肉는 조선인에 의해 일본 제국권 내 오사카에서 경성, 그리고 만주로 퍼졌다. 만주에서는 조선의 식민지화 및 '만주국' 건국의 영향으로 조선 북부로부터 조선인 이민자가 증가하였으며, 그에 따라 조선 요리점도 늘어나 있었다.

주목해야 할 점은, 조선을 식민지로 통치한 일본인이 조선 요리에 대해 '놀라울 만큼 무관심한 태도'[2]를 보였다는 통설은 이미 뒤집혀 있다는 사실이다. 고급 조선 요리점은 때로 일본인의 혹평을 받았지만, 설렁탕이나 갈비 같은 서민 요리는 그런대로 좋게 평가받는 경우가 많았다.

나아가 당시 호사스러운 절임 식품으로서 완성되어 있던 김치는 중국의 절임 식품 등에 비해 높이 평가되어, 쇼와 전전기戰前期에 간행된 절임에 관한 일본어 서적의 절반 정도에 수록될 정도였다. 일본인은 한반도에 막 진출했을 무렵에는 한국어에서 유래된 명칭('진사이ちんさい, 沈菜,' '기무치キムチ' 등)을 사용했지만, 이윽고 일본식 명칭인 '조센즈케朝鮮漬'라 불렀다. 김치는 한일 병합 후 일본인들에게 널리 알려졌지만, 보급 면에서는 이렇다 할 진전이 없었다. 그런데도 요리서 등에서 김치가 여러 차례 다뤄진 것은 '내선융화內鮮融和' '내선일체內鮮一體'의 방침에 기초하여 일본인이 조선 문화에 친숙해지도록 정부와 민간이 연계하여 김치의 보급 활동을 전개했기 때문이다.[3]

그리고 식민지 시기의 조선에서는 조선 요리에 관한 서적을 조선어로 간행하는 것이 어느 정도는 허용되어 있었다. 예컨대 방신영方信榮(1890~1977년, 이화여자대학 교수 등을 역임)은 1910년부터 모교인 경성의 정신여학교貞信女學校에서 교직 생활을 하였고, 1925~26년에는 도쿄의 영양학교營養學校에서 유학한 저명한 조선 요리 연구가·영양학자로서 〈조선일보〉 등에 수차례 기고했다. 특히 방신영이 펴내 교재로 사용한 『조선 요리 제법朝鮮料理製法』(1917년 초판은 소실)[고려대학교 중앙도서관 소장 확인]은 조선 최초의 근대적 요리서라 일컬어지며, 계량된 재료표를 덧붙여 조선 요리 500여 가지의 조리법을 알기 쉽게 기록했다.

타국의 요리서에 비해 조선 요리에 관한 책은 많지 않은 상황에서 방신영은 어느 독립운동가의 애국 계몽 운동에 감화되어 『조선 요리 제법』을 집필했다.[4] 이 책은 1933년 저작권 침해를 둘러싼 재판에서 승소하여[5] 1942년 제2판까지 증보·재판再版을 거듭해 출판되는 등[6] 식민지 시기를 통해 강한 영향력을 행사했다.

이렇듯 '조선 요리'는 식민지의 민족주의를 상징하는 경우가 많으며, 1부 5장에서 살펴본 '타이완 요리'나 '만주 요리'가 일본의 식민자에 의해 선전된 경우가 많았던 것과는 대조적이었다. 〈타이완 일일신보〉에서는 황태자, 황족, 총리가 타이완을 찾아 '타이완 요리'를 대접받았다는 보도가 되풀이되었지만 〈조선일보〉에서는 이러한 보도를 찾아볼 수 없다.[7]

조선 궁중 요리의 공식화와 황혜성

조선 왕조 1392~1897년, 대한제국 1897~1910년 동안 이어진 한반도의 궁중 요리나 서민 생활에 뿌리내린 김치 등은 한반도가 일본의 식민지 지배에서 벗어나 대한민국이 건국된 후 국가적 상징으로서 제도화, 상품화되었다.

조선 궁중 요리 전문가로서 유명한 황혜성黃慧性(1920~2006년)은 조선에서 일본으로 건너가 교토 여자 전문학교(교토 여대의 전신)를 졸업한 뒤 1943년부터 한희순韓熙順(1889~1972년)에게서 궁정 주방의 비기를 배웠다. 한희순은 조선 왕의 식사를 준비한 궁녀의 마지막 생존자로 여겨진다. 1961년 군사 쿠데타로 수립된 박정희 정권(대통령 재임은 1963~79년)이 1962년 문화재보호법을 제정하자, 황혜성과 한희순이 정부에 손을 써 1971년 궁중 요리가 중요무형문화재 제38호로 지정되었다.

그 후 황혜성과 그 가족은 궁중 요리의 정의나 공식화, 표준화 과정에서 큰 영향력을 행사하여, 1990년대 이후에는 조선 궁중 요리의 브랜드화와 상품화에 성공했다. 예를 들어 황혜성은 1991년 국립극장 내에 '지화자'라는 요리점을 개업해 이 가게 브랜드의 과자나 경식도 판매했다. 황혜성은 그 후 서울의 롯데백화점 지하에 지화자의 메뉴를 내세운 궁중 요리 전시 코너도 설치했다.

황혜성의 장녀 한복려는 2002년 아시아나 항공의 일등석 승객에게 제공되는 궁중 요리 기내식의 메뉴 개발을 담당했으며, 뒤이어 2003~04년 방영된 텔레비전 드라마 〈대장금大長今〉의 조리 장면을 감수했다. 크게 히트한 이 드라마는 궁중 요리의 국가적 브랜드화를 노린 문화 정책 프로젝트의 일환으로 일본을 비롯한 전 세계로의 수출을 목표로 창작된 상품이었다.

이 드라마에서는 궁녀의 조리가 강조되어 있지만 사실 궁중의 요리는 기본적으로 관직에 오른 남성 요리사의 일이었으며, 궁녀는 보좌 역할이나 식사 시중 등을 맡고, 직접 조리를 하는 경우에도 간식이나 음료 등에 한정되어 있었다.[8]

국가적 상징이 된 김치와 일본·중국

한국 식문화의 또 하나의 상징으로 자리 잡은 김치는 1965~73년 베트남전쟁에 파병된 한국군에게 공급하려고 그 산업화를 추진하면서 통조림 제조가 시작되었다. 한국에서는 1990년대에 '미시족' 같은 신조어가 생겨나는 세태 속에서 점차 집에서 김치를 담그는 것을 중시하지 않게 되었다. 2006년에는 식품 회사 '종가집'이 자사 김치의 텔레비전 광고에서 향수를 불러일으키는 어머니의 애정을 강조하여 성공을 거뒀다. 김치는 상품화가 진행되면서 서울의 맛을 기준으로 표준화되어갔다.

또한, 1980년대부터 김치는 외국으로 수출되었으며 특히 일본으로의 김치 수출량은 1990년대의 10년간 9배 가까이 늘었다. 일본에서 얻은 김치의 인기는 한국의 김치 산업을 발전시켜, 김치는 세계화에 발맞춘 김영삼 대통령(1993~98년 재임)의 경제 전략의 성공 사례가 되었다. 아이러니하게도 당시는 한국인의 김치 소비량이 감소세로 돌아서 있던 때다. 참고로, 2010년대에 막걸리는 1990년대의 김치처럼 일본 시장에서의 인기가 한국 국내에서 재평가를 불러와 그 상품화나 수출이 촉진되었다.[9]

일본에서는 1986년 서울 아시안 게임과 1988년 서울 올림픽,

그리고 버블 경제 시기(1986~98년경)의 에스닉 요리 붐을 계기로 1990년대에 김치 소비가 급증하였으며 김치 생산량도 네 배 가까이 늘었다. 그리고 김치는 단무지, 후쿠진즈케福神漬け[무, 가지, 작두콩, 연근, 생강, 차조기 열매를 잘게 썰어 미림이나 설탕으로 조미한 간장에 절인 것], 우메보시梅干し[건매실 절임], 아사즈케淺漬[각종 채소를 단시간 절인 것]를 넘어 생산량이 가장 많은 절임 식품이 되었다. 그러나 한국의 김치 생산자는 일본에서는 정통 방식의 김치가 기대만큼 팔리지 않고 오히려 일본식 김치의 수요가 많다는 것을 깨달았다. 일본식 김치는 짠맛이나 발효로 인한 산미가 없고, 발효시킨 생선, 새우, 조개, 오징어, 생선 내장 등도 사용하지 않는다. 1990년대 중반부터는 산뜻한 맛의 일본 김치가 한국식 김치와는 다른 것으로서 인식되었다.

1996년 애틀랜타 올림픽에서 일본제 김치가 올림픽 공식 식품에 입후보하자 한국과 일본 사이에서 논쟁이 가열되었다. 김치의 국제 표준을 제정할 필요성을 자각한 한국은 1995년 유엔의 식료·농업 관련 위원회 조직인 CAC(Codex Alimentarius Commission)[국제식품규격위원회]에 일본제 김치를 표준으로 삼지 않는 안을 제출했다. 그리고 2001년 한국의 주장이 인정되어 한국 국내에서는 일본을 상대로 승리했다는 인식이 퍼졌지만, 실제로는 긴 협의 끝에 한국과 일본의 관료가 공동 제안한 안이 채택된 것이며 일본식 김치도 배제되지 않았다.[10]

근래에 들어 한국의 많은 식품 회사는 김치의 자체 생산을 중단하고 중국에서 생산한 김치를 수입하여 자사 브랜드로 판매하는 OEM(주문자상표부착생산)을 하고 있다. 그러다 2005년 가을 한국의 식품

의약품안전청이 중국산 김치의 샘플에서 기생충 알을 발견하였다고 공표하여 많은 한국인이 중국산 식품의 안전성에 의문을 품게 되었다.

이에 맞서 중국 정부는 자국의 김치 공장을 폐쇄하고 김치 수출을 금지했으며, 많은 한국산 김치에서도 기생충 알이 발견되었다고 발표하여 수입을 금지했을 뿐 아니라, 그 밖의 한국산 부식품이나 한국 화장품의 수입도 금지하려고 했다. 중국이 이렇듯 강경한 반응을 보이자 한국 정부는 사태를 진정시키려고, 국내 생산 김치에서도 기생충 알이 발견되었다고 공표하여 한국산 김치의 평판이 타격을 입었다. 애당초 중국의 김치 공장 대부분은 한국인 기업가가 경영하고 있었다. 김치를 둘러싼 중국과의 이 소동은 한국 시장에서 중국산 김치의 점유율을 떨어뜨리는 것이 아니라, 일본 시장에서 한국산 김치의 점유율을 떨어뜨리는 아이러니한 결과를 가져왔다.[11]

한편, 2009년부터는 이명박 대통령(2008~13년 재임)과 김윤옥 영부인이 중심이 되어 한국의 국가 이미지 제고에 음식을 이용하는 '글로벌 한식' 캠페인을 본격적으로 출범시켰다. 이는 한국의 농산물·식품 수출을 촉진하고, 한국을 찾는 외국인 관광객과 해외의 한국 요리점 수를 늘리는 것을 목표로 삼았다.

2011년 한국 정부는 일본 가이세키會席 요리[주연을 위한 고급 일본 요리]가 국제적으로 높은 평가를 받는 것을 강하게 의식해, 조선 궁중 요리의 유네스코 무형문화유산 목록 등재를 신청했지만 각하되었다.[12] 같은 해 일본 역시 동일본 대지진의 충격에서 회복하려는 의도도 함께 담아 가이세키 요리를 중심으로 한 '와쇼쿠和食'를 유네스코 무형문화유산 목록에 등재시키려던 터여서, 난관에 봉착한 한국의 신청 상황은 일본의 관계자들로서도 가벼이 받아들일 수 없는 것이었다.[13] 한국의 궁중 요리나 일본의 가이세키 요리는 사람들의 일상생활에 뿌리내린 식문화와는 거리가 있어 유네스코 무형문화유산의 취지에는 부합하지 못했다.

결국 2013년에 한국의 '김장, 김치를 담그고 나누는 문화', 일본의 '와쇼쿠, 특히 신년 축하를 위한 일본의 전통 식문화'가, 2015년에는 북한의 '김치 담그기 전통'이 각각 유네스코 무형문화유산 등재에 성공했다.[14] 2014년 서울특별시는 김장의 유네스코 무형문화유산 등재를 기념하는 '서울 김장 문화제'를 개최했다. 이 행사의 주최자는 "이제 한국이 김치의 종주국인지를 놓고 토론할 필요가 사라졌다. 중국과 일본은 김치를 자신들의 것이라고 주장하지 못할 것"이라고 말했다.[15]

참고로, 1986년 서울시 중구 필동에서 문을 연 '김치박물관'은 아마도 한국 최초의 음식 전문 박물관일 텐데, 같은 해 서울에서 아시안 게임이 개최되었을 때 시청 앞에 전시된 200종 이상의 김치 플라스틱 모형이 그 주된 컬렉션이었다. 김치박물관의 운영 주체인 식품 회사 풀무원은 1998년 기존 박물관을 체험형 박물관으로 탈바꿈시켜 강남구 삼성동의 코엑스 센터에 개설했다. 나아가 김치박물관은 2015년 인사동의 복합 문화 시설 '마루'로 이전하여 '뮤지엄김치간間'으로 새 단장을 했다. 관람객은 5~10세의 아동과 외국인이 가장 많다고 한다.[16]

일본 통치 시대 조선의 중국요리

한반도 화인의 역사는 1882년 임오군란을 진압하기 위해 조선에 진주한 청나라군과 함께 온 청나라 상인이 그 시초라고 여겨진다. 그 무렵부터 한반도에서 중국요리를 먹었다는 설이 지배적이다.[17] 임오군란은 대원군의 선동 등에 의해 한성(현재의 서울)에서 일어난 병란으로, 정권을 쥐고 있던 명성황후 등이 조선에 주둔한 위안스카이에게 의지해 궁지를 모면했기 때문에 조선 정치에서 위안스카이와 청나라의 영향력이 강화되는 계기가 되었다. 그리고 1882년 청나라와 조선이 맺은 '상민수륙무역장정'에 기초해 1884년에 인천, 1886년에 부산, 1888년에 원산에 청나라 전관조계專管租界가 설치되었다.[18] 이렇게 해서 생긴 중국 조계는 '청관淸館'이라 일컬어졌으며, 이곳에서 근대 한반도의 중국요리가 탄생해 퍼져나갔다.

나아가 1900년 중국에서 일어난 의화단의 난은 한반도 건너편의 산둥 일대를 전란에 몰아넣었으며, 이에 따라 많은 화인이 바다를 건너 인천으로 피난하여 인천의 청나라 조계는 한성과 더불어 화인의 일대 집거지가 되었다.[19] 그리고 일본 식민지 시대인 1914년에 청나라 조계가 폐지된 뒤에도 인천의 화인 집거지는 계속 '청관 거리'라 불렸다.[20]

참고로, 2001년부터 인천광역시 중구청은 '인천 차이나타운' 조성을 중핵으로 하는 관광 개발에 착수하여, 2002년에는 중구청 직원이 요코하마 중화 거리를 시찰했다. 요코하마의 화인들은 1955년 종래의 '도진가이唐人街' '난킨마치南京町'가 아닌 '주카가이中華街'(중

2-27 인천 차이나타운의 중심지(정면에 공화춘과 청관이 보인다. 2020년)

화 거리)라는 새로운 호칭을 내걸고 거리 이미지의 제고를 꾀했다. 인천의 차이나타운이 일본에서만 일반적인 '중화 거리(中華街)'라는 명칭을 쓰고 있는 것은 요코하마의 선례를 따랐기 때문이다[인천 차이나타운의 입구 격인 제1패루의 현판이 '中華街'(중화 거리)라 적고 있는 것을 가리킨다].

그리고 2001년에 다섯 곳밖에 남아 있지 않던 인천의 중국요리 점이 2007년 말에는 30여 곳을 헤아리게 되었다. 이 무렵부터는 대형 중국요리점의 요리사, 종업원이나 중국 물산·식품점의 경영자 중에 산둥성 등지에서 온 '신新화교'가 많았다. 이러한 가운데 '청관 거리'는 점차 '차이나타운'이나 '중화 거리'라 불렸다. 현재 인천 차 이나타운 중심부의 유명 요리점인 공화춘共和春 근처에 있어 쉽게 눈에 띄는 중국요리점 '청관清館'은 식민지 시대부터 존재하던 노포가 아니라 근년에 관광 개발이 진행되는 가운데서 옛 정서와 맛을 되살리고 전하려는 목적에서 문을 연 곳이다.[21]

이야기를 되돌리면, 초기 한반도 중국인 이민자는 그 출신지가 다양하여 산둥 출신자는 전체의 절반 정도에 그쳤다. 그러다 1900년 의화단 사건 이후에는 산둥성 근방으로부터 이주자가 급증하여 산둥 출신자 중심의 화인 사회가 형성되었다. '베이방北幇'이라 불린 산둥성 및 허베이성 출신 그룹 안에는 산둥성 중에서도 푸산福山현(현재의 옌타이烟台 지역) 출신자가 많았으며, 이들은 주로 피류이나 일용품 잡화 등을 취급하는 작은 상점이나 음식점을 경영했다. 따라서 지금도 한국의 중국요리에는 산둥 요리 계통이 많다.

한반도의 화인 인구는 일본 식민지 시대에 약 10만 명에 달했다(현재는 조선족을 빼도 20만 명 이상). 화인 인구가 집중된 수도 경성에서는 현재 중국 대사관이 있는 명동과 소공동 일대, 탑골공원 남쪽 인근이 중국인 거주 지역이었다. 이 밖에 인천에도 약 1만 명의 화인이 살았다. 당시에는 장사나 채소 재배에서 수완을 발휘하는 화인에게 반감을 품는 조선인도 있었다고 한다. 조선 화인의 대다수는 춘절 전에 가족이 사는 고향으로 귀성한다고 해서 '제비'라 불렸다. 이는 마치 철새처럼 한국에서 돈을 벌어 고향으로 돌아간다는 의미가 담긴 별명이었다.[22]

중국요리점은 이미 1880년대부터 한성에 생겨났으며 20세기 초에는 조선어로 '호떡집', 중국어로 '카오빙푸烤餅鋪', 일본어로 '만주야饅頭屋' 등으로 불린 호떡 가게가 번성했다. '호떡(胡餅)'은 밀가루 반죽에 흑설탕과 호두 소를 넣고 구운 것으로, 일본 통치 시대의 경성에서는 종로의 중국인 거리나, 학교와 학생 하숙이 많은 제동 운현궁 등지에 유명한 호떡집이 여럿 생겼다. 서민의 음식으로서 값이 저렴했던 호떡은 조선인 노동자들도 즐겨 먹는 음식이었다.

조선인들도 조리 기술이 간단한 호떡집, 그리고 나중에는 국수 등을 파는 분식집의 경영에 일찌감치 뛰어들었다. 이에 1921년에 는 중국요리 관련 화인 업자들의 동업조합인 '중화민국요리점조합' 이 결성되어 과당경쟁 방지와 업계 질서 유지를 꾀하였다. 1930년 10월 실시된 국세조사에 기초해 역사학자 이정희가 집계한 바에 따르면, 당시 한반도에서 중국요리점(국수나 찐빵 등을 파는 경식점 포함)은 1,635곳, 호떡집은 1,139곳, 합계 2,774곳에 달했다. 1920년대 에는 이미 호떡을 비롯한 중국의 경식류가 한반도에서 조선인이나 일본인의 사랑을 받으며 대중화되어 있었다고 생각된다.[23]

경성과 인천의 유명 요리점

경성(한성)에서는 '아서원雅敍園'(1907~70년), '사해루四海樓'(1909년 창업), '대관원大觀園'(1910~77년), '열빈루悅賓樓', '금곡원金谷園', 인 천에서는 '공화춘'(산동회관山東會館이 1907년에 개관, 공화춘으로서는 1912~83년 영업, 2004년에 한국인이 명의를 빌려 재개), '중화루中華樓' (1918~19년경 창업) 같은 대형 고급 중국요리점이 문을 열었다.[24]

여기서는 우선 아서원과 중화루를 예로 들어 자세히 살펴보고 자 한다.

1. 경성의 아서원

산둥성 푸산현 출신인 서홍주徐鴻洲(황빈黃彬)는 1899년 스무 살에 한국(대한제국)에 와서 잡화상이나 음식점 경리 직원으로 7년 동안 일한 뒤, 1907년 동료 20여 명과 합자하여 한성의 중심지 을지로에서 아서원을 창업했다.

1936년 반도호텔이 개관하자 1936년에 아서원은 반도호텔과 조선호텔(1914년에 개업하여 현존. 식민지 시대에는 구미인을 위한 영빈관이 되었다) 사이로 이전하여 벽돌로 된 3층짜리 점포를 세웠다. 나아가 1950년에는 한 층을 증축, 900여 명을 수용할 수 있는 한국 최대의 중국요리점이 되어 화인의 결혼식은 대부분 아서원에서 열릴 정도가 되었다.

아서원의 최전성기는 한국전쟁(1950~53년) 휴전기부터 1960년대 초까지였다. 1954~56년경에는 한국전쟁에 참전했던 미군이 아서원의 주된 고객이었다. 그 이후에 아서원은 자유당, 공화당의 정치 관계자들의 사교장이 되기도 하였으며, 김구(대한민국 임시정부 주석)와 이승만(대한민국 초대 대통령), 이기붕(이승만 정권하의 실력자), 정일권(국무총리·국회의장) 등을 고객으로 맞았다. 나아가 중국의 언어학자인 린위탕林語堂이나 쑨원의 아들로 중화민국 입법원 원장 등을 역임한 쑨커孫科 등도 아서원을 찾았다.

1969년 서홍주의 외동딸이 아서원의 토지와 건물을 롯데에 싼값에 매각하여 아서원은 1970년 영업을 종료했다.[25] 아서원에 있던 정원의 폭포는, 반도호텔 부지를 매입하여 1979년 전관 개관한 롯데호텔 본관의 라운지에서 지금도 볼 수 있다.[26]

2. 인천의 중화루

인천의 중화루에 대해서는 후속 가게가 영업을 계속하고 있어 역사 기록이 많이 남아 있다. 훗날 '조선의 해운왕'으로 알려지는 호리 히사타로堀久太郎는 사업의 본거지로 삼고 있던 인천에서 한반도 최초의 서양식 호텔인 대불호텔을 1889년 개관했다. 당시 인천에는 외국인 전용 여관이 없었으므로, 대불호텔의 개관은 인천의 일본 대사관 관계자를 더없이 기쁘게 했다고 한다.

그런데 1899년 경성-인천 간 경인선이 개통되어 여행자가 인천에 숙박할 필요가 사라졌다. 나아가 1905년 러일전쟁이 끝나고 그 해에 일본 제국이 대한제국을 보호국화하고 1910년에는 병합으로 나아가서, 조선은 일본 내지의 연장이 되어갔다. 더군다나 1905년에는 경성과 부산을 잇는 경부선이 개통되어 인천은 조선 교통로의 문호라는 역할을 잃고 일개 국내 항구가 되었다. 이러한 사정으로 말미암아 인천의 대불호텔은 서양인 숙박객을 잃고 폐업으로 내몰렸다.[27]

그러나 1918~19년경[28] 라이사오창賴紹唱(1872년생, 산둥 푸산 출신)[29]을 비롯한 화인들이 대불호텔을 인수하여 '중화루'라는 베이징 요리점을 창업하자 이 가게는 인천뿐 아니라 경성에까지 알려질 정도로 번성하였다. 중화루에서는 서양식 건물에는 어울리지 않는 금칠 간판이 이국정서를 물씬 풍겼으며, 지난날의 대불호텔을 떠올리게 하는 오래된 피아노가 장난감처럼 울려 퍼졌다.[30]

1930년대에 점주가 라이사오칭의 친척 라이자성賴家聲으로 바뀐 뒤로도 중화루는 성업을 이어나갔다. 그러나 1950년 한국전쟁이 발발하자 라이 일족은 대부분 부산 또는 타이완이나 미국으로 도피하여 중화루의 경영에도 큰 영향이 미쳤다.[31] 1960년대 이후 인천의 '청관거리'가 쇠퇴하는 가운데 중화루도 1970년대 초 경영 난에 빠져 1978년 완전히 폐업했다.

2018년 인천광역시 중구청은 대불호텔·중화루의 서양식 건물에 생활사전시관을 개관해 옛 대불호텔의 모습을 재현해놓았다. 또한, 중화루의 주방장이었던 손세상孫世祥의 아들 손덕준孫德俊(인천차이나타운연합회 회장, 인천화교협회 부회장 등을 역임)은 인근의 다른 건물에서 중화루의 영업을 재개했다.[32]

민족운동의 거점이 된 중국요리점

이들 중국요리점은 화인 외에 조선 민족운동가 지식인이나 반식민지 활동가 등도 자주 이용하였다. 나아가 화인이나 조선인뿐 아니라 조선총독부의 관료를 비롯한 일본인도 중국요리점에서 각종 연회를 열고는 했으며, 1930년대에는 경성이나 부산 등지에서 일본인이 경영하는 중국요리점도 잇달아 문을 열었다.

한편, 조선인 민족운동가나 반식민지 활동가의 입장에서 중국요리점은 일본 요정보다 지배자층과의 거리가 있어 거점으로 삼기 좋은 장소였다. 이정희의 연구에 따르면,[33] 식민지 시대 중국요리점에서는 예컨대 다음과 같은 이벤트가 있었다고 한다.

• 1919년 1월 YMCA(기독교청년회) 학생부 간사 박희도의 주도로 경성 시내의 전문학교 학생 대표 8명이 회합하여 3·1 독립

운동 참가를 결의한 곳은 '대관원'이었다. 참고로, 대관원은 1910년 산둥성 출신의 왕ㅌ 모가 개업해 아서원, 공화춘과 함께 서울의 3대 중국요리점으로 꼽히기도 했지만 1977년 폐점했다.[34]

- 1919년 4월 13도 대표 23명이 모여 임시정부 수립을 위한 선포문과 국민대회의 취지서·결의 사항을 낭독한 곳은 경성(종로구 서린동)의 '봉춘관奉春館'이었다.

- 1921년 5월 이재근 등 5명의 조선 독립운동가가 독립운동의 군자금을 마련하려고 모의하여 체포된 곳은 '제일루第一樓'였다.

- 1925년 4월 비밀리에 조선공산당의 창당 대회가 열린 곳은 '아서원'이었다.

- 1931년 5월 와세다 대학을 졸업한 뒤 조선일보사에 들어가 정치부장 등을 역임한 이선근의 『조선최근세사朝鮮最近世史』 출판기념회가 조선일보 부사장 등을 지낸 조선 독립운동가 안재홍 등의 발기로 개최되었다. 그 기념회장은 '사해루'였다.

- 1931년 11월 4일 〈조선일보〉는 호외를 발행, 만주 출병에 반대하는 격문을 쓰는 등의 활동을 벌인 반제국주의의 비밀결사 및 조선공산당 소속 경성제국대학 학생 등이 2개월 전에 검거된 사실을 보도했다. 사진이 포함된 이 기사에 따르면, '반제동맹'이 결성된 곳은 '중화원中華園'이라는 중국요리점이었다.

- 1933년 12월 호세이 대학에서 프랑스 문학을 배운 뒤 서정시 운동의 선두에 서 있던 이하윤의 번역 시집 출판기념회가

시인 김억金億 등의 발기로 개최되었다. 기념회장은 '금곡원'이
었다.

- 1934년 3월 조선 문학자 김태준이 신라의 향가를 위시한 고
  가를 편찬한 『조선가요집성朝鮮歌謠集成 고가편古歌篇』 출판기
  념회가 이광수 등의 발기로 개최되었다. 기념회장은 아서원이
  었다.
- 1940년 아동소설가·민족운동가 방정환(아호는 소파小波)의 조
  선어로 된 전집 『소파 전집』 출판기념회가 열린 곳은 '열빈루'
  였다.

이렇듯 중국요리점은 민족운동이나 반식민지 활동의 거점이 되
었다. 그뿐 아니라 중국요리점은 아편 밀매의 온상이 되기도 했다.
중국요리점의 간판을 내걸었지만 실제로는 아편 밀수상이었다는
것이 드러난 사건이 끊이지 않았다는 사실을 〈조선일보〉를 통해
알 수 있다.[35] 19세기 미국의 차이나타운에서 아편굴과 중국요리점
이 밀접한 관계에 있었던 것과 유사한 사례를 20세기 초 조선에서
찾아볼 수 있는 것이다.

화인 배척과 중국요리점

아편 관련한 배경도 있어 현지인들 사이에서 반화인·반중국 감
정이 고조되자 중국요리점이 그 표적이 된 것은 일본 통치 시대의
조선도 예외가 아니었다. 조선에서 저임금 중국인 노동자의 유입을

놓고 위협론이 대두되는 가운데, 중국 동북 3성의 정부가 조선인의 추방이나 체류, 토지 조차의 제한에 관한 많은 규정과 훈령을 내 났다. 이에 대해 조선어 신문이 재만在滿 동포 옹호 운동을 일으켜 야 한다고 호소한 것이 계기가 되어, 1927년 12월 화인 배척 사건 이 발발했다.

화인이 경영하는 면포麵麭(빵) 가게 등의 음식점이 공격을 받는 사건이 속출하는 가운데, 많은 중국요리점이 군중의 습격을 받아 유리나 기물이 파손되거나 휴업에 내몰리는 등 피해를 입었다.[36] 그 후에도 중국요리점에 대한 투석 사건이 빈발하는 지역이 있었 으며,[37] 조선인 손님의 발길이 끊겨 폐점하는 중국요리점에 관한 보 도도 여기저기 보인다.[38] 그럼에도 중국요리점의 수는 점차 회복세 를 보였다.

그러나 1931년 7월 2일, 일본 정부에 의해 간도로부터 중국 지 린성의 완바오산萬寶山에 입식入植된 조선인과 조선인의 입식에 반 발하는 현지 중국인 농민 사이에서 분규가 일어나 일본과 중국의 경찰이 개입하는 충돌로 발전했다. 간도는 두만강 이북 만주의 조 선 민족 거주지로, 현재의 중국 옌볜 조선족 자치주 일대에 해당하 는 지역이다. 이 '완바오산 사건'은 사망자 없이 수습되었지만, 7월 3일 배포된 〈조선일보〉의 호외는 "300여 명의 중국 관민이 산싱바 오三姓堡 동포를 포위해 사태가 더욱 험악"해져 동포의 안위가 위태 롭다고 보도했다.[39] 이를 계기로 격렬한 화인 습격이 시작되어 7월 6일경까지 약 나흘간 계속되었다.

1931년의 화인 배척이 낳은 피해는 1927년의 화인 배척에 비 해 규모가 크고 심각하여 조선의 중국요리점은 약 600곳 이상 감소했다고 한다. 경성에서는 약 40퍼센트의 중국요리점이 투석, 창이나 문 파손 등으로 피해를 입었다. 주목할 만한 것은 경성의 고급 중국요리점은 그다지 피해를 입지 않은 반면, 조선인 손님이 많은 종로구의 호떡집은 최대 피해자 되어 그 후에도 호떡집의 회복이 더뎠다는 사실이다. 그러나 자신의 나라 중국으로 귀국했던 화인이 차츰 조선으로 돌아와 새로이 중국요리점을 열어서, 1936년까지 단기간에 중국요리점의 수는 1930년의 90퍼센트 이상 수준으로 회복되었다.[40]

따라서 이 시기의 조선에서 조선인이 화인을 대신하여 중국요리의 담당자가 되는 일은 없었다. 이는 1931년 9월 일어난 만주사변의 영향으로 화인 요리사가 중국으로 돌아가 중국요리점에 일본인 요리사가 늘어난 일본의 상황과는 대조적이라 할 수 있다.[41]

그러나 1937년 7월 중일전쟁이 발발하자 조선에 살고 있던 화인이 대거 귀국하여 중국요리점은 1931년 화인 배척 때보다 급격한 추세로 폐점했다. 조선의 중국요리점 수는 그 후 완만하게 회복되어갔지만, 1943년 조선총독부에 의한 전시 경제 통제의 강화와 밀가루 배급제의 실시에 따라 다시 감소세로 돌아섰다.[42]

이렇듯 조선의 중국요리점은 조선인들의 공격이나 전쟁의 영향으로 화인이 귀국하여 그 수가 감소해도 얼마 안 가 회복하는 추세를 보였다. 이는 당시 중국요리가 이미 한반도 사람들의 일상생활에 스며들어 없어서는 안 되는 존재가 되어 있었다는 사실을 보여준다. 1930년대 조선에서는 니혼 여자대학日本女子大學을 나와 오랫동안 중국에 거주한 중국요리 연구가 정순원鄭順媛이 때때로 미디어에 등장하여 중국요리를 알리고 보급하는 활동을 전개했다. 예컨대 정순원은 1933년 라디오 가정 강좌에서 가정의 중국요리를 소개했으며,[43] 1935년 5월부터는 여자기독청년회 주최·조선일보 학예부의 후원으로 '중국(청나라, 지나)요리 강습회'를 열어[44] 이때 전수한 요리 레시피를 교재로 〈조선일보〉 지면에 연재했다.[45]

나아가 1930년대 후반에는 〈조선일보〉 외에도 〈동아일보〉나 〈매일신보〉 등 주요 신문사가 앞다퉈 중국요리 강습회를 개최했다.[46] 참고로, 조선 요리에 대해서도 1934년 5월의 〈조선일보〉 지면에서 가정부인협회 주최·조선일보 학예부의 후원으로 '조선 요리 강습회'가 개최되거나[47] 홍승원洪承嫄의 「조선 요리 강좌」가 연재되었다.[48] 그러나 이는 모두 그 후 지속되지는 못했으며 이듬해부터 시작된 중국요리 강좌에 비해 조선 요리 강좌는 개최 횟수도 적은 데다 단기간에 종료되었다.

잡채

일본의 한국 요리점에서 많이 먹는 '잡채雜菜'는 19세기 말 이후 유입된 중국요리의 영향 아래 새롭게 재탄생한 한국(조선) 요리의 전형적 사례이다. 1670년경 편찬되어 조선 최고最古의 요리서라고 일컬어지는 『음식디미방飲食知味方』은 '잡채'에 대해 "오이, 무, 숙주는 생으로, 도라지, 게묵, 박고지는 삶아서, 가늘게 찢은 뒤 양념을 한다. 각각의 재료를 한 치 길이로 썰어 각각 간장에 볶은 뒤, 임의로 뒤섞어 큰 대접에 담는다. 즙은 주의 깊게 끼얹고 초피, 후추, 생강을 뿌린다"고 적고 있다.[49]

이처럼 17세기 당시의 잡채는 당면이나 쇠고기를 넣지 않고 즙을 끼얹은 것으로, 오늘날의 잡채와는 달랐다. 조선 왕조 시대의 요리서에는 당면이 들어간 잡채가 등장하지 않는다.[50]

요컨대 잡채에는 조선 왕조 시대부터 있어온 채소 일색인 잡채와 근대 이후 중국요리의 영향을 받아 당면과 고기가 들어간 잡채 두 종류가 있다. 전자는 '한정식'(조선 왕조의 궁중 요리에서 시작된 고급 연회 요리)의 한 가지 등으로서 남아 있으며, 후자는 오늘날 한국과 일본의 중국, 한국 요리점에서 일반적인 메뉴가 되어 있다.

당면은 19세기 말 화인이 한반도에 가져와 조선 사람들이 이를 '당면' 등으로 불렀다고 생각된다. 예컨대 1923년 10월 〈동아일보〉에는 사리원(평양 남쪽의 도시)의 광흥공창 제면부 광고가 실려 "우리 손으로 제조한 재래 지나제 당면·분탕粉湯·호면胡麵"이라고 선전하고 있다.[51] 중국요리점이 늘어나면서 1920년대에는 조선 각지에 당면 공장이 생겼으며,[52] 1930년대에는 사리원의 당면이 지역 명산품으로서 전국적으로 이름을 날렸다.[53]

잡채의 레시피를 살펴보자. 기름에 볶은 돼지고기나 당면이 들어간 잡채의 조리법이 방신영의 『조선 요리 제법』(1921년판)에 실려 있는데,[54] 이 무렵 잡채가 조선 요리로서 수용되어 있었다는 것을 알 수 있다. 1924년 간행된 이용기李用基의 『조선무쌍신식요리제법朝鮮無雙新式料理製法』(한흥서림, 152~53쪽)은 잡채의 제법을 싣고 있는데, 이 역시 돼지고기 등을 양념해 기름에 볶고 당면을 넣은 것이다. 또한, 1930년 〈동아일보〉에 실린 경성 '동덕여고보' 교사 송금선宋今璇의 「부인이 알아둘 봄철 요리법」의 잡채 역시 당면과 돼지고기를 넣고 볶는 레시피이다.[55]

1937년 7월 중일전쟁이 발발하여 화인들이 대거 귀국해 많은 중국요리점이 문을 닫은 무렵부터 조선인 가정에서도 당면이 들어간 잡채를 만들었다고 여겨진다. 그리고 1976년 출판된 황혜성 교수의 『한국요리백과사전』(서울, 삼중당, 298쪽)은 잡채를 나물 등과 마찬가지로 조선 궁중 요리의 '숙채熟菜'('생채'와 대조적으로 채소를 익혀 무친 것) 중 하나로 기록하고 있으며, 이 역시 볶은 쇠고기나 당면을 포함하고 있다. 이로써 당면이 들어간 잡채는 한국에서 시민권을 얻어 조선 전통 요리의 하나가 되었다.[56]

　이렇듯 1920년대에 이미 당면과 고기가 들어간 잡채가 조선의 요리서에 등장해 있었으니, 한국전쟁으로 미군이 진주한 무렵 미국의 촙수이가 한국의 잡채에 변화를 가져왔다는 설은 들어맞지 않는다. 또한, 한국어 웹에 당면이 들어간 잡채가 미국에서 유래된 것으로, 중국인 주미 대사가 미국에서 대접받아 먹은 것을 중국에 전해 미국에서 중국을 거쳐 한국에 전해졌다는 속설을 찾아볼 수 있지만, 중국에서는 촙수이나 잡채를 거의 찾아볼 수 없으므로 이 설 역시 설득력이 부족하다.

짬뽕

　일본 통치 시대의 조선에서는 중국요리가 일본 식문화의 영향을 받는 경우도 많았다. 그 전형적 사례인 '짬뽕(炒碼麵)'은 지금도 한국의 중국요리점에서 '짜장면(炸醬麵)' 다음가는 인기 메뉴가 되어 있다. 짬뽕은 뒤섞는다는 의미의 중국어('攪和') 혹은 말레이어의 발음을 어원으로 한다는 설이 유력하며,[57] 1899년 나가사키에서 푸젠 출신의 젠 핀슌陳平順(천평순)이 창업한 시카이로四海樓는 최초의 짬뽕집은 아니지만 볼륨감 있는 현재 스타일을 확립한 가게로 여겨지고 있다.[58]

한반도의 짬뽕과 관련해서는 규슈–부산 항로를 오가던 선원이 부산에 가져와 퍼졌다는 설, 원래 화인이 가져온 '차오마몐炒碼麵'을 조선의 일본인이 '짬뽕'이라 이름 붙였다는 설 등이 있다. 중국(푸젠 등지)에서 일본의 나가사키를 거쳐 조선에 전해졌다고 생각되는 짬뽕은 산둥(중국)에서 조선으로 직접 전해진 짜장면과는 전파 경로가 전혀 다른 셈이다.

참고로, 매운맛을 좋아하는 한국에서는 일찍부터 짬뽕에 실고추를 얹었으며, 짬뽕이 현지화되어 고추로 새빨간 매운 국물을 만들게 된 것은 1970년대 후반 이후의 일이다.[59]

짬뽕 외에 한국의 '우동'[중국집 메뉴의 우동]은 원래 산둥계 탕면인 '다루몐大滷麵'을 식민지 시대에 일본어 '우동うどん'으로 부른 것이라고 생각된다. 또한, 짜장면을 먹을 때 빠질 수 없는 절임 식품인 '단무지'는 일본의 다쿠앙たくあん이 식민지 시대에 한반도에 정착한 것이다.[60] 나아가 일본의 노리마키海苔巻き[김초밥]는 '김밥'으로 개량, 보급되었다.

하지만 일본 통치 시대에 수용된 음식은 한국에서는 '일제 잔재'(일본 제국주의의 찌꺼기)로 비판의 대상이 되기도 한다.

제2차 세계대전 후 중국요리점

한반도에서는 1945년 8월 북위 38도선 이북에 소련군이, 이남에 미군이 진주하였으며, 같은 해 9월부터 미·소 양군이 군정을 펴조선인에 의한 즉각적 건국은 인정되지 않았다. 미 군정부는 10월에 미곡 자유 시장의 도입을 선언했지만, 1946년 2월에 일본 통치시대의 배급 제도가 부활하였으며, 1947년에는 제2차 세계대전 말기에 생긴 암시장이 크게 번성했다. 미군 점령 지역에는 대량의 식량이 수입되어 군용 통조림이 암시장에서 거래되었으며, 사탕이나껌이 미군 병사에게서 한반도의 아동들에게 전해졌다.

한편, 전후에 북한의 식량 사정은 미군이 점령하는 남한보다는 나았다. 25만 명의 일본군 병사와 일본인 거류민이 전부 남으로 이동한 데다, 북의 공업지대에서 일하던 조선인도 남부의 고향으로 돌아가서 북한의 인구 압력이 줄어들었기 때문이다. 그러나 소련군은 북한에서 종종 식량을 징발하여 실어 갔다. 나아가 1946년 2월 북조선임시인민위원회(위원장 김일성)가 수립되자 소련군을 위한 식량 징발이 강화되었다. 그리고 같은 해부터 북한은 식량 배급 제도를 사회 관리의 도구로 사용하는 동시에 철저한 토지개혁을 단행해 농지개혁에 뒤처져 있던 남한에 대한 프로파간다의 무기로 삼았다.

이러한 식량 사정 아래 대한민국(한국, 대통령 이승만)과 조선민주주의인민공화국(북한, 주석 김일성)이 각각 1948년 8월, 9월에 수립되었다. 나아가 건국 후 얼마 지나지 않아 양국 사이에서 한국전쟁(1950~53년)이 발발했다. 한국전쟁의 전황은 스탈린과 마오쩌둥의 동의에 따른 북한군의 남진, 맥아더에 의한 인천 상륙 작전의 감행과 유엔군의 서울 탈환, 그리고 38선을 사이에 둔 일진일퇴로 어지럽게 변화했다.

격전이 계속되는 한반도에서는 1951년 당시 300만 명 이상이 난민이 되어 식량난이 발생했다. 이에 일본이 급거 미군·유엔군·한국군의 물자 공급 거점이 되었다. 예컨대 1951년 봄에는 일본 농가에서 생산된 양파와 양상추, 래디시가 매일 7톤 이상 한반도로 공수되었다. 나아가 한국전쟁은 물자 보급에 항공수송이나 냉동 설비가 본격적으로 도입된 최초의 전쟁이기도 했다.[61]

한편, 1947년경 북한에 있던 약 4만 명의 화인 중 일부는 1950년 6월에 한국전쟁이 발발하자 난민이 되어 38도선을 넘어 남하했다. 그리고 무역을 주업으로 하던 화인들 중 대상大商들은 중화민국(타이완)으로 이주했지만, 중소·영세 상인들은 각지에서 중국요리업에 종사하며 입에 풀칠을 했다. 그런가 하면 1950년 10월 중국인 민지원군이 한국전쟁에 참전해 1951년 1월 서울을 점령하자, 중국군에 붙잡혀 중화인민공화국으로 귀국한 화인도 있었다. 북한에서는 1953년경부터 대규모 집단 귀국이 이뤄져 총 3만 명의 화인이 귀국하였으며, 같은 해 8월경부터는 통제경제가 강화되어 요식업에 종사하는 화인 상인도 사라졌다.[62]

제2차 세계대전이 끝날 즈음에 약 1만 명이 있었다고 여겨지는 한반도의 화인은 식민지 시대부터 한국전쟁 무렵까지는 처지가 괜찮았지만, 그 후 중국 대륙과의 국교 단절, 나아가 한국 정부의 집요한 화인 억제 정책에 의해 고난의 시대를 맞았다. 1948년 대한민국 수립 때부터 한국 정부는 환거래 규제나 창고 봉쇄령 등으로 화인의 경제활동을 억압했다. 나아가 외국인 명의의 무역상 등록을 인정하지 않고 외국인은 농지와 임야를 소유할 수 없게 하는 등 규제는 점점 강화되었다. 따라서 재한 화인은 '세계에서 유일하게 성공할 수 없었던 화교'라 불리기도 했다.

이러한 엄격한 규제 아래 생존 전략으로 많은 화인이 요식업으로 전업했으며, 이로 말미암아 중국요리와 그 요리사, 그리고 중국인에 대한 경시가 생겨났다. 오늘날까지도 한국 사람들은 일본 요리와 그 요리사는 올려다 보고 중국요리와 그 요리사는 낮잡아 보고는 한다. 그러나 한편으로 당시 한국의 서민에게는 중국요리점이 거의 유일한 외식 장소였으므로 중국요리는 훗날 향수의 대상이 되었다.[63]

1950년대에는 화인이 한국의 중국요리 업계를 독점했으며, 1960년대에도 한국 화인의 사업 전체가 축소되는 경향 속에서 요식업만은 호황이어서, 화인이 경영하는 한국의 중국요리점은 약 4,000곳을 헤아리며 전성기를 맞았다.[64] 이 무렵 한국인 중국요리사가 늘어나지 않은 이유 중 하나는 한국전쟁 때 적대 관계였으므로 한국에서 중화인민공화국의 이미지가 나빠진 데 있다고 생각된다.[65]

한국에서는 1960년 4·19 혁명으로 이승만 대통령이 물러나고, 1961년 박정희(1963~79년 대통령 재임)가 군사 쿠데타(5·16 쿠데타)를 일으켜 군정을 폈다. 박정희 정권은 초기인 1966년까지는 특히 절약을 장려하여 군인과 공무원의 요리점 출입을 금지해서 많은 중국요리점이 휴업하거나 점포를 임대했다.

한편, 경제 재건에 나선 박정희 정권은 1962년 6월 통화개혁을 단행하여 10환을 1원(현행 원)으로 평가절하해 인플레이션을 수습

했다. 그러나 통화개혁 직후에는 한국인들의 구매력이 저하되어 중국요리점이 곤경에 빠졌다. 그 후 한국 정부는 식품의 가격 제한을 시행하고 쌀 등의 정량 판매제를 실시했다. 이에 중국요리점은 통상대로 영업하려면 암시장에서 식재료를 구할 수밖에 없었으며, 식재료 가격이 솟구치는 가운데 요리 가격에는 손댈 수 없어서 영업 상황이 좋지 못했다.[66]

1970년대 중국요리의 한국화, 검고 단 짜장면과 빨갛고 매운 짬뽕

1970년대 초까지 한국의 화인 인구는 약 10만 명으로 늘어나 있었지만, 한국 화인의 중국요리업은 1970년대에 '몰락 시대'를 맞았다.[67] 1970년에 박정희 정권이 제정한 외국인특별토지법에 의해 외국인이 50평 이상의 점포, 200평 이상의 주택 용지를 사용하는 것이 금지되어 화인들은 대형 레스토랑을 경영하지 못하게 되었다.

나아가 1973년 박정희 정권은 가정의례준칙을 제정하고 중국요리점에 대해 쌀밥 판매 금지령을 내렸다. 후자는 화인의 항의에 따라 3개월 만에 해제되었지만, 근검절약이 적극 장려되는 가운데 그때까지 축하 잔치 등으로 큰 이윤을 남기던 중국요리점은 큰 타격을 입었다. 결국 1970~80년대에 서울의 아서원, 대관원, 인천의 중화루, 공화춘 등 유명한 중국요리 노포들이 차례로 문을 닫게 되었다.[68]

1970년대에는 한국에서 미국이나 타이완으로 이주하는 화인도 늘어나, 한국에서 화인이 경영하는 중국요리점의 수는 1960년대의 약 반절인 2,000곳 내외로까지 감소했다. 그 무렵 한국 화인이 미국에서 연 중국요리점이 약 1,000곳, 로스앤젤레스에서만 200곳 이상 생겼다는 추계도 있다.[69] 또한, 1970년대에 오사카 세계박람회를 개최한 일본에서는 중국요리사가 부족했다. 제2차 세계대전 전부터 오사카와 고베에 산둥 화인이 경영하는 중국요리점이 많아서, 간사이關西의 산둥계 요리점에 한국 화인이 와서 요리사 부족을 해소했던 것으로 보인다. 단, 당시의 한국 화인은 아직 중화민국(타이완) 국적이었으며 1972년 일본이 중화민국과 단교하면서 그들은 얼마 못 가 일본을 떠날 수밖에 없었다.

한편, 1950~60년대에 한국인이 경영하는 중국요리점이 생기기 시작하여 1963년경 한국인이 연 중국요리점의 수는 화인이 경영하는 요리점의 5퍼센트 수준이 되었다. 당시 한국에서 화인이 경영하는 중국요리점은 인건비가 싼 한국인 조수를 고용하여 이익을 늘리려고 했다. 그러나 한국인은 숙련되면 곧 가게를 그만두고 독립해서는 음식값이 저렴한 가게를 열어 화인 가게의 경쟁 상대가 되었다.[70]

1970년대 초까지도 한국의 중국요리는 화인이 독점하고 있었다. 그러나 1976년 박정희 정권이 화인에 대해 재산권이나 교육권을 박탈하는 등 가혹한 정책을 펴서, 1970년대 말에는 서울의 중국요리점 경영자는 한국인이 중심이 되었다. 한국인 경영자가 연 가게는 새롭게 단장하고 청결한 반면, 화인의 가게는 낡고 더러워 뒤떨어져 보였다. 이렇게 1970년대에 한국인이 경영하는 중국요리점이 늘어나면서 중국요리의 한국화가 진행되었다. 예컨대 짬뽕이 빨개지고 매워지는가 하면, 짜장면은 더욱 검고 달아졌으며, 볶음밥에 검은 짜장 소스를 얹거나 빨간 짬뽕 국물을 곁들이게 되었다.[71]

나아가 1965년 한일 국교 정상화 이후에는 일본 요리점이 급속히 발전하여 일본 요리가 중국요리보다 고급스러운 것으로 인식되어갔다. 그러나 한국에서는 일본 요리에 대해 식민지 시대부터 이어진 저항감을, 양식에 대해서는 거리감을 느끼는 한편, 중국요리에 대해서는 친근감을 느끼는 경향이 있었다. 오늘날 한국의 텔레비전 드라마에서도 묘사되듯이 정·재계 유력자들이 일본 요리점에 모여 밀담을 나누던 한편에서, 반정부 활동가들은 애국의 기치 아래 중국요리점에 모여 일본 요리를 시시한 것으로 비판했다고 한다. 반식민지 운동의 장이 되었던 중국요리점의 과거가 일본에 문호를 개방한 박정희 정권에 대한 비판과 맞물리면서, 중국요리점은 한국 사람들의 애국주의적 역사의식을 키우는 역할을 할 수 있었다.[72]

한·중 국교 수립과 '중국' 요리·'중화' 요리

1970년대 한국의 중국요리에는 현지화(한국화) 외에도 중요한 발전이 있었다. 우선 1970년대 말에는 한국의 일반 가정에서도 탕수육(糖醋肉)(돼지고기가 아닌 쇠고기 탕수육), 팔보채, 만두, 냉채, 짜장면 같은 중국요리를 먹을 수 있게 되었다.[73]

또한, 1970년대부터는 그간 한국의 중국요리에서 일반적이었던 산둥계 '청요리'와 차별화를 꾀하려고 한국의 고급 중국요리점들이 베이징, 쓰촨, 광둥 등 각 지방 요리를 간판에 내걸었다. 그리고 오

늘날에는 베이징덕이 베이징 요리, 매운 것이 쓰촨 요리를 상징하고 있다.[74]

1980~90년대에는 한국의 중국요리점이 이렇다 할 발전을 이루지 못했다. 1987년에 화인이 경영하는 중국요리점은 900곳 남짓으로 줄어 1960년대의 약 4분의 1 수준이 되었으며, 모두 중·소규모이거나 가족 경영의 가게였다.[75] 1980~90년대 한국에서는 외식업이 발전하여 일본 요리점 수는 6배 이상 늘었지만 중국요리점은 1.4배 정도 증가한 데 그쳤다.[76]

1992년 8월 한국은 중화인민공화국과 국교를 수립하고 중화민국(타이완)과는 단교했다. 이 무렵 일부 중국요리점은 선전 문구에 중화민국을 연상시키기 쉬운 '중화' 대신 '중국'이라는 말을 사용했다. 특히 한국인 경영자는 광고에 '중국'이라는 말을 많이 사용하였다. 하지만 한국 화인의 국적은 한국과 중화민국의 국교 단절 후에도 중화민국(타이완)이 대다수였다. 그래서 중국요리점을 경영하는 화인들은 종래의 '중화'를 중화민국뿐 아니라 전통 중국도 연상시키는 보편적 명칭으로서 계속 애용했다.[77]

1992년 한중 국교 수립 후 중국 대륙으로 관광 여행을 가서 현지의 요리를 체험한 한국인들은 한국의 중국요리가 얼마나 한국화된 것이었는지 눈뜨게 되었다. 한국인 관광객들에게 가장 중국다운 도시는 베이징이었으며, 이는 당시 일본인들이 상하이를 선호하던 것과는 대조적이었다. 한국 사람들은 베이징덕을 진정한 중국요리로 여겨 베이징의 취안쥐더에서 베이징덕을 맛보는 것이 관광의 필수 코스가 되었다.

한편, 한국 사람들에게 광둥 요리는 중국적인 것이라기보다는 이국적인 것이었으며 얌차飮茶 레스토랑도 한국에서는 인기를 끌지 못했다. 이 역시 요코하마 중화 거리의 헤이친로聘珍樓 등이 딤섬을 유행시킨 1980~90년대 일본의 상황과는 대조적이다. 한중 국교 수립 후 서울에서는 베이징의 취안쥐더, 톈진의 거우부리狗不理, 홍콩의 린파윈蓮花園(로터스가든) 등이 중간층 거주 지역에 지점을 열었으며, 롯데호텔은 타이완과 중국 대륙에서 요리사를 고용해 본고장의 중국요리를 제공하려고 시도했다.[78]

1990년대에는, 미국이나 타이완으로 이주했던 한국 화인이 한국으로 돌아가기 시작했다. 그들이 재개한 레스토랑은 '중화'나 '중국'이 아닌 '산둥' 요리라는 것을 강조하였으며, 소박한 농민 스타일의 중국요리를 의도적으로 만들어 고상한 고급 요리보다 높은 값을 매겼다. 이러한 중국요리점은 한국 사람들에게 과거의 기억을 떠올리게 하고, 또 그것이야말로 진정한 중국요리라는 인상을 주었다. 향수를 자극하는 산둥 요리점은 특히 중간층 인텔리들 사이에서 인기를 얻어 그들이 자녀를 데리고 가 한국의 옛날이야기를 들려주는 장소가 되었다. 이러한 유행 속에서 특히 탕수육이 향수를 자극하는 음식으로서 재발견되어 체인점을 비롯한 많은 중국요리점에서 중시되었다.[79]

짜장면의 탄생, 인천의 공화춘과 짜장면박물관

짜장면(炸醬麵, 그림 2-28)은 짜장(炸醬)을 얹은 면 요리이다. 짜장은 콩 등으로 만든 검은 장醬에 캐러멜을 더한 춘장으로 양파나

2-28 공화춘의 짜장면(2020년)

돼지고기 등의 재료를 볶은 소스이다.

짜장면은 현재 한국의 '국민 음식' 중 하나가 되어 있다. 큰 연회, 가족 잔치, 친구들의 모임에 이르기까지, 커피를 마시기 전 식사의 마지막 단계에 짜장면 한 그릇이 김치, 단무지, 양파(식초나 춘장, 면장麵醬(톈몐장甛麵醬) 등에 찍어 생으로 먹는다)와 함께 나오는 것이 중국요리를 먹는 한국의 방식으로 정착해 있다. 짜장면은 최근까지 동네 중국요리점에서 단 한 그릇이라도 배달을 해주었기에, 그 간편함으로 말미암아 한국의 서민 생활에 밀착할 수 있었다.[80]

짜장면은 인천항 노동자들의 음식에서 기원하며, 1907~08년경 인천 산둥회관 식당의 메뉴였던 것으로 보인다. 이 식당은 신해혁명으로 아시아 최초의 공화국인 중화민국이 탄생한 1912년, '공화국의 봄이 왔다共和國的春天到了'라는 의미의 '공화춘共和春'으로 상호를 바꾸었다. 1914년 일본의 조선총독부가 중국 조계를 철폐하자 인천의 화인 사회는 한때 침체를 겪었다. 그러나 1920년대 중반부터는 산둥에서 많은 이민노동자가 유입되어, 1930년대에는 많은 중국요리점이 문을 열었다. 공화춘 같은 노포도 정·재계나 지역의 유력자 등이 찾아오며 번성했지만 1983년 폐점했다.[81]

1992년 한중 국교 수립 후 인천, 부산 지자체는 각각 차이나타운을 재개발했다. 그에 따라 차이나타운을 찾는 관광객은 증가했지만 난개발이라는 비판이 따랐다. 2004년에는 재개발 중이던 인천 차이나타운의 중심지에 '공화춘'이라는 상호를 취득한 한국인 경영자가 이를 새로이 개점했다.[82] 한편, 공화춘의 옛 점포는 새롭게 꾸며져 2012년부터 짜장면박물관으로 탈바꿈했으며 짜장면의 역사에 얽힌 다양한 장면을 재현해 많은 관람객을 불러모으고 있다.

짜장면은 원래 화인들이 주로 먹던 것으로, 조선인이 짜장면을 먹는 일은 거의 없었다. 중국요리점에서도 짜장면은 주요 메뉴가 아니었다. 신문에 조선의 중국요리로서 짜장면이 최초로 등장한 것은 1936년 2월 16일 자 〈동아일보〉(석간 3면 최하단)였다. 동아일보사 학예부가 주최한 제2회 '전 조선 남녀 전문학교 졸업생 대간친회'의 「대회여기大會餘記」는 "우동 먹고 짜장면 먹고 식은 벤또 먹어가며 그대들을 가르쳤느니라"라고 적고 있다.

1940년경에도 중국요리점은 도회지에 가야 찾아볼 수 있었으며, 짜장면이라 하면 특별한 때, 예컨대 멀리서 찾아온 친척을 접대할 때 짬뽕 등과 함께 먹는 고급 외래식이었다. 당시에는 짜장면을 먹었다는 것 자체가 자랑거리였다.[83]

짜장면의 다양화, 콘텐츠화, 국민 음식화

제2차 세계대전 후 1948년 산둥 화인 왕쑹산王鬆山(왕쑹산)은 서울에서 '영화장유永華醬油'라는 공장을 개업하고 한국인의 기호에 맞춰 캐러멜('焦糖', 백설탕을 가열해 갈색빛을 띠고 끈기가 있게 한 것)을 넣어 달게 만든 '사자표 춘장'을 제조, 판매했다(그림 2-29). 이것은 짜장면이 폭넓은 인기를 얻는 계기가 되었다.[84]

1954년에는 미국과의 '상호안전보장법Mutual Security Act(MSA)' (1951년~)이 개정되어 원조액의 일정 비율을 미국의 잉여농산물 구입에 할당하도록 규정한 402조가 삽입되었으며, 같은 해에 미국 의회가 제정한 PL480(잉여농산물처리법)은 미국의 잉여농산물을 원조국의 학교 급식에 무상으로 제공할 수 있다는 내용을 포함하고 있었다.[85] 이에 따라 일본이나 한국의 학교 급식용으로 밀가루가 무상으로 공급되어 빵이 널리 퍼졌다. 중요한 것은 미국의 밀가루 무상 원조가 일본에서 라멘이, 한국에서 짜장면이, 타이완에서 우육면(1부 5장)이 국민 음식이라 불릴 정도로 보급되는 계기가 되었다는 사실이다.

한국에서는 1963년 대통령에 취임한 박정희가 분식 장려 운동을 추진해 밀가루 식품의 소비를 촉진시킨 뒤로 중국요리점에서 짜장면과 짬뽕, 우동이 대중적 메뉴로 정착했다. 나아가 1970년대에 이르러 짜장면에는 검은색과 단맛이 빠질 수 없다는 인식이 자리 잡아 캐러멜과 같은 인공착색료가 첨가되었다.

또한, 짜장면은 1970년대까지 계속 정부의 가격통제 대상이었다. 1964년부터 미국 정부가 밀 무상 공급을 중단하자 중국요리

2-29 사자표 춘장(인천의 짜장면박물관)

점의 점주들은 짜장면에 감자 등을 넣어 원가를 절감하는 방책을
취했다. 밀 등의 가격이 상승하는 가운데 1975년 서울특별시는 한
성중화요식업총회의 요청에 따라 2개월여의 논쟁 끝에 짜장면의
가격 인상을 인정했다. 그러나 이 논쟁은 화인에 대한 사회적 반감
을 불러일으켰다.[86]

1980년대 들어 짜장면은 한층 대중화되었다. 짜장면을 재해석
한 '짜파게티'(1984년~, 농심)나 '짜짜로니'(1985년~, 삼양) 같은 인스
턴트 식품이 발매되어 신라면(1986년~, 농심 발매) 등과 마찬가지로
부담 없이 소비할 수 있게 되었다.

1990년대부터 짜장면은 더욱 다양하게 변형되어 한국인이 만들
어내고 한국인이 소비하는 한국 요리로 발전했다. 예컨대 '사천짜
장'(매운 소스를 얹은 짜장면), '옛날짜장'(향수를 불러일으키는 예스러운
짜장면), '손짜장'(수타면을 이용한 짜장면), '쟁반짜장'(큰 접시에 담아 여

럿이 함께 먹는 짜장면) 같은 독특한 변형이 속속 창안되었다. 나아가 밸런타인데이나 화이트데이에 선물을 받지 못한 젊은 남녀가 검은 옷을 입고 검은 짜장면을 함께 먹는 기념일 '블랙데이'도 생겨났다.

또한, 한국의 드라마나 영화에도 짜장면이 빈번하게 등장하였다. 2000년대 초에는 『짜장면』이라는 만화가 간행되었다. 이 만화는 1997년 아시아 금융 위기의 영향에 따른 재정 위기와 불황을 겪는 한국에서 짜장면을 만들어 생계를 꾸리거나 값싼 짜장면으로 배를 채울 수밖에 없는 사람들을 그리고 있다.[87]

2006년 한국 문화관광부는 '100대 민족문화 상징' 중 하나로 짜장면을 선정했다. 이렇게 짜장면은 명실상부한 한국의 '국민 음식'이 되었다. 짜장면에 관한 책은 수없이 많으며 아마도 일본의 라멘에 이어 관련 저작물이 많은 '국민 음식'일 것이다.

나아가 짜장면은 해외의 한국 화인이나 한국인이 경영하는 중국요리점이나 한국 요리점에서도 내서, 한국인이 국외에서 국민적 아이덴티티를 확인하는 음식으로 자리 잡았다. 예컨대 1970년대 말에는 한국의 산둥 화인이 미국의 로스앤젤레스나 뉴욕으로 이주해 코리아타운이나 그 인근에 중국요리점을 열고 짜장면이나 탕수육 등을 냈다. 또한, 원래 일본계 커뮤니티가 형성되어 있던 하와이의 키아모쿠 거리는 1970년대부터 코리아타운으로 변모하여 한국의 산둥 화인이 이곳에 중국요리점을 열고 검은 짜장면이나 빨간 짬뽕을 냈다.

또한, 타이베이현 융허永和시의 중싱제中興街에는 한국 화인의 커뮤니티가 형성되어 있으며 이곳의 한국식 중국요리점에서는 김치나 단무지를 곁들인 짜장면이 나온다. 참고로, 타이완에서는

2004년부터 방송된 한국 드라마 〈대장금〉의 영향으로 한국 요리가 크게 유행하여 새롭게 문을 연 한국 요리점은 '한스자장면韓式炸醬麵'(한국식의 검은 소스를 끼얹은 자장면炸醬麵)을 냈다. 이 밖에도 도쿄 신오쿠보新大久保의 한국식 중국요리점이나 한국인, 중국 조선족이 운영하는 베이징의 요리점에서도 짜장면을 찾아볼 수 있다.[88]

일본의 식민지 지배는 틀림없이 조선 요리의 형성과 발전을 지연시켰다고 할 수 있다. 식민지의 일본인은 궁중 요리인 신선로뿐만 아니라 김치와 설렁탕, 갈비구이 등을 높이 평가했지만, 궁중 요리를 비롯한 조선 요리가 보호, 체계화된 것은 대한민국이 건국되고 한국전쟁도 휴전에 들어간 뒤 얼마쯤 세월이 흐른 1960년대 이후의 일이다.

식민지 시대의 민족 활동가나 개발독재 정권하의 반정부 활동가들이 조선 요리점 외에 중국요리점을 즐겨 찾았다는 것은 흥미로운 사실이다. 하지만 일본의 조선총독부가 중국요리업에 종사하는 화인을 직접적으로 억압하지는 않았다. 한반도에서 중국요리의 발전이 더뎠던 데에는 일본에 의한 식민지 지배의 영향보다는 대한민국이 화인에 대해 실시한 가혹한 경제정책의 영향이 컸다.

한국과 일본의 중국요리를 비교하자면 한국에는 노포라 할 만한 중국요리점이 보이지 않으며, 그래서 고급 중국요리의 수준도 근래에 이르기까지 일본에 크게 뒤처져 있었다. 20세기 초 대한제국이나 일본 통치 시대의 서울과 인천에서 대형 고급 중국요리점이 문을 열었지만 대부분 1970년대에 폐점했기 때문이다.

그런가 하면 서민을 겨냥한 중국요리는 20세기 조선과 한국의

식문화를 풍요롭게 했다. 짜장면, 짬뽕, 탕수육 등 중국에서 유래되어 주로 한국인 경영자와 요리사의 손에 의해 한국식으로 개량된 요리들이 독자적 발전을 이루었으며, 호떡과 같이 저렴하고 맛있는 음식이 널리 퍼지며 한국의 일상생활에 깊이 뿌리내렸다. 이 점은, 라멘이나 야키교자燒き餃子[군만두] 등을 빼놓을 수 없는 일본식 중국요리의 경우처럼, 한국식 중국요리를 맛있고 매력적인 것으로 만들었다.

7장

인도
—적갈색 쓰촨 소스

영국령 인도제국의 화인과 촙수이

근래에는 남아시아에서도 인도식 중국요리라 할 만한 것이 대두하고 있다. 도쿄에서 개인이 경영하는 인도 요리점도 볶음밥, '차오멘'(볶음국수), '촙수이'(걸쭉한 소스를 끼얹은 볶음국수), 그리고 요리 이름에 '셰즈완Schezwan(쓰촨)'이 들어간 빨갛고 매운 생선이나 닭고기 요리 등을 메뉴에 올리고 있다.[1]

이러한 인도식 중국요리는 중국과 인도의 관계가 나빠져 화인 인구가 감소한 후에 도시의 젊은 층을 중심으로 퍼진 식문화인 듯하다. 현재로서는 연구가 거의 이뤄져 있지 않아 아무래도 그 역사와 현황을 잘 알 수가 없다. 그러나 중국요리의 세계사를 논할 때 향후 연구해볼 만한 중요한 테마라고 생각되므로, 현재 상황에서 알 수 있는 것들을 간결히 소개하고자 한다.

영국 동인도회사(1600년 설립)는 1757년 플라시 전투에서 프랑스에 승리를 거둔 뒤 인도 각지의 현지 세력과 전쟁을 벌여 지배 영역을 확장해나갔다. 인도아대륙 동부에 속해 중국과 가까운 콜카타에 최초의 화인이 온 것은 1778년경의 일로, 콜카타에서 남쪽으로 약 30킬로미터 떨어진 어느 마을에 가장 이른 시기의 화인 무덤이 남아 있다고 한다.[2] 영국 동인도회사는 1857년 일어난 세포이 항쟁을 진압하고, 1858년 무굴 왕조를 멸망시켰으며, 1877년에는 빅토리아 여왕이 인도 황제에 즉위하여 인도제국이 수립되었다. 이렇게 영국령의 국제도시가 된 콜카타나 뭄바이에는 청나라의 상인이나 선공船工 등이 경제적 기회를 좇아 흘러들었다.

하지만 오늘날 콜카타 화인의 선조는 대개 20세기 전반 중화민국 시대에 이주한 사람들이다.[3] 1920년에는 광둥성 메이梅현에서 콜카타로 이주한 가족이 인도 최초의 중국요리점으로 여겨지는 '어우저우주뎬歐州酒店'을 열었다. 콜카타에는 제2차 세계대전 이전에도 많은 중국요리점이 생겼으며 이 '어우저우주뎬'이나 '중화주러우中華酒樓'가 특히 유명했다. 콜카타 말고도 뭄바이, 첸나이, 다르질링 등에도 중국요리점이 생겼다.[4]

인도의 중국요리점은 제2차 세계대전 중에 최전성기를 맞았다. 광둥, 북방(베이징·톈진), 장쑤·저장 등의 요리점과 다관이 콜카타나 뭄바이, 카라치 등지에 총 150곳 정도 생겼다고 여겨진다. 이 시기에는 일본군이 침공한 동남아시아 각지에서 인도로 피난하는 화인이 늘었다.[5]

특히 콜카타는 1911년까지 영국령 인도제국의 수도 기능을 하며 그 후 경제의 중심지로 자리 잡았다. 나아가 제2차 세계대전 중에는 연합군의 기지나 중국 원정군의 주둔지가 되었으며, 1942년에는 장제스·쑹메이링 부부가 이곳에서 간디와 회견하는 등 국민정부의 요인도 자주 찾으면서 콜카타는 많은 화인을 끌어들였다.[6] 당시 국제적이었던 콜카타나 뭄바이의 중국요리점 중에는 영국과 중국의 적국인 일본인이 단골로 찾는 가게도 있었으며[7] 늘어나는 연합군 관계자를 고객으로 하는 가게도 많았다.[8]

이러한 까닭에 제2차 세계대전 중 미국의 대표적 중국요리인 춥수이가 인도에 전해졌다고 생각된다. 예컨대 전후 1951년 콜카타와 일본을 오가던 영국(전 영국령 인도) 국적의 대형 화물선·여객선 '상골라'는 '바다에 떠 있는 미식가의 파라다이스'라 불리며 승객들은 아침, 점심 식사로 여러 국가의 요리를 고를 수 있었으며, 베이컨에그, 춥수이, 파키스탄·고아·인도식으로 조리된 커리 세 가지 등을 고를 수 있었다.[9]

여기서 주목할 것은 영국 국적 여객선의 식사로서 영국·인도(파키스탄·고아)와 함께 한 축을 차지한 중국의 요리는 다름 아닌 영미식의 춥수이였다는 점이다. 이는 춥수이가 미국→영국→인도로 전해졌을 가능성이 크다는 것을 시사한다.

3부 1장에서 자세히 살펴볼 텐데, 1880년대 미국에서 탄생한 춥수이는 1920년대에 이르러서는 런던에도 다양한 종류가 등장해 있었으며 제2차 세계대전 중 미군 식당에서는 빠질 수 없는 요리가 되어 있었다. 춥수이는 인도에 널리 보급되어 지금도 미국에서 유래된 중국요리로 인식되고 있는 듯하다. 필자는 도쿄 니시오지마西大島의 남인도 요리점 '마하라니マハラニ'에서 '아메리칸 춥수이

American Chop Suey'[면을 납작하게 구워 걸쭉한 소스를 끼얹은 인도풍 볶음국수]를 먹은 적이 있다.

차이나타운의 쇠퇴와 중국요리의 번영

영국은 1947년 영국연방 내 자치령으로 인도와 파키스탄 양국의 독립을 인정하여, 인도는 1950년에, 파키스탄은 1956년에 공화국이 되었다. 인도의 화인 인구는 1950년대에 한 차례 정점에 도달해 6만 명에 가까운 수가 되었다.[10] 이 무렵 공산화된 중국에서 콜카타로 도망친 화인들이 중국요리점을 열었으며, 광둥 출신 가족이 연 '난킹南京' 등의 가게가 특히 유명했다.[11] 1960년경 인도에는 콜카타나 뭄바이 등 대도시에 30여 곳의 중국요리점이 있었으며, 그 고객은 인도 재류 서양인, 인도인 중·상층, 화인 등으로 다양했다. 당시 인도의 중국요리는 광둥 요리나 허베이 요리(지차이冀菜)가 중심이었다.[12]

그러다 1950년대 후반부터 국경 문제나 티베트 반란으로 중국과 인도의 관계가 나빠지기 시작해 1962년에는 양국 사이에 국경분쟁이 발발했다. 그러자 인도를 찾아오는 화인의 발길이 끊어지고 많은 화인이 콜카타 등지에서 캐나다의 토론토, 미국, 홍콩, 호주, 유럽으로 이주했다.[13] 1962년 이후 콜카타의 화인이 처한 곤경에 대해서는, 차이나타운에서 가장 맛있는 국수를 만들었다는 전설의 여성을 찾아 나선 영국 BBC의 다큐멘터리 프로그램이 다룬 바 있다.[14]

중국과 인도 간 수뇌급 교류는 1988년 라지브 간디Rajiv Gandhi 총리(1984~89년 재임)가 중국을 방문한 이후 재개되었으며, 그 후 비즈니스를 중심으로 중국과 인도 간 교류가 확대되었다. 그러나 국경 문제나 인도의 적대국 파키스탄과의 관계 등으로 인해 중국에 대한 인도의 경계심은 여전히 강하다.

이러한 가운데 1990년대 이후 콜카타시가 환경 규제를 강화하자 다수의 가죽 공장이 폐업하여 중국요리점으로 전업했다. 또한, 콜카타의 차이나타운을 관광지로 재개발하려는 계획도 있다. 그러나 여전히 상점 폐점이나 화어 학교 폐교 등이 잇따르며 콜카타의 차이나타운은 축소되고 있다.[15]

한편, 이러한 콜카타 차이나타운의 쇠퇴와는 대조적으로 인도식 중국요리는 대도시를 중심으로 퍼져나가고 있다. 2017년의 자료 조사에 따르면, 인도 36개 도시의 레스토랑 5만 4,103곳 중 2만 325곳(37.6퍼센트)이 중국요리를 내고 있다. 인도식 중국요리의 특징으로는 남아시아에서 상용하는 분말 향신료나 마살라(여러 종류의 향신료를 가루로 만들어 섞은 것) 및 현지 식재료의 사용 등을 들 수 있다. 인도에서는 마늘, 생강, 간장, 고추가 섞인 맛이 중국적인 것으로 받아들여지고 있으며, 이것이 인도 중국요리의 독자성을 이루고 있다고 한다.

인도식 중국요리에서는 볶음밥이나 차오몐(볶음국수) 등이 모두 간장, 고추, 칠리소스가 섞인 빨간색 혹은 갈색을 띠고 있다. 인도에서는 적갈색을 띠며 맵고 기름진 것이 중국요리의 특징으로 인식되고 있다. 특히, 마늘이나 홍고추의 맛이 강한 '셰즈완 소스 Schezwan sauce'('쓰촨'을 '셰즈완'이라 발음한다)는 인도의 독자적 조미료

로 인기가 있다. 인도식 중국요리는 고기나 생선을 적게 사용하며 육류는 닭고기만을 사용한다.[16]

이 밖에도 인도에서는 책, 용, 제등, 중화 팬wok, 중국 사원, 살찐 중국인 요리사, 사발bowl이나 젓가락, 불상, 화인과 용모가 비슷한 북동인도 출신 종업원 등이 중국요리점의 상징으로 자리 잡았다고 한다. 또한, 요리를 넓적한 그릇에 담지 않고 사발에 담는 것 역시 인도식 중국요리의 큰 특징이다. 사발은 젓가락과 함께 중국이나 중국 문명의 영향이 미친 지역(일본, 한반도, 베트남)에서 상용되는 식기이다.[17]

인도는 중국과 마찬가지로 많은 인구와 광대한 국토, 다양한 민족을 지니고 있으며, 동남아시아를 비롯해 전 세계에 큰 영향을 끼친 식문화를 가진 나라이다. 그러한 인도에서 독자적인 중국요리가 광범위하게 보급되어 있다는 것 자체가 흥미로운 사실이며, 이에 대한 앞으로의 연구가 기다려진다.

인도에서 중국요리가 보급된 과정에는 영국의 식민지 지배, 미군, 현지인 레스토랑 경영자 등 화인 이외의 요소가 큰 영향을 끼친 것으로 보인다.

이어지는 3부에서는 아시아에서 서양으로 눈길을 돌려, 특히 화인이나 중국에 대한 국민감정과 중국요리에 대한 사회적 태도에 주목하면서 각국에서 중국요리가 보급된 과정을 살펴보고자 한다.

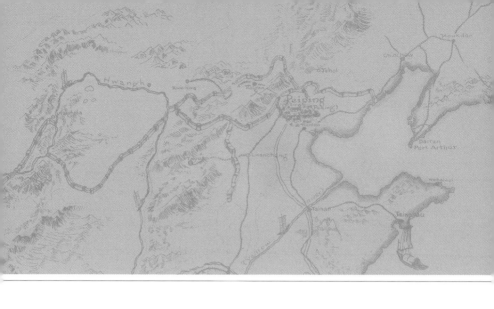

3부

서양의 인종주의와
아시아인의 중국요리

1장

미국
—촙수이에서 판다 익스프레스까지

미국인의 중국에 대한 감정과 식문화

미국(이하에서는 '미합중국'의 약칭으로 '미국'을 사용한다)에서는 인종주의적 반중국인 감정과 중국인에 대한 공감이 교착해왔다고 할 수 있다. 앞으로 이 장에서 살펴보겠지만, 미국인의 반화인·반중국 감정은 1870~80년대에 절정을 맞아 1882년의 '배화법' 제정으로 이어졌다. 한편, 미국에서 친중국적 국민감정이 조성된 시기로는 골드러시 이전인 19세기 초기, 벌링게임 조약이 체결된 1860년대, 이홍장이 미국을 찾은 1890년대, 중국이 미국의 연합국으로 제2차 세계대전에 참전한 1930~40년대, R. M. 닉슨 대통령이 중국을 찾아 미중 국교 수립의 물꼬를 튼 1970년대 등을 들 수 있다.[1]

미국은 1776년 독립을 선언하고, 영국 본국과의 전쟁을 거쳐

1783년 파리조약으로 정치적 독립을 달성했다. 독립전쟁 후에는 영국에 의존하지 않고 중국에서 차를 수입하는 것이 미국 독립의 상징이 되었으며, 1820년대에는 차와 청자, 백자가 미국의 일반 가정에서도 널리 쓰였다. 19세기 중엽 미국의 실업가와 정치가 등은 중국이 민주적인 무역 상대국이 될 가능성이 있다고 보았다.[2]

미국인은 독립한 뒤 대략 한 세기 동안 영국인보다 많은 고기나 설탕을 소비하는 경향이 있었지만, 영국 식문화의 전통으로부터 자유롭지는 못했다고 여겨진다. 1860년경까지 앵글로색슨계 미국인에게는 돼지가 주요한 식육이었으며 미국은 '돼지고기의 공화국 The Republic of Porkdom'이라고까지 일컬어졌다.

그러나 1880년대에 냉동 화차 운송 시스템이 정비되어 쇠고기 가격이 낮아지자 백인들은 쇠고기를 받들어 모시고 돼지고기를 깔보게 되었으며, 소-양-닭-돼지의 순서로 식육의 순위가 매겨졌다. 쇠고기를 풍족하게 먹을 수 있게 되면서, 미국인은 자신들이 유럽인보다 좋은 식생활을 누리고 있다고 믿었다. 풍부한 쇠고기는 백인들에게 아메리칸드림의 일부가, 나아가서는 미국 민주주의의 상징이 되었다. 단, 쇠고기가 풍부했다고 해서 많은 조리법이 생겨난 것은 아니었으며, 큰 고깃덩이로 만드는 스테이크, 스튜, 햄버거가 오랫동안 주된 요리로 남았다.[3]

골드러시와 남북전쟁 시대의 화인

19세기부터 1930년경에 걸쳐 세계는 대규모 이민의 시대를 맞왔다. 이 시기 유럽에서 신대륙으로 약 4,200만 명이 이주했으며, 특히 1840~50년대 미국 캘리포니아나 호주가 골드러시로 들끓었을 무렵 아일랜드나 독일에서는 흉작이나 불황으로 150만 명이 신대륙으로 건너갔다. 인도에서도 1890~1920년 약 1,200만 명이 돈벌이를 위해 실론이나 동남아시아로 향했으며 그중 약 900만 명이 귀국했다. 또한, 중국 동북부(만주)에는 19세기 전반부터 총 약 4,000만 명이 몰려들었으며, 나아가 1860년대 이후 블라디보스토크 개항, 동청철도 건설, 뤼순旅順·다롄 등 식민지 도시의 건설에 수반하여 러시아인, 한인漢人 외에 조선인, 일본인이 만주에 유입되었다.

1891~1938년 동남아시아에 유입된 화인은 1,400만 명 이상으로 그 대다수가 노동자였으며 그중 80퍼센트 이상은 귀국했지만, 1930년대 중반에만 약 620만 명의 화인이 동남아시아에 거주했다고 추계된다. 일반적으로 말해, 이 시기에 세계 자본주의 시스템이 유럽에서 신대륙으로, 그리고 아시아를 포함한 주변부로 확대되어 세계 각지에서 노동력 시장이 출현해 값싼 노동력을 끌어당겼다고 할 수 있다.[4]

미국에서 중국요리의 역사는 일본 등의 경우에 비해 화인의 역사와 맞물리는 부분이 크다. '촙수이chop suey, 雜碎'로 대표되는 미국식 중국요리는, 화인에게 화인 배척의 시대에 일거리를 찾기 위한 도구와 전략이자 미국 사회에의 창조적 적응을 상징하는 것이었다.[5] 중국계 이민자가 미국에 건너온 것은 일설에 따르면 1808년이 최초라고 전해지며, 기록으로는 미국 이민국에 남아 있는 1820년의 것이 가장 오래되었다고 알려져 있다.[6] 후자만 놓고 보더라도 1776년 미국독립선언이 나온 지 고작 44년 후의 일이다.

원래 스페인령이었던 캘리포니아는 멕시코-미국 전쟁의 결과 1848년 2월 2일 멕시코에서 미국에 할양되었다. 그 아흐레 전인 1월 24일 캘리포니아 새크라멘토 밸리에서 사금, 금괴가 발견되었으며, 이에 따라 1849년에는 캘리포니아에서 골드러시가 일어나 중국계 이민자가 유입되었다. '포티나이너스'(1849년에 온 무리)는 이 골드러시에 최초로 몰려든 사람들을 가리키는 말이다. 새크라멘토의 금광에는 1850~59년 동안 약 7만 명의 광둥인이 유입되었으며 그중 절반가량이 미국에 남았다.[7]

1849년부터 샌프란시스코에서 중국요리점이 문을 열기 시작했다. 미국 최초의 중국요리점은 '광둥주러우廣東酒樓'였다고 전해진다.[8] 1850대에는 샌프란시스코에 차이나타운이 형성되기 시작해 '리틀 차이나'라 불렸다. 이곳은 원래 '포티나이너스'가 포장마차[여기서는 'covered wagon', 즉 서부 개척 시대의 덮개 씌운 사륜마차를 가리킴]를 세워놓고 숙박과 식사, 유흥을 하며 금 채굴이 불가능한 겨울을 나던 베이스캠프로서 출발하였다.

1852년부터 탄광 지구에는 혼란이 찾아왔고, 민주주의의 원칙에 들어맞지 않는다는 점이나 경제적 위협, 나아가 비위생이나 병을 불러온다는 것 같은 이유로 화인에 대한 반감이 자라났다. 중국요리점은 중국요리뿐 아니라 스테이크나 햄, 달걀 등 기본적 요리도 냈지만, 생각만큼 미국인 손님이 오지는 않았으며 주로 화인들이 찾아왔다.[9] 1860년대에는 홍콩과 상하이의 유명 광둥 요리점 '항파라우杏花樓(Hong Fer Low)'(1846년 홍콩 최초의 다루(다관)로 개점,[10] 1850년대에는 상하이에서도 동명의 가게가 개업)의 이름을 빌린 중국요리점이 샌프란시스코에서 문을 열었다(1960년대까지 존속). '항 파라우'라는 이름의 중국요리점은 그 후 포틀랜드와 보스턴의 차 이나타운 중심가에서도 문을 열었다.[11]

남북전쟁 중이던 1863년에는 A. 링컨Lincoln 대통령(1861~65년 재 임)이 노예해방선언을 공표했다. 그리고 공화당 급진파 의원들이 전 쟁 후 재건기의 정치를 주도하는 가운데 중국계 이민자를 포함하 는 새로운 국민 통합의 형태가 모색되었다. 그 결과 1868년에는 벌 링게임 조약(톈진조약 추가 협정)이 체결되어서 미국과 청나라 간에 양국 국민의 자유로운 왕래가 상호 인정되었고, 자유의지에 기초 하는 중국인 이민의 수용이 장려되었다. 나아가 남북전쟁 전 캘리 포니아에서 시도되던 화인 노동자에 대한 차별적 입법도 벌링게임 조약에 반하는 것으로 위헌판결을 받아 배격되었다.

남북전쟁 후의 이러한 급진적 정치는 오래가지 못했다.[12] 예컨대 센트럴 퍼시픽 철도를 설립한 실업가이자 일찍 세상을 떠난 아들 의 이름을 기리기 위해 스탠퍼드 대학을 창립한 것으로도 유명한 릴런드 스탠퍼드Leland Stanford(1824~93년)는 공화당 최초의 캘리포 니아 주지사가 된 정치인이기도 한데, 1862년 취임 연설에서 백인 노동자들 사이에서 커져가던 반화인 감정에 비위를 맞추는 발언을 하였으며 그 후로도 백인의 옹호자로 남았다.

당시 캘리포니아의 공화당과 민주당은 모두 반중국을 표명하여 경합했으며, 1876년에는 두 당 모두 반중국의 조항을 정치 강령에 포함시켰다. 한편으로, 스탠퍼드는 철도 건설을 위해 많은 화인 노 동자를 고용하고 중국요리를 즐기는가 하면 샌프란시스코의 유명 한방의漢方醫에게 진료를 받기도 했다.[13]

1870~80년대의 반화인 감정과 중국요리점의 곤경

청나라가 미국에 상주 외교 사절을 파견한 것은 1878년 초대 공사 진란빈陳蘭彬(1875~80년 재임)이 워싱턴에 부임하여 공사관을 갖추고 난 뒤의 일이다. 샌프란시스코에는 1879년에 영사관이 설립되었으며 1882년에 중화회관이, 1907년에는 중화총상회의 전신인 금산중화상무총회金山中華商務總會가 설립되었다. 1882~85년 샌프란시스코 총영사에 재임한 황준헌黃遵憲은 현지의 화인 상인과 함께 중화회관을 조직하는 등 화인 사회에 적극적으로 관여하였으며, 재외공관은 '교무僑務'(화인에 관한 업무)를 내정의 연장으로 생각하였다.[14]

한편으로 1870~80년대는 '중국계 미국인에 대한 잊힌 전쟁'(J. 팰저Pfaelzer의 저서 제목)이 전개된 시기이기도 했다. 예컨대 1871년에는 로스앤젤레스에서 반화인 폭동이 발생해 19명의 화인이 죽었다. 또한, 1885년에는 미국 역사상 최악의 인종 폭동 중 하나로 거론되는 '록스프링스 학살'이 일어나 51명의 화인이 살해당했다(사망자 수에 관해서는 여러 설이 있다). 1860년대까지는 미국의 작은 도시에도 화인 사회가 형성되어 있었지만, 1870년대 이후 소멸하여 차이나타운은 대도시에만 남았다.[15]

1875년에는 미국 최초의 이민 제한 법률인 페이지법The Page Act이 제정되어 아시아로부터 매춘부와 강제 노동자의 입국이 금지되었다. 1870년대에는 시·주 등 지방 차원에서 중국인 노동자에 대한 차별적 법제를 제정하는 움직임도 강해졌다.

1882년 중국인 노동자(상인과 유학생 등은 제외)의 입국을 금지한

'중국인 상륙 제한법 15조'가 제정되어 '배화법' '화인 배척법'으로서 알려졌다. 이는 자유이민의 원칙을 견지해온 미국 정부가 특정 국적의 이민을 대상으로 실시한 최초의 이민 제한 입법이었으며, 이는 미국의 이민 정책 역사에서 전기가 되었다. 중국에서 미국으로 건너간 이들의 수는 1882년 정점을 찍은 뒤 감소세로 돌아서, 1890년경부터 1920년경까지 미국의 화인은 10만여 명에서 6만여 명으로까지 감소했다.[16]

이러한 미국의 화인 배척은 국민국가화 과정에 있던 주변 여러 나라가 참조하여, 직접적·간접적 '배화법'을 캐나다에서 1885년, 호주에서 1901년, 멕시코에서 1908년, 페루에서 1909년에 잇따라 제정했다.[17]

참고로 일본에서는 당시 중국과 임금수준에 큰 격차가 없어서, 미국과 달리 화인 노동자가 대량으로 유입되는 일은 없었다. 나아가 미국의 중국인 노동자 배척은 중국인 대신 많은 일본인 노동자가 미국이나 하와이에 이주하는 결과를 가져왔다. 그러나 일본 역시 1899년 중국인 노동자의 국내 취업을 제한했다. 또한, 1921년부터는 중국의 자연재해와 전쟁, 불황의 영향으로 중국인 노동자가 일본에 급격히 유입되자, 1924년부터 중국인 노동자의 일본 입국에 대한 단속을 강화하였다.[18]

본론으로 돌아가면, 19세기 미국에서는 중국요리점이 상대적으로 침체되어 있었다고 할 수 있다. 샌프란시스코에서는 화인 인구가 1860년 3,000명을 약간 밑돌았는데, 1879년에는 3만여 명까지 늘어나 북미 최대 규모의 화인 사회가 형성되었다. 또한, 남북전쟁 후에는 샌프란시스코의 백인 인구가 급증하여 여관에 사는 독신 개척자, 중간층middle class의 가족이나 관광객을 주된 고객으로 하여 각양각색의 레스토랑이 번성하였다.

그럼에도 중국요리점의 증가는 더뎌 1882년 주소록에는 화인 세탁업자가 175곳 등재되어 있는 데 비해 중국요리점은 14곳뿐이었다고 한다. 1870~80년대까지만 해도 샌프란시스코의 백인들은 중국요리점을 피했다. 요컨대 화인의 세탁업은 비화인을 상대로 한 것이었던 반면, 요식업은 화인을 상대로 한 것이었다는 사실을 알 수 있다.[19]

19세기 말에 나타난 중국요리 보급의 조짐

그러나 당시 미국에서는 중국계 이민자가 여타 국가의 이민자보다 뛰어나다고 재평가되었는데, 특히 화인 요리사에 대한 평가가 호전되는 조짐도 보이기 시작했다. 샌프란시스코의 차이나타운은 일찌감치 백인들 사이에서 도시 관광의 목적지가 되어 19세기 말에는 점차 화인 이외의 사람들을 상대로 중국요리를 알리는 장으로 변해갔다.

예컨대 1880년에는 러더퍼드 헤이스Rutherford B. Hayes 대통령(1877~81년 재임)이 미국 대통령으로서는 처음으로 (샌프란시스코의) 차이나타운을 찾았으며, 나아가 1880년대 전반에는 U. S. 그랜트 전 대통령(1869~77년 재임)과 그의 가족, 영국인 배우 릴리 랭트리Lillie Langtry와 그의 애인 등 많은 저명인사가 샌프란시스코 차이나타운의 중국요리점을 찾았다. 다만, 실제로는 중국요리를 먹지 않

고 차만 마신 사람들도 많았던 듯하다.[20]

19세기 말에 이르러 미국의 화인들은 지역사회에서 양호한 관계를 구축하려고 중국요리점을 이용했다. 예컨대 샌프란시스코에서 기업이나 공동체의 리더로 있던 화인은 백인 유력자를 중국요리 연회에 초대·접대하여 캘리포니아의 시민이나 공인과 양호한 관계를 유지하려고 했다. 나아가 1870년대 말에는 뉴욕에 미국에서 샌프란시스코에 이어 두 번째로 큰 차이나타운이 형성되었다. 뉴욕의 화인들은 1899년 6월 그랜드 센트럴 팰리스에서 중국 박람회를 개최해 약 100종의 중국 식품을 전시했다.[21]

그런가 하면 시카고의 차이나타운은 미국 서해안에서의 차별이나 폭력에서 벗어나려는 화인들이 목적지로 삼은 장소 중 하나였다. 시카고는 화인의 동화 운동이나 권리 획득 운동의 거점이 되었을 뿐 아니라, 청나라의 정치 개혁 운동을 지원하는 움직임이 두드러졌다.

1906년에는 시카고에서 친 F. 포인Chin F. Foin이 '킹조이로King Joy Lo, 瓊彩樓'를 열었다. 친은 1899년 캐나다의 빅토리아에서 캉유웨이康有爲가 설립한 개혁파 정치단체인 '보황회保皇會'에 활동 자금을 제공한 관계여서, 킹조이로의 개점식에는 캉유웨이도 출석했다. 나아가 친은 1911년 훗날 시카고의 유명한 가게가 되는 '만다린 인 카페Mandarin Inn Café'를 열었다. 이 가게는 동양의 이국정서를 표현하면서 촙수이나 '차우멘chow mein, 炒麵(볶음국수), 그리고 서양 요리를 냈다.[22]

이홍장과 촙수이의 전설

청일전쟁에 패배하고 1년여가 지난 1896년 여름, 이홍장(그림 3-1)은 미국(뉴욕→웨스트포인트→필라델피아→워싱턴)과 캐나다(토론토→밴쿠버)를 찾았다. 미국 방문의 주된 목적은 대미 관계 강화와 1882년 제정된 '배화법' 및 중국계 이민노동자의 처우에 대한 항의였다.

이홍장은 미국에서 명사 대우 내지는 '국왕 대접royal reception'[23]을 받은 최초의 중국인이라고 일컬어진다. 이홍장의 미국 방문은 북미에서 중국의 지위를 향상시키는 결과를 가져왔다.[24] 이를 계기로 창안되었다는 전설이 널리 퍼진 음식이 바로 미국식 중국요리 '촙수이chop suey, 雜碎'다.

촙수이는 돼지고기나 닭고기 혹은 햄 같은 육류와 양파, 표고버섯, 숙주 등 채소를 볶아 국물을 넣고 조린 뒤 녹말로 끈기를 줘 그대로 먹거나 면이나 흰쌀밥에 얹어 먹는 요리이다. 촙수이는 1900~60년대 미국 중국요리의 대명사였다.[25]

미국의 중국요리점은 '촙수이 하우스' '촙수이 레스토랑' '촙수이관館' 등으로 불려 중국요리점의 이름에도 '촙수이'가 들어갔다. 예컨대 쑨원(그는 미국에 병합(1898년)되기 전인 1879~83년 하와이에서 어린 시절을 보냈다)이 좋아한 '워팟Wo Fat'은 후에 '워팟 촙수이Wo Fat Chop Suey'로 이름이 바뀌었다.[26]

촙수이의 기원으로는, 19세기 대륙횡단철도 공사에 노동자로 종사한 화인 요리사가 창안했다는 설 말고도, 1896년 이홍장이 뉴욕을 찾았을 때 데려간 요리사가 창안했다는 설이 있었다. 후자에 따

르면, 미국에 머물던 이홍장은 자신
이 주최한 연회를 찾은 미국인 손님
에게 대접하려고 전속 요리사에게 요
리를 만들게 하였으며, 이에 요리사
는 셀러리와 숙주, 고기를 맛있는 소
스와 함께 조리한 요리를 내어 미국
인과 화인 모두를 만족시켰고 이것이
춥수이의 시초가 되었다. 그 후 뉴욕
에서부터 샌프란시스코의 중국요리
점으로까지 춥수이의 유행이 번져나
갔다.[27]

3-1 이홍장

　그러나 춥수이는 이미 1880년대
부터 미국의 신문과 잡지에 등장하고는 했다.[28] 나아가 1889년 간
행된 『더 테이블The Table』이라는 요리서는 돼지고기가 들어간 춥
수이를 전형적인 '홍콩 메뉴Hong Kong Menu. China.' 중 하나로 들
고 있다. 『더 테이블』은 뉴욕의 오래된 고급 레스토랑인 델모니코
스Delmonico's(1827년 창업)의 셰프 등을 역임한 알렉산더 필리피니
Alexander Filippini(1849년 스위스 태생)가 지은 것이다.

　참고로, 『더 테이블』은 홍콩(중국)의 메뉴로 쌀과 차를 강조하고
있으며, 샥스핀이나 제비집 요리 등도 들고 있다. 또한 '요코하마 메
뉴Yokohama Menu. Japan.'로 사시미, 니자카나煮魚[조린 생선], 데리야키
照燒き[어패류나 날짐승 고기에 미림, 간장 양념을 발라 구운 것]나 시오야
키鹽燒き[소금구이] 같은 생선 요리도 많이 싣고 있으며, 간장이나 술
도 소개하고 있다. 그런가 하면 '한국 메뉴Corea Menu.'로는 미국식

중국요리인 '차우멘' 등을 들어 한국에서는 중국의 유행을 바싹 좇고 있다고 적고 있다.[29] 요컨대 필리피니는 1880년대에 이미 춥수이나 차우멘을 잘 알고 있었으며, 중국과 한국에서 이를 널리 먹고 있다고 믿었다.

1896년 8~9월, 이홍장이 참석한 파티를 보도한 〈워싱턴 포스트〉나 〈뉴욕 저널〉의 기사에도 춥수이가 등장하지만, 여기서 이홍장과 춥수이를 특별히 관련짓고 있지는 않다.[30]

또한, 이홍장은 〈뉴욕 타임스〉의 취재에 응해 '배화법'은 가장 불공평한 법률이라 일갈하고 "값싼 노동력은 값싼 상품, 그리고 저가격의 보다 좋은 상품을 뜻한다. 당신들은 자유를 자랑으로 여기는데 과연 이것을 자유라 할 수 있는가?"라고 강하게 호소하고 있다.[31] 이러한 주장 때문에 이홍장이 몇 차례 차이나타운을 찾아춥수이도 맛보았다는 소문이 돌았지만[32] 사실 그는 차이나타운을 찾지 않았다. 역대 미국 주재 청나라 공사의 대다수는 이홍장과 인맥이 닿아 있어 1882년 '배화법' 제정 당시부터 이홍장에게 빈번히 정보를 보냈으며,[33] 이홍장은 화인이 미국에서 열등 인종으로 취급받고 있다는 것을 이미 잘 알고 있어서 중국계 미국인과 애써 교류할 필요가 없었던 것이다.[34]

참고로, 외국 방문 중 이홍장의 식사에 관해서는 또 하나 유명한 풍설이 있다. 1896년 8월 이홍장은 뉴욕에 앞서 찾은 런던에서 구면이던 어느 장군의 유족에게 애완용 개를 선물받았다. 그러나 이홍장은 이를 식용으로 착각하여 "나이를 먹어 먹고 마시는것은 별로 신통치 않지만 진귀한 것을 맛볼 수 있다는 것은 귀중하고 기쁜 일이다"라고 적은 사례 편지를 보냈다고 한다.[35] 이 그럴듯한 에피소드 역시 사료적 근거가 부족하며, 촙수이의 탄생에 얽힌 이야기와 마찬가지로 이홍장을 둘러싼 전설 중 하나에 불과할 것이다.

그런가 하면 1896년 이홍장이 미국을 방문했을 때는 많은 뉴요커가 차이나타운을 찾아 이국적 중국 문화를 즐겼다. 뉴욕 시장 윌리엄 L. 스트롱William Lafayette Strong(1895~97년 재임)도 그중 한 명으로, 그가 1896년 8월 차이나타운을 찾은 사실이 널리 전해지자 중국요리점과 상점이 번성하였다.

중국요리점은 (주로 화인에 대한) 인종차별적 제한 때문에, 수익률이 높은 주류 판매를 할 수 없어 계속 차만 제공할 뿐이었다. 그러나 이홍장의 미국 방문은 미국의 화인들에게 세탁업에 이어 요식업이라는 또 하나의 직업 기회를 갖게 해주었다.[36] 1900년 1월 29일 자 〈뉴욕 타임스〉의 지역 정보에 따르면, 뉴욕에서는 중국요리점이 급증하여 "촙수이에 미친'chop-suey' mad" 상황이었다.[37]

1903년 미국을 방문한 량치차오梁啓超에 따르면, 뉴욕에만 300~400곳의 촙수이 레스토랑('雜碎館')이 있었으며, 미국 전역에서 3,000명 이상의 화인이 이를 운영하며 생계를 꾸리고 있었다. 촙수이 레스토랑의 메뉴에는 중국에는 없는 '이홍장 촙수이' '이홍장 국수' '이홍장 밥' 같은 요리명이 크게 쓰여 있어, 량치차오는 "서양인의 영웅 숭배 기질과 호사가적 성격이 이러한 것을 낳았다"고 고찰하고 있다.[38] 요컨대 레스토랑을 경영하던 재미 화인들은 1896년 미국을 찾아 유명해진 이홍장의 이름을 적극적으로 장사에 이용한 것이다.[39] 이홍장의 요리사가 촙수이를 창안했다는 전설은 이러한 중국요리점의 영업 활동 속에서 만들어진 것이라고 생각된다.

또한, 춥수이는 세련된 미국식 중국요리로서 전 세계에 퍼져 일본에서도 1920년대 '긴자 아스터金座アスター'나 교토의 '하마무라ハマムラ'가 이를 메뉴에 싣고 있었다(4부 참조). 그러나 그 무렵 미국에서 춥수이는 진정한 중국요리가 아니라 미국에서 미국인을 위해 창안된 것은 아닌가 하는 의심을 받았다. 그 때문에 1930년대에는 미국의 많은 중국요리점이 춥수이 외에도 메뉴의 폭을 넓힐 수밖에 없었다.[40]

'배화법' '배일 이민법'과 아시아주의·황화론

20세기 들어서도 미국은 화인 및 아시아인의 이민을 엄격히 제한했다. 1882년 제정된 '배화법'은 원래 10년간의 한시법이었지만 1892년과 1902년에 연기 조치가 취해져 최종적으로 1904년에 무기한 연장되었다. 이것이 하나의 요인이 되어 1905년 중국의 도시에서 미국 제품 보이콧 운동이 일어났으며, 이에 질세라 미국에서도 반중국 감정이 고조되었다.[41]

또한, 1924년 미국 연방의회를 통과한 이민법(존슨-리드법)에는 일본인을 비롯한 '귀화 불가능 외국인'의 이민을 전면 금지하는 조항이 추가되어 주미 일본 대사관의 노력도 물거품이 되었다. 실제로 이민법의 적용을 받는 것은 외국에 가서 돈을 벌려는 목적을 가진 사람들이며 엘리트 상사원이나 외교관과는 관계가 없다고 생각되었지만, 그럼에도 일본에서는 이 법이 '배일排日 이민법'이라 불리며 충격을 가져와 전국에서 반미의 기운이 솟아올랐다.[42]

사실 그 5년 전인 1919년 파리강화회의에서도 일본은 국제연맹 규약에 인종차별 철폐 조문을 포함시킬 것을 제안했다. 그러나 이는 강한 백인제일주의의 입장에 있던 호주가 영국에 대해 펼친 이면공작이 주효하기도 하여 부결되었다.[43] 이때도 인종차별 철폐를 요구하며 일본의 여론이 고양되었다. 다만, 일본의 제안은 일본이 국제사회에서 '일등국'이 되기 위한 것으로, 여타 아시아 국가들에 대해서는 나 몰라라 하는 것이었으며 이러한 사실은 중국의 지식인들도 인식하고 있었다.[44] 그리고 1920~30년대 캐나다, 브라질, 페루에서도 미국의 1924년 이민법과 마찬가지로 아시아 이민자 전반을 배척하는 법이 시행되었다.[45]

1924년 일본에서는 미국의 '배일 이민법'에 대한 반감에서 비롯된 반미·반서양 의식이 고조되어 있었다. 이미 20세기 초부터 미국 서해안에서 일어난 일본인 배척의 소식에 격노한 일본인들이 반미나 아시아주의를 부르짖던 것이 그 배경이었다. 아시아주의는 일본이 아시아 여러 나라와 연대를 통해 서양 열강의 압력에 저항하여 서양 열강에 의한 지배에서 아시아를 해방시켜야 한다는 사조이다.[46] 아시아주의가 미국에 전해지자 미국에서는 황화론黃禍論(황인종 위협론)이 대두되며 일본계 배척을 더욱 심화시키는 악순환을 불러왔다.[47]

이러한 가운데 1924년 고베를 찾은 말년의 쑨원이 의뢰받은 것이 저 유명한 '대大아시아 문제'에 관한 강연이다. 이 강연은 구미 열강의 침략을 물리치려면 일본과 중국의 제휴를 중심으로 아시아 여러 민족이 단결해야 한다고 호소한 것으로 일본의 청중에게 받아들여졌다.[48] 당시 일본 방문 중에 쑨원은 '아시아주의'라는 말을 사용하여 일본과 중국의 제휴를 통해 서양 열강에 대항할 것을 거듭 논했다. 그러나 쑨원이 말하는 아시아주의에는 중국을 제외한 여타 아시아 국가들의 해방에 대한 관점이 결여되어 있으며, 쑨원의 발언은 중국 혁명의 달성과 국가 건설을 위해 일본의 지원을 얻기 위한 편의적인 것이었다.[49] 참고로, 미국에서 마침내 '배화법'이 철폐된 것은 미·중이 제2차 세계대전에서 일본에 맞서 연합군이 된 1943년의 일이다.

감자와 쌀

화인에 대한 시각과 마찬가지로 중국요리에 대한 부정적 시각 역시 20세기 미국에 뿌리 깊게 남아 있었다. 대중잡지에서는 화인은 쥐나 뱀을 좋아하고 수프도 젓가락으로 먹으며, 중국요리에는 찹수이와 차우멘 외에는 쌀밖에 없다고 쓰고는 했다.

특히 중국인이 쥐를 먹는다는 미신은 강고했다. 예컨대 페스트 대책 중 하나였던 쥐약 '러프 온 래츠rough on rats'는 화인의 식습관에 대한 인종차별적 선전을 펼쳤다. 이 제품의 1897년 광고에는 화인 남성이 입을 벌리고 쥐를 먹으려 하는 그림과 함께 "그들은 가버려야 한다!They Must Go!"라는 문구가 적혀 있었다(그림 3-2). 이 문구는 캘리포니아 백인 노동자의 극단적 정치 슬로건이기도 했으며 광고에서 말하는 '그들They'은 쥐가 아니라 화인을 가리킨다.

나아가 1930년대 옌안의 중국공산당 간부를 취재하여 명성을 얻은 저널리스트 에드거 스노Edgar Snow(1905~72년)는 소년 시절 초등학교에서 "차이나맨, 차이나맨, 죽은 쥐를 먹어라! 생강 쿠키 먹듯 씹어라!Chinaman, Chinaman, Eat dead rats! Chew them up Like gingersnap!"고 하는 노래를 즐겨 불렀다고 한다.[50] 미국의 초등학생이 흥얼거리는 노래마저도 화인을 쥐를 먹는 사람들로서 비방하고 있었던 것이다.

3-2 러프 온 래츠의 포스터 광고(1897년)

이 밖에도 쌀이 중심인 중국의 식사와 고기나 빵, 감자가 중심인 앵글로색슨계 미국인의 식사 간 차이가 인종적 토론으로 발전하고는 했다. 1917년 제1차 세계대전에 참전한 뒤로 미국은 식량 부족에 빠져 뉴욕 시 정부는 백인 노동자에게 감자보다 쌀을 많이 먹도록 장려했다. 그러나 시민들은 이에 반발하며 미국의 노동자에게 중국인의 음식을 먹이려 한다고 비난했다. 식량을 둘러싼 1917년의 이 소동에서 뉴욕의 어머니들도 기아 대책 식량으로 쌀을 이용하는 데 항의했다. 쌀을 먹는 것은 곧 식량의 격하를 뜻했다. 보스턴에서도 수백 명의 백인 노동자가 식료품점 앞에서 "감자를 달라!We want potatoes!"고 외쳤다고 한다.

참고로, 미국에서도 사우스캐롤라이나주나 조지아주 등 남부에서는 쌀이 주요한 작물로, 고품질의 쌀은 부유층의 음식이었으며 영국이나 유럽으로도 수출되었다. 그러나 중국인과 관련지어진 뒤로 쌀은 감자보다도 하위에 놓였다.[51] 잘 알려져 있듯이 1918년 전국 규모의 쌀 소동이 일어난 일본에서는 오히려 감자가 쌀의 부족분을 메워 공복을 달래주었으니, 같은 시기의 미국과는 주식품의 위치가 완전히 거꾸로였던 셈이다.

촙수이 레스토랑

19세기 이후 미국에서 나타난 화인과 그 식문화에 대한 거부반응은 20세기에는 점차 상대화되어갔다. 20세기 전반에는 촙수이가 미국의 국민 음식이라고 할 정도로까지 보급되어 중국요리점은 미국의 세련된 도시 문화를 체현하였다.

1911년 쑨원은 혁명 자금을 모으기 위해 네 번째로 아메리카 대륙을 찾아 각 도시를 순회하였으며 이때 '미국에 중국요리점이 없는 도시는 없다'는 것을 알았다. 쑨원은 1919년 간행된 『건국방략 쑨원 학설』에서 "일찍이 중국과 서양이 통상하기 이전에는 서양인이 하나의 조리법밖에 알지 못해서 프랑스 요리를 세계 제일로 쳤지만 중국의 맛을 시험해본 뒤로는 모두가 중국요리를 세계 제일로 친다"고까지 자찬했다.[52]

세기 전환기에는 서양에서 중간층의 대중大衆 관광이 대두했다. 부유층 이외의 사람들에게 미국의 국내 도시는 멀리 가지 않아도 단기간에 별 부담 없이 유람할 수 있는 장소가 되었으며, 차이나타운도 이국정서를 접할 수 있는 관광지가 되었다. 하지만 당시 차이나타운에는 위험한 이미지가 따라다녀서, 차이나타운 관광은 가이드를 따라 관광용으로 설치된 가짜 아편굴을 보고 사원이나 극장,

기념품점, 그리고 중국요리점을 도는 식이었다.

당시 프랑스 요리가 엘리트의 것이었다면 중국요리는 비교적 하층에 속한 슬러머(도시에 사는 모험적·반항적 성향의 젊은이)나 보헤미안(자유롭고 방랑적인 생활을 하는 사람)의 것이었다. 촙수이 레스토랑은 밤늦게까지 영업해서 밤에 놀러 다니는 남자들이 젊은 10대 여자들을 데리고 흔히 찾는 곳이 되었지만, 이러한 행태는 1910년 말에 이르러 경찰의 단속이 강화되면서 점차 줄어들었다.[53]

19세기 말까지 미국의 화인은 대부분 서해안 도시의 차이나타운에 살았다. 한편으로, 뉴욕의 많은 화인은 백인이 지배적인 교외에 살며 심한 인종차별을 견디고 있었다. 1918년 뉴욕에는 중국요리점이 57곳 있었으며 그중 33곳이 차이나타운 바깥에 있었다고한다.

제1차 세계대전 시기에 뉴욕 중심가의 중국요리점은 유명 밴드를 불러 연주를 시켜서, 춤을 추며 미국과 중국의 요리를 즐길 수 있는 매력적인 장소가 되었으며 동시에 미국 나이트클럽의 선구가되었다. 이렇게 뉴욕의 중국요리점은 저임금 지역에서 저소득층을 고객으로 하는 가게와, 연극이나 공연 관람을 마친 사람 등이 밴드의 연주에 맞춰 춤을 추고 유사 동양적 분위기를 만끽하는 가게로나뉘었다. 이 가운데 후자는 요리보다는 라이브 연주나 춤을 중시하여 특히 백인 남성 손님을 끌어모았다.

나아가 차이나타운 근처에서 일하는 여성들도 싸고 맛있는 점심을 먹으러 중국요리점을 찾았다.[54] 1925년 12월 27일 자 〈뉴욕타임스〉는 「촙수이의 새로운 역할」이라는 기사를 실어, 동양적 분위기와는 상관없이 단지 점심을 먹기에 좋다는 이유에서 차이나타

운을 찾는 여성 노동자들의 이야기를 전하고 있다.[55]

그런가 하면 샌프란시스코에서는 저임금으로 일하는 화인이나 일본계 노동자에게 직업을 빼앗긴다고 생각하는 백인 노동자를 중심으로 배외적 감정이 자라나고 있었다. 그러한 가운데 1906년에 대지진과 화재가 일어나자 거리가 파괴되고 추악한 반反황인종 사건이 일어났다. 이 지진을 계기로 많은 일본계가 로스앤젤레스로 이주하여 '리틀 도쿄Little Tokyo'가 형성되었다.

재해를 딛고 부흥을 이룩한 샌프란시스코에는 전보다 청결한 동양 지구(오리엔탈 시티)가 조성되었으며 차이나타운 바깥에도 중국요리점이 생겼다. 샌프란시스코의 차이나타운에는 1922년 문을 연 '상하이러우上海樓'나 그 분점인 '뉴 상하이 카페New Shanghai Café'를 비롯해 많은 나이트클럽이 새로 생겼다.[56] 1929년 문을 연 만다린 카페는 최초의 '미국인 경영American-managed'(백인 경영) 중국요리점이라고 이야기된다.[57] 만약 그것이 사실이라면 미국에서는 약 80년 동안 오직 화인만이 중국요리점을 열었다는 이야기가 된다.

참고로 1920년대 미국 여성지를 보면, 차이나타운의 카페에서 중국요리를 맛본 중간층 주부 중에서 가정에서도 간장이나 숙주를 쓰거나 홈 파티를 위해 춥수이나 차우멘을 만드는 이들이 나타났다는 것을 알 수 있다. 하지만 이러한 중국요리의 보급은 화인에 대한 사회적 태도의 변화로까지 이어지지는 못했다.[58]

또한, 샌프란시스코의 차이나타운은 근대적 관광지로 발전해 갔다. 1938년 3월 〈비즈니스 위크〉의 보도에 따르면, 샌프란시스코 차이나타운의 젊은 실업가들은 차이나타운의 외관을 쇄신하고 이곳의 '인종적 개성'을 되돌려놓으려 애쓰고 있는 것으로 보였다고

3부. 서양의 인종주의와 아시아인의 중국요리

한다. 예컨대 야외극의 부활, 중국복의 착용, 일반에 개방된 중국식 정원의 개원, 교통표지의 단장, 차이나타운에 어울리는 도로명의 정비, 중국풍 건축물 및 건물의 중국적 장식을 늘리는 조치 등이 실시되었다.[59] 나아가 1939년 금문 세계박람회Golden Gate International Exposition 때는 많은 사람이 샌프란시스코를 찾아 차이나타운의 관광지화가 진행되었다.

1930~40년대 미국 전역에 총 28곳의 차이나타운이 있었지만, 그중 화인 인구가 증가한 곳은 뉴욕과 샌프란시스코뿐이었다. 뉴욕의 모트 스트리트와 샌프란시스코의 그랜드 애비뉴가 각각 두 도시 차이나타운의 중심가였으며, 이 두 곳에는 중국요리점이나 골동품점 등이 늘어섰다. 이 두 곳의 차이나타운은 미국 전역의 중국요리점에 필요한 식품과 식자재의 생산·유통에서 중심적 역할을 수행했다.

이 밖에도 1938년 로스앤젤레스에 신설된 차이나타운의 입구는 영화 〈대지The Good Earth〉의 세트로 꾸며져 관광객을 매료시켰다. 〈대지〉는 펄 S. 벅의 1931년 작 소설을 1937년 영화화한 것으로, 일본에서도 같은 해에 상영되었다. 잘 알려져 있듯이 벅은 1938년 노벨 문학상을 수상한 바 있다.[60]

포비든 시티의 중국풍 미국 요리와 아시아계 무용수

'포비든 시티Forbidden City, 紫禁城'라는 유명한 나이트클럽·카바레는 1938년 찰리 로Charlie Low, 劉英培(그림 3-3)가 샌프란시스코 차이나타운 바로 근처에 연 가게이다. 로는 부유한 어머니에게서 유산을 물려받아 플레이보이 생활을 하며 평생 네 번 결혼하였고, 매일같이 영화나 무대 위의 스타들과 저녁을 보내는가 하면 경마장의 오너가 되는 등 호화로운 생활로 유명했다.

한편, 로는 전채戰債에 의한 자금 조달을 지원하였으며 농장 경영자이기도 했다. 샌프란시스코의 차이나타운에서는 1937년 중국전쟁구제협회The Chinese War Relief Association(CWRA)가 조직되어 차이나타운에서 일하는 모든 사람에게 기부를 요청했다. 기부 행위는 포비든 시티 등의 사치스러운 오락과 소비 행태에 대한 비판을 누그러뜨리는 데 도움이 되었다.[61]

1962년 폐점할 때까지 포비든 시티에서는 프레드 아스테어Fred Astaire(할리우드 뮤지컬 영화의 전성기를 견인한 배우·댄서), 진 켈리Eugene Kelly(할리우드의 배우·댄서·안무가), 엘리너 파월Eleanor Powell('탭댄스의 여왕'이라 불린 배우) 등이 무대에 올라 춤을 추고 빙 크로스비Harry Lillis 'Bing' Crosby Jr.나 소피 터커Sophie Tucker, 프랭크 시나트라Francis Albert 'Frank' Sinatra 같은 가수가 노래를 불렀다.

포비든 시티의 춤은 할리우드 영화에서 유래하고는 했다. 할리우드 영화에서 오리엔탈리즘의 전성기는 1916~26년경이라고 알려져 있지만, 1930~40년대에도 오리엔탈리즘의 요소를 찾아볼 수 있었다. 포비든 시티의 댄서들은 중국화된 무대의상을 입고서는 할리우드나 데니숀Denishawn(1915년에 로스앤젤레스에서 문을 연 무용단·학교)이 개념화한 인도, 북아프리카 등지의 동작을 한데 아울러 춤을 추고는 했다.

로는 포비든 시티에서 〈화인의 어리석음Chinese Follies〉 〈화인의

3-3 찰리 로

흥계Chinese Capers〉〈최고의 스캔들Celestial Scandals〉 같은 제목의 쇼
를 상연했다. 주로 화인이 출연한 이러한 쇼는 비화인의 창작품으
로, 화인에 대한 짓궂은 패러디를 통해 미국 화인의 인종적 역할을
강조하며 선전하였다.

또한, 로는 '일본인을 솎아내자let's nip the Nips' 같은 반일 슬로건
을 사용하기도 했다. 그러나 이는 애국적 충성을 표명하기 위한 타
산적 행동으로 비치기도 했다. 포비든 시티의 퍼포머(배우) 중에는
수많은 일본계가 있었으며 나아가 조선(한국), 이누이트, 필리핀 등
의 혈통을 가진 이들도 있었지만, 로는 그들에게 화인을 가장하게
했다. 예컨대 도로시 다카하시Dorothy Takahashi라는 댄서는 도로시
토이Dorothy Toy로서 활약했다. 로의 포비든 시티는 화인의 무대라

는 아이덴티티를 지키고 있어서, 아시아계 미국인이 백인을 연기하기 전에 먼저 중국인을 가장해야 하는 굴절된 상황이 생겨나 있었던 것이다.[62]

1943년 포비든 시티의 식사 메뉴를 보면, '아메리칸 메뉴'와 '차이니스 메뉴'로 나뉘어 있는 것을 알 수 있다. 전자에는 샐러드, 샌드위치, 스테이크와 촙chop[두툼하게 썬 양·돼지·송아지 갈비, 또는 그것을 구운 요리], 후자에는 차우멘, 촙수이, 수프 누들[탕면], 볶음밥fried rice 등이 있었으며, 흥미롭게도 '아메리칸 메뉴'의 샐러드에 '상하이 제스처SHANGHAI GESTURE'와 '홍콩 프루트 샐러드HONGKONG FRUIT SALAD'가 실려 있어 당시 상하이와 홍콩이 서양을 연상시키는 국제도시가 되어 있었다는 사실을 알 수 있다.

한편, 촙수이로는 '중국 채소, 버지니아 햄과 치킨Chinese Vegetables, Virginia Ham and Chicken'이 들어간 '이홍장LI HONG JANG'이 있었다. 또한, 하루 전에 예약하면 닉슨 대통령의 중국 방문 전 미국에서는 비교적 보기 드물었던 '베이징덕(겹겹이 쌓여 있는 중국식 얇은 번에 싸 먹는 특별한 오리 통구이PEKIN DUCK, Special Whole Barbecued Duck with Chinese Tissue Layer Buns)'을 먹을 수 있었다.[63] 로의 포비든 시티는 무대의 경우와 마찬가지로 요리에 대해서도 화인의 아이덴티티를 유지하면서, 미국의 요리와 미국화된 중국요리를 제공했다고 할 수 있다.

하지만 포비든 시티는 이러한 중국풍 미국 요리나 미국식 중국요리가 아니라 화인을 비롯한 아시아계 댄서·스트리퍼의 공연으로 이름을 날렸다. 차이나타운에서는 로가 여성 댄서들로 하여금 맨살을 많이 노출하게 하고, 휴양 중인 선원이나 병사와 가까이하도록 지나치게 요구한다고 생각했다. 포비든 시티의 손님은 요리가 아

니라 누드 댄스에 이끌렸던 것이며 아시아 여성의 유혹적이며 이
국적인 이미지가 이 가게 최대의 어필 포인트였다. 포비든 시티에는
밥 호프Bob Hope(영국 태생의 미국 코미디언·배우)나 로널드 레이건(영화
배우에서 캘리포니아 주지사를 거쳐 1980년대에 미국 대통령에 재임) 등도
찾아왔다.[64]

1930~40년대 미국에서는 포비든 시티로 상징되는, 무도·공연과
식사를 합친 중국요리점의 업태가 퍼져나갔다.[65] 예컨대 1943년 미
국을 찾은 중국의 사회학자 페이샤오퉁費孝通이 워싱턴에서 방문한
중국요리점은 흡사 나이트클럽과 같았다.

페이샤오퉁에 따르면, 그곳의 중국풍 인테리어는 으리으리하고
불쾌한 느낌이었다. 화인 웨이터는 턱시도를 입고 광둥어(타이산臺山
방언)와 영어를 썼으며 베이징 관화는 통하지 않았다. 메뉴에는 촙
수이와 차우멘이 있었으며, 무대에서는 미국에서 유행 중인 재즈
에 맞춰 반라의 여성이 스페인 춤을 췄다. 또한, 쿠바인으로 보이는
여성이 고향의 민요를 불렀으며, 사회자는 남유럽 남성이었다. 다양
한 문화가 밀접하게 뒤섞인 이러한 중국요리점을 페이샤오퉁은 "새
로운 문화" "젊은 문화"라 불렀다.[66]

미국 대중문화 속 촙수이

나아가 20세기 전반에는 촙수이가 미국의 현대미술과 음악, 영
화 등에 빈번히 등장하며 미국 문화 속에 녹아들었다. 촙수이 레
스토랑은 현대 뉴욕의 한 풍경으로서 그림이나 사진의 제재가 되

었다. 존 프렌치 슬론John French Sloan이 그린 〈중국요리점Chinese Restaurant〉(1909년)에는 테이블 아래에 있는 고양이에게 음식을 주려고 하는 부인 등 백인 손님의 모습이 담겨 있으며, 에드워드 호퍼 Edward Hopper의 〈춥수이Chop Suey〉(1929년)에는 춥수이 레스토랑에서 식사하는 두 백인 여성이 그려져 있어, 중국요리가 미국의 백인 여성들에게도 사랑받았다는 것을 알 수 있다.[67]

사진에서는 독일 태생의 미국 사진가 아놀드 겐티Arnold Genthe(아르놀트 겐테)가 사진집 『옛 차이나타운의 사진Pictures of Old Chinatown』 (1908년) 등에서 샌프란시스코 차이나타운을 많이 다뤘다. 그러나 겐티가 찍은 차이나타운의 사진에는 서양적 요소가 최대한 감춰져 있다.[68] 이와 대조적으로, 미국의 유명 사진가 이머전 커닝햄Imogen Cunningham이 1934년 발표한 뉴욕 차이나타운의 사진에는 춥수이 레스토랑이 찍혀 있지만 화인은 찾아볼 수가 없어 마치 차이나타운이 아닌 듯한 풍경이 되어 있다.[69] 춥수이의 이미지는 이미 차이나타운과 분리되어 퍼져 있었던 것이다.

음악에서는 재즈 색소폰·클라리넷 연주자인 시드니 베셰Sidney Bechet가 1925년 춥수이를 소재로 한 곡 〈Who'll Chop Your Suey When I'm Gone〉을 히트시켰다. 또한, 베트남전쟁 중이던 1967년에 〈이 멋진 세상What a Wonderful World〉을 세계적으로 히트시킨 재즈 음악가 루이 암스트롱Louis Armstrong은 청년 시절인 1926년 〈코넷 춥수이Cornet Chop Suey〉라는 곡을 발표한 바 있다.[70]

나아가 세계 대공황 시기인 1930년대 전반의 할리우드 영화에는 전형적인 도시 노동자의 식사 장소로 값싸고 실용적인 춥수이 레스토랑이 빈번히 등장했다. 이는 바로 동시대 일본인과 라멘의

3-4 에드워드 호퍼, 〈촙수이〉(1929년)

관계처럼, 백인 엘리트층의 것이 아닌 음식이 미국 국민의 아이덴
티티를 표상할 수도 있다는 것을 의미했다. 단, 화인에 대한 미국의
인종적 고정관념이나 사회적 태도에는 동시대 일본과 마찬가지로
변함이 없었다.[71]

　참고로, 1900~60년대는 미국식 중국요리 촙수이의 전성기였으
며 동아시아의 요리 가운데 이와 어깨를 나란히 하는 것은 없었다.
다만 일본의 스키야키鋤燒き만은 촙수이와 비교되고는 했다.[72] 스키
야키는 이미 1910년대에 미국에 알려져 있었다. 예컨대 1913년 구
와야마 센조桒山仙藏가 뉴욕에 문을 연 일본 요리점 '미야코都'는 사

시미나 생선 소금구이, 전골 요리 등도 냈지만, 어디까지나 스키야키가 중심이었다.[73] 1919년 〈뉴욕 타임스〉에서 스키야키는 "적어도 일본인의 입에는 맞는" "일본의 퀵 런치"로서 소개되었다.[74]

1960년대 이후에는 스키야키에 더해 뎃판야키鐵板燒き[철판구이]나 스시도 미국의 대도시를 중심으로 퍼져나갔다. 그러나 사카모토 규坂本九의 노래 〈위를 보고 걷자上を向いて歩こう〉가 〈스키야키 Sukiyaki〉라는 제목으로 영국과 미국에서 대히트한 1962~63년경까지는 스키야키가 서양에서 가장 잘 알려진 일본 요리였던 것은 틀림없다.

차우멘 샌드위치와 티키 팝으로 보는 중국요리의 보급과 현지화

20세기 전반에는 아프리카계 미국인도 중국요리를 수용하여 미국 중국요리점의 고객 가운데 중요한 존재가 되었다. 중국요리점은 아프리카계 미국인이 환영받을 수 있는 장소 중 하나였다. 그러나 가게에 따라서는 백인 손님을 위해 흑인 손님에게 구석진 자리를 주는 곳도 있었다.

1930년대 필라델피아의 중국요리점에는 흑인 손님이 백인 손님보다 많았다. 또한, 디트로이트에는 자동차 관련 산업의 일자리를 찾아 남부에서 이주한 아프리카계 사람들이 많아 1950년대까지 차이나타운이 있었으며, 이미 1920년대에 차이나타운 바깥에서도 중국 식품이 보급되어 있었다. 오늘날에도 아프리카계 미국인이 사는 곳에는 중국요리점이 많다. 단, 중국계 점원과 아프리카계 고객이 이야기를 나누는 일은 거의 없으며, 가게에 따라서는 가게 앞이 철로 된 격자창으로 보호되어 있거나 작은 배식구를 통해 음식을 제공하는 곳도 있다. 이러한 까닭에 아프리카계 미국인 중에는 중국요리점은 지역사회 안에 있을지언정 그 일부는 아니라고 생각하는 이들도 있다고 한다. 세인트루이스의 상황도 마찬가지여서, 아프리카계 미국인은 지역사회 안에 있는 촙수이 레스토랑을 이용하고는 있지만 한편으로는 화인에 대해 불편한 감정을 품고 있으며 화인을 지역사회에 공헌하지 않는 외부인으로 인식하고 있다고 한다.[75]

나아가 중국요리는 미국 고유의 로컬 푸드로 변모해 있다. 예컨대 '차우멘 샌드위치chow mein sandwich'(그림 3-5)는 번 사이에 차우멘을 담은 야키소바 빵이다[일본의 야키소바 빵이 반으로 가른 빵 안에 볶음국수를 온전하게 담아 미국식 핫도그 모양을 하고 있다면, 차우멘 샌드위치는 넓은 접시에 빵을 깔고 그 위에 차우멘을 푸짐하게 올리고는 다시 빵을 얹은, 샌드위치의 형식만 흉내 낸 요리이다]. 이는 1930년대부터 매사추세츠주 폴 리버Fall River 지역의 음식으로 히트하여 오늘날에도 뉴잉글랜드 지방에서 흔히 접할 수 있다.

매사추세츠주에서는 1940년대에 실내를 폴리네시아풍으로 꾸며놓고 알로하셔츠를 입은 밴드가 하와이의 '티키 팝Tiki pop'을 연주하는 가운데 중국요리를 제공하는 '티키 차이니스Tiki Chinese' 가게가 늘어났다. 이러한 가게에서는 차우멘 샌드위치를 많이 먹었다. 참고로, 알로하셔츠는 1930년대 하와이의 일본계가 일본과 하와이의 직물로 만든 옷으로, 미국인 관광객들이 입기 시작하며

3-5 차우멘 샌드위치(폴 리버)

인기를 얻었다.[76]

또한, 1960년대 미네소타주 세인트폴의 화인은 세인트루이스로 옮겨가 촙수이 레스토랑에서 '에그 푸용egg foo yong'(푸룽셰芙蓉蟹, 중국풍 오믈렛)을 패티로 쓰는 '세인트폴 샌드위치St. Paul sandwich'를 내기 시작했다. 그 후 세인트폴 샌드위치는 중국요리점 이외의 가게에서도 팔면서 널리 퍼졌다.[77]

유대인과 중국요리

아시아계를 제외하면, 유대인이 미국에서 중국요리를 가장 사랑한다고 할 수 있을 것이다. 1880~1920년에 약 250만 명의 동유럽 유대인이 유럽을 떠났으며, 그중 약 90퍼센트가 미국으로 가서 다수가 뉴욕에 살았다. 이들 미국 유대인과 중국요리의 특별한 관계는 유대인과 화인이 뉴욕 맨해튼 로어 이스트 사이드의 가까운 구획에서 살던 19세기 말로 거슬러 올라간다. 미국에서 유대인과 화인의 처지가 비슷하다는 것은 1898년 무술정변으로 국외로 도피할 수밖에 없었던 캉유웨이나 량치차오도 인식하고 있었다.

1910년경 뉴욕에 살던 동유럽계 유대인은 약 100만 명으로, 뉴욕 총인구의 약 4분의 1 이상을 차지했다. 그런가 하면 화인 역시 1880년대 이후 캘리포니아에서 뉴욕의 로어 이스트 사이드로 이주하여 많은 이들이 요식업에 종사하였지만, 1882년 '배화법'이 제정되자 화인들은 가족을 불러들일 수 없게 되었으며 미국의 차이나타운도 쇠퇴 경향을 보였다. 그러나 유대인 손님이 늘어난 덕에 뉴욕의 중국요리점은 살아남을 수 있었다.[78]

중국요리를 먹는 유대인에 관한 최초의 기술은 아마도 뉴욕의 잡지 〈아메리칸 히브리American Hebrew〉 1889년 6월 2일 호의 편집 후기일 것이다. 이 편집 후기에서는 '코셔kosher'(유대교의 계율에 적합한 음식)가 아닌 요리를 내는 레스토랑에서 식사하고 '카슈루트kashrut'(음식에 관한 유대교의 청정 규정)에 어긋나는 음식을 먹는 유대인, 그리고 특히 중국요리가 비판의 대상이 되었다.[79]

그러나 미국의 유대인은 계속 중국요리를 먹었다. 그들은 마늘, 양파, 셀러리, 닭고기의 사용이나 우유의 기피(카슈루트에 따르면 고기와 유제품을 함께 섭취해서는 안 된다) 등 자신들의 요리와 중국요리가 가진 많은 공통점을 발견했다. 그리고 중국요리는 돼지고기, 조개, 게, 새우의 사용을 문제시하는 카슈루트에는 부합하지 않지만 안전한 음식safe treyf으로는 취급되어, 예컨대 촙수이에 들어간 돼지

고기는 잘게 썰려 눈에 잘 띄지 않아서 토막 난 것과는 달리 먹어도 무방하다고 여겨졌다.[80]

유대인들은 레스토랑에서는 물론이고 포장 구매나 자가 조리를 통해서도 중국요리를 즐겨 먹었다. 예컨대 밀워키 태생의 유대계 미국인 리지 블랙 칸더Elizabeth Black Kander는 1896년부터 유대인 이민자를 위한 요리 교실을 열었는데, 1901년 출판된 이 요리 교실의 교재는 촙수이의 레시피도 싣고 있었다.[81] 단, 당시의 유대인을 매료시킨 것은 본고장의 중국요리가 아니라 미국식 중국요리로, 예컨대 촙수이, 차우멘, 에그 푸용 등이었다. 20세기 말에는 '궁바오지딩宮保鷄丁(kung pao chicken)', '무쉬러우木須肉(moo shu pork)' 등도 사랑받았으며, 완탄 역시 동유럽 유대인이 단식 전에 즐겨 먹던 '크레플라흐kreplach'와 비슷하다는 이유로 많은 사랑을 받았다.[82]

1940~50년대 미국의 유대인은 중국요리점과 마찬가지로 음식 값이 쌌던 이탈리아 요리점보다는 중국요리점을 더 편하게 느꼈다. 이탈리아 요리점을 비롯한 미국의 에스닉 요리점은 당초 자민족을 고객으로 삼았지만, 뉴욕의 중국요리점은 처음부터 화인 이외의 손님에게도 요리를 냈다는 것이 특징적이다.

유대인이 중국요리점을 편하게 느낀 데는, 일요일이나 크리스마스에도 영업한다는 것 말고도 화인은 유대인과 유대교에 대해 선입견을 품고 있지 않다는 것이 크게 작용했다. 나아가 유대인은 중국요리점에 가서 스스로를 화인과 견줘보면서 자신들이 미국인이라고 느낄 수도 있었다. 1930년대에는 유대인들 사이에서 크리스마스를 중국요리점에서 보내는 관습이 자리 잡았다.[83]

참고로, 마작 역시 중국요리와 함께 뉴욕의 화인 사회에서 유대인 사회로 전해졌다. 1920~30년대 뉴욕의 유대인 여성들은 마작을 이국정서가 가득한 동양적인 것으로 보았다. 1937년 미국에서 마작의 내셔널 리그가 결성되었을 때 그 초기 멤버의 대다수는 독일계 유대인 여성들이었다.[84]

뉴욕 유대인이 중국요리를 각별히 사랑했다는 사실은 상하이 유대인의 경우와 비교해보면 한층 분명해진다. 1918년 러시아혁명으로 인해 약 4만 명의 러시아인과 러시아계 유대인이 시베리아를 거쳐 도피한 하얼빈哈爾濱에는 1922년 당시 1만 1,000명 이상의 유대인이 있었지만 그 후 많은 이들이 상하이의 공동 조계로 옮겨갔다. 나아가 1938년부터는 나치스 통치하의 독일과 오스트리아에서 1만 5,000~2만 명가량의 유대인 난민이 상하이로 망명했다. 이들에게는 당연히 중국 음식을 맛볼 기회가 있었지만, 미국의 경우처럼 현지 사회에 동화되어야만 하는 압력이 존재하지 않아서 중국요리는 상하이의 망명 유대인들에게 특별한 것이 되지 못했다.[85]

1959년에는 '번스틴 온 에식스Bernstein-on-Essex'가 뉴욕 최초의 코셔 중국요리를 냈다. 또한, 1964년 창업하여 소포장 간장의 판매로 미국에서 제일가는 기업이 된 '카리아웃Kari-Out'은 유대인 일가의 소유이다. 오랜 세월에 걸친 유대인과 중국요리의 관계는 유대계 미국인 아이덴티티의 일부를 구성하고 있기도 하다. 그 때문에 1972년 닉슨 대통령이 중국을 방문한 뒤로 많은 유대계 미국인이 진정한 중국요리를 찾아 중국 여행을 떠났다. 그리고 중국에서는 2008년을 기준으로 500곳 이상의 공장에서 공인 코셔 식품을 제조하고 있다.[86]

재미 일본인이 경영하는 중국요리점

미국의 중국요리를 만들고 먹어온 사람들로서는 일본인 이민자와 일본계 미국인 역시 무시할 수 없는 존재감을 가지고 있다. 1890년경까지 많은 재미 일본인은 샌프란시스코를 중심으로 살고 있었지만, 1906년 샌프란시스코 대지진이 일어나자 로스앤젤레스로 대거 이동했다.

1907년, 일본인의 급격한 증가에 대해 지역신문이 일본인 위협론을 들고나온 것을 계기로 로스앤젤레스에서는 일본인 이민자를 배척하는 분위기가 고조되었다. 샌프란시스코에서 이미 배일排日을 경험한 바 있는 이주자들이 로스앤젤레스에서도 한데 모여 살게 된 데에 말미암아, 1907년은 '리틀 도쿄'가 탄생한 해라고도 이야기된다.

1907~08년에 미일 양국 정부가 신사협정을 체결하여 일본 정부는 미국으로 도항하는 일본인에 대한 여권 발급을 제한하였다. 나아가 1924년 미국 이민법은 이주 노동을 목적으로 하는 일본인의 이민을 전면 봉쇄했다.[87] 이에 따라 일본인 남성 이주자는 줄었지만, 그 후로 재미 일본인 남성으로부터 사진이나 소개장만 받고 결혼·이주하는 '사진 신부(寫眞花嫁)'와 그 자녀인 일본계 2세가 늘어났다.[88]

이로써 1940년경 로스앤젤레스에는 3만 8,000명 정도의 일본인이 살게 되었지만, 진주만 공격 2개월 후인 1942년 2월 프랭클린 D. 루스벨트Franklin Delano Roosevelt 대통령이 적성敵性 외국인을 격리하는 행정명령에 서명하면서 재미 일본인과 일본계에 대한 강제 퇴거 조치가 이루어졌다. 일본인이 사라진 로스앤젤레스의 '리틀 도쿄'는 약 5,000명의 아프리카계 미국인이 들어가 살자 재즈가 흐르는 동네로 변모했다고 한다. 전쟁이 끝난 뒤 '리틀 도쿄'에는 일본계가 돌아와 갖은 어려움 속에서 부흥을 이룩했지만, 전쟁 전과 같은 기세는 회복할 수 없었다. 또한, 오늘날의 '리틀 도쿄'에는 한국인의 출점이 증가하고 있으며, 개발이 추진된다 한들 개발업자가 일본계가 아니어서 일본 문화의 향취가 줄어들지도 모른다는 우려를 낳고 있다.[89]

재미 일본인은 1880년대(1887년경)[90]에 이르러 샌프란시스코에서 일본 요릿집·식당을 개업했다. 또한, 1880~90년대 로스앤젤레스에서는 '10센트 식당'(10센트 균일가의 요리를 내세운 작은 양식집) 등을 경영하며 생계를 꾸리는 일본인이 늘어났다. 나아가 1910년대에는 재미 일본인의 외식업이 간이 식당에서 호화 레스토랑을 경영하는 단계로까지 발전해 대규모 중국요리점도 문을 열었다.

1910년대 중반부터는 일본인이 로스앤젤레스에서 잇따라 춥수이 레스토랑을 열어 '나비들' '드래곤' 같은 대규모 점포가 성공을 거뒀다. 일본인이 경영하는 춥수이 레스토랑은 예컨대 정면을 후지산 모양으로 크게 장식한 '동양 춥수이 칵테일 라운지'를 설치하는 등 일본·서양·중국의 매력을 응축시킨 세련된 음식점이었다.[91] 이렇게 당시 미국의 많은 중국요리점을 일본인이 경영한 것은 현재 많은 일본 요리점이나 스시 가게를 중국계나 한국계가 경영하고 있는 것과 대조를 이룬다.

원래 미국의 일본인 거리 인근에는 화인이 경영하는 중국요리점이 자리해 일본인과 미국인이 단골손님으로 드나드는 경우가 많았다. 1910년대 미국의 레스토랑을 찾은 일본인들은 보통 여성을 동반한 손님이 들어가는 박스석에 남성끼리 진을 치고 앉아 미국인으로부터 경멸의 시선을 받고는 했지만, 아예 이러한 일본인을 겨냥해 박스석을 여럿 마련해둔 중국요리점도 많았다.[92]

또한, 백인이 경영하는 레스토랑에서는 일본인 손님의 주문을 받지 않는 경우가 있었던 반면 중국요리점에서는 그러한 대우를 받을 걱정이 없었다. 일본인들은 자신들을 환영해주는 중국요리점에 안심하고 출입할 수 있었으며, 결혼식이나 그 밖의 모임 장소로도 애용하였다.[93] 이러한 중국요리점과 일본인·일본계의 관계는 남미 페루에서도 비슷한 양상을 띠는 등 아메리카 대륙에서 널리 나타난 것이었다.

1920년대 로스앤젤레스 최대의 중국요리점은 교외의 패시디나(샌게이브리얼 밸리의 중심지)에 있던 '크라운 촙수이 팔러Crown Chop Suey Parlor'로, 일본인 이민자가 소유한 곳이었다.[94]

나아가 당시의 패서디나에서는 아즈마 젠사쿠東善作(1893~1967년)라는 인물이 사실혼 관계의 아내인 스즈코鈴子(스즈壽壽)를 도와 촙수이 가게 '레드 윙'을 경영했다. 아즈마는 이 촙수이 가게에서 모은 자금으로 1930년 6~8월 일본인 최초로 3대륙(아메리카·유럽·아시아) 횡단비행(로스앤젤레스→뉴욕→런던→모스크바→하얼빈→도쿄)에 성공했다. 이러한 위업을 달성한 아즈마 젠사쿠는 '촙수이 비행사Chop Suey Flyer'라는 별명으로 보도되었다.[95]

포춘쿠키의 탄생

포춘쿠키는 미국의 많은 중국요리점에서 식후에 서비스로 나오는, 운세가 적힌 쪽지가 들어간 과자이다. 미국인들은 흔히 포춘쿠키를 중국의 관습이라고 생각하지만, 이는 제2차 세계대전 이전에 샌프란시스코로 이주한 일본인이 쓰지우라센베이辻占煎餅라는 이름으로 제조하기 시작한 것이다.

나카노 야스코中野泰子의 연구에 따르면, 쓰지우라센베이를 비롯해 점괘가 적힌 쪽지가 들어간 과자는 일본 국내에서는 이미 에도 시대에 연회석에서 이를 열어보며 재미있어했다는 기록이 있으며, 쇼와 시대에 들어서도 요정이나 카페 등에서 유통되었다. 일본인 이민자들은 일본에서 쓰지우라辻占[점괘가 쓰인 쪽지] 과자가 기호품으로 소비되던 양상을 캘리포니아의 춥수이 레스토랑에 그대로 가져왔다. 그곳에서는 게이샤를 불러 일본풍 연회를 즐길 수도 있어서, 연회 분위기를 북돋우는 소품이나 식후의 자그마한 서비스로 쓰지우라센베이를 이용한 것이다. 이처럼 고급 레스토랑에서 쓰던 것을 점차 식당 형식의 부담 없는 춥수이 레스토랑에서 서비스 과자로 내게 되었다고 여겨진다.[96]

포춘쿠키의 발상지를 결정하는 1983년 재판에서는, 1907~14년경 야마나시山梨현 출신의 하기와라 마코토萩原眞가 샌프란시스코에서 포춘쿠키를 창안하였다는 설이 인정되었다.[97] 요식업으로 재산을 축적한 하기와라 마코토는 1894년 캘리포니아 동계 국제박람회 때 만들어진 일본 정원을 넘겨받아 그곳에서 다실 영업을 재개하였으며, 차에 곁들일 과자로서 자가제 쓰지우라센베이를 개발하여 벤쿄도勉強堂[일본의 제과점]에 대량생산을 맡겼다.

당초 이 과자에는 '쓰지우라센베이'의 직역인 '포춘 티케이크'라는 이름이 붙어 있었지만, 1941년 태평양전쟁이 발발한 뒤로는 화과자라는 뉘앙스가 있는 '티케이크'가 삭제되고 '포춘쿠키'로 개명되었다(단, 이 책에서는 '포춘쿠키'로 통일하여 표기한다).[98] 그런가 하면 1983년 재판에서는 포춘쿠키를 광둥 이민자인 데이비드 융David Jung이 제1차 세계대전 직전 로스앤젤레스에서 창업한 '홍콩 누들Hong Kong Noodle Company'의 작품으로 보는 설이 쟁점이 되었다.[99]

포춘쿠키 제조로 가장 유명한 곳은 로스앤젤레스의 '리틀 도쿄'에서 1918년 창업하여 1924~25년경 법인화된 '우메야Umeya'다. 미에三重현 출신의 창업자 하마노 야스오Yasuo Hamano는 원래 센베이煎餅를 제조하다가 중국요리점도 경영하게 된 것을 계기로 포춘쿠키를 제조하기 시작했다. 우메야는 하루에 2,000개 이상의 포춘쿠키를 손수 만들었으며, 일본인이 경영하는 캘리포니아 소재 춥수이 레스토랑 120여 곳이 단골 거래처가 되었다.

제2차 세계대전 중 로스앤젤레스에서 덴버로 옮겨 센베이 제조를 이어나가던 우메야는 1950년 로스앤젤레스로 돌아가 다시 포춘쿠키를 제조하기 시작했다. 또한, 2017년 렉스 하마노Rex Hamano가 3대 사장에 취임한 뒤로는 '리틀 도쿄'에 있던 우메야의 부지가 매각되어 주택 개발이 추진되었다.[100]

화과자에서 중화 과자로 바뀐 포춘쿠키

포춘쿠키는 제2차 세계대전과 전후를 거치며 일본인 이민자와 일본계 미국인의 것에서 중국인 이민자와 중국계 미국인의 것으로 바뀌었다고 할 수 있다. 1942년 2월의 행정명령은 모든 적성 외국인을 대상으로 하는 격리 명령이었지만 일본계만 대규모로 강제수용되어, 미국 서해안과 하와이에 살던 10만 명 이상의 일본인 이민자와 일본계 미국인이 강제 퇴거 명령에 따라 사막 등지에 급조된 캠프(수용소)에 수용되었다. 훗날 주일 대사가 되는 에드윈 O. 라이샤워Edwin Oldfather Reischauer는 이러한 시책이 태평양전쟁을 백인의 지배에 맞선 유색인종의 해방전쟁으로 왜곡시키려는 일본의 움직임을 조장한다고 우려를 표했다.[101]

나아가 일본은 수십 년 동안 존속한 미국의 반아시아적 이민법·국적법을 프로파간다에 활용해서, 미국 의회와 루스벨트 대통령은 압력을 받고 있었다.[102] W. G. 매그너슨Warren Grant Magnuson 하원 의원은 의회에서 일본이 중국 대륙에서 사용하고 있는 선전용 소책자를 소개했다. 이 소책자에 따르면, 미국은 중국의 연합국이라 해도 중국인의 입국을 받아들이지 않으며 단지 중국 병사가 미군 병사를 대신해 싸워주기를 바랄 뿐이지만, 일본이 만들어나가는 대동아공영권에는 그러한 인종차별이 없다는 것이다.[103]

1943년 2월 장제스 부인 쑹메이링이 연방의회를 방문했을 때 '배화법' 철폐 제안이 나왔으며, 그해 3월 매그너슨 의원이 연방의회에 '배화법' 철폐 법안을 제출하여 11월 가결되었다.[104] 다만, 이 '배화법' 철폐는 일본에 맞서 함께 싸우는 연합국으로서 전략적 고려를 한 것일 뿐, 1924년 이민법에 따른 국가별 입국 할당제에 기초하여 화인의 미국 입국은 연간 105명으로 제한된 채였다.[105] 이렇게 제2차 세계대전 중 미국의 일본인과 일본계, 화인과 중국계의 입장은 격변하였다.

전시에 포춘쿠키는 가격 통제의 대상이었지만, 이는 1946년 8월 해제되었다. 전쟁이 끝나고 수용소를 나온 일본인과 일본계는 포춘쿠키 속 쪽지의 메시지가 일본어에서 영어로 바뀐 것을 알게 되었다.[106] 제2차 세계대전에서 미국의 연합국이었던 중국의 요리가 미국에 수용되자 많은 중국요리점에서 포춘쿠키가 필요하였지만, 일본인 제조자가 없어 전쟁 후에는 포춘쿠키를 제조하는 화인 업자가 크게 늘어났다.[107]

화인이 포춘쿠키를 제조하자 쿠키 속 메시지에 '자왈子曰'로 시작하는 공자(『논어論語』)의 말이 들어가거나 아무 메시지에나 공자의 이름이 붙고는 했다. 공자는 미국의 중국요리점을 통해 화인 문화의 친숙한 상징으로서 미국의 미식가들에게 알려졌다.[108] 이렇게 미국에서 포춘 티케이크, 포춘쿠키는 화과자에서 중화 과자로 완전히 변모한 것이다.[109]

나아가 1960년대에는 포춘쿠키가 정치의 장에 등장하며 많은 사람의 이목을 끌었다. 예컨대 1960년에는 대통령 선거의 일환이었던 민주당 전당대회에서 포춘쿠키를 배포하였으며, 1965년에는 뉴욕 시장 선거에 입후보한 민주당의 에이브러햄 D. 빔Abraham David Beame(1906~2001년) 역시 포춘쿠키를 배포했다.[110] 빔은 런던의 폴란드계 유대인 가정에서 태어나 뉴욕의 로어 이스트 사이드에서 자랐다. 1965년 선거에서 빔은 공화당 후보 존 V. 린지John

Vliett Lindsay에게 패했지만, 1973년 시장 선거에서 당선하여 유대 교도로서는 최초로 뉴욕 시장이 되었다. 이 밖에도 문화 면에서는 1966년 할리우드 블랙코미디 영화 〈포춘쿠키The Fortune Cookie〉가 개봉되었다.

오늘날에는 초콜릿, 캐러멜, 카푸치노, 민트, 블루베리, 체리 등 다양한 맛의 포춘쿠키가 출시되고 있으며, 포춘쿠키 속에 메시지를 넣어 프러포즈를 하는가 하면 결혼반지를 포춘쿠키 속에 넣어 주는 서비스도 있다고 한다. 한편, 근래에는 로스앤젤레스의 포춘쿠키를 비롯해 많은 중국 식품이 대부분 멕시코인 노동자 등에 의해 생산되고 있다.[111]

미군이 가는 곳에 춥수이가 있다

1930~40년대 미국에서 화인에 대한 인식은 생물학적으로 정의되는 인종에 기반하는 것에서 사회·문화적으로 정의되는 민족 ethnicity에 기반하는 것으로 바뀌어갔다. 1942년 미국 정보국The US Information Agency은 전쟁정보부The Office of War Information를 창설했다. 그리고 전쟁정보부는 화인을 고용하여 중국 관련 업무를 맡겼다.

예컨대 1942년 2월 춘절(음력설)에는 〈중국의 승리Victory of China〉라는 라디오 프로그램을 방송하여 미국 각지의 화인 사회에서 치러지고 있는 춘절 행사를 소개하고 미국이 중국계 이민자에게 안전한 천국이라는 것을 국내외 청취자를 향해 선전했다. 차이나타운은 제2차 세계대전 중에는 물론이고 전후에도 미국이 자랑하는 민족·인종의 다양성, 말하자면 '인종의 용광로melting pot'의 예로서 프로파간다 영화에 빠지지 않고 등장하였다. 참고로, '인종의 용광로'라는 이 유명한 개념은 미국의 다수파 문화에 동화되려는 경향으로 말미암아 1960년대 이후 비판의 대상이 되었으며, 다른 민족·인종에 대한 인정을 바탕으로 사회를 구성하는 '샐러드볼'이나 '모자이크' 같은 개념이 다문화주의를 나타내는 말로 정착해 갔다.

이야기를 되돌리자면, 1930년대부터의 중일전쟁이나 1940년대의 태평양전쟁은 '아시아'나 '동양인Orientals'을 단일한 것으로 파악하던 서양인들로 하여금 그들이 가지고 있는 동양에 대한 이미지를 갱신하게 하여, '동양Orient' 속에 내재한 상이한 측면들이나 아시아인들의 다양성에 대해 주의를 환기하고, 일본(인)과 중국(인)을 구별하게 했다. 그리고 인종적 적대감의 칼끝이 중국인에게서 일본인에게로 옮겨가 아시아인에 대한 차별적 고정관념은 중국의 쿨리가 아닌 일본군 병사를 향하게 되었다.[112]

이러한 가운데 1940년경에는 미국에서 중국요리가 널리 수용되었다. 제2차 세계대전에서는 미·영 양국이 중국과 연합하기도 하여 미국에서 중국요리점이 증가했다. 예컨대 샌프란시스코의 화인들은 중국의 항일 전쟁을 지원하는 기금을 조성하려고 '밥공기rice bowl' 파티를 열었으며, 이러한 파티에는 미국인 백인도 참가했다. 또한, 소설『대지』로 알려진 노벨 문학상 수상 작가 펄 S. 벅은 미국인 주부들을 향해 중국의 조리법을 추어올렸다. 벅은 중국어가 유창한 덕도 있어 현실의 중국에 대한 직접적 지식을 바탕으로 활약하였으며, 제2차 세계대전 중 미·중 친선을 위한 프로파간다에도 이따금 등장하고는 했다.

1941~43년 샌프란시스코 차이나타운의 레스토랑은 매상이 300퍼센트나 증가했다. 나아가 샌프란시스코의 일본계 소유 건물은 1942년부터 일본계에 대한 강제 퇴거가 시작되자 많은 수가 화인에게 싼값에 매각되었다. 그 때문에 제2차 세계대전 후 샌프란시스코에서는 많은 중국요리점의 화인 경영자가 자신의 점포를 소유하고 있었다. 하지만 이 무렵 미국의 중국요리점들 사이에서는 경쟁이 사라져 메뉴의 진화가 정체되었으며, 촙수이 같은 음식이 기본 메뉴로서 일반화되기도 하였다.[113]

그런가 하면 1912년 홍콩에서 촙수이가 없다는 사실을 믿지 못하고 여러 레스토랑을 찾아다닌 신문기자가 있었다. 그 기자는 아무리 돌아다녀도 촙수이를 발견할 수 없었으며 그가 찾은 가게에서는 '촙수이'와 영어 발음이 비슷한 '젓가락chop sticks'만 내주는 형국이었다.[114] 또한, 1928년에는 베이징에서 촙수이 레스토랑이 문을 열었지만 오래가지 못하고 곧 폐점했다고 한다.

그러나 제2차 세계대전 중 충칭을 찾은 어느 미국인 병사는 '진정한 샌프란시스코 스타일 촙수이 있습니다We serve authentic San Francisco-style Chop suey'라고 내건 지역 레스토랑을 몇 군데 발견할 수 있었다. 또한, 전쟁 후 많은 미군 병사가 주류한 상하이에서도 '진정한 아메리칸 촙수이 있습니다Genuine American Chop Suey Serve Here'라는 네온사인을 찾아볼 수 있었다. 나아가 1950년대 도쿄에서도 미국 음식을 파는 큰 레스토랑에는 촙수이가 있었다고 한다. 당시 일본인은 촙수이를 중국요리가 아니라 미국 요리로 인식했다.[115] 요컨대 미군이 가는 곳에 촙수이가 있었던 것이다.

촙수이는 미군 병사용 요리가 되어 스파게티나 타말레스tamales (옥수수 반죽을 찐 멕시코 가정 요리)와 함께 에스닉 요리로서 1942년판 미군용 조리서에 실렸으며, 병영 식당의 필수 요리로 자리 잡았다.[116] 1944년판 미 해군 요리서에도 '새우 촙수이shrimp chop suey', '돼지고기 촙수이pork chop suey'의 재료와 조리법이 실려 있었으며, 이 밖에 '촙수이 국수chop suey over noodle'도 메뉴 예시에 포함되어 있었다.[117]

또한, 제2차 세계대전 중 대통령에 취임한 해리 S. 트루먼Harry S. Truman(1945년 4월~1953년 1월 재임)이 백악관에서 했던 식사 기록이 일부 남아 있는데 이에 따르면, 트루먼은 1952년 백악관에서 가족과 함께한 점심 식사 때 총 아홉 번(많을 때는 매주) 촙수이 샐러드에 크래커를 곁들인 요리("Farmer's Chop Suey Salad Crackers")를 먹었다.[118] 이를 통해 제2차 세계대전 후인 당시에 촙수이가 백악관에서도 일반적인 메뉴가 되어 있었다는 것을 알 수 있다.

그리고 미군 제일의 촙수이 팬은 1942년 런던에 사령부를 둔 유럽 전역戰域 연합군 최고사령관에 취임하여, 1944년 노르망디상륙작전을 지휘해 연합군을 승리로 이끈 드와이트 D. 아이젠하워Dwight David Eisenhower였다. 〈뉴욕 타임스〉에 따르면, 아이젠하워는 1930년대에 소령으로 워싱턴에 주재하던 무렵부터 가족과 함께 촙수이 레스토랑을 드나들었다. 그는 제2차 세계대전에서 눈부신 활약을 펼치고 미국에 돌아와서는 다시금 그가 좋아하던 치킨 촙수이를 시켰으며, 대통령(1953년 1월~1961년 1월 재임)에 취임한 뒤에도 변함없이 촙수이를 즐겨 먹었다.[119]

지노 폴루치의 천킹

미국 군대에서 나아가 가정에도 중국요리를 보급시킨 것은 식품 기업가 지노 폴루치Jeno Paulucci(1918~2011년)이다. 미네소타주의 가난한 이탈리아계 이민자의 가정에서 태어난 폴루치는 제2차 세계대전 때 아시아에서 미군에 복무하면서 중국요리를 좋아하게 되었다. 중국요리는 군대 동료들 사이에서도 인기가 있었으므로, 폴루치는 귀국 후 1947년 융자를 받아 중국 식품 통조림 공장을 매입해 중국 식품의 대량생산과 전국 판매에 뛰어들었다.

폴루치가 창업한 '천킹Chun King'이라는 회사는 그 발음부터가 제2차 세계대전 중 중국의 임시 수도였던 충칭을 연상시켰다. 초창기에 이 회사는 미네소타주 덜루스의 스칸디나비아인 개척 지역에서 양산 냉동 차우멘을 판매하였다(그림 3-6).

폴루치가 생산한 통조림 치킨수프나 향신료 같은 중국 식품의 맛은 이탈리아인 어머니의 지도에 의한 것이었다. 1957년 폴루치는 깡통 하나에 차우멘 혹은 춥수이, 또 다른 깡통에 채소를 담은 2단으로 된 중국 식품 통조림으로 특허를 취득했다. 천킹은 1967년 폴루치에

3-6 천킹의 냉동용 광둥 요리

의해 R. J. 레이놀즈 담배 회사R. J. Reynolds Tobacco Company에 매각된 당시 전미 중국 식품 통조림 판매량의 80퍼센트를 차지하고 있었다. 천킹은 1989년 싱가포르 기업에 다시 매각되었다.[120]

지노 폴루치는 1975년 창설된 '이탈리아계 미국인 재단Italian-American Foundation'의 초대 회장이 되었다. 1976년 9월 16일 워싱턴의 힐튼 호텔에서 열린 이 재단의 만찬회에서 제럴드 R. 포드Gerald Rudolph Ford Jr. 대통령은 폴루치의 천킹이 거둔 성공에 대해 "미국의 마법을 상징한다"고 추어올렸다. 그러고는 "맛있는 이탈리안 레시피의 촙수이를 만드는 사업보다 미국적인 것이 또 있을까요What could be more American than a business on a good Italian recipe for chop suey"라고 말해 만찬회장을 웃음바다로 만들었다.[121] 이러한 농담에서 우리는 이탈리아계 이민에 의해 대량생산된 중국요리가 미국에서 일시적으로나마 국민 음식의 지위를 획득했다는 것을 읽어낼 수 있다.

천킹 외에 중국 및 아시아 식품을 취급한 미국의 오래된 기업으로는 '라초이 식품La Choy Food Products'을 들 수 있다. 1922년 미시간 대학 학생인 월리 스미스Wally Smith가 조선 출신의 파트너 유일한柳一韓과 함께 창업한 이 회사는 식료·잡화점으로 출발하여, 1924년부터 레스토랑 및 호텔을 상대로 깡통에 든 숙주, 간장, 채소 믹스(촙수이의 재료) 등을 판매했다. 라초이는 1937년 디트로이트에 공장을 설립했지만, 전쟁으로 인해 공장이 라이플 생산에 징발되자 회사를 오하이오주의 아치볼드로 이전했다.

미국의 간장 제조사로는 라초이가 판매량이나 인지도 면에서 선두를 달렸으며 천킹이 그 뒤를 쫓았지만, 1970년대에는 일본의 깃코만이 이 두 회사를 제치고 시장점유율 1위를 차지하였다. 단, 소포장 간장에서는 앞서 언급한 카리아웃이 미국에서 줄곧 선두를 달리고 있다. 또한, 오늘날에는 켈로그나 하워드 존슨 등 미국의 대형 식품 제조사도 중국 식품 제조에 뛰어들고 있다.[122]

미국에서 중국요리 레시피의 보급

이쯤에서 미국에서 출판된 동아시아 요리서의 역사를 살펴보고자 한다.

미국 최초의 중국요리서는 1911년 시카고의 여성 신문기자이자 교육자인 J. L. 놀턴Jessie Louise Nolton이 펴냈다.[123] 이어서 간행된 미국 최초의 일본 요리서는 중국요리의 레시피를 함께 수록하고 있어 당시 중국요리가 일본 요리에 대해 점하고 있던 우위를 짐작하게 한다.[124] 이 책에는 중국요리로서 촙수이가 실려 있는 데 비해, 일본 요리는 그릴에 구운 고기나 생선이 대부분이며 스키야키는 물론이고 스시조차 빠져 있다. 이 무렵부터 1960년경까지 미국에서는 일본 요리를 중국요리의 일종으로 생각하는 사람이 많았다.[125]

참고로, 미국인에 의한 조선·한국 요리서 간행은 비교적 늦어, 감리회 선교사로서 서울에 거주하며 가정학家政學을 가르친 해리엇 모리스Harriett Morris가 1945년 간행한 것이 최초라고 알려져 있다.[126] 또한, 한국·조선계 이민자가 많이 살던 로스앤젤레스의 한국·조선계 경영 레스토랑도 1970년대까지는 대체로 중국 스타일의 가게가 많았다. 로스앤젤레스에서 최초로 성공을 거둔 한국(조선) 요리점은 1965년 개점한 '코리안 하우스'라고 여겨진다.[127]

그런가 하면 영어로 된 중국요리서는 1920~30년대부터 상당수 가 출판되었다. 중국요리서는 화인, 특히 화인 여성의 자기표현 수 단이었으며, 1940년대에는 중국요리서의 저자 가운데 화인 남성 보다 화인 여성이 많았다.[128]

비교적 적은 양의 기름을 두르고 센 불에서 재료를 공중에 띄 우기를 반복하는 '볶음'이라는 조리법은 원래 서양에는 없었던 것 이다. 지금은 널리 보급되어 있는 영어의 'Stir-Frying'(볶음)이라는 용어는 난징에서 태어나 도쿄에서 수학한 여성 의사 양부웨이楊步 偉(1889~1981년)가 1945년 펴낸 영문 요리서 『중국식보中國食譜, How to Cook and Eat in Chinese』에서 사용한 조어이다.[129] 그의 남편이자 저 명한 언어학자인 자오위안런趙元任과 노벨상 작가인 펄 S. 벅이 서 문을 쓴 이 책은 서양에서 영향력 있는 중국요리서가 되었다. 참고 로, 상하이 요리에서 흔한 '훙사오紅燒'(간장 조림)를 '레드 쿠킹Red-Cooking'(40~41쪽)이라고 번역한 것도 이 책이 최초라고 여겨진다.[130]

냉전기에는 '중국' 및 '중국요리'의 정통성을 둘러싸고 중화민 국과 중화인민공화국 간에 벌어진 다툼이 요리서에도 영향을 끼 쳤다. 예컨대 1953년 시드니에서 출판된 중국요리서에 서문을 쓴 중화민국의 대사는 중국요리를 먹는 것이 반드시 공산 중국에 대 한 공감의 표현인 것은 아니라고 썼다.[131]

1972년 2월 닉슨 대통령의 중국 방문 시 닉슨이 중국요리를 먹 는 모습이 미국 전역에 텔레비전을 통해 방송되면서 중국요리에 대 한 관심이 높아졌다. 중국요리 관련 서적의 출판에 박차가 가해져

미국·영국에서 적어도 26권의 신
간이 나왔다.[132]

3-7 펄 S. 벅의 『오리엔탈 쿡북』(1972년) 표지

참고로, 펄 S. 벅도 1972년 『펄
벅의 오리엔탈 쿡북』(그림 3-7)을
출판하여 중국을 비롯한 아시아
11개국 요리 450여 종의 재료와
간단한 레시피를 소개했다. 벅은
"많은 미식가가 이를 프랑스 요리
보다 뛰어나다고 생각한다"며 중
국요리를 편들고 있다. 그러나 벅
이 소개한 중국요리 중에는 '슈림
프 푸용SHRIMP FOO YUNG'(새우
오믈렛)이나 '차이니스 브로콜리

샐러드CHINESE BROCCOLI SALAD'처럼 중국에는 없는 미국식 요리
가 포함되어 있다.[133]

1920년대 일부 중국통 서양인들은 지방별 중국요리의 차이를
인지하고 있었지만, 미국의 중국요리서에 중국 각 지방의 요리가
등장하거나, 줄곧 지배적 위치에 있던 광둥 요리 외에 중국의 여타
지방 요리에도 사람들이 관심을 보이게 된 것은 1960년대 말부터
이다. 나아가 1980년대에 이르러서는 요리서에 서양의 조리법과 아
시아의 풍미를 융합한 가정 요리의 레시피도 실렸다.[134]

제2차 세계대전 후 이민자와 요리의 지위

미·소 냉전 시대를 상징하는 충돌 중 하나로 1959년의 유명한 '주방 논쟁'이 있다. 모스크바에서 개최된 미국박람회[American National Exhibition. 1958년 미·소 양국 간에 체결된 협정에 따라 개최된, 동서 양 진영의 문화 교류를 위한 박람회]에서 미국 부통령 닉슨이 소련 공산당 서기장 니키타 흐루쇼프를 상대로 미국의 모델 주방을 본보기로 하여 자본주의의 우월성을 과시한 이 사건은 물자 부족에 허덕이던 소련인들에게 미국의 풍요로움을 알게 하여 충격을 안겼다.

화인 역사학자 Y. 첸Yong Chen은 이처럼 '소비의 제국'으로 부상하던 미국의 선구적 패스트푸드로서 값싸고 맛있는 중국요리를 들고 있다. 즉, 미국에서 중국요리는 1940년대 이후의 맥도날드 등과 마찬가지로 남이 차린 식사를 일상적으로 즐기는 경험을 특권적 부유층 이외의 대중에게도 제공함으로써 풍요와 사회적 평등을 보급시키는 역할을 해왔다.

그러나 패스트푸드와 마찬가지로 중국요리는 프랑스 요리와 같은 경의의 대상이 될 수는 없었다. 패스트푸드는 요리라기보다는 공업 제품에 가까우며 중국요리는 중국인 이민자의 값싼 노동력의 산물이었기 때문이다.[135] 프랑스 요리는 유럽에서 명성을 날리고 있었던 것은 물론이고 하층의 프랑스인 이민자도 별로 없었던 덕에 미국에서 높은 지위를 얻을 수 있었다.

요컨대 현지국에서 이민자의 지위는 그 요리의 지위에도 영향을 끼쳤다. 미국에서 춥수이가 일시적으로나마 '국민 음식'이었는지,

그렇지 않으면 국민 생활에 뿌리내린 '에스닉 요리'[136]였는지에 대해서는 의견이 갈린다. 어느 쪽이 되었든 미국에서 춥수이가 충분히 높은 지위를 점하지 못한 것은, 20세기 중엽까지 화인의 사회적 지위가 낮아서 중국요리의 문화적 지위 상승에 걸림돌이 되었기 때문이라고 생각된다.[137] 참고로, 1960년대 이후 미국에서 춥수이의 인기가 떨어진 것과는 대조적으로, 라멘은 일본에서 국민 음식으로 자리매김하였으며 나아가 본고장 중국이나 미국을 비롯한 해외로 수출되기까지 했다.

또한, 비非백인의 에스닉 요리인 중국요리나 멕시코 요리에 비하면 이탈리아 요리는 일찌감치 미국 사회에 수용되어 제2차 세계대전 중에 이미 그 지위를 확고히 다져놓고 있었다.[138] 전시에는 파스타나 토마토소스가, 전후에는 피자처럼 이탈리아에서 유래된 미국 식품이 퍼져나갔다.

춥수이에서 본고장 스타일의 광둥 요리로

한편, 전쟁 중에는 춥수이나 차우멘 같은 중국요리가 널리 받아들여졌다. 1940년대에는 샌프란시스코나 뉴욕의 차이나타운이 관광객을 끌어모았는데, 샌프란시스코에서는 그랜드 애비뉴를 따라 관광객을 상대로 하는 레스토랑이 생겨났으며 교외에도 춥수이나 차우멘 테이크아웃 전문점이 문을 열었다. 이처럼 제2차 세계대전 중에는 중국요리가 크게 성행했지만, 전후에는 한국전쟁의 영향에 따른 반동으로 어려움을 겪었다.[139] 한국전쟁에서 중화인민공화국

은 미국의 적국이었으므로 화인은 미국의 우익으로부터 스파이로 의심받고는 했다.[140]

그러나 그 후 미국에서는 공민권운동이 피어올라 1964년 공민권법이 성립되는 등 인종적 억압에 변화의 조짐이 나타나기도 했다. 그리고 1965년 이민법 개정은 미국의 중국요리에 큰 전기를 가져왔다. 이미 1943년 '배화법'이 철폐되어 중국인에게는 연간 105명의 입국 허가 인원이 배분되어 있었다. 또한, 1952년 제정된 매캐런-월터법이 아시아계 이민 1세의 귀화를 인정해서 화인은 귀화 불가능한 외국인이라는 처지에서도 벗어날 수 있었다.[141] 나아가 1965년 가결된 이민법은 국적에 의한 이민자 허가 인원 배분 제도를 3년간 순차적으로 폐지하기로 정해 1968년부터 효력을 발휘했다.

그 결과로 중국계 이민자가 급증하여, 매년 약 2만 명이 타이완이나 홍콩으로부터 일가친척을 연줄로 하여 미국에 왔으며, 그중 절반가량이 샌프란시스코에 정착했다. 그 이후로 샌프란시스코, 로스앤젤레스, 뉴욕의 차이나타운에는 많은 이민자가 새로 유입되었다. 이들에게 차이나타운은 미국 사회에 적응하기 위한 문화적 자원이었던 반면, 미국에서 태어난 화인의 입장에서는 그곳으로부터 벗어나고 싶은 에스닉 게토(민족 거주 지구)였다.[142]

이러한 새로운 이민의 흐름 속에서, 1949년 수립된 공산당 정권에서 도망쳐 타이베이나 홍콩으로 옮겨간 중국 대륙 출신 요리사들이 다시 뉴욕 등지로 건너가 본고장 스타일의 요리점을 열었다. 그것은 미국의 중국요리에 커다란 변화를 가져왔다.[143] 미국의 중국요리점은 제2차 세계대전 후에도 미국식 촙수이나 차우멘으로 손

3-8 샌프란시스코의 차이나타운(2017년)

님을 모으고 있었다. 그러나 그 후 먼저 본격적 광둥 요리가 발전하고 나아가 1960년대 후반부터는 베이징이나 쓰촨, 후난 요리가 부상하여 광둥 요리와 경합을 벌였다.

당시 미국의 호화로운 연회석은 요리의 질은 홍콩과 다르지 않으면서도 값은 홍콩보다 10퍼센트쯤 낮았다고 한다. 1970년대 중반에는 미국 전역에서 화인이 경영하는 중국요리점이 1만 곳을 넘겨 1960년대 말 이후 개점한 곳만 약 3,500곳에 달했으며, 요식업에 종사하는 화인도 약 15만 명에 달했다.[144]

같은 광둥 요리라 해도, 도회지 홍콩의 세련되고 국제적인 광둥 요리가 미국인에 대해 갖는 문화적 함의는 소박한 광둥성 농촌 음식과는 달랐다. 종래의 광둥 요리가 가난한 광둥인 노동자를 연상시켰다면, 홍콩 광둥 요리의 높은 지위는 홍콩의 부유층과 결부되었다. 서로 다른 계층의 이민자가 가져온 요리는 같은 국적·민족·지방의 요리일지라도 현지국에서 지위에 격차가 있었던 것이다.

예를 들어, 1970년대부터는 홍콩에 살던 비교적 부유한 이민자에 의해 홍콩의 딤섬이나 얌차가 미국에 전해졌다. 미국인들에게 얌차는 종래의 광둥 요리와는 다른 카테고리에 속한 것이었다. 한편, 홍콩인 이민자에게 얌차는 문화적 아이덴티티의 기반이었으며, 사회집단의 결속력을 강화해 미국에서도 홍콩과 이어져 있다는 의식을 유지하는 데 도움이 되었다.[145]

베이징덕과 마오 슈트

나아가 1970년대 미국에서는 비유럽의 민족문화나 에스닉 푸드에 대한 태도에 변화가 찾아왔다. 1960년대에는 인종차별 철폐를 요구하는 공민권운동이 고조되었으며, 1970년대에는 히피나 좌파처럼 문화적 반역자를 자처하는 젊은이들 사이에서 에스닉 푸드를 먹는 것이 대항문화를 표현하는 하나의 방법이 되었다.

대항문화를 옹호하는 청년층은 대량생산 식품을 자연과 사회, 인체에 해로운 것으로서 비판하고, 그러한 미국의 주류 음식을 대체할 만한 먹거리를 찾고 있었다. 미국 요리 이외의 요리를 먹는 것은 미국의 문화 제국주의에 대한 항의로 해석되었다. 나아가 에스닉 푸드는 건강한 식습관으로도 인정받아 중국요리 역시 채소 중심의 건강한 식사로 여겨졌다. 이 무렵부터 미국의 중국요리점은

3부. 서양의 인종주의와 아시아인의 중국요리

중국요리만 취급하고 미국 음식을 내지 않게 되었다.[146]

　미국의 중국요리 역사에서 1965년 이민법 개정에 이어 또 하나의 커다란 사건이 된 것은 1972년 2월에 이뤄진 닉슨 대통령의 중국 방문이다. 중국의 저우언라이 총리가 닉슨을 대접한 연회는 텔레비전을 통해 방송되어 중국 문화에 대한 미국인들의 관심을 촉발하였으며, 과거 이홍장이 미국을 방문했을 때와 마찬가지로 중국 붐을 불러일으켰다. 예컨대 백화점에 중국의 공예품이 진열되고, 뉴욕의 유서 있는 백화점 블루밍데일스Bloomingdale's에서는 '마오 슈트'(중산복中山服)가 매진되었다.

　특히, 닉슨의 연회석에 나온 베이징덕은 크게 유행했다. 당시 미국의 수많은 타이완 출신 점주들은 대개 베이징덕을 먹어본 적도 없었지만 찾는 사람이 많아 이를 만들어 팔지 않을 수 없었다. 닉슨은 베이징덕의 최대 세일즈맨이 되었다.[147]

　미국 중국요리점의 인기 메뉴가 된 베이징덕은 공들인 연출에 따라 테이블에 오르고는 했다. 예를 들어, 우선 징이 울리고 이어서 노란 예복(마과馬褂)을 입은 시중꾼이 파나 된장(장醬)을 들고 나타났으며, 마지막에 은제 서빙 카트에 실린 오리 통구이가 나와 요리사가 손님 앞에서 이를 직접 썰어주었다.[148] 이 밖에 뉴욕 등지에서는 닉슨의 연회를 흉내 낸 코스 요리를 파는 가게도 나타났다.

　한편, 닉슨의 중국 방문이 불러온 이러한 중국요리 붐에 대항하여 타이완의 국민정부는 요리사 팀을 파견해 자신들이야말로 진정한 중국요리의 전통을 지키고 있다고 선전했다.[149] 그리고 베이징덕이 선풍을 일으킨 이 무렵에는 과거에 많은 인기를 누리던 촙수이가 거의 자취를 감추었다. 또한, 간장을 '곤충 주스beetle juice'라 부르는 이들도 사라졌으며[150] 나아가 많은 미국인이 중국요리를 먹을 때 포크나 나이프를 쓰지 않고 열심히 젓가락질을 시도하였다.[151]

뉴욕의 차이나타운에서는 1960년대부터 대형 의류 제조사의 하청 봉제 공장이 급증했으며, 공장에서 자본을 축적한 화인 경영자가 새로 레스토랑이나 상사를 시작하는 경우도 많았다. 또한, 봉제 공장에서 일하던 화인 여성들에게는 요리를 만들어 먹을 시간이 없어, 지역 요식업이 활기를 띠었다. 나아가 닉슨의 중국 방문이 불러온 중국요리 붐에 따라 월 스트리트의 금융기관이나 지자체의 관청 빌딩 등에서 일하는 사람들도 비즈니스 목적으로 점심을 들기 위해 인근의 차이나타운을 찾았다.

이렇게 차이나타운이 발전해나가자 뉴욕의 엘리트 화인들도 자신의 뿌리에 대해 자긍심을 가지고 차이나타운의 음식점을 찾게 되었다. 차이나타운에는 중국 각지의 요리 외에 중국풍의 태국, 베트남, 미얀마 요리를 파는 레스토랑이나 화인이 경영하는 서양, 일본 요리점도 생겼다. 이렇듯 차이나타운 경제의 발전에 의류 산업과 요식업이라는 두 성장 산업이 박차를 가했다.[152]

1970년대의 새로운 중국요리

1970년대 뉴욕에는 화인이 경영하는 레스토랑이 700~1,000곳 있었다. 이들 레스토랑에서는 중국요리의 식자재로 뉴저지주 등의 농장에서 차이신菜心[십자화과의 중국 채소], 배추, 콩, 양배추 같은 채소를 구매했으며, 이 밖에 타이완에서 순채, 둥쑨冬筍[흙 속에서 움

3-9 쭤궁지

트기를 기다리는 죽순을 겨울에 파내 수확한 것. 작고 속이 꽉 찬 고급품으로서 주로 중국요리에 쓰인다], 버섯, 비파, 리치, 통조림 용안(구이위안桂圓) 등을, 홍콩에서 샥스핀, 제비집 등을, 일본에서 갓, 무, 연근 등을 수입했다.[153]

1970~80년대 뉴욕과 그 주변에서는 중국요리 중 후난 요리가 가장 인기였다. 특히 1974년경 타이완에서 미국에 건너와 뉴욕 맨해튼에서 '펑위안彭園'을 연 펑창구이가 창안한 '쭤궁지(좌종당계左宗棠雞(쭤쭝탕지), General (Governor) (Tso's) chicken)'(그림 3-9, 1부 5장 참조)는 '이홍장 춥수이'를 제치고 미국에서 가장 유명한 중국요리가 되었다. 하지만 1980년대 말에 이르러 홍콩 스타일의 딤섬을 비롯한 광둥 요리의 인기가 높아지면서 후난 요리는 서서히 내리막길

을 걸었다.[154]

그 무렵부터 미국에서 인기를 얻은 다른 중국요리로는 케첩에 찍어 먹는 에그 롤(춘권), 탕수육(구라오러우古老肉, sweet and sour pork), 브로콜리 비프(제란뉴러우芥蘭牛肉), 캐슈 치킨(야오궈지딩腰果鷄丁, 캐슈넛과 닭고기 볶음), 달걀·채소·돼지고기 등의 볶음을 베이징덕처럼 전병에 싸 먹는 무슈 포크moo shu pork(무쉬러우木須肉, 그림 3-10) 등이 있다.[155]

또한, 1965년에 이민법이 개정된 후에는 예컨대 남캘리포니아의 몬터레이 파크Monterey Park나 샌게이브리얼 밸리San Gabriel Valley 같은 교외에 새로운 차이나타운인 '리틀 타이베이(小臺北)'가 조성되어 중국 식문화의 중심지로 자리 잡았다. 몬터레이 파크는 1970년대 후반에는 홍콩이나 타이완의 부동산 회사에 의해 '중국인의 베벌리힐스Chinese Beverly Hills'로 선전되었다. 이곳은 특정한 혹은 복수의 민족 집단이 모여 사는 대도시 교외 지역을 일컫는 '에스노버브ethnoburb(민족 교외)'의 선례라 할 수 있다. 몬터레이 파크의 레스토랑은 뉴욕의 레스토랑과 마찬가지로, 앞서 등장했던 불도장과 같은 최신 접대 요리도 냈으며, 흩어져가는 중국계 이민을 결속하는 역할을 했다.

나아가 앨햄브라·샌게이브리얼·로즈미드를 지나는 밸리 대로 Valley Boulevard는 인근의 몬터레이 파크나 로스앤젤레스의 차이나타운보다 유명한 중국 식품 집결지가 되었다. 이곳에서는 타이완 출신 이민자로, '99 랜치 마켓99 Ranch Market'의 소유주인 R. 첸Roger Chen이 '샌게이브리얼 스퀘어San Gabriel Square'라는 쇼핑몰을 짓고 중국 각지 및 일본, 한국, 태국의 요리를 맛볼 수 있게 했다. '99 랜치 마켓'이 생기자 충분한 시장조사가 불가능한 가족 경영의 중국

요리점이 이를 뒤따르듯이 개업했다. 캘리포니아 남부의 화인 인구는 1990년대 10년 동안 약 32만 명에서 52만 명으로 증가해 몇몇 도시에서는 화인 인구가 전체의 30~40퍼센트를 차지하기도 했다.[156]

1980년대에 멕시코 요리를 제친 중국요리

'개혁·개방'이 시작된 1970년대 말 중국 대륙에서 미국에 건너온 신규 이민자는 뉴욕에 터를 잡는 경우가 많았다. 그 때문에 1980년대에는 뉴욕이 샌프란시스코를 제치고 미국에서 가장 많은 화인 인구를 거느리게 되었다.[157] 그리고 중국 대륙에서는 1994년 텔레비전 드라마 〈뉴욕의 베이징인北京人在紐約〉이 히트하여 1996년에는 자매판인 〈도쿄의 상하이인上海人在東京〉도 방영되었다.

나아가 1980년대에는 미국의 에스닉 레스토랑이 전체 레스토랑의 약 10퍼센트를 차지하여, 중국, 이탈리아, 멕시코 요리점이 전체 에스닉 요리점의 약 70퍼센트를, 그중 중국요리점이 약 30퍼센트를 차지했다.

멕시코 요리는 원래 미국 남서부 이외의 지역에서는 인지도가 낮았지만, 1980년대에 '타코벨'이나 '델타코' 같은 체인점이나 대량 생산된 멕시코 음식이 인기를 얻어 전국적으로 이름을 알렸다. 미국에서는 많은 멕시코인이 여전히 하층사회에 속해 있으며, 그들에게는 육체노동자, 서비스업 종사자, 불법 이민자 같은 고정관념에 기초한 이미지가 따라다닌다. 그럼에도 멕시코의 타코, 토르티야,

3-10 무슈 포크 부리토Moo Shu Pork Burritos

부리토 같은 음식은 미국인들의 사랑을 받으며 미국의 식생활에 편입되어 있다.

그러나 1980년대에는 중국요리가 멕시코 요리를 제치고 미국에서 이탈리아 요리 다음으로 인기 있는 에스닉 요리가 되었다. 1989년 6월 베이징에서 민주화를 요구하는 학생과 시민의 시위를 중국 정부가 인민해방군을 동원해 진압한 '톈안먼사건'이 일어났지만, 이로 인해 미국에서 중국요리의 인기가 식는 일은 없었다. 미국의 중국요리는 이미 정치 상황과는 무관한 일상적 먹거리가 되어 있었던 것이다.[158]

현대 미국 중국요리점 계보

이쯤에서 미국의 중국요리 역사를 장식하는 네 곳의 가게에 얽힌 이야기를 소개하고, 현대 미국에서 중국요리가 보다 본격적이고 친숙한 것으로 자리 잡아간 발자취를 더듬어보고자 한다.

1. 조니 칸스 레스토랑—촙수이 이외의 요리

1953년 조니 칸Johnny Kan(1906~72년)은 샌프란시스코 차이나타운의 중심가인 그랜드 애비뉴에 광둥 요리점 '조니 칸스 레스토랑'을 열었다. 칸이 레스토랑을 연 무렵에는 앞서 소개한 천킹 등이 제조한 촙수이나 차우멘 통조림이 유통되고 있었다. 칸은 만약 유럽계 미국인에게 진짜 중국요리의 맛을 알릴 수 있다면 통조림 회사가 벌어들이는 돈의 일부가 화인의 손에 들어올 것이라고 생각했다. 그래서 칸은 촙수이 레스토랑의 가짜 중국요리를 비판하고 중국요리는 왕조시대 황제의 요리에 기원을 둔다는 것을 강조하며 그 진정성을 주장했다.

1920년대 샌프란시스코나 뉴욕의 차이나타운에서는 고급 중국요리점이 번성했지만, 세계 대공황으로 많은 곳이 문을 닫을 수밖에 없었다. 제2차 세계대전 후 문을 연 조니 칸스 레스토랑은 전쟁 전의 고급 중국요리점이 가졌던 규모나 세련미를 추구하며 화인 이외의 고객을 보다 많이 끌어모을 수 있도록 노력했다. 칸의 레스토랑은 촙수이를 주문하는 샌프란시스코의 관광객이나 현지인에게 촙수이 이외의 중국요리를 최초로 선보여 성공을 거뒀다.

참고로, 윙녠 간장 회사Wing Nien Soy Sauce Company(현재는 Wing

Nien Foods)는 제2차 세계대전 중 샌프란시스코의 차이나타운에서 개업한 미국 최초의 간장 공장으로, 그 창업자는 간장 공장으로는 그다지 이익을 거두지 못했지만 칸의 레스토랑에 출자하여 이를 만회했다고 한다.

조니 칸스 레스토랑은 중국과 미국이 대립하던 냉전 중에도 수십 년 동안 영업을 이어나갔다. 미국의 화인은 공산주의를 위해 일하는 적국의 대리인으로 간주되어 인종차별에 맞닥뜨릴 위험이 있었지만, 실제로는 미국의 자유민주주의적 이미지를 강화해주는 민족이라고 하여 사회적·문화적으로 수용되어 있었던 것도 그 성공의 배경을 이루고 있다.[159]

2. 만다린 레스토랑─본고장의 맛을 지향한 베이징, 산둥, 쓰촨, 후난 요리

조니 칸이 미국에서 중국 본고장 스타일을 지향하는 고급 중국요리점의 선구자였다면, 세실리아 창Cecilia Sun Yun Chiang, 江孫藝(1920~2020년, 그림 3-11)은 미국의 고급 중국요리의 역사에서 가장 중요한 인물이라고 해도 과언이 아니다. 여기서는 일본과도 깊은 관계가 있는 그의 극적 생애를 그의 자서전[160] 및 평전[161]에 근거해 소개하고자 한다.

세실리아(이하에서는 가족이 등장하므로 성이 아닌 이름으로 표기한다)는 1920년 우시의 유복한 가정에서 일곱째(셋째 딸)로 태어나 네 살 때 베이징으로 이주해 그곳에서 자랐다. 세실리아의 가족은 국민당과 관계가 있는 특권계급으로, 베이징의 쓰허위안四合院 양식의 자택에는 52개의 방과 6개의 욕실이 있었다고 한다. 집에는 우시에서 데려온 상하이 요리 담당의 나이 든 요리사와 베이징에서

고용한 북방 요리 담당의 젊은
요리사가 있었다.

일본군의 베이핑(베이징) 점령
으로부터 1년 반쯤 지난 1939년
어느 날, 일본군 병사 네 명이 식
량을 빼앗으러 집에 들이닥쳤지
만 쌀을 제단 밑에 숨겨둔 덕에
세실리아 일가는 위기를 모면할
수 있었다. 일본군 점령하 베이
징에서는 식량 사정이 점차 악
화되어 배급받은 쌀은 불충분하
고 숨겨놓은 쌀마저 바닥을 드

3-11 세실리아 창(도쿄, 1950년)

러내서 세실리아는 멀리까지 자
전거를 타고 먹을 것을 사러 가야 했다. 1940년 자택이 일본군에
의해 접수되면서 세실리아 일가는 몇몇 일본인 가족과 건물을 공
유하게 되어 비좁은 곳으로 밀려났다.

당시 베이징의 학교에서는 교원이나 학생이 종적을 감췄는데, 사
실 그들은 이미 충칭으로 피해 있던 터였다. 1942년 1월에는 세실
리아도 언니 테레사와 함께 베이징을 향해 떠나 국민당군의 도움
을 받으며 그해 6월 충칭에 도착했다. 베이징과 달리 충칭의 분위
기는 낙관적이어서, 거리 곳곳에는 장제스와 쑹메이링의 포스터가
붙어 있었으며 사람들은 애국주의의 정열 속에서 단결하고 있었다
고 한다. 충칭에서 세실리아는 3년간 친척 집에서 신세를 지며 미
국 대사관이나 러시아 대사관에서 중국어(베이징 관화)를 가르치는

일에 종사했다. 그리고 세실리아가 다니던 푸런輔仁 대학에서 경제학을 가르치고 충칭의 담배 회사에서 일하던 장량江梁, Chiang Liang을 만났다. 세실리아와 장량은 충칭에 한 곳밖에 없는 광둥 요리점에서 식사를 하거나 '승리 홀'에서 춤을 추며 데이트를 즐기다가 1945년 5월에 결혼했다.

종전 후 1945년 10월 부부는 장량의 일가친척이 많은 부동산을 가지고 있는 상하이로 옮겨가 옛 프랑스 조계의 양옥을 구입해 들어가 살았다. 상하이에서 세실리아는 근사한 프랑스, 독일, 러시아 요리점이나 난징루의 융안궁쓰永安公司(백화점)를 발견하고 기뻐했으며, 예전에 자신에게 구혼한 적이 있는 장웨이궈蔣緯國(장제스의 차남) 등과도 식사나 댄스를 즐겼다. 그리고 1946년 6월 첫째 딸 메이가 태어났다. 장량은 장웨이궈나 정부 고관 등과 친분이 있어서, 국민당군의 패배를 일찌감치 내다보고는 타이완에 집을 두 채 사두는 등 도망갈 채비를 하고 있었지만, 외교관으로 임명되어 도쿄에 가게 되었다. 1949년 4월 인민해방군의 상하이 진주를 3주 앞두고 가족 세 사람은 상하이의 훙차오虹橋 공항에서 도쿄를 향해 떠났다.[162]

세실리아는 도쿄로 가는 비행기 안에서 남편에게 왜 자신들의 생활을 엉망으로 만든 일본으로 이주하는지 물었다고 한다. 도쿄에 도착한 뒤에도 세실리아는 일본인을 무서워했으며, 특히 남성들은 병사처럼 보이고는 했다. 하지만 당시 도쿄에는 남성보다 여성이 많았으며, 여성들은 교통정리나 전선 수리, 배수구 파기, 가옥 건설에 이르기까지 하지 않는 일이 없었다. 장량은 타이완으로 옮겨간 국민당 정권의 대사관원에 임명되어서, 도쿄에서는 세실리아도 미군용 PX(매점)를 이용할 수 있었다.

1951년 가을 세실리아는 친구와 함께 메이지 신궁明治神宮 근처에서 '시킨조紫禁城(Forbidden City)'라는 중국요리점을 열고, 솜씨 좋은 요리사를 고용해 자신이 어린 시절에 먹던 요리를 재현하게 했다.

이 도쿄 시킨조의 요리사가 훗날 미국의 중국요리에 큰 영향을 주었다는 것은 주목할 만하다. 시킨조의 차석 요리사였던 왕칭팅 Wang Ching-Ting은 1956년 워싱턴으로 건너가 중국 대사관에서 요리사로 일한 뒤, 뉴욕의 '슌 리Shun Lee'라는 가게에서 일하다가 그 가게를 매입해 자신이 점주가 되었다. 이곳은 1970년대 미국에 '쭤궁지(제너럴 치킨)'를 보급시킨 가게 중 하나로 알려졌다. 마찬가지로 시킨조에서 일한 바 있는 청밍차이程明才, Cherng Ming-Tsai는 훗날 자신의 아들 앤드루가 중국요리 패스트푸드점 판다 익스프레스를 여는 것을 도왔다.[163]

세실리아는 1960년에 여동생의 편지를 받고 샌프란시스코로 건너가 1961년 차이나타운에서 '만다린 레스토랑Mandarin Restaurant'(이하 '만다린') 1호점을 열었다. 그러나 당시에는 중국요리점의 여성 점주가 거의 없었던 데다, 광둥인이 아니라는 이유로 세실리아는 차이나타운의 요식업계에서 외부인에 머무를 수밖에 없었으며, 만다린의 조리 기술도 그때까지는 초보적인 수준을 벗어나지 못하고 있었다. 그럼에도 세실리아는, 1953년에 문을 열어 이미 지위를 확립해놓은 (앞에서 이야기한) 조니 칸스 레스토랑의 서양식 서비스를 보고 배우며 보다 본고장의 것에 가까운 중국요리를 내려고 했다. 그러한 세실리아에게 조니 칸은 메뉴를 추려 단순화하고 상하이 요리에 치우치지 않으면서도 서비스와 인테리어는 높은 수준을 유지하도록 조언했다고 한다.

만다린의 요리에 사용하는 식자재는 샌프란시스코의 차이나타운 외에 재팬타운이나 이탈리아인 사회로부터도 조달했다. 1960년대 만다린의 메뉴는 미국 광둥 요리의 전통을 타파하려는 것이었지만, 과거 화인이 보급했던 요리와의 관계를 아예 끊어내려 하지는 않았다. 예컨대 촙수이나 에그 푸용은 없었지만 소, 돼지, 닭, 새우 차우멘은 마련되어 있었다.

만다린은 본고장 방식의 베이징, 산둥, 쓰촨, 후난 요리를 적어도 샌프란시스코에서는 최초로 제공한 레스토랑이었다. 다만, 당시에는 북방 요리나 쓰촨의 매운 요리가 받아들여지지 않은 관계로 만다린은 주로 광둥 요리를 냈다. 그리고 샥스핀 수프나 '자오화지叫化鷄(beggar's chicken)'(거지닭) 같은 호화로운 요리가 동과冬瓜 수프나 새우 토스트 같은 미국의 표준적 광둥 요리와 무리 없이 어우러졌다. 또한, 만다린은 미국에서 비교적 이른 시기에 '쏸라탕酸辣湯(hot-and-sour soup)'이나 죽 등을 보급했으며 디저트로는 '바바오판八寶飯(eight precious rice pudding)'이나 설탕으로 코팅한 바나나 튀김 등을 제공하였는데, 특히 후자는 많은 고급 레스토랑이 이를 모방했다고 한다.

만다린은 샌프란시스코의 화자華字(중국어) 신문에 작은 광고를 내고 산둥에서 한국을 경유해 미국에 찾아온 부부를 요리사로 고용했다. 그 아내는 만두 빚기에서 뛰어난 솜씨를 발휘했으며 미국인들 사이에서 군만두(궈톄鍋貼, pot sticker)가 점차 인기를 얻어 주문을 다 소화하지 못할 정도였다. 만다린은 미국에서 가장 이른 시기에 만두를 보급한 가게이며, 일본의 경우와 달리 미국에서는 만두가 고급 요리점을 통해 보급되었다고 여겨진다.

만다린은 당초 고향을 그리워하는 중국 북방의 이민자, 일본계 미국인, 일본계 기업의 중역 등을 단골손님으로 맞았다. 세실리아에게는 일본에서 중국요리점을 경영한 경험도 있어, 만다린은 일본 항공Japan Airlines이나 스미토모住友 은행 등의 리셉션 장소로도 적격이었다.

만다린의 경영은 샌프란시스코에서 중화민국의 영사로 있던 린 첸Lin Chien이 매니저로 임용되면서 본궤도에 올랐다. 나아가 1963년에는 〈샌프란시스코 크로니클San Francisco Chronicle〉에 칼럼을 기고하던 저술가 허브 케인Herb Caen이 만다린에 찾아왔다. 그리고 케인에게서 "태평양 동쪽에서 가장 뛰어난 중국요리"라는 호평을 받자 만다린은 단숨에 유명해졌다.

UC 버클리 등에서 학생 분쟁이 고조되던 1968년 만다린은 피셔맨스 워프의 기라델리 스퀘어로 이전하여 좌석 수를 65개에서 300개로 늘렸다. 그곳은 원래 초콜릿, 의류 공장이 있던 곳으로, 고급 상점과 레스토랑이 들어서고 있던 참이었다. 그러나 당시에도 중국요리점은 비위생적이라고 여겨져 낮은 지위에 머무를 수밖에 없어서, 뱅크 오브 아메리카에 융자를 신청하고 기라델리 스퀘어에서 출점을 인정받기까지 만다린의 이전은 무엇 하나 쉽지 않았다.

기라델리 스퀘어의 가게를 설계할 때 세실리아는 "금칠, 빨간색, 용, 제등을 모두 배제할 것No gold. No red. No dragon. No lanterns"을 요구하는가 하면, 몽골식 바비큐 좌석을 설치해 다른 가게와 차별화를 꾀했다. 세실리아는 홍콩을 찾아 장식용 자기를 구입하고 홍콩에서 새로 요리사를 불러들였다. 이렇게 기라델리 스퀘어로 이전한 만다린에는 존 레논John Lennon과 오노 요코小野洋子, Yoko Ono를 비롯해 많은 유명인이 찾아왔다.[164]

닉슨이 중국을 방문한 1972년 세실리아는 만다린에서 요리 교실을 열었다. 이 요리 교실에 의해 많은 비화인 요리사가 중국요리에 흥미를 갖고 이를 받아들였다. 만다린은 1974년 로스앤젤레스의 베벌리힐스에도 지점을 열었으며, 이곳에서는 브랜드 채소[특정 품종이나 산지를 지정하여 상품화한 채소]를 사용한 요리, 채소 경단, 두부 등 다이어트 메뉴를 선보였다.

1970년대에는 레스토랑 종업원들의 노동운동이 고조되어 세실리아는 '드센 성격의 아시아인 여성'을 비방하는 말인 '드래곤 레이디dragon lady'로 불리며 비난받기도 했다.[165] 그러나 1970년대에는 음식과 관광이 밀접히 결부되어 레스토랑, 요리사, 푸드 칼럼니스트 등이 스타로 군림했다. 세실리아 역시 유명인이 되어 진정한 중국요리, 나아가 중국 왕조시대의 광휘나 호화찬란함을 상징하는 존재가 되었다.

조니 칸과 세실리아 창은 경우에 따라 비화인의 기호에 맞춘 요리(치킨샐러드 등)를 냈으며, 세실리아가 말했듯이 중국 각지의 요리가 도입되는 가운데 순수한 '베이징 관리Mandarin'의 요리라는 것이 존재할 여지는 없었다. 그럼에도 세실리아는 미국인들에게 훌륭한 중국요리를 제공하려고 중국의 황제, 다양하고 광대한 제국, 유구한 역사, 갖가지 문화유산에 관한 매력적 전통을 상기시키려 했다.[166] 세실리아 창은 1980년대가 만다린의 최전성기였다고 회고했다. 만다린은 1991년 세실리아에 의해 매각된 뒤로도 번성해나

갔지만 결국 2006년 문을 닫았다.[167]

3. P. F. 창스 차이나 비스트로—중간층에 보급된 본격적 중국요리

1989년부터 만다린의 경영에 관여한 세실리아 창의 아들 필립 창Philip Chiang, 江一帆은 1993년 레스토랑 경영자인 미국 백인 폴 플레밍Paul Fleming의 비즈니스 파트너가 되어 애리조나주 스코츠데일에서 'P. F. 창스 차이나 비스트로P. F. Chang's China Bistro'를 열었다. 상호는 폴 플레밍(P. F.)과 창(Chang=Chiang)의 이름에서 따온 것이다.

P. F. 창스 차이나 비스트로는 미국의 테이블 서비스 레스토랑 시장에서 광범위한 중간층 고객에게 본고장 방식의 중국요리를 제공한 최초의 레스토랑이다. 많은 미국인이 가족 경영의 작은 중국요리점에는 선뜻 다가가지 못해도 P. F. 창스 차이나 비스트로에서는 식사를 했다.

1998년 중국요리점 가운데 최초로 나스닥에 상장한 P. F. 창스 차이나 비스트로는 2009년 멕시코시티에 처음으로 해외 지점을 냈으며, 2010년대에는 미국, 라틴아메리카, 중동에 200곳 이상의 점포를 냈다.[168]

4. 판다 익스프레스—볶음 요리와 쇠고기가 특색인 중국요리 패스트푸드 체인

P. F. 창스 차이나 비스트로가 미국의 주류 사회에 본고장의 중국요리를 알렸다는 점에서 의의가 있었다면, '판다 익스프레스Panda Express'는 중국요리업을 미국의 패스트푸드 콘셉트에 맞췄다

는 점에서 획기적이었다. 앤드루 청Andrew Cherng, 程正昌(1948년~)은 1966년 가족과 함께 미국으로 이주하여,[169] 1972년 캘리포니아주 남서부의 패서디나에서 어느 폐점한 커피숍을 매입한 뒤 이를 새롭게 꾸미며 '판다 인Panda Inn'으로 문을 열었다.[170] 캘리포니아는 오늘날 미국에서 맥도날드와 버거킹, 웬디스Wendy's를 합친 수보다 많은 중국요리점이 탄생한 곳이며,[171] 맥도날드나 칼스 주니어Carl's Jr. 등 많은 전국적 패스트푸드 체인의 본거지이기도 하니, 판다 익스프레스의 탄생지로 딱 알맞은 곳이었다.

가게 이름에 '판다'가 들어간 것은 1972년 2월 닉슨이 중국을 방문하고 약 2개월 후 미국이 중국으로부터 판다를 선물받은 데서 유래한다. '판다 인'이 문을 연 당시 미국에서는 중국과 판다에 대한 관심이 높았다. 귀엽고 천진한 판다는 미국의 민주주의와 다른 중국의 정치체제에 대한 위협감을 누그러뜨리고 중국요리 패스트푸드에 대한 친근한 이미지를 만드는 데 도움이 된다고 생각되었다.[172]

앤드루의 아버지 청밍차이는 장쑤성 출신으로, 상하이, 타이베이(위안산다판덴), 요코하마, 도쿄(세실리아 창의 시킨조)에서 요리사로 일한 뒤, 1973년 미국으로 이주했다.[173] 1983년 앤드루 청 등은 캘리포니아 남부 글렌데일에 있는 쇼핑몰에 '판다 익스프레스'를 열었다. 이 가게는 아버지 청밍차이의 오리지널 레시피에 기초한 요리를 내고, 운영 면에서는 판다 인의 운영 방식을 쇼핑몰 패스트푸드점에 접목하였다.

판다 익스프레스의 중국요리는 다른 요리에는 없는 조리법이자 시간을 가장 절약할 수 있는 조리법인 '볶음'을 중심으로 하는 것이 특징이다. 그렇지만 미국인들은 바삭한 식감(crispiness)을 좋아해서, 우선 많은 식재료를 한번 튀겨낸다. 또한, 판다 익스프레스는 중국요리에서는 그다지 쓰지 않는 쇠고기를, 흔히 하듯이 얇게 저며 볶지 않고 촙스테이크와 비슷한 작은 덩어리로 잘라 넣는다.[174]

판다 익스프레스는 그 후 운영 방식을 표준화하여 체인 사업을 펼쳤으며, 2009년 기준 점포 수가 300곳까지 늘어났다. 판다 익스프레스는 1998년부터 2004년까지 앤드루 청이 CEO로 있다가 그 후 최대 규모의 멕시칸 패스트푸드 체인 타코벨의 중역이었던 톰 더빈Tom Davin을 사장 겸 CEO로 맞아들였다. 2018년 기준으로 P. F. 창스 차이나 비스트로가 미국에 약 210곳의 점포를 둔 데 비해, 판다 익스프레스의 점포 수는 약 2,000곳에 달했다.

본래 중국요리는 패스트푸드가 제공하는 (한 손에 햄버거를 들고 다른 손으로 핸들을 쥐는 등의) 활동을 멈추지 않는 생활 스타일에는 부적합하다고 여겨졌으므로, 판다 익스프레스의 성공은 미국 전역의 패스트푸드 소비자에게 중국요리라는 선택지를 주었다는 점에서 큰 역사적 의의가 있다.[175]

오늘날 판다 익스프레스는 10개국에서 2,000곳 이상의 체인점을 운영하고 있다. 일본에는 2000년대 후반에 처음 진출하여 2009년에 한 차례 철수한 뒤, 2016년 라조나 가와사키ラゾーナ川崎 점 오픈을 시작으로 다시 진출해 있다.[176]

중국요리가 세계 각국에 보급될 수 있었던 것은 고향의 요리를 이국땅에서 현지화하여 제공해온 화인 요리사, 점주 한 사람 한 사람의 노력에 빚진 바가 크다. 이와 달리, 판다 익스프레스는 전 세계로 진출하여 맥도날드 등과 마찬가지로 현지의 기호에 따른 조정을 거치면서도 기본적으로는 매뉴얼화된 표준적 조리 방법으로 요리를 제공하고 있다. 따라서 판다 익스프레스는 중국요리에 새로운 '세계화'(세계적 균질화와 현지화의 동시 진행)의 흐름을 불러오고 있다고 할 수 있다.

미국에서 아시아 요리의 혼합·융합, 화인의 태국, 일본, 아시아 요리점

여기서는 중국 이외의 동아시아 여러 나라 요리가 미국에 어떻게 수용되었는지 살펴보고, 미국의 아시아 요리 내에서 중국요리나 일본 요리가 차지하고 있는 문화적 위상을 알아보고자 한다. 1970년대 이후 라스베이거스에서는 동남아시아 이민자가 증가하면서 태국, 베트남, 필리핀, 인도네시아, 말레이시아, 라오스 등의 요리점이 속속 생겨났는데, 그중에서도 태국 요리점이 압도적으로 많았다. 이들 요리점의 다수는 주로 동남아시아에서 이주한 화인들이 연 것이다.

2004년에는 라스베이거스를 찾는 거액 도박꾼의 약 80퍼센트가 아시아에서 왔다. 라스베이거스의 카지노는 아시아에서 오는 방문객 및 아시아계 미국인 고객이 급증하자, 동남아시아 요리점을 열었다.

예컨대 2005년 고급 호텔 윈Wynn 내에 문을 연 중국요리점·나이트클럽 '타오Tao, 道'는 중국, 일본, 태국, 한국의 영향을 받은 요리를 냈다. 또한, '사테 말레이시안 그릴Satay Malaysian Grille'은 '라스베이거스의 본격 말레이시아 요리'를 자칭했지만, 실제로는 태국의 팟타이, 인도의 로티 차나이roti canai(말레이시아 등지에서 많이 먹는 인도식 빵), 필리핀의 룸피아, 싱가포르의 볶음 비훈(쌀국수), 말레이시아의 채소와 두부 커리, 호키엔미(말레이시아의 새우 국수), 광둥의 볶음 비훈('肉汁炒粉') 등을 함께 냈다.

마찬가지로 '로터스 오브 시암Lotus of Siam'은 '북미에서 가장 훌륭한 태국 요리점'으로 평가받았지만 실제로는 일본의 미소시루, 파낭 피시(태국식 생선 커리), 쓰촨의 가지 볶음('魚香茄子'), 싱가포르의 국수, 베트남의 쌀국수 등을 냈으며 '크래브 치즈 완탄(蟹肉奶酪餛飩)' 같은 중국과 서양의 퓨전 요리도 개발했다.

2006년 당시 태국의 외교부장 칸따티 수파몽콘Kantathi Suphamongkhon은 "과거 우리들은 아시아의 밥그릇으로 알려졌다. 오늘날 사람들은 우리를 '세계의 주방'이라 부른다"고 주장했다. 수파몽콘에 따르면, 당시 전 세계에 9,000곳의 태국 요리점이 있었으며 그중 4,000곳은 미국에 있었다. 이렇듯 태국은 태국 요리가 세계 요리world cuisine의 중요한 일부분이라고 주장하지만, 미국에서 태국 요리는 에스닉 요리의 하나로 자리매김해 있다.

미국의 도시에서는 태국 요리점이 대체로 태국식 불교 사원보다 먼저 생겼다. 예컨대 라스베이거스에서는 1973년 최초의 태국 요리점이 차이나타운 내에 문을 열었으며, 1986년 최초의 태국식 사원이 완공되었다. 라스베이거스 최초의 태국 요리점 이름은 영어로는 'Kungfu Thai & Chinese Restaurant'라고 해 '쿵푸' 즉 쿵후功夫를 가게 이름에 넣음으로써 미국인들에게 중국의 요소를 암시하는가 하면, 중국어로는 '泰國潮州餐館[태국 차오저우 식당]'이라 하여

'차오저우'를 강조함으로써 차이나타운 내 여타 중국요리점과 차별화를 꾀했다.

미국의 태국 요리점에서는 원래 포크와 스푼을 사용하므로 젓가락은 마련되어 있지 않았다. 그러나 동양의 요리들을 세세하게 구별하지 않는 미국인 고객의 요구에 따라 젓가락을 갖춰두는 태국 요리점도 등장했다. 그렇지만 현재는 많은 미국인이 태국 요리의 테이블 매너는 중국이나 일본, 한국, 베트남과 다르다는 것을 알게 되어 젓가락이 있는 태국 요리점은 거의 사라졌다.[177]

나아가 1990년대 미국에서는 비화인이 경영하고 주방에도 화인한 사람 없는 중국요리점이 많이 생겼다. 그와 동시에 많은 화인이나 한국인이 비교적 고급스러운 느낌이 나며 보다 많은 이익을 가져다주는 일본 요리업에 진출했다.[178] 1996년판(1997년 간행)『화교경제연감華僑經濟年鑑』에 따르면, 당시 미국의 중국요리에는 담백한 맛이나 채소 요리가 선호되는 경향이 있었으며, 화인이 경영하는 일본 요리점이 늘어나는 추세였다. 예컨대 휴스턴에서는 화인이 경영하는 일본 요리점이 30곳가량으로, 전체 일본 요리점의 약 4분의 1을 차지했다.[179]

이처럼 최근 미국에서는 중국, 태국, 일본 각국의 요리만큼이나, 혹은 그 이상으로 이들 동아시아 각국의 요리를 조합·융합한 요리를 많이 찾아볼 수 있다. 참고로, 샌프란시스코의 차이나타운에서는 최근 들어 재팬타운처럼 캐릭터 상품이 상점을 점거하는 '아시안 팝 타운화'가 눈에 띈다. 이곳에서는 일본, 한국, 타이완, 홍콩, 중국, 태국, 베트남 등지에서 유래된 팝 컬처가 뒤섞여, 아시아계 사람들을 뭉뚱그려 바라보는 '오리엔탈'한 시선을 역으로 이용해 장사가 이뤄지고 있다.[180] 이러한 동향을 고려했을 때, 만약 향후 '범아시아 요리' 같은 것이 형성된다면 그 장소는 아시아 각국의 이민자가 교류하기 용이한 미국의 대도시 같은 곳이리라 생각된다.

캐나다의 중국요리

마지막으로, 미국과 마찬가지로 영국과 관련이 깊은 앵글로아메리카인 캐나다와 그 중국요리의 대략적인 상황을 덧붙여두고자 한다. 캐나다의 화인과 중국요리의 역사는 미국의 경우와 매우 비슷하다.

중국인의 캐나다 이주는 브리티시컬럼비아(1858년 빅토리아 여왕이 명명)의 프레이저 밸리에서 일어난 골드러시와 함께 1858년에 시작되었다. 1867년에는 '영국령 북아메리카 법'에 의해 자치가 인정되어 캐나다 연방이 결성되었다. 그리고 1880년대에는 캐나다 남부를 횡단하는 또 하나의 북미 대륙 횡단철도인 캐나디안 퍼시픽 철도의 건설과 함께 중국인 이민의 두 번째 물결이 시작되었다.

하지만 광산 개발과 철도 건설 붐이 잦아들자 중국인 이민은 규제되었다. 남은 화인 사회는 대부분 빅토리아와 밴쿠버의 차이나타운에 한정되었으며, 차이나타운은 비위생과 질병의 중심지로 여겨졌다. 또한, 그곳에서 화인이 경영하던 식당은 화인 전용이거나 서양인에게 서양식 식사를 내던 곳이어서,[181] 중국요리의 현지 보급은 이렇다 할 진전을 보이지 못했다.

캐나다에서 반화인 감정은 1885년 이후 '인두세법' 등 이민 규제를 목적으로 하는 법령을 낳았다. 최종적으로는 1923년 중국인 이민을 제한하는 법률이 제정되어 외교관이나 학생을 제외한 중국인의 입국이 금지되었다.

밴쿠버에서는 1915년 화인 세탁업자나 채소 행상인에 대한 반대 운동이 일어났다. 그러나 1936년에는 밴쿠버시의 시정 50주년을 맞아 축하 무드가 조성되자 화인 사회가 중요한 역할을 수행했으며, 그 후 제2차 세계대전의 영향도 있어 차이나타운의 이미지는 개선되어갔다. 화인 상인들은 예컨대 밴쿠버 컬럼비아 스트리트의 화이트하우스 촙수이 레스토랑 정면에 네온 조명을 설치하는 등 유럽인이 기대하는 '오리엔탈'한 이미지에 부합하도록 차이나타운의 저잣거리를 변모시켜나갔다.[182]

참고로, 캐나다는 1931년 웨스트민스터 헌장에 의해 외교권을 획득하여 실질적 독립을 이뤘다고 여겨지며, 1982년 영국 의회가 제정한 캐나다법에 따라 캐나다 헌법이 성립하여 헌법 개정 권한이 영국으로부터 완전히 이관되어 진정한 독립국가가 되었다.

1923년 제정된 중국인 이민 제한법은 1947년에 철폐되었으며, 같은 해에는 중국계 캐나다인의 연방·주 선거권이 승인되었다.[183] 그리고 1967년 캐나다 연방 정부는 이민 후보자의 학력, 직업 이력, 언어 능력 등에 의해 수용 여부를 판단하는 포인트 제도를 도입했다.

이 새로운 이민법에 의해 홍콩이나 동남아시아로부터 이민자가 증가했으며, 특히 1997년 홍콩이 반환되기까지 10년 동안 약 30만 명 이상이 홍콩에서 캐나다로 이주했다. 그 대다수는 토론토, 밴쿠버, 몬트리올 등 대도시권에 살았으며, 홍콩에서 온 이민자가 특히 많았던 밴쿠버는 '홍쿠버'라 불리기도 했다.

캐나다의 중국요리는 원래 미국식이었다. 요컨대 튀김류가 많고, 톈쏸甛酸(스위트 앤 사워[달콤새큼한 맛]) 소스, 케첩, 후추나 아지노모토가 들어간 튀김 가루 등을 사용하며, 계산서와 함께 포춘쿠키가 나오는 식이었다.

그러나 1980년대에는 앞부분에서 이야기한 '신파이웨차이新派粤菜'(Nouvelle Cantonese, 새로운 광둥 요리) 레스토랑이 도시를 중심으로 등장했으며, 1980년대 후반 이후에는 대규모 홍콩식 쇼핑몰 및 고급 호텔 내에 들어서거나, 독립된 대형 레스토랑('大酒樓')으로서 신파이웨차이를 내는 홍콩식 광둥 요리 레스토랑이 많이 출현했다. 그리고 이러한 새로운 홍콩식 레스토랑은 형편이 넉넉한 홍콩 이민자와 중·상층 백인 고객의 것이 되었으며, 종래의 미국식 중국요리점은 부담 없이 식사할 수 있는 서민적 장소로 남았다.[184]

이 장에서 소개했듯이, 미국의 중국요리에 관한 연구가 풍부한 이유 중 하나는 미국의 중국요리가 이민 국가, 다민족국가로서 미국이 지닌 특색을 잘 드러낸다는 데 있다. 특히 화인에 대한 배척이나 억압을 넘어 20세기 전반에는 미국식 중국요리인 춥수이가 국민 음식이라 할 만한 인기를 얻었다. 그리고 그것이 미국에서 유행하는 문화로서 혹은 미군의 일상식으로서 각국에 퍼져나간 것은 세계 식문화사에서 큰 의미를 가진다.

나아가 미군에서 중국요리를 접한 이탈리아계 이민자는 중국 식품 통조림 회사를 창업하고 이를 크게 발전시켜 미국 전역에 '이탈리안 레시피의 춥수이'를 보급시켰다. 미국에서는 일본계가 많은 중국요리점을 경영하였으며 거기서 제공되던 쓰지우라센베이는 화인에 의해 계승되어 포춘쿠키로서 미국의 중국요리에 정착했다. 또한, 유대인들은 중국요리를 먹음으로써 자신이 미국인이라는 것을 실감했으며 중국요리는 미국 유대인의 아이덴티티를 구성하는 하나의 요소가 되기도 했다. 이는 모두 다민족국가 미국의 문화 융합이 가진 역동성을 오늘날에 전해주는 귀중한 역사적 사실이다.

영국

―춉수이, 주고쿠한텐, 중국요리 대사

2장

19세기의 화인과 중국요리

'젓가락'을 의미하는 '춉스틱스chopsticks'라는 말을 최초로 기록에 남긴 것은 영국 상인 피터 먼디Peter Mundy(1600~67년)이다. 이말은 광둥어와 영어가 혼성된 피진pidgin 잉글리시였다.[1]

중국계 이민자는 늦어도 1814년에는 영국에 와 있었으며,[2] 이미 18세기부터 동인도회사의 선원이나 노동자로서 리버풀이나 런던의 항구에 살고 있었던 것으로 보인다.[3] 19세기 이후에는 산업혁명이 진전하면서 대두한 산업자본가들이 자유무역주의를 강하게 요구하여, 칙허 회사인 동인도회사는 1833년 대중국 차 무역의 독점권 폐지를 결정하고, 1834년에는 중국 상인과의 계약을 종료해 상업 활동을 중단했다. 이렇게 대중 무역이 자유화된 결과, 영국의 많은 상사나 무역상이 인도산 아편을 광저우를 통해 중국에 밀수하기가 쉬워졌다. 그러자 광둥, 푸젠 출신의 농부가 낮은 임금에 선원으로 고용되는 경우가 늘어나 이들이 초기의 영국 이주 화인이 되었다.[4]

1865년에는 리버풀에서 아시아로 가는 직항로가 개설되어 리버풀의 부두 근처에 중국인 선원이 체류하는 지역이 생겨났다. 주로 홍콩에서 온 리버풀의 화인은 19세기 영국 최대의 화인 사회를 형성했다. 청조의 출국 금지령 자체는 그 실태와는 별개로 1893년까지 존속했기에, 외국선이 드나들 수 있는 홍콩과 마카오에 이어서 황푸黃埔(광저우)와 산터우가 화인의 출구가 되어 광둥이 주된 화인 송출지로 자리 잡았다.[5]

한편, 19세기 중엽 유럽에는 중국인은 개고기를 즐겨 먹으며 제비집을 귀히 여긴다는 생각이 널리 퍼져 있었다. 예컨대 1851년 런던에서 개최된 세계 최초의 세계박람회에 즈음하여 영국의 대중지 〈펀치Punch〉는 중국인의 식생활을 야유하는 그림을 실었다(그림 3-12). 이 그림에서는 웨이터가 중국인에게 제비집 수프, 쥐 파이, 강아지 스테이크를 권하고 있다.[6]

그런가 하면 1884년 런던에서 개최된 세계위생박람회International Health Exhibition에서는 중국요리점이 가장 인기 있는 즐길거리 중 하나였다. 식품 공급이나 요리사 고용 등의 준비를 담당한 것은 해관[개항장에 설치된 세관] 총세무사로서 상하이에 오랜 기간 살았던 로버트 하트Robert Hart였다. 하트는 베이징이나 광저우에서 요리사를 모집했는데 그중에는 베이징에 15년간 거주한 프랑스인도 있었으며, 웨이터는 중국인 두세 명을 제외하고는 전부 스위스, 독일, 프

LONDON DINING ROOMS, 1851.

Waiter (to Chinaman). "VERY NICE BIRDS'-NEST SOUP, SIR!—YES, SIR!—RAT PIE, SIR, JUST UP.—
YES, SIR!—AND A NICE LITTLE DOG TO FOLLER—YES, SIR!"

3-12 〈펀치〉에 실린 중국인의 음식을 야유하는 그림(1851년)

랑스인 등이었다고 한다.

　당시 영국의 대중지는 이 박람회의 중국요리점을 소개했다. 예
컨대 〈팰 맬 버짓Pall Mall Budget〉(1884년 7월 11일)은 제비집 수프, 해
삼 파이, 샥스핀 요리, 연꽃의 씨(연밥) 같은 요리나 차는 호평했지
만, 라이브로 연주된 중국 음악에는 혹평을 서슴지 않았다.[7] 나아
가 〈펀치〉는 사오싱주("Shaoshing Wine")를 두고 "달지 않은 백포도
주와 전통적 가구 광택제의 맛에 초콜릿 크림을 혼합한 것"이라고
혹평했다.[8]

　그런가 하면 『위생박람회 자료The Health Exhibition Literature』에 실
린 J. 더전Dudgeon의 장문은 아마도 중국의 식사를 상세히 논한 영
국 최초의 글일 텐데, 값비싼 고기를 많이 먹는 서양 요리에 비해

값싸고 영양가 있는 쌀, 콩, 채소를 많이 먹는 중국요리를 높이 평가하고 서양의 식사를 개선하기 위해 중국요리를 적극적으로 받아들일 것을 권하고 있다.[9]

런던 이스트엔드의 차이나타운

화인들은 차이나타운을 흔히 '화부華埠'라고 부른다. 이 말은 중국의 항구를 뜻하며, 이를 통해 차이나타운이 부두에서 형성되기 시작했다는 것을 알 수 있다.[10] 19세기 말에는 런던, 리버풀, 카디프 등지의 독dock 주변에 소규모의 화인 사회가 형성되었다. 런던의 이스트엔드, 특히 라임하우스Limehouse 주변에는 1880년대에 이르러 화인의 잡화점, 식당, 집회장이 생겨났다. 이곳에는 1910년경 차이나타운('唐人街')이 형성되어 1910년대 전반에는 런던 화인의 약 40퍼센트가 라임하우스의 몇몇 거리를 따라 모여 살았다. 화인 중에는 영국인을 아내로 맞아 자녀를 둔 사람도 있었다.[11]

런던에서는 1906년에 선원들을 중심으로 가장 오래된 화인의 상호부조 단체가 창설되었으며, 1907년에는 화인의 생활 지원, 영국 사회에서 마주하는 차별로부터의 보호를 목적으로 하는 조직이 종족宗族의 결합을 바탕으로 결성되어 리버풀에도 그 지부가 설립되었다.[12]

1908년 런던 최초의 춥수이 레스토랑(중국요리점)이 문을 열었다. 1910년경 런던에서 중국요리점은 이스트엔드의 차이나타운에 몇 곳, 웨스트엔드에 두세 곳뿐이었다고 한다. 당시 중국요리점의 주된

　　　　　3부. 서양의 인종주의와 아시아인의 중국요리

고객은 중국인 학생 등으로, 런던의 현지인들은 일부 하층 노동자를 제외하고는 중국요리를 기피하고 있었다.[13]

한편, 1899~1902년에는 1880년대에 금광이 발견된 남아프리카의 식민지화를 둘러싸고 영국과 보어인(아프리카너) 사이에서 남아프리카전쟁(보어전쟁)이 벌어졌다. 마침 런던에 유학 중이던 나쓰메 소세키夏目漱石는 그 전쟁의 개선 행진을 냉정한 시선으로 바라보기도 했다. 이 전쟁이 끝난 뒤 트란스발 지방에서 중국인 노동자가 고용되면서 영국 본국에도 저임금의 중국인 노동자가 유입될지도 모른다는 우려를 낳았다. 1904년 영국은 약 2만 명의 중국인 노동자를 남아프리카로 데려갔다. 그들의 노예와 같은 노동 상황은 1906년 총선거에서 아서 밸푸어Arthur James Balfour의 보수당 정권에 반대하는 자유당 지지자의 결집을 불러왔다.

실제로 영국의 노동시장에서 소수자인 화인이 백인 노동자와 경합하는 일은 거의 없었다. 그러나 선원만은 예외였다. 1908년에는 런던의 독에서 영국인 선원이 중국인 선원의 고용계약을 반복적으로 저지하려고 하여 긴장이 조성되었다.

1911년에는 카디프에 있던 33곳의 화인 세탁소 전부에 대한 파괴 활동이 일어났으며 1919년에는 런던의 라임하우스 주변에서도 화인에 대한 폭력 사건이 발생했다. 이러한 화인 노동자에 대한 반감은 1920년대까지 계속되었다. 또한, 화인 인구가 증가해 라임하우스 이외의 지역에도 화인이 살자 주택 부족을 초래한다는 반감도 생겨났다.[14]

동양의 괴인 푸 만추 박사와 런던 차이나타운의 아편굴

　문화 면에서도 런던에서는 이미 19세기 말에 아편굴이 이스트엔드의 독에 있는 것으로 여겨져 라임하우스의 화인 거리와 결부되고는 했다. 오스카 와일드Oscar Wilde의 유일한 장편소설『도리언 그레이의 초상』(1891년 간행)이나 코넌 도일Arthur Conan Doyle이 창작한 셜록 홈스의 이야기에도 이스트엔드의 아편굴이 등장한다. 나아가 1920년경의 신문이나 잡지는 중국인 선원이나 라임하우스의 화인 점주가 백인 여성이나 창부를 후리고 런던에 마약 중독을 퍼트린다는 이야기까지 유포하였다.[15]

　당시 런던의 화인과 차이나타운에 관한 음험한 이미지를 만들어낸 작가로는 색스 로머Sax Rohmer(1883~1959년)가 있다. 젊은 시절에 저널리스트로서 런던의 차이나타운을 취재한 바 있는 로머는 1913년부터 동양인에 의한 세계 정복과 제국 건설을 목표로 암약하는 괴인 '푸 만추 박사'의 연작 소설을 간행했다(그림 3-13). 그리고 이 소설은 1923년부터 영미에서 수차례 영화화되었다.[16]

　참고로, '푸 만추Fu Manchu'라는 명명은 '부溥·만주滿洲', 즉 청조의 마지막 황제 애신각라부의愛新覺羅溥儀와 관련된 것으로 생각된다. '푸 만추 박사' 시리즈는 서양에서 사악하고 교활하며 무서운 동양인의 이미지를 퍼트려 황화론의 배경이 되기도 했다. 로머는 그 밖의 소설에서도 차이나타운을 아편 밀수가 횡행하는 위험한 장소로 묘사했으며, 1916년에는『차이나타운 이야기Tales of Chinatown』라는 작품집도 냈다.

　또한, 애거사 크리스티Agatha Christie(1890~1976년)의 추리소설

『빅 포The Big Four』(1927년)에서도 명탐정 푸아로가 국제적 모략을 꾸미는 중국인 조직과 대결을 펼친다. 푸 만추 박사와 그 유사 복제품은 여러 잡지, 서적, 라디오 쇼, 영화에 반복적으로 등장했다.[17]

3-13 색스 로머의 소설 『푸 만추 박사의 미스터리』(1913년) 표지

이 밖에도 차이나타운이 등장하는 영화나 음악은 일일이 열거할 수 없을 정도이다. 대중문화 속에서 차이나타운은 위험한 장소로 그려지고는 했다. 그 때문에 1920년대 스페인 바르셀로나의 라발 지구는 화인이 살지 않는데도 위험한 '차이나타운Barrio Chino'이라 일컬어졌다.[18] 다른 한편에서, 중국인은 유교적 전통을 지키며 친절하고 신사적이라는 정반대의 표상도 나타났다. 이와 관련하여 중국의 예술 작품이나 공예품이 영국인 수집가들 사이에서 대단한 인기를 누렸다는 양면성에도 유의할 필요가 있다.[19]

세계대전과 영국의 중국요리

제1차 세계대전이 일어나자 유럽 여러 나라는 노동력 부족에 직면하여 프랑스에서는 1916년 5월부터 중국인 노동자가 대량으로 고용되기 시작했다. 중국인 노동자는 군수품·화학·병기 공장, 항만, 탄광, 제철소, 교통 등 프랑스 사회 전 분야에서 일했다. 1920년대에는 청년 시절의 저우언라이나 덩샤오핑 등도 '친궁젠쉐勤工儉學'(일하며 배우는 것)를 위해 프랑스에 유학하며 중국공산당 활동에 종사했다. 이처럼 프랑스에 의한 중국인 노동자의 수용은 중국 근현대사에 큰 영향을 끼쳤다. 하지만 약 4만 명에 달했던 프랑스의 중국인 노동자는 그 대다수가 제1차 세계대전 후에 귀국하였으며, 3,000명 정도만 프랑스에 남았다.[20]

프랑스에 이어 영국도 1916~18년 중국의 산둥성 등지에서 약 9만 5,000명의 노동자를 불러들였다. 그러나 그들은 영국 본국에서 고용되거나 전쟁의 최전선에 투입되는 일은 거의 없었으며(그럼에도 약 2,000명이 목숨을 잃었지만), 전방의 군대를 지원하여 막사 건설, 도로·철도 보수, 참호 파기, 모래주머니 채우기 등을 담당했다.

영국의 외국인 이민 관리는 1905년 외국인조례Aliens Act에서 시작된다. 1914년과 1919년의 외국인제한조례Aliens Restriction Act는 중국인 이민자의 유입을 제한했다. 그 때문에, 제1차 세계대전 중 유럽에서 약 10만 명의 중국인이 일하고 있었지만 영국 본국의 중국인 노동자는 극소수에 불과했다. 당시 프랑스의 화인은 고용 노동자가 중심이었던 데 비해 영국의 화인은 선원이나 세탁업자가 중심이었다.

그러나 제1차 세계대전 중에는 영국 남성이 왕과 나라를 위해 용감하게 싸우고 있는 동안 중국인 이민자가 공장, 호텔, 레스토랑 등 영국 남성의 일자리와 집을 차지하고 많은 급료를 받으며 영국인 여성을 후리고 있다는, 중국인에 대한 영국인의 분노가 자라났다.[21] 중국인 노동자의 수도 과장되기 일쑤였다. 1930년경 중국인 작가 라오서老舍는 만약 런던에서 "차이나타운에 20명의 중국인이 산다면 기록상으로는 반드시 5,000명이라 되어 있을 것"이라고 경고했다.[22]

그러나 제1차 세계대전 후에는 중국 문화에 대한 영국인들의 관점에 변화가 나타났다. 중국요리에 대한 관심이 높아져 요리가 아편과 범죄 다음으로 중국의 문화적 특징을 상징하게 되었으며, 그 무렵부터 유럽인을 고객으로 하는 중국요리점도 문을 열어 1920년대 중반에는 런던 등지에서 중국요리점 체인점도 등장했다.[23] 런던의 웰컴 도서관에는 1920년대에서 1930년대 초의 것으로 보이는 중국요리 영문 레시피집이 남아 있다. 여기에는 총 12종의 촙수이 레시피가 수기로 적혀 있으며, 보통Plain(돼지고기), 특상Extra(돼지고기), 닭, 오리, 새끼 양, 쇠고기, 생선, 새우, 굴, 랍스터, 비둘기, 자고새 촙수이를 찾아볼 수 있다. 촙수이는 당시 영국 중국요리점의 중심 메뉴로 자리 잡아 갖가지 변형도 고안되었다는 것이 엿보이는 대목이다.[24]

영국에서는 1930년대 들어 해운 교역이 쇠퇴하고 손빨래에 의한 세탁도 전기세탁기로 대체되어갔다. 그 때문에 선원이나 세탁업 등 화인이 종사할 수 있는 일이 줄어든 데다, 호주의 금광, 석광업이 많은 화인을 끌어당겨서 영국에서는 화인 인구가 늘지 않았다.

그러나 제2차 세계대전 때는 중국과 영국이 연합국이 되어서 많은 중국인이 영국에 건너왔다. 제2차 세계대전 중 미국이나 캐나다에 물자를 보급하는 기지가 된 리버풀만 하더라도 1942년 이후 약 2만 명의 중국인 선원이 고용되었다. 또한, 약 1만 명의 중국인 선원이 영국 해군에 입대하기도 했다.[25]

영국에서는 1939년 9월 제2차 세계대전이 발발한 직후부터 육류, 설탕, 홍차, 치즈 등 기본 식료가 배급제 대상이 되었지만, 주식인 빵은 유럽의 다른 나라들보다 밀 비축량이 많았던 덕에 배급제 대상에서 제외되었다. 그러나 전쟁 중에는 빵의 품질이 점차 나빠져 거의 흑빵에 가까워졌으며 밀이 부족해지자 그마저도 만들기 어려워 영국 정부는 감자를 대용하도록 장려했다. 식량이나 술이 널리 암거래되어 런던의 일류 호텔 지배인이나 조리장 등이 검거되기도 했다. 암거래는 유대인의 소행이라는 이야기도 돌았다.

레스토랑의 요리는 한 끼에 세 접시, 정가는 5실링으로 정해져 있었다. 그러나 고급 레스토랑은 테이블 세팅, 접객, 커피, 식후 과일 등에 대한 비용을 가산하였으며, 다른 곳에서는 먹을 수 없는 육류와 달걀, 과일을 냈다. 일류 레스토랑은 사람들로 붐볐으며 이류, 삼류 레스토랑에도 줄이 늘어섰다.[26]

그리고 제2차 세계대전 중에 중국요리가 영국에 보급되었다. 전시의 배급 제도에 의해 영국인들의 전통적 식생활에는 변화가 불가피했으며, 외래의 음식이나 외식을 접할 기회가 늘어나 있었다. 당시 영국에서는 중국요리의 수준도 향상되어 있어, 값싸고 맛있는 외식 장소로 중국요리점이 주목받았다. 중국과 영국이 함께 연합국에 속해 있었다는 것 역시 중국요리 보급의 배경을 이루었다. 그런가 하면 영국 식민지의 영국인들도 현지에서 중국요리를 접하고 는 이를 본국에 보급하는 역할을 했다.[27]

런던의 일본인과 중국요리

일본인들에게도 런던은 유럽의 입구였다. 제1차 세계대전 후 런던에 거주하는 일본인이 증가하면서 영국박물관에서 남서쪽으로 걸어서 5분쯤 떨어진 덴마크 스트리트에는 짧은 도로를 따라 '도키와常磐 요리점', '야마토大和 호텔'(옛 도키와 여관), '아자카미阿座上 상회', '사카이酒井 상회', '오시마大島 이발소' 등이 밀집했다.

이 가운데 요리점인 도키와는 장어 꼬치구이를 자랑으로 하는 런던에서 가장 유명한 일본 요리점으로, 그 주인은 도쿄의 사립대학 출신이었으며, 장어는 덴마크산, 쌀은 스페인산을 썼다. 나아가 누타膾[채소, 생선, 조개 등을 초된장으로 무친 것], 사시미, 고노하동木の葉丼[얇게 지민 어묵을 파 등과 함께 달걀에 풀어 익힌 뒤 밥 위에 얹은 것] 등 일본 음식도 많이 냈으며, 젊은 영국인 여성을 고용해 양장한 일본인 여급장에게 지휘를 맡겼다. 도키와 말고도 런던의 일본인 이민자는 '도요칸東洋館', '고게쓰湖月', '미야코 클럽都俱樂部'(1906년에 우노 만타로가 전신인 '미야코테이都亭'를 창업), '히노데야日ノ出家'(日出家, 1916년에 에치고越後 출신의 야노 다쿠마가 창업, 일본인의 사교장으로 이용되었다) 같은 일본 요리점이나 '요코하마요쇼쿠텐横浜洋食店' 같은 양식점 및 중국요리점을 열었다.

제2차 세계대전 전에 일본 요리점은 일반적으로 일본인만을 고객으로 하여 서양인 손님은 거의 없었다. 뉴욕에서는 몇 안 되는 일본 요리점에 규나베牛鍋[쇠고기 전골]나 우나기메시鰻飯[장어덮밥]를 먹으러 오는 미국인 손님이 있었지만 어디까지나 예외적인 경우였다. 이에 비해 촙수이는 미국이나 유럽의 소도시에 이르기까지 각지에서 찾아볼 수 있었다. 그 때문에 런던의 일본인들은 중국요리가 "도루코土耳古〔튀르키예〕 요리와 함께 음식 조리의 최고 지위를 차지"한다고 생각하였다.[28]

런던의 중국요리점 중에서도 버킹엄 스트리트 28번지에서 일본인 후지이 요네지藤井米治가 경영하던 '주고쿠한텐中國飯店(Strand Chinese Restaurant)'은 일본인들이 많이 찾던 곳으로, 중국요리 외에 스키야키도 냈다. 런던에 사는 일본인을 상대로 한 월간지 〈니치에이신시日英新誌〉는 1925년 2월(110호)부터 1938년 8월(268호)까지 이 주고쿠한텐의 광고를 빈번히 게재했다. 〈니치에이신시〉에는 주고쿠한텐 외에 '순수 광둥식'의 '중국요리(支那御料理)'와 스키야키를 내는 '파퓰러 차이니스 레스토랑(대중적 중국요리점)', 즉 촙수이 레스토랑인 '신중궈판뎬新中國飯店', '광둥주러우廣東酒樓(Canton Restaurant)', 나아가 파리의 '완화주러우萬花酒樓' 등도 광고를 냈다.[29] 이는 화인이 경영하는 중국요리점이 일본인을 상대로 낸 광고라고 생각된다.

제2차 세계대전 이전 서양에는 일본인이 경영하는 중국요리점이 얼마나 있었을까? 일본 외무성 통상국의 『재외본방실업자조在外本邦實業者調』(1937년 12월 조사)에는 런던의 주고쿠한텐 외에 샌프란시스코의 '후지이 시게미藤井茂美'(가게 이름은 불명), 로스앤젤레스의 '산코로三光樓', '뉴 시카고 카페', '닛코촙수이日光チャプスイ', 시애틀의 '신푸켄新風軒', '긴카로錦華樓', '닛코로日光樓', '교쿠이치켄玉壹軒' 등

총 아홉 곳이 실려 있었다.[30] 이 가게들 중에는 중국요리와 일본 요리를 모두 취급하는 가게도 있었을 것이다.

1936년 11월부터 1년 반 동안 런던에서 생활한 주부 반노 노리코伴野德子는 심프슨스Simpson's in the Strand의 로스트비프보다 "후지이의 지나(중국) 요리나 야마토, 도키와의 일본 음식 쪽이 역시 입에 맞는다"고 썼다.[31] 그리고 소설가 노가미 야에코野上弥生子에 따르면, 런던의 "일본인의 가게로서 서양인을 상대로 이문을 남기고 있는 곳은" 주고쿠한텐뿐이었다.[32]

중일전쟁이 발발한 1937년 여름에는 런던 피커딜리에 위치한 중국요리점의 점두에 '일본인 사절'이라는 문구가 나붙었다. 후지이 요네지의 주고쿠한텐도 화인 요리사가 동료의 박해를 두려워하여 가게를 떠나서 일손이 부족해져 주문을 소화할 수 없었다.[33]

런던의 대일·대중 감정

제2차 세계대전 이전에 영국인들은 중국인과 일본인을 거의 구별하지 못했다. 중국인을 '잔코로ちゃんころ' 등으로 부르며 모욕하던 일본인들은 그것이 불만이었지만, 영국인이 그런 일본인의 그런 기분을 알 수는 없는 노릇이었다.[34]

그리고 1937년 8월 제2차 상하이 사변을 계기로 영국에서 대일 감정이 결정적으로 악화되었다. 런던에 장기간 체류한 화가 마키노 요시오牧野義雄에 따르면, 그 무렵 런던에서는 일본군이 상하이에서 자행한 학살이 신문에 보도되어 일본 제품 불매 시위가 일어났으며, 중국인을 위한 의연금 출연을 요청하는 포스터가 거리에 나붙었다. 나아가 일본인이 중국인을 학살하는 장면을 연출한 영화가 잇따라 상영되며 영국 전역으로 배일排日의 열기가 퍼져나갔다. 런던에서는 중국에 대한 지지의 뜻을 담아 백화점에서 중국 견직물을 특매하는가 하면, 찻집이나 레스토랑은 식탁이나 의자를 중국풍으로 꾸몄다. 마키노는 이를 대중에 영합하는 유대인의 노림수라고 잘라 말하고 있다.[35]

그 후 일·영 관계의 악화에 박차를 가한 것이 1939년 6월 톈진 조계 봉쇄 사건이었다. 영국이 한 '친일파' 중국인 관리를 살해한 범인의 신병 인도를 거부하자, 이를 이유로 일본의 현지군이 톈진 조계의 교통 제한을 실시했다. 이때 일본군은 의식적으로 영국인을 차별하여 대우했다.[36] 일본군 병사가 영국 조계의 출입구에 검문소를 설치하고 공중이 보는 앞에서 영국인을 벌거벗겨 몸수색한다는 보도가 나오자 영국의 국민감정이 악화되었다.[37] 이 사건은 중국 대륙에서 백인의 체면을 손상시키는 것이었으며, 영국인뿐 아니라 미국인까지도 백인의 위신에 미치는 악영향을 우려하기에 이르렀다.[38] 그렇지만 그 후 일·영 교섭이 호전 국면에 접어들고, 1940년 6월 협정이 체결되어 영국은 일영통상항해조약의 파기라는 수를 거두어들였다.[39]

그러나 1941년 7월 영국과 미국에서 일본인의 자산에 대한 동결령이 발포되어 일영통상항해조약도 파기되었다. 이 무렵부터는 〈타임스〉와 〈데일리 텔레그래프〉를 제외한 영국의 각 주요 언론이 '재프Jap'['일본 놈'이라는 뜻의 속어]라는 말을 쓰며 공공연하게 '반일'을 외쳤다. 한편, 일본인들은 일본을 엄하게 꾸짖는 논객들의 논조에는 충칭 국민정부 대사관의 입김이 작용하고 있다고 생각했다.

1941년 12월 진주만 공격과 말레이 해전으로 일본이 미·영과 전쟁을 일으키자 일시적으로 일본의 실력을 재평가하는 논조가 나타났지만, 곧바로 홍콩에서 일본군이 백인을 학대하고 있다는 소식이 전해졌다. 나아가 미국의 '진주만을 잊지 말자'를 모방한 '홍콩을 잊지 말자'(1941년 크리스마스의 일본군에 의한 홍콩 점거를 가리킴)라는 표어가 신문에 실리고 레스토랑이나 극장의 입구에도 나붙었다.

영국에 체류하던 일본인은 1941년 12월 8일 일·영 개전 후 아일랜드해 한복판에 있는 맨섬Isle of Man에 억류되었다. 사복 경찰이 억류 대상자의 집에 들이닥쳤을 때 일본인들이 대체로 짐을 다 꾸려놓고 기다리다가 제 발로 집을 나오자, 영국인 경관들은 어처구니없어했다.[40] 1942년 7월 영국과 일본 사이에서 억류자 교환 교섭이 성립되자 맨섬의 많은 일본인이 교환선을 타고 귀국했지만 자의로 영국에 남는 이들도 있었다.[41]

제2차 세계대전 후 런던과 리버풀의 화인 레스토랑

런던은 국제도시로서 오랜 역사를 지니고 있지만, 에스닉 요리의 진정한 붐은 1950년대 들어서야 인도 요리와 중국요리가 일으켰다고 할 수 있다. 중국요리의 보급은 인도 요리(커리)의 뒤를 쫓는 것이었다. 전시의 배급제로 인한 통일성과 평등주의에 기초하던 식당 문화가 사라지고, 서양의 식생활을 풍요롭게 한다는 인식을 바탕으로 중국요리가 환영받으면서[42] 중국요리점이 증가했다. 제2차 세계대전 후 배급이 끝나자 런던에서는 모든 레스토랑이 번성하기 시작했으며 식생활에 변화가 일어나 많은 사람이 외식을 즐기게 되었다. 특히 중국요리점은 여타 음식점보다 영양이 풍부한 음식을 제공하여 인기를 끌었다.

나아가 극동에서 영국으로 귀국한 식민지 관료나 병사, 런던에 주류하던 미군 병사, 그리고 그들의 가족 등이 중국요리점의 단골이 되었다. 대다수의 영국인은 중국요리점의 손님으로서만 화인과 접촉했으므로 화인의 이미지는 중국요리점과 밀접하게 결부되었다. 그런가 하면 세탁기의 보급에 따라 화인들은 세탁업에서 요식업으로 전업할 수밖에 없었다.[43]

1945년 8월 제2차 세계대전이 종식되자 리버풀의 많은 화인이 귀국하려고 했다. 그러나 사업가 정신을 가진 일부 화인은 중국 각 성 출신자의 사교 클럽을 겨냥해 닝보, 푸저우, 하이난, 산터우, 상하이 등의 지방 요리를 특색으로 하는 레스토랑을 열었다. 이 가게들은 중국 각 지방의 요리사들이 자부심을 걸고 만든 본고장 스타일의 중국요리를 냈으며, 영국에서 가장 이른 시기에 영업한 본격적인 중국 지방 요리점이라고 할 수 있었다.[44]

넬슨 스트리트 등지에 살던 리버풀의 화인은 1950년대에도 현지 사회에 동화되려 하지 않았지만 영국 노동자의 생활을 위협한다고 여겨지지는 않아서, 현지인들로부터 좋은 대우를 받고 있었다.[45] 그러나 20세기에는 리버풀항이 점차 몰락해서 맨체스터로 이주하는 사람이 늘었다. 중국인 사회가 리버풀에서 맨체스터로 이동하는 현상은 1960년대까지 계속되었다.

　　　　　　　　3부. 서양의 인종주의와 아시아인의 중국요리

1970년대에는 맨체스터의 비즈니스 지구 인근의 더는 쓰이지 않는 목화 창고가 몇몇 종족宗族이 경영하는 중국요리점 거리로 개조되었다. 그 후 맨체스터 중국요리점 거리의 한구석은 런던의 화인 거리인 제라드 스트리트 등과 함께 정부의 주도로 개발이 추진되었다.[46]

제2차 세계대전 후 1949년 중화인민공화국이 수립된 무렵을 절정으로 하여 홍콩에는 대륙으로부터 이주민이 대거 유입되었다. 그러자 교외의 신제 지역에서는 이들 중국 이주민에게 토지를 임대하고 그 지대를 수입으로 하여 농업에서 손을 떼는 이들이 나타났다. 나아가 공장이나 주택 개발이 이뤄져 땅값이 상승해서 농지를 매각하는 이들도 있었다. 이러한 가운데 좀 더 벌이가 좋은 일을 찾아 영국에 건너오는 이들이 나타났다.

또한, 신제 농촌의 쌀 재배 농가 중에도 기근을 피해 중국요리점의 일거리를 찾아 영국에 온 이들이 있었다. 1962년 영연방 이민법은 노동 허가 제도의 도입을 통해 영연방 여러 나라에서 온 이민자에게도 제한을 가해 영국에 이민하기 전에 일자리를 확보하도록 규정하고 있었다. 그러나 중국인 요리사는 영국 입국을 신청할 수 있었다. 1964년 당시 홍콩 신제에서 영국으로 이민한 화인은 2만~2만 5,000명 정도였으며, 이들은 런던이나 리버풀에 모여 살았다.[47]

영국의 중국요리점에 고용된 화인은 홍콩 태생의 영국 국적자와 중국 본토에서 태어나 홍콩에 살던 비영국 국적자 등 두 부류로 나뉘었는데, 1970년대를 전후해서는 후자가 급증했다. 영국의 법률이 비영국 국적 노동자를 부당하게 낮은 임금으로 고용하는 것을 분명하게 금지하고 있었는데도, 영국의 중국요리점에서는 인력 부족의 해소를 위해 홍콩에 살던 비영국 국적의 중국인을 낮은 급료로 일정 기간 고용했기 때문이었다.

J. 왓슨이 연구한 원文 씨 종족宗族의 경우처럼 런던에서 레스토랑 개업은 홍콩 신제의 촌락 사람들에게 경제적 의지처가 되어 연쇄적 이민의 시스템을 형성하기도 했다. 원 씨 이민자들에게는 영국인 친구가 없었지만, 그들은 이를 아쉬워하지 않았다. 영국의 외식업계는 압도적으로 이민자가 장악하고 있었으며, 영국인이 런던의 중·저 수준의 요리점에서 일하는 경우는 없었다. 따라서 이민자에게 요리점은 쉽게 진입할 수 있는 데다, 현지(host) 사회의 노동자와 경합을 벌여 지장을 초래할 우려도 가장 적은 틈새시장이라고 할 수 있었다.[48]

1960~70년대 런던과 홍콩 신제·말레이반도의 이민자

런던의 차이나타운은 원래 부두가 있던 이스트엔드의 라임하우스 지구에 중국인 선원과 이들을 고객으로 하는 가게가 모여 생겨난 곳으로, 제2차 세계대전 중에 독일군의 폭격으로 황폐화되어 전쟁 후에도 부흥을 이루지 못했다. 그러다 1965년 런던 웨스트엔드 극장가의 어느 어둑어둑한 도로를 따라 다섯 곳의 고급 중국요리점이 연달아 문을 열었다. 이 가게들은 종래의 촙수이를 내던 가게가 아니라, 늘어나고 있던 화인을 고객으로 하는 본격적 중국요리점이었다. 이러한 레스토랑이 생겨난 제라드 스트리트를 중심으로 새로운 차이나타운이 형성되었다.

1960년대 당시에는 매춘과 영화의 환락가였다가 1980년대 이후 언론사와 고급 레스토랑 등이 밀집해 세련된 분위기로 변모한 소호 지구 바로 가까이에 있던 제라드 스트리트는 중국요리점과 도박장을 갖춰 화인 사회의 활력과 흥분이 집중되는 장소가 되었다. 그리고 런던의 요식업을 장악하고 있던 장張 씨 등의 종족이 차이나타운의 형성을 바탕으로 번영을 구가했다. 홍콩에서 영국으로 이민이 장려되는 가운데, 영국에서는 도시 중간층을 중심으로 중국요리에 대한 태도에 변화가 나타나 중국요리점이 번성했다.[49]

1960년대 런던의 중국요리점은 넓은 지역에 분산되어 있고 그 맛이 현지화되어 있던 것이 특징이다. 당시 영국의 중국요리점 중에는 광둥 요리점이 많았으며, 가장 대표적인 중국요리는 미국식 촙수이나 차우멘이었다. 이 밖에 차시우叉燒(roast pork), 탕수육(sweet and sour meat), '에그 푸용' 등도 일반적인 메뉴였다. 런던의 중국요리점에서 내던 것은 주로 서구화 혹은 영국화된 광둥 요리였지만, 1966년에는 런던 최초의 베이징 요리점도 문을 열었다.[50]

1960년대 중반 런던에는 150~200곳 정도의 중국요리점이 있었다. 이 가게들은 점주가 제2차 세계대전 전부터 런던에 머물러 살던 가게, 점주가 전쟁 이후 런던에 건너온 가게로 나뉘었으며, 후자는 점주의 출신지를 바탕으로 네 그룹으로 나눌 수 있었다. 각 그룹 내 협력은 활발했지만, 그룹 간 교류는 거의 없었다.

첫째, 홍콩(특히 신제)에서 이민온 점주가 가장 많았다. 대개 규모가 작았던 이들의 가게는 웨스트엔드의 극장가 바깥에 있었으며, 대체로 같은 촌락 출신의 요리사나 웨이터 등 몇 사람이 모여 가게를 공동으로 소유하고 있었다. 그들은 자신들이야말로 프로라 불려 마땅한 요식업자라고 자부하며 국민당 출신 점주들을 '아마추어'로서 낮잡아 보았다.

둘째, 중화민국 대사관은 1950년에 폐쇄되었지만 전 대사관원 등이 런던이나 리버풀에 남아 중국요리점을 여는 경우가 있었다. 국민당 출신 점주들은 1950년 이후 가게를 열었으므로 요식업의 경험이 일천했다. 나아가 그들 가운데는 화베이 출신이 많아 베이징 관화밖에 사용하지 못했지만 종업원은 주로 광둥어밖에 쓰지 못하는 홍콩 신제 출신자를 고용하였으므로 영어로 의사소통을 할 수밖에 없었다.

셋째, 싱가포르 등지에서 온 말라야 화인의 중국요리점이 네 군데 있었다. 말라야 화인 점주는 특히 동향의 말라야 출신자를 종업원으로 고용하려 했다.

넷째, 비화인이 경영하는 중국요리점도 있었다.

이에 더해 종업원들 역시 제2차 세계대전 전부터 중국요리점에서 일하던 이민자와 전쟁 후에 런던의 중국요리점에 온 새로운 이민자로 나뉘었다. 주로 중국 대륙 출신이었던 전자는 저임금으로 일한 기간이 긴 반면, 주로 홍콩 신제 출신이었던 후자는 개선된 대우를 받으며 일했기에 세대 간 대립이 심했다.[51]

1961년에는 런던에서 '화인 레스토랑 협회Association of Chinese Restaurants'가 결성되었다. 이에 따라 영국 전역의 화인 레스토랑 경영자가 협회에 열심히 참가하여 중국요리의 수준과 중국요리점의 평판 유지를 도모했다. 협회는 창설 초기에 텔레비전과 라디오, 지방신문을 통해 중국요리를 대대적으로 선전했다. 나아가 1963년에는 중국요리점에서의 다툼을 발단으로 한 살인 사건에서 가해자가

된 화인 종업원을 옹호하는 운동도 펼쳤다.[52]

또한, 1960년대 후반에는 노동자를 상대로 많은 중국요리 테이크아웃 전문점이 문을 열었다. 나아가 중국계 이민자는 중국요리점뿐 아니라 피시 앤 칩스 가게도 열었다.[53] 테이크아웃 등을 전문으로 하는 소규모 가게가 늘어나면서 사람을 쓰지 않고 가족끼리 가게를 운영하는 쪽이 합리적이라고 여겨지자 가족의 노동력이 필요해졌다. 게다가 당시에는 이민 제한이 엄격해지고 있어서 때늦기전에 가족을 불러들여야 했다. 그 결과, 1960년부터 10년간을 정점으로 하여 많은 화인의 아내와 자녀가 영국에 이민했다.[54]

1960~70년대에는 말레이시아와 싱가포르에서 영국으로 이주하는 화인이 급증했다. 말레이시아에서는 1969년 말레이인과 화인이 충돌한 폭동(5월 13일 사건)을 계기로 말레이인 중심의 정치가 본격화되고, 싱가포르에서는 1967년 국민병역법이 제정되어 징병제가 실시되자 징병을 피하기 위한 해외 유학이 늘어난 것이 그 배경을 이루었다. 나아가 1970년대에는 1만 6,000명에 달하는 영국의 베트남 난민 중 약 70퍼센트가 중국계였다. 1981년 영국의 화인 인구는 15만 명을 웃돌 정도로 늘어났다. 이러한 가운데 영국인 소비자들은 영국풍 중국요리에 더욱 의문을 품고 본고장의 중국요리를 요구하였다.[55]

차이나타운에서는 1990년대 들어 1950~60년대에 이민한 이들이 은퇴하는 상황 속에서, 그 자녀들이 가게를 이어받으려 하지않아 많은 중국요리점이 신규 이민자에게 매각되었다. 그 때문에 1990년대에는 중국요리점의 소유주가 홍콩인이나 말레이시아인에서 중국 대륙 출신자로 바뀌었다. 나아가 1990년대 이후 영국의 중국요리점은 인재 확보에 어려움을 겪고 있다. 제2세대 이후의 화인은 의사, 변호사, 회계사를 최우선적 목표로 삼아서 가업과의 결속이 느슨해져 있다. 중국요리점의 인력이 부족해지기 시작하자 '리즈 동양 요리 아카데미Leed's Academy of Oriental Cuisine'(1995년 개교) 같은 학교도 설립되었다.[56]

런던의 '중국요리 대사' 케네스 로

영국에 중국요리를 보급한 것으로 알려진 케네스 로Kenneth Lo, 羅孝建(1914(13?)~95년)는 중국 푸저우에서 태어나 여섯 살 때 아버지가 대사로 주재하는 런던에 왔다. 로의 할아버지는 청말에 영국에 유학하여 이홍장의 영어 비서·외교 고문(시모노세키조약 조인에도 수행) 및 주영 공사 등을 역임한 나풍록羅豊禄(1850~1903년), 외할아버지는 군함 건조 전문가로, 청말에 해군부 선조총감船造總監, 민국기에 푸저우 선정국船政局 국장 등을 역임한 위한魏瀚(1850~1929년)이었다.

로는 베이징의 옌징燕京 대학에서 물리학을 공부한 뒤 23세에 영국에 이주하여 케임브리지 대학에서 영문학 석사 학위를 취득했다. 대학을 졸업한 로는 1942~46년에 리버풀의 중국 영사관에서 근무했으며, 1946~49년에는 맨체스터에서 부영사로 재임한 뒤 실업계로 방향을 틀었다. 로는 1955년부터 그의 만년까지 30권 이상의 중국요리서를 영어로 출판하여 훗날 '중국요리 대사'로 추어올려졌다.[57]

로는 1975~80년 런던에서 '중국 미식 클럽Chinese Gourmet Club'을 조직하고 여러 레스토랑에서 부유층이나 평론가를 초대한 만찬회를 열어 중국요리를 소개했다. 로가 특히 좋아한 곳은 '랑데부Rendezvous' 그룹으로, 이곳에서는 1950년대에 런던의 중국 대사관에서 망명한 셰프가 베이징 요리를 보급시키며 훌륭한 베이징덕을 내고 있었다. '중국 미식 클럽'의 멤버는 가장 많았을 때는 1,000명에 달했지만 경영적으로는 대실패였다.[58]

3-14 케네스 로의 자서전

1980년 로는 런던에 중국요리점 '메모리스 오브 차이나Memories of China'를 열고 고향 푸젠을 비롯한 중국 각 지방의 요리를 냈다. 메모리스 오브 차이나는 당시 런던의 중국요리점으로서는 가장 큰 주방을 보유하고 있었으며, 그 메인 요리사는 홍콩에서 딤섬, 해물 요리를 배운 산둥 출신으로, 제면의 명수이기도 했다.

메모리스 오브 차이나는 영국의 신문이나 잡지에서도 다뤄졌지만, 미국의 여행·오락 잡지 〈구르메The Gourmet〉에 대대적으로 특집이 실린 데에 말미암아 개점 당시에는 미국인 고객이 많았다. 1974년 로가 펴낸 중국요리서 『Quick and Easy Chinese Cooking』은 영국에서는 판매가 저조했지만 미국에서는 큰 성공을 거두었다. 이로써도 알 수 있듯이 중국요리의 수용에 관해서는 미국이 영국보다 선진적이었다. 또한, 1980년에는 런던에 유럽 최초의 중국요리 학교인 '켄 로스 키친Ken Lo's Kitchen'이 문을 열었다.[59]

로에 따르면, 전후 런던에서 가장 크고 가장 번성한 중국요리점은 피커딜리서커스에서 가까운 '홍콩Hong Kong'이었으며 이곳에는 연합군 관계자들도 자주 드나들었다. 이 가게의 화인 점주와 그 영국인 아내는 부자가 되어 훗날 아내는 중국 물품을 취급하는 슈퍼마켓을 창업했다.

또한, 전후에 푸저우 출신 장 카이창Zhang Kaichang은 소호에서 '파바Fava'라는 중국요리점을 열었다. 중화인민공화국 수립 전에 10대였던 장 카이창은 베이징 주재 러시아 대사관 재무관의 전속 운전사였다. 고용주가 모스크바로 돌아간 뒤 러시아인 여성과 결혼한 장 카이창은 런던으로 이주해 수년간 이탈리아 요리점에서 일한 끝에 파바를 열었다. 로에 따르면, 장 카이창이 만든 스파게티 볼로네제는 어딘가 색달라 간장과 생강이 들어간 것 같았다고 한다.

이 밖에도 파바에서 가까운 소호의 워더Wardour 스트리트에는 면 요리를 자랑으로 하는 '레이 온스Ley-Ons'라는 중국요리점이 있었다. '홍콩' '파바' '레이 온스'는 전후 런던을 대표하는 고급 중국요리점이었으며 이들 가게를 잇는 차세대 고급 중국요리점 중 하나로서 등장한 것이 '미스터 차우Mr. Chow(周先生)'이다.[60]

1968년 마이클 차우Michael Chow, 周英華는 런던 나이트브리지에 고급 중국요리점 '미스터 차우'를 열었다. 차우는 1939년(일설로는 1940년) 상하이에서 태어났으며, 그의 아버지는 유명한 경극 배우

저우신팡周信芳, 누나는 배우 차이 친(저우차이친周采芹)이었다. 열두 살 무렵 영국으로 건너가 런던의 대학에서 연극을 공부한 차우는 대학 졸업 후에는 런던 시내에 미용실을 개점하는 한편 몇 편의 영화에도 출연했다.

미스터 차우는 1974년 로스앤젤레스 베벌리힐스에도 가게를 내서 서양인 웨이터의 이탈리아식 서비스와 일관된 서양풍 분위기를 갖춘 중국요리점으로서 할리우드 영화배우들에게 중국요리를 퍼트렸으며, 이곳은 유명인들이 즐겨 찾는 레스토랑으로 이름을 떨쳤다. 미스터 차우는 1979년 뉴욕에도 가게를 내는 등 미국에서 체인 사업을 펼쳤지만, 얼마간 서양풍으로 변형된 요리를 낸다는 등의 이유로[61](그림 3-15) 화인들 사이에서는 인지도가 낮다고 한다.

3-15 미스터 차우 누들Mr Chow Noodle

런던의 화인 정치단체와 중국요리점

1911년 신해혁명으로부터 10여 년이 흘러 런던에서는 국민당 조직이 결성되었다. 그러나 제2차 세계대전 후 국민정부의 부패가 현저해지고 1950년 영국이 중화인민공화국을 승인하자, 국민당의 런던 본부나 각지의 지부는 폐쇄를 면치 못했다. 리젠트 스트리트의 '자유 중국 센터Free Chinese Centre'는 존속했지만 영국 정부는 이를 외교 기관으로 인정하지 않았다. 자유 중국 센터는 영문으로 주간 및 월간 홍보지를 발행하여 중국인 학생에게 배포하는가 하면, 쌍십절에는 전 국민당 관원이 경영하는 중국요리점에서 중화민국 건국을 축하하기도 했다.

그러나 국민당 정권은 영국에서 외교적으로 승인되지 못했으며 예산도 충분치 않아서 영국의 화인을 보호할 수가 없었다. 그 때문에 마오쩌둥의 중화인민공화국의 프로파간다가 장제스의 타이완(중화민국)보다 훨씬 강력했다. 특히 한국전쟁에서 마오쩌둥의 중국이 단독으로 미군 및 유엔군과 맞서 싸운 것이 영국인들 사이에서 중화인민공화국의 위신을 높여주었다. 이 점에서 전쟁 후 화인을 둘러싼 영국과 미국의 상황은 상이했다.

1960년대 런던의 화인 조직 가운데는 인도인 노동자 단체와 달리 정치적 압력단체가 거의 없었다. 요컨대 중국국민당과 중국공산당 사무소 말고는 좌익계인 '타이핑쥐러부太平俱樂部(태평 클럽)'가 있을 뿐이었다. 그 배경에는 제2차 세계대전 이전부터 영국인에 의해 차별을 겪어온 예전의 이민자와 달리 전후 홍콩 신제에서 온 새로운 이민자는 백인 노동자의 일자리를 위협하지 않아서 크게 차별받을 일도 없어, 영국인을 우호적으로도 적대적으로도 생각하지 않았다는 사정도 있었다. 나아가 홍콩에서는 독립 운동이 일어나지 않아서 정치에 무관심한 사람이 많았다.[62]

그러나 1960년대 런던 차이나타운에서는 홍위병 스타일의 정치 운동, 중국 대사관원에 의한 전투적 시위, 그리고 제2차 세계대전을 전후해 홍콩 신제의 반일 게릴라나 농민운동에서 활약한 요리사, 웨이터의 존재가 맞물려 젊은 노동자를 중심으로 급진적 분위기가 조성되었다. 그들의 분노는 홍콩에 대한 마오쩌둥의 난행보다는 영국 식민지다운 홍콩의 무관심한 태도를 향했다. 중국 대사관은 홍콩에서 영국으로의 이민에 대해 런던의 홍콩정청사무소The Hong Kong Government Office(HKGO)보다 많은 조력을 제공했다. 예컨대 중국요리점의 종업원이 지불을 거부하는 손님과 싸워 체포되면 중국 대사관만 석방을 위한 행동에 나섰다고 한다. 중국 대사관의 영향력이 홍콩정청사무소를 압도하며 커져감으로써 차이나타운은 급진화되는 양상을 보였다.[63]

런던 차이나타운의 발전과 중국 식재료의 보급

1958년에는 '영국 중국 상회The Chinese Chamber of Commerce, United Kingdom'가 설립되었으며 1978년에는 '런던 차이나타운 상회倫敦華埠商會, London Chinatown Chinese Association'가 설립되어 이 조직은 춘절 행사를 열었다. 1980년에는 민간단체인 '차이나타운 화인 커뮤니티 센터The Chinatown Chinese Community Centre'도 런던에서 창설되

었다.[64]

런던의 차이나타운은 1985년에 공인되어 웨스트민스터 자치구 장, 중국 대사, 영국령 홍콩의 판무관이 그 식전에 참석했다. 그해에는 주로 관광객을 겨냥한 춘절 퍼레이드가 행해졌으며, 패루牌樓 (arch), 보탑寶塔(pagoda), 사자 석상이 세워지는가 하면 영어와 중국어를 함께 실은 표지標識나 보행자 전용 구역도 설치되었다.[65]

차이나타운이 정비되자 춘절 행사의 규모도 커졌으며, 구區 정부의 참여로 춘절 행사는 2003년부터 '차이니스 뉴 이어'로 확대되었다. 이 행사에는 매년 중국 정부에 의해 문화예술단이 파견되어 하루에 30만 명 이상의 관광객을 모았다. '차이니스 뉴 이어'는 차이나타운과 런던의 제전에서 나아가 국가 간 문화 행사로 자리 잡았다.

참고로, 유럽의 차이나타운 가운데 패루를 찾아볼 수 있는 곳은 런던, 리버풀, 맨체스터 정도로 극히 적다. 동남아시아나 북미의 차이나타운에는 흔히 커다란 패루가 세워져 있어 예컨대 북미에서는 뉴욕, 보스턴, 필라델피아, 샌프란시스코, 워싱턴, 빅토리아 등지에서 이를 찾아볼 수 있다.[66]

그리고 1970년대에는 홍콩 기업 '윙 입Wing Yip, 永業'이 영국에서 중국 식자재의 도매·유통망을 확립했다. 이 무렵에는 영국의 중국요리점이 이미 포화 상태여서 많은 요식업자가 독일, 벨기에, 프랑스, 덴마크, 네덜란드 등지로 사업을 이전했다. 1990년대에 이르러서는 영국의 세인스브리스Sainsbury's, 테스코TESCO, 아스다ASDA 같은 대형 슈퍼마켓이 이금기李錦記나 윙 입 등으로부터 중국의 조미료나 식자재를 사들여 판매했다. 또한, 마크스 앤 스펜서Marks &

Spencer는 유명 셰프와 협업하여 뉴욕 스타일의 테이크아웃용 중국요리를 판매했다.[67] 이들 기업은 기존의 중국요리점에 위협이 되기는 했지만 중국요리의 보급을 크게 촉진했다.

2007년 11월 영국 내무성은 차이나타운의 몇몇 레스토랑에 대해 단속을 실시해 불법으로 입국한 중국인 노동자 40여 명을 체포했다. 내무성의 이러한 조치는 화인 사회에 긴장감을 조성했으며,

3-16 런던 차이나타운의 중국요리점

나아가 중국 정부와의 관계를 악화시킬 위험도 있었지만 큰 충돌로는 발전하지 않았다. 결국, 소규모의 항의 시위가 펼쳐진 뒤 열린 공개회의에서 관계자들은 불법 노동의 금지에 뜻을 함께했다. 나아가 12월에는 찰스 왕세자가 차이나타운을 방문하여 런던에서 차이나타운이 수행하는 역할, 즉 다문화주의 속 '모델 커뮤니티'로서의 역할이 이미 확립되어 있다는 인상을 주었다.

그렇지만 런던의 많은 화인은 영국에서 일종의 주민 회관으로 자리 잡은 펍 문화에 친숙해지지 못했으며 펍에 가는 것을 불편해했다. 또한, 화인은 최근에도 인종차별을 당하고는 한다. 예컨대 중국 대륙에서 온 이민자가 불법 해적판 DVD를 판매하던 2000년대

에 영국인들은 과거의 '칭크스Chinks' 대신 'DVD'라는 말로 화인을 일컬었다.[68]

지금껏 이야기한 바와 같이, 영英제국은 19세기에 말레이반도나 홍콩을 식민지로 영유했다. 그러나 영국에서 중국요리가 일반화된 것은 1920년대부터였다. 두 차례 세계대전의 전간기戰間期에는 일본인이 경영하는 중국요리점도 런던에서 문을 열어 번성했다. 단, 영국에서도 1960년대까지는 미국식 촙수이와 차우멘이 가장 대표적인 중국요리였다.

제2차 세계대전 이후에는 식민지 홍콩으로부터 많은 이들이 영국으로 이민했으며, 1960~70년대에는 말레이시아, 싱가포르, 베트남에서 영국으로 이주하는 화인도 늘었다. 이를 계기로 영국에서는 본고장 스타일의 중국요리가 제공되었다.

1970년대에는 케네스 로처럼 중국요리의 소개자로서 주목을 받은 유명인들이 등장했다. 그러나 로가 저술한 책의 독자나 로가 개업한 가게의 손님에 당초 미국인이 많았듯이, 중국요리의 수용에서는 미국이 영국에 앞서고 있었다.

3장

유럽·오세아니아·라틴아메리카
—중국요리가 가진 문화적 의미의 다양성

프랑스—중국과 베트남 요리

파리에서는 제1차 세계대전 후 우선 몇 곳의 중국요리점이 문을 열어 1920~40년대에는 그 수가 40곳 정도로 늘어났다. 소설가·극작가 시시 분로쿠獅子文六의 『다루마초 7번지達磨町七番地』에 따르면, 파리의 중국요리점에는 중국인 유학생 외에 프랑스인, 미국인, 일본인 손님이 찾아와 일본 요리점에 일본인 손님밖에 없던 것과 대조를 이루었다고 한다. 『다루마초 7번지』에 '닭고기 촙수이'가 등장하는 데서 알 수 있듯이 프랑스의 중국요리는 미국과 영국의 영향을 강하게 받고 있었다.[1]

프랑스령 인도차이나(1887~1954년)에서는 베트남민주공화국 등이 프랑스로부터 독립을 요구하며 인도차이나전쟁(1946~54년)에서 프랑스에 맞서 싸웠으며, 1954년 디엔비엔푸 전투와 제네바 합의로 프랑스군은 인도차이나에서 물러나야 했다. 그리고 이 무렵 인도차이나반도의 난민이 프랑스에 들어오기 시작했다. 나아가 베트남 전쟁(1955~75년)이 끝나고부터 1980년대에 걸쳐 사회주의 정권에 염증을 느낀 많은 난민이 프랑스에 몰려들어 1975~87년에 그 수는 약 14만 5,000명에 달했다고 한다. 프랑스 정부는 프랑스, 베트남, 중국 등 출신을 불문하고 인도차이나반도에서 프랑스로 오는 이민을 승인했으므로, 베트남 화인 가운데서도 프랑스 국적을 취득한 화인 프랑스 시민이 출현했다. 인도차이나 난민의 50~60퍼센트는 중국계였다.[2]

이에 따라 1950~60년대 프랑스에는 베트남 화인이 경영하는 중국요리점이 생겨 중국요리 외에 베트남 요리도 냈다. 파리에는 중국요리와는 전혀 다른 전통적 베트남 가정 요리를 내는 베트남인의 가게도 있었다. 파리의 베트남 요리점은 인도차이나에서 돌아온 과거의 인도차이나 식민자나 프랑스 군인 등을 중요한 고객으로 하고 있었다. 이에 비해 '중국·베트남Chinese-Vietnamese' 요리점을 자칭한 많은 베트남 화인의 가게는 두 요리를 함께 내세워 많은 손님을 끌어모으려 했다. 그러나 프랑스인 손님이 보기에 이러한 가게는 중국요리의 아이덴티티가 희미했다.[3]

1965년경 파리의 중국요리점은 피혁업에서 이윤이 큰 요식업으로 전업한 화인의 가게가 약 170여 곳 있었으며, 인도차이나 난민의 가게를 포함하면 약 300곳에 달했다. 당시 파리의 중국요리점 가운데 절반 정도는 프랑스인 점주가 중국인 요리사나 종업원을 고용하고 있던 곳이어서 엄밀하게는 화인의 가게라고 할 수 없었다.

3부. 서양의 인종주의와 아시아인의 중국요리

프랑스의 중국요리에는 광둥 요리가 가장 많았으며 화이양(저장·양저우) 요리, 북방 요리가 그 뒤를 이었다. 그러나 이 요리들은 모두 1960년대에 이미 외국인의 입에 맞도록 유럽화된 것이었으며, 순수 중국요리에는 없는 생채소(샐러드)나 새우 프리토fritto(튀김) 등도 포함하고 있었다.[4]

파리에 차이나타운이 형성된 것은 1970년대 이후의 일이다. 파리 13구의 재개발에 따라 새로 들어선 아파트가 동남아시아 난민에게 할당되었다. 차이나타운에서는 1980년대부터 가족끼리 경영하는 가게 외에 기업가가 프랑스의 은행에서 자금을 조달하여 경영하는 대규모 레스토랑도 등장했으며 이곳에는 중국 대륙에서 온 종업원, 홍콩에서 온 셰프, 타이완에서 온 웨이터, 아프리카에서 온 접시 닦이 등 다양한 사람이 모여 있었다.[5]

파리의 중국요리점은 1970년대 말 800여 곳으로 증가했다. 프랑스의 중국요리점은 1980년경 2,500곳을 넘겼으며, 그 절반은 인도차이나 난민의 가게, 전체의 약 4분의 1은 베트남식 중국요리점이었다. 그리고 1992년 프랑스의 중국요리점은 3,000곳을 넘겨 유럽에서 최다인 영국에 바짝 다가섰으며, 그중 절반이 파리에 있었다.[6] 특히 종래의 화인이 현지화되면서 떠나간 파리 13구의 차이나타운에서는 그 빈자리에 인도차이나(베트남, 라오스, 캄보디아) 출신의 화인이 유입되어 베트남식 샌드위치인 반미를 전문으로 하는 가게나 카페 등이 늘어났다.[7]

당시 프랑스의 중국요리점은 대·중·소 세 카테고리로 분류할 수 있었다. 노래방 기계를 갖춰놓는 등 하나같이 호화찬란했던 화인 경영의 대형 레스토랑·나이트클럽은 큰돈을 들여 홍콩에서 솜씨 좋은 요리사를 초빙해 홍콩식 광둥 요리를 냈다. 나아가 1984년 12월, 홍콩의 주권을 1997년 7월 1일부로 중국에 반환하기로 합의한 중·영 공동 성명이 발표되면서 많은 요리사가 홍콩으로부터 이민하기를 희망하여 프랑스 중국요리의 발전을 촉진했다. 대형 레스토랑 중에는 홍콩에 요리사를 파견해 새로운 요리나 조리 방법을 배우게 하는 가게도 있었다. 또한, 중형 레스토랑 중에는 중국·프랑스·태국·베트남·캄보디아·라오스 6개국의 요리를 아울러 프랑스 요리에 필적하는 인기를 획득한 곳도 있었다. 소형 레스토랑은 대개 가족 경영의 가게였다.[8]

코스 요리와 로제 와인

프랑스의 많은 중국요리점에서는 메뉴가 프랑스 요리처럼 구성되어, 앙트레(전채와 주메뉴 사이에 나오는 요리), 주요리(주메뉴), 디저트의 순으로 요리를 낸다. 중국요리에서 통상 마지막에 나오는 수프(포타주)는 식사 맨 처음에 나오며, 각각의 요리는 큰 접시에서 각자 덜어 먹지 않고 1인분씩 따로 나온다. 중국에서 주식인 흰쌀밥은 프랑스식 코스 요리에서는 따로 곁들이는 것에 불과하며, 대체로 흰쌀밥보다는 볶음밥이 선호되는데 이 역시 (부식과 대비되는) 주식이라고 여겨지지는 않는다.

또한, 많은 프랑스 중국요리점의 메뉴는 중국의 각 지방 요리 간 차이를 고려하지 않고, 통일되고 균질화된 하나의 중국요리를 전제로 하고 있다. 프랑스인들은 볶음(stir-frying)처럼 흔히 사용하는 조리 기술을 중국요리의 특징으로 인식하고 있으며, 생강이나 차이브chive, 간장, 굴소스 같은 흔한 재료나 조미료도 중국요리의 상징이 되어 있다.

프랑스에서는 1980년대부터 중국요리 메뉴가 진화·다양화되었다. 1960~70년대 프랑스의 중국요리점에서는 아몬드가 들어간 닭고기 요리(poulet aux amandes)나 양파가 들어간 쇠고기 요리(bœuf aux oignons)가 간판 메뉴로 자리 잡고 있었다. 이 요리들은 원래 중국에는 없는 것으로, 프랑스에서도 점차 이국적인 것으로 생각되지 않다가, 오늘날에는 자취를 감추었다.

한편, 1980~90년대에는 홍콩식 레스토랑이 가게 앞에 진열하기 좋게 노릇노릇한 빛깔을 낸 광둥풍 돼지 구이를 유행시켰으며 태국, 베트남, 캄보디아 등 국적별로 나뉜 아시아 요리를 100종 이상 제공하는 대규모 홍콩식 레스토랑도 문을 열었다. 1990년대부터 문을 연 다국적 요리점은 식사의 개념을 바꿔놓아, 프랑스 코스 요리를 모델로 한 '앙트레-주요리-디저트' 순으로 내는 대신, 좀 더 개인적인 기호에 따라 요리를 고르는 방식이 정착해갔다.

로제 와인을 곁들이는 것 역시 프랑스 중국요리의 특징이다. 로제 와인은 미식의 관점에서는 낮은 지위에 놓여 제대로 된 와인으로 여겨지지 못했지만, 중국요리점에 의해 재발견되면서 중국요리와 결합하는 형태로 프랑스인의 관습에 파고들었다. 이에 따라 미슐랭에서 별을 획득한 셰프들을 따라잡으려는 아시아 요리사들은 로제 이외의 와인에 대한 지식이나, 자신들은 특별한 로제를 제공한다는 것을 강조하고 있다.[9]

1990년대부터는 중국 대륙 출신자가 중국계 이민자의 중심이 되었다. 프랑스의 화인은 30만 명을 넘겨 프랑스는 유럽에서 영국 다음으로 화인이 많은 나라가 되었다.[10] 파리 3구의 아르 에 메티에 Art et Métiers 지구는 '원저우溫州 길'이라 불릴 만큼, 원저우인이 경영하는 가죽 제품 가게나 공예품점, 레스토랑 등이 즐비했다. 1979년부터 시작된 중국의 개혁·개방 정책에 따라 원저우인의 이민이 크게 늘어 특히 칭톈青田현 출신자들이 명산품 칭톈석의 인기가 높은 유럽으로 많이 이민했으며, 유럽에서 고향으로 돌아온 이들이 카페나 서양 레스토랑을 열어 칭톈에 유럽식 식문화가 보급되기도 했다. 또한, 원저우인은 동업자와의 경쟁을 피하려고 네덜란드나 이탈리아에서도 중국요리점을 열었다.

또한, 프랑스 북동부에 인접한 벨기에에서는 1960년대 초만 해도 중국요리점이 고작 십수 곳밖에 없었지만 1990년대 초에는 약 1,000곳으로 급증했다. 1990년대 초 벨기에 화인의 95퍼센트 이상은 요식업에 종사하고 있었다. 나아가 1990년대에는 인도차이나반도나 중국 대륙에서 온 화인의 2세도 레스토랑을 열어 경쟁이 치열해졌다. 안트베르펜이나 룩셈부르크의 차이나타운에서는 화인 요식업자가 광둥, 일본, 태국, 베트남, 인도네시아 등 다양한 국적의 요리를 제공했다.[11]

독일—근대주의와 세계주의의 상징이 된 중국요리

독일제국 황제 빌헬름 1세가 아시아인의 유럽 침략이 임박했다며 우려를 표명한 무렵인 1880년, 독일제국에는 63명의 중국계 이

3-17 '황화의 그림'(1895년)

민이 등기되어 있었다.[12]

청일전쟁 후 독일 황제 빌헬름 2세는 시모노세키조약에 대한 이의 제기로서 일본으로 하여금 청나라에 랴오둥반도를 되돌려주게 한 삼국간섭을 정당화하기 위해, 일·중이 연합할지도 모른다는 위협론을 들고나왔다. 1895년 여름 빌헬름 2세는 직접 그린 도안을 궁정화가 H. 크낙푸스Hermann Knackfuß에게 전달해 우의화寓意畵〈유럽의 여러 국민이여, 그대들의 가장 신성한 보물을 지켜라!〉를 그리게 했다. 나아가 그 복제품을 서양의 여러 군주·정치 지도자에게 선물하였으며, 그것이 신문이나 잡지에 공표되어 서양에서 황인종 위협론이 퍼져나갔다. 이 그림은 조소를 불러오기도 했지만, 후에 '황화의 그림'으로 불리며 황화론을 퍼트리는 역할을 했다(그림 3-17).

러일전쟁기에 러시아와 그 동맹국 프랑스, 빌헬름 2세 치하의 독일에서는 일본이 승리할 경우 일본의 지도 아래 중국이 각성하여 가공할 만한 범아시아 연합이 결성될 것이라는 선전이 행해졌다. 이에 일본과 그 동맹국 영국, 당시에는 친일 관계였던 미국에서는 황화론에 대한 반론이 제기되었다. 러일전쟁 후 빌헬름 2세는 러일전쟁을 황·백인종 간에 벌어진 최초의 전쟁으로 보고 백인들에게 경종을 울렸다. 그 후 고급 신문, 잡지에서는 '황화'라는 말을 찾아보기 어려워졌지만, 앞서 이야기한 괴인 '푸 만추 박사'의 이야기를 비롯한 대중소설이나 B급 영화의 밑바탕을 이루는 것으로서 황화론이 퍼져나갔다.[13]

1920년대 유럽인들은 유럽 여러 도시에 있는 중국요리점에서 다문화적 근대성을 찾으려 했다. 유럽의 많은 지식인은 아시아, 특히 중국에 매료되어 있었다. 독일 최초의 중국요리점은 1921년 함부르크 중심가에 문을 연 '페킹Peking'으로, 이곳에서는 모던 재즈를 틀어놓으며 시대사조를 반영하고 있었다. 요컨대 페킹은 재즈 시대의 한창때를 지나고 있는 미국 도시를 연상시켜 독일인들에게 근대적 체험을 제공했다고 할 수 있다.[14]

1960년대에는 서독, 특히 함부르크에 많은 중국요리점이 문을 열었다. 1965년 서독의 중국요리점 수는 114곳 정도였지만 몇 해 사이에 배로 늘었다. 서독인들의 평균 소득이 오른 데다 미군 병사나 외국인 관광객도 많이 찾아와, 각 도시에서 중국요리점이 번성하여 그 수도 크게 늘었다. 독일에서는 중국요리점을 개업할 때 맥주 공장의 출자를 받을 수도 있었다.[15]

함부르크의 차이나타운은 세계주의(코즈모폴리터니즘)의 새로운 상징으로서 함부르크의 번화가인 장크트파울리St. Pauli나 함부르크 국제항 등 관광객을 끌어모으는 곳과 잘 맞았다. 장크트파울리에는 많은 중국요리점이 문을 열어, 예컨대 1962년 문을 연 음악 클럽 '더 스타 클럽'은 토니 셰리던Tony Sheridan이나 비틀스 같은 영국 음악가들과 관계가 깊어 당시의 젊은 음악 팬들에게 중국요리의 매력을 일깨웠다.[16]

1975년경 중국요리점은 함부르크에 60여 곳, 서베를린에 50여 곳이 있었으며 서독 전체에는 500곳 이상이 있었다고 한다. 규모가 큰 중국요리점은 주로 대도시에 있었으며, 가족 경영의 소규모 가게는 대도시 이외의 지역에서도 찾아볼 수 있었다.

서독의 중국요리점은 요리사를 홍콩이나 타이완에서 직접 불러들이기도 했지만, 영국에서 초빙하기도 했다. 1973년 영국이 EU(유럽연합)의 전신인 EC(유럽공동체)에 가입한 것을 계기로 영국의 화인 요리사가 서독에 건너오기도 비교적 편리해졌다. 또한, 서독에서는 인도네시아인, 튀르키예인 등 저임금 외국인 노동자가 중국요리점에서 조수로 일하다가 얼마쯤 지나 요리사가 되는 경우도 있었다.

1990년대 중반에는 중국요리점의 경쟁이 격화되면서 타이완으로 돌아가거나 가게를 매각하고 전업하는 업자도 나타났다. 당시 중국 대륙 출신 난민의 불법행위가 때때로 세간의 이목을 집중시키던 것 역시 레스토랑을 경영하는 화인들에게는 역풍으로 작용했다. 나아가 1995년에는 독일에서 발행 부수가 가장 많은 타블로이드 신문 〈빌트Bild-Zeitung〉가 중국요리점에서 개고기를 쓴다는 허위 선전을 유포해 중국요리점을 경영하는 독일 거주 화인들을 불안과 어려움에 빠트렸다.[17]

한편, 공산권에 속한 동독(독일민주공화국, 1949~90년)에서도 중화인민공화국으로부터 중국요리가 소개된 흔적이 있다. 베를린에 이어 동독 제2의 도시가 된 라이프치히에서는 1946년부터 매년 국제적 평화박람회가 개최되었다. 1956년 신문 보도에 따르면, 상하이에서 활약하는 광둥 요리의 베테랑 샤오량추蕭良初는 동독의 평화박람회에 개설된 '중국 식당'에서 자신의 장기인 '바바오야八寶鴨'[찹쌀, 버섯, 새우를 비롯한 여덟 가지 재료로 속을 채운 오리 요리] 등을 선보여 높은 평가를 받았다.[18]

나아가 독일 남동부와 국경을 마주한 오스트리아에서도 1980년대 중반에 이르러 중국요리점이 전국에 분포하였다. 빈의 중국요리점은 1984년 75곳에서 1991년 269곳까지 약 3.5배 급증했다. 1991년에는 오스트리아 전역에 500여 곳의 중국요리점이 있는 것으로 추계되었다.[19]

네덜란드—인도네시아와 중국요리

1911년 중국사회당을 결성하고 중일전쟁 중 왕징웨이 정권의 요직을 역임한 장캉후江亢虎가 1922년 〈동방잡지〉에 기고한 로테르담(네덜란드의 항만 도시) 방문기에 따르면, 로테르담에서는 중국인 선원의 왕래가 잦아 거주자도 항상 700~800명대를 유지했으며 그중 60~70퍼센트는 광둥 출신이었다. 이에 촙수이 레스토랑('雜碎館')도 문을 열었으며, 가장 규모가 큰 가게는 '후이신러우惠馨樓'였다.[20] 또한, 1939년경 네덜란드에는 일곱 곳의 중국요리점이 있었으며 그

중 가장 오래된 곳은 '중귀러우中國樓'였다는 자료도 있다.[21]

주목할 만한 것은 네덜란드 제국이 동남아시아에서 펼친 식민정책이 네덜란드 중국요리의 발전에 영향을 끼쳤다는 사실이다. 인도네시아 화인의 네덜란드 거주는 20세기 초 네덜란드령 동인도에서 온 유학생으로부터 시작되었다. 그 후 1942~45년 일본 군정기, 1945~49년 독립 전쟁기, 9·30 사건(1965년) 이후 인도네시아의 정정 불안기에 많은 이들이 사회적 혼란을 피해 인도네시아에서 네덜란드로 이민했으며 이는 1970년대까지 계속되었다.[22]

그런가 하면 네덜란드에서는 이미 1930년대에 중국계 인도네시아인이 레스토랑을 열었다. 인도네시아가 독립한 1949년경부터 많은 인도네시아 화인이 종주국이었던 네덜란드로 건너갔으며, 인도네시아에 살며 현지 요리에 익숙해져 있던 네덜란드인 관료나 병사 등도 귀국하여 중국요리점의 증가를 촉진했다. 인도네시아 화인들은 최신식의 세련된 요리라는 것을 강조하면서 네덜란드의 식재료로 네덜란드인의 입에 맞는 중국요리를 만들었으므로 중국의 전통적 요리와는 동떨어진 요리를 냈다.

네덜란드 중국요리점의 화인 경영자들은 메뉴에 인도네시아 요리를 더해 '인도네시아·중국 요리점Indo-Chinese restaurant'을 자칭하고는 했다. 암스테르담은 네덜란드에서 화인 사회와 중국요리업의 중심지로, 1960년경에는 44곳의 '인도네시아·중국 요리점'이 있었다고 한다. 이러한 가게에서는 춘권(loempia), 국수(bami, 볶음국수), 나시고렝nasi goreng(볶음밥) 등이 네덜란드의 음식으로 자리 잡아갔다.[23]

네덜란드에서는 1960년대 후반부터 1970년대 초에 걸쳐 '인도네시아·중국 요리점' 시장이 급속히 확대되었다. 당시 대형 맥주 공장 세 곳은 제품의 판로를 확대하려는 목적에서 중국요리점의 개점을 위한 자금을 빌려주었다. 자본액의 50~60퍼센트를 출자해주는데, 연이율은 6퍼센트 전후, 상환 기한은 5~10년이었으며, 많은 화인이 이러한 융자를 신청하여 중국요리점을 열었다. 1966년 말 암스테르담에는 89곳의 중국요리점이 있었으며 그 수는 1년 반 사이에 대략 두 배로 늘어났다.

이러한 상황은 암스테르담 이외의 도시들에서도 마찬가지였다. 중국요리점의 급증은 화인이 경영하는 가게 간 경쟁을 격화시켰을 뿐 아니라, 네덜란드인이 경영하는 레스토랑에도 큰 압력으로 작용했다. 그 때문에 1966년 말 네덜란드의 요식업계 단체는 네덜란드 정부에 대해 화인의 입국을 금지하고 화인에게 새로운 가게의 영업 허가를 내주지 않도록 요구했다. 1990년경 네덜란드 전역의 중국요리점은 약 3,000곳에 달했다.[24]

하지만 유럽에서 중국요리 붐은 1980년대 초에 종언을 고한다. 중국요리에 사용되는 화학조미료(아지노모토)가 알레르기 반응을 일으킨다는 '중국요리점 신드롬'이 그 원인 중 하나였다. 그 후 스시를 비롯한 일본 요리가 중국요리를 대신하여 각광을 받았다.

러시아—중국, 조선, 일본 요리의 위상

1880년대에는 화베이에서 중국 동북부(만주)로, 나아가 중국 동북부에서 러시아 극동 지역으로 이주하는 이들이 크게 늘었다. 그리고 중국인 이민노동자('華工')가 19세기 말부터 20세기 초에 걸쳐 러시아 극동 지역의 경제 발전을 밑받침했다. 예컨대 1891년 기공된 우수리 철도(시베리아 철도)의 건설 현장에서는 수형자나 병사를 제외한 자유노동자 대다수가 중국인 이민노동자였다. 그러나 당시 중국요리는 러시아에 보급되지 못했다.[25]

한편, 19세기 후반부터는 조선인 이민자가 조선의 식문화와 함께 러시아에 들어왔다. 현재 러시아에 살고 있는 많은 조선계 이민자는 2세나 3세로, 러시아 국적을 가지고 있다. 그리고 조선 요리는 러시아인의 일상적인 식습관의 일부가 되었다. 러시아에서는 큰 슈퍼마켓의 샐러드 코너에 훈제 청어와 사워크림으로 만든 코리안 샐러드가 러시아 샐러드와 함께 진열되어 있다. 러시아인들은 고추 양념에 절인 채 썬 당근[고려인들의 당근 김치(마르코프차)를 가리킨다], 김치, 코리안 샐러드 등을 흔히 사 먹어, 이들 식품은 북미의 러시아 식료·잡화점에서도 판매되고 있다.[26]

이에 비해 러시아에서 중국요리를 찾아볼 수 있는 곳은 중국인 관광객이 많이 찾는 상트페테르부르크 등지의 레스토랑이나 러시아에 사는 외국인 사업가나 외교관을 위한 슈퍼마켓 등에 한정되어 있다. 일본 요리나 태국 요리와 달리 향신료 같은 중국요리 식재료는 일반 식료품점에서는 그다지 눈에 띄지 않는다. 모스크바에서 화인이 많이 사는 지역에서도 중국요리를 찾아보기는 쉽지 않다. 러시아에는 중국요리점이 많지 않으며, 쇼핑몰 푸드코트나 길거리에서는 만두나 국수를 파는 가게를 찾아볼 수 있지만, 이 역시 외진 곳으로 밀려나 있는 실정이다. 이렇듯 러시아 식문화의 위계에서 중국요리는 낮은 지위에 머물러 있다.[27]

그 이유로는 러시아에서 중국 식품의 품질이나 안전성이 의문시되고 있는 것, 중국과 중국 국민은 러시아 경제에 대한 위협이며 중국은 러시아의 경제적 쇠퇴에 다방면으로 얽혀 있다고 여겨지는 것 등을 들 수 있다. 2000년대 이후 러시아에 와 건설 현장에서 일하거나 포장마차를 연 중국인 노동자들은 러시아인의 일자리를 빼앗는다고 여겨져 경계의 대상이 되었다. 또한, 중국의 값싼 상품이 러시아나 유럽의 상품을 제치고 러시아 시장에서 포화 상태가 되어 러시아의 국내 산업을 압박하고 있다고 생각되기도 했다. 모스크바의 건설 현장에서는 반중국인 감정이 노골적으로 드러나는 낙서를 찾아볼 수 있었다. 이에 러시아 당국은 중국인 노동자를 시장에서 배제하거나 중국 상품을 파괴하는가 하면, 중국인 노동자에 대해 특정 위생 규제를 강화하여 이들을 어려움에 빠트렸다.[28]

참고로, 사회주의권에서 맥도날드는 1980년대에 유고슬라비아에, 1990년에 소련에 생겼다. 1990년대 초에는 일본 체인인 '도토루 커피'도 모스크바에 점포를 냈지만, 러시아인들로부터는 그다지 주목받지 못했다. 스타벅스가 러시아에 처음으로 문을 연 것은 2007년의 일이다. 또한, 1990년대 말부터는 일본 요리를 비롯해 중국과 태국, 티베트, 몽골 등의 아시아 요리점도 문을 열었다.[29]

한편, 1990년대 말에는 모스크바의 부유한 외국인 사업가나 러시아 마피아가 드나드는 나이트클럽 안에 일본의 고급 스시 가게가 생기기 시작했다. 이 무렵에는 때마침 커피 하우스Kofe Khauz[러시아의 커피 체인점]가 퍼지고 있어서 러시아에서는 커피와 스시를 함께 내는 레스토랑이 등장했으며, 러시아에서 창업하여 옛 소련 국가들에서 체인 사업을 펼치는 일본 요리점(야키토리 가게 등)도 출

3부. 서양의 인종주의와 아시아인의 중국요리

현했다.

러시아인들에게 일본 요리는 이국적인 것이었으며, 스시는 프렌치프라이를 제치고 러시아에서 가장 인기 있는 외국 음식이 되었다. 스시나 우동은 파스타, 피자, 햄버거 등과 나란히 레스토랑이나 테이크아웃 매점의 주요 메뉴가 되었으며, 중국요리점에서도 스시나 우동을 제공하기 시작해 아라카르트à la carte['차림표에 따라서'라는 뜻으로, 음식점에서 자유롭게 골라 한 가지씩 주문하는 요리] 메뉴에 스시가 포함되어 있거나 '중국식 런치' '일본식 런치'를 고를 수있는 중국요리점도 생겼다. 일본 요리의 품질이나 맛은 맥도날드와 마찬가지로 신뢰할 수 있는 것으로 여겨지고 있어, 중국요리점들은 대외적 체면을 고려해 일본 요리를 이용하고 있다.[30]

불가리아—서양 체험으로서의 중국요리

불가리아라고 하면 일본의 독자들은 곧바로 요구르트를 떠올릴 것이다. 그러나 마리아 요토바Maria Yotova의 연구가 밝히고 있듯이, 요구르트가 '불가리아 고유'의 국민 음식으로 자리매김한 것은 비교적 근래의 일이다. 게다가 이는 일본에서의 성공을 계기로 한 것이었다.

유럽에서 불가리아는 1908년 오스만제국으로부터 독립을 선언한 후 발칸반도라는 복잡한 지역에 속한 소국으로 여겨졌다. 그리고 1944년 소련이 침공하자 불가리아는 그 위성국이 되었다. 불가리아는 2007년 유럽연합(EU)에 가입했지만 유럽연합의 기준으로 인해 국내 낙농가와 기업이 어려움을 겪어 개인과 국가의 자존심이 상처를 입었다.

하지만 불가리아에 대한 일본의 시선은 유럽연합 국가들과는 전혀 다르다. 일본인들에게 불가리아는 자연이 아름다운 요구르트의 성지로 여겨졌다. 불가리아는 요구르트를 가교로 한 일본과의 관계를 통해 서구나 소련의 냉엄한 시선과는 다른 시각을 획득하여, 자국 식문화의 독자성을 내보일 수 있었다.[31]

사회주의 체제가 붕괴된 1989년 이후에는 중국계 이민자, 특히 동북 3성과 저장성 출신자가 동유럽에 유입되었다. 그 무렵부터 불가리아에는 입구에 붉은 제등을 달아놓은 중국요리점이 나타나기 시작했다. 많은 불가리아인에게 중국요리는 사회주의 시대에는 박탈되어 있던 정상적 생활의 상징이 되었다. 나아가 중국 음식은 세계화의 상징이었으며 그 소비는 '서양' 체험으로서 이해되었다. 불가리아인들에게 중국요리를 먹는 것은 곧 세계적 위계질서 속에서 자신들의 정치·경제적 지위를 향상하는 것이었다. 나아가 진정한 중국요리와 그렇지 않은 중국요리를 분간할 수 있는 능력은 소비자로서의 지위를 나타냈다.[32]

당초 불가리아의 중국요리점은 저가격을 내세우지 않고 퓨전 요리를 내지 않으며 '에스닉 푸드'가 아닌 '이국적 요리'를 제공한다는 점에서 서양의 일반적인 중국요리점과는 달랐다. 다른 지역 사람들에게 맥도날드가 현지화·세계화의 상징이었듯이, 불가리아인들에게 중국요리는 중국의 에스닉 푸드가 아니라 세계적·서양적 음식이었다. 미국 영화에는 테이크아웃 중국요리를 먹는 장면이 일상생활의 한 장면으로서 빈번히 등장하는데, 이를 본 불가리아인들에게

3부. 서양의 인종주의와 아시아인의 중국요리

중국요리는 서양적 생활양식의 상징이었다.

불가리아의 수도 소피아에서는 2000년경 중국요리점이 급증하여 그 수가 150곳을 웃돌았다. 2000년대 초 중국요리는 생일 등 특별한 날에 상에 오르며 불가리아의 주요한 식문화 중 하나가 되었다. 불가리아인은 자국의 중국요리는 본고장 요리이지 현지화된 것이 아니라고 생각했다. 그러나 사실 소피아에서 성공을 거둔 중국요리점은 불가리아 스타일의 음식을 제공했다. 요컨대 설탕과 식초를 많이 사용해 불가리아인이 전형적으로 생각하는 달콤새큼한 중국 소스를 강조하고 있었던 것이다.

그러나 불가리아에서는 2003년 이후 문을 닫는 중국요리점이 눈에 띄게 늘었다. 레스토랑 간 경쟁이 심해진 탓도 있었지만, 사람들이 더는 중국요리를 근사하다고 생각하지 않게 된 이유가 컸다. 테이크아웃 가게가 등장하면서 중국요리는 '값싸고' '빠른' 음식으로 특히 젊은 사람들 사이에서 손님맞이에 이용되었다.

2007년 유럽연합 가입 이후 불가리아에서 사회·경제의 유동성이 늘어나면서 2008~09년 무렵에는 중국요리점이 더는 '새로움'을 어필할 수 없게 되었다. 그리고 좋은 식사를 하려는 불가리아인들은 아르메니아 요리점, 세르비안 그릴surbskata skara, 스시 가게 등을 찾았다.

이처럼 불가리아인들에게 중국요리를 먹는 것은 설령 그 요리가 화인이 만든 것이라 해도 중국 문화의 체험이 아니라 서양, 특히 미국 체험과 결부되어 있었다. 불가리아는 지리적으로는 유럽에 속해 있지만 그 국민은 서양의 기준에 따라 스스로의 생활을 평가하는 (비)서양적인 사람들이라고도 할 수 있다.[33]

남유럽—이탈리아와 스페인의 중국요리

중화민국(타이완)의 『화교경제연감』에 따르면, 이탈리아에서는 1959년부터 중국요리점이 문을 열었다.[34] 예컨대 1958년 원저우의 원청文成현에서 이탈리아에 건너온 후자오칭胡昭卿 등은 밀라노에서 중국요리점을 열었다. 이들은 홍콩에서 요리사를 불러들이고 점원으로는 이탈리아인을 고용하여 성공했다.[35]

1987년 10월의 조사에 따르면, 중국요리점은 로마에 약 100곳, 이탈리아 전국에는 약 250곳이 있었다. 중소규모의 많은 중국요리점은 인도차이나반도 난민이 경영하고 있었다. 나아가 1980년대 말부터는 중국 대륙에서 이탈리아로 가는 이민도 증가했다. 1991년 기준으로, 중국요리점의 경영사는 중국 대륙 출신자가 홍콩, 타이완 출신자의 6배에 달했다.

홍콩, 타이완 출신자가 경영하는 가게는 요리사도 대체로 전업이며, 신용이 있고 음식값도 높은 편이었다. 이에 비해 중국 대륙 출신자가 경영하는 가게의 요리사는 전문적 훈련을 받지 않은 이가 많았다.[36] 한편, 이탈리아의 산업구조가 전환되면서 중국 대륙에서 온 신규 이민자의 주된 직업은 요식업에서 제조, 무역, 소매업 등으로 바뀌어갔다.[37]

그런가 하면 스페인에는 이미 1965년경 총 24곳의 중국요리점이 있었으며 그중 10곳이 남부 로타에 있었다. 로타에는 1953년 체결된 협정에 따라 미군 기지가 들어서서 많은 미군이 주둔하고 있었다.

나아가 1970년대에는 아프리카 대륙 북서 연안에서 가까운 스페인령 카나리아제도가 유럽인들의 관광지로서 발전했다. 이곳은 각국 원양어업의 보급기지이기도 해서 요식업, 오락업이 발전했다. 1975년경 카나레아제도에는 이미 약 200명의 화인이 있었으며, 화인이 경영하는 중국요리점은 약 30곳으로까지 늘어나 있었다.

그러나 1990년대 중반에는 불법 노동이나 위생, 상표의 문제로 중국요리점에 대한 이미지가 현저히 악화되어 스페인의 중국요리점들이 어려움에 빠졌다. 그 때문에 마드리드에서는 중국요리업자가 '중국요리와 건강'을 테마로 기자회견을 열 정도였으며, 타이완 출신의 중국요리점 점주 중에서는 중국 대륙 출신자에게 가게를 매각하는 이도 나왔다.[38]

호주의 화인과 골드러시, 백호주의, 다문화주의

개척기의 호주에는 18세기 말 푸젠에서 목양牧羊, 농원農園, 수운水運 노동자가 건너왔으며, 기록상으로는 1827년 시드니에서 화인의 존재가 최초로 확인된다. 1823년에는 최초의 금광이 발견되어, 1851년 뉴사우스웨일스나 빅토리아주에서 본격적으로 골드러시가 일어났다. 이곳에서 일한 화인 대다수는 광둥의 주장珠江강 삼각주, 특히 쌴이三邑, 쓰이四邑 출신이었다. 1850년대 절정기에는 호주 전체 인구 40만 명 중 약 10만 명이 화인인 때도 있었다.

1880년대까지 호주에 거주하는 화인의 약 90퍼센트가 금광에 집중되어 있었다. 골드러시가 끝을 향해가던 1870년대에 이르러서는, 샌프란시스코를 '주진산舊金山'(옛 금광)이라 부르던 데 착안해

'신진산新金山'(새 금광)이라 불린 멜버른이 호주에서 가장 많은 중국계 인구를 거느린 도시가 되었다.[39]

그러나 호주에서는 화인 노동자의 증가가 위협으로 받아들여져 황화론에 의한 반화인 폭동이나 화인 배척 운동이 일어났다. 백인과 항쟁 중에 방화 사건 등도 발생하여, 1850~80년대 각 주 당국은 아시아계 이민자에 대해 입국세, 거류세를 부과했다. 그 때문에 화인은 귀국할지, 아니면 현지 여성과 결혼하여 호주에 머무를지 선택해야만 했다.

호주에서는 1888년부터 1900년 무렵까지, 백인으로만 이루어진 호주의 수립이나 백인 노동자의 생활 보장 쟁취를 목표로 하는 내셔널리즘이 고조되었다. 1901년에 수립된 코먼웰스Commonwealth of Australia(호주연방)는 영국 식민지로부터의 이탈을 표방하는 한편으로 각 주의 차별적 이민 법규를 한층 강화했다. 이러한 '백호주의'(호주의 백인제일주의)의 일단으로서 이민제한법은 입국자에 대해 언어 시험(유럽어 50단어 받아쓰기. 1958년까지 엄수되었다)을 실시하도록 규정해서, 극소수의 아시아인만이 호주에 입국할 수 있게 되었다. 그 때문에 호주의 화인 인구는 1901년 4만 명 수준에서 1950년대에는 6,500명 수준으로까지 줄어들었다.

그러나 1966년 입국 제한 및 시민권 취득의 조건이 완화되어 말레이시아, 싱가포르, 홍콩에서 고학력의 젊은 화인계 인구가 대규모로 유입되기 시작했으며, 1970년대에는 인도차이나 난민이 증가하면서 인도차이나 화인도 유입되었다. 1972년 호주가 중국과 국교를 정상화한 뒤로는 호주의 화인계 사회에 대한 이미지도 개선되었다. 나아가 동남아시아에서 온 화인 가운데는 전문직 및 사무직

인재도 풍부해서 화인에게 따라다니던 종래의 노동자계급 이미지가 일변하였다. 1973년에는 다문화주의 정책이 도입되어 화인계 조직의 활동이 활성화되었다.[40]

호주 식문화에서 서양과 중국의 융합

앞에서도 언급했듯이, 1976년 사우스오스트레일리아주 총리 D. A. 던스턴(1967~68, 70~79년 재임)은 자신이 쓴 요리서를 출판했다. 던스턴은 이 책에서 "호주는 단순한 유럽의 아시아 전초기지가 아니다. 우리는 이미 다인종 사회이며 앞으로 더욱 큰 규모의 인종 혼합이 이루어질 것이다"라고 선언했다. 나아가 아시아의 조리 기술과 호주에 뿌리내린 유럽 전통의 혼합을 이야기하며 필수적 주방 도구로서 중화 팬(웍)을 갖추도록 권하고 있다[41] (그림3-18).

참고로, 던스턴은 1953년 사우스오스트레일리아주의 주의회 의원이 된 후 20년간 차별적 백호주의에 기초한 이민 정책의 철폐를 위해 싸운 인물이다. 요리서를 출판한 해에 던스턴은

3-18 웍으로 음식을 만드는 D. 던스턴(1976년)

피낭 출신의 중국계 말레이시아인 저널리스트 아델 코Adele Koh와 재혼했다.

그리고 2003년 호주의 노던주Northern Territory(노던(북부) 준주) 정부는 주도 다윈을 '호주에서 아시아의 입구', '호주에서 가장 훌륭한 커리락사가 탄생한 곳'으로 선전했다. 앞서 이야기했듯이 락사는 뇨냐 요리의 하나로, 말레이의 향신료를 더한 비훈(쌀국수) 탕면이다. 이렇게 뇨냐 요리는 호주의 다윈이라는 의외의 장소에서 새롭게 고안, 설계되었다.[42]

말레이시아의 쿠알라룸푸르에서 태어나 1969년 호주의 멜버른으로 이주한 청 리우Cheong Liew는 1975년 '네디스Neddy's'라는 전설적 레스토랑을 열어 말레이시아 요리와 중국요리를 냈다. 리우는 족발, 성게, 상어 입술 등 당시만 해도 다른 요리사들은 쓰지 않던 재료를 요리에 사용했다. 1980년 호주에서 켄 홈Ken Hom, 譚榮輝과 J. 타워Jeremiah Tower가 '동양과 서양의 만남East-Meets-West'을 표방한 요리를 정식으로 선보였지만, 그보다 5년 앞서 리우는 중국과 서양의 융합을 추구하는 요리를 창작하고 있었다.

1988년 네디스의 문을 닫은 리우는 호주의 접객 교육을 선도하던 애들레이드의 리젠시 호텔 스쿨에서 조리를 가르쳤다. 나아가 1995년에는 애들레이드 힐튼 인터내셔널 호텔의 레스토랑 '그레인지The Grange'에서 컨설턴트 셰프[고문 요리사]를 맡기도 했다. 같은 해 리우는 '바다의 네 가지 춤Four Dances of the Sea'이라는 요리를 선보여 주목을 모았다[말레이시아·일본·그리스·이탈리아 요리의 요소를 아우르는 퓨전 해물 요리. 농어, 문어, 새우, 갑오징어로 만든 독립된 네 가지 요리를 한 접시에 담아 정해진 순서대로 먹는다]. 이는 '호주 미각의 아시아

화의 일환이었다고 할 수 있다.[43]

말레이시아와 호주를 이어준 커리락사

쿳 치 란Khut Chee Lan은 광둥성 출신으로, 본가에서는 하카 요리를 먹었다고 한다. 그녀는 1959년 22세의 나이에 믈라카의 쿳콕 친Khut Kok Chin과 결혼한 뒤 '포피아poh pia, 薄餅(생춘권)나 락사같은 뇨냐 요리의 조리법을 배웠다. 1982년 쿳 부부와 두 아이는쿳 콕 친의 형제를 연줄로 하여 말레이시아의 믈라카에서 사우스오스트레일리아주의 주도 애들레이드로 이주했다. 쿳 콕 친은 테이크아웃 반찬 가게나 식품 도매점에서 일하다가, 1982년 애들레이드의 센트럴 마켓에서 비어 있는 점포를 발견해 '말라카 코너Malacca Corner'라는 카페를 열었다. 그리고 2002년 가게를 매각하고 은퇴하기까지 쿳 치 란이 조리를 맡았다.

참고로 말레이시아와 호주의 역사적 관계를 살펴보면, 과거의영英제국 가운데 해협 식민지(현재의 말레이시아와 싱가포르)와 호주의 애들레이드는 관계가 깊었다. 예컨대 1836년 사우스오스트레일리아 최초의 주임 감독관surveyor-general으로 임명된 W. 라이트William Light 대령은 애들레이드의 창건자 중 한 사람으로 알려져있다. 그 라이트 대령의 부친은 영국 동인도회사의 입식지인 피낭의 조지타운을 창건한 인물이었다. 한편, 1960년대 중반부터는 이민법의 제한이 완화되어 영연방 간에 학생의 이동이 활발해졌는데,호주에 온 유학생 중 그 수가 가장 많았던 그룹은 말레이시아인이었다. 또한, 앞서 이야기했듯이 D. A. 던스턴은 1976년 중국계 말레이시아인 저널리스트와 재혼했다.

1970년대 말부터 1980년대까지는 아시아계 이민자가 애들레이드 센트럴 마켓의 식문화에 크게 공헌했다. 이 무렵의 애들레이드에는 '아시안 구르메Asian Gourmet'와 쿳 부인의 '말라카 코너'가 문을 열어 락사, 포피아, 국수나 밥 요리 등 값싸고 맛있는 아시아 가정 요리를 팔기 시작했다.

쿳 부인에 따르면, 1980년대에는 말라카 코너의 손님 대다수가 고향의 맛에 굶주린 아시아계 대학생이었다. 그들뿐만 아니라 말레이시아에 가본 경험이 있는 호주인들도 이 가게를 찾아, 말라카 코너는 많은 호주인에게 아시아 음식을 알릴 수 있게 되었다고 한다. 당시 호주인들은 락사를 알지 못했던 터라, 쿳 부인은 애들레이드에 락사를 소개한 인물이 되었다.

락사(특히 커리락사)는 '인종의 용광로'로 대표되는 '호주다운 것',

3-19 커리락사(멜버른)

그리고 '세계주의적cosmopolitan' 아시아다움의 상징으로 자리 잡았다(그림 3-19). 피낭 락사가 피낭 화인의 아이덴티티를 표상한다면, 커리락사는 호주인의 아이덴티티를 표상한다고도 할 수 있다.[44]

반다문화주의의 대두와 중국요리

1980년대에는 반反아시아인, 반反다문화주의를 부르짖는 사람들이 나타나 이민 논쟁이 불거졌다. 이러한 가운데 호주 정치에 관심을 기울이는 화인계 리더들이 존재감을 드러내 그중에서 의원 같은 공직에 오르는 사람도 나타났다. 1990년대에는 인종차별적 강령을 내세운 '일국당One Nation Party'이 주도하는 이민 논쟁 국면에서 화인계 리더가 사상 처음으로 반인종차별을 당 강령으로 하는 '단결당Unity Party'의 창설자로서 활약했다.

그러나 보수화되는 여론을 배경으로 하여 화인계 정치인은 줄어들었다. 2000년대에는 전 세계적으로 보수와 반테러 세력이 득세하는 가운데, 반다문화주의적 정책을 추진하는 보수계 정당의 약진이 두드러졌다. 그리고 백인, 중간층, 앵글로·켈트 같은 다수파가 다시금 자기주장을 펴서 여성, 선주민, 이민자 등의 권익에 대해서는 소극적 태도로 일관하는 정책이 실시되었다.

이와 함께 도마, 칼, 중화 팬 등 미식의 교류가 특징인 던스턴의 '다인종 사회multi-racial society'에 더는 향수조차 느끼지 못하는 이들도 나타났다. 그러나 바로 그 이유 때문에 락사는 호주인들의 문화적 상상 속에서 도래할 시대의 상징, 그리고 요리의 성숙을 알리는 징표가 되어 '아시아다운 것Asianess'과 '호주다운 것'을 아우르는 것으로서 기대를 받고 있다.[45]

현재 호주 최대의 도시인 시드니에서는 중국계 이민자가 강한 존재감을 드러내는가 하면 차이나타운도 형성되어 있어 아시아인 차별은 찾아보기 힘들다고 한다. 시드니에서는 홍콩식 얌차가 가장 유명하고 인기 있는 중국요리이며, 상하이나 베이징 등 각 지방 요리점에서도 얌차를 메뉴에 싣고 있어서 각각의 요리 계통에 대한 구분이 흐릿해져 있다. 1989년 톈안먼사건의 영향으로 중간층 중심의 이민자가 홍콩에서 호주로 건너왔지만, 시드니 시민들에게 홍콩식 얌차가 널리 보급된 것은 1990년대 말의 일이다.

시드니에는 호주 최고의 얌차 레스토랑이 있다고 여겨지지만 얌차는 태즈메이니아를 비롯해 호주 각지에 널리 보급되어 있다. 또한, 딤섬 박스가 호주의 각 대형 슈퍼마켓에서 판매되고 있는 것도 얌차의 현지화 사례라 할 수 있다. 나아가 호주의 식료·잡화점에서는 '하도시蝦多士(shrimp toast[멘바오샤, 한국에서 흔히 말하는 '멘보샤'])'나 '말레이케이크(마라이고우馬拉糕)'를 비롯한 냉동식품도 찾아볼 수 있다.[46]

페루의 국민 음식이 된 로모 살타도

잉카제국 시대에 수도 쿠스코와 비교하면 변경의 지방 도시에 불과했던 리마는 1572년 스페인 부왕령 페루의 수도가 되었다. 그리고 유럽인들이 가져온 식문화가 현지화되어 식민지 도시 리마에

　　　　　　　3부. 서양의 인종주의와 아시아인의 중국요리

서는 독특한 식문화가 자라났다.

아프리카계 가사 노예가 스페인계 주민을 위해 만든 요리는 '크리오요 요리cocina criollo'라 불렸는데, 나중에는 페루 요리의 진수로 여겨졌다. 나아가 근대 이후 해안 지대의 도시부에서 탄생한 요리는 '크리오야 요리cocina criolla'라 불렸다. 뒤에서 이야기할 중국계 크리오야 요리인 로모 살타도(소 등심 볶음) 역시 여기에 속하며, 일상적으로는 크리오야 요리가 곧 페루 요리라고 인식되고 있다.

리마는 라틴아메리카에서 중국요리점이 가장 많은 도시이다. 여기서는 야마와키 지카코山脇千賀子의 선구적 연구 등에 힘입어 그 역사를 정리·소개하고자 한다. 1821년 종주국 스페인으로부터 독립한 페루에는 1849년 최초로 청나라인이 정식으로 이민했다. 그리고 그 후 25년간 9만~10만 명의 중국인이 페루에 이민했다. 중국인 이민자는 철도 건설 공사, 구아노(비료의 원료로서 유럽에 수출된 바닷새의 분화석糞化石) 채취, 사탕수수 경작 등에 종사했다.

중국인은 계약 노동자로서 이민한 것이었지만, 당초에는 사실상 노예노동에 내몰렸다. 당시까지 사회 최하층을 차지하고 있던 흑인 노예들에게 자신들보다 지위가 낮은 중국인 이민자의 출현은 큰 위안이 되었다. 아시엔다(사유제 대농원)에서 먼저 일하고 있던 흑인 노예들은 중국인 이민자를 심하게 학대하여 19세기 내내 학살 사건이 끊이지 않았다. 이는 흑인이 백인에게서 받은 증오를 화인에게 전가한 것이라 할 수 있다.

19세기 후반에 아시엔다에서의 계약 기간을 마친 중국인 이민자는 각종 직공, 행상, 가사노동자가 되거나, 저렴한 식당·고물상 등의 소규모 상업, 이발소·세탁소 등의 서비스업에 종사했다. 1852년부터 리마 중앙 공설 시장이 건설되자 아시엔다와 계약이 끝난 화인들이 일자리를 찾아 그 인근에 모여 살았으며, 이에 따라 중심가인 제2구에 차이나타운(barrio chino)이 형성되었다. 중앙 시장 바로 근처의 카폰Capón가를 중심으로 많은 중국요리점, 식품점, 잡화점이 들어섰으며 나아가 아편굴이나 도박장도 생겼다. 중앙 시장은 인종이나 계층을 초월한 사람들이 모이는 상업 공간이었으며, 이곳과 거의 일체화된 차이나타운에서 선주민계나 흑인계 빈곤층이 화인이 만든 음식을 먹었다는 사실은 큰 의미를 지닌다.

중국인 이민자가 외식 시장에 진출한 19세기 중반은 프랑스인 요리사가 세계적 명성을 확립해가던 시기이기도 했다. 따라서 리마의 부유층도 프랑스인 요리사를 프랑스로부터 고용하기 시작했다. 리마에서는 프랑스인과 나란히 이탈리아인 이민자도 요식업에 뛰어들었지만, 이탈리아인의 레스토랑은 프랑스인의 레스토랑보다 낮은 지위에 머물렀다.

그보다도 낮은 지위를 점한 것은 현지 요리를 내는 입식立食 노점, 포장마차인 폰다fonda, 피칸테리아picantería였다. 이들 가게를 밑받침하던 것은 사회 하층에 속한 흑인계, 선주민계 여성들이었다. 그중에는 상류 계층 사이에서 이름을 날린 가게도 있었지만 주된 고객은 어디까지나 선주민계, 흑인계였다. 이러한 하층민의 요리는 식민지 시기를 통해 스페인계, 아프리카계, 선주민계의 요리 문화가 혼합되어 만들어진 것이었다.

그리고 최하위층에 자리한 것이 바로 화인이 경영하는 저렴한 식당이었다. 이런 식당들은 급격히 증가해 1872년 관보에 따르면, 리마에 있는 최하급 식당의 절반가량이 화인 소유였다. 화인의 식당은 위생 등의 면에서 많은 비판을 받기도 했지만, 19세기 말에 이르러서는 페루에서 화인을 강제 출국시키면 빈곤층 국민의 생활이 불편해진다며, 화인을 옹호하기까지 했다.

화인이 경영하는 식당은 19세기 후반 이후 페루인들의 식탁에 큰 영향을 끼쳤다. 예컨대 쌀은 없어서는 안 될 일상적 식재료가 되어, 연해 지역에서 벼 재배가 확대되었다. 조미료로는 간장이 보급되어 볶음밥 등 각종 볶음 요리에 쓰이며 인기를 얻었다. '볶음'이라는 조리법은 중화 팬과 함께 화인이 페루에 가져와 정착시킨 것이다. 그 조리 광경은 페루 사람들의 호기심을 자극하여서 중국인 이민자 중에는 노점에서 중화 팬을 흔들며 볶음밥을 파는 사람도 있었다.

'볶다'에 해당하는 말은 원래 스페인어에 존재하지 않는다. 페루에서는 스페인어 'saltar'(뛰어오르다)라는 동사의 과거분사적 용법이 '볶아진 것'을 의미하는 '살타도saltado'가 되었다고 하는 설이 있다.

그리고 살타도라는 이름을 가진 요리는 페루 요리의 일부가 되었다. 예컨대 '로모 살타도lomo saltado'(그림 3-20)는 말뜻만 놓고 보면 '소 등심 볶음'으로, 중국요리점에 한정되지 않고 페루 요리점 일반의 대표적 메뉴가 되었다.

통상 페루 요리에는 식사 때 나이프로 썰지 않아도 될 만큼 잘게 썬 쇠고기를 사용하는 요리가 없지만, 로모 살타도에는 가늘게 썬 소 등심이 들어간다. 나아가 양파나 토마토 외에, 중국요리에는 들어가지 않는 감자튀김을 함께 볶아 마지막에 파슬리로 향을 더하고, 때로는 소량의 간장으로 맛을 돋우며, 대체로 흰쌀밥과 함께

3-20 로모 살타도(도쿄 고탄다五反田의 페루 요리점 '아르코 이리스Arco Iris')

담아낸다. 나아가 일본인 이민자가 사용하던 '아지노모토' 등의 조미료도 빼놓을 수 없다. 페루에서 독자적 변용을 이룬 중국요리는 로모 살타도 외에도 많다.[47]

페루의 치파

어떤 이들은 1860~70년대를 페루 식문화의 전환기로 본다. 페루에서는 스페인 식민지기(1572~1821년)를 통해 스페인계, 선주민계, 아프리카계 문화가 혼합된 식문화가 자라났다. 나아가 1860~70년대에는 프랑스계, 이탈리아계, 중국계 식문화도 혼합되기 시작했다. 19세기 말에 페루의 부유층 가정에서는 프랑스인 요

3부. 서양의 인종주의와 아시아인의 중국요리

리사를 고용했지만, 일반 중·상층 가정에서는 화인 요리사를 고용하는 경우가 대부분이었다. 화인 요리사는 페루 요리를 잘 만든다고 평가받았다.

그런가 하면 북미의 경우와 마찬가지로 페루에서도 중국요리에 대한 부정적 이미지가 존재했다. 중국요리는 고양이, 개, 쥐, 곤충 등 이상한 재료를 쓰는 별난 요리로 인식된 것이다. 그러나 이러한 이미지를 쇄신해 중국과 그 식문화에 대한 존중을 획득하려는 움직임이 나타났다. 1884년 말 페루 주재 청나라 공사관이 설립되어 1885년 7~9월경 그곳에서 대무도회가 연속으로 개최되었다. 1921년에는 페루 최초의 고급 중국요리점이 문을 열었는데, 그 조리장은 오랫동안 페루 주재 청나라 공사관의 조리장으로 있던 요리사였다. 이 무렵에 이르러 페루의 상류 계층 사이에서는 중국요리가 많은 인기를 누리게 되었다.

1930~40년대에는 중국요리의 고급화가 진행되어, 저렴한 식당보다 격이 높은 중국요리점이 1930년대를 통해 늘어났다. 중국어와 스페인어로 된 잡지 〈오리엔탈〉에는 1930년대 중반부터 중국요리점을 의미하는 '치파chifa'라는 명칭이 등장했다고 한다. '치파'의 어원을 둘러싸고는 중국어의 '주판酒飯' '츠판吃飯' '차오판炒飯' 등여러 설이 있다. 근래에 와서 '치파'는 중국요리점뿐 아니라 중국요리 자체를 가리키는 경우에도 쓰이게 되었다.

페루의 중국요리는 대중화가 진행되면서 페루적 요소가 두드러졌다. 페루의 대중적인 중국요리점에서는 일반 식당과 마찬가지로 수프와 주요리로 이루어진 각종 정식을 낸다. 수프로는 닭 육수의 완탄 수프가 압도적으로 많이 선택되는데, 사오마이나 자오쯔餃子

가 아닌 완탄의 인기가 높다. 주요리로는 볶음밥과, 걸쭉한 소스를 끼얹은 볶음국수가 선호되며 부재료의 종류도 선택할 수 있다. 페루인들은 중국요리에 페루 요리의 필수 향신료인 아히aji(고추 소스)를 넣어 먹는 경우가 많다. 아히 소스와 중국풍 정식의 조합은 페루 요리와 중국요리의 혼합이라 할 수 있다.

중국풍 페루 요리인 '치파'가 꼭 화인의 의도에 따라 만들어진 것은 아니었다. 화인은 자신들의 에스닉 요리로 중국요리를 페루 사회에 선보였을 뿐이며, 이것이 페루 사회에 받아들여지면서 동시에 페루인의 요리가 된 것이다. 페루 정부는 치파를 페루 요리를 구성하는 핵심적 요리의 하나로 적극 선전하고 있다. 그와 동시에 대중용 치파와 차별화를 위해 '동양 레스토랑'을 자칭하는 가게도 늘어나고 있다.[48]

페루의 중국인 이민자는 대다수가 광둥 출신이었지만, 1990년대 이후에는 푸젠 출신자가 많이 건너왔다. 리마의 푸젠 출신자는 차이나타운 바깥에서도 레스토랑, 호텔, 스파, 수입품 도매점 등의 사업에 뛰어들었다. 그리고 그들에 의해 회전 테이블이 페루에 수입되고 있다.

오늘날 페루의 차이나타운에는 1930년대 이래의 중국요리점도 남아 있으며, 이러한 가게는 '투산Tusan'('투성土生' '타이산臺山'이 어원으로 여겨진다)이라 불리는 이민 2세 이후의 화인 소유이다. 이 밖의 많은 가게는 1990년대 이후 경영이 승계되었거나 아예 새로 생긴 가게이다. 중국계 크리오야 요리 레스토랑은 차이나타운이나 중간층 거주 지구에서는 포화 상태가 되어 그 밖의 지역에서도 문을 열었다.[49]

이렇게 이미 페루 요리의 일부로 자리 잡은 치파는 전 세계로 퍼져나가고 있다. 페루 정부는 태국, 타이완 등의 뒤를 이어 미식 외교를 활발히 전개하며 '세계를 위한 페루 요리Peruvian Cuisine for the World'라는 전략 구상을 내세우고 있다. 그리고 2011년 가스통 아쿠리오Gastón Acurio가 개점한 '마담 투산Madame Tusan'은 '세계를 위한 페루의 치파Peruvian chifa for the world'를 모토로 삼아 체인 사업을 전개하고 있다.[50]

'일본계의 맛'이 된 페루의 중국요리

이쯤에서 야나기다 도시오柳田利夫의 연구에 기초해 페루 요리 및 페루 중국요리의 발전과 일본인 이민자의 깊은 관계를 개관해보고자 한다.[51] 일본인의 페루 이민이 본격화된 것은 1899년부터이다. 중국인 이민자와 마찬가지로 일본인 이민자 역시 원래는 페루 해안 지역의 아시엔다에서 계약 농업 노동자로 지내며 중국요리를 접했다.

매일 배급되는 쌀 외에 주 1회 정도는 양고기, 쇠고기도 얻을 수 있었던 일본계 이민 1세는 주변의 화인들로부터 고기를 작은 크기로 썰어 채소와 함께 볶는 요리를 배웠다. 이렇게 페루의 일본인 이민자 사이에서는 당시 일본의 농민들은 먹을 기회가 거의 없었던 고기와 기름을 사용하는 중국요리가 페루에서 생존하기 위한 요리로서 정착했다.

나아가 일본인 이민자도 식당이나 잡화점 등을 운영하였다. 다만, 일본인 이민자의 레스토랑에서는 당초 페루 요리가 주를 이뤘으며, 중국요리점은 제2차 세계대전 후에야 늘어날 수 있었다. 그런가 하면 화인이 경영하는 음식점에서 일본인 이민자를 고용한 경우도 있었는데, 페루인들이 보기에는 화인이나 일본인이나 모두 같은 '치노chino'(중국인, 동양인)여서 일본인이 중국요리를 만드는 것은 조금도 이상하게 받아들여지지 않았다.

한편, 일본 요리점으로서는 1910년대 초 리마 중심가에 문을 연 '야치요테이八千代亭'나 '기라쿠엔喜樂園'이 유명했다. 그러나 이 가게들은 일본 요리 전문점이 아니라 '와요카이세키和洋會席'[일본과 서양을 아우르는 주연용 접객 요리]를 내세우고 있었다. 일본 요리점은 현지에서 선호되는 고기나 기름을 거의 사용하지 않은 탓에 고객이 일본인 이민자에 한정되어 가게의 수도 적을 수밖에 없었다.

제2차 세계대전 전부터 중국요리는 일본인 이민자에게 더할 나위 없는 특식이었다. 예컨대 1913년 창간된 남미 최초의 일본어 신문 〈안데스 시보アンデス時報〉에는 1915년 한 해 동안 '고등 지나 요리 신연채高等支那料理新燕菜'의 광고가 실렸으며, 1918년까지 단속적으로 중국요리점의 광고가 등장했다. 일본계 주민은 중국요리에 대해 '잔코로메시チャンコロめし'['잔코로'와 '메시'는 일본어로 각각 돈과 밥을 뜻하며, 전자는 중국인에 대한 멸칭이기도 하다]라는 모멸적 호칭을 쓰면서도, 자신들에게는 '최고의 특식'이라고 생각했다.[52]

일본인은 중간층 이상의 페루인들이 찾는 레스토랑에서는 차별적 시선에 노출되어 '일등국민'으로서의 자존심이나 자부심에 상처를 입을지도 모른다는 것을 자각하고 있었다. 이에 비해 치파(중국요리점)는 일본인 이민자도 마음 놓고 일등국민의 아이덴티티를 획득할 수 있는 장소였다.

중국요리점은 일본계 주민이 일정한 경제력을 획득한 1930~40년 대에 그들의 사교의 장이 되었다. 나아가 1950년대에는 일본계의 결혼식이라면 고급 치파를 빌려 거행하는 것이 일반적이 되었다. 이렇게 중국요리는 페루의 일본계 주민 사이에서 '민족의 맛', '일본계의 맛'이 되었다.

페루의 국민 음식 세비체와 일본계 요리

1967년 구니가미 미노루(1918~2004년)가 리마 중심가에 연 '라부에나 무에르테La Buena Muerte'는 페루 요리 역사에서 전설적인 레스토랑이다. 이 가게는 어패류를 날로 먹는 데 저항감을 가지고 있던 페루인들에게 신선한 재료를 레몬 계열의 착즙에 장시간 재우고 간장, 미소, 생강 등 일본계 요리에 쓰이는 조미료를 더해 어패류의 맛을 한층 끌어올린 '세비체ceviche'(해산물 마리네)를 냈다.

일본계가 경영하는 해산물 요리점은 리마 사람들이 해산물에 대한 저항감을 버리고 세비체가 페루의 국민 음식으로 자리 잡는 과정에서 큰 역할을 했다. 페루인들에게 널리 알려진 또 하나의 일본 요리는 생선을 날로 먹는 사시미이다. 페루인들이 문어나 성게를 먹게 된 데는 일본계의 공헌이 있었다는 설도 있다.

1980년대까지 페루에서 일본 요리는 주로 일본 기업의 주재원이나 일부 페루 상류 계층 등의 좁은 범위에 국한되어 소비되어, 치파가 시내 곳곳에서 성업이었던 것과 대조를 이루었다. 그러나

1980년대에는 구미의 부유층 사이에서 고기나 기름을 거의 쓰지 않는 일본 요리가 '건강식'으로서 가치를 지니게 되었다. 그리고 이 무렵 페루의 미식가들이 일본계 2세의 독자적 창작 요리에 주목하여 '닛케이(일본계) 요리cocina nikkei'라는 이름을 부여하면서, 그것이 페루 요리의 하나로서 인식되었다. 나아가 일본계 2세인 알베르토 후지모리Alberto Fujimori가 대통령에 취임(1990~2000년 재임)한 것 역시 일본계 요리가 확립되는 계기를 마련했다.

21세기에는 페루인의 국외 이주와 이에 따른 페루 요리의 세계적 유행을 바탕으로, 페루 요리의 다양성과 풍부함을 페루의 국민적 아이덴티티와 적극 관련지으려는 유명 셰프들의 활동이 큰 반향을 불러일으켰다. 그러한 페루 요리의 하나로서 페루의 일본계 3세가 창안한 '닛케이 퓨전 요리cocina nikkei fusión'가 각광을 받았다. 그 유명 셰프 중 다수는 본격적 일본 요리의 요리사(板前)로, 자신의 이름을 브랜드화하고 있다. 그들 중에는 옷깃에 페루와 일본의 국기를 단 복장을 하는 이도 있다. 일본계 퓨전 요리는 페루의 국민적 아이덴티티의 재구축이나 페루 요리의 세계 진출 같은 정치성을 담고 있는 고급 요리이다.

그런가 하면 일정 기간 페루를 떠나 일본에서 일하며 일본을 체험한 일본계에 의해 라멘이나 교자, 카레나 가쓰동カツ丼 같은 일본의 대중 요리가 페루의 중간층 사이에서 보급되었다. 페루에서는 중국에서 유래된 요리를 비롯한 일본의 맛이 재현되고 있으며, 나아가 페루인의 기호에 맞춰 재료나 맛을 조정한 라멘, 카레, 돈부리丼(덮밥) 등이 또 하나의 일본계 퓨전 요리로서 창안되어 있다.[53]

브라질 상파울루의 중국요리—찹수이, 차우멘, 볶음밥

브라질 주재 중국 공사관의 조사에 따르면, 1931년 브라질 거주 화인은 820명, 1940년에는 592명으로 극소수에 불과했다고 한다. 원래 브라질의 화인은 포르투갈령이었던 마카오와의 관계가 깊었으며 그 주변의 광둥 출신자가 중심이었다.

1949년 중화인민공화국이 수립된 무렵부터 1960년대까지가 중국인이 본격적으로 브라질에 이민한 첫 번째 시기였다. 이 시기에 자본가(상하이의 룽_榮 씨 가문 등)나 국민당 정권 관계자 등이 중국에서 브라질로 몸을 피했다.

또한, 홍콩과 마카오, 타이완에서도 기업가나 지식인이 브라질로 이주했다. 중화민국(타이완)의 조사에 따르면, 브라질의 화인 인구는 1967년에 이르러 1만 7,490명 수준으로 증가했다. 나아가 1971년 중화민국의 유엔 탈퇴가 불가피해지자 타이완의 장래에 불안을 느끼는 사람들의 브라질 이주가 촉진되기도 했다. 이에 더해 인도네시아나 필리핀 등 동남아시아에서 브라질로 이주한 화인도 적지 않았다.

1974년 브라질과 중화인민공화국이 국교를 수립하고 1978년 말부터 중국에서 개혁·개방이 진전되면서 많은 이민자가 중국 대륙에서 브라질로 유입되었다. 그 결과, 1980년대 초 브라질 거주 화인은 약 10만 명에 달했다. 나아가 야마시타 기요미山下清海의 2006년 조사에 따르면, 브라질의 화인 인구는 약 20만 명으로, 그중 약 90퍼센트가 상파울루에 집중되어 있었다. 많은 화인은 상업에 종사했는데, 업태로서는 소규모 가족 경영이 많았으며 그중에서도 요

리점 경영자가 다수를 차지했다.[54]

브라질의 중국요리점은 1977년 기준으로 약 1,000곳에 달해 있었다. 소규모 만두 가게가 가장 많았으며, 그다음으로는 광둥인이 경영하는 중국요리점이나 주점이 많았다. 상파울루에는 브라질의 화인이 경영하는 음식점 절반 가까이가 집중되었으며, 중국요리점만 해도 130여 곳에 달하여 번성을 누렸다.[55] 브라질인이 좋아하는 대표적 중국요리로는 촙수이, 차우멘, 볶음밥('炒飯'), 궁바오지딩宮保鷄丁(깍둑썰기 한 닭고기를 맵고 걸쭉한 소스에 볶은 것) 등이 있다.

또한, 브라질에서는 많은 화인이 파스테우 가게를 운영한다. '파스테우pastel'는 달걀이나 고기 등이 들어간 작은 파이로, 이탈리아 이민자의 파스타 요리 중 하나이다. 파스테우 가게는 원래 오로지 이탈리아인의 것이었지만 점차 많은 광둥인이 파스테우 가게 경영에 뛰어들었다.

그런가 하면 북미와 마찬가지로 세탁업은 브라질에서도 화인의 대표적 에스닉 비즈니스[특정 민족의 경영이 두드러지는 업종]이다. 브라질에서는 브라질인이 경영하는 세탁소조차 '차이나China'라 일컬어지고는 했다.

제2차 세계대전 후에는 많은 타이완 출신자가 브라질로 이주했다. 당시 많은 타이완 출신자는 일본 통치 시대에 일본식 교육을 받아 일본어가 통했으므로, '동양 거리'라 불리는 리베르다지 지구의 갈방 부에노 거리Rua Galvão Bueno에 모여 일본계와 섞여 살았다. 타이완 출신 상점주들은 가게 간판에 일본어 표기를 사용하는 등 차이나타운보다는 일본계 중심의 동양 거리가 가진 특색을 살려 많은 브라질인 고객을 끌어모으려 하고 있다.

상파울루의 동양 거리에는 한국인이나 중국 대륙의 신규 이민자도 진출하여 한국인이 경영하는 레스토랑이 늘어났으며, 중국 대륙의 신규 이민자는 정주 기간이 짧고 자금력도 달려 동양 거리에서는 대체로 주변부에서 중국요리점을 경영하고 있다. 일본계가 중심이었던 동양 거리는 점차 일본계, 화인, 한국인이 뒤섞이며 말 그대로 '동양 거리'에 가까워지고 있다.

상파울루시가 2001년부터 추진한 리베르다지 활성화 계획은 동양 거리를 일본계, 화인, 한국인 이민의 역사나 문화를 아우르는 특색 있는 지구로 관광지화하는 것을 목표로 하고 있다. 상파울루에서는 원래 일본계가 주체인 동양 축제나 칠석제七夕祭가 유명했지만, 2006년부터는 춘절 행사('中國春節園遊大會')가 개최되고 있다. 동양 거리의 '오사카 다리'에서는 춘절에 빠질 수 없는 자오쯔餃子 등을 파는 중국요리 포장마차가 늘어 많은 인파로 북적였다. 이렇게 재팬타운에서 차이나타운으로 변모하는 것은 호놀룰루의 차이나타운이나 시애틀의 인터내셔널 지구 등에서도 나타난 패턴이다.[56]

이 장에서는 불충분하나마 아시아, 미국, 영국 이외의 국가들에서 중국요리가 수용된 역사를 개관했다. 이를 비교해보면, 중국요리가 보급된 계기로는 ① 광둥을 비롯한 중국 본토나 타이완에서 온 이민자의 직접적 영향 ② 서양의 제국帝國이 식민지화한 동남아시아에서 이민한 화인의 영향 ③ 현대성의 상징이 된 미국식 중국요리의 영향 등이 있다. 세계 각국에서 이러한 영향들이 서로 뒤얽히며 중국요리가 퍼져나갔다. 그러한 가운데 ②가 두드러진 곳은 프랑스, 네덜란드, 호주 등이며 ③이 두드러진 곳은 독일이나 불가리아 등이다.

나아가 특색 있는 중국요리를 주체적으로 진화시켜 자국 요리의 일부로 만든 나라는 일본, 한국, 싱가포르 등 아시아 국가들에 한정되지 않고, 예컨대 페루에서는 중국풍 소 등심 볶음인 로모 살타도 등이 부동의 국민 음식으로 자리 잡았으며, 페루식 중국요리 '치파'를 페루 요리의 일부로 적극 선전하고 있다. 이는 오늘날 미국에서 촙수이가 처한 상황과는 대조적이다.

또한, 화인에 대한 사회적 태도와 중국요리의 문화적 지위는 얼마간 상관적이라는 것도 확인할 수 있었다. 러시아에서는 중국인 노동자나 중국 제품에 대한 경계심이 강하며 중국요리 역시 한국(조선)이나 일본 요리에 비하면 존재감이 약하다. 이에 비해 호주에서는 1950년대부터 백호주의와 맞서 싸우고 1970년대에는 중화 팬을 갖추도록 권한 D. A. 던스턴 같은 정치인이 나타났다. 그 후 중국의 조리법과 말레이반도의 식재료·향신료가 융합한 뇨냐 요리의 하나인 커리락사가 '다인종 사회'의 '호주다운 것'을 상징하게 되었다.

하지만 다문화주의라 해도 그 양상은 다양하며 가변적이기도 하다. 1980년대 이후 호주에서 반다문화주의가 대두한 사실을 고려하면, 오늘날 세계 각국에서 찾아볼 수 있는 다문화주의적 요리의 양상을 귀중한 전통으로 재평가하는 것의 의의를 실감할 수 있다.

4부

세계사 속
일본의 중국요리

1장

근대라는 시대
—가이라쿠엔, 춥수이, 회전 테이블, 아지노모토

일본의 중국요리에 대한 새로운 관점

지금까지 살펴본 중국, 아시아, 서양의 중국요리 역사를 염두에 두며, 4부에서는 일본의 중국요리를 재평가하고 일본인과 중국요리의 관계를 세계사적 관점에서 다시 살펴보고자 한다.

일본 중국요리의 근현대사에 관해서는 고전적 연구가 존재하며[1] 재일 화교·화인사 분야에서 다뤄지기도 했다.[2] 나아가 다양한 관점의 실증적 연구도 행해지고 있으며[3] 필자 역시 이미 그 개설을 시도한 바 있다.[4] 이 책에서는 종래와 다른 세계사적 관점에서 일본 중국요리의 문화적 가치를 재평가하고자 한다.

주목할 만한 것은 아시아 여러 나라와 지역의 요리 중에서도 일식(양식이나 중국요리 등을 포함한 넓은 의미의 일본 요리)만큼 중국요리와 열심히 진지한 대화를 이어온 식문화는 찾아보기 힘들다는 사실이다. 근대 이후 일식과 중국요리는 미국과 유럽에서 인지도나 인기를 놓고 경합을 벌이는 경쟁 관계에 있었으며, 중국의 식문화가 미국과 유럽을 거쳐 일본에 수용된 것은 중요한 의미를 가지고 있었다.

마지막으로, 이 책은 근현대의 일본과 중국, 그리고 서양을 둘러싼 위와 같은 식문화 교류에 초점을 맞춰, 일식이 중국의 식문화를 다양한 경로로 받아들이며 일식과 중국요리의 경계를 끊임없이 재설정해온 사실을 밝히고자 한다.

싯포쿠 요리와 후차 요리

명나라는 때때로 해금령海禁令을 내렸지만 일본과 명나라 간 밀무역을 담당한 '왜구'를 완전히 단속할 수는 없었으며 1567년에는 해금을 완화했다. 1571년에는 나가사키가 포르투갈의 무역항으로서 개항되었으며, 1635년 에도막부가 쇄국정책을 편 뒤에도 네덜란드와 중국 사이의 나가사키 무역은 계속되었다. '싯포쿠卓袱(탁자) 요리'는 이러한 무역항 나가사키에서 자라난 국제색 짙은 향토 요리이다.

'싯포쿠'의 어원은 각각 식탁과 식탁보를 뜻하는 중국어 '卓'와 '袱'이며, '싯포쿠'라는 발음은 안남安南(베트남)의 통킹[동낀東京, 베트남 북부 송꼬이강(홍강) 유역]에서 전해졌다고 여겨진다.[5] 싯포쿠 요리의 특징은 큰 접시에 담긴 요리를 여럿이 함께 먹는 중국식 식사

양식이나 그 중국풍 요리명에 있었다. 대표적 요리는 '부타노카쿠니豚の角煮'[돼지고기 조림]로, 싯포쿠 요리는 "사시미와 부타노카쿠니가 섞인 것"[6]이라고 이야기되기도 한다. 요컨대 싯포쿠 요리는 일본과 중국의 절충 요리이다. 나아가 하도시(빵 사이에 으깬 새우 등을 넣어 튀긴 것으로, 동남아시아나 중국에서 많이 먹는다) 등 서양 요리의 요소도 받아들여져 있다.

이러한 싯포쿠 요리의 정진精進판이 바로 '후차普茶 요리'이다. 1654년 푸젠성 푸칭福淸에서 나가사키에 내항한 인겐 류키隱元隆琦(인위안룽치)는 1661년 쇼군 도쿠가와 이에쓰나德川家綱에게서 하사받은 야마시로국山城國 우지군宇治郡의 사찰 부지에 황벽종黃檗宗 만푸쿠지萬福寺를 건립하여, 거기서 중국풍 정진 요리인 후차 요리를 전파했다. '후차'는 차를 마신다는 의미이다. 이렇듯 후차 요리는 특히 인겐 같은 명나라 승려가 일본에 가져온 새로운 전다煎茶식 끽다喫茶 문화와의 밀접한 관련 속에서 전개된 요리였다. 전다는 다관茶罐(규스急須)에 찻잎을 넣고 끓인 물을 부어 달여 마시는 차로, 분말로 된 차에 끓인 물을 붓고 휘저어 마시는 종래의 말다末茶(맛차抹茶)와는 다른 것이었다.

후차 요리와 싯포쿠 요리는 식사 양식 면에서는 크게 다르지 않으며, 양자를 구별해주는 것은 요리의 재료뿐이다. 정진 요리인 후차 요리는 고기를 쓰지 않는 대신 '난킨 두부南京豆腐'(인겐 두부·황벽黃檗 두부) 같은 두부 요리, 두부를 기름에 튀기거나 볶아 간장 등으로 조미한 요리가 많다. 또한, 후차 요리는 술을 금하며 그 대신 차를 사용한다.[7]

에도 후기에 이르러서는 싯포쿠·후차 요리의 형식을 취하면서도

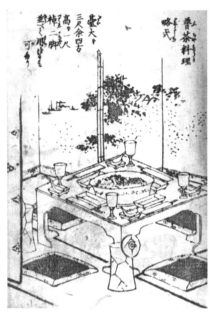

4-1 '후차 요리 랴쿠시키略式'(야오젠, 1835년)

그 내용은 일본 요리로 구성된 '랴쿠시키略式(약식)'라는 일·중 절충 양식이 생겨났다. 예컨대 1835년 에도의 고급 요정 '야오젠八百善'(1717년 창업)의 당주當主 구리야마 젠시로栗山善四郎가 가게 홍보를 위해 지은 『요리통料理通』(第四篇, 그림 4-1)을 보면, 실내 장식이나 기물 등은 중국풍이지만 요리의 내용은 일본풍을 취하는 싯포쿠 요리나, 의자를 쓰지 않고 바닥에 앉는 후차 요리의 양식이 스며들어 있는 것을 확인할 수 있다.[8]

이러한 '랴쿠시키'의 싯포쿠 요리나 후차 요리는 중국요리의 일본화, 일식에 의한 중국요리 수용의 전형적 사례라 할 수 있다. 거기에 더해, 일찍이 17세기에 전파된 중국의 요리 양식이 자국 요리의 한 장르로 확립되어 현지국 사람들이 오늘날까지 계승하고 있는 예는 일본의 싯포쿠·후차 요리 말고는 세계적으로 찾아보기 힘들다는 것을 지적할 수 있다.

후차 요리는 황벽종 사원과 함께 전국으로 퍼져 메이지 이후에도 잔존했다. 이에 비해 싯포쿠 요리는 에도 시대에 나가사키에서 가미가타上方(교토·오사카大坂[오늘날의 오사카大阪])나 에도로 전해졌지만 메이지 초기에는 나가사키에만 남았다.[9] 그렇지만 메이지 초기의 중국요리는 변함없이 에도 시대 이래의 싯포쿠 요리로부터 강한 영향을 받았다.

가이라쿠엔의 '초국경적 요리'

메이지 시대의 대표적인 대형 중국요리점으로는 가이라쿠엔偕樂園(1883~1943년)을 꼽을 수 있다. 가이라쿠엔은 중국요리를 통해 중·일 간 친선을 도모하는 클럽으로서, 전 나가사키 통사通辭(중국어 통역) 미나미 기지陽其二[10] 등 주로 나가사키 출신자의 발기, 나가사키 출신 정치가 이토 미요지伊東己代治의 원조,[11] 시부사와 에이이치澁澤榮一나 오쿠라 기하치로大倉喜八郎, 아사노 소이치로淺野總一郎 같은 재벌 창시자의 출자에 의해 도쿄 니혼바시日本橋에 창설되었다. '가이라쿠엔'이라는 명칭은 시부사와 에이이치가 '클럽'의 의미를 번안하여 취음자를 붙인 것이라고 한다.

가이라쿠엔은 1885년 사사누마 겐고笹沼源吾가 경영을 이어받아 요정으로서 새롭게 출발했다. 1909년 급사한 겐고의 뒤를 이은 사사누마 겐노스케笹沼源之助는 다니자키 준이치로의 소학교 동창생이자 일생 동안의 벗이었다고 알려져 있다.[12] 다니자키에 따르면, 사사누마 겐노스케의 도시락에서는 당시 도쿄의 거리에서는 좀처럼 맡을 수 없는 이국적이고 맛있는 냄새가 나서 소년 다니자키의 식욕을 심히 자극했으므로 다니자키는 사사누마와 도시락 반찬을 바꿔 먹고는 했다. 소년 다니자키로서는 매일 같이 그러한 것을 먹

는 사사누마의 생활이 부럽지 않을 도리가 없었다.[13]

　많은 나가사키 출신자가 창설에 관여한 가이라쿠엔의 초기 차림표에서는 싯포쿠 요리의 강한 영향이 엿보인다. 오하시 마타타로 大橋又太郎가 편집한 『실용 요리법實用料理法』(1895년 간행)에는 가이라쿠엔 탐방기가 실려 있는데, "돈포뇨東坡肉(동파육)는 이미 싯포쿠(卓子)식으로도 제공되어, 돼지비계를 조리한 것이었으며, 소채小菜[채소 절임 등의 간단한 요리, 전채]는 운두가 높은 중국 도자(支那燒) 식기에, 국은 꽃 모양도 육각형도 아닌 작은 그릇에 담고, 젓가락은 흰 종이로 감싸 붉은 당지唐紙로 띠를 둘렀으며, 지리렌게散り蓮華[사기 숟가락]를 작은 접시에 올려 내는 등 싯포쿠식과 같다"고 하는 등[14] 가이라쿠엔의 요리와 싯포쿠 요리 사이에 많은 공통점이 있다는 것을 지적하고 있다. 『실용 요리법』에 실린 가이라쿠엔의 차림표는 메이지 말기의 다른 요리서에도 전재되어 있어, 가이라쿠엔의 중국요리가 당시 일본에서 규범적 위치에 있었다는 것을 알 수 있다.[15]

　1870년대부터 1900년경에 걸쳐 새로 간행된 요리서는 대부분 서양 요리서였으며, 중국요리로만 구성된 요리서는 없었다. 요리서에 '지나 요리'가 등장하는 경우에도 그 내용은 대개 에도 시대의 싯포쿠·후차 요리를 약간 손본 정도에 불과했다.[16] 메이지 시대에 서양 요리의 보급이 선행되고 중국요리의 보급이 뒤처진 것은 메이지유신 이후에 문명개화의 풍조, 서양 숭배가 고조되었기 때문이라고 여겨진다.[17]

　메이지 시대의 일본이 이렇듯 서양 요리를 지향한 것은 동시대 태국(시암)에서 서양 요리가 중용된 것(2부 3장 참조)과 궤를 같이한다. 즉, 19세기 후반 라마 4세와 5세 치세에 태국은 청나라와 조공 관계를 종료하는 한편, 영국과의 불평등조약 체결을 강요받았다. 이에 따라 태국은 중국 문명이 아닌 서양 문명을 본보기로 문명화를 꾀하게 되어, 궁중의 식사에서는 서양 요리가 맨 먼저 테이블 한가운데 놓였으며 완전히 구색을 갖춘 서양 식기가 쓰였다. 이렇듯 서양 열강의 대두, 청나라의 쇠퇴는 서양 요리에 대해 중국 요리의 지위를 떨어트려, 19세기 후반 아시아 여러 나라에서(특히 엘리트층 사이에서) 중국요리의 수용을 늦추고 있었다.

한편, 일본에서는 싯포쿠 요리의 계보를 잇는 가이라쿠엔의 중국요리가 다이쇼·쇼와기를 거치며 시대에 뒤떨어져가고 있었다. 당대 제일의 중국통이었던 언어학자 고토 아사타로後藤朝太郎(1881~1945년)는 가이라쿠엔의 일본식 객실 중앙에 놓인 나가사키제의 빨갛고 둥근 중국풍 식탁만큼은[18] 경우에 따라 손님이 늘어도 합석이 용이해 재미있다고 평가하면서도, 작은 접시를 지나치게 많이 사용하는 가이라쿠엔의 서빙 방식에는 미흡한 구석이 있으며 중국요리의 기분이 나지 않는다고 혹평했다.[19]

그러나 가이라쿠엔은 1930년대 이후에 오히려 그 역사적 가치가 재발견되면서 높이 평가되기도 했다. 푸드 저널리스트의 선구적 존재인 신문기자 마쓰자키 덴민松崎天民(1878~1934년)에 따르면, 도쿄에서 가이라쿠엔의 존재는 중국요리를 익숙한 맛으로서 세간에 정착시킨 것만으로도 큰 공적을 남겼다고 할 수 있었다. 가이라쿠엔의 일본화된 산뜻한 풍미는 단연코 입으로 가져갈 수밖에 없으며 "과거의 개척자인 가이라쿠엔"에는 단연코 호의를 가질 수밖에 없다고 말한 마쓰자키는, 가이라쿠엔의 '지나 요리'는 사실 미완성

이지만 "일종의 초국경적 요리"라 하지 못할 것도 없다며 높이 평가했다.[20]

이렇게 가이라쿠엔을 비롯한 도쿄의 중국요리는 "과거의 개척자" "초국경적 요리" 등으로 평론가들에 의해 재평가되기 시작했다. 그 무렵 중국요리점 쪽은 시대의 요청에 부응해 맛을 갱신해야 하는 과제에 직면해 있었다. 당시 도쿄의 소비자는 에도 시대의 나가사키에 기원을 둔 싯포쿠풍의 일본식 중국요리보다는 당대의 음식 수도 상하이의 요리에 가까운 것을 '순수' '본식'의 맛으로서 추구하고 있었다.

다니자키 준이치로에 따르면, '순수한 중화요리'가 유행하자 가이라쿠엔도 시대의 흐름에 떠밀려 중국인 요리사를 초빙하거나 중국풍 객실을 증설하는가 하면, '본식 지나 요리'를 만들게 되었다.[21] 사사누마 겐노스케가 있던 시대의 가이라쿠엔에는 중국 공사 여서창黎庶昌이 베이징 요리를 전문으로 하는 요리사를 데려오는가 하면, 상하이·닝보계 요리사가 합류하기도 했다.[22]

일본·서양·중국의 구조화

오늘날에도 일본인들 사이에서는 '일본(和)·서양(洋)·중국(中)'이 요리를 구분하는 중요한 기본적 카테고리가 되어 있다. '일본 요리'라는 용어는 '서양 요리'와 짝을 이뤄 확립되었다. '서양' '일본' '지나' 등 세 종류의 조리법을 구별한 일본 최초의 기록은 1887년(메이지 20년) 출판된 『현금활용現今活用 속續 기억일사천금記臆一事千金』

(樋口文二郎 編, 忠雅堂)에서 찾아볼 수 있다.

또한, '와쇼쿠和食'(일본 요리)라는 말은 19세기가 끝나갈 무렵 등장한 이래로 '일본 요리'에 비해서는 그다지 일반적으로 사용되지 않았다. '양식'과 짝을 이루는 '와쇼쿠'라는 말이 보급된 것은 주로 외식의 장에서였으며, 특히 쇼와 시대부터 백화점의 식당에서 빈번히 쓰이며 퍼져나갔다.[23]

또한, '니혼쇼쿠日本食'[일본 음식, 일식]라는 용어가 아마도 '와쇼쿠'보다 좀 더 일찍 보급된 것으로 보인다. 1884년 런던에서 열린 위생박람회에 참가한 일본 요리점에 관한 보도나,[24] 독일에서 위생학을 공부하고 귀국한 모리 린타로森林太郎(모리 오가이森鷗外)의 연설을 수록한 서적(1888년 12월 간행) 등이[25] 가장 이른 시기의 '니혼쇼쿠' 용례라고 생각된다. '니혼쇼쿠'는 '세이요쇼쿠西洋食'[서양 음식, 양식]와 대비되는 말로 쓰이기 시작했으므로, 특히 대외적인 장에서 사용되는 경우가 비교적 많았다. 나아가 '니혼쇼쿠'는 때로 일본식 양식이나 중국요리를 포함하는 넓은 의미의 일본 식문화를 가리키기도 했다.

'일본·서양·중국'이라는 요리의 카테고리는 일본의 식민지가 된 타이완이나 한반도에도 보급되었다. 1895년 일본이 타이완을 영유한 직후부터, 관원이나 군대를 수행하여 타이완으로 건너간 민간인은 현지에서 일본 요리점, 서양 요리점을 열었다. 타이완의 일본 요리점은 중국요리도 냈으며 서양 요리점과 제휴하는 경우도 있었다. 나아가 현지의 주루酒樓(중국요리점)도 일본 요리나 맥주, 커피, 케이크 등을 냈다.[26]

또한, 1910년 일본의 식민지가 된 한반도에서도 조선 요릿집의 요리가 전통적 궁중 요리에 머무르지 않고 일본·서양·중국을 아울러 국제색을 짙게 띠게 되었다.[27] 식민지 시기 조선의 외래식은 ① 일식 ② 많은 경우 일본이나 러시아를 통해 들어온 서양 요리 ③ 주로 산둥반도에서 건너온 사람들에 의한 중국요리였다. 서양·일본·중국으로 이루어진 외래식의 구도는 한국에서 1980년대까지도 변함없이 존속했다.[28]

그런가 하면 중국에서는 요리가 '중中·서西'(중국요리와 서양 요리)라는 카테고리로 구분되어 일본 요리가 낄 여지가 거의 없었다. 중국에서는 근래에 들어 일본 요리가 보급되었지만 여전히 자국 요리가 압도적 비중을 차지하고 있으며, 외래식으로는 서양 요리에 이어 간신히 '일본·한국'이라는 카테고리가 얼마간 의식되고 있을 뿐이다. 3부에서 살펴봤듯이 서양에서는 동아시아 요리가 하나의 카테고리로 묶이는 경우가 많지만, 동아시아 내에서는 나라에 따라 상대국의 요리가 차지하는 지위가 이처럼 제각각이다.

서양을 거쳐 들어온 중국 취미

1920~30년대에는 일본에 중국 취미('支那趣味')의 시대가 찾아왔다. 중국 취미란 메이지 시대의 문명개화 이후 서양 문화 수용을 일단락 짓고, 서양의 필터를 통해 중국의 풍속·문화를 수용하려는 것이었다.[29] 다이쇼·쇼와 시대에 나타난 모더니즘으로서의 세련된 중국 취미는 일부 문화인만의 것에 그치지 않고 도시 대중의 생활 문화나 오락으로까지 확대되었다.

예컨대 1920년대 후반에는 일본 여성들 사이에서 치파오가 유행하여[30] '중국복(支那服) 차림의 여자'가 새로운 회화 주제로서 거듭 화폭에 담겼다.[31] 중국복은 일본 근대 도시의 첨단 패션이 되었지만, 그 유행의 최첨단을 걷는 곳은 상하이였다. 봄·가을의 경마 시즌 후 프랑스 조계의 일류 상점이나 공동조계의 화이트웨이 Whiteway, Laidlaw & Co., 센스, 융안 같은 백화점이 선보이는 상하이의 패션은 일본의 여성지에서도 주목거리로 다뤄졌다.[32]

일본 여성이 중국복을 입은 이유로는 그것이 편하게 만들어져 뛰어난 기능성을 갖고 있었던 것, 당시 중국 여성이 자국의 옷을 적극적으로 개량하여 당당히 입었던 것을 들 수 있다. 그러나 서양인 여성들 사이에서 중국복이 유행한 것의 영향도 무시할 수 없다.[33]

이 밖에 마작, 민구民具 수집,[34] 음악(가요곡) 등도 다이쇼 시대와 쇼와 초기의 중국 취미로서 빠트릴 수 없다. 마작은 두 차례 세계대전의 전간기에 서양에서 먼저 유행하였으며, 일본에서는 다이쇼 말기에 상류 계층과 중간층 가정을 중심으로 퍼져나갔다.[35] 또한, 중일전쟁 중에는 〈지나의 밤支那の夜〉(1939년), 〈차이나 탱고チャイナ·タンゴ〉(1939년), 〈쑤저우 야곡蘇州夜曲〉(1940년) 등 일본의 작곡가가 서양의 동양 취미를 참조하여 독자적 중국 분위기를 창출한 이국 취미의 '대륙 가요'가 유행했다.[36]

다이쇼 시대와 쇼와 초기에 일본의 중국 취미 가운데 가장 두드러진 것은 바로 중국요리 붐이었다. 중국요리점은 이미 메이지 시대부터 도쿄에 몇 군데가 있기는 했지만 1923년 간토대지진 이후 급증했다. 또한, 가정용 요리책에서도 갖가지 중국요리가 다뤄졌다.[37]

근대 일본에서 중국요리는 주로 연회 요리로서 보급되기 시작하였고, 그 때문에 남성들 사이에서 먼저 퍼졌다. 또한, 중국요리는 값싸고 맛있는 데다 영양도 풍부해 체격 개선이나 건강 증진에 도움이 된다고 여겨진 것도 그 보급을 촉진했다.

나아가 주목할 만한 것은 "서양 요리나 일본 요리에 싫증이 나서 색다른 지나 요리를 선호하는 경향"이다.[38] 양복이나 기모노와는 다른 색다른 외출복으로서 중국복이 유행했듯이, 서양 요리나 일본 요리와는 다른 신기한 요리로서 중국요리가 보급되기 시작했다. 나아가 전간기에 뉴욕, 런던, 파리 같은 구미의 대도시에서 중국요리가 유행한 것이 도쿄에 전해져 유행이 시작되었다고도 할 수 있다.[39] 요컨대 일본에서 중국요리의 유행은 중국복, 마작, 대륙가요(중국 취미의 유행가) 등의 경우와 마찬가지로 구미에서의 유행을 뒤따르는 형태로 시작된 면이 있었다.

예컨대 근대 도쿄의 중심 번화가인 아사쿠사淺草에서는 러일전쟁 전에도 중국요리점이 문을 열었지만 약 1년 만에 폐업했으며, 1907년에는 히라노요쇼쿠부平野洋食部가 중국요리를 개시했지만 역시 약 1년 만에 폐업했다. 그러나 1908년 '시나소바支那そば(지나(중국) 소바), 사오마이, 완탄'을 간판 메뉴로 하는 '시나소바 가게'로서, 중국인 요리사를 고용해 문을 연 '주카로中華樓'는 아사쿠사 중국요리점의 원조로서 1930년까지 성업을 이어나갔다. 메이지 말기에는 '라이라이켄來來軒' '신포루シンボール' '도쇼켄東勝軒' 같은 중국요리점도 문을 열었다.

다이쇼 시대(1912~1926년)에는 아사쿠사에도 중국요리의 전성기가 찾아와 많은 서양 요리점이 중국요리를 겸하게 되었지만 서양 요리점의 중국요리에는 '가짜 요리'가 많았으며, 1930년대에는 중국요리를 내는 서양 요리점을 거의 찾아볼 수 없게 되었다. 간토대 지진 전에는 라이라이켄이 아사쿠사를 대표하는 중국요리점이었 지만, 지진 후에는 1923년 창업한 '고주반五十番'에 그 자리를 내주 었다.[40]

또한 다이쇼 시대와 쇼와 초기의 긴자에는 '사론만슈サロン滿洲 (만주 살롱)'[41]나 '난킨테이南京亭'가, 시부야澁谷 도겐자카道玄坂에는 카페 '다이완칸臺灣館'이,[42] 그리고 쓰키지築地에는 '샨하이테이上海 亭' 등이 있었다.[43] 이국정취 가득한 이 상호들은 세련된 중국풍 음 식 및 끽다 문화에 대한 상상을 부풀리는 역할을 했다.

백화점 식당의 중국요리

일본 최초로 중국요리 전문점이 문을 연 백화점은 1932년 '시 나쇼쿠도支那食堂'(지나 식당)를 개설한 오사카 우메다梅田의 한큐阪 急 백화점이다. 시나쇼쿠도는 6명의 중국인 요리사를 채용해 "지나 요리의 원조 한큐 백화점", "한큐의 지나 요리는 값싸고 맛있다" 같 은 말로 널리 이름을 알렸다. 주목할 만한 것은 시나쇼쿠도에서 특 히 인기였던 메뉴는 중국에 없는 중국요리인 '춉수이와 야키토리' 였다는 점이다.[44] 뒤에서 이야기하겠지만 춉수이는 한큐 백화점에 서 먹는 세련된 중국요리로서 안성맞춤이었다.

이 밖에 1933년 도쿄에서 발행된 레스토랑 가이드『대도쿄 식 도락 가이드大東京うまいもの食べある記』를 보면, 백화점 식당에서 '양 식', '일식(和食)'과 함께 '중식(支那食)'이 제공되었다는 것을 알 수 있다. 예컨대 긴자 산초메三丁目의 마쓰야松屋 백화점 7층에 자리한 대형 식당에서도 중국요리를 먹을 수 있었으며, 도쿄역 정면의 마루노우치 빌딩 지하에 자리한 일식당 가게쓰花月에서는 '지나 죽순(支那筍)'이 들어간 '라우멘柳めん'이나 '사오마이'를 팔았다. 또한, 같은 빌딩 2층의 마루비시丸菱 포목점 안쪽의 마루비시 식당에서도 요리 두 가지와 '다마고지루玉子汁[달걀국]에 밥이 딸린 '지나 런치'를 냈다.

이 백화점 식당들은 주부를 비롯한 여성들에게 중국요리를 보급하는 역할을 했다. 당시에는 "지나 요릿집의 악취"에 익숙하지 못해 "손수건을 입에 대는" 부인이 적지 않았지만,[45] 백화점의 식당에는 부인 무리가 찾아와 외식 습관을 들이며[46] "문화식文化式으로 모던화"[47]된 중국요리를 체험했다.

나아가 1930년대에는 경성(현재의 서울)의 3대 백화점(미쓰코시三越, 미나카이三中井, 조지야丁子屋)도 대형 식당을 개설해 일본·중국·서양 요리를 제공하며 부유층의 사교와 휴식의 장, 젊은 커플의 데이트 및 맞선 장소로 자리 잡아갔다.[48] 그 때문에 미나카이 백화점의 식당 입구에는 부인 손님을 위한 큰 거울이 설치되어 있었다.[49]

일본에 들어온 춥수이

이렇듯 다이쇼·쇼와 시대에 나타난 모더니즘으로서의 중국요리는 서양의 중국요리 유행에 자극되어 번영을 구가했다. 따라서 당시 서양식 중국요리의 대표 메뉴였던 춥수이도 일본에 전해졌다.

그리고 중국요리를 둘러싼 이 시기의 국제 교류를 말할 때 빼놓을 수 없는 것이 긴자 아스터金座アスター(1926년 창업)와 그 창업자 야타니 히코시치矢谷彦七(1888~1967년)의 이야기다.

야타니 히코시치는 국제적 사업가로, 1905년 동양기선회사東洋汽船會社에 입사해 1908년에는 화물선 아메리카마루亞米利加丸의 선원으로 요코하마-하와이-샌프란시스코 항로에 승무했으며, 1910년경에는 선상 근무에서 상하이 지점 근무로 전환되었다. 야타니는 1911년 동양기선을 사직하고, 우유와 유제품의 장래성에 주목하여 '야타니 버터'와 '호랑이표 마가린'을 일본 제일의 브랜드로 성장시켰다. 야타니의 영업은 상하이나 베이징에까지 미쳤다.

간토대지진의 영향으로 야타니 버터가 경영 부진에 빠지자 야타니는 긴자 잇초메一丁目에 점포를 얻어, 1926년 입구에 '아메리칸 촙수이 하우스 레스토랑'이라고 적어놓은 중국요리점 긴자 아스터를 열었다. 가게 이름의 '아스터'는, 동양기선 근무 시절 야타니에게 동경의 대상이었다가 나중에는 야타니 버터를 납품받게 된 상하이의 아스터하우스 호텔에서 따온 것이었다. 전 세계 어디에나 있는 중국요리점이 긴자 일대에는 없다는 데 생각이 미친 야타니는, 긴자의 젊은이들 사이에서는 할리우드 영화가 대단히 인기 있고 긴자는 도회적이며 세련된 곳이므로 요리점으로서는 미국식이 좋겠다고 생각했다. 그래서 야타니는 샌프란시스코에서 접한 아메리칸 촙수이를 주메뉴로 하고, 젓가락이 아닌 서양풍의 나이프와 포크를 쓰는 가게를 열었다.

긴자 아스터의 개점 당시 메뉴를 보면, 촙수이 옆에는 "40년 전 워싱턴시에서 이홍장이 창조한 요리"라는 설명이 적혀 있어 촙수

4-2 야타니 히코시치(앞줄 중앙)와 긴자 아스터의 종업원·고객(1926년의 크리스마스 파티)

이를 '지나 요리'가 아닌 '미국식 중화요리'로서 선전했다는 사실을 알 수 있다. 미국과 마찬가지로 일본에서도 이홍장에 관한 전설이 촙수이의 판매 촉진에 이용된 것이다. 이처럼 상하이-샌프란시스코-도쿄의 연쇄 속에서 긴자에 탄생한 세련된 중국요리점 긴자 아스터는 중국요리가 서양을 거쳐 근대 일본에 수용된 전형적 사례라 할 수 있다.

개점 당초의 긴자 아스터는 미국풍 인테리어, 중국풍 요리, 일본풍 서비스, 전체적으로는 고급스럽고 세련된 분위기를 콘셉트로 하고 있었다. 그러나 세련되기는 했을지언정 나이프와 포크로 먹는 아메리칸 촙수이는 일본에서 일반적으로 받아들여지지 못했다. 초기 메뉴에는 커틀릿이나 인도 커리 같은 양식도 실려 있어 야타니의 고민을 짐작하게 한다. 야타니는 고객 유치에 고심하던 차에 손님인 어느 중국 상인으로부터 "좀 더 중국 분위기를 내서 (…) 순수한 고급 중국풍으로 하면 분명 손님은 올 것"이라는 조언을 받아 미국식 촙수이에서 '고급 중화요리'로 노선을 변경했다.[50]

긴자 아스터 외에 1924년 교토 기온祇園에서 문을 연 '지나 요리 하마무라ハマムラ'(나와테繩手 본점은 1940년대에 폐점했지만 그 밖에도 많은 점포가 문을 열어 현존하고 있다)도 그 무렵 서양에서 촙수이를 들여왔다. 하마무라의 창업자인 하마무라 야스조濱村保三는 서커스단을 이끌던 아버지를 도와 미국으로 건너갔지만, 제1차 세계대전으로 일본·독일이 미국과 적대하게 되자 귀국할 수밖에 없어 1918년 교토로 돌아왔다.

하마무라 야스조는 유럽 각국의 차이나타운에서 접한 중국요리점을 교토에도 열어보기로 결심해 하마무라를 열었다. 하마무라는 밀크홀ミルクホール[우유, 커피, 빵, 케이크 등을 내던 간이 음식점의 통칭, 메이지 말기부터 쇼와 초기에 걸쳐 유행했다]을 겸하던 시기도 있었으며, 점주 하마무라 역시 실은 양식파였다고 한다. '지나 요리 하마무라'의 창업 당시 메뉴에는 '조차푸스이炒什碎'[볶음 촙수이]가 실려 있었으며, 이는 '하마무라 가와라마치河原町점'(1937년 개점)에 계승되어 최근까지도 맛볼 수가 있었다.[51]

이처럼 도쿄에서 긴자 아스터가 촙수이 레스토랑으로서 문을 열고 교토에서도 하마무라가 촙수이를 내던 무렵에는 일본군에도 '촙수이'가 처음으로 소개되었다. 1923년 간토대지진 이후 도쿄에 채소가 부족해 센다이仙臺에서 숙주가 들어오자 육군 양말창糧秣廠은 군대 조리 강습에서 숙주를 이용한 각종 요리를 소개하였는데,

그중에 춥수이가 포함되어 있었다.[52] 또한, 1926년 12월 뤼순, 펑톈에서 관동군 경리부가 여러 부대를 대상으로 실시한 조리 강습에서는 '지나 요리의 일본화'를 주제로 한 강의와 함께 '춥수이' '자리지炸力脊' '싼쓰탕三絲湯'의 조리 실습이 이루어졌다.[53]

나아가 서양을 경유한 중국요리에 대한 이러한 관심은 일본의 황실에도 미쳤다. 다이쇼, 쇼와 2대에 걸쳐 천황가의 식사를 통괄한 아키야마 도쿠조는 1909년 유럽에 건너가 프랑스 요리를 익힌 요리사였다. 아키야마는 두 번째 유럽행에서 돌아오는 길에 미국에 들러 뉴욕에서 중국요리점이 유행하고 중부, 서부의 대도시에서도 춥수이 레스토랑이 성업 중인 것을 목격했다. "드디어 발등에 불이 떨어지고 만 기분"이었던 아키야마는 1922년 궁내성[현재의 궁내청]에 의해 중국에 파견되어 반년에 걸쳐 상하이→광둥→상하이→칭다오→톈진→베이징→다롄→지린→다롄으로 돌며 중국요리를 연구했다.

상하이에서는 총영사의 주선으로 중국의 요리사가 아키야마가 머물던 유명 일본 요정·여관 로쿠산테이六三亭까지 찾아왔다.[54] 아키야마의 중국 방문은 상하이를 대표하는 신문인 〈신보申報〉에도 게재되어, 그 기사에 따르면 중국요리를 조사하러 온 아키야마는 중국 주방의 불결함에 놀랐다고 한다.[55] 아키야마의 중국 방문에 따라 1925년경에는 일본의 궁중에서도 종종 중국요리가 나오게 되었다.[56] 이렇듯 아키야마 도쿠조가 서양의 춥수이 레스토랑에 자극받아 일본에서 중국요리를 제공하게 된 경위는 긴자 아스터의 야타니 히코시치나 하마무라의 하마무라 야스조의 경우와 포개지는 것이다.

서양·중국·일본의 회전 테이블

　'쇼와 모던'으로서의 중국요리 붐 속에서 보급된 것 중 하나가 회전 테이블이다. 회전 테이블의 탄생을 놓고 일본에서는 오랫동안 1931년 메구로目黒에서 가조엔雅敍園이 문을 연 당시 창업자 호소카와 리키조細川力藏가 개발했다고 설명되어왔다. 호소카와는 당시 자신이 자주 찾던 도편수와 의논하여, 자리에 앉은 채로 요리를 덜고는 다음 사람에게 넘길 수 있는 회전 테이블의 제작을 맡겼다.[57]

　최근에는 많은 사료가 발굴되어, 도쿄 가조엔 호텔의 중국요리점 '순유키旬遊紀'(옛 메구로 가조엔)에서 현재도 사용되고 있는 복원된 회전 테이블이 '현존 최고最古'로 일컬어졌다. 현재 밝혀진 바에 의하면, 회전 테이블에 관한 일본에서 가장 오래된 기록은 1929년 9월 3일 저녁에 징기스칸 요리로 유명한 니혼바시 '하마노야濱のや'에서 열린 제16회 '식도락 만담회'에서 사용된 회전 테이블의 사진(그림 4-3)이다.[58]

　회전 테이블은 이미 18세기 초기부터 영국에서 '덤 웨이터dumb-waiter'라는 이름으로 사용되고 있었다.[59] 1891년에는 미국에서 '셀프 웨이팅 테이블self-waiting table'로서 특허가 신청되었으며,[60] 1903년 〈보스턴 저널〉에는 내가 아는 한 처음으로 '레이지 수전Lazy Susan'(수전이라는 웨이트리스가 일을 게을리한다는 뜻)이라는 이름을 달고 사진과 함께 소개되었다[61](그림 4-4).

　나아가 1921년 7월 24일 헨리 포드Henry Ford가 주최한 캠프 여행의 식사 자리에서 W. G. 하딩Harding 대통령과 T. 에디슨Edison을 포함한 14인이 거대한 회전 테이블을 둘러싸고 앉아 있는 사진도

"Lazy Susan"
Old and ingenious contrivance resur-
tated by John Laurie at Hingham.

4-3 하마노야(도쿄 니혼바시)에서 회전 테이블을 둘러싸고
좌담회를 하는 마쓰자키 덴민(왼쪽) 외(1929년)

4-4 '레이지 수전'
(회전 테이블, 1903년)

빼놓을 수 없다[62](그림 4-5). 미국에서는 그 후 회전 테이블이 유행
에서 뒤처졌지만, 1950~60년대에는 남캘리포니아에서 다시 쓰이
기 시작해[63] 현재도 널리 판매되고 있다.

한편, 중국요리에서 어떤 경위로 회전 테이블이 쓰이게 되었는
지는 정확히 알려진 바가 없다. 이러한 가운데 필자는 다음으로 소
개할 사료가 가장 중요하다고 생각한다.

1915년 11월 〈중화의학잡지中華醫學雜誌, The National Medical Journal
of China〉의 창간호에서 피낭 태생의 화인 의사·위생학자 우롄더伍聯
德(1879~1960년)는 '위생적 중국 식탁Hygienic Chinese Dining Table'인
'위생 식탁Hygienic Dining Tray'을 제안하고 있다.[64] 조금 길지만 원문
의 일부분을 번역해 소개하고자 한다.

1915년 1월 상하이에서 열린 의료전도회The Medical Missionary
Association의 마지막 협의회에서, 나는 미국의 동료로부터 가정에서 위
생적으로 중국요리를 먹을 수 있는 방법의 고안을 의뢰받았다. 그는 중

4부. 세계사 속 일본의 중국요리

4-5 회전 테이블을 둘러싸고 식사하는 H. 포드, W. G. 하딩 대통령, T. 에디슨 외(1921년)

국요리가 좀 더 매력적인 형태로 제공된다면 보다 좋아질 것이라 확신하고 있었다. 그리고 수개월의 경험을 바탕으로 나는 이러한 사항에 관심이 있는 사람들에게 내 '위생 식탁'을 자유롭게 권하고 싶다. 이것은 큰 수프 그릇 하나와 요리 네 가지를 올려두기에 충분한 크기의 원형 혹은 사각형으로 된 쟁반이 붙은, 목재나 금속으로 가능한 한 간단하게 만들어진 회전대回轉臺이다. 이 회전대는 식탁 주변에 앉아 있는 사람들이 쉽게 손을 뻗을 수 있도록 가능한 한 낮게 해서 식탁 위에 놓아야 한다. 식탁을 둘러싸고 앉은 각각의 사람에게는 자신만의 젓가락, 숟가락, 밥공기, 작은 수프 그릇이 준비되며 회전대에 놓인 각각의 요리에는 별도로 숟가락이 딸려 있다. 이 방법을 쓰면 식탁을 둘러싼 한 사람 한 사람이 자신의 숟가락, 젓가락을 공통의 그릇, 접시에 가져가 다른 이를 감염시킬 우려 없이 음식을 덜 수 있다. 이러한 단순한 고안으로 중국요리는 좀 더 위생적인 방법으로 올바르게 즐길 수 있게 될지도 모른다. 또 하나의 이점은, 마음에 드는 주요리가 자신의 반대편에 있더라도 자리에서 일어설 필요 없이 회전시켜 가져올 수 있어, 실크 소매를 기름기 많은 요리에 적실 일이 없다는 것이다.

나는 가능하다면 위와 같은 고안이 더욱 개량되어 널리 채용되기를 기대하고 있다. 내 첫 모델은 80센트밖에 하지 않는다. 나는 특허를 취득할 생각은 없다.

앞서 이야기했듯이, 서양에서는 이미 회전 테이블이 보급된 지 오래여서 우렌더가 특허를 신청했다 한들 쉽게는 취득할 수 없었을지도 모른다. 그러나 중국요리에 회전 테이블 사용을 공식적으로 제안한 것은 아마도 우렌더가 최초인 듯하다. 우리는 이 사료로부터 또 하나의 중요한 사실을 추측할 수 있다. 요컨대 중국요리에서 회전 테이블이 보급된 것은 위생상의 이유가 컸다는 것이다. 젓가락, 숟가락을 공용과 개인용으로 나누고 큰 그릇, 접시에 담긴 각각의 요리에 공용 젓가락, 숟가락을 두어, 이를 사용해 요리를 각자의 접시에 덜어 먹기에 회전 테이블이 편리했다. 또한, 테이블 반대편에 있는 사람에게도 쉽사리 요리를 돌릴 수 있었다.

우렌더 등은 1915년 2월 상하이에서 중화의학회를 창립하고, 같은 해 11월 그 기관지로서 〈중화의학잡지〉를 창간했다. 그 창간호에 '위생 식탁'을 제안하는 논문이 사진과 함께 실렸다는 것은 위에서 이야기한 대로이다. '위생 식탁'이 같은 해 1월 상하이에서 개최된 회의에서 나온 미국인 의사의 의뢰에 따라 고안되었다는 사실과 함께 주목해야 할 것은, 상하이 근교에 있던 난퉁南通 대체 사범학교의 목공반 학생이 1916년에 '쉬안좐위안줘旋轉圓卓'(회전 원탁)를 제작·판매했다는 기록이 남아 있다는 것이다(〈申報〉 1917년 9월 7일 11版,「中華職業教育社通訊」).

중국요리에 사용되는 회전 테이블은 상하이로부터 퍼져 나갔다고 생각하는 것이 자연스럽다. 이미 살펴보았듯이 중화민국 시대의 상하이는 중국의 음식 수도였으므로, 상하이의 위생 의식 높은 가게에서 시험 삼아 사용된 회전 테이블이나 공용 젓가락, 숟가락이 서양이나 일본의 중국요리점에 전해졌을 가능성이 크다. 참고로 일본의 하마노야나 가조엔 같은 중국요리점에

4-6 회전 테이블을 사용해 중국요리를 먹는 일본 여성들(1941년)

서 회전 테이블을 사용하기 시작한 것은 1930년 전후의 일로, 우렌더가 상하이에서 위생상의 이유로 중국요리에 회전 테이블 도입을 제안한 때로부터 15년 정도 지났을 때였다. 당시 일본인들은 주로 상하이로부터 중국요리를 수용하고 있었으므로,[65] 최신의 중국요리와 마찬가지로 회전 테이블 역시 상하이에서 이를 견문한 누군가가 일본에 전했다고 생각하는 쪽이 자연스러울 것이다. 단, 일본의 중국요리점에서는 위생이 좀 더 중시되어서 그 후 회전 테이블이 비교적 급속히 보급된 측면은 있을지도 모른다.

어쨌든 이러한 역사적 사실에도 불구하고 일본의 대중매체는 여전히 '중화요리의 회전 테이블은 일본에서 발명되어 중국을 비롯한 전 세계로 퍼져나갔다'는 속설을 별다른 의심도 없이 계속 유포하

고 있다.[66] 그러나 이는 그릇된 것으로, 무의식의 발로일지언정 외국에서 유래되었을 가능성이 큰 것을 자국에서 기원한 것이라고 주장하는 문화 내셔널리즘의 일례라 할 수 있다. 필자는 중국인 학자 등과 함께 메구로의 가조엔 호텔을 몇 차례 찾은 바 있는데, 동행들은 그곳에서 일본 중국요리의 독자적 전통과 문화를 발견하고 감격하고는 했다. 회전 테이블의 일본 기원설을 안이하게 선전하지 않고 정확한 역사적 사실을 전하는 것이야말로 일본 중국요리의 품위를 높이는 결과로 이어질 것이다.

근대 중국의 관점에서 본 중국요리와 일본 요리

이렇듯 근대 일본이 상하이 등 대도시로부터 그리고 서양을 경유하는 형태로 중국요리를 적극적으로 수용하던 한편으로, 일본 요리는 근대 중국에서 낮게 평가되기 일쑤였다. 황준헌黃遵憲(1848~1905)은 1877년 초대 주일 공사의 서기관으로 일본에 와서, 뒤에는 샌프란시스코, 런던, 싱가포르 등지에서 활약한 청말의 저명한 외교관이다. 황준헌은 1879년 간행한 『일본잡사시日本雜事時』속에서 일본 음식을 다루며 일본인은 "곧잘 차가운 날것을 먹고 생선을 좋아한다", "익힌 것이라 해도 한번 식은 것을 반긴다", "보통의 식사에서는 무나 죽순 외에는 이렇다 할 것이 없다"라고 썼다.[67] 생선이나 채소, 식은 것을 일본 음식의 특징으로 보는 시각은 그 후에도 중국인 유학생이나 지일파 지식인 등에게서 찾아볼 수 있다.

중국·일본·서양의 요리를 비교한 전형적 견해로는 서가(저장 항저우 사람)가 짓고 1920년 상하이의 상무인서관에서 간행한『청패류초』(第47册, 飮食[上], 「西人論我國飮食」)가 있다. 서가는 "서양인은 세계의 음식이 크게 세 가지로 나뉜다고 본다. 첫째는 우리 나라(중국), 둘째는 일본, 셋째는 유럽이다. 우리 나라의 식품은 입이 즐겁고 맛이 뚜렷하게 전해진다. 일본의 식품은 눈이 즐겁고 잘 꾸며놓으면 색감이 대단하다. 유럽의 식품은 코가 즐겁고 조리를 하면 좋은 냄새를 맡을 수 있다. 이는 아마도 우리 나라의 요리가 세계에서 가장 뛰어나다는 의미가 아닐까?"라고 논하고 있다.[68]

이처럼 중국=맛=입, 일본=색=눈, 서양=향=코라는 단순하지만 선명한 대비를 보여주는 게『청패류초』가 최초인지 여부는 단정할 수 없지만, 그 후에도 중국이나 일본의 요리 평론에 등장한다. 이는 중국요리를 중심에 둔 시각으로, 중국요리를 일본 요리나 서양 요리보다 높게 치고 있다. 민국기의 중국에서는 이 밖에도 일본인이나 도쿄에 오래 산 중국인(남성)이 보기에는 '중궈판中國飯, 르번뉘런日本女人, 시양팡쯔西洋房子'(중국요리, 일본 여성, 서양 가옥)가 가장 좋다는 식의 표현이 퍼져 있었다.[69] 오늘날에도 접할 수 있는 이 표현 역시 음식에 관해서는 중국을 최고로 치고 있다.

민국기에 음식 수도 상하이에서조차 일본 요리가 거의 수용되어 있지 않았다는 사실은 1930년 간행된 미식 가이드『상하이더츠』의 다음과 같은 비교에서도 잘 드러난다. 요컨대 일본 요리와 중국요리는 재료가 정반대로, 중국인은 돼지의 내장을 먹지만 일본인은 이를 버리며, 중국인은 생선의 내장을 먹지 않지만 일본인은 이를 진품으로서 즐긴다. 따라서 중국인은 대체로 일본 요리에 익숙하지 않다. 또한, 상하이 훙커우의 많은 일본 요리점 중에는

(의자가 아니라) 바닥에 앉는 낡은 관습을 유지하고 있는 가게들이 있어 이러한 가게에 들어선 손님은 우선 반드시 신발을 벗어야만 하는데, 이는 바닥에 앉아 버릇하지 않은 사람에게는 여간 힘든 일이 아니다. 일본의 젓가락은 아주 조잡하기 짝이 없는 목제품으로, 한 번만 쓰고 버린다. 요리는 생선이 가장 일반적이며 구울 때 내장을 제거하지 않아서 비린내가 나며, 해삼과 전복, 김 등의 해산물에서도 전부 비린내가 난다고 한다.[70]

저우쮀런의 일본 식문화론

이상과 같이 근대 중국에서는 중국요리와 일본 요리가 대조적인 것으로 여겨졌으며, 일본 요리는 일본 식문화론의 주류 속에서 부정적으로 다뤄지기 일쑤였다. 그러나 거꾸로 중국요리와 일본 요리의 공통성을 강조하며 일본 요리를 긍정적으로 평가하는 견해도 있었다. 그중에서도 근대 중국의 고명한 작가·사상가 루쉰魯迅의 동생인 저우쮀런周作人(1885~1967년)의 논의가 대표적이다.

1905년 일본이 러일전쟁에서 승리하고 청나라에서 과거제가 폐지되자 중국에서는 일본 유학 붐이 일어, 도쿄의 간다, 진보초神保町 일대에 중국인 유학생 거리와 많은 중국요리점이 생겼다. 저우쮀런 역시 1906~11년 5년간 도쿄에서 청나라 유학생회관의 강습회 및 호세이 대학의 특별 예과에서 수학하며[71] 일본의 의식주를 체험했다.

저우쮀런은 1935년 발표한 일본에 관한 에세이에서 "일본의 평민은 지금도 여전히 채소와 어패류를 반찬 삼는다. 처음 일본에 온 중국 학생은 저다지도 담백하고 건조한 일본의 식사에는 분명 놀랄 수밖에 없을 것"이라고 쓰면서도 "그러나 나는 난처하게 생각하기는커녕 별종의 풍취조차 느꼈다"고 긍정하고 있다. 또한 "음식에 관해 중국인은 대체로 뜨거운 것을 좋아하고 찬 것을 꺼리므로 중국인 유학생이 '도시락(辨當)'을 본다면 골치가 지끈거리지 않을 도리가 없을 것"이라고 쓰면서도, 자신의 고향(저장성 사오싱紹興)에도 찬밥을 먹는 관습이 있어서 일본의 도시락도 나쁘지 않았다고 긍정하고 있다.[72]

참고로, 중국에서도 명청 시대부터는 음식을 찬합('盒')에 담아 외출하고는 했다.[73] 그러나 식은 도시락을 먹는 관습은 일본의 식민지가 된 타이완에서 특히 일반화되어, 제2차 세계대전 후 중국 대륙에서 타이완으로 건너간 이들은 곤혹스러워했다.[74]

나아가 저우쭤런에 따르면, "어떤 것이 고향의 무엇과 비슷하다든가, 또 어떤 것이 중국 어딘가의 무엇과 같다든가 하고 떠올려보면 무척 재미있다. 예컨대 미소시루와 간차이탕干菜湯(말린 채소 수프), 긴잔지미소와 두반장, 후쿠진즈케와 장거다醬喀噠(순무 된장 장아찌), 우엉·땅두릅과 루쑨蘆芛(갈대의 싹), 시오자케鹽鮭[자반 연어]와 러샹勒鮝(전어를 염장해 말린 것) 등은 모두 흡사한 음식이다. 또한, 다이토쿠지낫토大德寺納豆는 셴더우츠咸豆豉(짭짤한 더우츠豆豉[찐 콩을 염장·발효하여 반쯤 건조시킨 것])이며, 다쿠앙은 푸젠의 황토무[황투뤄보黃土蘿蔔]이며, 곤약은 쓰촨의 흑두부이며, 사시미는 광둥의 이상魚生이며, 스시壽司(황준헌의 『일본잡사시』는 '壽志'라 적고 있다)는 옛 어초魚酢이며 그 조리법은 『제민요술』에 보인다"(소괄호는 이와마에 의

함)고 한다.[75]

저우쭤런은 근대 중국의 지식인 가운데 일식을 가장 긍정적으로 평가한 인물 중 한 명이며, 일식과 중국요리의 공통점을 가장 구체적으로 지적한 인물이라 할 수 있다. 이는 저우쭤런이 당시 관계가 악화되고 있던 중국과 일본의 두 요리에 대한 단순 비교에서 나아가, 자신의 고향 사오싱을 비롯한 중국 각 지방의 식품을 상기해 그것과 일본 음식을 비교했기 때문에 가능했던 일이다.

나아가 저우쭤런의 이러한 일본 식문화론의 밑바탕에는 같은 인종인 중국인과 일본인이 연대하여 서양에 맞서야 한다는 아시아주의적 발상이 있었다. 저우쭤런은 같은 에세이 속에서 예컨대 "중국인과 일본인은 같은 황색의 몽고인종으로, 일본 문화는 예로부터 중국의 것을 이용해왔다", "원래 일본과 중국은 문화적으로 로마와 그리스의 관계와 비슷하지만, 지금은 동방의 독일과 프랑스라 할 수 있을 것", "일본과 중국은 결국 같은 아시아인이며 성쇠·화복禍福은 바야흐로 서로 달라져 있지만 궁극의 운명은 역시 일치하고 있다. 아시아인은 마침내 열등 인종으로 전락해버리지는 않을까 하고 생각하면 망연해진다"라고 쓰고 있다.[76] 나아가 확인해둬야 할 것은 저우쭤런의 논고에서도 중국과 일본의 공통성은 서양을 매개로 하여 발견·지적되어 있다는 점이다.

저우쭤런은 1941년 1월부터 2년여 동안 화베이의 대일 협력 정권 아래 교육총서教育總署 독판督辦이라는 요직에 앉아 일본 점령하의 교육 행정을 관장했으며, 이에 따라 전후 1945년 12월에 체포되어 1946년 7~8월에 '한간漢奸' 재판에 회부되었다. 그리고 '한간'(민족의 배신자)의 전과가 생긴 저우쭤런은 문화대혁명의 와중에 죽음에 내몰렸다.[77] 이렇게 아시아주의의 영향을 받은 일본관의 소유자였던 저우쭤런은 불우한 말로를 맞았다. 중국 향토 음식과의 공통성을 발견하며 일식을 적극적으로 평가한 저우쭤런의 독특한 식문화론 역시 중국에서 주류의 견해가 될 수는 없었다.

일본의 관점에서 본 일본 요리와 중국요리

중국 지식인들의 일본 요리론은 박한 평가가 주를 이루었지만 저우쭤런의 평가처럼 긍정적인 것도 있었다. 그런가 하면 일본인 쪽에서도 중국요리의 현황을 적확히 비판하거나 일본 요리와 중국요리를 우열을 가리기 곤란한 것으로 대등하게 평가하는 등 다양한 중국요리론이 나왔다.

예컨대 1922년 상하이 등지에서 중국요리를 익힌 아키야마 도쿠조에 따르면, 일본 요리나 서양 요리와는 달리 중국요리에서는 돼지, 닭, 양파 같은 재료가 하나의 차림표 속에서 몇 번이고 되풀이하여 사용된다. 또한, 설탕과 술, 미림, 간장 등의 조미료를 지나치게 많이 사용해서 각 요리의 맛이 거의 같으며, 나아가 시각적 요소가 뛰어나지 않고 신선도가 떨어진다고 비판했다.

동시에 아키야마는 중국요리에서는 건조식품의 제조와 이를 불려 조리하는 기술이 멋지게 발달하여 실로 그것이야말로 세계 제일이라고 평가했다. 제비집, 흰목이버섯, 샥스핀 등 중국요리에서 일품으로 여겨지는 것들은 대부분 건물乾物이다. 특히 샥스핀 수프는 요리사의 솜씨가 발휘되는 요리로 여겨져, 음식을 남기는 것이

예의(고용인, 하인에게 줄 수 있으므로)인 중국요리에서도 이것만큼은 전부 먹어치우는 것이 에티켓으로 자리 잡았다고 쓰고 있다.[78]

아키야마가 지적한 점에 대해서는 많은 중국요리 연구자가 이구동성으로 논하고 있다. 중국 고고학자 니시타니 마사루西谷大에 따르면, 샥스핀과 제비집, 해삼 등은 본래 그 자체로는 이렇다 할 맛이 없는 젤라틴이나 그와 비슷한 재료이며, 외부적으로 얼마나 맛을 주입할 수 있는지가 관건이다. 요컨대 어육 자체의 맛을 즐기거나 거기서 맛을 끌어내 맛있는 다시出汁를 우리는 것에 중점을 두는 일본의 건어물 요리와는 조미법이 정반대인 것이다.[79]

이러한 차이에 대해 전통 요리 연구가 오쿠무라 아야오村奧彪生나[80] 문화인류학자 니시자와 하루히코西澤治彦 등은 "중국요리는 덧셈 요리, 일본 요리는 뺄셈 요리"라는 표현을 사용한다. 나아가 중국·일본의 두 요리에 관해 가장 세련된 비교론을 전개한 중국요리 연구가 기무라 하루코木村春子는 일본의 유명 요리에는 하나의 조리법으로 완성하는 '단일 조리'에 의한 것이 많으며, 중국의 일미 중에는 몇 단계의 조리 과정을 거친 '복합 조리'에 의한 것이 많다고 대비하고 있다. 나아가 중국요리의 향과 맛이나 이를 한데 엮어 내는 조화를 "혼성의 대합창, 교향곡"에 비유하고, 순수하게 소재 자체의 맛이나 향을 살리는 일본 요리의 자세를 "피아노 독주나 독창"에 비유하고 있다.[81]

잘 알려져 있듯이 중국요리에는 열을 가하는 방식에 따라 '차오炒'(잽싸게 볶는 것), '바오爆'(강한 불로 볶는 것), '자炸'(튀기는 것), '카오烤'(직화로 굽는 것), '쉰燻'(훈제하는 것), '사오燒'(조림의 의미로 쓰이는 경우가 많다) 등 불화(火) 변의 한자로 표기되는 조리법이 많다. 따라서 중국요리를 '불의 요리', 일본 요리를 '물의 요리'라 칭하는 기무라의 대비는 실로 선명하다.

기무라에 따르면, 중국요리는 시간을 들여 양질의 맛국물을 우려내는 노력과, 떨어지는 수질을 보완해주기에 충분한 맛 좋은 재료를 느긋이 우려내 농후한 맛의 국물을 얻어내려는 지혜를 통해 좀 더 수준 높은 요리 기술을 발달시킬 수 있다. 중국에서는 약 6,000년 전부터 '찜'이 발달해왔다고 여겨지지만 이 역시 바로 물에 넣어 조리한 탓에 흙내가 스며 맛이 없었다. 일본 요리에서 흔한, 물로 '끓이고' '삶는' 단순한 가열 조리법은 수질이 좋지 않으면 좋은 맛을 얻어낼 수 없다. 다시마나 가쓰오부시를 오랜 시간 우리면 불필요한 잡미雜味나 냄새가 섞여들기 때문에 일본 요리에서는 '재빠르게 다시를 우려내는' 경우가 많다. 이러한 조리에는 광물질이 많이 포함되어 있지 않고 이미異味와 이취異臭가 없는 양질의 연수軟水가 적합하다.[82]

이처럼 중국요리와 일본 요리는 대조적인 것으로서 논해지는 경우가 많다. 중국에서는 일본 요리가 중국요리에 비해 맛이 엷고('淸淡'), 검박하며, 비린내가 난다고 하여 혹평의 대상이 되어왔지만, 일본에서 이는 재료가 가진 순수한 맛과 향을 끌어낸 것으로 평가된다. 그런가 하면 일본의 요리사가 보기에 중국요리는 맛이 전부 똑같다고 생각될 정도로 조미료를 많이 사용하는 경향이 있지만, 중국요리 전문가의 입장에서 이는 몇 단계의 조리를 거듭하여 조화를 추구한 중후한 맛이다.

아지노모토가 불러온 중국요리의 표준화, '맛의 세계화'의 시작

아지노모토는 일본에 기원을 둔 식품으로는 중국요리에 가장 큰 영향을 끼쳤다고 할 수 있다. 1909년 일본에서 발매된 아지노모토는 1914년부터 타이완이나 중국 대륙에서도 발매되었다. 아지노모토는 먼저 타이완과 중국에서 중국요리에 사용된 후 일본의 중국요리에도 쓰였다. 이는 중국요리와 함께 보급된 인공 조미료라고 할 수 있다.

동아시아에서 아지노모토의 판로는 일본 제국의 세력권과 함께 확대되었다. 타이완에서 아지노모토는 발매 당시부터 일본 내지보다도 판매 실적이 좋았으며, 인구당 연간 소비량은 세계에서 가장 많았다. 이로써 아지노모토가 중국인의 기호에 맞는다는 것이 증명되었다. 식민지 타이완은 아지노모토가 중국 대륙에 진출하는 '도화선'이 된 것이다.

중국 대륙에서 아지노모토는 진탄仁丹과 함께 일본의 제국주의를 상징하는 상품으로 여겨져 1919년 이후에는 일본 제품 보이콧 운동의 영향을 크게 받았지만, 배일排日의 기운이 잦아들자 다시금 매출이 회복되었으며 이러한 과정이 되풀이되는 가운데 조금씩 매상이 늘어났다. 중국 동북부(만주)에서 아지노모토는 원래 일본인들이 주로 구매하던 것이었지만, 점차 상류 중국인 가정이나 중국요리점으로도 퍼져나갔다. 1929년 스즈키鈴木 상점의 초대 사장 스즈키 사부로스케鈴木三郎助가 펑톈에서 동북 3성 주석 장쉐량과 면담했을 때 장쉐량은 "나에게 만주에서의 총판을 일임하면 얼마든지 팔 수 있다"며 아지노모토의 매출을 보증해주었다.[83]

4부. 세계사 속 일본의 중국요리

참고로, 한반도에서도 아지노모토는 1960년대에 한국제 미원, 미풍 등으로 대체될 때까지 냉면이나 설렁탕 등에 들어가며 밥집, 국숫집에서 흔히 사용되었다. 또한, 미국에서도 아지노모토는 1930년대부터 통조림, 가공식품, 병식兵食에 사용되는 등 눈에 띄지 않게 대량으로 소비되고 있었다.[84]

그런가 하면 1923년 개업한 톈추웨이징창天廚味精廠을 비롯해 중국인이 경영하는 아지노모토 유사품 제조 공장이 상하이에 여럿 생겨났다. 이들 공장의 제품은 품질은 떨어졌지만, 애국심에 호소하는 판매 전략으로 시장점유율을 확대하여 홍콩과 싱가포르까지 판로를 확대했다. 상하이에서 톈추웨이징창을 창업한 우원추吳蘊初는 '웨이징味精'이라는 조미료를 발명·제조했다 하여 '웨이징 대왕'으로서 이름을 떨쳤으며, 화학공업의 발전에 대한 공헌으로 말미암아 근대 중국을 대표하는 '애국 기업가', '민족 자본가'의 한 사람으로 꼽히고 있다.[85] 그러나 아지노모토의 역사 속에서 우원추의 톈추웨이징창은 숱한 '유사품 공장'의 하나로서 등장할 뿐이다.[86] 조미료의 발명과 보급을 둘러싸고는 일본과 중국 간에 역사 인식의 차이가 있다.

오늘날까지는 일본 기업 아지노모토와 중국 기업 웨이징 간의 위와 같은 경합에 연구자들의 관심이 주로 쏠려왔다.[87] 하지만 또 하나의 중요한 측면으로 주목해야 할 것은 아지노모토나 웨이징의 판로 확대가 요리서나 조리 지식의 보급과 마찬가지로, 가정과 가게, 지역에 따라 서로 다른 조리 기술을 표준화해서 중국요리의 맛을 균질화했다는 사실이다.

도입·성장기의 아지노모토가 중국요리 맛의 비기였다는 에피소드는 일일이 열거할 수 없을 정도로 많다. 예컨대 아키야마 도쿠조가 1922년 중국요리를 연구하려고 상하이를 찾았을 때 그가 머물던 일본 요정 로쿠산테이까지 찾아와 매일 저녁 다양한 요리를 만들어 보여주던 중국의 요리사는 정체 모를 담갈색 가루 하나만은 비밀로 하여 보여주려 하지 않았다. 아키야마가 마침내 틈을 엿봐 이를 손에 넣고 살펴보니 그것은 아지노모토였다고 한다.[88]

또한, 1952년 일본에 와 1958년 도쿄 신바시新橋의 다무라초田村町에서 시센한텐四川飯店을 열었으며, 1959년부터는 NHK의 요리 프로그램에 출연해 요리사 개인이 스포트라이트를 받는 시대를 열어젖힌 진 겐민陳建民(뒤에 설명)은 방송에서 요리에 아지노모토를 넣으면서 "비밀의 가루입니다" 하고 씽긋 웃거나 하여 주부들에게 친근함을 어필했다.[89] 이렇듯 아지노모토는 제2차 세계대전 이전 중국의 요리점에서나 전쟁 후 일본 가정에서나 맛있는 중국요리를 간단히 만들 수 있는 비결이었다.

아지노모토는 서양이나 동남아시아 각국의 중국요리점에서 사용되며 중국요리의 맛을 세계화(세계적 균질화)하도록 촉진했다고 할 수 있다. 한편으로, 1960년대 이후 '중국요리점 증후군Chinese Restaurant Syndrome(CRS)'이 세계적으로 문제가 되었을 때는 아지노모토(글루탐산모노나트륨, MSG)가 두통 같은 건강 이상의 원인으로 지목되기도 했다.

중국요리에 필요한 인공 조미료로서 생산이 확대되고 판매가 촉진되면서 전 세계 중국요리의 맛을 표준화한 것은 아지노모토만이 아니다. 예컨대 오늘날 중국에서 조미료 브랜드로 선두를 달리고 있는 이금기李錦記, Lee Kum Kee는, 작은 요리점을 경영하던 이금상李

錦裳이 1888년에 광둥성 주하이珠海의 난수이전南水鎭에서 굴소스를 발명한 데서 출발한 기업이다. 이금기는 1902년에 마카오로 거점을 옮겨 광둥 및 홍콩으로 판로를 확대했으며, 자사의 굴소스나 샤장蝦醬이 북미에서도 평판을 획득해가자 1932년 홍콩으로 본부를 옮겼다. 이금기는 1996년 광둥성에 공장을 개설했으며 2007년에는 상하이에 중국 지역 본부를 두었다.[90]

이 밖에도 2부 5장에서 살펴봤듯이, 일본의 아지노모토는 1950년대 말 이후 인도네시아를 비롯한 동남아시아 각국에서 풍미 조미료의 현지 생산을 시작했다. 이에 따라 인도네시아 국내의 조리 기술을 표준화하여 국민 요리의 형성을 촉진했다는 사실은 앞에서 살펴본 대로이다.

일본에서도 마루미야丸美屋의 '마보토후노모토麻婆豆腐の素'(1971년 발매)나 아지노모토와 짝을 이루는 조미료인 '쿡두CookDo'(1978년 발매)가 가정용 중국요리의 조리법과 맛을 표준화했으며, 더 나아가 같은 요리에 쓰이는 조미료라도 복수의 버전을 발매하여 구색의 다양화를 꾀했다. 이 조미료들은 일본식 중국요리의 확립 및 정착에서 중요한 역할을 했다.

이상과 같이 이 장에서는 근대 일본의 중국요리가 가진 특질을, 근세 싯포쿠 요리의 영향이 짙게 남아 있는 가이라쿠엔, '일본·서양·중국'이라는 카테고리의 형성, 일본과 그 식민지의 백화점 식당에서 낸 세련된 중국요리, 서양을 통해 전해진 중국 취미인 춥수이의 수용과 같은 사례를 통해 되짚어보았다. 또한, 중국요리에 회전 테이블이 도입된 것은 서양에서 중국으로 전해진 위생 관념과 깊이 관련되어 있었다는 점을 지적하고 회전 테이블의 일본 기원설에 의문을 던졌다.

나아가 근대 중국·일본에서는 중국요리와 일본 요리가 대체로 대조적인 것으로서 논해졌지만, 저우쭤런처럼 서양을 반대편에 놓고 같은 아시아 요리로서 공통성을 강조한 논자도 적은 수나마 존재했다는 사실을 소개했다.

이렇듯 일본의 근대는 서양의 동향으로부터 항상 영향을 받으면서도, 중국요리가 불가결한 것으로서 일본 식문화의 한 축을 담당하게 된 시대였다. 다이쇼·쇼와 전전기戰前期에는 오늘날 우리가 떠올리는 중국요리의 기틀이 다져졌으며 이 시기가 일본 중국요리의 도입·성장기로서 중요했다는 것은, 그 무렵 중국 및 서양 각국의 일본 요리와 비교했을 때 분명해진다. 다음 장에서는 제2차 세계대전을 전후하여 나타난 변화와 연속을 살펴보면서 일본 중국요리의 성숙·발전과 장래성을 세계사적 관점에서 새롭게 파악하고자 한다.

2장

근대에서 현대로

—라멘, 진 겐민, 요코하마 중화 거리, 중화 오세치

국민 음식의 형성과 명칭 문제

이 장에서는 제2차 세계대전을 전후한 시기부터 현재에 이르는 일본 중국요리의 발전과 그 사회적 배경을 세계사적 관점에서 되짚어본다. 구체적인 단면으로서는 ① '라멘', '라면'(한국), '히야시추카冷やし中華', '오키나와소바沖縄そば', '덴신한天津飯' 같은 요리명의 유래 ② 제2차 세계대전 후 중국, 타이완, 일본, 미국에서 중국요리의 기틀을 다진 명요리사와 점주의 경력 ③ 세계적 성공을 거둔 인스턴트 라멘, 교자, 요코하마 중화 거리의 전개 ④ '화혼한재'에 입각한 일본 고유의 중국요리의 계보를 다루고자 한다.

먼저, 일본 라멘의 역사에 관해서는 뛰어난 논저가 이미 많이 나와 있다.[1] 그러나 라멘의 명칭 변화가 20세기의 국제적 정치 정세와 깊이 관련되어 있었다는 점은 이제껏 충분히 정리된 형태로 논의되지는 않은 듯하다. 여기서는 명칭 변화의 정치적 배경을 중심으로 라멘의 근현대사를 되돌아보고자 한다.

그 전에 우선 따져봐야 할 것은 미토 미쓰쿠니水戸光圀(1628~1701년)라는 인물이 일본 최초로 라멘과 교자를 먹었다고 보는 유명한 설이다. 미토水戸가의 가신들 사이에서 유별난 국수 사랑으로 유명했던 미쓰쿠니는 1665년경 직접 우동을 만들어 명나라에서 망명한 유학자 주순수朱舜水(1600~82년)에게 대접했으며, 거꾸로 주순수는 미쓰쿠니에게 연근 전분을 사용한 넓적한 면과 염장한 돼지고기(휘투이火腿[중국식 햄]) 육수로 만든 라멘을 대접했다고 전해진다.[2]

그러나 이는 주순수가 전한 중국의 국수를 미쓰쿠니가 승려나 가신에게 대접했다고 하는 '미토한라멘회水戸藩ラーメン會'['미토한라멘'(옛 미토번 고유의 라멘)의 재현 등을 목표로 미토水戸시의 요리사·점주·제면업자 등에 의해 1993년에 결성된 연구회]의 설을 저명한 식문화사 연구자 고스게 게이코小菅桂子가 받아 적고, 다시 이를 기초로 하여 요코하마 라멘박물관이 소개해서 퍼진 속설이다. 『주씨담고朱氏談稿』(아사카 가쿠安積覺 저, 미토 도쿠가와박물관에 진열)를 보면, 교자나 완탄 외에 냉도冷淘(렁타오, 찬 국수), 온면溫麵, 삭면索麵 등이 실려 있는 것을 분명 알 수 있다. 그러나 이 음식들은 모두 오늘날의 라멘보다는 우동에 가까운 것이라고 한다.

원래 연근 전분과 밀가루로는 수타국수를 만들 수가 없으며,[3] 또한 명나라 유학자 주순수에게 요리 경험이 있었다고 생각하기는 어렵다. 따라서 미토 미쓰쿠니가 라멘을 발명하지도 않았고, 일본에 라멘을 소개하지도 않았다는 것은 거의 틀림없다.[4]

1. 난킨소바—명나라를 향한 동경

1871년에 청일수호조규淸日修好條規가 체결되면서 일본의 개항 도시에 거주하는 화인은 법적 승인과 영사의 보호를 획득했다. '난킨소바南京ぞば'가 일본의 인쇄물에 처음으로 등장한 것은 1884년 하코다테函館의 외국인 거류지에 있던 '요와켄養和軒'이라는 양식집의 광고라고 여겨진다. 그리고 서양식 식당에서 일하던 중국인 요리사가 만든 니와토리지루소바鷄汁ぞば[닭 육수 소바]가 라멘의 선구로 자리매김하였다.

19세기 말에는 요코하마의 화인들도 농후한 육수에 면을 넣어 먹는 요리를 만들었으며 이 역시 오늘날의 라멘으로 이어진다. 난킨소바가 조약항條約港 이외의 일본 각지로 퍼진 것은 1889년 치외법권과 외국인 거류지가 철폐되고 내지잡거內地雜居가 실시된 이후의 일이다.[5]

'난킨소바南京ぞば'의 '南京'[남경, 현재의 난징]은 에도 시대 초기인 1644년에 멸망한 명나라 초기의 수도이다. 명조는 한족의 마지막 왕조여서, 멸망한 뒤에도 유자儒者를 비롯한 많은 일본인에게 경의나 동경의 대상으로 남았다. '난킨소바' 말고도 '남경두南京豆' '남경정南京錠' '난킨타마스다레南京玉すだれ[대나무로 만든 전용 발(簾)을 낚싯대나 다리 모양으로 놀리는 전통 노상 예능]' '난킨무시南京蟲[빈대]' '난킨마치南京町[차이나타운]' 등 에도·메이지 시대에 중국에서 건너온 것을 일컫는 말에 '난킨'이 들어가게 된 것은 이러한 이유에서이다.

2. 시나소바—'중국'이 들어가지 않는 명칭

1910~20년대에는 '난킨소바'라는 명칭이 '시나소바支那ぞば'로 변

해갔다고 생각된다. 예컨대 1900년대에는 시나소바를 파는 일본인의 포장마차가 아사쿠사에 진출했으며, 1920년대 초에는 영화를 본 뒤에 시나소바 포장마차에 들르는 것이 흔한 풍습이었다. 그리고 요코하마 난킨마치의 중국요리점에 뻔질나게 드나들던 세관 직원 오자키 간이치尾崎貫一는 봉급생활을 그만두고 1910년 아사쿠사에서 라이라이켄來來軒을 열었다.[6] 이 가게는 곧 유명해져 전국 각지에 같은 이름의 가게가 생겼다.

근대 일본에서 흔히 사용된 '지나支那(시나)'라는 명칭은 중국을 낮잡아 보는 듯한 뉘앙스를 담고 있는 경우가 많아서, 중국에서는 현재도 사용을 꺼리는 말이다. 에도막부의 공문서에서는 대체로 '가라唐'라는 표현이 사용되었지만, 19세기 이후의 서적에서는 왕조 이름인 '청' 또는 '청나라', 총칭의 '가라唐' '한漢' 외에 '지나'라는 말이 점차 많이 쓰였다. 메이지유신 후에는 '가라쿠니唐國' '모로코시唐土' 등의 사용이 줄고 '청나라淸國(신코쿠)' '지나'가 일반적이 되었다. 메이지 초기의 타이완 출병(1874년)이나 류큐 처분(1872~79년)에 따라 중일 관계가 악화된 무렵의 신문에서는 거의 '지나'를 사용하고 있었다. '지나'라는 말은 이미 청일전쟁 이전에 일본 국민 사이에 정착해 있었다고 할 수 있다.

19세기 중엽 개국한 청나라는 점차 국명으로서 '중국'을 사용하기 시작해, 1898년 무술변법 후에는 만주족의 왕조가 아닌 근대국가를 일컫는 말로서 '중국'을 사용하는 풍조가 강해졌다. 1912년에는 축약하면 '중국'이 되는 '중화민국'이 수립되었지만, 일본에서는 공문서에 정식 국명으로서 '지나공화국', 그 약칭으로서 '지나'를 사용하도록 하는 등 변함없이 '중국'보다 '지나'를 많이 썼다.

중국인들 쪽에서는 1915년의 21개조 요구에 의해 일본 거주 유학생을 중심으로 반일 감정이 고조된 이후 일본이 '지나'라는 명칭을 사용하는 데 대해 반성을 요구하는 목소리가 높아졌다. 그리고 1930년 5월에는 난징국민정부 외교부가 '지나'라는 말을 사용한 일본 공문서의 거부를 지시했다. 그러자 같은 해 10월 하마구치 오사치濱口雄幸 내각이 내각회의에서 중국의 정식 명칭을 '중화민국'으로 변경하기로 결정한다. 나아가 이듬해 1월에는 시데하라 기주로幣原喜重郎 임시총리대리 겸 외상이 국회에서 '지나'를 일절 입에 담지 않고 '중화민국' '민국' '일화日華' 등을 사용하는 획기적 연설을 했다. 그러나 의장 마쓰오카 요스케松岡洋右로부터 비난의 목소리가 나오자 시데하라는 곧바로 태도를 누그러뜨려 답변에서는 '지나'도 사용하였다.

1932년 만주국이 세워지자 일본 외무성은 기존 조약의 적용 범위 문제를 고려해 '지나국'이나 '지나'를 국명으로서 사용하지 말도록 촉구하여 이를 지리적 호칭으로 한정하려고 했다. 그러나 실제로 이는 공문서에서조차 관철되지 않았으며 '지나'는 군부를 포함한 일본 사회 전반에서 변함없이 널리 사용되었다.[7]

'시나소바'라는 이름은 이러한 1910~30년대의 정치·사회 정세 속에서 퍼져나갔다. 이는 설령 많은 일본인 사이에서 모멸의 의미 없이 일반 명칭으로서 쓰였을 뿐이라고 해도, 중국인이나 재일 화인들로서는 마뜩잖은 것이었다.

3. 라멘의 어원—'라우민'과 '하오러'

그런가 하면 아사쿠사의 라이라이켄(1910년 창업) 등에서는 '라

멘'이라는 명칭도 쓰이고 있었다.[8] 1928년 도쿄 우에노에 자리한 '스이쇼카쿠翠松閣'의 일본인 조리장 요시다 세이이치吉田誠一가 펴낸 『맛있고 경제적인 지나 요리 조리법美味しく經濟的な支那料理の拵へ方』(博文館)은 일본의 요리서로서는 최초로 '라멘拉麵'을 싣고 있었다.[9] 밀가루에 함수鹹水를 더해 손으로 밀어 만드는 '라멘拉麵'(라멘)은 명청 시대에 이르러 산둥성에서 발전하여 서방과 남방으로 퍼졌다고 여겨진다.[10] 단, 일본어 '라멘ラーメン'은 이 산둥식 '라멘拉麵'이 아닌 광둥계의 가느다란 국수인 '라우민柳麵'을 어원으로 한다는 설이 유력하다.[11]

나아가 삿포로札幌에서는 제2차 세계대전 전부터 일찌감치 '시나소바'보다 '라멘'이라는 호칭이 일반적이었다고 생각된다. 오 분사이王文彩(왕원차이)라는 산둥 출신의 요리사는 원래 시베리아의 니콜라옙스크에서 가게를 운영하고 있었지만, 1920년에 일어난 니콜라옙스크 사건[1918~24년의 시베리아 출병 중 일본군과 소련 파르티잔이 충돌한 사건. 일본은 이 사건을 활용해 사할린을 점령했다]으로 사할린(가라후토樺太)을 거쳐 삿포로로 몸을 피했다. 그리고 1922년에 홋카이도 대학 정문 앞에 '다케야竹家'라는 식당을 연 오쿠 쇼지大久昌治·오쿠 다쓰大久タツ 부부는 어느 유학생의 소개로 오 분사이를 맞아들여 식당 이름을 '지나 요리 다케야'로 고쳤다.

다케야에서는 실처럼 가늘게 썰어 기름에 튀긴 돼지고기가 들어가는 '러우쓰멘肉絲麵'이 가장 인기였다. 그런데 손님들은 이를 '잔소바チャンそば' '잔료리チャン料理' 등 중국인을 모멸하는 말로 주문했다. 오쿠 다쓰가 차마 이를 가만히 보고 있지 못해 고안했다고 전해지는 것이 바로 '라멘'으로, 이는 일본에서 가장 이른 시기에

속하는 '라멘'의 용례였다. 다케야의 '라멘'은 '라拉'(잡아 늘이다)가 아니라 '하오러好了'('다 되었습니다')의 '러了'에서 온 말이었다.[12]

제2차 세계대전 후의 명칭 변화, '주카소바' '히야시추카'와 '라멘' '라면'

중일전쟁기의 일본에서는 '지나'라는 말이 모멸적 의미와 침략 대상이라는 어감을 강하게 갖게 되었다. 그런가 하면 중국에서는 '지나'가 중국에 대한 일본의 멸시를 상징하는 것으로 적대시되며 전후를 맞았다. 전후 일본에서는, 국민정부의 대표단이 '지나'라는 말을 사용하지 말도록 요구했다. GHQ(연합군 최고사령관 총사령부)는 '지나'라는 말에 대한 조사를 거쳐, '지나'가 경멸적 의미로 쓰여 온 사실을 지적하고, '중화민국' '중국'을 적합한 명칭으로서 권고했다. 나아가 1949년에 중화인민공화국이 수립되고 새 정권에 대해 '신중국'이라는 명칭이 널리 사용되자, 마침내 일본에서는 '지나'라는 명칭이 자취를 감추게 되었다.[13]

나아가 제2차 세계대전 후 미군 점령기에는 '지나 요리' '시나소바'(지나 소바) '시나치쿠支那竹'[중국요리에 쓰는 말린 죽순. 멘마麺麻] 대신 '중화요리' '주카소바中華そば'(중화 소바) '멘마'라는 명칭이 퍼졌다. 1960년대에 이르러서는 '소바'라고 하면 '주카소바'를 가리키는 경우도 많아져, 이에 대해 '니혼소바日本そば'라는 말도 생겨났다.[14] 또한, '멘마'는 중국어 '멘마麵碼'(국수에 올리는 고명)에서 유래한다고 생각된다.[15]

또한, 1929년의 『요리상담料理相談』에 '냉소바冷蕎麥'로서 레시피와 함께 실려 있는 '히야시추카'는 '시나야키소바支那燒きそば'를 삶아 그릇에 담고 식초와 설탕이 들어간 국물로 맛을 내 얼음을 띄워 제공하는 요리로,[16] 일본의 중국요리점에서는 이와 비슷한 것을 제2차 세계대전 전부터 '량반멘涼拌麵' '량멘涼麵' 등으로서 내고 있었다. 예컨대 간다와 진보초의 '요스코사이칸揚子江菜館'(1906년 창업)은 1932년 '구름 덮인 후지산의 사계'를 모티프로 건더기를 산처럼 높이 담은 '고모쿠히야시소바五色涼拌麵'를 개발해[17] 히야시추카의 한 스타일로 정착시켰다. 그러나 '히야시추카' '히야시추카소바'라는 명칭은 전후에 생긴 것으로 생각된다.

나아가 '라멘'이라는 명칭이 전국적으로 퍼진 것은 1958년 닛신日淸 식품(당시에는 산시 식산サンシー殖産)이 발매한 인스턴트 국수 '치킨라멘チキンラーメン'이 폭발적 매출을 기록한 뒤의 일이다. 그 무렵 보급된 텔레비전 광고를 통해 '인스턴트 라멘'이 빈번히 선전되면서 '라멘'이라는 명칭이 일본 전국으로 퍼져나갔다. 원래 라멘은 중화요릿집 메뉴 중 하나이거나 교자 가게에서 교자에 곁들여 먹는 음식에 불과했지만, 1960년대 무렵부터는 전국에 라멘 전문점이 생겼다.[18]

참고로, 한국에서는 라멘을 '라면'이라고 부른다. 한일 관계의 정상화가 모색되던 1960년대에는 인스턴트 라멘이 일본에서 한국으로 전해졌으며, 1963년에는 삼양식품이 일본의 묘조明星 식품으로부터 무상으로 기술을 공여받아 인스턴트 라멘 생산을 개시했다. 삼양식품의 인스턴트 라멘은 발매 당시만 해도 묘조 식품이 일본인의 기호에 맞춰 만든 맛을 답습하고 있었지만, 3년간의 시행착오 끝에 면과 국물이 한국인의 기호에 맞게 개량되었다. 삼양식품은 한국에서 시장점유율 1위의 대표적 라면 제조사가 되었지만, 그 뒤로는 1965년 롯데에서 독립하여 1986년 '신라면'을 발매한 농심(1978년에 롯데공업에서 농심으로 사명 변경)에 선두 자리를 내주었다.

이렇듯 한국 스타일의 라멘은 그 시초가 인스턴트 라멘이어서, 한국에서는 현재도 '라면'이라 하면 인스턴트 라멘을 가리키는 경우가 대부분이다.[19] 나아가 한국에 국한되지 않고 일본 이외의 국가들에서는 '라멘'이라고 하면 인스턴트 라멘을 가리키는 경우가 많다. 중국에서조차 현재는 '라멘拉麵'이라고 하면 인스턴트 국수를 떠올리고는 한다.[20]

또한, 일본에서는 1960년대부터 1980년대에 걸쳐 '중화요리'보다는 '중국요리'라는 명칭이 많이 쓰였다. 당시의 중국어권에서는 '중화'가 중화민국(타이완), '중국'이 중화인민공화국(중국 대륙)을 가리키는 뉘앙스를 담고 있었다. 따라서 1972년의 중일 국교 정상화를 계기로 일본에 '중국요리'라는 명칭이 퍼졌다는 설은 사실이 아니다.

도쿄 올림픽을 앞둔 1961년경부터 호텔과 함께 생겨난 대형 고급 요리점은 시내의 간이 중화요리점과 차별화를 꾀하려고 '중국요리'를 표방했으며, 이에 따라 '중국요리' 쪽이 '중화요리'보다 수준 높은 기술을 요하는 본격적 요리라는 이미지를 갖게 되었다. 그렇지만 최근에는 '중화요리'를 표방하는 고급 요리점도 많다. '중국요리'와 '중화요리'의 뉘앙스 차이는 이제는 거의 의식되지 않고 있다.[21]

오키나와소바, 경계에서 꽃핀 식문화

이쯤에서 라멘에 이어 '오키나와소바'(그림 4-7)를 언급해두고자 한다. 이는 일식과 중국요리의 경계를 고찰하거나 세계사적 관점에서 일본의 중국요리를 되돌아볼 때 주목해야 할 요리이며, 이에 대한 향후의 상세한 연구가 기대된다.

2019년 일본 문화청에 의해 '일본 유산'으로 인정된 '우칸신御冠船 요리'는 류큐 왕국이 중국(푸젠)에서 온 책봉사에게 대접한 연회 요리이다. 우칸신 요리에는 제비집, 샥스핀, 송이버섯, 사슴의 아킬레스건 등[22] 오키나와에는 없던 청나라 고급 연회 요리의 대표적 재료를 많이 사용하였다. 나아가 류큐 왕국의 궁정 요리 역시 중국 요리로부터 강한 영향을 받고 있었으며, 오키나와에는 중국의 '동파육'과 흡사한 '라후테'(돼지고기 조림) 같은 돼지고기 요리를 비롯해 중국에서 유래한 요리가 많이 전해져 있다.

그리고 메이지 중엽 오키나와에서는 밀가루에 함수鹹水(잿물)를 넣고 반죽하여 밀대로 민 뒤 이를 겹겹이 포개 칼로 써는 '오키나와소바(오키나와스바)'가 등장했다. 당시에는 요코하마, 고베, 나가사키의 차이나타운(南京町)을 제외하면 일반적으로 중국계 국수 요리를 먹는 경우가 없었으므로, 오키나와에서는 잿물로 반죽해 만든 면이 여타 지역에 앞서 퍼졌다는 이야기가 된다.[23]

1902년(메이지 35년) 4월 11일자 〈류큐신포琉球新報〉(4면)에는 같은 달 9일 열었다는 "시나소바 가게"를 "알려드리는" 광고가 게재되어 있다. 그 가게는 "청나라로부터 요리사를 초빙해" "나하那覇 시 경찰서 아래 비료 회사 뒤편"에서 문을 열었다. 이 기사는 '오

4-7 오키나와소바

키나와소바'의 기원을 논할 때 종종 인용된다. 2019년 현지 점주 등이 조직한 '오키나와소바 발전계승회沖縄そば發展繼承の會'는 매년 4월 9일을 '도진소바唐人そば[중국인의 소바]의 날'로 지정하고, 오키나와소바의 뿌리인 "간장 맛의 검은 국물"을 가진 '도진소바'를 재현했다. 그 후 오키나와현 안팎의 몇몇 가게에서 이를 판매하고 있다.[24]

주의할 점은 오키나와에서 말하는 '소바(스바)'는 메밀가루로 만들지 않는다는 사실이다. 오키나와소바는 밀가루에 함수를 넣고 반죽해 만든 굵은 면으로, 그 원료나 제법은 중화면(시나소바)과 같다. 그런데도 이를 '소바(메밀국수)'라 부르는 것은, 제2차 세계대전 후 일본 본토에서 '시나소바→주카소바→라멘'으로 명칭이 변화한 것이 미군 통치하 오키나와에는 전해지지 않았기 때문이다.

1972년 오키나와가 일본으로 반환되었을 때도 오키나와에서 '소바'는 곧 '시나소바'에서 유래한 밀국수 '오키나와소바'를 뜻했다. 1976년 공정거래위원회는 메밀가루를 30퍼센트 이상 혼합하지 않은 오키나와소바를 '소바'라 표시할 수 없다고 못 박았지만, 오키나와 생면협동조합은 지역에서 친숙한 '소바'라는 명칭의 존속을 요구하며 운동을 펼쳤다. 그 결과, 1978년 10월 17일 공정거래위원회는 '본고장 오키나와소바'의 상표등록을 정식으로 승인했다. 이날을 기념하여 1997년 오키나와 생면협동조합은 매년 10월 17일을 '오키나와소바의 날'로 지정했다.[25]

이 밖에 오키나와의 많은 오래된 레스토랑에서는 촙수이를 먹을 수 있다. 촙수이를 비롯한 미국식 중국요리는 아마도 제2차 세계대전 후 미군 통치 시대에 오키나와에 널리 퍼졌을 것으로 생각된다. 참고로 요코스카 출신의 학생에게 들은 바에 따르면, 전후에 미 해군의 기지가 들어선 요코스카에서는 학교급식 메뉴에 '촙수이'가 채택되었으며, 지금도 요코스카시 홈페이지에서 이를 확인할 수 있다.[26] 오키나와와 요코스카에서, 그리고 촙수이가 많은 인기를 누리고 있는 필리핀이나 인도 등지에서는 미군과 촙수이가 맺어온 밀접한 관계의 흔적을 찾아볼 수 있다(그림 4-8).

국민 음식에서 세계 음식이 된 라멘

일본에서는 간과되기 쉬운 사실이지만, 라멘이 일본의 국민 음

4-8 촙수이(필리핀 세부의 중국요리점)

식으로 자리매김하는 과정에서는 일본인 이외의 화인이나 조선인
의 역할이 중요했다. 역사학자 G. 솔트George Solt가 지적하듯이, 예
컨대 앞서 등장한 오 분사이는 원조 삿포로 라멘을 만들었으며, 조
선 출신의 다카모토 고지高本光二와 그 제자는 와카야마和歌山의 라
멘업계를 지배했고, 타이완에서 온 이주 노동자 주아쥔朱阿俊은 오
노미치라멘尾道ラーメン을 창안했으며,[27] 저장성에서 태어난 판친싱潘
欽星의 포장마차는 기타카타라멘喜多方ラーメン의 시초로 여겨진다.[28]

이 밖에 닛신 식품의 창업자 안도 모모후쿠安藤百福(1910~2007년)
는 대단히 큰 공적을 남겼다. 타이완에서 우바이푸吳百福라는 이
름으로 태어난 안도는 차별을 피하려고 일본에서 자신의 비일본

인 혈통을 감춘 채 살아가던 많은 타이완, 조선 출신자 중 한 명이었다.[29] 닛신 식품이 1958년 발매한 '치킨라멘'이나 1971년 발매한 '컵누들カップヌードル'에 의해 라멘은 일본의 국민 음식으로서 부동의 지위를 확립했다.

1980년대 중반 이후 주식 및 부동산 시장의 거품경제가 한창이던 일본에서는 음식 저널리즘이나 라멘 평론이 성했지만, 라멘의 소비량 자체는 이미 1982년에 정점에 도달해 있었다. 요컨대 생활에 여유가 생기자 소비자들은 음식 자체보다 음식에 관한 정보나 이미지를 더욱 중시하게 된 것이다. 1994년에는 라멘 테마파크 '신新요코하마 라멘박물관'이 개관했다. 여기서는 제2차 세계대전 전부터 전쟁 직후까지 라멘 가게의 이미지가 재현되었으며, 라멘은 회고적으로 미화된 일본의 고도 경제성장을 상징하는 것으로서 연출되었다. 하지만 이곳에서는 전후 일본인들의 고난이나 노력이 강조되어 있는 반면에 라멘의 발전에 대한 화인이나 조선인의 공헌은 찾아볼 수 없다.[30]

'세계 인스턴트 라멘 협회'에 따르면, 전 세계에서 2020년 한 해 동안 소비된 인스턴트 라멘은 1,165억 6,000만 개에 달한다. 국가별로 살펴보면 중국·홍콩이 463억 5,000만 개로 1위, 인도네시아가 126억 4,000만 개로 2위, 베트남이 70억 3,000만 개로 3위, 인도가 67억 3,000만 개로 4위, 일본이 59억 7,000만 개로 5위, 미국이 50억 5,000만 개로 6위, 필리핀이 44억 7,000만 개로 7위, 한국이 41억 3,000만 개로 8위, 태국이 37억 1,000만 개로 9위, 브라질이 27억 2,000만 개로 10위에 랭크되었다.

일본의 인스턴트 라멘 소비량은 2018년에 인도, 2020년에 베트남에 추월당하며 세계 5위로 떨어졌다.[31] 이렇듯 중국·타이완을 기원으로 하여 일본에서 탄생한 인스턴트 라멘은 국민 음식에서 세계 음식으로 발전하는 데 성공한 대표적 식품이다.

교자, 또 하나의 세계 음식으로

최근에는 야키교자가 라멘과 마찬가지로 일본에서 국민 음식의 지위를 확립했다. 교자는 일본에서는 완탄이나 사오마이보다는 늦게, 춘권보다는 먼저 즐겨 먹게 된 중국의 덴신이다.

사오마이는 이미 1920~30년대에 일본 중국요리의 중심적 존재가 되어 있었다. 예컨대 1922년에 요코하마의 하쿠가테이博雅亭(1881~1980년 영업)가 사가미相模산 돼지고기에 홋카이도산 건조 조개관자와 보리새우를 더해 완성한 독자적 '시우마이シウマイ'는 '원조 요코하마 시우마이'라 불리며 히트했다.[32] 또한, 1928년에는 기요켄崎陽軒(1908년 창업)도 가리비 조개관자를 넣은 '기요켄의 시우마이'를 발매했다.[33] 이렇게 사오마이는 요코하마의 명물로 정착했다. 나아가 사오마이는 부인들이 편하게 드나들던 백화점 식당이나 백화점풍 레스토랑의 쇼윈도에도 진열되어[34] 다이쇼 말기·쇼와 초기의 제도帝都 도쿄에서 한 시대를 풍미했다.

이에 비해 춘권은 일본에 훨씬 늦게 수용되어 1960년대에도 춘권의 피를 구하기가 힘들어 완탄의 피로 대신할 정도였다.[35]

그리고 교자는 『순수주씨담기舜水朱氏談綺』(1908년)에 실려 있는 것으로 보아, 미토 미쓰쿠니도 이를 맛보았다고 여겨지고 있다. 또

한, '하치만교자八幡ぎょうざ'의 기원은 관영 하치만 제철소가 조업을 시작한 1901년경으로 거슬러 올라갈 수 있다.

나아가 만주사변이 있었던 1931년 이후 교자는 해마다 요리서에 등장하였다.[36] 야키교자를 간판 메뉴로 하는 중국요리점은 제2차 세계대전 전부터 존재했는데, 예컨대 1932년 다롄에서 '스이토포즈スヰートポーヅ'를 연 와다 다다시和田忠는 5년 뒤 1937년에 귀국하여 진보초에서 '만슈滿洲'라는 교자 가게를 열었으며, 제2차 세계대전 후 이 가게를 닫고 1955년에 '스이토포즈'의 영업을 재개했다.[37] 피를 봉하지 않아 소가 드러난 춘권 모양의 야키교자 정식이 명물이었던 이 진보초의 스이토포즈는 코로나19 팬데믹이 한창이던 2020년 6월 조용히 문을 닫았다.

야키교자는 패전 후 만주로부터 귀환한 사람 등이 일본에서 중국 대륙에 대한 향수를 더해가는 가운데 사오마이를 대신하여 일약 외식의 총아가 된 음식이었다. 예컨대 1948년 다롄에서 귀환한 다카하시 미치히로高橋通博는 중국인 부인과 함께 도쿄 시부야에 '유라쿠友樂'를 열었으며 1952년에는 가게 이름을 '민민얀로칸珉珉羊肉館'으로 고쳤다. 이곳의 값싸고 푸짐한 야키교자가 인기를 얻자 만주에서 귀환한 다른 이들도 다카하시를 따라 가게를 열어, 시부야의 고이부미 골목(戀文橫丁)이 야키교자의 메카가 되었다고 알려져 있다.

교자는 1960년부터 냉동식품으로 대량 판매되기 시작하여 일반 가정에도 보급되었다. 1990년대 이후에는 교자가 지역 활성화에 이용되면서 우쓰노미야宇都宮나 하마마쓰濱松 등 일본 각지의 다양한 교자도 이름을 알렸다. 나아가 2002년에는 도쿄 이케부쿠로

4부. 세계사 속 일본의 중국요리

池袋에서 '교자 스타디움餃子スタジアム'(주식회사 남코ナムコ)이 문을 열어 일본에 교자가 보급되기 시작한 제2차 세계대전 후의 저잣거리 모습을 재현했다. 교자는 라멘, 카레, 과자 등과 마찬가지로 테마파크의 주제가 될 만한 흥행성을 갖게 된 것이다.[38]

그런가 하면 프랑스, 영국, 미국 등 서양이나 태국에서는 교자가 중국어 '자오쯔(jiǎozi)'나 영어 '덤플링dumpling'이 아니라 일본어 '교자ギョーザ(gyoza)'(이 발음의 유래는 권말 미주 1부 5장 주 26을 참조)로서 받아들여졌다. 예컨대 파리에서는 2012년에 교자 전문점 '교자 바'가 문을 열었다. 소에 들어가는 재료를 자유롭게 바꿀 수 있는 교자는 변형이 쉬우며, 프랑스에서는 특히 종교를 불문하고 누구나 먹을 수 있는 닭고기가 선택되는 경우가 많다.

프랑스 요리 기반의 소스를 끼얹어 먹는 알파벳 표기의 'gyoza'는 2015년 8월 도쿄 아오야마靑山에서 문을 연 '교자 바GYOZA BAR Comme à Paris'를 통해 일본에 상륙했다(2020년 코로나19 팬데믹으로 폐점). 또한, 2016년 11월 도쿄 아오야마의 곳토도리骨董通り에 일본 최초의 점포를 낸 프랑스의 냉동식품 전문점 '피카르Picard'도 'gyoza'를 판매하고 있다.

이렇게 주로 중국 동북부로부터 일본에 전해진 야키교자는 제2차 세계대전 후 중국 대륙을 향한 그리움을 달래는 음식에서 일본의 '국민 음식'으로 발전했으며, 최근에는 일본 음식으로서 프랑스를 비롯한 세계 각국으로 퍼져나갔다. 그런가 하면 1부 4장에서 살펴봤듯이, 중국은 현재 섣달그믐에 모두 함께 물만두를 빚어 먹는 관습을 유네스코 무형문화유산에 등재하려 하고 있다.

앞서 우리는 중국과 한국, 중국과 베트남, 싱가포르와 말레이시아 등에서 요리의 귀속을 둘러싸고 논쟁이 벌어진 사실을 살펴보았다. 향후 교자의 귀속이나 정통성을 둘러싸고 중·일 간에 인터넷상에서 무익한 논쟁이 벌어지는 사태만큼은 피하고 싶다. 일본 교자의 기원은 엄연히 중국에 있으며 중국의 자오쯔는 적어도 1,300년 이상의 역사를 갖고 있다. 한편, 일본은 제2차 세계대전 후 단기간에 중국에서는 비주류인 야키교자를 다양하게 진화시켜 국민 음식의 지위에 올려놓았으며, 나아가 서양에도 이를 전하고 있다.

덴신한의 탄생

여기서, 일본의 유명한 중국요리인 '덴신한天津飯'의 유래를 소개하고자 한다. 잘 알려져 있듯이 중국 톈진에는 (일본인 손님의 주문을 받는 호텔 등을 논외로 하면) '덴신한' 같은 요리는 존재하지 않는다.[39] 그러나 톈진 사람들은 일본에 '덴신한'이라는 음식이 있다는 사실을 잘 알고 있으며, 그것이 일본의 중국요리는 '뭐가 뭔지 모르겠다(莫名其妙)'는 식의 일종의 편견을 낳고 있기도 한 듯하다. 게다가 오늘날의 중국인 관광객은 대체로 전분이 들어가 질척질척한 음식이 너무 많다는 이유로 일본의 중국요리를 선호하지 않는데,[40] 게살 오믈렛(가니타마カニ玉) 덮밥인 덴신한은 바로 그러한 요리 중 하나이다.

'덴신한'의 내력에 관해서는 많은 연구가 이뤄져왔다. 다이쇼 후기와 쇼와 초기에는 덴신한의 원형이라고 생각되는 '덴신멘天津麵'

4부. 세계사 속 일본의 중국요리

이 등장했지만, 제2차 세계대전기와 전후에 음식점의 경영 악화로
이내 사라졌다.[41] 예컨대 교토 하마무라의 창업 당초(1924년경)의
것으로 보이는 메뉴에는 "달걀말이가 들어간 소바"라는 설명과 함
께 '덴신멘'이 실려 있다.[42]

참고로 1896년부터는 상하이 달걀(上海卵)이, 러일전쟁 후인
1905년부터는 톈진 달걀(天津卵)이 중국에서 일본으로 수출되기
시작했다. 나아가 1919년 중국산 달걀에 부과되던 관세가 철폐되
자 1923년에는 수출이 피크에 도달해, 중국산 달걀은 일본 내 달
걀 소비량의 3분의 1을 차지할 정도가 되었다. 그러나 1925년 관
세가 부활하고 국산 달걀이 증산되자, 일본의 달걀 수입은 채산이
맞지 않게 되어 1931년에 이르러 끝을 고했다. 이렇듯 1905년부터
1931년까지 26년간 일본에 수입된 톈진 달걀이 '덴신멘', 그리고 훗
날 '덴신한'이라는 이름의 유래가 되었다고 여겨진다.[43]

'덴신한'은 제2차 세계대전 후 도쿄의 '라이라이켄来来軒', 혹은
오사카의 '다이쇼켄大正軒' 등에서 처음 만든 것으로 추정된다.[44] 덴
신한이 등장하는 최초의 문헌은 1961년의 어느 가정용 중국요리서
로, '지단판鷄蛋飯' 항목의 끝에 가서 "푸룽셰[게살 오믈렛]를 만들어
밥 위에 얹으면 덴신한이 됩니다"라고 적고 있다.[45]

정치 망명자가 경영하는 중국요리점

필자는 20세기 후반의 일본 중국요리에 대해 이미 개설을 시도
하여, 특히 그 중심지가 1960년대를 전후해 '도쿄의 리틀 홍콩'이

라 불리던 니시신바시西新橋 다무라초에서 1980년경을 경계로 역시 홍콩을 의식하여 개발된 요코하마 중화 거리로 옮겨간 사실을 논한 바 있다.[46] 이 책에서는 이 서로 다른 두 시대의 중국요리업계를 주도한 인물들을 세계사적 관점에서 보충해두고자 한다.

고도 경제성장기 일본의 중국요리를 주도한 것은 1964년 도쿄 올림픽을 앞두고 잇따라 건설된 고급 호텔과 도쿄 니시신바시 다무라초의 고급 요리점들이었다. NHK, 다이이치第一 물산(미쓰이三井 물산), 히비야日比谷 공회당, 데이코쿠帝國 호텔, GHQ나 미국 대사관 등과 가까운 니시신바시의 한쪽에서는 '류엔留園' '시센한텐' '주고쿠한텐中國飯店' 같은 일류 요리점이 문을 열었다. 그리고 일본의 중국요리는 제2차 세계대전 전에는 주로 상하이의 영향을 받았지만, 전후에 상하이가 공산권에 들어간 뒤로는 홍콩의 영향을 강하게 받았다. 당시 도쿄의 중국요리는 세계적으로 봐도 높은 수준에 있었다고 할 수 있다.

니시신바시의 유명 요리점 중에서도 용궁이 연상되는 웅대청초雄大淸楚한 궁전풍 중국 건축으로 유독 눈길을 끌던 곳이 바로 류엔(1961~80년대 초)이다. 류엔에서 사용하던 양질의 식자재는 중국 채소에 이르기까지 대부분 홍콩에서 수입되었으며, 주방에는 냄비, 도마, 조림, 구이, 수프, 덴신 등 각 부문에 홍콩 등지에서 초빙한 전문 요리사가 있어 본격적 요리를 낼 수 있었다.[47]

류엔의 창업자인 성위두盛毓度(1913~93년)는 청말 이홍장의 오른팔로 양무운동에서 활약한 성선회盛宣懷의 손자이다. 류엔의 개업에 하치만 제철이나 미쓰이 물산 등이 출자한 것은 일찍이 성盛가가 소유한 다예大冶의 철광산이 일본의 관영 제철소에 철광석을 공급했기 때문이다.[48] 성위두는 1933~42년 일본의 구제 세이조成城 고교와 교토 제국 대학에서 수학하고 귀국하여, 일본의 영향력이 확대되는 점령하의 상하이에서 공동조계의 행정기관인 공부국工部局에 취직했다. 이러한 과거 때문에 그는 전후 '한간'으로 체포되어 재판에서 유죄판결을 받았지만 결국 보석되었으며, 중국 혁명이 한창이던 1949년 상하이에서 홍콩을 거쳐 일본으로 망명했다.[49]

나아가 류엔의 총지배인으로 임용된 왕쭌보王遵伯는 NHK의 〈오늘의 요리きょうの料理〉 등에서 강사를 맡은 요리 연구가 오마 기준王馬熙純의 남편이자 왕커민王克敏(1873~1945년)의 아들이었다. 왕커민은 1937년 말 베이핑에서 대일 협력 정권인 '중화민국 임시정부' 수립에 관여하고 1940년에 왕징웨이의 '난징국민정부'에 합류해, 전후에 '한간'으로서 체포되어 옥사한 인물이다.[50]

홍콩 출신의 쌍둥이 자매인 린린リンリン과 란란ランラン이 "류엔에 가서 행복을 먹자"고 노래한 인상적인 텔레비전 광고가 한 시대를 풍미하면서, 류엔은 도쿄 타워와 함께 수학여행이나 관광의 명소가 되었다.[51] 그러나 이러한 화려한 이미지와는 달리 류엔은 중일전쟁에서 적성국에 협력했다는 오명을 입은 망명 부호가 창업하고, 일본 점령하의 화베이에서 대일 협력 정권의 수뇌가 된 거물 정치가의 아들이 경영하던 가게였다. 일본에서 가장 유명한 중국요리점 중 한 곳에 중일전쟁의 흔적을 짙게 남아 있던 것은 그야말로 1960~70년대의 시대상이었다.

격동의 동아시아를 떠도는 중국요리사

1958년에는 훗날 일본에서 쓰촨 요리를 확립한 진 겐민(1919~90년)이 니시신바시의 다무라초에서 시센한텐을 열었다. 쓰촨성에서 태어난 진 겐민은 어린 시절부터 고향의 요리점에서 일했으며, 중일전쟁 후에는 요리사 생활을 이어나가며 충칭→우한→난징→상하이→타이완→홍콩으로 전전한 끝에 1952년 일본으로 건너갔다.

진 겐민은 성위두와 같은 정치적 망명자가 아니었으며, 오히려 정치적 영향을 피해 도쿄에 정착한 케이스였다. 일본에서 그는 매운맛이 강한 마파두부, 후이궈러우回鍋肉[삼겹살, 양배추, 대파 등을 볶아 두반장이나 톈몐장으로 조미한 쓰촨 요리], 칠리새우(에비치리エビチリ), 단단몐擔擔麵(탄탄면) 등을 일본인의 미각에 맞게 현지화하여 보급하고, 1959년부터 텔레비전에 출연하여 요리사 개인이 스포트라이트를 받는 시대를 열었으며, 요리사 양성에 힘쓰는 등 일일이 열거할 수 없을 정도로 많은 공적을 세웠다.[52]

진 겐민과 같은 세대에 속한 유명한 쓰촨 요리 요리사로는 우위성(1913~2013년)이 있다(1부 2장 참조). 우위성 역시 충칭→상하이→홍콩으로 전전하며 정부 요인의 연회 요리 등을 만들었지만, 1951년 베이징의 저우언라이에게 불려가 진 겐민과는 운명이 갈렸다. 우위성은 베이징의 어메이주자에서 쓰촨 요리의 일파一派를 확립하고 『중국명채보』에 요리를 수록하는 등 중화인민공화국을 대표하는 쓰촨 요리 요리사로서 엘리트 코스를 밟아나갔다. 그에 비하면 일본에서 쓰촨 요리를 보급한 진 겐민의 생애는 얼마간 예외적이었다고 할 수 있다.

그런가 하면 푸페이메이(1931~2004년) 역시 진 겐민과 같은 시기에 타이완에서 눈부신 활약을 펼쳤다(1부 5장 참조). 1949년 다롄에서 타이완으로 건너간 푸는 1962년부터 텔레비전 요리 프로그램을 담당했으며, 때로는 중화민국 정부의 뜻을 따르면서 1970~80년대 국외 여러 나라를 찾아 중국요리를 전수했다.

나아가 진 겐민이나 푸페이메이가 활약한 1960~70년대에는 일본뿐 아니라 서양에서도 중국요리가 하나의 전기를 맞고 있었다. 촙수이, 차우멘, 에그 푸용이 인기를 끌던 시대는 지나가고, 본격적인 광둥, 베이징, 쓰촨, 후난 요리가 대두하여 '쭤궁지(General Chicken)'를 비롯한 새로운 인기 요리가 등장했다.

그리고 3부 1장에서 언급한 장쑤성 출신의 청밍차이 역시 진 겐민과 거의 같은 세대의 요리사이다. 그는 상하이→타이베이→요코하마→도쿄로 전전하다가 1973년 미국으로 이주해 아들 앤드루 청이 경영하는 판다 익스프레스의 요리를 감수하는 등 중국요리의 패스트푸드화에 힘썼다.

이처럼 중일전쟁에서부터 중국 혁명에 걸친 혼란기에 동아시아를 떠돌아다닌 중국요리사는 많지만, 그중에서도 우위성, 푸페이메이, 진 겐민, 청밍차이는 그들이 최종적으로 정주한 중국, 타이완, 일본, 미국에서 각기 국가의 명요리사, 중화 미식 대사大使, 일본 쓰촨 요리의 아버지, 세계 최대 중국요리 패스트푸드 체인의 기틀을 다진 요리사로서 큰 공적을 남겼다.

요컨대 불안정하고 유동적이던 1940년대의 동아시아를 떠돈 숱한 요리사와 그들의 요리는, 제2차 세계대전 후 재편된 국제 질서와 그 속에서 수립된 국민국가에서 1960~70년대에 제각각 중요한 역할을 짊어졌다고 할 수 있다.

요코하마 중화 거리

이처럼 1960~70년대에는 중국에서 온 망명 경영자나 이민 요리사가 도쿄를 중심으로 활약했다. 그러나 1980년대 이후에는 요코하마 중화 거리 등에서 일본 태생 요리사의 활약이 두드러졌다. 1990년대 텔레비전에 종종 출연하여 전국적으로 이름을 날린 슈 도미토쿠周富德(1943~2014년)는 바로 이 두 시대와 장소의 가교가 된 요리사였다.

전쟁이 한창이던 1943년 요코하마 '난킨마치'(1955년부터 '주카가이中華街'(중화 거리)로 개칭)에서 태어난 슈 도미토쿠는 1961년 도쿄 니시신바시 다무라초의 '주고쿠한텐'에 입사했다. '주고쿠한텐'(1955~73년)은 일본 내 본격적 고급 광둥 요리점의 선구적 존재로, 광둥 요리의 명요리사를 숱하게 배출하는 등 오늘날 일본에서 본격적 중국요리의 토대를 쌓은 유명한 가게이다. 이곳에서 슈 도미토쿠를 비롯한 요코하마 차이나타운 출신 요리사들은 홍콩에서 온 솜씨 좋은 요리사와 일본인 요리사를 매개하는 역할로 활약했다.

1971년 니시신주쿠西新宿 고층 빌딩군의 제1호로서 게이오 플라자 호텔이 개관하자 슈 도미토쿠는 호텔 내 중국요리점인 '난엔南園'의 부주방장이 되었다. 홍콩에서 온 난엔의 초대 주방장 웡공黃江은 '신파이웨차이'(1부 2장 참조)의 기수여서, 슈는 주고쿠한텐의 정통적 조리법과 윙콩에 의한 그 현대적 변형을 모두 배웠다.

슈 도미토쿠에 따르면, 요리사는 독립독보로 자신의 맛을 추구하는 고고한 타입과 타인과 폭넓게 교류하면서 좋은 맛의 범위를 확장시키는 타입으로 나뉘며 본인은 후자의 전형이었다. 1980년 슈는 헤이친로의 사장으로 있던 하야시 야스히로林康弘의 제안을 받고 요코하마 중화 거리에 위치한 헤이친로의 총주방장이 되었다. 그 뒤로 슈는 이따금 홍콩을 찾아 XO장, 타피오카 디저트, 망고 푸딩 같은 최신 유행을 민감히 읽어내 받아들였다. 그뿐 아니라 슈 등은 헤이친로 같은 고급 요리점에서도 가게 앞에서 '딤섬'을 쪄 길거리 음식으로 파는 등 일본의 차이나타운에 독특한 소비문화를 낳았다.[53]

또한, 요코하마 중화 거리에서는 1981년 '호텔 홀리데이 인 요코하마'(현 로즈 호텔)라는 도시형 호텔이 문을 열었다. 제2차 세계대전 후 타이완에서 일본에 건너와 1959년 주케이한텐重慶飯店을 창업한 리하이톈李海天, 우옌신吳延信 부부는 샌프란시스코를 여행하던 중 차이나타운의 입구에 있는 '홀리데이 인' 호텔에 묵고는 언젠가 요코하마 중화 거리에도 이러한 호텔을 짓겠다고 결심했는데, 이 호텔이 바로 그 결심이 실현된 곳이었다.[54]

이 밖에도 2부 6장에서 살펴봤듯이, 인천광역시 중구청은 2001년부터 '인천 차이나타운'의 개발을 추진하여 그 직원이 시찰을 목적으로 요코하마 중화 거리를 방문했다. 이렇듯 세계의 차이나타운과 그 소비문화는 상호 참조하면서 발전을 이루고 있다. 이는 실로 중국요리점을 둘러싼 환경의 '세계화'(세계적 균질화와 현지화의 동시 진행)라 부를 만한 국면이다.

1975년 헤이친로의 사장에 취임한 하야시 야스히로(1972년 귀화하기 전의 이름은 방경홍龐競康)는 1947년 요코하마 차이나타운의 만친로萬珍樓(과거에는 '만신로萬新樓')의 주인 방취삼龐杜琛(일본명 하야시 다쓰오林達雄)의 아들로 태어났다. 하야시 야스히로는 요코하마 야마테山手의 국제 학교인 세인트 조지프 칼리지에서 조치上智 대학 국제학부에 진학한 뒤 캘리포니아 대학 프레즈노 캠퍼스에 편입하는 등 '국제인'으로 자라났다.

그의 아버지 방취삼은 광둥성에서 요리사로서 일본에 건너와 만친로를 성공시켰으며, 하야시 야스히로의 다섯 살 무렵에는 쇠락해가던 노포 헤이친로(1887년 창업)를 매입해 작은 차시우 가게로 탈바꿈시켰다. 1975년 하야시 야스히로가 경영을 이어받았을 때 헤이친로는 산마멘サンマー麺[요코하마를 중심으로 하는 가나가와현의 명물 라멘. 볶은 숙주와 돼지고기, 채소가 들어간 국물에 전분을 풀어 면에 끼얹은 것]을 명물로 하는 값싼 소바 가게가 되어 있었다. 홍콩과 타이완의 유명한 가게들을 찾아 음식을 맛보고는 중국요리의 오묘함에 압도당한 하야시 야스히로는 표준화를 지향하지 않는 질 좋은 요리를 추구하여, 10여 년 내에 1,000명을 수용할 수 있는 중화 거리 본점과 다섯 곳의 도쿄 지점을 거느릴 정도로 헤이친로의 영업을 확대하였다.[55]

그런가 하면 방취삼에게서 만친로를 물려받은 것은 하야시 야스히로의 형 하야시 겐세이林兼正다. 하야시 겐세이에 따르면, 요코하마 중화 거리는 야마시타초山下町나 모토마치元町와 제휴해 이벤트·서비스를 전개했는데 야마시타초에서 놀고 모토마치에서 쇼핑한 뒤 중화 거리에서 식사하는 식으로, 마치 각 전시관이 서로 다른 콘셉트를 취하고 있는 디즈니랜드처럼 즐길 수 있었다. 나아가 실제로 만친로 등은 디즈니랜드의 경영 방침을 목표로 사원 교육을 하는 등 고객의 기대를 뛰어넘는 만족도를 지향하고 있다.[56]

이렇게 요코하마 중화 거리는 중국요리 테마파크로서 세계에서 가장 많은 관광객을 끌어모으는 차이나타운이 되었다. 그리고 차이나타운의 푸드 테마파크화는 레스토랑 거리의 쇼핑몰화, 푸드코트나 뷔페식당의 증가와 함께 세계의 중국요리를 둘러싼 '음식의 풍경foodscape'을 더욱 빠른 속도로 '세계화'(세계화와 현지화의 동시 진행)하고 있다.

교토의 '화혼한재' 중국요리

마지막으로, 일본에서 중국요리가 수용된 양상을 '화혼한재'라는 개념을 통해 고찰하고자 한다. '화혼한재'는 일식의 정신을 소중히 하면서 중국의 요리에서 뛰어난 지식이나 기술을 받아들이려는 태도로 이해할 수 있다. 예컨대 나라 시대(710~784년) 이전에는 '요리'라는 말이나 막대 두 개로 된 젓가락이, 헤이안 시대(8세기 말~12세기 말)에는 두부와 호토ほうとう(면류), 차가 중국에서 일본으로 전해졌다. 이처럼 일식의 원류에는 중국에서 전래된 것들이 많이 포함되어 있었다.[57] 그리고 에도 시대에 중국으로부터 전해진 싯포쿠·후차 요리 역시 일본 요리의 한 장르라고 하는 것이 알맞을 만큼 일본화되었다.

4부 1장에서 살펴봤듯이 중국요리와 일본 요리는 대조적인 면이 있지만, 거꾸로 그 덕에 상보적 관계를 맺기 쉬워서 두 요리는 교류와 대화를 통해 양자의 경계에 독특한 식문화를 낳을 수 있었다. 그중에서도 일본 식문화의 중심지인 교토의 중국요리는 일본화된 중국요리의 전형이라 할 수 있다. 일본 요정과 같은 유명한 중국요리점으로는, 예컨대 미식가에다 중국통이었던 다니자키 준이치로가 즐겨 찾은 '히운飛雲'(1936년경 창업)이 있었다. 히운의 건물은 요정과 같은 교토풍으로, 내부도 다다미방이 대부분이었으며 그 요리는 산뜻하고 담박했다. 다니자키는 이곳에서 해파리나 피단, 제비집 수프, 샥스핀 요리, 동파육 같은 음식을 즐겨 먹었으며, 1965년 5월에 가족과 함께 마지막으로 교토를 찾았을 때도 히운에 들렀다.[58]

'교토의 중화'는 마늘, 기름, 향신료의 사용을 최소화한 산뜻한 맛이나 다시마나 닭 뼈로 낸 다시 등을 특징으로 한다고 여겨진다. 1990년대 이후의 교토에서는 '마치야 중화町家中華' 등으로 불리는 계보에 속한 고급 중국요리점도 다수 문을 열었다. 오래된 '교토풍 중화(京風中華)' 요리점 중에는 교토의 식재료와 조미료, 물을 사용하는 데서 나아가 '교토 요리(京料理)'라는 아이덴티티를 가지고 있는 곳도 적지 않다. 그런가 하면 교토의 일본 요정도 부타노카쿠니나 상어 지느러미 통찜 같은 중국요리를 진지하게 받아들이고 있다.[59]

현재 '화혼한재'에 입각한 중국요리의 최전선에 서 있는 것은 젊은 천재 셰프라는 평판이 자자한 가와다 도모야川田智也이다. 중국요리점 '아자부초코麻布長江'와 '류긴龍吟'에서 요리를 배운 가와다는 2017년 도쿄 미나미아자부南麻布에 '사젠카茶禪華'를 열어 고작 9개

4부. 세계사 속 일본의 중국요리

4-9 사젠카의 '기지완탄탄雉雲吞湯'(꿩고기 완탄 수프)

월 만에 미슐랭에서 별 두 개를 획득했으며, 2020년에는 일본 국내의 중국요리로서는 최초로 별 세 개로 승격하여 정상급 셰프들과 어깨를 나란히 했다. 깨끗함과 강력함이 조화된 요리를 지향하는 가와다는 중국요리의 전통성을 표현하는 한편으로, 일본 식재료의 성질을 이해하여 이를 뛰어넘는 조미를 하지 않고 재료가 가진 맛을 최대한 존중하는, 잘 다듬어진 중국요리를 만들고 있다[60](그림 4-9)[식재료의 성질을 이해해야 한다는 가와다의 요리관은 청대의 요리서 『수원식단』(73쪽 참조)에 나오는 "先天須知"(재료의 성질을 먼저 이해해야 한다)에 뿌리를 둔다].

정초의 중국요리 '중화 오세치'

'화혼한재'에 입각한 요리 중 위와 같은 고급 요리가 아닌, 좀 더 사람들의 생활 문화에 밀착한 일반적인 것으로는 '중화 오세치'를 들 수 있다. '오세치御節'는 정초나 명절에 온 가족이 모여 함께 먹는 음식으로, 나라 시대에 중국의 영향을 받아 탄생한 연중행사 음식이다. 에도 시대 중기 이후에는 정초의 음식만을 '오세치'라 부르게 되었으며, 오늘날에 이어지는 조니雜煮[주재료인 떡과 함께 채소, 육류, 생선 등을 간장이나 된장 국물에 넣고 끓인 일본 전통 요리]나 찬합에 담은 오세치 요리도 등장했다.[61]

그러나 근세부터 메이지 중기까지는 혼젠 요리나 가이세키 요리가 중시되어 찬합에는 이와이자카나祝い肴[술안주, 특히 정초에 차려 내는 것으로 여겨지는 가즈노코數の子[염장·건조한 청어 알], 다즈쿠리田作り[말린 멸치], 검은콩, 다타키고보叩き牛蒡[삶은 우엉을 공이로 두들겨, 바순 깨와 식초, 간장 등으로 버무린 것] 등 한정된 음식만이 담겼다. 그러던 것이 메이지 이후에는 가마보코나 긴톤金團[고구마 등으로 만든 소에 찐 밤이나 강낭콩 등을 버무린 것] 같은 구치토리口取り[안주 몇 가지를 접시 하나에 소량씩 담아 본격적 향연에 앞서 내던 것으로, 현재는 오세치 요리의 가마보코나 긴톤 등을 가리키는 경우가 많다]가 찬합의 중요한 구성 요소가 되었으며, 다이쇼 이후에는 찬합에 담는 요리의 구색이 다양해졌다.[62]

나아가 근대 일본의 주요 여성 잡지 〈후진노토모婦人之友〉, 〈후진가호婦人畫報〉, 〈슈후노토모主婦の友〉에 실린 오세치 요리의 일람(야마다 신야山田眞也 작성)을 보면,[63] 중국요리에 앞서 서양 요리 오세치가 등장한 사실을 알 수 있다. 예컨대 1904년 12월에는 "서양 요리의 재료로서는 소의 혀"라는 소개가 있으며(宇山錄子, 「正月料理」, 〈婦人之友〉 2卷 7號), 1923년 1월에는 수프, 종이에 싸서 구운 생선, 이탈리아식 고기 우동, 채소 샐러드로 구성된 "찬합에 담은 정초의 서양 요리"(川崎正子, 〈主婦の友〉 7卷 1號)가, 1924년 12월에는 샌드위치나 치킨젤리 등을 담은 "정초의 찬합 요리(화和·양洋 가지각색)와 가루다[놀이딱지] 모임의 특별 요리"(龜井まき子, 〈婦人畵報〉 230號)가 소개되었다.

중국요리 오세치는 이보다 조금 늦게, 쇼와 초기부터 다뤄져 먼저 후차 요리 오세치가 소개되었다. 예컨대 1927년 1월에는 센마이즈케千枚漬[소금에 절인 순무를 얇게 썰어 다시마, 미림, 고추로 절인 것]와 베니쇼가紅生姜[생강을 빨간 식용색소나 소엽이 들어간 매실초에 절인 것]로 만드는, '국기國旗'가 포함된 "새해의 후차 요리"(みをつくし, 〈婦人畵報〉 259號)가, 1929년 1월에는 우타카이하지메歌會始め[매년 1월에 일본 황거 내에서 거행되는 새해 첫 어전御前 우타카이歌會(시가를 지어 발표하는 모임)]의 "칙제勅題인 '전가田家의 아침(朝)'을 주제로 한 후차 요리"(부인 기자, 〈婦人畵報〉 282號)가 소개되었다.

'지나 요리' 오세치를 소개한 것으로는 1929년 1월의 〈료리노토모料理の友〉(17卷 1號)에 실린 「다섯 명이서 8엔의 새해 연회—일본 요리, 서양 요리, 지나 요리」(大日本料理研究會)가 비교적 이르다.

나아가 찬합에 담은 오세치로는 1931년 1월의 〈후진노토모〉(25卷 1號)에 실린 「새 시대의 찬합 요리」(增田稻子)가 '지나 요리' '일본 요리' '서양 요리'를 함께 담은 3단의 찬합을 소개하고 있다. 이는 중국요리를 채용한 오세치로서는 가장 이른 시기의 것으로, '보

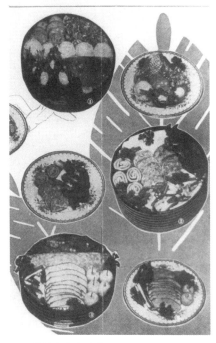

理科話重那支

4-10 중국요리 오세치(요시다 세이이치 작, 1937년)
하단의 '장러우펜醬肉片'은 파·생강·간장을 넣고
자작하게 조린 돼지고기 요리

리과玻璃瓜(생선 튀김)' '둥지凍鷄'[닭고기를 젤라틴과 함께 조리해 굳힌 것] '춘권' '세완쯔蟹丸子'[게살 완자] '차시우'를 담고 있었다.

그리고 1937년 1월의 〈료리노토모〉(25卷 1號)는 중국요리만을 담은 가장 이른 시기의 오세치 찬합으로, 15종의 요리를 복福, 녹祿, 수壽의 3단 찬합에 담은 "지나 찬합 요리"(吉田誠一)를 권두 사진과 함께 소개하고 있다(그림 4-10).

전쟁 중에는 오세치 요리도 간소화되어 경제적인 영양 섭취가 우선시되었다. 그러나 제2차 세계대전 후에는 포장 구매한 이와이자카나나 구치토리와 함께 자가제 조림 등을 찬합에 담아 온 가족이 함께 먹는 정초의 이미지가 생겨났다. 근래에는 그 연장선에서 요정·요리점, 백화점, 슈퍼마켓, 편의점 등이 다양한 오세치 찬합의 판매에 나서 예약도 접수하였다.[64] 코로나19 팬데믹이 한창이던 2020년 말에는 찬합에 담은 호화 오세치 요리의 판매가 예년을 웃도는 실적을 거두었다.

외국 요리의 오세치로서는 1958년 말 '양식 오세치'가,[65] 1965년 말부터는 '중화 오세치'가 백화점의 인기 상품이 된 듯하다. 1965년 12월 15일자 〈요미우리 신문〉에는 "지금껏 '안주 세트'라 불리던 것을, 내용물을 보강하고 보기 좋게 꾸며 팔아보려는 작전. 중화풍은 새우나 달걀 속에 고기, 숙주를 넣은 춘권, 차시우 등을 한데 담은 것으로, 사전에 단지團地 등의 집단을 대상으로 예약을 받아 월말에 받아볼 수 있으며 가정배달도 해주는 서비스"를 소개하는 기사가 실렸다.[66]

유명 중국요리점으로서는 긴자 아스터가 중화 오세치의 선구 격으로, 1965년 말에 중화 오세치 '정선精撰 중화요리 세트'를 발매하여 크게 히트했다[67](그림 4-11). 1970년대에는 이신고維新號, 신쿄테이新橋亭, 시센한텐 등의 중국요리점이 오세치를 발매했으며,[68] 후에는 아카사카리큐赤坂璃宮나 헤이친로의 중화 오세치가 이름을 날렸다.[69] 1980년대에 이르러 중화 오세치는 슈퍼에서도 인기 상품이 되어 기업들은 "평소보다 조금 더 신경을 쓴 중화요리의 구성"(세이유 스토어西友ストアー),[70] "중화 오세치라면 고기도 듬뿍. 분명 아이들도 대만족일 것"(다이에ダイエー)[71] 등으로 표현되는 수요를 파악하고 있었다.

'화혼한재' 중국요리의 가능성

이렇듯 일본의 오세치 요리의 원류는 중국 문화의 강한 영향 아래에 있던 나라 시대의 연중행사 음식으로 거슬러 올라가 찾을 수

4-11 긴자 아스터의 중화 오세치(어메이峨眉) 리플릿(1970년)

있다. 그리고 국내적 경향이 강했던 에도 시대에 생긴 오세치 요리 찬합은 국제적 지향이 강했던 다이쇼 시대 이후에 서양 요리, 그리고 중국요리를 받아들여 오늘날에 이르고 있다. 설과 같은 자국의 전통적 연중행사에서 외국 요리를 먹는다는 발상이 근대 이후에 국민 수준에서 새로이 싹터 오늘날 널리 보급되어 있는 것은 세계적으로도 보기 드문 일본 고유의 현상이라 할 수 있다.

차게 식은 고급 중국요리를 찬합에 담아 제공하는 중화 오세치의 스타일은 전 세계의 중국요리 중에서도 꽤 특이한 것이다. 물론 음력설(춘절)을 쇠는 중국 각지에도 제야의 식사('團年飯')나 정초의 식사('開年飯')를 하는 관습이 있다. 섣달그믐에는 만두를 빚거나,

덴신을 튀기거나, 떡('年糕')을 만들거나, '파차이發財'[부귀를 얻는 것]를 비는 차원에서 길운을 가져다준다고 믿는 식사를 차리며, 정초에도 특별한 죽, 경단, 수프, 생선이나 채소 등을 먹으며 부사하고 평안한 한 해를 기원한다.[72] 일본의 중화 오세치는 음력설을 맞이하는 중국의 이러한 풍속·관습과는 무관하게 1920년대 이후에 성립한 것이며, 이미 한 세기에 가까운 역사를 가지고 있다.

2013년에 유네스코 무형문화유산에 등재된 '와쇼쿠, 특히 신년 축하를 위한 일본의 전통 식문화Washoku, traditional dietary cultures of the Japanese, notably for the celebration of New Year'에서 조니나 오세치 같은 정월 음식은 전통적 '와쇼쿠Washoku'의 대표적 음식으로 거론되었다. 그러나 "순 일본식의 '전통 오세치'"조차도 중국산 청어 알을 비롯해 외국산 식재료를 많이 포함하고 있다는 것은 이미 반세기쯤 전부터 지적되고 있는 사실이다.[73] 지키고자 하는 '전통적 순수 일식'의 상징인 새해 음식조차 아시아 등 외국산 식재료를 필요로 하며, 나아가 중국요리·서양 요리의 오세치를 먹는 관습도 퍼져 있다.

정초에 아시아산 식재료를 사용한 오세치나 중화 오세치, 서양풍 오세치를 먹는 것은 틀림없이 일식의 위기 상황을 반영하고 있는 면이 있다. 그러나 일식 역시 이미 아시아를 비롯한 전 세계 식문화의 일부가 되어 있으므로, 이는 자연스러운 일이라고 생각할 수도 있을 것이다.

또한, 긴자 아스터에 남아 있는 '성야聖夜의 스타, 아스터 치킨'의 광고지를 보면, 늦어도 1964년에는 일본에 '크리스마스 중화요리'가 소개된 사실을 확인할 수 있다(그림 4-12, 4-13). 그 후 일본에서

4-12 아스터 치킨 매장(시부야 도큐東急 백화점의 도요코노렌가이東横のれん街, 1965년)

는 크리스마스에 중국요리를 먹는 관습이 크게 보급되지 못했지만, 미국의 유대인 사회에서는 크리스마스에 중국요리를 먹으며(483쪽 참조), 필리핀에도 크리스마스에 국수 등 중국에서 전해진 음식을 먹는 관습이 정착해 있다(370쪽 참조). 자국의 연중행사에서 타국의 요리를 먹는 전통의 창조·계승은 결코 부자연스러운 일이 아니다. 이러한 관점에서는 중화 오세치가 단순한 '안주 세트'나 '중화요리 찬합'에 머물지 않고 일본의 '화혼한재' 식문화의 대표적 사례로 발전해나가기를 기대해볼 수도 있을 것이다.

'화혼한재'나 '화혼양재'[서양에서 전래된 지식, 학문을 일본 고유의 정신에 입각해 흡수, 소화해야 한다는 입장과 이념을 나타내는 말]는 기술 후진국의 정신론이 아니라 기술혁신을 지향하는 적극적인 논리이다. 예컨대 중국요리에서는 뜨거운 요리를 으뜸으로 치지만 요코하마의 기요켄은 식어도 맛있는 '시우마이 도시락'(1954년 발매)[74]의 개발에 뛰어들었다. 중화 오세치의 경우에도 긴자 아스터는 1960년대부터 "식어도 맛이 떨어지지 않도록 특별한 궁리와 연구"를 거듭하고 있다.[75] 예컨대 녹는점이 낮은 라드는 식으면 기름이 고형화되어 위로 떠올라서, 오세치에는 쓰지 않는다고 한다. '러차이熱菜'[뜨거운 요리]를 '렁차이冷菜'[차가운 요리]로서 맛있게 먹을 수 있게 하는 아이디어는 일본에서야말로 구체화되기 쉬울 것이다.

4-13 긴자 아스터의 크리스마스 중화요리 '엔카宴華'의 리플릿(1968년)

이 책에서 필자는 근대 이후 세계 각국의 사람들이 중국 각 지방 요리의 재료나 조리법을 자국 요리에 받아들이면서도 중국요리와 차별화된 요리를 만들어온 사실을 되풀이하여 논했다. 이러한 과정에 있는 세계 각국의 식문화 속에서 '화혼한재'의 중국요리는 일본 식문화의 하나로서 오랜 역사와 풍부한 실적을 자랑하고 있다.

일본과 중국은 서로의 요리를 평가할 때 박한 태도를 취하는 경우가 많았다. 그리고 근대 일본에서도 서양을 경유한 중국요리의 도입이 활발했던 시기가 있었다. 또한, 일본에서 중국 면 요리의 명칭은 국제적 정치 정세의 변화에 따라 줏대가 없다고 할 만큼 자주 바뀌고는 했다. 나아가 '오키나와소바'를 비롯한 '오키나와 요리'의 형성 과정에서 엿보이듯이, 중국요리나 오키나와 요리를 받아들이는 '일식'의 범위 역시 지극히 유동적인 것이었다.

그런가 하면 라멘이나 야키교자처럼 일본과의 관계 속에서 전 세계를 상대로 활약하는 개인, 기업이 만드는 '메이드 바이 재팬'의 중국 식품은 오늘날 많은 사람에게 소용되고 있다. 향후에도 화인이 전하는 본고장 중국의 중국요리와 함께 '화혼한재'의 중국요리가 독자적 발전을 이뤄나가기를 바란다.

국민국가가 구획하는
요리의 카테고리

국민 요리와 에스닉 요리

마지막으로, 이 책의 내용을 다시금 되돌아보며 내셔널리즘과 이를 넘어서는 관점에서 중국요리의 세계사를 다시 살펴보자.

20세기 중엽 아시아에서는 서양 제국 및 일본 제국에 의한 식민 지주의가 종언을 고하면서 많은 국민국가가 독립을 이루었다. 그리고 구미나 일본 등의 근대 국민국가와 마찬가지로 아시아의 신흥 국민국가 역시 많은 요리에 '국적nationality'을 부여하고, 일부 인기 요리를 상징적인 '국민 음식national food, national dish'으로 만들었다. 또한, 국민국가는 다양한 지역과 민족의 식문화를 일체화, 체계화, 제도화하여 '국민 요리national cuisine'를 편성하고 이를 대외적으로 선전해왔다.

이로써 국민 음식이나 국민 요리는 국내에서는 국민의 자존심이나 일체감을 기르는 데 적극적으로 이용되어 국민적 아이덴티티의 기반이 되었으며, 그와 동시에 대외적으로는 자국에 이로운 국제 관계를 맺는 데 이용되어 그 국외 보급이 추진되었다.

이 책에서는 중화권을 다룬 1부에서 주로 '국민 요리'로서 중국 요리의 형성을 살펴보고, 세계 각국의 사정을 살펴본 2부 이후에는 주로 '지방 요리'로서 중국요리의 보급을 논했지만, 어떤 경우든 간에 중국요리는 에스닉 요리의 성격을 띠고는 했다.

또한, 이 책에서도 몇 가지의 사례를 들어 소개했듯이 국민 요리의 중심이 되는 주요한 에스닉 요리는 민족복이나 민족 건축, 민족 예술의 형성과도 밀접한 관련을 맺고 있었다. 예컨대 건국 초기의 중화인민공화국은 수도 베이징의 팡산仿膳을 국영화하여 '만한전석'을 제공케 하고는 가게를 청대 건륭 연간의 오래된 건물이 늘어선 베이하이北海(호수)의 섬으로 이전시켰다. 또한, 국공 내전에서 패해 타이완으로 물러난 중화민국은 일본 통치 시대에 타이완 신사가 있던 자리에 중국의 고전적 건축양식을 채용한 위안산다판뎬을 건설하고 그곳에서 국가 연회를 열었다. 위안산다판뎬의 국가 연회에서는 궁정의 환관이나 여관의 복장을 한 종업원이나 중국의 전통적 가구나 음악, 문자에 의한 연출이 이루어졌다.

제2차 세계대전 후 상업 목적의 '만한전석'이 부흥한 홍콩에서도 환관이나 여관으로 분한 종업원이나 궁정음악에 의한 연출이 이루어졌다. 또한, 나라를 대표하는 요리로서 뇨냐 요리의 부흥을 꾀한 싱가포르에서는 건물 하나에 칸막이벽을 여럿 두어 몇 가구로 나눈 주거 형식인 '숍하우스'에서 크바야·사롱을 입은 여성 종업원이 손님을 맞는 프라나칸 레스토랑이 문을 열었다.

이 밖에 미국 매사추세츠주에서 성했던 '티키 차이니스' 가게의 알로하셔츠나 '티키 팝', 샌프란시스코의 화인이 경영하는 나이트클럽의 댄스나 요리에서 나타난 오리엔탈리즘 등 에스닉 요리가 민족복이나 음악, 무용과 함께 발전한 예는 수없이 많다. 교토의 저잣거리(마치야町家) 등에서 일본 전통 의상 차림의 종업원이 손님을 맞던 '화혼한재'의 중국요리점 역시[1] 이에 상응하는 문화적 의미를 지닐 것이다.

나아가 국민 요리 속에서 에스닉 요리가 차지하는 문화적 위상은 그 민족에 대한 사회적·정치적 태도와 무관하지 않다는 점에 주목해야 한다. 예컨대 20세기 동남아시아에서는 화인에 대한 동화주의적 정책이 화인 문화에 대한 억압으로 이어져 중국요리 역시 곤경에 처하고는 했다. 파혼, 피분 총리가 '찻'(민족·국민·국가)을 중시하는 정책을 추진한 1930~50년대 태국이나 수하르토 정권이 공적인 장에서의 중국적 문화 활동을 금지한 1967년 이후 인도네시아 등이 그 전형적 사례다.

또한, 중국요리는 문화적 지위가 상대적으로 낮았던 탓에 그 보급이 화인에 대한 사회적 태도의 개선으로 이어지지 못한 경우도 많았다. 예컨대 20세기 전반에는 미국에서 춥수이가, 일본에서 '지나 요리'가 유행했지만, 이것이 두 나라에서 화인의 사회적 지위를 향상시키지는 못했다. 그렇기에 1950년대부터 백호주의에 맞서 싸우며 다인종 사회를 지향한 D. A. 던스턴이 1970년대에 사우스오스트레일리아주 총리가 되어 호주인들에게 중화 팬의 사용을 권유한 것은 값진 시도라 할 수 있었다.

국민 요리·국민 음식이 된 광둥, 푸젠, 산둥, 쓰촨 요리

나아가 이 책에서는 국경을 뛰어넘어 퍼져나간 중국계 식품·요리로서 하나같이 세계 각국에서 국민 음식이 되거나 국민 요리의 일부로 자리매김한 각종 국수나 두부, 볶음, 촙수이·하이난 치킨라이스 등 해외에서 창안된 요리, 락사를 비롯한 뇨냐 요리 등을 소개했다.

세계 각국의 국민 음식 중에는 중국의 지방 요리에 기원을 두는 것이 적지 않다. 중국의 각 지방 요리는 '중국요리'를 구성할 뿐만 아니라, '싱가포르 요리' '말레이시아 요리' '베트남 요리' '태국 요리' '필리핀 요리' '인도네시아 요리' '조선(한국) 요리' '일본 요리' '페루 요리' 등의 일부를 이루고 있는 것이다. 또한, 이러한 세계사적 관점에서 우리는 중국 국내에서의 중국요리의 형성을 상대화하여 파악할 수 있다.

세계 각국에서 가장 큰 확장세를 보인 중국 지방 요리는 광둥 요리이다. 광둥성 광저우부 샹산香山현(현 중산中山시) 출신의 쑨원은 『건국방략 쑨원 학설』(1919년 초판)에서 "미국에는 뉴욕 한 곳만 해도 수백 곳의 중국요리점이 있으며, 미국 도시 가운데 중국요리점이 없는 도시는 없다", "중국의 조리 기술은 미국은 물론 유럽 각국의 대도시에도 널리 전해져 중국요리점이 점차로 생겨나고 있다. 일본은 메이지유신 이래로 서양의 풍습을 많이 받아들였지만 조리에 서만큼은 아직도 중국의 맛을 즐겨서 도쿄에는 중국요리점이 즐비하다"[2]며 중국요리를 예찬했다. 쑨원이 이 글을 쓴 것은 1917년 광저우에서 수립된 중화민국 군정부의 대원수를 막 사직한 무렵으로, 여기서 말하고 있는 '중국요리中國菜' '중국 음식'은 실제로는 광둥 요리를 가리킨다고 해도 무방하다.

1925년에 쑨원이 죽은 뒤 1926년에 장제스의 국민혁명군은 광저우로부터 '북벌'을 개시해 1928년에는 전국 정권인 난징국민정부를 수립했다. 1부 2장에서 이야기했듯이, 1930년대 상하이에서의 광둥 요리의 융성은 장제스의 국민혁명군에 의한 '북벌'에 비유되기도 했다. 상하이식 광둥 요리는 외국인들의 눈에 중국을 대표하는 요리로 비쳤다. 당시 중국요리의 수도인 상하이를 찾은 일본인 여행객들은 셴스궁쓰先施公司(백화점) 내 고급 광둥 요리를 곧 '지나 요리' '상하이 요리'로 인식했다.[3]

나아가 광둥 요리는 1부 2장에서 다룬 탄자차이처럼 베이징에 전파되어 중화인민공화국의 국가 연회 요리의 일부로 자리 잡았으며, 나아가 동아시아 여러 나라에 전해진 뒤로는 현지화를 거쳐 라멘, 퍼, 팟타이 등 일본, 베트남, 태국의 국민 음식이 되었다. 또한, 광둥 요리는 1900~60년대 미국에서도 춥수이나 차우멘 등 국민 음식이라 할 만한 요리의 토대가 되었다. 홍콩을 식민지 지배한 영英제국에 전해진 것 역시 광둥 요리 및 광둥 요리를 기초로 하는 미국식 중국요리였다.

그런가 하면 푸젠 요리는 네덜란드 제국의 지배를 받기 전부터 인도네시아제도에 그 식재료가 전해져 있었으며, 필리핀에서는 스페인 제국의 시대에 퍼진 판싯(국수)이나 룸피아(춘권)의 원형이 되기도 했다. 나아가 푸젠 요리는 일본 식민지 시대에 형성되기 시작한 '타이완 요리'의 기초를 이루었으며, 제2차 세계대전 전 상하이 거주 일본인들에게는 광둥 요리와 마찬가지로 친숙한 존재였다. 또한, 광둥 요리나 푸젠 요리는 하이난 치킨라이스나 박쿳테처럼 영제국 및 말레이시아 연방에서 독립한 싱가포르 요리의 기초를 이루기도 했다.

이 밖에도 산둥 요리는 명대에 이르러 베이징 궁정 요리의 중심이 되었으며, 19세기 말에는 청 제국이 설치한 조계로부터 한반도에 전해져 짜장면이나 잡채 같은 한국의 국민 음식, 한국 요리의 일부가 되기도 했다.

쓰촨 요리는 이미 제2차 세계대전 전에 영제국의 식민지인 홍콩이나 일본 제국의 통치를 받던 타이완에까지 전해져 있었다. 그러나 중일전쟁 중 국민정부가 난징을 포기하고 충칭을 임시 수도로 삼은 데에 말미암아 '촨양'(쓰촨·화이양의 퓨전) 요리가 생겨났다. 쓰촨 요리나 촨양 요리는 전후 충칭에서 중국 각지로, 그리고 국민정부가 옮겨간 타이베이로도 퍼져나갔다. 쓰촨 요리는 1949년 중화인민공화국의 수도가 된 베이징에서도 중시되었으며, 1950년대에는 일본으로도 전해졌다. 최근에는 중국요리의 인기가 높아지고 있는 인도에서도 소스 이름으로 널리 알려져 있다.

이렇듯 중국 각 지방의 요리는 중국 국내에서는 상하이 등 경제 도시나 베이징, 난징, 타이베이, 충칭 등 정치 도시에서 현지 식문화의 일부로 자리 잡았으며, 나아가 국가가 공인하는 중국요리의 체계 속에 위치를 부여받아 제도적 비호를 받으며 1949년 건국된 중화인민공화국의 국민 요리에 편입되었다. 한편, 중국의 각 지방 요리는 중국 국외에서도 현지화와 함께 수용되어, 발흥하는 아시아 여러 나라의 국민 요리의 체계 속에 편입되거나 해당 국가의 국민 음식으로 다뤄지는 등 외국 요리의 일부가 되기도 했다. 지방 요리에서 국민 요리·국민 음식으로 승화하는 일이 중국 국내뿐 아니라 국경을 넘어 다른 여러 나라에서도 빈번히 일어났다는 것이 중국 요리의 특징이다.

이 책에서 자세히 논했듯이, 중국의 요리는 세계 각국의 화인 및 현지인에 의해 창의적 고안이 더해지고, 나아가 현지국의 내셔널리즘에 의해 규정되며 아시아 여러 나라의 국민 음식이 되었다. 예컨대 중국에 대한 대항 의식이 강한 베트남에서도 광둥의 국수를 현지화한 퍼가 국민 음식으로 자리 잡았다. 또한, 태국에서는 1930~50년대에 내셔널리즘이 고조되면서 화인 문화가 억압받는 가운데서도 중국의 '차퀘티아우'(볶음 쌀국수)를 바탕으로 한 '팟타이'(태국식 볶음이라는 의미)가 창안·보급되었다. 이 밖에도 일본의 라멘, 한국의 짜장면, 필리핀의 판싯, 싱가포르의 하이난 치킨라이스 등 현지국의 국민 음식이 된 중국 유래의 요리는 수없이 많다.

미식의 내셔널리즘의 가능성

이 요리들의 보급은 정치색을 숨겨온 화인들의 노력에 의한 것이지 결코 중화 민족의 융성이나 중국 정부의 소프트파워에 의한 것이 아니라는 점에 유념해야 한다. 앞서 논했듯이 일시적 현상으로서는 음식에 정치적 의미가 부여되는 경우가 있었지만, 이는 끊임없는 시장 경쟁이나 일상생활 속에서 점차 희미해지다가 사라지고는 했다. 따라서 생산자로서는 정치적·문화적으로 무색무취인 식품과 조미료를 판매하고, 식품에 담기기 마련인 지역·민족·국민 고유의 문화는 소비자 쪽에 맡기는 편이 현지 시장에서 생존하는 데 유리할 수밖에 없다.

유네스코 무형문화유산 등재 실패 사례에서 알 수 있듯이, 민족주의적 자존심이 두드러지거나 정치적 의도가 다분해 보이는 요리는 국외에서 널리 받아들여지지 못한다. 거꾸로 정치색이 드러나지 않는 요리·식품은 국외에서도 많은 이들 사이에서 생활 문화의 일부가 되어 식생활의 세계화를 촉진해왔다.

그 전형적 사례로는 두 차례 세계대전의 전간기에 중국 취미가 서양을 경유해 일본에 퍼져, 그 유행 속에서 미국에서 긴자로, 유럽에서 교토로 춥수이가 전해진 것을 들 수 있다. 중국 취미로서 전통적 중국보다는 서양적 중국을 애호한 당시의 일본인들은 서양인의 오리엔탈리즘에 자신들의 시선을 포개고 있었다고 할 수 있다.

나아가 일본인들은 중국요리에 대해, 진기한 에스닉 요리에 머물지 않고 일본·서양의 요리와 어깨를 나란히 하는 일대一大 요리로 여겨 본고장의 맛을 본격적으로 추구하는가 하면, 이를 일상적으로 먹을 수 있게 현지화하려는 열망을 강하게 품어왔다. 일본에서는 일찍이 에도 시대의 싯포쿠·후차 요리로부터, 그리고 본격적으로는 다이쇼·쇼와 시대부터 중국요리를 독자적으로 일본화한 '중화요리'가 발전하여 그 일부는 국외로도 퍼졌다. 중국에 기원을 두는 라멘이 일본의 '국민 음식'에서 나아가 '세계 음식'으로 발전한 것은 일본인들의 뛰어난 변형 능력을 보여주는 대표적 사례이다.

그러나 필자는 팟타이, 퍼, 락사, 판싯, 짜장면의 훌륭한 맛을 떠올리면서 겸허한 마음으로 일본식 라멘의 뛰어남을 자랑으로 여기고 싶다.[4] 마찬가지로 덴신한 등 일본에서 창안된 중국요리의 독자성은 필리핀의 '샤먼 룸피아'(샤먼 춘권), '룸피아 상하이'(상하이 춘권), '판싯 칸톤'(광둥 국수)이나 인도네시아의 '루작 상하이'(상하이풍 오징어 샐러드), '에스 상하이'(상하이풍 과일 빙수)를 떠올리는 한편에서 자찬하고자 한다.

이 책에서 살펴봤듯이, 요리는 좋든 싫든 권력이나 부의 양상, 민족이나 국민에 대한 시각, 나아가서는 시대정신을 반영해왔다. 또한, 재능과 열정이 있는 요리사나 개발자, 미식가나 음식 저널리스트, 나아가 레스토랑이나 식품 관련 기업의 경영자와 종업원 등이 자국·자민족의 요리만큼이나 타국·타민족의 요리에 애정을 품었을 때 자타의 경계에 맛있는 식문화가 새롭게 싹트고는 했다. 국민 요리는 타민족의 문화에 대한 동화와 배제의 논리가 아니라 관용과 조화의 정신에 의해 성장할 때 비로소 그 가능성을 크게 펼칠 수 있을 것이다.

붓을 내려놓으려 하는 2021년 3월 현재 미국에서는, 코로나19 팬데믹이 아시아계 인종과의 관련 속에서 이해되고 있다는 것을 암시하는 듯한 크고 작은 사건이 잇따르고 있다. 미국의 20세기사를 돌이켜보면, 중국요리의 보급이 화인에 대한 사회적 태도의 변화로 이어지지는 못했다는 냉엄한 현실이 있다. 그러나 미국에서는 중국요리를 통해 현지 사회에 적응하려는 화인들의 노력이 열매를 맺은 시기, 지역도 적지 않았으며, 중국요리가 미국 내에서 우호적 분위기를 조성한 경우도 많았다. 팬데믹 후 가까운 미래에 아시아의 요리가 다시금 아시아계 사람들에 대한 포용력을 기르는 계기가 되기를 간절히 바란다.

저자 후기

　처음으로 중국을 찾은 1991년 이후 30년 세월이 눈 깜짝할 사이에 지나가버린 것처럼 느껴지기도 한다. 그러나 그동안 나는 고도 경제성장기 중국의 낮은 물가와 향상된 수준의 요리를 모두 누리면서 값싸고 맛있는 중국요리를 많이도 맛보았으니 더없이 '먹을 복(口福)' 있는 연구 생활을 보낸 셈이다. 유구한 역사, 광활한 국토, 방대한 인구, 다양한 민족을 거느린 중국의 요리가 지닌 풍부함이나 오묘함에 마음속 깊이 매료된 나는 중국요리 없는 삶 같은 것은 상상할 수조차 없었다.

　여담이지만 대학원생이나 방문연구원 등으로 여러 차례 상하이를 찾았을 때 나는 잠자리에 들기 전에 곧잘 텔레비전으로 애니메이션 〈중화일번!中華一番!〉(오가와 에쓰시小川悦司 원작)[한국에서는 〈요리왕 비룡〉이라는 제목으로 방영되었다]의 중국어판 〈중화샤오당자中華小當家〉를 보며 중국어를 학습하고는 했다. 1995년부터 일본의 소년만화 잡지에 연재된 『중화일번!』은 1997년 애니메이션으로 만들어져 1999년부터는 타이완과 홍콩, 그 후 중국 대륙에서 방영되었으며, 중국의 각 방송국에 의해 거듭 재방영되었다. 이 작품은 정말 중국을 무대로 하여, 여행을 떠난 주인공 소년이 요리 대결을 펼치며 '특급 요리사(特級廚師)'로 성장해나가는 내용을 담고 있다.

중국에서는 최근까지 뛰어난 국산 애니메이션이나 재미있는 요리 프로그램이 별로 없었으므로 이 작품은 그 대용품으로서 보급된 측면이 있을 것이다. 어쨌든 중국에서 중국요리를 소재로 한 일본 애니메이션이 많은 인기를 누린 것은 현대 중국의 요리 문화 발전에서 일본을 비롯한 주변국 사람들이 중요한 역할을 수행한 하나의 예로 그 중요성을 강조할 수 있을 것이다.

중국요리를 통해 바라본 근현대의 세계사를 쓰게 되어 교토, 베이징, 상하이, 충칭, 타이베이, 홍콩, 서울, 인천, 방콕, 하노이, 호찌민, 마닐라, 자카르타, 싱가포르, 쿠알라룸푸르, 믈라카, 피낭, 샌프란시스코, 런던, 리버풀, 맨체스터 등지를 단기간에 찾아 현지의 중국요리점, 도서관, 문서관, 박물관을 바쁘게나마 돌아볼 수 있었던 것은 내게 더없이 행복한 추억이다. 각지에서 식사에 함께 자리해주신 분들께 감사의 마음을 표한다.

타국의 문화를 체험하는 즐거운 해외여행에서 미식을 빼놓을 수는 없으며, 세계사를 알면 그 기쁨은 더욱 커진다. 이 책을 계기로 독자들이 자신만의 음식 여행을 떠난다면 저자로서는 망외의 기쁨일 것이다. 중국요리를 찾아 세계 각지를 도는 나의 여정은 코로나19 팬데믹으로 인해 2020년 2월에 뉴욕행을 급거 취소하면서 부득이하게 중단되었지만, 그 후 집에 머물던 시간을 이 책의 집필에 쏟을 수 있었다.

나는 이 책을 쓰면서, 만약 일국사의 서술이 전문 요리점에 비유될 수 있다면 세계사의 서술은 뷔페식당이나 푸드코트에 가까운 것이 아닐까 하고 문득 생각했다.

식문화의 세계화가 현재 진행 중이라면, 이는 다국적기업의 패스트푸드 체인, 호텔의 뷔페식당, 쇼핑몰의 푸드코트 등에서 일어나는 현상일 것이다. 그러나 실은 이들 레스토랑의 요리 역시 세계 각국에서 제법 다양한 양상을 띠고 있다. 예컨대 고급 뷔페식당에서도 지역·자국 및 주변국의 요리가 큰 비중을 차지하고 있거나, 현지의 기호에 맞춰 대담한 변형이 이뤄진 경우를 많이 찾아볼 수 있다.

그러한 의미에서 이 책은 일본인이 운영하는 중국요리 중심의 뷔페식당이나 푸드코트에 비유될 만하며, 결코 세계 표준의 객관적 식문화사일 수는 없다.

또한, 맨 처음에 이야기했듯이 이 책은 무모하게도 일반적 교양물과 학술적 연구서의 양립을 지향했다. 이 책을 일반 교양물로 집필하면서는 필자 스스로가 아주 많은 것을 배웠다. 이 책은 중국·타이완 연구, 화교·화인사, 동양사, 문화인류학·민속학, 나아가서는 학문 영역을 뛰어넘은 식문화 연구의 성과 위에 성립해 있다. 이 책에 매력적인 식견을 제공해주신 연구자 여러분께 사의를 표하고 싶다.

그런가 하면 연구서로서 이 책은 속설을 피해 사실에 다가서려고 최선을 다하려 했다. 그러나 향후 자료들이 디지털화·데이터베이스화되고 학술적 식문화사 연구가 한층 진전되어 이 책 속의 "생각된다" "여겨진다" 같은 서술이 삭제되거나, 서술 자체가 새로운 설에 의해 다시 쓰이는 경우도 있을 것이다. 이는 환영할 만한 일이다. 또, "참고로" "또한"으로 시작하는 서술이 많아져버린 감이 있지만, 필자로서는 논의가 조금 벗어난 곳에야말로 지식의 묘미, 나아가 향후의 학술 연구를 촉발하는 바가 있다고 믿고 싶다.

　필자는 '중국요리의 세계사'라는 커다란 주제를 설정함으로써 선행 연구의 공백이나 향후 연구되어야 할 새로운 과제를 많이 발견할 수 있었다. 우선 이 책은 중국 대륙과 타이완의 에스닉 요리의 형성을 충분히 다루지 못했다. 특히 중국 내셔널리즘과 관련하여 중화인민공화국의 '소수민족' 요리와 '중국요리'의 관계는 주목을 요한다.

　예컨대 몽골에서는 19세기 말부터 울란바토르에 외국 요리점이 등장하는 한편으로 중국에서 기원하는 고기만두, 고기 샤오룽바오, 고기 찐빵 등은 이미 일상식이 되어 있었으며, 이 요리들은 약한 세기의 역사를 통해 몽골의 음식으로 인식되고 있다.[1] 또한, 중국 내몽골의 몽골 요리점이나 관광지에서는 중국에서 유래한 요리를 다수 포함한, '내몽골 요리'라 부를 만한 에스닉 요리가 형성되어 있으며, 개별 요리가 어디까지 몽골 요리 혹은 중국요리인지에 대한 공통적 인식은 아직 불분명하다.[2]

　그런가 하면 중국 신장의 위구르족 요리에는 한족이 먹는 만터우[찐빵]가 '난'의 일종으로 받아들여져 있으며, 이 밖에도 위구르 식당의 메뉴에는 한족으로부터 혹은 후이족을 거쳐 위구르족에게 유입되었다고 생각되는 요리가 있다고 한다.[3] 그렇다면 예컨대 우루무치, 베이징, 도쿄의 위구르 요리에는 어떠한 미묘한 차이가 있는 것일까. 나아가 최근에는 위구르족에 대한 한족으로의 동화 정책이 강화되어 한족의 요리에 가까운 위구르 요리가 늘어나고 있을지도 모른다. 이 밖에 티베트 요리에 대한 중국요리의 영향이나 중국요리와 조선 요리의 경계에 있는 '연변 요리'의 형성·전파 과정도 아직 분명하지 않다.

이 책은 국가 단위의 식문화에 주목하여 세계사를 논하고 있어, 중국을 비롯한 세계 각국의 지방 요리를 이미 주어진 것으로서 다루는 경향이 강하며, 그 형성 과정은 적게 다루고 있다. 중국 각 지방 요리의 형성 과정 역시 향후의 중요한 연구 주제이다. 예컨대 미얀마(버마), 베트남, 라오스, 태국 같은 나라에 인접해 있으며 많은 소수민족이 살고 있는 윈난성에서는 어떻게 '윈난 요리'가 확립되었으며, 눈에 띄게 경제가 발전하고 고속철도와 도로망이 정비된 오늘날 그것은 어떻게 중국 내외로 전해지고 있을까. 참고로, 미얀마의 중국요리는 윈난 요리가 중심이라고 한다.[4]

나아가 상하이에 거주하는 외식업 컨설턴트 후지오카 히사시藤岡久士 씨에 따르면, 진기한 재료를 사용한 요리를 도저히 다 먹지 못할 만큼 호사스럽게 대접하는 것이 미덕으로 여겨져 온 중국의 연회 문화는 2013년 발동된 잔반 근절 운동인 '광판싱둥光盤行動'에 의해 확실히 변화하고 있다고 한다. 요컨대, 주문하는 요리의 가짓수를 줄이고 음식이 남으면 가지고 돌아가는 것이 새로운 국민 습관으로서 뿌리내리고 있다. 그리고 올해 2021년 4월 '중화인민공화국 반反식품낭비법'의 공포, 시행으로 이어지는 일련의 정책은, 고도 경제성장이 일단락된 현재의 중국에서 체면을 지키면서 불필요한 지출을 줄일 수 있어 이치에 맞는 데다 시대의 대세로 여겨지기도 하여 호의적으로 받아들여지고 있다고 한다.

이러한 현황은 중일전쟁 시기나 마오쩌둥 시대에 주로 식료 안전보장의 관점에서 대두되던 양식 절약 운동의 현대판으로, 머지 않아 찾아올 반동에 의해 소비주의로 회귀할지, 혹은 중국의 요리 문화가 뛰어난 맛이나 건강을 추구할 뿐만 아니라 정부의 주도로 지구 환경에 대한 책임도 지는 윤리적 요리로 획기적 변모를 이룩할지는 알 수 없다.

이처럼 중국요리의 근현대사는 많은 연구 과제가 산적한 발전 도상의 분야라고 할 수 있으며, 나 자신도 아직 많은 부분에서 미진한 느낌을 지울 수 없다. 애당초 중국의 유명 요리 중에서 그 유래가 확실한 것은 얼마 되지 않으며, 4부 등에서 이야기했듯이 일본의 중국요리에 관해서도 개척되지 않은 중요한 연구 과제가 아직 많이 남아 있다.

나아가 '중국요리의 세계사'에 이어 '일본 요리의 세계사' '프랑스 요리의 세계사' '튀르키예 요리의 세계사' 등을 살펴본다면 또 어떤 세계사상像이 모습을 드러낼지, 이 또한 흥미를 자아낸다. 사족을 붙이자면, '중국 내셔널리즘을 넘어 퍼져나가는 중국요리'를 조사한 일본의 중국 연구자로서 필자는 예를 들어 한국의 김밥, 타이완의 처룬빙車輪餅(일본의 오방떡에 기원을 두는 국민 음식), 미국의 캘리포니아 롤과 같은 '일본 내셔널리즘을 넘어 퍼져나가는 일본 음식'도 세계사적 전개를 보였으면 하고 바라는 바다.

이 책을 쓰며 나는 한 사람의 저작이라 해도 결코 혼자서 해낼 수는 없다는 사실을 다시금 강하게 실감했다. 우선 공익 재단법인 아지노모토 식문화센터로부터 식문화 연구 지원을 받아 '중국요리를 둘러싼 내셔널리즘의 비교문화사 연구'(2018년도)를 수행할 수 있었던 것에 사의를 표하고 싶다. 또한, 같은 센터의 2018년도 식문화 포럼 〈'국민 요리'의 형성〉에서 이루어진 논의는 이 책의 토대를 이루고 있다. 이 포럼의 개최에 힘써주신 분들께도 감사의 뜻을 전한다.

이 책에서는 세계사라는 큰 스케일로 중국요리를 다루어서, 중국과 타이완 외에 베트남, 태국, 한국, 일본 등의 전문가들로부터 도움을 받지 않고는 해결할 수 없는 문제가 많았다. 거듭된 협력을 베풀어주신 거타오葛濤 씨, 시마오 미노루嶋尾稔 씨, 천위전陳玉箴 씨, 거리낌 없는 질문이나 부탁에도 쾌히 응해주신 우쓰노미야 유카宇都宮由佳 씨, 오사와 요시미大澤由實 씨, 가와시마 신川島眞 씨, 시미즈 마사아키清水政明 씨, 마치다 다카시丁田隆 씨, 주영하 씨, 모치다 요헤이持田洋平 씨, 야마구치 모토키山口元樹 씨, 야마시타 가즈오山下一夫 씨, 야마모토 에이시山本英史 씨, 태국에서 사료를 찾는 것을 도와주신 탐마삿 대학의 두앙차이 로타나와니치Duangjai Lorthanavanich 씨, 니파폰 라차따파타나꾼Nipaporn Ratchatapattanakul 씨, 파누퐁 싯티산Panupong Sitthisan 씨, 중요한 문헌을 친절히 알려주신 쩡핀창曾品滄 씨, 정진홍張展鴻 씨, 이 책의 집필을 권해주신 모리에다 다카시森枝卓士 씨를 비롯한 많은 분께 신세를 진 데 대해 깊은 사의를 표한다.

원래 이 책은 공익 재단법인 다카하시高橋 산업경제연구재단의 지원으로 수행된 '중국요리와 근현대 일본'(2016~17년)이라는 공동연구 프로젝트의 부산물이기도 하며, 또한 게이오기주쿠 대학 동아시아연구소의 도움으로 펴낸 논집 『중국요리와 근현대 일본中國料理と近現代日本─식과 기호의 문화 교류사食と嗜好の文化交流史』(편저,

慶應義塾大學出版會, 2019)의 속편에 해당한다고 할 수 있다. 공동 연구를 통해 얻은 식견은 이 책의 곳곳에서 빛을 발하고 있으며, 또 공동 연구의 멤버들로부터는 그 후로도 도움을 받고는 했다.

나아가 위의 논집에 대해 분에 넘치는 서평과 열렬한 서평회를 통해 격려해주신 가와구치 유키히로川口幸大 씨, 소노다 시게토園田茂人 씨, 니시자와 하루히코西澤治彦 씨, 히노 미도리日野みどり 씨, 유자와 노리코湯澤規子 씨, 미수米壽[88세]를 맞은 해에도 여전히 힘이 넘치는 편지를 보내주신 가니 히로아키可兒弘明 씨께는 어떻게 감사의 인사를 드려야 할지 모르겠다. 또한, 신간 소개의 수고를 맡아주신 오카자키 유지岡崎雄兒 씨, 노바야시 아쓰시野林厚志 씨, 리나李娜 씨, 나아가 이전 저작에 이어 이번에도 흥미로운 도판을 제공해주신 긴자 아스터 식품 주식회사의 와타다 아사미和多田麻美 씨를 비롯해 많은 성원을 보내주신 일본의 중국요리업 관계자 여러 분께도 깊은 사의를 표한다. 또한, 2쇄가 간행되기 전에 이 책을 읽고 많은 예리한 지적을 해주신 무라카미 에이村上衛 씨께도 감사의 마음을 전한다.

이 책은 2018년도와 2020년도에 게이오기주쿠 학사진흥기금의 지원을 받아 수행한 연구의 성과도 반영하고 있다. 또한, 이 책의 내용 일부는 게이오기주쿠 대학에서 했던 '동양사 개설' 등의 강의 노트를 참조하여 쓰였다. 학생들이 진지하게 수업을 듣고 날카로운 질문이나 뛰어난 답안을 들려주는 것은 교원에게 더없이 기쁜 일이다. 부족함 없는 연구 환경과 보람 있는 교육 현장을 밑받침하는 게이오기주쿠 대학 문학부, 문학연구과, 동양사학 전공의 여러 분께도 감사의 뜻을 전하며, 또 함께 힘내주셨으면 하고 바란다. 그리고 기존과는 규격이 전혀 다른 이 책은『중국요리와 근현대 일본』을 읽고 열심히 의견을 내주신 게이오기주쿠 대학 출판회의 편집자 무라카미 아야村上文 씨가 애써주시지 않았다면 간행될 수 없었을 것이다. 나아가 정성 어린 교정으로 많은 실책을 만회하게 해주신 오자와 다카시尾澤孝 씨께도 감사의 마음을 전하고 싶다.

마지막으로, 많은 일이 있었던 2020~21년의 집필 생활을 지탱해준 아내 지하루千春, 즐거이 학문에 열중하는 삶을 알게 해주신 어머니 후미에富美江에게도 감사의 마음을 전하는 것을 허락해주십사 한다.

세계사를 알아나가는 즐거움을 다른 많은 이들과 공유하는 것은 무엇과도 바꾸기 힘든 행복한 일이다. 자칫 딱딱해지기 십상인 이 책의 서술에 끝까지 함께해주신 독자들께 깊은 사의를 표한다. 이 중국요리의 역사 이야기를 통해 먼 이국의 문화가 조금이라도 친근하게 느껴진다면, 그리고 중국요리와 중국계 요리를 둘러싼 흥겨운 대화가 오간다면 필자로서는 더없이 기쁠 것이다.

2021년 5월

서장

1 우선 아시아에 관해서는, King(2019a)
을 참조할 것.

2 西澤 編(2019a)

3 Appadurai(1988)

4 山内(2020)

5 중국과 그 주변국에서의 '국민 음식'
과 '국민복'의 형성에 대해서는 Iwama
(forthcoming)에서 새롭게 정리·비교를
시도해보고자 한다.

6 ナイ(2004: 10, 26, 34)

7 家永(2017: 119-160)

8 渡辺(2011: 22-28)

9 渡辺(2015: 18)

10 ローダン(2016: 8)

11 山本(2003); 木畑(2012)

12 松浦(2006)

13 山本(2003); 木畑(2012)

14 石毛(2013: 58-59)

15 Chen(2014: 22-26, 44-47)

16 Cwiertka(2006: 139, 147-148)

17 岩間(2019c)

18 中林(2021)

19 岩間(2019d)

20 Farrer(2010)

21 Farrer, Hess, Carvalho, Wang, and
Wank(2019)

22 ミンツ(1988); 角山(1980) 등이 고전
적 명저로서 읽히고 있다.

23 Rappaport(2017); エリス, コールトン,
メージャー(2019) 등.

24 コリンガム(2006)

25 Smith(2001)

26 岩間(2019)

1부

1장

1 木村(1988)

2 King, Michelle(2020)

3 江(1996)

4 Sabban(2009a)

5 Rosner(2009)

6 巫(2018)

7 譚(2004)

8 Feng(2019: 77, 106-108)

9 芥川(1925: 121-125)

10 巫(2018)

11 孟(1983: 163-167)

12 Gernet(1962: 133-134); 中村(2000:
377-378)

13 孟(1983: 91)

14 張(1997: 150-151)

15 石毛(2013: 60, 65)

16 Gernet(1962: 133-134)

17 呉(2000: 111)

18 中村(2000: 379)

19 Sabban(2009a); 徐 編(1999a: 99)

20 謝(1996: 268-269; 1997: 210-211)

21 Huang(2000: 116-117)

22 中村(1995: 3)

23 Feng(2019: 19, 24-25)

24 石橋(2011: 60, 269)

25 石毛(2006: 302)

26 郭(2009: 11);「完全復元・満漢全席」
(巻壱 西太后 還暦の宴, 巻弐 乾隆帝 歓迎の
宴)(NHK BS, 2002년 방송)

27 呉(1988: 2-3, 34)

28 石橋(2011: 16-17)

29 呉(1988: 279-280, 433, 435)

30 呉(1988: 367-371); 揚(2010b: 103)

31 呉(1988: 264-268, 348, 434); 苑(1997:
104)

32 徐 編(1999a: 371-372)

33 呉(1988: 376)

34 苑(1997: 75-76)

35 石橋(2011: 23-24)

36 呉(1988: 2-3, 355-361, 480); 苑(1997:
29); 揚(2009: 10, 30, 38-39, 47)

37 賈(1997: 182)

38 呉(1988: 2-3, 480); 揚(2010a: 47); 郭
(2009),「完全復元・満漢全席」(2002)

39 周(2012: 63-64, 70-71)

40 飛山(1997: 165, 189)

41 呉(1988: 228, 381)

42 崑岡(1976: 755-762); 揚(2010b: 7)

43 呉(1988: 228, 381, 434, 479)

44 苑(1997: 15, 81-82); 揚(2010b: 1, 13)

45 呉(1988: 2-3, 479-480)

46 揚(2010b: 98, 127, 151)

47 苑(1997: 152-153)

48 苑(1997: 154-155)

49 苑(1997: 163-165)

50 揚(2010b: 3, 80)

51 呉(1988: 277-280); 揚(2010b: 124)

52 呉(1988: 304); 苑(1997: 45-46)

53 呉(1988: 375); Rosner(2009: 95-115);
愛新覚羅(1961: 49); 揚(2010b: 6)

54 Simoons(1991: 427-431)

55 苑(1997: 45)

56 呉(1988: 373)

57 呉(1988: 375, 436); 苑(1997: 15)

58 Simoons(1991: 431-432)

59 呉(1988: 432); 愛新覚羅(1961: 50-51)

60 徐(1920: 34-35); 呉 編(1988: 316-322)

61 Der Ling(1933: 53-64)

62 呉(1988: 322-326)

63 Der Ling(1933: 53-64)

64 呉(1988: 331-333, 375); 松本(2013)

65 伍(1910); Leung(2019: 221-240)

66 愛新覚羅(1992: 95-100)

67 呉(1988: 342-345); 愛新覚羅(1961:
33)

68 秋山(2005: 107-110)

69 石橋(2011: 23-25)

70 趙(2003: 208-211, 220-225)

71 呉(1988: 287, 293); Rosner(2009: 95-
115)

72 ウェイリー＝コーエン(2009)

73 袁(1980: 46-47)

74 邢(1986: 701-702)

75 李斗(1997: 106)

76 吳(1988: 288-289, 480); 郭(2009: 11, 23)

77 ウェイリー=コーエン(2009)

78 趙(2003: 225-226)

79 平(1982: 179)

80 韓(1969: 142-150)

81 趙(2003: 248-249, 278-286)

82 劉(2006: 97-106)

83 治(1933)

84 吳(1988: 482)

85 禹(1948)

86 吳(1988: 2)

87 中央飯店 編(1938)

88 北京民族飯店菜譜編写組 編(1982: 465)

89 鄭(2013: 74)

90 飛山(1997: 164)

91 邱(1996: 177-185)

92 飛山(1997: 165-167)

93 高橋(1967: 14-16)

94 「13時間300万円をたいらげた14人の食いしんぼう旅行」, 〈女性セブン〉6(16)(243), 1968年5月1日, 162-165頁; 陳 編(2014: 58)

95 田中(1987: 233); 文藝春秋企画出版部 編(2002: 222-232); 陳 編(2014: 58)

96 飛山(1994: 67)

97 陳(1986)

98 第二商業部飲食業管理局 編(1958a: 44); 趙·汪(2004: 80); 郭(2009: 33)

99 『国家名厨』編委会 編(2012: 22)

2장

1 郭(2009: 16-20)

2 第二商業部飲食業管理局 編(1958b: 130)

3 袁(2016: 62-71)

4 吳(1988: 281-285)

5 郭(2009: 17-20, 30-31)

6 袁(2012: 77)

7 馮(2007: 6); 晋 編(2008: 167)

8 斯波(1995: 163-165)

9 西澤(2019b)

10 川島·張·王(2020)

11 「'吃'在上海特輯」, 〈申報〉1947年1月16日, 9頁; 逯(2007: 45)

12 井上進(1920: 85)

13 徐 編(1999b: 135, 149-150)

14 川島(2007: 22-53)

15 孫文(1989: 355-357). 「쑨원 학설」은 1918년 12월 30일에 상하이에서 서문이 쓰였으며, 초판은 상하이의 화강서국(華強書局)에서 이듬해 6월 5일에 발행되었다.

16 〈申報〉1925年11月22日, 13頁, 11月26日, 7頁, 1927年3月28日, 6頁.

17 季(2012)

18 徐(1920: 9-10)

19 King, Michelle(2019b)

20 中林(2021)

21 麻婆豆腐研究会 編(2005: 18-19)

22 傅(1987: 262)

23 周(1987: 69)

24 中林(2021)

25 牟(1948)

26 謙子(2015)

27 孫 編(1935: 60)

28 冷(1946: 104-106)

29 王(1937: 8)

30 Swislocki(2019: 165-175)

31 舒(1947)

32 周(2012: 112-114; 2015: 21)

33 周(2012: 16-17, 98-101)

34 周(2016)

35 周(2015: 21)

36 周(2012: 98-99; 2016)

37 飛山(1997: 149-162)

38 Cheng(2002: 16-33)

39 陳夢因(『粤菜溯源錄』, 天津, 百花文芸出
版社, 2008年)의 설. 周(2012: 157)에 의함.

40 解(1937); 周(2015: 107-108)

41 百度百科,「大三元酒家」에 의함. '바이
두백과'(중국판 위키피디아)의 기술은 신빙
성이 떨어지지만 달리 전거를 찾을 수 없
었던 정보에 한해 참고용으로 밝혀둔다.

42 陳 編(2014: 38)

43 百度百科,「広州酒家」에 의함.

44 日野(2001: 113-127)

45 商業部飲食服務局 編(1959: 5)

46 周(2015: 112);「大同酒家復業了! 跨区
開在天河! 現場老街坊挤爆…」,〈広州日
報〉2018年8月24日(https://baijiahao.baidu.
com/s?id=1608756402709786355&wfr=spi
der&for=pc).

47 独(1923: 19-30)

48 王(1934: 221); 王(1937: 15-17)

49 王(2004: 12-25); 程(2015)

50 逯(2007: 29)

51 楊(1994: 6); 陳(1998)

52 冷(1946: 110-111)

53 谷崎(1926)

54 逯(2007: 16-17); 絲絲(1995); 姚(1999)

55 飛山(1997: 92-100)

56 飛山(1997: 127-128)

57 絲絲(1995); 樹棻(1997: 15)

58 飛山(1997)

59 Cheung(2020)

60 逯(2007: 32)

61 李浩明(1997)

62 徐 編(1999b: 140)

63 Feng(2019: 140-142)

64 「重慶人的温吃」,〈生力〉(重慶)
3(11/12), 1939年3月15日, 139頁.

65 施(1998)

66 「商討新生活倶楽部新運区励志社西
餐部及冠生園飲食部出售餐食辦法紀錄」
(1943, 重慶市檔案館 소장)

67 舒(1995); 施(1998)

68 逯(2007: 50-51); Tseng and
Chen(2020)

69 「飲食娯楽業統計」,〈申報〉1946年
12月27日, 6頁.

70 Tseng and Chen(2020)

71 阮(2012)

72 董(2000: 上 340-350)

73 上海市第二商業局,「関於飲食業基本
状況和飲食公司関於飲食業改造工作滙
報」(1956年, 上海市檔案館 소장)

74 董(2000: 上 29-30, 358-359; 下 22-28,
86-172)

75 翁(1999: 24)

76 上海市第二商業局,「関於飲食業基本
状況和飲食公司関於飲食業改造工作滙
報」(1956年, 上海市檔案館 소장); 上海市公

共飲食公司,「上海市酒菜商業摸底情況報告」(1956年3月, 上海市檔案館 소장)

77 上海市公共飲食公司,「上海市公共飲食業調查摸底改造規劃報告(草案)」(1956年3月17日, 上海市檔案館 소장); Swislocki(2009: 210)

78 上海市公共飲食公司,「上海市酒菜商業摸底情況報告」(1956年3月, 上海市檔案館 소장)

79 上海市公共飲食公司,「上海市公共飲食業調查摸底改造規劃報告(草案)」(1956年3月17日, 上海市檔案館 소장)

80 Swislocki(2009: 211-212)

81 「本市培養了一批新厨師」,〈新民晚報〉1956年5月25日, 4頁.

82 季(2011: 1-6); Cheung(2020)

83 「上海市人民委員会機關事務管理局關於代訓厨師工作的報告」(上海市檔案館 소장)

84 「飲食展覽会5月1日開幕 展出各幫名菜名点一千四百種」,〈新民晚報〉1956年4月24日, 1頁;「飲食展覽会今天挙行預展」,〈新民晚報〉1956年4月28日, 1頁;「飲食展覽会開幕」,〈新民晚報〉1956年5月2日, 1頁.

85 Klein(2009: 44-76)

86 「発揚飲食業的経営特点」,〈新民晚報〉1956年4月28日, 4頁.

87 上海市第二商業局,「十年来的飲食服務事業」(1960年4月8日, 上海市檔案館 소장); Swislocki(2009: 212-213)

88 「【烹飪史料】餐飲業国家第一批烹飪技師名単(1960年)」, 中国国家名厨網, (http://www.mingchu.org/news/

chuanqi/76.html).

89 商業部飲食服務局 編(1959: 5)

90 上海市人民委員会機関事務管理局辦公室,「1964年代国務院機関事務管理局培訓厨師的計画, 名単」(1964年1月31日-9月8日, 上海市檔案館 소장); Swislocki(2009: 213)

91 勝見(2000: 210-219)

92 王国平(1997)

93 郭(1959);「【烹飪史料】北京晚報訪四大名厨(1959年)」, 中国国家名厨網, (http://www.mingchu.org/news/chuanqi/27.html)

94 『国家名厨』編委会 編(2012: 2-3)

95 第二商業部飲食業管理局 編(1958b: 109-117)

96 『国家名厨』編委会 編(2012: 2-3)

97 「"特長和特色"」,〈文匯報〉1968年5月13日, 4頁.

98 邱(1979)

99 Swislocki(2009: 218)

100 「黄浦区許多"名菜館"改革為大衆化飲食店」,〈文匯報〉1968年12月7日, 4頁;「春節前上海市場購銷兩旺一片繁栄」,〈文匯報〉1969年2月12日, 2頁.

101 「螃蟹之行」,〈文匯報〉1977年2月4日, 1頁; 暁宜(1983)

102 『国家名厨』編委会 編(2012: 2-72)

103 『国家名厨』編委会 編(2012: 2-72)

104 姚(1988); 林(1992)

105 絲絲(1995); 李浩明(1997)

106 勝見(2000: 248)

107 江(1994); 姚(1994)

108 呉·沈(1993)

109 王宝林(1997); 胡(1998)

110 河合(2018; 2020)

111 金(1997); 李浩明(1997); 舒(1997); 鞠(1999)

112 樹菜(1997); 鞠(1999)

113 パン(2012: 37)

114 飛山(1997: 115-120)

115 張(2005)

116 木村(1995c)

117 飛山(1997: 212-216, 241-244)

118 飛山(1997: 213, 217-218)

119 木村(1995c); 森川(2002: 190-209)

120 飛山(1997: 245, 253)

121 張(2005); Smart(2009: 325-367)

122 Watson(2019: 252-263)

123 Smart(2009)

124 Watson(2019)

3장

1 Young(1879)

2 Young(1879, Vol. 2: 245)

3 Young(1879, Vol. 2: 335-342)

4 Young(1879, Vol. 2: 401-433)

5 ペリー(2014[2009]: 下 239-241); 江原・石川・東四柳(2009: 195-199)

6 村岡(1989)

7 Young(1879, Vol. 2: 489-502)

8 Young(1879, Vol. 2: 523-530)

9 Young(1879, Vol. 2: 541-546, 558-561)

10 Young(1879, Vol. 2: 627-631)

11 陸徵祥文書,「手稿雑件(一)」(宴席菜単)(中央研究院台湾史研究所 소장)

12 揚(2009: 38-39)

13 郭(2009: 21, 28)

14 Varè(1938: 106-107); パール(2013: 390)

15 周(2016); 百度百科,「中国菜」 등.

16 粒粒香(2013: 74, 128-131, 141-144, 155)

17 金(1956)

18 粒粒香(2013: 134-136, 142-144, 155)

19 顧(2003: 52, 62-63, 98-99)

20 芳(1988)

21 「幾種外交宴会」,〈新民晩報〉1965年10月15日, 3頁;「宴会酒会茶会」,〈文匯報〉1981年7月6日, 4頁.

22 戴(1999)

23 饒・王(2009)

24 베이징판뎬 관내의 전문 채널에 의한 소개(2019년 5월 31일 열람).

25 辺(2009: 131-166)

26 吳(2011: 44-46). 우더광은 1965년 7월에 외교학원(1955년 개교, 외교부 직속의 외교관 양성 기관)을 졸업하고 외교부 예빈사에 들어가 약 20년간 예빈관을 지냈다.

27 辺(2009: 146-147)

28 吳(2008; 2011)

29 饒・王(2009)

30 辺(2009: 135)

31 孫(2009b)

32 孫(2009a)

33 何・林・詹(2011); 卓(2011: 4-5)

34 涂・饒・王(2010)

35 勝見(2000: 170)

36 劉(2011)

37 「中南海総厨師回憶: 国宴吃什么?」,〈東西南北〉(長春), 2014年12期(6月15日),

78-79頁.

38 晓鴿(2014); 王(2012); 吳(2008; 2011); 勝見(2000: 197)

39 郭(2014); 饒·王(2009); 王(2012)

40 釣魚台国賓館 編(1995: 11-12)

41 吳(2011); 釣魚台国賓館 編(1995: 11-13)

42 釣魚台国賓館 編(1995: 14); 陶野(2007)

43 秦(1999)

44 饒·王(2009)

45 左·鐘(2005)

46 吳(2008)

47 王(2006)

48 張(1997: 225-226); 「完全復元·満漢全席」(2002)

49 山本(2019: 339-355)

50 「北京老字号建燜炉烤鴨技芸博物館」, 〈新華網〉2008年6月20日(http://www.taiwan.cn/xwzx/dl/shh/200806/t20080620_675711.htm).

51 第二商業部飲食業管理局 編(1958b: 25) 등은 1864년 창업으로 보고 있다.

52 「中国全聚徳(集団)」홈페이지(https://www.quanjude.com.cn/html/History/heritage/).

53 賈(2015; 157-169)

54 第二商業部飲食業管理局 編(1958b: 48)

55 佟(1990: 205); 張(1997; 226)

56 吳(2008)

57 勝見(2000: 186, 201)

58 王(2015)

59 Buck(1972: 19)

60 何(2011)

61 孫(2009)

62 何(2011)

63 吳(2011); 王(2012)

64 「革命不是請客吃飯(歌曲)」, 〈人民日報〉1966年10月12日, 6頁.

65 永旭(2014)

66 吳(2011)

67 王(2012)

68 吳(2012)

69 顧(2003: 42-43, 194-209, 218)

70 孟(2012); 程·閻·李(2014)

71 吳(2011)

72 永旭(2014); 王(2012); 劉欣(2011); 吳德広(2011); 郭成倉(2014)

73 孫(2009a)

74 『国家名厨』編委会 編(2012: 71)

75 飛山(1997: 190-212)

76 吳(2008); 張旭(2009)

77 吳(2011); 郭(2014)

78 郭(2014); 許·許(2014)

79 「"国酒"—茅台上熒屏」, 〈文匯報〉1986年9月12日, 1頁. 파나마·태평양 세계박람회에서의 수상 70주년을 기념하여 구이저우 텔레비전은 1986년에 연속 드라마 〈마오타이주의 전설〉을 제작했다.

80 「周総理与茅台酒」, 〈文匯報〉1989年10月22日, 4頁.

81 晓鴿(2014)

82 涂·饒·王(2010); 王(2015)

83 馬(2012)

84 「"国酒"—茅台上熒屏」, 〈文匯報〉1986年9月12日, 1頁.

85 「禮賓工作有改革 国宴不用茅台酒」, 〈人民日報〉1988年8月27日, 1頁.

86 謝(1994: 1998); 馮·陳(1989)

87 「日本酒, 焼酎を'国酒'に 海外売り込み支援 古川戦略相」, 〈読売新聞〉2012年4月15日, 34頁.

8 8 国家戦略室, 政策「ＥＮＪＯＹ ＪＡＰＡＮＥＳＥ ＫＯＫＵＳＨＵ(國酒を楽しもう)」プロジェクト(http://www.cas.go.jp/jp/seisaku/npu/policy04/archive12.html).

89 友田晶子, 「酔っ払いでもわかる'國酒' '國酒プロジェクト'」(2012년 12월 4일 갱신) (https://allabout.co.jp/gm/gc/403534/).

90 王暁楓(2015)

91 前掲, 「中南海総厨師回憶: 国宴吃什么?」, 〈東西南北〉.

92 呉德広(2008); 顧(2003: 14)

93 桂(2005: 377-383)

94 張(1997: 98-136)

95 Poon(2014)

96 皮(2020)

97 「角サンを迎える北京料理のメニュー」, 〈週刊文春〉1972年9月18日, 32-34頁.

98 呉(2008)

99 王(2012)

100 郭(2014)

101 王(2012); 涂·饒·王(2010)

102 베이징판뎬 관내의 전문 채널에 의한 소개(2019년 5월 31일 열람).

103 王(2015)

104 前掲, 「角サンを迎える北京料理のメニュー」, 〈週刊文春〉.

105 呉(2008)

106 野鶴(1993)

107 譚·張(2010)

108 飛山(1997: 170-171)

109 Liu(2015: 114-115)

110 飛山(1997: 171)

111 孫暁靑(2009b)

4장

1 季(2012)

2 Demgenski(2020)

3 季(2012)

4 Demgenski(2020)

5 程(2014a)

6 「中澹申遺為啥这么難? 代表委員稱"博大精深"是"双刃劍"」, 〈新華網〉2016年1月23日(http://news.cnr.cn/native/gd/20160123/t20160123_521213958.shtml)

7 程(2014a)

8 季(2012)

9 万(2012)

10 季(2012)

11 万(2012)

12 程(2014b)

13 第二商業部飲食業管理局 編(1958a: 25-26)

14 1913년 10월에 베이징을 찾은 만철(滿鐵) 제2대 총재 나카무라 고레키미(中村是公)는 동창 야마자 엔지로(山座円次郎) 공사와 (아마도) 정양러우에서 회식을 갖고는 "징기스칸 시대의 스키야키 전골"의 진미에 놀랐다. 다렌으로 돌아간 나카무라 총재는 1913년 11월 8일 밤에 관민(官民)의 명사를 만저우관(滿洲館)에 초대해 "스키야키회(鋤焼會)의 향

응"을 제공했다(「珍饌山賊料理 総裁の北京土産」, 〈満洲日日新聞〉1913年11月9日, 5頁). 이것이 만주의 일본인 사회에 징기스칸 요리가 전해진 최초의 기록이다(尽波[n.d.]의 「中村満鉄総裁が大連に持ち込んだ烤羊肉」).

15 第二商業部飲食業管理局 編(1958a: 25-26)

16 前揭, 「中淪申遺為啥这么難? 代表委員稱"博大精深"是"双刃劍"」, 〈新華網〉.

17 程(2014c)

18 程(2014c)

19 程(2014c)

20 「韓国泡菜申遺刺痛了誰?」, 〈大連日報〉2013年11月21日, B04頁.

21 「中国制定泡菜行業国際標準, 韓国政府表態」, 〈環球時報〉2020年11月30日 (https://baijiahao.baidu.com/s?id=16847761 64932683441&wfr=spider&for=pc)

22 高口(2021)

23 邱(2010: 526)

24 程(2014c); Feng(2019: 69-70)

25 King, Michelle(2019b: 2020)

26 King, Michelle(2020)

27 程(2014c)

28 李(2014)

29 ユ・田中(2017)

30 季(2011)

31 李(2014)

32 程(2014a)

33 孟(2017)

34 中屋(2014)

35 「国内首家蘭州牛肉面博物館開館」, 中国財経時報網, 2020年11月3日, (http://xinwen.3news.cn/jiaodian/2020/1103/187616.html)

36 「金龍魚走進聯合国, 圓中国美食"申遺夢"!」, 金龍魚官方網站, 2015年3月28日(https://www.jinlongyu.cn/news/detail_100000300277636.html); 劉(2015a; 2015b)

37 彭(2015)

38 劉(2015b)

39 楊(2016)

40 Cheung(2020)

41 楊(2016); 孟(2017)

42 楊(2016)

43 Demgenski(2020)

44 楊(2016); 孟(2017)

45 姜(2018)

46 孟(2017)

47 Demgenski(2020)

48 姜(2018)

49 中山・木村(1988: 84-85)

50 Demgenski(2020)

5장

1 대표적 저작으로는 楊 等(2017); 陳玉箴(2020) 등.

2 「台南辦務署の新年宴会」, 〈台湾日日新報〉1898年1月18日日刊, 3頁.

3 陳玉箴(2020: 44)

4 陳(2008)

5 1~5의 가게 다섯 곳에 대해서는, 曾(2012); 陳玉箴(2020: 38-86).

6 「全島一をほこる! 蓬萊閣の台湾料理新設のグリル食堂も好評 お客はいつも超満員」, 〈台湾日日新報〉1937年7月16日

日刊, 8面.

7 曾(2011)

8 月出(1903: 1-14)

9 月出(1907: 73-77)

10 「台湾館に台湾料理」, 〈台湾日日新報〉1922年2月23日日刊, 7頁.

11 「既に峠を越した国技館の台湾博」, 〈台湾日日新報〉1929年4月20日夕刊, 2頁.

12 「京都の台湾料理」, 〈台湾日日新報〉1911年4月29日日刊, 7面. 교토 중국요리의 역사에 대해서는, 岩間(2019d).

13 若林(1984)

14 「御泊所の大食堂にて 台湾料理を召上られ 供奉高官全部に御陪食」, 〈台湾日日新報〉1923年4月26日日刊, 7頁;「御宴與台湾料理 江山楼之光栄」, 〈台湾日日新報〉1923年4月27日日刊, 8頁.

15 前掲,「御泊所の大食堂にて 台湾料理を召上られ 供奉高官全部に御陪食」, 〈台湾日日新報〉.

16 秋山(2005: 93, 113-116)

17 田中(1987: 207)

18 「卅日夜御晩湌に伊澤総督から台湾料理を差上る 御献立は十三種」, 〈台湾日日新報〉1925年5月30日日刊, 7頁;「朝香宮様に台湾料理 二日御晩湌に」, 〈台湾日日新報〉1927年10月23日日刊, 5頁;「台湾料理献上 江山楼光栄に浴す」, 〈台湾日日新報〉1928年4月5日日刊, 5頁;「台湾料理の御晩湌を奉呈」, 〈台湾日日新報〉1929年5月15日日刊, 7頁;「台湾料理を召上らる」, 〈台湾日日新報〉1934年10月14日日刊, 7頁 등.

19 「所謂植民地といふよりは 帝国の一地方 聖旨を体しこの信念で奉仕する上山総督の談」, 〈台湾日日新報〉1928年1月1日日刊, 2頁.

20 「健啖に宴は和やか 総督官邸の招待晩湌会」, 〈台湾日日新報〉1943年5月9日日刊, 3頁.

21 岩間(2019a)

22 上田(1935)

23 山田(1936)

24 生田(1940)

25 岩間(2019a)

26 예컨대, 平山(1933)에서 만주에서 생활한 경험이 있는 문필가 히라야마 로코(平山蘆江)는, "만주의 음식으로는 스이차우쓰(水鮫子)라는 것이 맛있다", "자우쓰(鮫子)는 자우쓰(角子)라고도 적으며, 만주 방언으로는 교자(ギョウザ)라고 발음한다"고 적고 있다. 1930년대에 일본에 알려진 '교자(ギョウザ)'라는 '만주 방언'은, 草野(2013: 177-179)가 논하듯이 중국 동북부로의 이주 노동자나 이민이 많은 산동 지방의 방언에서 유래한다고 생각하는 것이 자연스러우며, 한국 등지에서 주장된 바 있는 조선한어음설(朝鮮漢語音説)이나 石橋(2011: 21-23)에 의한 (만주족·기인(旗人)의) 만주어설은 그다지 설득력이 없다.

27 尽波満洲男(n.d.), 특히「北京の鷲澤·井上命名説を検討する」.

28 「試食聯盟晩湌満洲建国記念 成吉思汗料理」, 〈料理の友〉21(5), 1933年5月, 20-24頁.

29 曾(2013); 陳玉箴(2020: 226-240)

30 Iwama(2021)

31 張玉欣(2008); Liu(2015: 92-95, 147); 朱(2003;「自序」)

32 Liu(2015: 82, 98-105); Lee(2008: 66-83)

33 陳玉箴(2020: 228-233)

34 張玉欣(2008; 2011); 潘(2020)

35 郭(2020)

36 逯(2007: 194-201)

37 童(1986: 105-112); 陳玉箴(2020: 340-343)

38 Tseng and Chen(2020)

39 '차오산싱관'의 홈페이지(http://www.grassmountainchateau.com.tw/index.html) 등.

40 Li(2015)

41 佐藤(1977)

42 Tseng and Chen(2020)

43 Tseng and Chen(2020)

44 Liu(2015: 135-136)

45 Tseng and Chen(2020)

46 嚴・傅(2006; 119); Tseng and Chen(2020: 10)

47 Tseng and Chen(2020)

48 Li(2015)

49 北京民族飯店菜譜編写組 編(1983:「前言」); Tseng and Chen(2020)

50 何・林・詹(2011)

51 王(2009)

52 卓(2011); 兪(2011); 陳元朋(2020)

53 何・林・詹(2011); 陳玉箴(2020: 273-288)

54 田中(2011)

55 吳(2011); 郭(2014)

56「戰時国民宴会 限制綱要」,〈申報〉 1944年5月24日, 1頁.

57 Akamine(2016); サメの街気仙沼構想推進協議会(2016)

58 華僑経済年鑑編輯委員会(1964: 599-600; 1967: 761)

59 華僑経済年鑑編輯委員会(1965: 346)

60 華僑経済年鑑編輯委員会(1987: 516; 1988: 557; 1989; 608, 614)

61 傅(2017: 44-48, 52-54, 92-94, 128-131, 150-152, 168-172); King, Michelle(2019b); 陳玉箴(2020: 219-226)

62『培梅食譜』(1969年版)를 구할 수 없어, King, Michelle(2019b)에 의거함.

63 King, Michelle(2019b)

64 潘(2020)

65 Ichijo and Ranta(2016: 112-114)

66 Liu(2015: 146-156); 林(2015)

67 King, Michelle(2019b)

68 Rockower(2011); Ichijo and Ranta(2016: 112-115)

69「不思議食感 台湾生まれのタピオカミルクティー」(NHK教育, 2016年6月13日放送)에서의 梁幼祥의 설.

70 亜洲奈(2004: 166-167)

71 川端(2016: 199-201, 215-220)

72 亜洲奈(2004: 174)

6장

1 小菅(1998); 石毛(2006); ソルト(2015); 安藤・奥村(2017); クシュナー(2018) 등.

2 Shurtleff and Aoyagi(1979[1975]) 등.

3 Du Bois(2008); デュボワ(2018) 등.

4 Tan(2008)

5 Huang(2008)

6 篠田(1971); 森枝(1998: 101-104)

7 篠田(1971)

8 陳(1991); デュボワ(2018: 36-40)

9 Cwiertka and Moriya(2008: 165-166); デュボワ(2018: 30-32)

10 Cwiertka and Moriya(2008: 165-166)

11 Ozeki(2008)

12 Shurtleff and Aoyagi(1979[1975]: 114); デュボワ(2018: 38-40)

13 Lien(2016: 76)

14 Lien(2016: 73)

15 黎(2011: 592)

16 Nguyen(2008)

17 Sidharta(2008b)

18 Sidharta(2008b: 196)

19 Protschky(2008)

20 Maskar, et al.(2018)

21 Protschky(2008)

22 Sidharta(2008b)

23 Maskar, et al.(2018)

24 https://web.archive.org/web/20150408094326/http://www.heritage.gov.my/index.php/heritage-register/national-heritage-register-list/object/intangible-heritage-object#

25 Fu(2018: 23-26)

26 デュボワ(2018: 52-58)

27 Fu(2018: 33-36, 39); Leung(2019)

28 周(2012: 160)

29 Leung(2019)

30 Leung(2019)

31 孫(1989)

32 Wu(1927)

33 Fu(2018: 67, 110, 185)

34 Fu(2018: 103-109, 120-123, 130, 186, 188, 252); デュボワ(2018: 76-81)

35 田中(1999: 110-182, 326-377)

36 鵜飼(2010)

37 Hymowitz and Shurtleff(2005)

38 Mintz(2007)

39 田中(1999: 11-21)

40 Mintz(2007)

41 "Woman Off to China as Government Agent to Study Soy Bean: Dr. Kin Will Make Report for United States on the Most Useful Food of Her Native Land", *New York Times*, January 10, 1917, p. 65.

42 Du Bois(2008); デュボワ(2018: 10-12, 69-70, 84-88, 104-113)

43 Mintz, Tan, and Bois(2008); 「世界の大豆(生産量, 消費量, 輸出量, 輸入量, 価格の推移)」(NOCS!)(https://www.nocs.cc/study/geo/soybean.htm)에 의한 미국 농무부(USDA) 발표 자료("World Markets and Trade")의 정리에 기초함.

44 農林水産省(2011)

2부

1장

1 山下(2016: 108, 132)

2 中国研究所 編(2018: 298[玉置充子]); 園田(2019); 華僑華人の事典編集委員会 編(2017: 106[馬暁華], 118(小木裕文),

131[王維])

3 Tan(2011b); Bao(2011)

4 Tan(2011a)

5 石毛(2013: 70-71)

6 Esterik(2008: 12, 86)

7 Tan(2011b: 40)

8 田村(2020)

9 Tarulevicz(2013: 15, 27). 일설에 따르면 하이난섬 출신의 화인 바텐더 嚴崇文(Ngiam Tong Boon)이 처음 만들었다고 한다.

10 斯波(1995: 131, 163-165); Tarulevicz(2013: 15); 華僑華人の事典編集委員会 編(2017: 87[陳天璽], 95[王雪萍], 96[倉沢愛子])

11 斯波(1995: 166-169); 持田(2019)

12 潘(1932: 233)

13 野村(1942: 276-277)

14 斯波(1995: 182); 華僑華人の事典編集委員会 編(2017: 82-83[原不二夫], 298-299[山本博之], 304-305[持田洋平]); 鈴木(2020)

15 Lee(1998: 32)

16 斯波(1995: 185-187); 華僑華人の事典編集委員会 編(2017: 298-299[山本博之])

17 Handy(1952); Brien(2019: 163-175)

18 Tarulevicz(2013: 95-96, 117)

19 Miller(1956: 87-119)

20 Miller(1960)

21 Tourism(1961: 86-88)

22 Khoo(2015: 104)

23 Bruce(1971: 6-7)

24 Khoo(2015: 103)

25 이를테면, "Did you know that 'SATAY' is NOT a Malay word?", *Sunday Standard*, 20 January 1957, p. 5.

26 Khoo(2015: 103)

27 野村(1942: 275)

28 Khoo(2015: 104)

29 曾(2015)(2018)

30 斯波(1995: 185-187)

31 Wong(2007); 田村(2020)

32 "Singapore Food Carnival 1965"

33 Tarulevicz(2013: 105, 129)

34 Lee(1974)

35 Duruz(2007)

36 Lee(2003)

37 Wong(2007); Tarulevicz(2013: 93, 102)

38 Tarulevicz(2013: 31-33); Duruz and Khoo(2015: 10-11)

39 Shu(2011); Brien(2019: 171); Tarulevicz(2013: 110)

40 Wong(2007: 115-128)

41 Kong(2015: 207-241); Tarulevicz(2013: 22)

42 Khoo(2015: 39-40)

43 Tan(2004; 2007); Wong(2007); 石毛(2006: 267)

44 北村(2014: 190-191)

45 タン(1994: 181-223); 斯波(1995: 103-105); Wong(2007)

46 Hsiao and Lim(2015: 31-55); Tarulevicz(2013: 100); Tan(2007: 173, 181; 2011b: 33); イワサキ(2018); 太田(2018: 197-205); 山下(2016: 111); 石毛(2006: 267-268)

47 Khoo(2015: 151-152); Tan(2011b: 35)

48 Duruz and Khoo(2015: 154-164)

49 Duruz and Khoo(2015: 163-164)

50 Wong(2007: 115-128); Duruz and Khoo(2015: 170)

51 Wong(2007: 125)

52 Appadurai(1988: 13); Tarulevicz (2013: 102-103)

53 Kong(2015); Duruz and Khoo(2015: 166-167)

54 Tully and Tan(2010: 10-11)

55 Leow(2017)에 의함. 단, Khoo(2015: 24)는 쉬키의 창업을 1960년대로 보고 있다.

56 Tan(2001; 2011a: 10); Hsiao and Lim(2015: 32); 華僑華人の事典編集委員会 編(2017: 270-271[瀨川昌久])

57 櫻田(2016)

58 Tarulevicz(2013: 13)

59 童(1928: 96-104)

60 潘(1932: 234-236)

61 Tarulevicz(2013: 13, 36-37, 146-147); 櫻田(2016)

62 Duruz and Khoo(2015: 15-17, 25); 櫻田(2016)

63 山下(2000: 43, 49); Woon, Wan-Ling, and Chia(2000: 13)

64 Wong(2007)

65 Hsiao and Lim(2015: 32)

66 Khoo(2015: 199-200)

67 Tully and Tan(2010: 10-11); Khoo (2015: 7)

68 「シンガポールのホーカー文化―ホーカーセンターは食文化で文化遺産」,「世界雑学ノート」, 2020年 5月 10日 갱신 (https://world-note.com/singapore-hawker-culture/).

69 싱가포르 국가문물국(National Heritage Board[NHB]) 홈페이지의 "Hawker Culture in Singapore"(https://www.oursgheritage.gov.sg/hawker-culture-in-singapore/).

70 Tarulevicz(2013: 13, 153-154)

71 Huat and Rajah(2001)

72 Hsiao and Lim(2015: 39-41)

73 Yoshino(2010); Hussin(2019)

74 Hsiao and Lim(2015); タン(1994); 華僑華人の事典編集委員会 編(2017: 83[原不二夫], 298[山本博之], 301[信田敏宏]); 鈴木(2020)

75 Yoshino(2010); Hsiao and Lim(2015: 35-36, 38); Nahar, Karim, Karim, Ghazali, and Krauss(2018); Hussin(2019)

76 Bray(2019); Hsiao and Lim(2015: 40-41)

77 Khoo(2015: 87-88)

78 Bray(2019: 25)

79 山下(2016: 111)

80 福島(2005)

81 Hsiao and Lim(2015: 35-36)

82 林(2008)

83 Khoo(2015: 71-72)

84 Tan(2001)

85 Tan(2001); Hsiao and Lim(2015: 36-40); 山下(2000)

86 https://web.archive.org/web/20150408094326/http://www.heritage.gov.my/index.php/heritage-register/national-heritage-register-list/object/intangible-heritage-object#(2013년 11월 7일 갱신).

87 Tan(2010)

88 砂井(2009)

89 Tan(2011b)

90 Tan(2011a: 14)

91 Tarulevicz(2013: 23, 38)

92 주 86과 같음.

93 Tan(2001; 2011b); 山下(2000: 32-33;
2016: 111)

2장

1 Chan(2011: 163-164); 古田(2017)

2 Esterik(2008: 5); ワン(2016: 105-139);
石毛(2006: 255, 300); 斯波(1995: 36)

3 古田(2017)

4 Peters(2012: 18)

5 Vu(2016: 136, 176-178)

6 藤原(1986: 257-273); トン(2018)

7 華僑華人の事典編集委員会 編(2017:
322[土屋敦子])

8 Peters(2012: 98-100, 109)

9 古田(2017)

10 Peters(2012:101-102)

11 Peters(2012: 104-105, 138-139)

12 Peters(2012: 18-20, 136-138)

13 Vu(2016: 128-132)

14 Peters(2012: 142)

15 Peters(2012: 142-143, 148-149)

16 Peters(2012: 20, 98, 105)

17 Peters(2012: 107, 111, 113)

18 Peters(2012: 21, 98, 150-151)

19 Peters(2012: 163-164); Vu(2016: 137-
142)

20 栗原(2020)

21 Peters(2012: 163-164); Vu(2016: 137-
142)

22 Vu(2016: 139-142); 小川(2012: 404)

23 Vu(2016: 151)

24 Vu(2016: 144, 155); 小川(2012: 404-
405)

25 Vu(2016: 157-158)

26 Peters(2012: 99-100)

27 Vu(2016: 125-127)

28 Vu(2016: 126-127)

29 Nguyen(2016: 2, 5)

30 Trịnh(2013)

31 Hà and Ly(2005); Ngọc and
Borton(2006: 11-19)

32 Nguyen(2016: 9)

33 Hà and Ly(2005: 17)

34 Trịnh(2013); Nguyen(2016: 6)

35 Ho(2019)

36 Ngọc and Borton(2006: 45)

37 Ho(2019)

38 Nguyen(2016: 6)

39 "Tùy bút 'Phở' của Nguyễn Tuân",
Báo An Giang Online, 28 July 2011,
(https://baoangiang.com.vn/tuy-but-pho-
cua-nguyen-tuan-a8161.html). 응우옌뚜언
의 생년월일 등은 베트남어판 위키피디
아의 "Nguyễn Tuân"(https://vi.m.wikipedia.
org/wiki/Nguy%E1%BB%85n_Tu%C3%A2n)
에 의함.

40 荒井(1986)

41 Vu(2016: 128)

42 Châu(2005: 44-48)

43 Trịnh(2013); Nguyen(2016: 9)

44 Trịnh(2013); Nguyen(2016: 9)

45 Ho(2019)

46 クォン(1990: 53-55)

47 「未来世紀ジパング(最終回)―総力取材! 世界の沸騰現場から日本の未来が見えるSP」(テレビ東京, 2019年9月18日放送)

48 芹澤(2005); 山下(2000: 116-117); 華僑華人の事典編集委員会 編(2017: 98[倉沢愛子], 442-443[芹澤知広])

49 Chan(2011: 167)

50 華僑華人の事典編集委員会 編(2017: 442-443[芹澤知広])

51 Chan(2011: 166)

52 波多野(2004: 189)

53 Chan(2011: 156-163)

54 인지의 홈페이지(http://www.gz-yinji.com/a/news/).

55 Lien(2016: 123)

56 Avieli(2005)

3장

1 山田(2003: 77-85, 139-140); 柿崎(2007: 80); 斯波(1995: 59, 94-97); 華僑華人の事典編集委員会 編(2017: 312[吉原和男])

2 Wongcha-um(2010: 16); Pullphothong(2013: 34); 山田(2003: 86, 91-97)

3 斯波(1995: 125, 140-144, 196); 山田(2003: 86); 華僑華人の事典編集委員会 編(2017: 312[吉原和男])

4 Pullphothong(2013: 31-32, 64); 山田(2003: 98, 101)

5 スキナー(1981: 71-79); 斯波(1995: 143)

6 Thompson(2002: 67)

7 Pullphothong(2013: 80-82, 96, 111, 128)

8 Esterik(2008: 11, 15)

9 斯波(1995: 144); 山田(2003: 119)

10 Pullphothong(2013: 146-156); Wongcha-um(2010: 55); 山田(2003: 110-111)

11 山田(2003: 113-117, 134)

12 Esterik(2008: 86)

13 玉田(1996)

14 Wongcha-um(2010: 54-55); スキナー(1981: 106)

15 スキナー(1981: 148); 斯波(1995: 171-173); 山田(2003: 119); 華僑華人の事典編集委員会 編(2017: 313-314[吉原和男])

16 Esterik(1992); 斯波(1995: 172-173); 玉田(1996)

17 玉田(1996); 斯波(1995: 173); 柿崎(2020)

18 Simoons(1991: 430)

19 スキナー(1981: 164-173, 183-184); 李(2007); 菊池(2011: 352-354)

20 スキナー(1981: 213, 219, 258, 261)

21 山田(2003: 131); 末廣(1993: 28, 205-214); 柿崎(2007: 201‐207); 柿崎(2020)

22 Esterik(1992)

23 山田(2003: 127); Ichijo and Ranta(2016: 110-112); Wongyannava(1999: 1-14)

24 山田(2003: 134)

25 Esterik(2008: 88)

26 https://ja.wikipedia.org/wiki/%E3%83%91%E3%83%83%E3%82%BF%E3%82%A4

27 โควิบูลย์ชัย(2013: 84-87)

28 https://thipsamai.com/story-thipsamai/

29 Wongcha-um(2010: 83)

30 Wongcha-um(2010: 82)

31 Wongcha-um(2010: 83); Wikipedia, "Boat noodles"(https://en.wikipedia.org/wiki/Boat_noodles)

32 Wongyannava(1999)

33 Thompson(2002: 67, 447)

34 Najpinij(2011: 39)

35 Najpinij(2011: 49)

36 Punyasingh(1992: 2)

37 Esterik(1992)

38 Ichijo and Ranta(2016: 110-112)

39 Ichijo and Ranta(2016: 13)

40 Esterik(1992)

41 Esterik(1992; 2008: 86)

42 간행 연월일은 기재되어 있지 않지만 '글로벌 태국' 계획 이후의 것이라고 추측할 수 있다. 쭐랄롱꼰 대학 도서관 소장.

43 Najpinij(2011: 49)

44 Esterik(1992)

4장

1 See(2011); パン 編(2012: 323-329); 斯波(1995: 72-75); 華僑華人の事典編集委員会 編(2017: 63[松村智雄])

2 Fernandez(2002); See(2011: 126-127, 133-134)

3 清水(2017)

4 高木(2020)

5 See(2011: 12); パン 編(2012: 323-329); 華僑華人の事典編集委員会 編(2017: 76, 330-331[菅谷成子])

6 Mabalon(2013)

7 Mclean(2015: 35, 127)

8 Mclean(2015: 35, 127); Mabalon(2013)

9 鈴木(1997: 228-237, 259-285); 小川(2012: 411); パン 編(2012: 323-329); 華僑華人の事典編集委員会 編(2017: 98[倉沢愛子]); 斯波(1995: 72-75)

10 清水(2017)

11 Fernandez(1994: 227-229)

12 Fernandez(1994: 223, 226)

13 Fernandez(1994: 195, 211, 220-224)

14 Fernandez(1994: 222, 225-226); See(2011: 127)

15 See(2011: 127-130)

16 Fernandez(1994: 43; 2002: 186-187); See(2011: 125, 133-134)

17 Fernandez(1994: 30); See(2011: 130-131)

18 See(2008; 2011: 124, 128)

19 Fernando(1978: 2592-2595); See(2008)

20 See(2011: 132-133)

21 See(2011: 137-139); 엥비틴의 홈페이지(https://www.engbeetin.com/aboutus/)

22 山下(2000: 112)

23 See(2008)

24 Mclean(2015: Chronology, xxv); 졸리비의 홈페이지(https://www.jollibee.com.ph/)

5장

1 北村(2014: 51); 斯波(1995: 24, 76)

2 Sidharta(2008a; 2011); 中島(2011); 斯波(1995: 76)

3 斯波(1995: 44-48); Sidharta(2011: 109)

4 北村(2014: 52, 173); 小川(2012: 62-63)

5 Sidharta(2011: 111-112)

6 Tan(2011b: 32); Tan(2002: 158); Sidharta(2011: 113-114)

7 斯波(1995: 98-100, 216-217)

8 Sidharta(2011: 109); 斯波(1995: 58, 100, 176); 北村(2014: 54-55)

9 Sidharta(2011: 109-110); 斯波(1995: 80-81, 100, 120-122,176); 華僑華人の事典編集委員会 編(2017: 77[菅谷成子])

10 Tan(2002); 相沢(2020)

11 Sidharta(2011: 112-113)

12 Protschky(2008)

13 北村(2014: 55-60); 斯波(1995: 101-102, 122)

14 Sidharta(2008a: 158-159; 2011: 117)

15 増田(1971: 9, 90)

16 北村(2014: 21-23)

17 相沢(2020)

18 北村(2014: 24-25); 斯波(1995: 176-177); 山下(2000: 179); 華僑華人の事典編集委員会 編(2017: 98[倉沢愛子])

19 Sidharta(2011: 117-119)

20 北村(2014: 26); Sidharta(2011: 110); 華僑華人の事典編集委員会 編(2017: 325[相沢伸広])

21 北村(2014: 32, 62); 華僑華人の事典編集委員会 編(2017: 97[倉沢愛子], 325[相沢伸広])

22 Tan(2002: 153); 北村(2014: 28); 華僑華人の事典編集委員会 編(2017: 325-

326[相沢伸広])

23 Sidharta(2011: 120-121)

24 北村(2014: 64-65); 華僑華人の事典編集委員會 編(2017: 326[相沢伸広])

25 Kubo(2010); King, Michelle(2019a)

26 http://www.visitindonesia.jp/enjoy/experience/04.html

27 https://www.indonesia.travel/gb/en/home

28 北村(2014: 175); 華僑華人の事典編集委員会 編(2017: 328-329[北村由美])

29 Kubo(2010: 121); 北村(2014: 192-193); イワサキ(2018: 39-49)

30 Tan(2002: 159); 北村(2014: 192-193)

31 Siwi(2018)

6장

1 外村(2003: 10-13, 19, 26); 佐々木(2009: 204); Cwiertka(2006: 138-155; 2012: 33-43); 주(2013: 174)

2 石毛(2013, 30)

3 佐々木(2009: 180-184, 199-206, 218-219, 261-270; 2011); 外村(2003: 36-45)

4 한(2001: 203-205); 守屋(2012)

5 「料理法作權侵害 方信榮氏가勝訴」, 〈朝鮮日報〉1933年7月23日夕刊, 2頁.

6 한(2001: 203-205)

7 Iwama(2021)

8 Moon(2010); 伊藤(2017)

9 Han(2010a); Cwiertka(2012: 136-137)

10 Han(2010a); Cwiertka(2012: 136-137, 148-153); Kim(2016)

11 Han(2010a); Kim(2016)

12 Kim(2017)

13 농림수산성 홈페이지, 「日本食文化の世界無形遺産登録に向けた検討会」, 第4回会合議事録(http://www.maff.go.jp/j/study/syoku_vision/kentoukai.html), 7-9頁.

14 Ichijo and Ranta(2016: 1-18)

15 Kim(2016)

16 周(2015); Kim(2016)

17 林(2015a)

18 李(2020)

19 「炸醬面里的仁川華僑史」, 〈新華網〉 2014年9月16日(http://sports.people.com.cn/n/2014/0916/c22176-25673479.html).

20 「청관(淸館)」의 점두 해설 간판(2020년 1월에 인천 현지에서 열람).

21 山下·尹(2008); 「청관(淸館)」의 점두 해설 간판(2020년 1월에 인천 현지에서 열람).

22 王(2008: 65); 伊東(2004); 周(2019); 이(2017b)

23 이(2017a); 伊東(2004); 林(2019)

24 Kim(2001); Yang(2005); 林(2005a); 한(2009)

25 이(2012)

26 松崎(2020: 275, 280-281)

27 仁川府廳 編(1933: 1469-1471, 1477-1479)

28 仁川府廳 編(1933: 1479)의 설에 의함.

29 王(2009)

30 仁川府廳 編(1933: 1479)

31 김(2010); 王(2009)

32 (인천) 중구 생활사전시관에 의한 설명 패널(2020년 1월 방문); 「인천 중구, 대불호텔 생활사 전시관 개관」, 일간투데이, 2018年4月17日, (http://www.dtoday.co.kr/news/articleView.html?idxno=264047); 王(2009)

33 이(2017a: 83-85)

34 이(2012: 68)

35 〈朝鮮日報〉1924年12月22日夕刊, 2頁, 1934年2月23日夕刊, 2頁.

36 松田(2017); 이(2017c)

37 「中国人料理店에 頻頻한投石 개성읍에서」, 〈朝鮮日報〉1929年9月14日夕刊, 7頁.

38 「朝中人衝突以後 中国料理大打擊 조선손님이도모지안와서 各料理店閉門할地境」, 〈朝鮮日報〉1929年10月22日夕刊, 7頁.

39 「三姓堡日, 中官憲 一時間餘交戰 中国騎馬隊六百名出動 急迫한同胞安危」, 〈朝鮮日報〉1931年7月3日號外.

40 이(2017c)

41 林(2020)

42 이(2017c)

43 〈朝鮮日報〉1933年11月7日日刊付錄, 4頁.

44 〈朝鮮日報〉지상에서 1935년 5월 22일(석간 4면)부터 1940년 8월 10일(일간 2면)까지 이어지는 것을 확인할 수 있다.

45 〈朝鮮日報〉1937년 11월 12-27일의 석간. 3, 4면.

46 이(2017c: 85)

47 〈朝鮮日報〉1934年5月9日日刊付錄, 1頁.

48 〈朝鮮日報〉1934年5月19-26日日刊付錄, 1頁.

49 李(1999: 30, 396-397)

50 주(2013: 281)

51 〈東亞日報〉1923年10月28日日刊3面最下段.

52 주(2013: 280-289)

53 「沙里院가랑거리興国唐麵社」,〈朝鮮日報〉1938年8月2日夕刊, 4頁.

54 方(1921: 24-25). 원본을 보여주신 주영하(周永河) 교수께 감사의 뜻을 표한다.

55 「부인의 알아둘 봄철료리법 一」,〈東亞日報〉1930年3月6日日刊, 5頁.

56 주(2013: 285-289)

57 塩崎(2021: 2111-2214)

58 陳(2009); 塩崎(2021: 1777-2232)

59 伊東(2004); 주(2008); 林(2011: 47-67); 朝倉·林·守屋(2015: 88-89); 華僑華人の事典編集委員会 編(2017: 441頁[林史樹])

60 Cwiertka(2012: 33-43)

61 Cwiertka(2012: 91-113)

62 周(2019); 華僑華人の事典編集委員会 編(2017: 256-257[李正熙])

63 박(1994); 伊東(2004)

64 華僑経済年鑑編輯委員会 編(1982: 275; 1987: 316)

65 林(2020)

66 華僑経済年鑑編輯委員会 編(1962: 420-421; 1966: 347; 1967: 374)

67 華僑経済年鑑編輯委員会 編(1987: 316)

68 伊東(2004); 林(2019); 이(2017b)

69 華僑経済年鑑編輯委員会 編(1987: 316)

70 華僑経済年鑑編輯委員会 編(1961: 448; 1963: 384)

71 伊東(2004); 周(2019); 박(1994)

72 Kim(2001); 林(2005a)

73 박(1994)

74 Kim(2001; 2011)

75 華僑経済年鑑編輯委員会 編(1982: 275; 1987: 316)

76 Yang(2005)

77 Kim(2009); Kim(2011)

78 Cheung(2002); 박(1994); Kim(2001)

79 Kim(2009); Kim(2001; 2011); 伊東(2004)

80 Kim(2001); Yang(2005); 伊東(2004); 林(2005a)

81 한(2009);「자장면 원조, 차이나타운 공화춘 "우리 모두 봄날에 꽃핀듯이 잘 살아보자"」,〈미추홀신문〉2008年4月7日, 17頁;「짜장면박물관 특별전 청관(淸館), 그 기억을 거닐다」, Culture & History Traveling, Since 2008, Korea & World by younghwan, published online, (http://www.dapsa.kr/blog/?p=10899). 이 자료를 알려주신 유카와 마키에(湯川眞樹江) 씨께 감사드린다.

82 山下(2016: 130); 華僑華人の事典編集委員会 編(2017: 256-257[李正熙])

83 이(2017a: 67); 김(2010: 292); 林(2005a)

84 前揭,「炸醬面裡的仁川華僑史」,〈新華網〉; 이(2017b)

85 周(2019)

86 周(2019)

87 周(2019); 林(2005a); Kim(2009)

88 林(2005b); 周(2019); Kim(2001)

7장

1 이를테면「インド料理と中華が融合!? 日本では激レアな'インド中華'焼きそば 5選」,「メシコレ(mecicolle)」2016年7月 5日, (https://mecicolle.gnavi.co.jp/report/detail/8916/)을 참조하기 바란다.

2 Mukherjee and Gooptu(2009)

3 Sircar(1990: 64-66); 華僑華人の事典 編集委員會 編(2017: 426[三浦明子])

4 Sankar(2017); 華僑志編纂委員會 編(1962: 48-49)

5 華僑志編纂委員會 編(1962: 48-49)

6 張秀明(2008)

7 白石(1939: 26-27)

8 華僑志編纂委員會 編(1962: 48-49)

9 "A Floating Gourmet's Paradise", *The Straits Times*(Singapore), 17 February 1951, p. 7.

10 張秀明(2008)

11 Mukherjee and Gooptu(2009)

12 華僑經濟年鑑編輯委員會 編(1961: 485)

13 Banerjee, Gupta, and Mukherjee(2009: 1-20)

14 Rafeeq Ellias, The Legend of Fat Mama, 2005.(https://www.youtube.com/watch?v=pQ2QJSHWOqQ); Mukherjee and Gooptu(2009)

15 華僑華人の事典編集委員會 編(2017: 426[三浦明子])

16 Sankar(2017)

17 Sankar(2017); 石毛(2006: 299)

3부

1장

1 King, Samuel(2019: 165-166)

2 King, Samuel(2019: 165)

3 Liu(2015: 33-35)

4 斯波(1995: 123-126); 蘭(2013); 杉原薰, 「華僑の移民ネットワークと東南アジア経済―19世紀末-1930年代を中心に」, 溝口雄三 他編, 『アジアから考える 6 長期社会変動』, 東京大学出版会, 1994年, 163-195頁.

5 Liu(2015: 1-3)

6 鴻山(1983: 138)

7 Roberts(2002: 135); 斯波(1995: 125, 145-146)

8 華僑經濟年鑑編輯委員會(1979: 298); Liu(2015: 1)

9 Roberts(2002: 135-136); Liu(2015: 42-43); Peters(2015)

10 鄭(2013: 6); 陳(2015: 23)

11 Chen(2014: 80-81)

12 越川(1982); 華僑華人の事典編集委員會 編(2017: 360[貴堂嘉之])

13 Liu(2015: 45)

14 園田(2009: 165-199)

15 Pfaelzer(2007); Chen(2014: 94-95)

16 Mendelson(2016: 77); Roberts(2002: 137); 越川(1982); 貴堂(2018: 101-102); 華僑華人の事典編集委員會 編(2017: 360-361[貴堂嘉之])

17 園田(2019)

18 許(1990a; 1990b)

19 Liu(2015: 43-47)

20 Peters(2015); Chen(2014: 71, 96); Roberts(2002: 137-138)

21 Liu(2016: 40); Chen(2014: 121-122)

22 King, Samuel(2020); 華僑華人の事典編集委員会 編(2017: 374-375[大井由紀])

23 "ROYAL RECEPTION IN THE BAY.: Hundreds of Vessels Whistle Welcomes to the Chinese Statesman", *New York Times*, August 29, 1896, p. 1.

24 Coe(2009: 161-165); Chen(2014: 144)

25 Liu(2015: 49-50); 中町(2009)

26 Coe(2009: 207)

27 中町(2009)

28 Liu(2015: 53); Chen(2014: 142)

29 Filippini(1890: 414-417)

30 Chen(2014: 142); Coe(2009: 161-165)

31 "Li on American Hatred", *New York Times*, September 3, 1896, p. 10.

32 李(2004: 1303-1304)에 수록된 「李鴻章笑史」.

33 園田(2009: 173, 181)

34 Liu(2015: 52, 70)

35 李(2004: 1303-1304)에 수록된 「李鴻章笑史」.

36 Liu(2015: 53-54, 58)

37 "Heard About Town", New York Times, 29 January 1900, p. 7; Liu(2015: 55)

38 梁(1967: 288)

39 Chen(2014: 145)

40 Freedman(2016: 222-223)

41 吉澤(2003: 47-86); 園田(2006)

42 廣部(2020: 70-74)

43 松本(2013); Mendelson(2016: 85); 廣部(2020: 56-64)

44 嵯峨(2020: 169); 廣部(2020: 62)

45 園田(2019)

46 여기서는, 嵯峨(2020: 12)의 정의를 따름.

47 廣部(2020: 46)

48 安井(1989)

49 嵯峨(2020: 134-140)

50 Snow(1959: 28); Roberts(2002: 147); Amenda(2009); Liu(2015: 40)

51 Liu(2015: 36-37)

52 孫文(1989)

53 Chen(2014: 94, 99, 105-107)

54 Amenda(2009: 61); 華僑華人の事典編集委員会 編(2017: 360[貴堂嘉之])

55 Reinitz(1925)

56 Chen(2014: 8, 11, 120); Liu(2015: 62)

57 Barbas(2003)

58 Barbas(2003)

59 "Chinatown, My Chinatown!" *Business Week*, March 12, 1938, p. 28; Lee(2001: 251)

60 Light(1974); Roberts(2001); Coe(2009: 207-208)

61 Lee(2001: 264-269); Liu(2015: 63)

62 Lee(2001: 237, .245, 269-270, 274-275, 277, 282)

63 Forbidden City Menu, ca.(1943)

64 Coe(2009: 189-190); Lee(2001: 273); Liu(2015: 63)

65 Chen(2014: 120)

66 Fei(1989)

67 Liu(2015: 58-60)

68 Genthe with Irwin(1908); Mayer (2011)

69 Liu(2015: 58-60)

70 Liu(2015: 58-60)

71 Lafontaine(2018); Coe(2009: 189-190, 195)

72 "Sukiyaki Joins Rank of Chop Suey Dishes", *The China Press*(Shanghai) January 22, 1927, p. 2.

73 サリバン(2019: 187-189)

74 "Nippon in New York", *New York Times*, July 6, 1919, p. 34.

75 Chen(2014: 107-111)

76 Wang(2020)

77 Liu(2015: 65-66)

78 Liu(2015: 73); Chen(2014: 80-81, 111)

79 Chen(2014: 112)

80 Coe(2009: 204)

81 Chen(2014: 112-113)

82 Liu(2015: 76-78)

83 Chen(2014: 117-119); Liu(2015: 77, 82)

84 Levin(2020)

85 Liu(2015: 84)

86 Mclean(2015: Chronology, xxii); Liu(2015: 79-82); Chen(2014: xi, 113)

87 廣部(2020: 45, 70)

88 グレン(2019: 121, 147, 158)

89 中町(2009)

90 グレン(2019: 101)

91 中町(2009)

92 成澤(1918: 81)

93 Matsumoto(2013)

94 King, Samuel(2020)

95 "Zensaku Azuma Finishes America to Japan Flight", *The China Press*, September. 1, 1930., p. 1; "Chop Suey Flyer Now 'Alger hero'", *The China Press*, October. 5, 1930, p. 15; 鈴木 (1982: 127-152, 206)

96 中町(2009)

97 中町(2009)

98 グレン(2019: 154-155)

99 Lee(2009: 38-39, 145-147)

100 우메야의 홈페이지(https://www.umeya.co/); Little Tokyo Service Center(2019); Lee(2009: 144)

101 廣部(2000: 125-126)

102 Lui(2011)

103 廣部(2020: 141-142)

104 華僑華人の事典編集委員会 編 (2017: 379[馬暁華])

105 園田(2019: 205-231)

106 Lee(2009: 264-265). 단, グレン (2020: 155)에 따르면 벤쿄도 등은 2차대전 전부터 영어 메시지가 들어간 것도 제조하고 있었다.

107 Lee(2009: 264-265)

108 張濤(2011)

109 グレン(2019: 155)

110 Lee(2009: 41)

111 Lee(2009: 43-44, 143)

112 Lui(2011); Hsu(2008); Lee(2001: 239, 263)

113 華僑経済年鑑編輯委員会(1970: 365); Roberts(2002: 152); Coe(2009: 210); Lui(2011: 84-85)

114 "Hong Kong Impressions", *Weekly Sun*(Singapore), 5 October 1912, p. 3.

115 Liu(2015: 66-68)

116 Liu(2015: 49, 63)

117 United States Navy(1944: 11, 89, 134)

118 White House Lucheon and Dinner Menu(1952)

119 "Eisenhowers Keep Yen For Chop Suey", *New York Times*, August. 2, 1953, p. 44; Liu(2015: 49, 63)

120 Liu(2015: 63-65)

121 Remarks of the President at the Italian-American Foundation Bicentennial Tribute Dinner[Ford Speech or Statement](1976)

122 Barbas(2003); Ku(2013); Liu(2015: 63-65)

123 Nolton(1911)

124 Bosse and Watanna(1914)

125 大塚(1987: 171-172)

126 Morris(1945: 1959)

127 Mclean(2015: 94, 125)

128 Roberts(2002: 187-197); Coe(2009: 171)

129 Chao(1949: 43-44)

130 Freedman(2016: 219); Liu(2016: 56)

131 Yep Yung Hee, *Chinese Recipes for Home Cooking*, Sydney: Horwitz, 1953.는 입수하지 못해 Roberts(2002: 193)에 의거함.

132 Roberts(2002: 193-195); Chen(2014: 162-165, 237)

133 Buck(1972: 123, 135)

134 Roberts(2002: 197); Chen(2014: 164); Mclean(2015: 132)

135 Chen(2014: 3-4, 21-24, 29, 152)

136 サリバン(2019: 181)

137 Liu(2016: 213-215)

138 Liu(2016: 213-214)

139 Roberts(2002: 163-164)

140 Mendelson(2016: 172)

141 華僑華人の事典編集委員会 編(2017: 361[貴堂嘉堂])

142 Liu(2015: 90, 110-111); 鴻山(1983: 134, 141-142)

143 Coe(2009: 217, 223)

144 華僑経済年鑑編輯委員会 編(1974: 312)

145 Liu(2016: 97-98, 103-104)

146 Liu(2016: 64-65, 79)

147 Roberts(2002: 116-118, 166); Coe(2009: 240); Liu(2015: 103)

148 華僑経済年鑑編輯委員会 編(1974: 312)

149 Liu(2015: 103)

150 Hsu(2008)

151 Freedman(2016: 242-243); Liu(2016: 87)

152 クォン(1990: 41-53)

153 華僑経済年鑑編輯委員会 編(1973: 351; 1978: 343)

154 Liu(2015: 90, 98, 104-105, 111)

155 山下(2000: 172)

156 Liu(2015: 107, 112-124); Mendelson(2016: 251); 華僑経済年鑑編輯委員会 編(1978: 343)

157 Mendelson(2016: 251)

158 Liu(2015: 132-133); Liu(2016: 58, 154, 213-214)

159 Hsu(2008: 173-177, 180-182)

160 Chiang with Weiss(2007)

161 Freedman(2016: 229-246);
Hsu(2008: 184-189)

162 Chiang with Weiss(2007: 50-51,
131-136, 149-157, 169-178, 189-201)

163 Chiang with Weiss(2007: 202-203);
Freedman(2016: 232-234)

164 Chiang with Weiss(2007: 1, 12-14,
21-25, 213); Freedman(2016: 235-242);
Hsu(2008: 184-187)

165 Chiang with Weiss(2007: 244-245)

166 Hsu(2008: 184-189)

167 Freedman(2016: 245-246)

168 Freedman(2016: 245-246);
Liu(2015: 128-135); Chen(2020)

169 Wikipedia, "Andrew Cherng"
(https://en.wikipedia.org/wiki/Andrew_
Cherng)에 의함.

170 Liu(2015: 135-136)

171 Lee(2009: 9). 현재 미국 전역의 중
국요리점 수는 3~4만 곳 정도로 추정
된다(Chen[2014: 10]).

172 Liu(2016: 123-124, 158); Ku(2014:
53)

173 華僑経済年鑑編輯委員会 編(1996:
480)

174 Liu(2015: 135-136); Liu(2016: 125,
130, 133)

175 Liu(2015: 136-141; 2020)

176 又吉(2019)

177 Bao(2011)

178 Wu(2011)

179 華僑経済年鑑編輯委員会(1997:
460-461)

180 華僑華人の事典編集委員会 編
(2017: 373[河上幸子])

181 Roberts(2002: 139-140)

182 Roberts(2002: 152-155); 華僑華人
の事典編集委員会 編(2017: 352[森川眞規
雄]; 378-379[馬暁華])

183 華僑華人の事典編集委員会 編
(2017: 378-379[馬暁華])

184 森川(2002; 2005); 華僑華人の事典
編集委員会 編(2017: 352[森川眞規雄])

2장

1 ワン(2016: 210-226)

2 Choo(1968: 5)

3 Chan(2016)

4 Jones(1979); 山本(2005)

5 華僑華人の事典編集委員会 編(2017:
404[篠崎香織]); 斯波(1995: 124)

6 "London Dining Rooms, 1851",
Punch, January 1, 1851; 東田(2015: 165-
170, 178)

7 Roberts(2002: 140-144)

8 A'Beckett(1884)

9 Dudgeon(1884: 260, 311-325)

10 Mayer(2011: 16)

11 Seed(2006); Choo(1968: 10, 15)

12 山本(2005); Choo(1968: 49-51)

13 Chan(2016); Amenda(2009)

14 Robert(2002: 155); Seed(2006: 72-75)

15 Seed(2006: 69-71)

16 Mayer(2011: 17-19); Seed(2006: 78)

17 Seed(2006: 58, 76)

18 Sales, D'Angelo, Liang and

Montagna(2009)

19 Parker(1995: 57-58); 山本(2002: 40)

20 Sabban(2009b); Seed(2006: 74)

21 Seed(2006: 74-76); Choo(1968: 6-10);
Chan(2016)

22 老舎(1931: 18)

23 Amenda(2009)

24 "Collection of Chinese Cookery
Recipes"

25 Collins(2013: 228); Choo(1968: 7);
Chan(2016); 華僑華人の事典編集委員会
編(2017: 405[篠崎香織])

26 工藤(1943: 176-182)

27 華僑経済年鑑編輯委員会 編(1993:
694); Amenda(2009)

28 樋口(1922, 339-341); 近藤(1928: 502);
和田(2009: 34-36[和田博文]); Itoh(2001:
67)

29 〈日英新誌〉124號, 1926年4月, 28頁;
128號, 1926年9月, 10頁; 131號, 1926年
12月, 25頁; 214號, 1934年2月, 7頁 등.

30 外務省通商局(2007: 269, 275, 277,
292, 295, 334)

31 伴野(1940: 41)

32 野上(2001: 146)

33 伴野(1940: 184)

34 伴野(1940: 209-210)

35 牧野(1943: 211-216)

36 松浦(2010: 742-745)

37 牧野(1943: 223-225); 和田(2009:
492[西村将洋])

38 廣部(2000: 109-110)

39 松浦(2010: 742-745); 井上(2016: 217-
218)

40 工藤(1943: 176-182, 217)

41 和田(2009: 494[西村将洋])

42 Roberts(2002: 171); Amenda(2009)

43 Parker(1995: 66-67); Choo(1968: 28-
29, 92); Chan(2016: 174); 山本(2002: 43)

44 Lo(1993: 128, 139)

45 ワトソン(1995: 131)

46 Chan(2016)

47 Choo(1968: 173-175); 山本(2002: 40);
華僑華人の事典編集委員会 編(2017:
406[篠崎香織])

48 ワトソン(1995: 116-118, 130-132)

49 ワトソン(1995: 119-122); Chan(2016)

50 Roberts(2002: 181); Amenda(2009)

51 Choo(1968: 29-31, 45-46);
Amenda(2009)

52 Choo(1968: 56-60)

53 Amenda(2009: 176)

54 山本(2002: 46)

55 Amenda(2009); Roberts(2002: 174);
華僑華人の事典編集委員会 編(2017:
407[篠崎香織])

56 Sales, D'Angelo, Liang and
Montagna(2009: 50); Chan(2016: 184)

57 Lo(1993); "Obituaries", *New York
Times*, August 14, 1995.

58 Lo(1993: 179-182)

59 Lo(1993: 183, 190-191, 198);
"Obituaries", *New York Times*, August
14, 1995, B6.

60 Lo(1993: 173-175)

61 Wu(2011: 86-87)

62 Choo(1968: 47-49, 71-74)

63 Benton(2005)

64 Sales, D'Angelo, Liang and Montagna(2009: 51-52); 華僑華人の事典編集委員会 編(2017: 456-457[王維])

65 Sales, D'Angelo, Liang and Montagna(2009: 49); Mayer(2011: 16); Sales, Hatziprokopiou, D'Angelo, and Lin(2011: 204)

66 Mayer(2011: 15); 華僑華人の事典編集委員会 編(2017: 456-457[王維])

67 Chan(2016: 176, 185)

68 Sales, D'Angelo, Liang and Montagna(2009: 50, 57); Sales, Hatziprokopiou, D'Angelo, and Lin(2011: 209-210, 213)

3장

1 獅子(1937: 83-85)

2 サバン(2005); Sabban(2009b); Roberts(2002: 185-186)

3 サバン(2005); Sabban(2009b)

4 華僑経済年鑑編輯委員会 編(1966: 532; 1967: 578-579; 1993: 711)

5 サバン(2005); Sabban(2009b)

6 華僑経済年鑑編輯委員会 編(1978: 458; 1981: 449; 1982: 452; 1993: 710)

7 華僑華人の事典編集委員会 編(2017: 123[山下清海], 268-269[宍戸佳織], 392-393[鄭楽静·寺尾智史])

8 華僑経済年鑑編輯委員会 編(1991: 682; 1993: 711; 1996: 628)

9 サバン(2005); Sabban(2009b)

10 サバン(2005); Sabban(2009b)

11 華僑経済年鑑編輯委員会 編(1993: 738)

12 Mayer(2011: 8)

13 華僑華人の事典編集委員会 編(2017: 78-79[飯倉章])

14 Amenda(2009)

15 華僑経済年鑑編輯委員会 編(1966: 533; 1967: 580)

16 Amenda(2009)

17 華僑経済年鑑編輯委員会 編(1975: 418; 1996: 665)

18 「讓人人吃得眉開眼笑 談上海几个粤菜名厨師的做菜法門」, 〈新民晩報〉1956年4月28日4版.

19 華僑経済年鑑編輯委員会 編(1992: 785)

20 江(1922); 周(2019: 310)

21 「海外之粤菜館」, 〈健康生活〉17(2), 1939年7月16日, 41頁; 周(2019: 312-313)

22 華僑華人の事典編集委員会 編(2017: 409[北村由美])

23 Otterloo(2002); Roberts(2002: 174, 187); 華僑経済年鑑編輯委員会 編(1989: 606-607); Amenda(2009)

24 華僑経済年鑑編輯委員会 編(1967: 580; 1989: 607)

25 華僑華人の事典編集委員会 編(2017: 418-419[神長英輔])

26 Caldwell(2015: 134-136)

27 Caldwell(2015: 137-139)

28 Caldwell(2015: 143-144)

29 Caldwell(2015: 129-130, 143)

30 Caldwell(2015: 139-142)

31 ヨトヴァ(2012: 13-15, 31-35, 87, 150-151, 193-201, 207-212, 269-277)

32 Jung(2015: 150-153)

33 Jung(2015: 154, 156-159, 161-163)

34 華僑経済年鑑編輯委員会 編(1978: 458)

35 華僑華人の事典編集委員会 編(2017: 416-417[田嶋淳子])

36 華僑経済年鑑編輯委員会 編(1987: 519; 1988: 559; 1992: 803)

37 華僑華人の事典編集委員会 編(2017: 416-417[田嶋淳子])

38 華僑経済年鑑編輯委員会 編(1966: 534; 1975: 419; 1997: 684)

39 斯波(1995: 152-153); 山下(2000: 122-123); 華僑華人の事典編集委員会 編(2017: 420-421[増田あゆみ])

40 斯波(1995: 152-153, 170); 華僑華人の事典編集委員会 編(2017: 420-421[増田あゆみ])

41 Dunstan(1976: 28, 30)

42 Duruz(2007)

43 Duruz(2011)

44 Duruz(2007)

45 Duruz(2007); 華僑華人の事典編集委員会 編(2017: 184-185, 420-421[増田あゆみ])

46 Tam(2002)

47 山脇(1996; 1999; 2005); 柳田(2005; 2017: 11-12, 44)

48 山脇(1996; 1999; 2005); 柳田(2005)

49 Lausent-Herrera(2011)

50 Palma and Ragas(2020); 마담 투산의 홈페이지(http://madamtusan.pe/).

51 이 항목의 기술은, 柳田(2005; 2017: 41, 43, 45, 54-55)을 참조.

52 伊藤·吳屋 編(1974: 41)

53 柳田(2017: 12-13, 71-73, 84-85, 88-103)

54 山下(2007)

55 華僑経済年鑑編輯委員会 編(1978: 409)

56 山下(2007)

4부

1장

1 田中(1987)

2 陳(2019) 등.

3 岩間 編(2019); 東四柳(2019: 77-157) 등.

4 岩間(2019c)

5 越中(1995: 75-78)

6 後藤(1922: 3; 1930: 135)

7 竹貫(2017)

8 東四柳(2019: 83-87, 92-99)

9 田中(1987: 239)

10 미나미 기지에 대해서는, 丸山 編(1995: 7).

11 後藤(1922: 3)

12 留井(1957); 「渋沢秀雄対談 話の献酬 ライファン工業社長 笹沼源之助」, 〈実業之日本〉60(23)(通1424), 1957年12月1日, 74-80頁.

13 谷崎(1957: 118)

14 大橋 編(1895: 250-256)

15 東四柳(2019: 112-118)

16 東四柳·江原(2006)

17 田中(1987)

18 谷崎(1957: 119)

19 後藤(1922: 2-6)

20 松崎(1932: 45-48)

21 谷崎(1957: 119-120)

22 前掲,「渋沢秀雄対談 話の献酬 ライファン工業社長 笹沼源之助」,〈実業之日本〉

23 チフィエルトカ・安原(2016: 24, 38-46)

24 〈朝日新聞〉(大阪) 1884年11月29日, 3頁.

25 「医学士森林太郎君演説 非日本食論将失其根拠」,〈読売新聞〉1888年12月25日, 4頁.

26 曽(2011: 213-231)

27 外村(2003: 26)

28 林(2005a)

29 岩間(2013)

30 大丸(1988)

31 池田(2002: 1-14, 37)

32 青山(1931)

33 劉(2020: 71-79, 167-296)

34 고토 아사타로의 벼루·완구·잡화 수집을 비롯한 근대 일본인의 중국 민구 수집에 대해서는, 芹澤·志賀(2008).

35 シー(1924); 一記者(1924)

36 細川(2012)

37 東四柳·江原(2006)

38 後藤(1929: 7, 136)

39 木下(1925: 132)

40 石角(1933: 268-279)

41 藤森·初田·藤岡 編(1991: 93)

42 白木 編(1933: 187, 296)

43 後藤(1922: 2)

44 株式会社阪急百貨店社史編集委員会 編(1976: 117)

45 後藤(1922: 7; 1929: 6)

46 白木(1933: 3-4)

47 後藤(1929: 39)

48 林(2004: 111)

49 本誌記者(1934)

50 文藝春秋企画出版部 編(2002: 18-47, 199-205). 또한 塩崎(2021: 5618-5634)는 일찍이 1890년대에 요코하마 난킨마치에 춤수이가 전해져 있었다는 것을 보여주는 귀중한 사료를 파헤치고 있는데, 이것을 봐도 역시 미국식 춤수이는 그 후 일본에 정착되지 못했다.

51 姜(2012: 44, 102-103); 岩間(2019d)

52 「新興蔬菜 豆もやしを語る座談会」,〈糧友〉13(5), 1938年5月, 40-47頁.

53 関東軍経理部(1927)

54 秋山(2005: 113-115)

55 鍾詩(1922)

56 田中(1987: 207)

57 이를테면, 小菅(1998: 262-263).

58 「長寿延命若返り」,〈食道楽〉3(10), 1929年10月, 58-77頁의 집합 사진(58頁). 자세한 것은 尽波(n.d.)의「夏の宵, 鎌倉由比ヶ浜で試みた松葉いぶし」,「正陽楼の本物の鍋で焼かせた濱町濱の家」를 참조하기 바란다.

59 "Weekly Essays in April, 1732", *The Gentleman's Magazine: or, Monthly Intelligencer*, II(16), April 1732, p. 701.

60 Howell(1891)

61 "Hingham Indian Maidens Revive Ancient Arts: Lazy Susan, Dumb Waitress", *Boston Journal*, November

8, 1903, Third Section, p. 3.

62 President Harding Dining with the "Vagabonds" during a Camping Trip(1921)

63 Bettijane(2010)

64 Wu(1915); 伍(1915). 이 사료의 존재는 Lei(2010)를 통해 알게 되었다.

65 岩間(2016)

66 이를테면「チコちゃんに られる! 中国料理の回轉テーブル」(NHK, 2020年4月 24日放送) 등.

67 黃(1968: 212-213)

68 徐(1920: 7-8)

69 唐(1935); 周(2012: 140-142)

70 狼吞虎嚥 客編(1930: 22-23)

71 劉岸偉(2011: 67-71)

72 周(1935); 胡·王(2012)

73 張(2006)

74 包(2018: 29)

75 周(1935); 胡·王(2012)

76 周(1935)

77 劉岸偉(2011: 270-276, 305-310, 420-424); 木山(2004: 158, 289, 293)

78 秋山(2005: 115-117)

79 西谷(2001: 54)

80 安藤·奧村(2017: 125)

81 木村(2005: 33-44)

82 木村(2005: 8-14)

83 味の素沿革史編纂会 編(1951: 201-204, 445, 497)

84 味の素沿革史編纂会 編(1951: 440-441, 504-514); Jung(2005); サンド(2015: 59-106)

85 陳(1998)

86 味の素沿革史編纂会 編(1951: 480)

87 Gerth(2003); 李(2019) 등.

88 秋山(2005: 113-116)

89 木村(1995e)

90 이금기의 홈페이지 일본어판「李錦記の100年史」(https://jp.lkk.com/ja-jp/about-lkk/overview); 중국어(간체자)판「企業里程碑」(https://china.lkk.com.cn/enterprise/zh-CN/About/MileStones/).

2장

1 小菅(1998); 石毛(2006); ソルト(2015); 安藤·奧村(2017); クシュナー(2018) 등. 또한 야키소바에 관해서는 (塩崎: 2021)가 근간되어 일본의 소스 야키소바가 광둥 요리의 '차우멘'에서 기원한다는 것을 실증하고, 미국의 차우멘이 나가사키의 사라우동(皿うどん)으로서 정착했다는 독자적 가설도 제시하고 있다.

2 小菅(1998: 14-32)

3 安藤·奧村(2017: 186-191)

4 クシュナー(2018: 108-113). 따라서 내 편저(2019c)에 나오는 "미토 미쓰쿠니에게 라멘과 교자를 전한 명나라의 유학자 주순수"(12쪽 29행)라는 서술은 잘못된 것으로, "미토 미쓰쿠니에게 교자를 전했다고 여겨지는 명나라의 유학자 주순수"로 정정하고 이에 대해 사과드리고 싶다.

5 ソルト(2015: 28-29); クシュナー(2018: 145)

6 ソルト(2015: 29-40)

7 佐藤(1974); 川島(1995)

8 奧野(1961)

9 吉田(1928: 368-370); 安藤·奥村(2017: 198, 229-231)

10 安藤·奥村(2017: 160-166, 172)

11 近代食文化研究会, 『お好み焼きの戦前史』第二版(Kindle版, 2018年)

12 小菅(1998: 66-74); 大久·杉野(2004: 26-29)

13 佐藤(1974); 川島(1995)

14 宮尾(1961); 岡田(2002: 128)

15 安藤·奥村(2017: 206-208)

16 安東(1929: 253); 岡田(2002: 120-121)

17 「揚子江菜館」, 〈東京人〉302, 2011年11月, 96-97頁.

18 安藤·奥村(2017: 236-237)

19 Han(2010a; 2010b)

20 安藤·奥村(2017: 215, 238)

21 岩間(2019c: 14-15)

22 오키나와현의 홈페이지(https://www.pref.okinawa.jp/site/bunka-sports/bunka/documents/itiran.pdf)

23 安藤·奥村(2017: 211-214)

24 沖縄そば発展継承の会(2020)

25 沖縄県立公文書館(n.d.)

26 요코스카시의 홈페이지, 「学校給食レシピ(携帯サイト)」(https://www.city.yokosuka.kanagawa.jp/8335/mobile/s_lunch/recipe/index.html)(2017년 3월분을 끝으로 게재 종료)

27 ソルト(2015: 46-48)

28 小菅(1998: 184)

29 ソルト(2015: 124, 132)

30 ソルト(2015: 168, 190-192)

31 세계 인스턴트 라멘 협회의 홈페이지(https://instantnoodles.org/jp/noodles/market.html)

32 保利(2009)

33 기요켄의 홈페이지(https://kiyoken.com/)

34 白木 編(1933: 4-5)

35 木村(1995d)

36 草野(2013)

37 「スキートポーツ」, 〈東京人〉302, 2011年11月, 98頁.

38 草野(2013)

39 殷(2015: 103-106)

40 袁(2018: 114-115)

41 早川(2018: 85-104)

42 岩間(2019d: 126)에 수록.

43 早川(2018: 141-158)

44 横田(2009: 101-104)

45 『ホーム·クッキング 第3巻 中国料理』, 講談社, 1961年, 166頁; 早川(2018: 97-100)

46 岩間(2019c: 10-14, 17)

47 木村(1995b)

48 盛(1978: 25-26); 「語りおろし連載 第130回 行くカネ 来るカネ 盛毓度」, 〈週刊文春〉30(10)(通1478), 1988年3月10日, 72-76頁.

49 盛(1978: 53-56); 関(2019)

50 木村(1995b)

51 村山(1975)

52 陳(1988); 木村(1995c)

53 大日本印刷株式会社CDC事業部 編(1993: 9-68); 木村(1995a; 1995e)

54 주케이한텐의 홈페이지(https://www.jukeihanten.com/story/)

55 「語りおろし連載 第54回 行くカネ 来

るカネ 林康弘」,〈週刊文春〉28(34)(1402), 1986年9月4日, 112-116頁;「インタビュー 林康弘氏 聘珍楼社長」,〈日経レストラン〉246, 1998年3月18日, 38-41頁;「私の履歴書 409 林康弘」,〈週刊文春〉45(6) (2214), 2003年2月13日, 70-73頁.

56 林(2010: 122, 184-189)

57 奥村(2016: 67-105)

58 渡辺(1985: 146-152)

59 岩間(2019d)

6 0「パレ・ド・Z—おいしさの未来 Episode 14 川田智也(茶禅華)」(BSフジ, 2019年4月20日放送);「プロフェッショナル 仕事の流儀 心震わす, 一皿のために 中国料理人・川田智也」(NHK, 2020年12月1日放送)

61 奥村(2016: 563-567)

62 山田(2016)

63 山田(2016)

64 山田(2016)

65「あすは大みそか "洋風おせち"に人気集まる」,〈読売新聞〉1958年12月30日朝刊, 7頁.

66「"中華風おせち"が登場」,〈読売新聞〉1965年12月15日夕刊, 9頁.

67 文藝春秋企画出版部 編(2002: 107)

68「中華でお節 都内有名店が自慢の味」,〈日経流通新聞〉1998年12月24日, 12頁.

69「食べたい有名おせち—吉兆, 豪華に5万円から」,〈日経プラスワン〉2001年12月22日, 1頁.

70「変わってきたお正月メニュー セット重箱に人気 中華風伸びる」,〈読売新聞〉1981年12月24日朝刊, 12頁.

71 다이에의 광고(〈読売新聞〉1984年12月12日夕刊, 15頁).

72 飛山(1997: 101-109)

73「タイは韓国 ウニ アルゼンチン それに日中友好 外国産も腕でふるさとの味」,〈読売新聞〉1972年12月29日朝刊, 20頁.

74 기요켄의 홈페이지(https://kiyoken. com/history/)

75「"中華風おせち料理"完成 予約受付け開始」,〈エターナルアスター速報版〉3, 1967年12月5日, 1頁.

종장

1 岩間(2019d)

2 孫(1989: 355-357)

3 岩間(2016: 299)

4 岩間(2019b)

저자 후기

1 가자토 마리風戸眞理 씨의 강의 '몽골의 현대 육식(モンゴルの現代肉食)'(極東証券寄附講座「東アジアの伝統と挑戦」料理から考えるアジア[慶應義塾大学文学部, 2021年5月7日])에서 배운 바에 의함.

2 尾崎(2020)

3 熊谷(2011: 61-66)

4 Ying(2011)

참고문헌

- 일본어 문헌(50음순)과 중국어 문헌(병음순)을 나누어 실었으므로 중국인 성(姓)은 중국어 문헌을 확인하기 바란다.
- 출판지가 도쿄인 경우, 또는 출판사명 등을 통해 도쿄라는 것을 알 수 있는 경우에 는 이를 명기하지 않았다.
- 온라인 자료의 최종 열람일은 모두 2021년 3월 17일이다.
- 잡지·신문·웹상의 무기명 기사나 텔레비전 프로그램 등은 주에서만 밝히고 참고 문헌에는 싣지 않았다.

일본어 문헌

相沢伸広, 2020, 「インドネシアの国家建設―分裂の危機と克服の政治史」, 田中明彦・川島真 編, 『20世紀の東アジア史 Ⅲ 各国史 [2] 東南アジア』, 東京大学出版会, 137-173頁.

愛新覚羅浩, 1961, 『食在宮廷』, 婦人画報社.

愛新覚羅·溥儀(小野忍 他訳), 1992, 『わが半生』上, ちくま文庫.(愛新覚羅·溥儀, 『我的前半生』, 北京, 群衆出版社, 1964年).

青山あけみ, 1931, 「尖端を行く上海の流行衣裳」, 〈婦人画報〉 308, 2月, 104-106頁.

秋山徳蔵, 2005, 『味―天皇の料理番が語る昭和』, 中公文庫(원저는 東西文明社, 1955년).

芥川龍之介, 1925, 『支那游記』, 改造社.

朝倉敏夫·林史樹·守屋亜記子, 2015, 『韓国食文化読本』, 国立民族学博物館.

味の素沿革史編纂会 編, 1951, 『味の素沿革史』, 味の素.

亜洲奈みづほ, 2004, 『'アジアン'の世紀―新世代が創る越境文化』, 中公新書ラクレ.

荒井利明, 1986, 「ルポ 食は文化 15 フォー(ベトナムうどん)」, 〈読売新聞〉 8月16日朝刊, 4頁.

蘭信三, 2013, 「帝国以後の人の移動」, 同編, 『帝国以後の人の移動―ポストコロニア

リズムとグローバリズムの交錯点』, 勉誠出版, 4-45頁.

安東鼎, 1929, 『料理相談』, 鈴木商店出版部.

安藤百福 監修, 奥村彪生 著, 2017, 『ラーメンはどこから来たか 麺の歴史』, 角川ソフィア文庫(원저는 フーディアム・コミュニケーション, 1998년).

家永真幸, 2017, 『国宝の政治史―'中国'の故宮とパンダ』, 東京大学出版会.

生田花世, 1940, 「満洲料理の招宴」, 〈協和〉 261, 3月15日, 22-23頁.

池田忍, 2002, 「'支那服の女'という誘惑―帝国主義とモダニズム」, 〈歴史学研究〉 765, 8月, 1-14, 37頁.

石毛直道, 2006, 『麺の文化史』, 講談社学術文庫.

____, 2013, 『世界の食べもの―食の文化地理』, 講談社学術文庫.

石角春之助, 1933, 『浅草経済学』, 文人社.

石橋崇雄, 2011, 『大清帝国への道』, 講談社学術文庫.

一記者, 1924, 「世界的になった支那遊戯 '麻雀'」, 〈婦人画報〉 222, 4月1日, 144-145頁.

伊藤亜人, 2017, 「韓国朝鮮におけるナショナル・アイデンティティ」, 川田順造 編, 『ナショナル・アイデンティティを問い直す』, 山川出版社, 237-277頁.

伊東順子, 2004, 「チャイナタウンのない国―韓国の中華料理店」, 〈言語文化〉(明治学院大学) 21, 3月, 132-143頁.

伊藤力・呉屋勇 編, 1974, 『在ペルー邦人 75年の歩み』, リマ, ペルー新報社.

井上進(紅梅), 1920, 「上海料理屋評判記」, 『支那風俗』, 日本堂, 77-143頁.

井上寿一, 2016, 『増補 アジア主義を問いなおす』, ちくま学芸文庫.

イワサキチエ, 2018, 「プラナカンの食文化とレシピ」, 〈シンガポール〉 280, 9月25日, 39-49頁.

岩間一弘, 2013, 「大衆化するシノワズリ―日本人旅行者の上海イメージと上海の観光都市化」, 〈現代中国〉 87, 9月, 17-32頁.

____, 2016, 「中国料理のモダニティ―民国期の食都・上海における日本人ツーリストの美食体験」, 関根謙 編, 『近代中国 その表象と現実―女性・戦争・民俗文化』, 平凡社, 285-313頁.

____, 2019a, 「『旅行満洲』に見る都市・鉄道・帝国の食文化―'満洲料理''満洲食'の創成をめぐって」, 高媛・田島奈都子・岩間一弘, 『『旅行満洲』解説・総目次・索引』, 不二出版, 67-83頁.

____, 2019b, 「中国料理はなぜ広まったのか―地方料理の伝播と世界各国の'国民食'」, 西澤治彦 編, 『'国民料理'の形成』, ドメス出版, 109-130頁.

____, 2019c, 「日本の中国料理はどこから来たのか」, 拙編, 『中国料理と近現代日

本―食と嗜好の文化交流史』,慶應義塾大学出版会, 1-34頁.

_____, 2019d,「京都の中国料理―伝統の創造と料理の帰属」, 拙編,『中国料理と近現
　　代日本』, 慶應義塾大学出版会, 121-148頁.

岩間一弘 編, 2019,『中国料理と近現代日本』, 慶應義塾大学出版会.

殷晴, 2015,「'天津飯'の由来」,〈ぎんなん〉29, 6月, 103-106頁.

仁川府廳 編, 1933,『仁川府史』下, 仁川府.

ウェイリー=コーエン, ジョアナ(蒲豊彦 訳), 2009,「完全な調和を求めて―中華帝国の
　　味覚と美食学」, ポール・フリードマン 編(南直人・山辺規子監 訳),『世界 食事の
　　歴史―先史から現代まで』, 東洋書林, 第3章, 98-132頁.(Joanna Waley-Cohen,
　　"The Quest for Perfect Balance: Taste and Gastronomy in Imperial China", in Paul
　　Freedman (ed.), *Food: the History of Taste*, Berkeley: University of California
　　Press, 2007.)

上田恭輔, 1935,「満洲料理の味覚」,〈日本趣味〉1(4), 10月, 77-79頁.

鵜飼保雄, 2010,「ダイズ」, 鵜飼保雄・大澤良 編,『品種改良の世界史・作物編』, 悠書
　　館, 179-204頁.

越中哲也, 1995,『長崎学・食の文化史』, 長崎純心大学博物館.

江原絢子・石川尚子・東四柳祥子, 2009,『日本食物史』, 吉川弘文館.

エリス, マークマン/コールトン, リチャード/メージャー, マシュー(越朋彦 訳), 2019,
　　『紅茶の帝国―世界を征服したアジアの葉』, 研究社.(Markman Ellis, Richard
　　Coulton, Matthew Mauger, *Empire of Tea: the Asian Leaf that Conquered the World*,
　　London: Reaktion Books, 2015.)

袁静, 2018,『日本人は知らない中国セレブ消費』, 日経プレミアシリーズ.

袁枚(青木正児 訳), 1980,『随園食単』, 岩波文庫(원저는 1792년).

王恩美, 2008,『東アジア現代史のなかの韓国華僑―冷戦体制と'祖国'意識』, 三元
　　社.

太田泰彦, 2018,『プラナカン―東南アジアを動かす謎の民』, 日本経済新聞出版社.

大塚滋, 1987,『しょうゆ―世界への旅』, 東洋経済新報社.

大橋又太郎 編, 1895,『実用料理法』, 博文館.

大久昌巳・杉野邦彦, 2004,『'竹家食堂'ものがたり』, TOKIMEKI パブリッシング.

岡田哲, 2002,『ラーメンの誕生』, 筑摩書房.

小川幸司, 2012,『世界史との対話―70時間の歴史批評』下, 地歴社.

沖縄そば発展継承の会, 2020,「4月9日沖縄そばのルーツ'唐人そばの日'制定」, 4月
　　7日, (http://soba-okinawa.net/hatten-keisho/3451/).

沖縄県立公文書館, n.d.,「あの日の沖縄 1978年10月17日 '沖縄そばの日'の由来」,

(https://www.archives.pref.okinawa.jp/news/that_day/4923).

奥野信太郎, 1961,「来々軒その他」,〈中国菜〉2号, 2月, 16-18頁.

奥村彪生, 2016,『日本料理とは何か―和食文化の源流と展開』, 農山漁村文化協会.

尾崎孝宏, 2020,「エスニックツーリズムと民族料理―中国内モンゴル自治区中部の事例より」,〈文化人類学〉85(3), 12月, 505-523頁.

外務省通商局, 2007,「在外本邦實業者調」(1937년 12월 조사, 1940년 1월 간행),『復刻版 海外日本実業者の調査』7, 不二出版, 173-335頁.

柿崎一郎, 2007,『物語 タイの歴史―微笑みの国の真実』, 中公新書.

柿崎一郎, 2020,「タイにおける国民国家建設―統合と対立」, 田中明彦・川島真 編,『20世紀の東アジア史 Ⅲ 各国史 [2] 東南アジア』, 東京大学出版会, 337-389頁.

華僑華人の事典編集委員会 編, 2017,『華僑華人の事典』, 丸善出版.

賈蕙萱, 2015,「北京の宮廷料理と博物館についての一考察」, 国際シンポジウム「世界の食文化研究と博物館」報告書集,〈社会システム研究〉(立命館大学社会システム研究所), 7月, 157-169頁.

賈思勰(田中静一 編訳), 1997,『斉民要術―現存する最古の料理書』, 雄山閣(원저는 북위[北魏] 말년에 성립).

勝見洋一, 2000,『中国料理の迷宮』, 講談社現代新書.

株式会社阪急百貨店社史編集委員会 編, 1976,『株式会社阪急百貨店 25年史』, 大阪, 阪急百貨店.

河合洋尚, 2018 →중국어 문헌 참조

____, 2020,「フードスケープ―'食の景観'をめぐる動向研究」,〈国立民族学博物館研究報告〉45(1), 8月, 81-114頁.

川北稔, 1996,『砂糖の世界史』, 岩波ジュニア新書.

川島真, 2007,「広東政府論―初期外交からの検討」, 松浦正孝 編,『昭和・アジア主義の実像―帝国日本と台湾・'南洋'・'南支那'』, 京都, ミネルヴァ書房, 22-53頁.

____, 1995,「'支那''支那国''支那共和国'―日本外務省の対中呼称政策」,〈中国研究月報〉49(9)(通571), 9月号, 1-15頁.

川島真・張力・王文隆(川島真 訳), 2020,「中国の国家建設のプロセス」, 田中明彦・川島真 編,『20世紀の東アジア史 Ⅱ 各国史 [1] 東北アジア』, 東京大学出版会, 59-110頁.

川端基夫, 2016,『外食国際化のダイナミズム―新しい'越境'のかたち』, 新評論.

姜尚美, 2012,『京都の中華』, 大阪, 京阪神エルマガジン社.

関東軍経理部, 1927,「大正十五年十二月満洲諸部隊調理講習B課実施表」,〈糧友〉

2(5), 5月, 69-71頁.

韓邦慶(太田辰夫 訳), 1969,『海上花列伝』, 平凡社(원저는 1894년).

菊池一隆, 2011,『戦争と華僑―日本・国民政府公館・傀儡政権・華僑間の政治力学』, 汲古書院.

北村由美, 2014,『インドネシア 創られゆく華人文化―民主化以降の表象をめぐって』, 明石書店.

貴堂嘉之, 2018,『移民国家アメリカの歴史』, 岩波新書.

木下謙次郎, 1925,『美味求真』, 啓成社.

木畑洋一, 2012,「帝国と帝国主義」, 木畑洋一・南塚信吾・加納格 編,『シリーズ '21世紀歴史学の創造' 第4巻 帝国と帝国主義』, 有志舎, 1-54頁.

木村春子, 1988,「中国本土の食文化―地方別による料理系統とその特色」, 中山時子 編,『中国食文化事典』, 角川書店, 156-160頁.

＿＿, 1995a,「日本の中国料理小史 戦後の歩みのワンシーン① 新橋田村町の時代」, 〈月刊専門料理〉30(1), 1月, 116-119頁.

＿＿, 1995b,「日本の中国料理小史 戦後の歩みのワンシーン② 咲き誇る大輪の花 '留園'」, 〈月刊専門料理〉30(2), 2月, 138-141頁.

＿＿, 1995c,「日本の中国料理小史 戦後の歩みのワンシーン⑤ 四川料理と陳建民」, 〈月刊専門料理〉30(5), 5月, 118-121頁.

＿＿, 1995d,「日本の中国料理小史 戦後の歩みのワンシーン⑩ 特殊素材の普及を 巡る二人」, 〈月刊専門料理〉30(10), 10月, 118-122頁.

＿＿, 1995e,「日本の中国料理小史 戦後の歩みのワンシーン⑫ 香港料理の変遷」, 〈月刊専門料理〉30(12), 12月, 149-152頁.

＿＿, 2005,『火の料理 水の料理―食に見る日本と中国』, 農山漁村文化協会.

木山英雄, 2004,『周作人 '対日協力'の顚末―補注『北京苦住庵記』ならびに後日編』, 岩波書店.

邱永漢, 1996,『食は広州に在り』, 中公文庫(이 책의 초판은 竜星閣[熱海]에서 1959년에 출간되었다).

許淑真, 1990a,「日本における労働移民禁止法の成立」, 布目潮渢博士記念論集刊行 会編集委員会 編,『東アジアの法と社会』, 汲古書院, 553-580頁.

＿＿, 1990b,「労働移民禁止法の施行をめぐって―大正 13 年の事例を中心に」, 〈社 会学雑誌〉(神戸大学) 7, 102-119頁.

銀座アスター食品株式会社創業80周年記念プロジェクト 編, 2007,『銀座口福―銀 座アスター 饗宴への招待』, 文藝春秋.

クォン, ピーター(芳賀健一・矢野裕子 訳), 1990,『チャイナタウン・イン・ニューヨーク―現

代アメリカと移民コミュニティ』, 筑摩書房.(Peter Kwong, *The New Chinatown*, New York: Hill and Wang, 1987.)

草野美保, 2013, 「国民食になった餃子―受容と発展をめぐって」, 熊倉功夫, 『日本の食の近未来』, 京都, 思文閣出版, 164-205頁.

クシュナー, バラク(幾島幸子 訳), 2018, 『ラーメンの歴史学―ホットな国民食からクールな世界食へ』, 明石書店.(Barak Kushner, *Slurp!: A Social and Culinary History of Ramen: Japan's Favorite Noodle Soup*, Leiden: Global Oriental, 2012.)

工藤信一良, 1943, 『悶ゆる英国』, 成徳書院.

熊谷瑞恵, 2011, 『食と住空間にみるウイグル族の文化―中国新疆に息づく暮らしの場』, 京都, 昭和堂.

栗原浩英, 2020, 「ベトナムにおける国家建設」, 田中明彦・川島真 編, 『20世紀の東アジア史 Ⅲ 各国史 [2] 東南アジア』, 東京大学出版会, 177-220頁.

桂小蘭, 2005, 『古代中国の犬文化―食用と祭祀を中心に』, 大阪大学出版会.

黄遵憲(実藤恵秀・豊田穣 訳), 1968, 『日本雑事詩』, 平凡社東洋文庫(원저는 1877년 서[序]).

鴻山俊雄, 1983, 『海外の中華街―香港・盤谷・新嘉波・マニラ・米・英・伊・仏への旅』, 華僑問題研究所.

越川純吉, 1982, 「アメリカにおける中国人の法律上の地位」, 〈中京法学〉 17(1)(通52), 7月, 56-76頁.

呉自牧(梅原郁 訳注), 2000, 『夢粱録―南宋臨安繁昌記』 3, 平凡社東洋文庫(원저는 1334년 서[序]).

小菅桂子, 1998, 『にっぽんラーメン物語』, 講談社プラスアルファ文庫(원저는 駸々堂出版, 1987년), 199頁.

国家戦略室, 정책 'ENJOY JAPANESE KOKUSHU(國酒を楽しもう)' 프로젝트(http://www.cas.go.jp/jp/seisaku/npu/policy04/archive12.html).

後藤朝太郎, 1922, 『支那料理の前に』, 東京, 大阪屋号書店.

＿＿＿, 1929, 『支那料理通』, 四六書院.

コリンガム, リジー(東郷えりか 訳), 2006, 『インドカレー伝』, 河出書房.(Lizzie Collingham, *Curry: A Biography*, London: Chatto & Windus, 2005.)

胡令遠・王盈, 2012, 「周作人の日本研究における江南文化の意義」, 『江南文化と日本―資料・人的交流の再発掘』, 京都, 国際日本文化研究センター.

近藤浩一路, 1928, 『異国膝栗毛』, 現代ユウモア全集刊行会.

嵯峨隆, 2020, 『アジア主義全史』, 筑摩選書.

砂井紫里, 2009, 「食から見るアジア―マレーシア: 東西をつなぐイスラームと'味'の交

差点」,〈ワセダアジアレビュー〉6, 8月, 58-61頁.

櫻田涼子, 2016, 「'故郷の味'を構築する―マレー半島におけるハイブリッドな飲食文化」, 川口幸大・稲澤努 編, 『僑郷―華僑のふるさとをめぐる表象と実像』, 大津, 行路社, 173-192頁.

佐々木道雄, 2009, 『キムチの文化史―朝鮮半島のキムチ・日本のキムチ』, 福村出版.

____, 2011, 『焼肉の誕生』, 雄山閣.

佐藤三郎, 1975, 「日本人が'中国を'支那'と呼んだことについての考察―近代日中交渉史上の一齣として」,〈山形大学紀要〉8(2), 2月, 39-79頁.

佐藤尚爾, 1977, 「華麗なる台湾・女旅女性のための台湾ツアー見聞記」,〈レジャーアサヒ〉8(3)(通38), 6月, 85-92頁.

サバン, フランソワーズ, 2005, 「フランスにおける中華料理の諸形態とその改変」,〈アジア遊学〉77, 7月, 140-150頁.

サメの街気仙沼構想推進協議会, 2016, 「気仙沼とサメの歴史」(http://same-machi.com/history/)

サリバン, グレン, 2019, 『海を渡ったスキヤキ―アメリカを虜にした和食』, 中央公論新社.

サンド, ジョルダン(天内大樹 訳), 2015, 『帝国日本の生活空間』, 岩波書店.(Jordan Sand, *House and Home in Modern Japan: Architecture, Domestic Space and Bourgeois Culture, 1880-1930*, Cambridge, Mass.: Harvard University Asia Center, 2003.)

塩崎省吾, 2021, 『焼きそばの歴史 下 炒麺編』, 塩崎省吾発行, Kindle版.

獅子文六, 1937, 『達磨町七番地』, 白水社.

斯波義信, 1995, 『華僑』, 岩波新書.

清水展, 2017, 「ナショナリティとグローバル・ネットワーク―ホセ・リサールの素描をとおして」, 川田順造 編, 『ナショナル・アイデンティティを問い直す』, 山川出版社, 303-335頁.

謝肇淛(岩城秀夫 訳注), 1996, 『五雑組』1, 平凡社東洋文庫.

____, 1997, 『五雑組』2, 平凡社.

周永河, 2015, 「食品模型は博物館の所蔵品になりうるか?」,〈社会システム研究〉(立命館大学) 特集号, 7月, 141-142頁.

―(丁田隆 訳), 2019, 「チャジャン麺ロード―20世紀東北アジア, チャジャン麺流浪の旅」, 岩間一弘 編, 『中国料理と近現代日本』, 慶應義塾大学出版会, 205-223頁.

白木正光 編, 1933, 『大東京うまいもの食べある記』, 丸ノ内出版社.

白石源吉, 1939, 『南洋印度等に於ける支那人の排日貨に関する報告』, 通信調査会.

尽波満洲男, n.d.,「現場主義のジンパ学」(http://www2s.biglobe.ne.jp/~kotoni/index. html).

末廣昭, 1993,『タイ 開発と民主主義』, 岩波新書.

スキナー, ウィリアム(山本一 訳), 1981,『東南アジアの華僑社会―タイにおける進出・適応の歴史』, 東洋書店.(William Skinner, *Chinese Society in Thailand*, Ithaca: Cornell University Press, 1957.)

鈴木明, 1982,『ある日本男児とアメリカ―東善作, 明治二十六年生れの挑戦』, 中公新書.

鈴木絢女, 2020,「マレーシアの国家建設―エリートの生成と再生産」, 田中明彦・川島真 編,『20世紀の東アジア史 Ⅲ 各国史 [2] 東南アジア』, 東京大学出版会, 281-333頁.

鈴木静夫, 1997,『物語 フィリピンの歴史―'盗まれた楽園'と抵抗の500年』, 中公新書.

盛毓度, 1978,『新・漢民族から大和民族へ―春風吹イテ又生ズ』, 東洋経済新報社.

関智英, 2019,「対日協力者の戦後―日本亡命者盛毓度と留園」, 髙綱博文・木田隆文・堀井弘一郎 編,〈アジア遊学〉236 上海の戦後―人びとの模索・越境・記憶』, 勉誠出版, 7月, 9-22頁.

芹澤知広, 2005,「ベトナム華人の離散とベトナム料理の普及」,〈アジア遊学〉77, 7月, 80-92頁.

芹澤知弘・志賀市子 編, 2008,『日本人の中国民具収集―歴史的背景と今日的意義』, 風響社.

曾品滄(鈴木哲造 訳), 2011,「日本人の食生活と'シナ料亭'の構造の変化」, 老川慶喜 編,『植民地台湾の経済と社会』, 日本経済評論社, 213-231頁.

園田節子, 2006,「北アメリカの華僑・華人研究―アジア系の歴史の創出とその模索」,〈東南アジア研究〉43(4), 3月, 419-436頁.

____, 2009,『南北アメリカ華民と近代中国―19世紀トランスナショナル・マイグレーション』, 東京大学出版会.

____, 2019,「近現代の華人の移動にみる制度・国家・越境性」, 永原陽子 編,『人々がつなぐ世界史』, 京都, ミネルヴァ書房, 205-231頁.

ソルト, ジョージ(野下祥子 訳), 2015,『ラーメンの語られざる歴史』, 国書刊行会.(George Solt, *The Untold History of Ramen: How Political Crisis in Japan Spawned a Global Food Craze*, Berkeley: University of California Press, 2014.)

大日本印刷株式会社CDC事業部 編, 1993,『食の魔術師 周富徳』, フーディアム・コミュニケーション.

大丸弘, 1988,「両大戦間における日本人の中国服観」,〈風俗〉27(3), 9月, 58-83頁.

高木佑輔, 2020,「フィリピンの政治課題と国家建設」, 田中明彦・川島真 編,『20世紀の東アジア史 III 各国史 [2] 東南アジア』, 東京大学出版会, 35-78頁.

高口康太, 2021,「複雑化する中韓'キムチ論争'インフルエンサーの台頭が一因か」, NEWSポストセブン, 1月24日.(https://www.news-postseven.com/archives/20210124_1630156.html?DETAIL)

高橋登志子, 1964,「特集 満漢全席 第一回 満漢全席の旅」,〈中国菜〉7, 3月, 14-16頁.

竹貫友佳子, 2017,「黄檗宗の伝来と普茶料理」, 上田純一 編,『京料理の文化史』, 京都, 思文閣出版, 197-222頁.

田中静一, 1987,『一衣帯水―中国料理伝来史』, 柴田書店.

田中信彦, 2011,「強まるフカヒレ包囲網禁止か保護かで大論争」,〈週刊東洋経済〉6367, 12月31日, 202-203頁.

田中則雄, 1999,『醤油から世界を見る―野田を中心とした東葛飾地方の対外関係史と醤油』, 流山(千葉), 崙書房出版.

谷崎潤一郎, 1926,「上海交遊記」,〈女性〉9(5), 5月, 144-159頁.

____, 1957,『幼少時代』, 文藝春秋新社.

玉田芳史, 1996,「タイのナショナリズムと国民形成―戦前期ピブーン政権を手がかりとして」,〈東南アジア研究〉34(1), 6月, 127-150頁.

田村慶子, 2020,「シンガポールの国家建設―脆弱な都市国家'の権威主義体制の成立と継続」, 田中明彦・川島真 編,『20世紀の東アジア史 III 各国史 [2] 東南アジア』, 東京大学出版会, 81-133頁.

タン・チーベン(陳志明), 1994,「華人社会の文化変容・同化・統合」, サイド・フシン・アリ 編(小野沢純・吉田典巧 訳),『マレーシア―多民族社会の構造』, 勁草書房, 1994年, 第8章, 181-223頁.

譚璐美, 2004,『中華料理四千年』, 文春新書.

チフィエルトカ, カタジーナ, 安原美帆, 2016,『秘められた和食史』, 新泉社.

中央飯店 編, 1938,『北京料理・西洋料理献立表』新京中央飯店.

中国研究所 編, 2018,『中国年鑑 2018』, 明石書店.

張競, 1997,『中華料理の文化史』, 筑摩書房.

張展鴻, 2005,「返還後の香港広東料理」,〈アジア遊学〉77, 7月, 34-44頁.

釣魚台国賓館 編, 1995,『釣魚台国賓館美食集錦』第1巻, 主婦と生活社.

陳建民, 1988,『さすらいの麻婆豆腐』, 平凡社.

陳優継, 2009,『ちゃんぽんと長崎華僑―美味しい日中文化交流史』, 長崎新聞社.

陳來幸, 2019,「日本の華僑社会におけるいくつかの中国料理定着の流れ―神戸・大阪を中心として」, 岩間一弘 編,『中国料理と近現代日本―食と嗜好の文化交流史』, 慶應義塾大学出版会, 101-119頁.

月出皓, 1903,『台湾館』, 台北, 台湾協賛会.

_____, 1907,『台湾館』, 東京, 東山書屋.

角山栄, 1980,『茶の世界史―緑茶の文化と紅茶の社会』, 中公新書.

デホーヤ, シー, 1924,「面白い室内遊戯 麻雀牌の遊び方」,〈婦人画報〉218, 1月1日, 46-49頁.

デュボワ, クリスティン(和田佐規子 訳), 2019,『大豆と人間の歴史―満州帝国・マーガリン・熱帯雨林破壊から遺伝子組み換えまで』, 築地書館.(Christine M. DuBois, *The Story of Soy*, London: Reaktion Books, 2018.)

董竹君(加藤優子 訳), 2000,『大河奔流―革命と戦争と. 一世紀の生涯』上・下, 講談社.(董竹君,『我的一个世紀』, 北京, 三聯書店, 1997年).

陶野文明, 2007,「'国宴'を彩った江南の味を58年後のいまに伝える 北京・无名居 国宴菜」,〈DECIDE〉25(6)(通279), 8月, 37-49頁.

飛山百合子, 1997,『香港の食いしん坊』, 白水社.

_____, 1994,『地球の歩き方 旅のグルメ 香港』, ダイヤモンド社.

外村大, 2003,「戦前期日本における朝鮮料理業の展開」, 味の素食の文化センター第13回食文化研究助成成果報告書.

留井重平, 1957,「中華料理店偕楽園主からライファン工業を築いた笹沼源之助氏の半生」,〈実業之日本〉60(18)(通1419), 9月15日, 95-97頁.

友田晶子, 2012,「酔っ払いでもわかる'國酒''國酒プロジェクト」, 12月4日,(https://allabout.co.jp/gm/gc/403534/).

トン, クオク・フン(宋国興)(新江利彦 訳), 2018,「17-19世紀の会安商港における華人と明郷人」,〈ベトナムの社会と文化〉8, 2月, 234-244頁.

ナイ, ジョセフ・S(山岡洋一 訳), 2004,『ソフト・パワー―21世紀国際政治を制する見えざる力』, 日本経済新聞社.(Joseph S. Nye, Jr., *Soft Power: The Means to Success in World Politics*, New York: Public Affairs, 2004.)

中島楽章, 2011,「14-16 世紀, 東アジア貿易秩序の変容と再編」,〈社会経済史学〉76(4), 2月, 3-26頁.

中林広一, 2021,「失われた麻婆豆腐を求めて」,〈神奈川大学アジア・レビュー〉8, 3月, 4-21頁.

中山時子 監修, 木村春子 他編, 1988,『中国食文化事典』, 角川書店.

中町泰子, 2009,「日系チャプスイレストランにおけるフォーチュンクッキーの受容」,

〈(神奈川大学日本常民文化研究所非文字資料研究センター年報)非文字資料研究〉5, 3月, 173-186頁.

中村喬 編訳, 1995,『中国の食譜』, 平凡社東洋文庫.

＿＿, 2000,『宋代の料理と食品』, 朋友書店.

中屋信彦, 2014,「中国回族ビジネスにおける宗教と政治―蘭州拉麺, チベット・ビジネス, イスラーム金融」, Economic Research Center Discussion Paper, E14-5, 2014-03(名古屋大学大学院経済学研究科附属国際経済政策研究センター).

成澤玲川, 1918,『米国物語』, 泰山房版.

西澤治彦 編, 2019a,『'国民料理'の形成』, ドメス出版.

西澤治彦, 2019b,「'中国料理'はいつ生まれたのか―〈申報〉に見える料理の語彙の分析を通して」, 岩間一弘 編,『中国料理と近現代日本』, 慶應義塾大学出版会, 285-304頁.

西谷大, 2001,『食は異なもの味なもの―食から覗いた中国と日本』, 財団法人歴史民俗博物館振興会.

農林水産省, 2011,「日本食文化の世界無形遺産登録に向けた検討会」第4回会合会議録, 11月4日, (http://www.maff.go.jp/j/study/syoku_vision/kentoukai.html), 7-9頁.

野上弥生子, 2001(1942-43),『欧米の旅』中, 岩波文庫.

野村貞吉, 1942,『馬來夜話』, 宝雲舎.

波多野須美, 2004,『中国, 香港, 好好食!―本物の味をもとめて』, KKベストセラーズ.

早川貴正, 2018,『天津飯の謎』, 名古屋, ブイツーソリューション, 85-104頁.

林兼正, 2010,『なぜ, 横浜中華街に人が集まるのか』, 祥伝社新書.

林廣茂, 2004,『幻の三中井百貨店―朝鮮を席巻した近江商人・百貨店王の興亡』, 晩聲社.

林史樹, 2005a,「外来食の'現地化'過程―韓国における中華料理」, 〈アジア遊学〉77, (特集 世界の中華料理), 7月, 56-69頁.

＿＿, 2005b,「海外移民にともなう'韓国式中華料理'のグローバル化」, 〈アジア遊学〉77, (特集 世界の中華料理), 7月, 168-175頁.

＿＿, 2011,「チャンポンにみる文化の'国籍'―料理の越境と定着過程」, 〈日本研究〉30, 2月, 47-67頁.

＿＿, 2019,「朝鮮半島における'中国料理'の段階的受容―分断後の韓国までを視野に」, 岩間一弘 編,『中国料理と近現代日本―食と嗜好の文化交流史』, 慶應義塾大学出版会, 225-241頁.

＿＿, 2020,「戦前・戦後期の日韓にみられた粉食中華の普及過程―'食の段階的定

着'の差に着目して」, 植野弘子・上水流久彦 編, 『帝国日本における越境・断絶・残像―モノの移動』, 風響社, 215-252頁.

パール, シリル(山田侑平・青木玲 訳), 2013, 『北京のモリソン―激動の近代中国を駆け抜けたジャーナリスト』, 白水社.(Cyril Pearl, *Morrison of Peking*, Sydney: Angus and Robertson, 1981.)

伴野徳子, 1940, 『倫敦の家』, 羽田書店.

パン, リン 編(游仲勲 監訳), 2012, 『世界華人エンサイクロペディア』, 明石書店.(Lynn Pan (ed.), *The Encyclopedia of the Chinese Overseas*, Richmond: Curzon, 1998.)

東田雅博, 2015, 『シノワズリーか, ジャポニスムか―西洋世界に与えた衝撃』, 中公叢書.

東四柳祥子・江原絢子, 2006, 「近代料理書に見る家庭向け中国料理の形成とその受容の特質」, 〈日本食生活文化調査研究報告集〉 23, 11月, 1-61頁.

___, 2019, 『料理書と近代日本の食文化』, 同成社.

樋口龍峡, 1922, 『新世界の印象』, 国民書院.

日野みどり, 2001, 「名菜は名店より―広州酒家の60年」, 〈アジア遊学〉 24, 2月, 113-127頁.

平山蘆江, 1933, 「兵糧餅其他」, 〈糧友〉 8(1), 1月, 98-99頁.

廣部泉, 2017, 『人種戦争という寓話―黄禍論とアジア主義』, 名古屋大学出版会.

___, 2020, 『黄禍論―百年の系譜』, 講談社選書メチエ.

福島香織, 2005, 「東江醸豆腐―孫文, バイタリティーの源」, 産経新聞外信部 編, 『食の政治学』, 産経新聞出版, 24-25頁.

藤森照信・初田亨・藤岡洋保 編, 1991, 『失われた帝都 東京―大正・昭和の街と住い』, 柏書房.

藤原利一郎, 1986, 「明郷の意義及び明郷社の起源」, 同著, 『東南アジア史の研究』, 法藏館, 257-273頁.

古田元夫, 2017, 「ナショナル・アイデンティティと地域―現代ベトナムにとっての東南アジアと東アジア」, 川田順造 編, 『ナショナル・アイデンティティを問い直す』, 山川出版社, 280-302頁.

文藝春秋企画出版部 編, 2002, 『銀座アスター物語』, 銀座アスター食品株式会社(비매품).

ペリー, M・C 著, ホークス, F・L 編, 宮崎壽子 訳, 2014(2009), 『ペリー提督日本遠征記』 上・下, 角川ソフィア文庫.(Matthew Calbraith Perry, *Narrative of the Expedition of an American Squadron to the China Seas and Japan*, Washington: A. O. P. Nicholson, printer, 1856.)

細川周平, 2012,「戦時下の中国趣味の流行歌」, 山田奨治・郭南燕 編,『江南文化
　　と日本―資料・人的交流の再発掘』, 京都, 国際日本文化研究センター, 279-
　　287頁.

保利玉子, 2009,「横浜の名物, 博雅のシウマイ」, 伊勢佐木町1・2丁目地区商店街振
　　興組合「イセザキ歴史書をつくる会」編,『OLD but NEW―イセザキの未来に
　　つなぐ散歩道』, 横浜, 神奈川新聞, 72頁.

本誌記者, 1934,「三越 丁子屋 三中井 食堂合戦記」,〈朝鮮及満洲〉317, 4月1日, 86-
　　88頁.

牧野義雄, 1943,『英国人の今昔』, 那珂書店.

増田与, 1971,『インドネシア現代史』, 中央公論社.

又吉龍吾, 2019,「LA発'パンダエクスプレス'は日本に根付くか」, 東洋経済オンライン,
　　4月13日,〈https://toyokeizai.net/articles/-/276155〉.

松浦正孝, 2006,「一国史・二国間関係史からアジア広域史へ」,〈国際政治〉146, 11月,
　　1-20頁.

＿＿, 2010,『'大東亜戦争'はなぜ起きたのか―汎アジア主義の政治経済史』, 名古屋
　　大学出版会.

松崎天民, 1932,『三都喰べある記』, 誠文堂.

松崎隆司, 2020,『ロッテを創った男 重光武雄論』, ダイヤモンド社.

松田利彦, 2017,「1927年, 植民地朝鮮における華僑排斥事件」,〈韓国朝鮮文化研究〉
　　16, 3月, 1-23頁.

松本佐保, 2013,「白人優位主義へのアジア主義の対応―アジア主義の人種的連帯の
　　試みと失敗」, 松浦正孝 編,『アジア主義は何を語るのか―記憶・権力・価値』,
　　京都, ミネルヴァ書房, 212-239頁.

松本睦子, 2013,「北京料理と宮廷料理について」,〈東京家政大学博物館紀要〉18,
　　2月, 57-69頁.

麻婆豆腐研究会 編, 2005,『麻婆豆腐大全』, 講談社.

丸山信 編, 1995,『人物書誌大系 30 福澤諭吉門下』, 日外アソシエーツ.

宮尾しげを, 1961,「中華料理の想い出」,〈中国菜〉3, 7月, 46-49頁.

ミンツ, シドニー・W(川北稔・和田光弘 訳), 1988,『甘さと権力―砂糖が語る近代史』, 平
　　凡社.(Sidney W. Mintz, *Sweetness and Power: the Place of Sugar in Modern History*,
　　New York: Penguin Books, 1985.)

村岡實, 1989,「慶応3(1867)年の仏蘭西料理―15代将軍・徳川慶喜, 大坂城に四国公
　　使招聘の背景と謁見当日のプロトコール, 将軍主催晩餐会のメニューを探る.」,

〈風俗〉28(3), 9月, 11-32頁.

村田雄二郎, 2009,「中華民族論の系譜」, 飯島渉・久保亨・村田雄二郎 編,『シリーズ 20世紀中国史 1 中華世界と近代』, 東京大学出版会, 207-229頁.

村山三敏, 1975,「天の時, 地の利, 人の和を手中に収めた哲人経営者―盛毓度」 1-4, 〈月刊食堂〉15(5-8)(通172-175), 5-8月, 245-249, 166-170, 143-147, 168-172頁.

孟元老(入矢義高, 梅原郁 訳注), 1983,『東京夢華録―宋代の都市と生活』, 岩波書店 (원저는 1147년 서[序]).

持田洋平, 2019,「シンガポール華人社会におけるナショナリズムの形成過程 1896-1909年」, 慶應義塾大学大学院文学研究科博士学位論文, 9月.

森川眞規雄, 2002,「逍遥する味覚―香港広東料理の'美味'をめぐって」, 吉原和男・鈴木正崇 編,『拡大する中国世界と文化創造―アジア太平洋の底流』, 弘文堂, 190-209頁.

____, 2005,「カナダの香港広東料理―堕落それとも進化?」, 〈アジア遊学〉77, 7月, 110-118頁.

森枝卓士, 1998,『アジア菜食紀行』, 講談社現代新書.

守屋亜記子, 2012,「韓国初の近代的料理書『朝鮮料理製法』」, 〈vesta(ヴェスタ)〉87, 7月, 32-33頁.

安井三吉, 1989,「'講演'大亜細亜問題'の成立とその構造」, 陳徳仁・安井三吉 編,『孫文講演'大アジア主義'資料集』, 法律文化社, 1-39頁.

柳田利夫, 2005,「ペルーにおける日系社会の形成と中国人移民」, 〈アジア遊学〉76, 6月, 121-135頁.

____, 2017,『ペルーの和食―やわらかな多文化主義』, 慶應義塾大学出版会.

山内智恵美, 2020,『現代中国服飾とイデオロギー―翻弄された120年』, 白帝社.

山田均, 2003,『世界の食文化 5 タイ』, 農山漁村文化協会.

山田政平, 1936,「満洲料理」, 〈料理の友〉24(12), 12月, 104-108頁.

山田慎也, 2016,「近代におけるおせち料理の形成と婦人雑誌―〈婦人之友〉・〈婦人画報〉・〈主婦の友〉を中心に」, 〈国立歴史民俗博物館研究報告〉197, 2月, 295-319頁.

山下清海, 2000,『チャイナタウン―世界に広がる華人ネットワーク』, 丸善.

____, 2007,「ブラジル・サンパウロ―東洋街の変容と中国新移民の増加」, 〈華僑華人研究〉4, 11月, 81-98頁.

____, 2016,『新・中華街―世界各地で'華人社会'は変貌する』, 講談社選書メチエ.

____, 2019,『世界のチャイナタウンの形成と変容―フィールドワークから華人社会を

探究する』, 明石書店.

山下清海・尹秀一, 2008, 「仁川中華街の再開発―韓国華人社会の変容」, 〈日本地理学会発表要旨集〉, 2008年度日本地理学会春季学術大会, セッション ID806, 157頁, 7월 19일 공개.

山本英史, 2019, 「北京老字号飲食店の興亡―全聚徳を例にして」, 岩間一弘 編, 『中国料理と近現代日本―食と嗜好の文化交流史』, 慶應義塾大学出版会, 339-355頁.

山本須美子, 2002, 『文化境界とアイデンティティ―ロンドンの中国系第二世代』, 九州大学出版会.

＿＿＿, 2005, 「イギリスにおける中国系移民のエスニシティ―第一世代・第二世代における人間関係構築の比較から」, 〈東洋大学社会学部紀要〉42(2), 2月, 81-99頁.

山本有造, 2003, 「'帝国'とはなにか」, 同編, 『帝国の研究―原理・類型・関係』, 名古屋大学出版会, 3-30頁.

山脇千賀子, 1996, 「文化の混血とエスニシティ―ペルーにおける中華料理に関する一考察」, 〈年報社会学論集〉9, 6月, 47-58頁.

＿＿＿, 1999, 「'チーノ'の創造―ペルーにおける中国系・日系住民の生活技法をめぐる歴史社会学的考察」, 〈社会学ジャーナル〉24, 3月, 63-77頁.

＿＿＿, 2005, 「料理にみるアジアとラテンアメリカのコラボレーション―クリオーリョ料理・チーファ・ニッケイ料理」, 〈アジア遊学〉76, 6月, 151-162頁.

ユ ハイサンサン, 田中伸彦, 2017, 「四川省のインバウンド観光の現状と四川料理の役割に関する考察」, 〈レジャー・レクリエーション研究〉83, 12月, 100-103頁.

横田文良, 2009, 『中国の食文化研究 天津編』, 大阪, 辻学園調理・製菓専門学校.

吉澤誠一郎, 2003, 『愛国主義の創成―ナショナリズムから近代中国をみる』, 岩波書店.

吉田誠一, 1928, 『美味しく経済的な支那料理の拵え方』, 博文館.

ヨトヴァ, マリア, 2012, 『ヨーグルトとブルガリア―生成された言説とその展開』, 大阪, 東方出版.

李盈慧(光田剛 訳), 2007, 「汪精衛政権と重慶国民党によるタイ華僑組織争奪戦」, 松浦正孝 編, 『昭和・アジア主義の実像―帝国日本と台湾・'南洋'・'南支那'』, 京都, ミネルヴァ書房, 205-233頁.

李盛雨(鄭大聲・佐々木直子 訳), 1999, 『韓国料理文化史』, 平凡社.

李正熙, 2020, 「近代朝鮮における清国専管租界と朝鮮華僑」, 大里浩秋・内田青蔵・孫安石 編, 『東アジアにおける租界研究―その成立と展開』, 東方書店, 353-

383頁.

李培徳(湯川真樹江 訳), 2019,「1920-30年代における上海の調味料製造業と市場競争—中国の味精と日本の味の素に着目して」, 岩間一弘 編,『中国料理と近現代日本』, 慶應義塾大学出版会, 305-322頁.

劉岸偉, 2011,『周作人伝—ある知日派文人の精神史』, 京都, ミネルヴァ書房.

劉正愛, 2006,『民族生成の歴史人類学—満洲・旗人・満族』, 風響社.

劉玲芳, 2020,『近代日本と中国の装いの交流史—身装文化の相互認識から相互摂取まで』, 大阪大学出版会.

ローダン, レイチェル(ラッセル秀子 訳), 2016,『料理と帝国』, みすず書房.(Rachel Laudan, *Cuisine and Empire: Cooking in World History*, Berkeley: University of California Press, 2013.)

若林正丈, 1984,「1923 年東宮台湾行啓の"状況的脈略"—天皇制の儀式戦略と日本植民地主義・その一」,〈教養学科紀要〉16, 23-37頁.

渡辺たをり, 1985,『花は桜 魚は鯛—谷崎潤一郎の食と美』, ノラブックス.

渡辺靖, 2011,『文化と外交—パブリック・ディプロマシーの時代』, 中公新書.

_____, 2015,『"文化"を捉え直す—カルチュラル・セキュリティの発想』, 岩波新書.

和田博文他, 2009,『言語都市・ロンドン—1861-1945』, 藤原書店.

ワトソン, ジェームズ・L(瀬川昌久 訳), 1995,『移民と宗族—香港とロンドンの文氏一族』, 京都, 阿吽社.(James L. Watson, *Emigration and the Chinese Lineage: the Mans in Hong Kong and London*, Berkeley: University of California Press, 1975.)

ワン, エドワード(仙名紀 訳), 2016,『箸はすごい』, 柏書房.(Q. Edward Wang, *Chopsticks: A Cultural and Culinary History*, Cambridge University Press, 2015.)

중국어 문헌

包公毅(天笑)(孫慧敏・林美莉 校註), 2018,『釧影楼日記, 1948-1949』, 台北, 中央研究院近代史研究所.

北京民族飯店菜譜編写組 編, 1982,『北京民族飯店菜譜 山東菜』, 北京, 中国旅遊出版社.

_____, 1983,『北京民族飯店菜譜 川蘇菜』, 北京, 中央旅遊出版社.

辺東子, 2009,『北京飯店伝奇』, 北京, 當代中国出版社.

陳思絡, 1998,「范正明談本幇菜」,〈文匯報〉2月28日, 6頁.

陳文華, 1991,「豆腐起源於何時」,〈農業考古〉21, 4月, 245-248頁.

陳耀良, 1986,「"滿漢全席"首次在滬應市」,〈新民晚報〉4月2日, 4頁.

陳玉箴, 2008,「食物消費中的国家体現: 日治與戰後初期的'台湾菜'」,「台湾史青年学者国際研討会」会議論文, 国立政治大学台湾史研究所·東京大学大学院総合文化研究科·一橋大学大学院言語社会研究科, 於台北·世新会館, 3月.

____, 2020,『'台湾菜'的文化史: 食物消費中的国家体現』, 台北, 聯経出版.

陳元朋, 2020,「梅花餐: 近代台湾筵席改革運動的興衰及其所涉及的'社交危機'與'道德焦慮'」,〈中国飲食文化〉16(1), 4月, 179-206頁.

陳正卿, 1998,『味精大王 呉蘊初』, 鄭州, 河南人民出版社.

陳植漢 編, 2014,『老港滋味』, 香港, 中華厨芸学院.

程汝明 口述, 閻長貴·李宇鋒 整理, 2014,「専職厨師程汝明談江青(上)(下)」,〈湘潮〉2014年1期, 1月, 49-55頁, 2014年2期, 2月, 50-55頁.

程小敏, 2014a,「中餐申遺是否要"高大上"? (上)」,〈中国食品報〉10月7日, 2頁.

____, 2014b,「中餐申遺是否要"高大上"? (中)」,〈中国食品報〉10月14日, 2頁.

____, 2014c,「中餐申遺是否要"高大上"? (下)」,〈中国食品報〉10月21日, 2頁.

程玉祥, 2015,「倒戈與統一: 閩系海軍研究(1926-1935)」,〈民国歷史與文化研究〉32, 新北, 花木蘭文化出版社.

戴菁菁, 1999,「北京飯店推出"開国第一宴"」,〈文匯報〉6月1日, 11頁.

第二商業部飲食業管理局 編, 1958a,『中国名菜譜』第一輯·北京特殊風味, 北京, 軽工業出版社.

____, 1958b,『中国名菜譜』第三輯·北京名菜名点之二, 北京, 軽工業出版社.『中国名菜譜』의 일본어역으로는, 中山時子 訳,『中国名菜譜』北·南·東·西方編, 柴田書店, 1972-73年이 있다.

独鶴(厳独鶴), 1923,「滬上酒食肆之比較(続)」,〈紅雑誌〉34, 19-30頁.

芳洲, 1988,「国宴改革之后」,〈新民晚報〉1月19日, 1頁.

馮大彪, 2007,『北京前事今声』, 上海, 三聯書店.

馮学鋒·陳正平, 1989,「保護"国賓酒"的声誉」,〈文匯報〉1月22日, 2頁.

傅培梅, 2017,『五味八珍的歳月』, 台北, 四塊玉文創出版(초판은 台北, 橘子出版, 2000年).

傅崇矩, 1987,『成都通覧』下, 成都, 巴蜀書社(원서는, 成都通俗報社, 1909年).

顧奎琴, 2003,『毛沢東: 保健飲食生活』, 広州, 広東人民出版社.

『国家名厨』編委会 編, 2012,『国家名厨』, 北京, 中国商業出版社.

郭成倉, 2014,「細説国宴50年」,〈餐飲世界〉2014年1期, 1月, 50-53頁.

郭文鈉, 2009,「満漢全席与清末民初満漢関係的変遷」, 北京師範大学修士学位論文.

郭忠豪, 2020, 「伝説與滋味: 追尋台湾'三杯鶏'菜肴之演変」, 〈中国飲食文化〉16⑴, 4月, 9-53頁.

郭仲義, 1959, 「訪四大名厨」, 〈北京晩報〉10月20日, 2頁.

何方, 2011, 「周恩来張聞天外交風格異同」, 〈炎黄春秋〉2011年5期, 5月, 14-15頁.

何鳳嬌・林秋敏 訪問(詹家綺 記録・整理), 2011, 「楊月琴女士口述訪談紀録」, 〈国史館 館訊〉6, 6月, 96-105頁.

河合洋尚, 2018, 「広州西関的飲食景観建構与飲食実践」, 河合洋尚・劉征宇 編, 「社 会主義制度下的中国飲食文化与日常生活」, 〈国立民族博物館調査報告〉144, 2月, 151-166頁.

胡克廷, 1998, 「麻辣不就是川菜」, 〈文匯報〉9月12日, 6頁.

華僑経済年鑑編輯委員会 編, 1961-1967, 1970, 1973-1975, 1978, 1979, 1981, 1982, 1987-1989, 1991-1993, 1996, 1997, 『華僑経済年鑑』, 台北, 華僑経済 年鑑編輯委員会.

華僑志編纂委員会 編, 1962, 『印度』, 台北, 華僑志編纂委員会.

季鴻崑, 2011, 「関於中国烹飪申遺問題的争論」, 〈南寧職業技術学院学報〉2012年 17⑴, 2011年12月, 1-6頁.

＿＿, 2012, 「談中国烹飪的申遺問題」, 〈揚州大学烹飪学報〉2, 4月, 5-11頁.

姜虹, 2018, 「中国餃子為申遺貢献力量金龍魚専業餃子粉成為秘密武器」, 〈中華工 商時報〉9月7日, 5頁.

江亢虎, 1922, 「荷蘭五日記」, 〈東方雑誌〉19(13), 7月10日, 100-102頁.

江礼暘, 1994, 「上海餐飲令人眼花繚乱」, 〈文匯報〉1月25日, 7頁.

江南春, 1996, 「各大菜系的形成」, 〈文匯報〉2月17日, 8頁.

晋化 編, 2008, 『老北京 民風習俗』, 北京, 燕山出版社.

金受中, 1956, 「北京的"譚家菜"」, 〈新民晩報〉10月26日, 6頁.

金忠強, 1997, 「在北京吃上海菜」, 〈新民晩報〉1月24日, 15頁.

鞠景鑫, 1999, 「上海菜越来越紅火假本幇越来越離譜」, 〈新民晩報〉6月18日, 9頁.

崑岡 等奉勅撰, 1976, 『欽定大清会典』光緒25年刻本, 台北, 新文豊.

狼呑虎嚥 客編, 1930, 『上海的吃』, 上海, 流金書店.

老舎, 1931, 『二馬』, 上海, 商務印書館.

冷省吾, 1946, 『最新上海指南』, 上海文化研究社.

李春光 編, 2004, 『清代名人軼事輯覧』3, 北京, 中国社会科学出版社.

李斗, 1997(1960), 『揚州画舫録』, 北京, 中華書局(원저는 1795년).

李浩明, 1997, 「上海本幇菜走向全国」, 〈文匯報〉4月29日, 5頁.

李楊, 2014, 「美食申遺—文化的燥熱? 商業的狂歓?」, 〈貴州民族報〉3月3日, B03頁.

黎貴惇, 2011,『芸台類語』, 台北, 国立台湾大学出版中心.

粒粒香 著(揚眉 絵), 2013,『粤菜伝奇』, 広州, 広東科技出版社.

梁啓超, 1967(1903),『新大陸遊記』, 台北, 文海.

林金城, 2008,「肉骨茶起源考」, 張玉欣 編,『第十届中華飲食文化学術研討会論文集』, 台北, 財団法人中華飲食文化基金会, 393-404頁.

林明德, 2015,「揭開鼎泰豊的家族與小吃譜系」,〈料理·台湾〉20, 3月, 104-113頁.

林唯舟, 1992,「上海本帮菜如何推陳出新」,〈文匯報〉11月7日, 2頁.

劉欣, 2011,「中国国宴揭秘」,〈辦公室業務〉(北京) 2011年2期, 2月, 54-56頁.

劉曉, 2015a,「中餐申遺 譲世界博覧中国味道」,〈人民日報(海外版)〉3月26日, 8頁.

____, 2015b,「中餐申遺 拉開序幕」,〈人民日報(海外版)〉3月31日, 8頁.

逯耀東, 2007(2001),『肚大能容: 中国飲食文化散記』, 台北, 東大図書公司.

馬遠超, 2012,「"国酒茅台"商標注册的五大争議」,〈電子知識産権〉10, 10月, 35-37頁.

孟剛, 2017,「中餐申遺 卡在哪儿」,〈中国消費者報〉4月16日, 8頁.

孟蘭英, 2012,「中南海"御厨"一程汝明」,〈党史縦横〉2012年10期, 10月, 10-12頁.

牟敦珮, 1948,「吃在成都」,〈申報〉5月1日, 7頁.

潘宗億, 2020,「傅培梅與阿基師之外: 戰後台湾的食譜出版趨勢與変遷」,〈中国飲食文化〉16(1), 4月, 115-177頁.

彭海容, 2015,「中国美食走進聯合国教科文組織 中餐申遺拉開序幕」,〈中国食品〉8, 8月, 76-78頁.

皮国立, 2020,「'食補'到'禁食': 従報刊看戰後台湾的香肉文化史(1949-2001)」,〈中国飲食文化〉16(1), 4月, 55-114頁.

平步青 著(陳文華 重校), 1982,『霞外攟屑』上, 上海古籍出版社(원저는 19세기 후반).

謙子, 2015,「【麻婆豆腐】2010年入選成都市"非遺"名録第三批成都市非物質文化遺産名録」, 四川文化網, 12月14日, (http://www.scgoo.cn/article-1998-1.html).

秦小冬, 1999,「再現開国"第一宴"」,〈文匯報〉9月6日, 6頁.

邱龐同, 1979,「"適口者珍"及其他」,〈文匯報〉3月22日, 4頁.

____, 2010,『中国菜肴史』, 青島出版社.

潘醒儂 等編, 1932,『新加坡指南』, 新加坡, 南洋出版社.

饒智·王詩蕊, 2009,「解読国宴変遷」,〈晩報文萃〉(西安) 2009年14期, 7月15日, 62-64頁.

人民大会堂『国宴菜譜集錦』編輯組 編, 1984,『国宴菜譜集錦』北京, 人民大会堂.

阮清華, 2012,「"紅色沙龍"梅龍鎮」,〈国際市場〉2012年1期, 1月, 54-56頁.

商業部飲食服務局 編, 1959,『中国名菜譜』4, 軽工業出版社.

施筱萍, 1998, 「"官菜"味如何?」, 〈新民晚報〉 3月27日, 29頁.

樹棻, 1997, 「上海菜在香港」, 〈新民晚報〉 6月19日, 15頁.

舒明, 1997, 「従歷史到未来: 对上海菜的一点反思」, 〈文匯報〉 10月25日, 7頁.

舒湮, 1947, 「『吃』的廃話」, 〈論語〉 132, 7月1日, 649-651頁.

____, 1995, 「抗戦時期的吃」, 〈文匯報〉 9月5日, 7頁.

絲絲, 1995, 「本幇菜: 粉墨新登場」, 〈文匯報〉 2月27日, 11頁.

孫文, 1989(1919), 「建国方略 孫文学説(心理建設)」, 国父全集編輯委員会 編, 『国父全集』 1, 台北, 近代中国出版社, 351-422頁.

孫曉青, 2009a, 「国宴与礼賓変遷」, 〈小康〉 83, 6月, 72-74頁.

____, 2009b, 「国宴上的外交風雲」, 〈小康〉 83, 6月, 76-77頁.

孫宗復 編, 1935, 『上海遊覧指南』, 上海, 中華書局, 1月初版, 9月訂正再版.

譚璐 · 張旭, 2010, 「神秘国宴: 胡主席最愛開水白菜」, 〈新聞天地〉 9, 9月, 28-29頁.

唐嗣堯, 1935, 「中国的飲食」, 〈科学時報〉 2(3), 3月, 41-43頁.

佟屏亜 他編, 1990, 『畜禽史話』, 北京, 学術書刊出版社.

涂艶 · 饒智 · 王詩蕊, 2010, 「中国国宴外交60年」, 〈中外文摘〉 2, 1月15日, 6-9頁.

童世璋, 1986, 『小吃的芸術與文化』, 台北, 行政院文化建設委員会.

童子達 編, 1928, 『新嘉坡各業調査』, 新嘉坡南洋工商補習学校.

万建中, 2012, 「中国烹饪無需申遺」, 〈中国芸術報〉 2月8日, (http://www.cflac.org.cn/ys/xwy/201202/t20120208_126434.html).

王宝林, 1997, 「最好的川菜是不辣的!?」, 〈文匯報〉 2月1日, 7頁.

王定九, 1934, 『上海顧問』, 上海, 中央書店.

____, 1937, 『上海門径』, 上海, 中央書店.

王豊, 2009, 「蔣介石的"国宴"」, 〈文史博覧〉 7, 7月, 66-67頁.

王国平, 1997, 「京菜里的海味」, 〈文匯報〉 5月10日, 7頁.

王煥理, 2009, 「仁川百年老店 中華楼紀事」, 〈煙台日報〉 7月11日(https://wenku.baidu.com/view/db2c6e06b52acfc789ebc9f7.html).

王家倹, 2004, 「閩系海軍歷史地位的重新評価」, 李金強 他主編, 『我武維揚: 近代中国海軍史新論』, 香港海防博物館, 12-25頁.

王夢悦, 2012, 「記録開国第一宴」, 〈党史縦横〉 7, 7月1日, 14-16頁.

王思明, 2006, 「無鴨不成席: '鴨都'何以成為南京的代名詞?」, 周寧静 主編, 『第九届中華飲食文化学術研討会論文集』, 台北, 中華飲食文化基金会, 431-448頁.

王暁楓, 2015, 「国宴: 舌尖上的外交」, 〈決策〉 Z1, 3月5日, 88-89頁.

翁長松, 1999, 「名店 · 名饌 · 名厨」, 〈新民晚報〉 10月16日, 24頁.

呉道富 · 沈定, 1993, 「四川火鍋進軍大上海」, 〈文匯報〉 11月11日, 5頁.

吳德广, 2008, 「礼賓官的日子」, 〈報告文学〉(長江文芸出版社) 2月5日, 98-108頁.

____, 2011, 「国宴軼事」, 〈湘潮〉1, 1月, 44-46頁.

____, 2012, 「親歴者講述国宴変遷」, 〈人民文摘〉9, 9月, 50-51頁.

吳正格, 1988, 『満族食俗与清宮御膳』, 瀋陽, 遼寧科学技術出版社.

伍連德, 1915, 「衛生餐法」, 〈中華医学雑誌〉1(1), 11月, 30-31頁.

伍廷芳, 1910, 「衛生新法撮要」, 〈中西医学報〉9, 12月, 1-6頁.

巫仁恕, 2018, 「東坡肉的形成与流衍初探」, 〈中国飲食文化〉14(1), 4月, 13-55頁.

暁鴿, 2014, 「国宴: 舌尖上的外交」, 〈東南西北〉8, 4月15日, 18-19頁.

暁宜, 1983, 「大鬧蟹渉趣」, 〈文匯報〉11月12日, 4頁.

篠田統, 1971, 「豆腐考」, 林海音 主編, 『中国豆腐』, 台北, 純文学出版社, 39-58頁.

解希之, 1937, 「広州印象記」, 〈学風〉(安徽省立図書館 編) 7(2), 発行월 미상, 1-8頁.

謝雲飛, 1994, 「自醸老酒 自売老外 "紹醸"獲外貿進出口自主権」, 〈文匯報〉3月15日,
     5頁.

____, 1998, 「周総理与紹興酒」, 〈文匯報〉2月22日, 7頁.

邢渤濤 注釈, 1986, 『調鼎集』, 北京, 中国商業出版社(원저는 건륭 연간 내지는 그 직후).

徐海栄 主編, 1999a, 『中国飲食史』5, 北京, 華夏出版社.

____, 1999b, 『中国飲食史』6, 北京, 華夏出版社.

徐珂, 1920, 『清稗類鈔』第47冊, 飲食(上), 上海, 商務印書館.

許聖義·許昌浩, 2014, 「揭開国宴的神秘面紗」, 〈烹調知識〉(太原) 3, 3月, 28-29頁.

嚴裴麗 口述(傅士玲 著), 2006, 『蔣公獅子頭: 豪門家宴私菜食譜與故事』, 台北, 棋碁
     文化.

揚眉 漫画, 2009, 『満漢全席之進宮』, 上海, 東方出版中心.

____, 2010a, 『満漢全席之満菜』, 上海, 東方出版中心.

____, 2010b, 『満漢全席之世世』, 上海, 東方出版中心.

楊萌, 1994, 「世界美食城 推陳出新本幇菜」, 〈文匯報〉1月30日, 6頁.

楊昭景 等, 2017, 『醇醸的滋味: 台湾菜的百年変遷與風貌』, 台北, 墨刻出版.

楊雪, 2016, 「中餐申遺真的難於上青天?」, 〈科技日報〉1月23日, 4頁.

姚慧玲, 1988, 「集各幇之長創海派風味上海菜系自成一体」, 〈文匯報〉7月2日, 2頁.

____, 1994, 「商戦在滬全方位展開」, 〈文匯報〉5月1日, 2頁.

____, 1999, 「本幇老正興興旺140年」, 〈新民晩報〉8月14日, 24頁.

野鶴, 1993, 「"小吃王国"与英国女王」, 〈文匯報〉10月3日, 6頁.

永旭, 2014, 「国宴的変遷」, 〈山西老年〉10, 10月1日, 22頁.

俞美霞, 2011, 「国宴食単與台湾飲食文化探析」, 〈中国飲食文化基金会会訊〉17(2),
     5月, 16-28頁.

禹壽, 1948,「有鼠来窺閣雑筆 豪食」,〈申報〉8月5日, 8頁.

苑洪琪, 1997,『中国的宮廷飲食』, 北京, 商務印書館国際有限公司.

袁家方, 2016,「尋找"都一処"的歴史」,〈時代経貿〉2016年4期, 2月, 62-71頁.

袁静雪, 2012,『女児眼中別面袁世凱』, 北京, 中国文史出版社.

曾齢儀, 2015,「移民與食物: 二次戦後高雄地区的潮汕移民與沙茶牛肉爐」,〈師大台湾史学報〉8, 2015, 12月, 93-128頁.

____, 2018,「呉元勝家族與臺北沙茶火鍋業的変遷(1950-1980年代)」,〈中国飲食文化〉12(1), 4月, 53-89頁.

曾品滄, 2012,「従'平楽遊'到'江山楼': 日治中期台湾酒楼公共空間意涵的転型(1912-1937)」, 林玉茹 主編,『比較視野下的台湾商業伝統』, 台北, 中央研究院台湾史研究所, 519-549頁.

____, 2013,「郷土食和山水亭: 戦争期間'台湾料理'的発展(1937-1945)」,〈中国飲食文化〉9(1), 4月, 113-156頁.

張濤, 2011,「孔子: 戦後美国華人餐飲的文化標記—基于美国主要報紙的考察」,〈華僑華人歴史研究〉2011年2期, 6月, 38-50頁.

張秀明, 2008,「被辺縁化的群体: 印度華僑華人社会的変遷」,〈華僑華人歴史研究〉2008年4期, 12月, 6-23頁.

張玉欣, 2006,「台湾的便当文化」,〈中華飲食文化基金会会訊〉12(3), 8月, 30-36頁.

____, 2008,「従平面媒体與受訪者日記略窺台湾光復後三十年(1945-1975)之餐飲業現況想像」,〈中華飲食文化基金会会訊〉14(4), 11月, 28-37頁.

____, 2011,「台湾料理食譜的発展與変遷」,〈中華飲食文化基金会会訊〉17(2), 5月, 44-50頁.

趙鴻明·汪萍, 2004,『舊時明月: 老北京的風土人情』, 北京, 当代世界出版社.

趙栄光, 2003,『満漢全席源流考述』, 北京, 昆侖出版社.

鄭寶鴻, 2013,『百年香港中式飲食』, 香港, 経緯文化.

冶, 1933,「招牌的没落」,〈申報〉11月16日, 18頁.

鍾詩, 1922,「暑期宜屏除酬應」,〈申報〉8月26日, 21頁.

周松芳, 2012,『民国味道—嶺南飲食的黄金時代』, 広州, 南方日報出版社.

____, 2015,『広東味道』, 広州, 花城出版社.

____, 2016,「民国広州飲食的上海報道」, 鳳凰網資訊, 4月9日(원재[原載]는〈羊城晩報〉), (http://news.ifeng.com/a/20160409/48403851_0.shtml).

____, 2019,『嶺南飲食文化』, 広州, 広東人民出版社.

周詢(周伯謙·楊俊明 点校), 1987,『芙蓉話旧録』, 成都, 四川人民出版社.

周作人(知堂), 1935,「日本管窺之二」,〈国聞周報〉12(25), 7月1日, (鍾叔河 編,『周作人

散文全集』6, 桂林, 広西師範大学出版社, 2009年, 657-666頁 등에 수록, 일본어역으로
는, 周作人(木山英雄 訳), 『日本談義集』, 平凡社, 2002年, 191-207頁 등이 있다).
朱振藩, 2003, 『食的故事』, 長沙, 岳麓書社.
卓文倩, 2011, 「我国歷任総統国宴菜色及政経意涵之比較研究」, 〈中国飲食文化基
金会会訊〉17(2), 5月, 4-5頁.
左東黎・鐘朋文, 2005, 「国宴"権威"正名国宴: 訪中国烹雕協会蘇秋成会長」, 〈中国
食品〉18, 9月15日, C6-C7頁.

영어 문헌

A'Beckett Arthur. 1884. "Our Insane-Itary Guide to the Health Exhibition",
   Punch, July 26.
Akamine, Jun. 2016. "Shark Town: Kesennuma's Taste for Shark and the
   Challenge of a Tsunami", in Casey Man Kong Lum and Marc de Ferrière le
   Vayer (eds.), *Urban Foodways and Communication: Ethnographic Studies in
   Intangible Cultural Food Heritage around the World*, Lanham, Maryland:
   Rowman & Littlefield, pp. 71-85.
Allix, P. 1953. *Menus for Malaya*, Singapore: Malaya Publishing.
Amenda, Lars. 2009. "Food and Otherness. Chinese Restaurants in West
   European Cities in the 20th Century", *Food and History*, 7(2), pp. 157-180.
Appadurai, Arjun. 1988. "How to Make a National Cuisine: Cookbooks in
   Contemporary India", *Comparative Studies in Society and History*, Vol. 30,
   No. 1, January 1988.
Avieli, Nir. 2005. "Vietnamese New Year Rice Cakes: Iconic Festival Dises and
   Contested National Identity", *Ethnology* (University of Pittsburgh), 44(2),
   Spring, pp. 167-187.
Banerjee, Himadri, Gupta, Nilanjana and Mukherjee, Sipra (eds.). 2009. *Calcutta
   Mosaic: Essays and Interviews on the Minority Communities of Calcutta*,
   London: Anthem Press.
Bao, Jiemin. 2011. "Transnational Cuisine: Southeast Asian Chinese Food in Las
   Vegas", in Tan Chee-Beng (ed.), *Chinese Food and Foodways in Southeast
   Asia and Beyond*, Singapore: National University of Singapore Press, pp.
   175-191.

Barbas, Samantha. 2003. "'I'll Take Chop Suey': Restaurants as Agents of Culinary and Cultural Change", *Journal of Poplular Culture*, 36(4), Spring, pp. 669-686.

Benton, Gregor. 2005. "Chinatown UK v. Colonial Hong Kong: An Early Exercise in Transnational Militancy and Manipulation, 1967-1969", *Ethnic and Racial Studies*, 28(2), March, pp. 331-347.

Bettijane, Levine. 2010. "Back Story: Who Was Susan, and Was She Truly Lazy?" *L.A. at Home, The Los Angeles Times*. March 25, (http://latimes-blogs.latimes. com/home_blog/2010/03/lazy-susan-history-who-invented-mystery.html)

Bosse, Sara and Watanna Onoto. 1914. *Chinese-Japanese Cook Book*, Chicago: Rand McNally.

Bray, Francesca. 2019. "Health, Wealth, and Solidarity", in Angela Ki Che Leung and Mellissa L. Caldwell (eds.), *Moral Foods: The Construction of Nutrition and Health in Modern Asia*, Honolulu: University of Hawai'i Press, pp. 23-46.

Brien, Donna Lee. 2019. "Food Writing and Culinary Tourism in Singapore", in Cecilia Leong-Salobir (ed), *Routledge Handbook of Food in Asia*, London and New York: Routledge, pp. 163-175.

Bruce, Allan. 1971. *Good Food Guide to Singapore*, Second Edition, Singapore: Donald Moore for Asia Pacific Press.

Buck, Pearl S. 1972. *Buck's Oriental Cookbook*, New York: Simon and Schuster.

Caldwell, Melissa L. 2015. "The Visible and the Invisible: Intimate Engagement with Russia's Culinary East", in Kwang Ok Kim (ed.), *Re-Orienting Cuisine: East Asian Foodways in the Twenty-First Century*, New York: Berghahn, pp. 129-149.

Chan, Carol and Strabucchi, Maria Montt. 2020. "Creating and Negotiating 'Chine seness' through Chinese Restaurants in Santiagom Chile" in Jenny Banh and Haiming Liu (eds.), *American Chinese Restaurants: Society, Culture and Consumption*, London: Routledge, pp. 3-25.

Chan, Sally. 2016. "Sweet and Sour: The Chinese Experience of Food", in Anne J. Kershen (ed.), *Food in the Migrant Experience*, London: Routledge, pp. 172-188.

Chan, Yuk Wab. 2011. "*Banh Cuon* and *Cheung Fan*: Searching for Identity of the 'Steamed Rice-flour Roll'", in Tan Chee-Beng (ed.), *Chinese Food and*

Foodways in Southeast Asia and Beyond, Singapore: Nus Press, pp. 156-171.

Chao, Buwei Yang. 1949 (1945). *How to Cook and Eat in Chinese*, New York: John Day.

Châu, Hàm. 2005. "A Taste of the South", in Annabel Jackson, Hàm Châu, Vân Chi (eds.), *The Cuisine of Việt Nam Nourishing a Culture*, Việt Nam: Thế Giới Pubilishers.

Chen, Yong. 2014. *Chop Suey, USA: The Story of Chinese Food in America*, New York: Columbia University Press.

_____. 2020. "Surveying the Genealogy of Chinese Restaurants in Mexico: From High-End Franchises to Makeshift Stands", in Jenny Banh and Haiming Liu (eds.), *American Chinese Restaurants: Society, Culture and Consumption*, London: Routledge, pp. 89-104.

Cheng, Sea-ling. 2002. "Eating Hong Kong's Way Out", in Katarzyna Cwiertka and Boudewijn Walraven (eds.), *Asian Food: The Global and the Local*, London: Routledge, pp. 16-33.

Cheung, Sidney C. H. 2002. "The Invention of Delicacy: Cantonese Food in Yokohama Chinatown", David Y. H. Wu and Sidney C. H. Cheung (eds.), *The Globalization of Chinese Food*, Richmond: Curzon Press, pp. 170-182.

_____. 2020. "Reflections on the Historical Construction of Huaiyang Cuisine: A Study on the Social Development of Shanghai Foodways in Hong Kong", *Global Food History*, 6(2), May, pp. 1-15, published online.

Chiang, Cecilia with Weiss, Lisa. 2007. *The Seventh Daughter: My Culinary Journey from Beijing to San Francisco*, Berkeley: Ten Speed Press.

Choo, Ng Kwee. 1968. *The Chinese in London*, London: Institute of Race Relations, Oxford University Press.

Coe, Andrew. 2009. *Chop Suey: A Cultural History of Chinese Food in the United States*, Oxford: Oxford University Press.

Cwiertka, Katarzyna J. 2006. *Modern Japanese Cuisine: Food Power and National Identity*, London: Reaktion Books.

_____. 2012. *Cuisine, Colonialism, and Cold War: Food in Twentieth-Century Korea*, London: Reaktion Books.

Cwiertka, Katarzyna J. and Morita, Akiko. 2008. "Fermented Soyfoods in South Korea", in Christine M. Du Bois, Chee-Beng Tan, and Sidney Mintz (eds), *The World of Soy*, Urbana and Chicago: University of Illinois Press, pp. 161-

181.

Dadi Maskar, Khoirul Anwar, Nindy Sabrina, Astawan Made, Hardinsyah Hardinsyah, Naufal M Nurdin, Shanti Pujilestari. 2018. "Promoting Tempe as Indonesian Indigeneous Food and Culture", *ICCD(International Conference on Community Development)*, 1(1), pp. 36-43.

Demgenski, Philipp. 2020. "Culinary Tensions: Chinese Cuisine's Rocky Road toward International Intangible Cultural Heritage Status", *Asian Ethnology*, 79(1), pp. 115-135.

Der Ling, Princess. 1933. *Imperial Incense*, New York: Dodd, Mead & Company. 중국어역은 德齡(秦瘦鷗 訳), 『御香縹緲録』(1934年)으로, 이 책에서는 1939년 판(上海, 春江書局)을 참조했다. 일본어역으로는 実藤恵秀 訳, 『西太后絵巻』 上·下(大東出版社, 1941年), 초역(抄譯)으로는 井関唯史 訳, 『西太后汽車に乗る』 (東方書店, 1997年)가 있다.

Du Bois, Christine M. 2008. "Social Context and Diet: Changing Soy Production and Consumption in the United States", in Christine M. Du Bois, Chee-Beng Tan, and Sidney Mintz (eds.), *The World of Soy*, Urbana and Chicago: University of Illinois Press, 2008, pp. 208-233.

Dudgeon, John. 1884. "Diet, dress, and dwellings of the Chinese", *The Health Exhibition Literature*, 19, pp. 253-495.

Dunstan, Don. 1976. *Don Dunstan's Cookbook*, Adelaide, South Australia: Rigby.

Duruz, Jean. 2007. "From Malacca to Adelaide: Fragments towards a Biography of Cooking, Yearing and Laksa", in Sidney C. H. Cheung and Tan Chee-Beng (eds.), *Food and Foodways in Asia: Resource, Tradition and Cooking*, London: Routledge, pp. 183-200.

____. 2011. "Four Dances of the Sea: Cooking 'Asian' As Embedded Australian Cosmopolitanism", in Tan Chee-Beng (ed.), *Chinese Food and Foodways in Southeast Asia and Beyond*, Singapore: National University of Singapore Press, 2011, pp. 192-217.

Duruz Jean and Khoo, Gaik Cheng. 2015. *Eating Together: Food, Space, and Identity in Malaysia and Singapore*, Lanham, Maryland: Rowman & Littlefield.

Esterik, Penny Van. 1992. "From Marco Polo to McDonald's: Thai Cuisine in Transition", *Food and Foodways*, 5(2), August, pp. 177-193.

____. 2008. *Food Culture in Southeast Asia*, Westport, Connecticut: Greenwood

Press.

Farrer, James. 2010. "Introduction: Food Studies and Global Studies in the Asia Pacific", in James Farrer (ed.), *Globalization, Food and Social Identities in the Asia Pacific Region*, Tokyo: Sophia University Institute of Comparative Culture, published online.

Farrer, James, Hess, Christian, Carvalho Mônica R. de, Wang, Chuanfei, and Wank, David. 2019. "Japanese Culinary Mobility: The Multiple Globalizations of Japanese Cuisine", in Cecilia Leong Salobir (ed), *Routledge Handbook of Food in Asia*, London and New York, Routledge, pp. 39-57.

Fei, Xiaotong. 1989. "The Shallowness of Cultural Tradition", in R. David Arkush and Leo O. Lee (eds.), *Land Without Ghosts: Chinese Impressions of America from the Mid-nineteenth Century to the Present*, Berkeley: University of California Press, pp. 172-175.

Feng, Jin. 2019. *Tasting Paradise on Earth: Jiangnan Foodways*, Seattle: University of Washington Press.

Fernando G. C. 1978. *Filipino Heritage: the Making of a Nation*, Vol. 10. Manila: Lahing Pilipino Publishing Inc.

Fernandez, Doreen G. 1994. *Tikim: Essays on Philippine Food and Culture*, Manila: Anvil Publishing, Inc.

_____. 2002. "Chinese Food in the Philippines: Indigenization and Transformation", in David Y. H. Wu and Sidney C. H. Cheung (ed.), *The Globalization of Chinese Food*, London: Routledge, pp. 183-189.

Filippini, Alexander. 1890 (1889). *The Table: How to Buy Food, How to Cook It and How to Serve It*, New York: Charles L. Webster & Company, pp. 414-417.

Freedman, Paul. 2016. *Ten Restaurants That Changed America*, New York: Liveright Publishing Corporation.

Fu, Jia-Chen. 2018. *The Other Milk: Reinventing Soy in Republican China*, Seattle: University of Washington Press.

Genthe, Arnold with text by Irwin, Will. 1908. *Pictures of Old Chinatown*, New York: Moffat, Yard & Co.

Gernet, Jacques, translated by Wright, H. M. 1962. *Daily Life in China: On the Eve of the Mongol Invation 1250-1276*, Stanford: Stanford University Press.

Gerth, Karl. 2003. "Commodifying Chinese Nationalism: MSG and the Flavor of Patriotic Production", Susan Strasser (ed.), *Commodifying Everything:*

Relationships of the Market, New York: Routledge.

Hà, Thu and Ly, Uyên. 2005. "Where it all began", in Annabel Jackson, Hàm Châu, Vân Chi (eds.), *The Cuisine of Việt Nam Nourishing a Culture*, Việt Nam: Thế Giới Pubilishers, pp. 16-18.

Han, Kyung-Koo. 2010a. "The 'Kimchi Wars' in Globalizing East Asia: Consuming Class, Gender, Health, and National Identity", in Kendall, L., (ed.), *Consuming Korean Tradition in Early and Late Modernity*, Honolulu: University of Hawai'i Press, pp. 149-166.

____. 2010b. "Noodle Odyssey: East Asia and Beyond", *Korea Journal*, 50(1), Spring, pp. 60-84.

Handy, Ellice. 1952. *My Favourite Recipes*, Singapore: Malaya Publishing House.

Ho, Sana and Yang, Fongming. 2019. "Pho Migration: Gastronomic Exoticism or Exotic Gastronomy in Paris and Seoul", in *2019 International Conference on Chinese Food Culture "Cross-Cultural Interaction and Chinese Foodways in Southeast Asia"*, in Hanoi, Vietnam in October.

Howell, Elizabeth E. 1891. *Self-waiting Table, Patent No. 464, 073*, Maryville, Missouri: United States Patent Office, Dec 1, (https://patents.google.com/patent/US464073A/en)

Hsiao, Hsin-Huang Michael and Lim, Khay-Thiong. 2015. "History and Politics of National Cuisine: Malaysia and Taiwan", in Kwang Ok Kim (ed.), *Re-Orienting Cuisine: East Asian Foodways in the Twenty-First Century*, New York: Berghahn, pp. 31-55.

Hsu, Madeline Y. 2008. "From Chop Suey to Mandarin Cuisine: Fine Dining and the Refashioning of Chinese Ethnicity During the Cold War Era", in Sucheng Chan and Madeline Y. Hsu (eds.), *Chinese Americans and the Politics of Race and Culture*, Philadelphia: Temple University Press.

Huang, Hsing-tsung. 2000. "Fermentations and Food Science", in *Biology and Biological Technology*, part 5, vol. 6, of *Science and Civilisation in China*, Cambridge: Cambridge University Press.

Huang, Hsing-tsung. 2008. "Early Use of Soybean in Chinese History", in Christine M. Du Bois, Chee-Beng Tan, and Sidney Mintz (eds), *The World of Soy*, Urbana and Chicago: University of Illinois Press, pp. 45-55.

Huat, Chua Beng and Rajah, Ananda. 2001. "Hybridity, Ethnicity and Food in Singapore", in David Y. H. Wu and Tan Chee-beng (eds.), *Changing Chinese*

Foodways in Asia, Hong Kong: Chinese University Press, pp. 161-197.

Hussin, Hanafi. 2019. "Branding Malaysia as Truly Asia through Gastronomic Representation", *Senri Ethnological Studies*, 100, March, Kazunobu Ikeya (ed.), *The Spread of Food Cultures in Asia*, pp. 199-212.

Hymowitz, T. and Shurtleff, W. R. 2005. "Debunking Soybean Myths and Legends in the Historical and Popular Literature", *Crop Science*, 45(2), March, pp. 473-476.

Ichijo, Atsuko and Ranta, Ronald. 2016. *Food, National Identity and Nationalism: From Everyday to Global Politics*, London: Palgrave Macmillan.

Itoh, Keiko. 2001. *The Japanese Community in Pre-War Britain: From Integration to Disintegration*, Routledge.

Iwama, Kazuhiro. 2021. "How Taiwanese, Korean, and Manchurian Cuisines Were Designed: A Comparative Study on Colonial Cuisines in the Japanese Empire", *Al-Madaniyya: Keio Bulletin of Middle Eastern and Asian Urban History*, 1, published online.

_____. forthcoming. "Food, Drink and Fashion", in Shigeto Sonoda and Xudong Zhang (eds.), *A Cultural History of East Asia in the Modern Age: 1900CE to the present*, London: Bloomsbury Academic, Chapter 8.

Jones, Douglas. 1979. "The Chinese in Britain: Origins and Development of a Community", *New Community*, 7(3), Winter, pp. 397-402.

Jung, Kuen-Sik. 2005. "Colonial Modernity and the Social History of Chemical Seasoning in Korea", *Korea Journal*, 45(2), Summer, pp. 9-36.

Jung, Yuson. 2015. "Experiencing the 'West' through the 'East' in the Margins of Europe: Chinese Food Consumption Practice in Post-socialist Bulgaria", in Kwang Ok Kim (ed.), *Re-Orienting Cuisine: East Asian Foodways in the Twenty-First Century*, New York: Berghahn, pp. 150-169.

Khoo, Tony. 2015. *The Singapore Heritage Cook-book: Past, Present, Future*, Singapore: Tien Wah Press.

Kim, Bok-rae. 2009. "Chinese Cuisine in Korean Dining-out Culture", in David Holm (ed.), *Regionalism and Globalism in Chinese Culinary Culture*, Taipei: Foundation of Chinese Dietary Culture, pp. 285-307.

Kim, Chi-Hoon. 2016. "Kimchi Nation: Constructing Kimjang as an Intangible Korean Heritage", in Casey Man Kong Lum and Marc de Ferrière le Vayer (eds.), *Urban Foodways and Communication: Ethnographic Studies in*

Intangible Cultural Food Heritage Around the World, Lanham, Maryland: Rowman & Littlefield, pp. 39-53.

____. 2017. "Let Them Eat Royal Court Cuisine! Heritage Politics of Defining Global Hansik", *Gastronomica*, 4, Fall, pp. 4-14.

Kim, Kwang-ok. 2001. "Contested Terrain of Imagination: Chinese Food in Korea", David Y. H. Wu and Tan Chee-beng (eds.), *Changing Chinese Foodways in Asia*, Hong Kong: The Chinese University Press, pp. 201-217.

____. 2011. "Sichuan, Beijing, and Zhonghua in Chinese Restaurants in Korea: Local Specialty and Consumption of Imagination", in David Y. H. Wu (ed), *Overseas March: How the Chinese Cuisine Sperad?* Taiwan: Foundation of Chinese Dietary Culture, pp. 145-157.

King, Michelle T (金恬). 2019a. "Introdction: Culinary Nationalism in Asia", in Michelle T. King (ed.), *Culinary Nationalism in Asia*, London: Bloomsbury Academy, pp. 1-20.

____. 2019b. "A Cookbook in Search of a Country: Fu Pei-mei and the Conundrum of Chinese Culinary Nationalism", in Michelle T. King (ed.), *Culinary Nationalism in Asia*, London: Bloomsbury Academic, pp. 56-72.

____. 2020. "What Is 'Chinese' Food? Historicizing the Concept of Culinary Regionalism", *Global Food History*, 6(16), March, pp. 1-21, published online.

King, Samuel C. 2019. "Sinophile Consumption: Chinese Restaurants and Consumer Culture in Turn-of-the-Century American Cities", *Global Food History*, 5(3), May, pp. 162-182, published online.

____. 2020. "Oriental Palaces: Chin F. Foin and Chinese Fine Dining in Exclusion-Era Chicago", in Jenny Banh and Haiming Liu (eds.), *American Chinese Restaurants: Society, Culture and Consumption*, London: Routledge, pp. 136-154.

Klein, Jakob A. 2009. "'For Eating, It's Guangzhou': Regional Culinary Traditions and Chinese Socialism", in Harry G. West and Parvathi Raman (eds.), *Enduring Socialism: Explorations of Revolution and Transformation, Restoration and Continuation*, New York: Berghahn Books, pp. 44-76.

Kong, Lily. 2015. "From Sushi in Singapore to Laksa in London", in Lily Kong and Vineeta Sinha (eds.), *Food, Foodways and Foodscapes*, Singapore: World Scientific, pp. 207-241.

Ku, Robert Ji-Song. 2013. "*Gannenshoyu* or First-Year Soy Sauce?: Kikkoman

Soy Sauce and the Corporate Forgetting of the Early Japanese American Consumer", in Robert Ji-Song Ku, Martin F. Manalansan IV, and Anita Mannur (eds.), *Eating Asian America: A Food Studies Reader*, New York: Newe York University Press.

_____. 2014. *Dubious Gastronomy: The Cultural Politics of Eating Asian in the USA*, Honolulu: University of Hawai'i Press.

Kubo, Michiko. 2010. "The Development of an Indonesian National Cuisine: A Study of New Movement of Instant Foods and Local Cuisine", in James Farrer (ed.), *Globalization, Food and Social Identities in the Asia Pacific Region*, Tokyo: Sophia University Institute of Comparative Culture, published online.

Lafontaine, Andrée. 2018. "As Ameican as Chop Suey", in Bruce Makoto Arnold, Tanfer Emin Tunç and Raymond Douglas Chong (eds.), *Chop Suey and Sushi from Sea to Shining Sea: Chinese and Japanese Restaurants in the United States*, Fayetteville: The University of Arkansas Press.

Lausent-Herrera, Isabelle. 2011. "The Chinatown in Peru and the Changing Peruvian Chinese Community(ies)", *Journal of Chinese Overseas*, 7 (1), January, pp. 69-113.

Lee, Anthony W. 2001. *Picturing Chinatown: Art and Orientalism in San Francisco*, Berkeley: University of California Press.

Lee, Chin Koon. 1974. *Mrs Lee's Cookbook: Nyona Recipes and Other Favourite Recipes*, Singapore: Eurasia.

Lee, Geok Boi. 1998. *Singapore: Journey into Nationhood*, Singapore: Landmark.

Lee, Jennifer 8. 2009 (2008). *The Fortune Cookie Chronicle*, New York: Twelve.

Lee, Shermay. 2003. *The New Mrs Lee's Cookbook, Nonya Cuisine*, Singapore: Times Edition.

Lei, Sean Hsiang-lin. 2010. "Habituating Individuality: The Framing of Tuberculiosis and Its Material Solutions in Republican China", *Bulletin of the History of Medicine*, 84(2), Summer, pp. 248-279.

Leow, Annabeth. 2017. "Rise and fall of popular eatery", *The Straits Times*, 19 April, (https://www.straitstimes.com/singapore/rise-and-fall-of-popular-eatery)

Leung, Angela Ki Che. 2019. "To Build or to Transform Vegetarian China: Two Republican Projects", in Angela Ki Che Leung and Mellissa L. Caldwell (eds.), *Moral Foods: The Construction of Nutrition and Health in Modern*

Asia, Honolulu: University of Hawai'i Press, pp. 221-240.

Levin, Jacob R. 2020. "Chinese Restaurants and Jewish American Culture", in Jenny Banh and Haiming Liu (eds.), *American Chinese Restaurants: Society, Culture and Consumption*, London: Routledge.

Li, Hui-Min. 2015. "A Taste of Free China: the Grand Hotel, Overseas Chinese Hostel and Its Food and Reception Culture in Taiwan, 1945-1979", in 2015 International Conference of Chinese Food Culture, *Chinese Food Culture in Europe, French Food Culture in Asia*, Proceedings, Tours, France, 12-15 October, pp. 24-38.

Light, Ivan. 1974. "From Vice District to Tourist Attraction: The Moral Career of American Chinatowns, 1880-1940", *Pacific Historical Review*, 43(3), August, pp. 367-394.

Little Tokyo Service Center. 2019. "Little Tokyo Service Center Announces Purchase of the Former Umeya Rice Cake Company", May 17, (https://www.ltsc.org/umeyapurchase/)

Liu, Haiming 2015. *From Canton Restaurant to Panda Express: A History of Chinese Food in the United States*, New Brunswick: Rutgers University Press.

_____. 2020. "Chop Suey: P. E. Chang's, and Chinese Food in America", in Jenny Banh and Haiming Liu (eds.), *American Chinese Restaurants: Society, Culture and Consumption*, London: Routledge, pp. 155-168.

Liu, Xiaohui. 2016. *Foodscapes of Chinese America: The Transformation of Chinese Culinary Culture in the U.S. since 1965*, Frankfurt am Main: Peter Lang.

Lo, Kenneth. 1993. *The Feast of My Life*, London: Doubleday.

Lui, Mary Ting Yi. 2011. "Rehabilitating Chinatown at Mid-Century: Chinese Americans, Race, and US Cultural Diplomacy", in Vanessa Künnemann and Ruth Mayer (eds.), *Chinatowns in a Transnational World: Myths and Realities of an Urban Phenomenon*, New York: Routledge, pp. 81-100.

Mabalon, Dawn Bohulano. 2013. "As American as Jackrabbit Adobo: Cooking, Eating, and Becoming Filipina/o American before World War II", in Robert Ji-Song Ku, Martin F. Manalansan IV, and Anita Mannur (eds.), *Eating Asian America: A Food Studies Reader*, New York: New York University Press, pp. 147-176.

Matsumoto, Valerie J. 2013. "Apple Pie and Makizushi: Japanese American Women Sustaining Family and Community", in Robert Ji-Song Ku, Martin F. Manalansan IV, and Anita Mannur (eds.), *Eating Asian America: A Food Studies Reader*, New York: New York University Press, pp. 255-273.

Mclean, Alice L. 2015. *Asian American Food Culture*, Santa Barbara: Greenwood.

Mayer, Ruth. 2011. "Introduction, A 'Bit of Orient Set Down in the Herat of a Western Metropolis': The Chinatown in the United States and Europe", in Vanessa Künnemann and Ruth Mayer (eds.), *Chinatowns in a Transnational World: Myths and Realities of an Urban Phenomenon*, New York: Routledge, pp. 1-25.

Mclean, Alice L. 2015. *Asian American Food Culture*, Santa Barbara: Greenwood.

Mendelson, Anne. 2016. *Chow Chop Suey: Food and the Chinese American Journey*, New York: Columbia University Press.

Miller, Harry. 1956. *The Traveller's Guide to Singapore*, Singapore: published by Donald Moore Limited, and printed by Cathay Press in Hong Kong.

Miller, Major Anthony (ed.). 1960. *Good Food from Singapore*, Singapore: Union Printing.

Mintz, Sidney W. 2007. "Asia's Contributions to World Cuisine: A Beginning Inquiry", in Sidney C. H. and Tan Chee-Beng (eds.), *Food and Foodways in Asia: Resource, Tradition and Cooking*, London: Routledge, pp. 201-210.

Mintz, Sidney W., Tan, Chee-Beng, and Bois, Christine M. Du. 2008. "Introduction: The Significance of Soy", in Christine M. Du Bois, Chee-Beng Tan, and Sidney Mintz (eds), *The World of Soy*, Urbana and Chicago: University of Illinois Press, pp. 1-23.

Moon, Okpyo. 2010. "Dining Elegance and Authenticity: Archaeology of Royal Court Cuisine in Korea", *Korea Journal*, 50(1), Spring, pp. 36-59.

Morris, Harriett. 1945. *Korean Recipes*, Wichita (Kansas)

____. 1959. *The Art of Korean Cooking*, Tokyo: Rutland, Vt., C. E. Tuttle Co.

Mukherjee, Sipra and Gooptu, Sarvani. 2009. "The Chinese Community of Calcutta: An Interview with Paul Chung", in Himadri Banerjee, Nilanjana Gupta, and Sipra Mukherjee (eds.), *Calcutta Mosaic: Essays and Interviews on the Minority Communities of Calcutta*, London: Anthem Press, Chapter 6, pp. 131-140.

Najpinij, Niphatchanok. 2011. "Constructing 'Thainess' within International

Food Space: Thai Gastronomy in Five-Star Hotels in Bangkok", A Dissertation submitted in Partial Fulfillment of the Requirements for the Degree of Doctor of Philosophy Program in Thai Studies, Faculty of Arts, Chulalongkorn University.

Nahar, Naili, Karim, Shahrim Ab, Karim Roselina, Ghazali, Hasanah, and Krauss, Steven Eric. 2018. "The Globalization of Malaysia National Cuisine: A Concept of 'Gastrodiplomacy'", *Journal of Tourism, Hospitality and Culinary Arts*, June, pp. 42-58.

Ngoc, Hũu, and Borton, Lady (ed.). 2006. *Frequently Asked Questions about Vietnamese Culture: Phở - A Specialty of Hà nội*, Hanoi: Thế Giới Publishers.

Nguyen, Andrea Quynhgiao. 2016. *The Pho Cookbook: From Easy to Adventurous, Recipes or Vietnam's Favorite Soup and Noodles*, Berkeley, California: Ten Speed Press.

Nguyen, Can Van translated by Nguyen, Duong Thanh. 2008. "Tofu in Vietnamese Life", in Christine M. Du Bois, Chee-Beng Tan, and Sidney Mintz (eds.), *The World of Soy*, Urbana and Chicago: University of Illinois Press, pp. 182-194.

Nolton, Jessie Louise. 1911. *Chinese Cookery in the Home Kitchen: Being Recipes for the Preparation of the Most Popular Chinese Dishes at Home*, Detroit: Chino-American

Otterloo, Anneke H. Van. 2002. "Chinese and Indonesian Restaurants and the Taste for Exotic Food in the Netherlands", in Katarzyna Cwiertka and Boundewijn Walraven, *Asian Food: The Global and the Local*, London: Routledge, pp. 153-166.

Ozeki, Erino. 2008. "Fermented Soybean Products and Japanese Standard Taste", in Christine M. Du Bois, Chee-Beng Tan, and Sidney Mintz (eds.), *The World of Soy*, Urbana and Chicago: University of Illinois Press, pp. 144-160.

Palma, Patricia and Ragas, José. 2020. "Feeding Prejudices: Chinese Fondas and the Culinary Making of National Identity in Peru", in Jenny Banh and Haiming Liu (eds.), *American Chinese Restaurants: Society, Culture and Consumption*, London: Routledge, pp. 44-61.

Parker, David. 1995. *Through Different Eyes: The Cultural Identities of Young Chinese People in Britain*, Aldershot: Avebury.

Peters, Erica J. 2012. *Appetites and Aspirations in Vietnam: Food and Drink in the Long Nineteenth Century*, Lanham: AltaMira Press.

Peters, Erica J. 2015. "A Path to Acceptance: Promoting Chinese Restaurants in San Francisco, 1849-1919", *Southern California Quarterly*, 97(1), Spring, pp. 5-28.

Pfaelzer, Jean. 2007. *Driven Out: The Forgotten War Against Chinese Americans*, New York: Random House.

Poon, Shuk-Wah. 2014. "Dogs and British Colonialism: The Contested Ban on Eating Dogs in Colonial Hong Kong", *Journal of Imperial and Commonwealth History*, 42(2), June, pp. 308-328.

Protschky, Susie. 2008. "Colonial Table: Food, Culture and Dutch Identity in Colonial Indonesia", *Australian Journal of Politics and History*, 54(3), September, pp. 346-357.

Pullphothong, Ladapha. 2013. "'Civilized and Cosmopolitan': The Royal Cuisine and Culinary Culture in the Court of King Rama The Fifth", A Dissertation submitted in Partial Fulfillment of the Requirements for the Degree of Doctor of Philosophy Program in Thai Studies, Faculty of Arts, Chulalongkorn University.

Punyasingh, Temsiri (ed.). 1992. *Thai Cuisine*, Bangkok: The National Identity Board.

Rappaport, Erika. 2017. *A Thirst for Empire: How Tea Shaped the Modern World*, Princeton: Princeton University Press.

Reinitz, Bertram. 1925. "Chop Suey's New Role", *New York Times*, December 27, p. XX2.

Roberts, J.A.G. 2002. *China to Chinatown: Chinese Food in the West*, London: Reaktion Books Ltd.

Rockower, Paul S. 2011. "Projecting Taiwan: Taiwan's Public Diplomacy Outreach", *Issues and Studies*, 47(1), March, pp. 107-152.

Rosner, Erhard. 2009. "Regional Food Cultures in China", in David Holm (ed), *Regionalism and Globalism in Chinese Culinary Culture*, Taipei: Foundation of Chinese Dietary Culture, pp. 95-115.

Sabban, Françoise. 2009a. "Chinese Regional Cuisine: the Genesis of a Concept", in David Holm (ed), *Regionalism and Globalism in Chinese Culinary Culture*, Taipei: Foundation of Chinese Dietary Culture, pp. 79-93.

_____. 2009b. "Forms and Evolution of Chinese Cuisine in France", in David Holm (ed), *Regionalism and Globalism in Chinese Culinary Culture*, Taipei: Foundation of Chinese Dietary Culture, pp. 369-380

Sales, Rosemary, D'Angelo, Alessio, Liang, Xiujing and Montagna, Nicola. 2009. "London's Chinatown: Branded Place or Community Space?", in Stephanie Hemelryk Donald, Eleonore Kofman, and Catherine Kevin (eds.), *Branding Cities: Cosmopolitanism, Parochialism, and Social Change*, New York: Routledge, pp. 45-58.

Sales, Rosemary, Hatziprokopiou, Panos, D'Angelo, Alessio, and Lin, Xia. 2011. "London's Chinatown and the Changing Shape of Chinese Diaspora", in Vanessa Künnemann and Ruth Mayer (eds.), *Chinatowns in a Transnational World: Myths and Realities of an Urban Phenomenon*, New York: Routledge, pp. 198-216.

Sankar, Amal. 2017. "Creation of Indian-Chinese Cuisine: Chinese Food in an Indian City", *Journal of Ethnic Foods*, 4(4), December, pp. 268-273.

See, Carmelea Yinching Ang. 2008. "Chinese Foodways in the Philippines: A Process of Acculturation and Localization", 張玉欣 総編集,『第十屆中華飲食文化学術研討会論文集』, 台北, 財団法人中華飲食文化基金会, 199-220頁.

_____. 2011. "Acculturation, Localization and Chinese Foodways in the Philippines", in Tan Chee-Beng (ed.), *Chinese Food and Foodways in Southeast Asia and Beyond*, Singapore: National University of Singapore Press, pp. 124-140.

Seed, John. 2006. "Limehouse Blues: Looking for Chinatown in the London Docks, 1900-40", *History Workshop Journal*, 62, Autumn, pp. 58-85.

Shu, Joycelyn. 2011. *Nostalgia Is the Most Powerful Seasoning*, Singapore: Ate Media.

Shurtleff, William and Aoyagi, Akiko. 1979 (1975). *The Book of Tofu: Protein Source of the Future-Now!* New York: Ballentine Books, condensed and revised [ed.]

Sidharta, Myra. 2008a. "Tracing the Dragon's Trail in Chinese Indonesian Foodways", 張玉欣 総編集,『第十屆中華飲食文化学術研討会論文集』, 台北, 財団法人中華飲食文化基金会, 147-164頁.

_____. 2008b. "Soyfoods in Indonesia", in Christine M. Du Bois, Chee-Beng Tan, and Sidney Mintz (eds.), *The World of Soy*, Urbana and Chicago: University of Illinois Press, 2008, pp. 195-207.

____. 2011. "The Dragon's Trail in Chinese Indonesian Foodways", in Tan Chee-Beng (ed.), *Chinese Food and Foodways in Southeast Asia and Beyond*, Singapore: National University of Singapore Press, pp. 107-123.

Simoons, Frederick J. 1991. *Food in China: A Cultural and Historical Inquiry*, Boca Raton: CRC Press.

Sircar, Jawhar. 1990. "The Chinese of Calcutta", in Sukanta Chaudhuri (ed.), *Calcutta: The Living City, Volume II: The Present and Future*, Calcutta: Oxford University Press.

Smart, Josephine. 2009. "Cognac and Poon-chai: A Social History of the Invention of Hong Kong Traditions in Festive Food Culture", in David Holm (ed), *Regionalism and Globalism in Chinese Culinary Culture*, Taipei: Foundation of Chinese Dietary Culture, pp. 325-367.

Smith, Andrew F. 2001. "False Memories: The Invention of Culinary Fakelore and Food Fallacies", in Harlan Walker (ed.), *Food and the Memory*, London: Prospect, pp. 254-260.

Snow, Edgar. 1959. *Journey to the Beginning*, London: Victor Gollancz.

Swislocki, Mark. 2009. *Culinary Nostalgia: Regional Food Culture and the Urban Experience in Shanghai*, Stanford: Stanford University Press.

Tam, Siumi Maria. 2002. "Heunggongyan Forever: Immigrant Life and Hong Kong Style Yumcha in Australia", in David Y. H. Wu and Sidney C. H. Cheung (eds.), *The Globalization of Chinese Food*, London: Routledge, pp. 131-151.

Tan, Chee-Beng. 2001. "Food and Ethnicity with Reference to the Chinese in Malaysia", in David Y. H. Wu and Tan Chee-beng (eds.), *Changing Chinese Foodways in Asia*, Hong Kong: Chinese University Press, pp. 125-160.

____. 2007. "Nyonya Cuisine: Chinese, Non-Chinese and the Making of a Famous Cuisine in Southern Asia", in Sidney C. H. Cheung and Tan Chee-Beng (eds.), *Food and Foodways in Asia: Resource, Tradition and Cooking*, New York: Routledge, pp. 171-182.

____. 2008. "Tofu and Related Products in Chinese Foodways", in Christine M. Du Bois, Chee-Beng Tan, and Sidney Mintz (eds.), *The World of Soy*, Urbana and Chicago: University of Illinois Press, pp. 100-120.

____. 2011a. "Introduction", in Tan Chee-Beng (ed.), *Chinese Food and Foodways in Southeast Asia and Beyond*, Singapore: National University of Singapore Press, pp. 1-19.

_____. 2011b. "Cultural Reproduction, Local Invention and Globalization", in Tan Chee-Beng (ed.), *Chinese Food and Foodways in Southeast Asia and Beyond*, Singapore: National University of Singapore Press, pp. 23-46.

Tan, Christopher. 2010. "What Is Singapore Food?" in Joyceline Tully and Christopher Tan (eds.), *Heritage Feasts: A Collection of Singapore Family Recipes*, Singapore: Miele, pp. 15-19.

Tan, Gek Suan. 2004. *Gateway to Peranakan Food Culture*, Singapore: Asiapac Books.

Tan, Mely G. 2002. "Chinese Dietary Culture in Indonesian Urban Society", in David Y. H. Wu and Sidney C. H. Cheung (ed.), *The Globalization of Chinese Food*, London: Routledge, pp. 152-169.

Tarulevicz, Nicole. 2013. *Eating Her Curries and Kway: A Cultural History of Food in Singapore*, Urbana: University of Illinois Press.

Thompson, David. 2002. *Thai Food*, Victoria, Australia: Penguin Book Ltd.

Tseng, Pintsang and Chen, Yujen 2020. "Making 'Chinese Cuisine': The Grand Hotel and Huai-Yang Cuisine in Postwar Taiwan", *Global Food History*, 6(16), March, pp. 1-18, published online.

Tully, Joyceline and Tan, Christopher. 2010. *Heritage Feats: A Collection of Singapore Family Recipes*, Singapore: Miele Pte.

United States Navy (Bureau of Supplies and Accounts), revised 1944. *The Cook Book of the United States Navy*, Navsanda Publication No.7, (Collection in the National Archives, USA).

Varè, Daniele. 1938. *Laughing Diplomat*, London: John Murray.

Vu, Hong Lien. 2016. *Rice and Baguette: A History of Food in Vietnam*, London: Reaktion Books Ltd.

Wang, Oliver. 2020. "Live at the China Royal: A Funky Ode to Fall River's Chow Mein Sandwich", in Jenny Banh and Haiming Liu (eds.), *American Chinese Restaurants: Society, Culture and Consumption*, London: Routledge, pp. 105-120.

Watson, James L. 2019. "Afterword: Feasting and the Pursuit of National Unity-American Thanksgiving and Cantonese Common-Pot Dining", in Michelle T. King, *Culinary Nationalism in Asia*, London: Bloomsbury Academic, pp.

252-263.

Wong, Hong Suen. 2007. "A Taste of the Past: Historical Themed Restaurant and Social Memory in Singapore", in Sidney C. H. Cheung and Tan Chee-Beng (eds.), *Food and Foodways in Asia: Resource, Tradition and Cooking*, New York: Routledge, pp. 115-128.

Wongcha-um, Panu. 2010. "What Is Thai Cuisine?: Thai Culinary Identity Construction From The Rise of The Bangkok Dynasty to Its Revival", A Thesis submitted for Degree of Master of Arts, Department of History, National University of Singapore.

Wongyannava, Thanes. 1999. "The Localization of Chinese Haute Cuisine in Bangkok's Chinese Restaurants: A Preliminary Study", in 7th International Conference on Thai Studies, University of Amsterdam, 4-8 July, pp. 1-14.

Woon, Kwok Kian, Wan-Ling C. J. and Chia, Karen (eds.). 2000. *Rethinking Chinatown and Heritage Conservation in Singapore*, Singapore Heritage Society.

Wu, David Y. H. 2011. "Global Encounter of Diasporic Chinese Restaurant Food", in Tan Chee-Beng (ed.), *Chinese Food and Foodways in Southeast Asia and Beyond*, Singapore: Nus Press, pp. 75-103.

Wu, Lien-the. 1915. "A Hygienic Chinese Dining Table", *The National Medical Journal of China*, 1(1), November, pp. 7-8.

Wu, Xian. 1927. "Chinese Diet in the Light of Modern Knowledge of Nutrition", *The Chinese Social and Political Science Review*, 11(1), January, pp. 56-81.

Yang, Young-Kyun. 2005. "Jajangmyeon and junggukjip: The Changing Position and Meaning of Chinese Food and Chinese Restaurants in Korean Society", *Korean Journal*, 45(2), Summer, pp. 60-88.

Ying, Duan. 2011. "The Chinese Foodways in Mandalay: Ethnic Interaction, Localization and Identity", in Tan Chee-Beng (ed.), *Chinese Food and Foodways in Southeast Asia and Beyond*, Singapore: National University of Singapore Press, pp. 141-155.

Yoshino, Kosaku. 2010. "Malaysia Cuisine: A Case of Neglected Culinary Globalization", in James Farrer (ed.), *Globalization, Food and Social Identities in the Asia Pacific Region*, Tokyo: Sophia University Institute of Comparative Culture, published online

Young, John Russell. 1879. *Around the World with General Grant: A Narrative of* the Visit of General U. S. Grant, Ex-President of the United States, to Various Countries in Europe, Asia, and Africa, in 1877, 1878, 1879, New York: The American News Company, vol. 1-2.

한국어 문헌

김창수, 2010, 「인천 大佛호텔·中華樓의 변천사 자료연구」, 〈인천학 연구〉 13, 8월, 275-316쪽.

박은경, 1994, 「중국 음식의 역사적 의미」, 〈한국문화인류학〉 26, 95-116쪽.

방신영, 1921, 『朝鮮料理製法』, 경성, 광익서관(広益書館).

이용재, 2012, 「재벌과 국가권력에 의한 화교 희생의 한 사례 연구: 아서원(雅叙園) 소송사건」, 〈중앙사론〉 35, 6월, 65-108쪽.

이정희, 2017a, 「조선화교의 중화요리점 연구: 1880년대-1920년대를 중심으로」, 〈사회와 역사〉 114, 6월, 61-96쪽.

____, 2017b, 「[한국 화교 130년사⑥] 중화요리업의 시작과 진화」, 10월 14일, published online, (https://www.ajunews.com/view/20171011144537734).

____, 2017c, 「조선화교 중화요리점의 실태: 1927-1945년의 시기를 중심으로」, 〈경제사학〉 41(3)(65), 12월, 273-305쪽.

주영하, 2008, 「나가사키 화교 음식 '짬뽕'이 한국에 있는 까닭」, 〈신동아〉 7월 25일, (http://news.naver.com/main/read.nhn?mode=LSD&mid=sec&sid1=103&oid=262&aid=0000001606)

____, 2013, 『식탁 위의 한국사: 메뉴로 본 20세기 한국 음식문화사』, 서울, Humanist.

한동수, 2009, 「인천 청국조계지 내 공화춘의 역사변천에 관한 연구」, 〈중국학보〉 60, 12월, 371-393쪽.

한복진, 2001, 『우리 생활 100년·음식』, 서울, 현암사.

그 밖의 언어에 의한 문헌

Siwi, Yogi. 2018. "Perancangan Pusat Konservasi Budaya Kuliner Etnis Tionghoa Indonesia berdasarkan Analisa Elemen Food Heritage di Pecinan Jakarta"(자카르타 차이나타운에서의 음식 유산의 구성 요소 분석에 기초한 '중화민족 요리문화 보존

센터'의 디자인), Podomoro University.

Trịnh, Quang Dũng(찐꽝중, 鄭光勇). 2013(2010). "100 NĂM PHỞ VIỆT"(베트남 퍼 100년), (https://mayphoviet.com/tin-tuc/100-NAM-PHO-VIET-73.html)

โควิบูลย์ชัย, พูนผล(푼폰 코위분차이). 2013. "การต่อรองเชิงอำนาจและการเปลี่ยนแป ลงความหมายของผัดไทย: จากเมนูชาตินิยมสู่อาหารไทยยอดนิยม"(권력 교 섭과 팟타이가 가진 의미의 변천: 애국주의자의 요리에서 태국의 대표적 요리로へ), วารส ารภาษาและวัฒนธรรม(언어와 문화 저널), 11(2), ม. 75-94.

그 밖의 자료

陸徵祥文書,「手稿雑件(一)」(宴席菜単)(中央研究院台湾史研究所 소장, T1063_05_01_0001).

上海市第二商業局,「関於飲食業基本状況和飲食公司関於飲食業改造工作滙報」 (1956년, 월일 불명)(上海市档案館 소장, B98-1-134-1).

─「十年来的飲食服務事業」(1960年4月8日)(上海市档案館 소장, B98-1-732-1).

上海市公共飲食公司,「上海市公共飲食業調査摸底改造規劃報告(草案)」(1956年3月 17日)(上海市档案館 소장, B98-1-134-1).

─「上海市酒菜商業摸底情況報告」(1956年3月)(上海市档案館 소장, B98-1-134-1).

上海市人民委員会機関事務管理局辦公室,「1964 年代国務院機関事務管理局培訓 厨師的計画, 名単」(1964年1月31日-9月8日)(上海市档案館 소장, B50-2-398-1-2).

「上海市人民委員会機関事務管理局 関於代訓厨師工作的報告」(작성일 불명)(上海市档 案館 소장, B50-2-398-28-31).

「商討新生活倶楽部新運区励志社西餐部及冠生園飲食部出售餐食辦法紀録」 (1943年6月11日)(重慶市档案館 소장, 0061001504678000075000).

"Collection of Chinese Cookery Recipes", (Collection in the Wellcome Library, London).

Forbidden City Menu, ca. 1943. The Dragon Lair inc. Nampa Idaho, Applications for Price Adjustment, 1942-1946, Records of the Office of Price Administration, 1940-1949, (Collection in the National Archives, USA).

President Harding Dining with the "Vagabonds" during a Camping Trip, 24 July 1921, (Object ID) P.189.1522. (Digital Collection in the Henry Ford Museum and Greenfield Village), (https://artsandculture.google.com/asset/president-harding-dining-with-the-vagabonds-during-a-camping-trip-1921-ford-motor-company-engineering-photographic-department/EgEpOCarIE6amA)

Remarks of the President at the Italian–American Foundation Bicentennial Tribute Dinner [Ford Speech or Statement], 9/16/1976, Press Releases, September 16, 1976, Press releases, 1974–1977, White House Press Releases (Ford Administration), 1974–1977, (Collection in the National Archives, USA).

"Singapore Food Carnival 1965" (Collection in the National Library Board, Singapore).

Tourism: A Tourist Guide to Singapore and Malaya, 1st Edition, 1961. (Collection in the National Library Board, Singapore).

White House Luncheon and Dinner Menu, Feb. 29, Mar. 3, 22, Aug. 14, 22, Sep. 3, 9, 20, 25, 1952, Bess W. Truman Papers, 1889–1983, White House Menus File, 1947–1952, (Collection in the National Archive, USA).

도판 출전

1부

1-1 銀座アスター 編(2007: 121)

1-2 麻花(百度圖片)

1-3 위키피디아 커먼즈(Yu Xunling, Court Photographer)

1-4 銀座アスター食品株式會社 제공

1-5 銀座アスター食品株式會社 제공

1-6 2015년 8월 14일 필자 촬영

1-7 2019년 5월 23일 필자 촬영

1-8 〈申報〉 1927年3月28日, 6頁

1-9 董(加藤 譯)(2000上: 권두화)

1-10 〈北京晩報〉 1959年10月20日, 2頁

1-11 梅菜扣肉(百度圖片)

1-12 2018년 5월 5일 필자 촬영

1-13 위키피디아 커먼즈(PEmniaCHAN, 2 February 2008)

1-14 Young(1879: Vol. 1, 408)

1-15 「這些飯局背後的秘密你一定不知道」, 搜狐, 2018年1月17日에서(https://www.
sohu.com/a/217319171_160543)

1-16 人民大會堂 編(1984: 권두화)

1-17 위키피디아 커먼즈(White House Photographer, 25 February 1972)

1-18 위키피디아 커먼즈(Richard Nixon Presidential Library and Museum)

1-19 銀座アスター 編(2007: 95)

1-20 〈台灣日日新報〉 1921年11月18日日刊, 7頁

1-21 〈台灣日日新報〉 1923年4月26日日刊, 7頁

1-22 〈糧友〉 14卷 1號, 1939年1月, 49頁

1-23 위키피디아 커먼즈(Ceeseven, 7 September 2019)

1-24 위키피디아 커먼즈(Rob Young, 22 November 2010)

1-25 圓山大飯店の'紅豆鬆糕'(Microsoft Bing)

1-26 Luke Tsai, "She Raised a Generation of Taiwanese Home Cooks", June 27, 2019, published online.(https://www.tastecooking.com/raised-generation-taiwanese-home-cooks-taught-american-kids/)

1-27 2019년 8월 2일 필자 촬영

1-28 *New York Times*, January 10, 1917, p. 65.

2부

2-1 2019년 3월 10일 필자 촬영

2-2 シンガポール國立圖書館 소장

2-3 2018년 3월 20일 필자 촬영

2-4 2019년 3월 10일 필자 촬영

2-5 위키피디아 커먼즈(Marcin Konsek, 5 March 2016)

2-6 2018년 3월 23일 필자 촬영

2-7 2019년 3월 11일 필자 촬영

2-8 2019년 3월 10일 필자 촬영

2-9 2019년 3월 12일 필자 촬영

2-10 위키피디아 커먼즈(JB Macatulad, 30 August 2016)

2-11 2019년 3월 10일 필자 촬영

2-12 2019년 3월 13일 필자 촬영

2-13 2018년 3월 20일 필자 촬영

2-14 위키피디아 커먼즈(Jan, 11 February 2013)

2-15 2018년 3월 20일 필자 촬영

2-16 2019년 10월 13일 필자 촬영

2-17 2019년 10월 12일 필자 촬영

2-18 위키피디아 커먼즈(Casablanca1911, 30 May 2006)

2-19 2019년 3월 20일 필자 촬영

2-20 2019년 3월 19일 필자 촬영

2-21 2019년 3월 19일 필자 촬영

2-22 2019년 8월 13일 필자 촬영

2-23 2019년 8월 11일 필자 촬영

2-24 2019년 8월 13일 필자 촬영

2-25 위키피디아 커먼즈(Gunawan Kartapranata, 19 December 2015)

2-26 2020년 1월 4일 필자 촬영

2-27 2020년 1월 3일 필자 촬영

2-28 2020년 1월 3일 필자 촬영

2-29 2020년 1월 3일 필자 촬영

3부

3-1 梁啓超, 『李鴻章』, 橫浜, 新民叢報社, 1901年, 권두화

3-2 Forbes Co. Boston

3-3 위키피디아 커먼즈(Av8trxx, 28 March 2017)

3-4 위키피디아 커먼즈(개인 소장)

3-5 위키피디아 커먼즈("New England Bites: Eating our way through Southeastern Massachusetts, Rhode Island and beyond!", 22 October 2012, https://www.newenglandbites.com/2010_06_01_archive.html)

3-6 Hoover Institution Archives, Pardee Lowe papers, 1911–1995, Box number 324, Folder ID SAN FRANCUSCO(CHINATOWN)(2017년 3월 28일 필자 열람·촬영)

3-7 Pearl S. Buck, *Pearl S. Buck's Oriental Cookbook*, New York: Simon and Schuster, 1972.

3-8 2017년 3월 27일 필자 촬영

3-9 2017년 3월 29일 필자 촬영

3-10 위키피디아 커먼즈(Mark Mitchell)

3-11 Paul Freedman, *Ten Restaurants That Changed America*, New York Liveright Publishing Corporation, 2016, p. 233.

3-12 "London Dining Rooms, 1851", *Punch*, January 1, 1851.

3-13 Sax Rohmer, *The Mystery of Dr. Fu-Manchu*, London: Methuen, 1913.

3-14 Kenneth Lo, *The Feast of My Life*, London Doubleday, 1993.

3-15 2017년 11월 23일 필자 촬영

3-16 2017년 11월 22일 필자 촬영

3-17 *The New Far East*, edited by Arthur Diosy, New York: G. P. Putham, 1899.

3-18 Don Dunstan, *Don Dunstan's Cookbook*, Adelaide, South Australia Rigby, 1976, p. 9.

찾아보기

411-412, 425-426, 441, 610, 646, 680
궝자우자우가 95-96, 111, 545
그랜트(율리시스 G.) 36, 133-139, 458
기근 109, 150, 313-315, 545
기인 55, 57, 75, 83-84
긴자 70, 118, 613-616, 682
긴자 아스터 61, 172, 464, 615-618, 669-671, 673, 691
긴잔지미소 235, 627
김치 41, 179-181, 189, 354, 406, 408-412, 436, 440-441, 571

ㄴ

나가사키 23, 66, 74, 137, 234, 256, 380, 427, 602-608, 646
나시르막 289, 292, 296
나시고렝 24, 397-398, 401, 569
나이트클럽 25-26, 42, 99-100, 210, 338, 469-471, 475, 522, 561, 572, 677
나이프 134, 506, 587, 615-616
난징 14, 36, 79, 86, 88-89, 93, 101-105, 117, 123, 154-156, 165, 198, 241, 498, 514, 639, 641, 657-658, 679-680
남딘 39, 318-321
남순 73, 120
내셔널리즘 11, 16-17, 28-30, 37-38, 40, 192, 233, 239, 240, 242, 247, 262, 290, 305, 340-341, 347, 350, 357-358, 363, 367, 385, 390, 403, 578, 624, 675, 681, 687, 689
냄비 53, 60, 151, 194, 211, 333, 348,

356, 656
냉동 429, 452, 495-496, 584, 652-653
냉면 405, 633
네덜란드 22, 40, 43, 137, 223, 225, 237, 244, 377, 380-383, 385-387, 389-390, 400-401, 556, 564, 568-570, 598, 602, 679
네덜란드령 동인도 65-66, 236-237, 381-383, 385, 569
노동자 20, 44, 110, 116-117, 125, 257, 271, 275, 285, 294, 309, 316, 319, 334, 337, 341, 346, 357, 361, 364, 381, 383, 397, 416, 421, 436-437, 453, 455-457, 460, 467, 470, 476, 491, 503, 509, 529, 533, 536-537, 544-546, 549, 554-555, 557, 567, 571-572, 577-579, 585, 591, 598, 649, 773, 778, 780, 783
녹두 86, 203, 367, 373-374
농민 83, 116-117, 186, 257, 304, 355, 422, 435, 555, 591, 773
농심 439, 645
농업 239, 332, 334, 341, 364, 410, 545, 591
뇨냐 265, 270-271, 274, 279
뇨냐 요리 23, 27, 38, 41, 44, 265-266, 271-273, 276-279, 290, 296-297, 302, 399-400, 580-581, 598, 676, 678
누르하치 34, 56, 58, 64
뉴욕 42, 106, 209, 223, 229, 279, 324, 328, 440, 459-463, 467, 469, 471, 475-477, 481-483, 486, 490-491, 501-502, 505-509, 511, 515, 540, 553, 556-557, 612, 618, 678, 685

프라나칸 27, 265-267, 269-279, 285,
292, 296, 298, 307, 361, 384, 386,
400, 677
프라이드치킨 246, 274, 278, 368, 397
프랑스 식민지 305, 308, 310-313, 317-
319, 357
프랑스 요리 12, 16, 19, 29, 39, 126,
137, 140, 163, 178, 180, 310, 318,
330, 355, 366, 468-469, 499-500,
562, 586, 618, 653, 689
피낭 23, 254, 260, 268, 271-272, 274,
290, 297-300, 580-581, 583, 620
피분(빨랙 피분송크람) 342-345, 348,
350-351, 677
필라델피아 133, 460, 478, 556
필리핀 22-23, 25, 40, 66, 106, 209,
225, 252, 261, 274, 300, 307, 359-
376, 380, 386, 396-397, 473, 522-
523, 595, 648-650, 672, 679, 681,
683
필리핀 요리 40, 364, 367, 369, 375, 678

ㅎ

하노이 39, 313, 317-323, 325, 685
하도시 584, 603
하마무라 464, 617-618, 655
하야시 야스히로 661-662
하얼빈 483, 486
하와이 66, 128, 222, 255, 364-365,
440, 457, 460, 479, 489, 615
하이난 51, 252, 256, 267, 279-283,
298, 307, 394, 544
하이난 치킨라이스 24, 38, 256, 259,
267, 269, 279-282, 292-293, 296,

298, 302, 678, 680-681
하카 124, 126, 129, 187, 220, 228,
252, 307, 339, 354, 384, 399
하카 요리 124-126, 131, 293, 390, 394,
581
학교 97, 105, 110, 239, 294, 341, 343,
345, 351, 372, 386, 392-393, 407-
408, 416, 419, 437-438, 447, 467,
472, 513, 550, 552, 605, 622, 648,
662, 784-785, 787
한국 24-25, 32, 41, 175, 179-181,
209, 224-225, 230, 235, 252, 354,
370, 404, 409-412, 415-417, 425-
442, 461-462, 473, 485, 497, 516,
522, 524, 584, 597-598, 610, 633,
637, 644-645, 650, 653, 681, 684,
689-690, 772-781, 783-786, 788-
789
한국 요리 32, 36, 41, 44, 180, 206,
330, 403, 411-412, 424-426, 439-
441, 497-498, 508, 598, 678, 680
한국전쟁 206, 214, 345, 417-418, 426,
428-430, 501, 554, 785
한방 145, 170, 293-294, 455
한성 (→서울) 413, 415-417, 435, 777
한족 36, 55, 57-62, 64, 72-75, 83-84,
124, 141, 168, 179, 183, 211, 234,
255, 639, 687, 784
할랄 65, 111, 283, 289, 379-380, 400
할리우드 472, 476, 491, 553, 615
함부르크 43, 566-567
항저우 51-54, 57, 73-74, 90, 155, 177,
198, 235
해물(해산물) 65-66, 120-121, 126,
138, 215, 217-218, 220, 306, 391,

호떡의 사회사*

—배제와 수용의 메커니즘을 중심으로

이정희(인천대학교 중국학술원 교수)

화교배척사건의 표적이 된 호떡집

인천광역시 동구의 배다리 헌책방거리. 전국 각지의 동네 서점과 고서점이 사라져가고 있는 가운데서도 이곳에는 아직 다섯 곳의 고서점이 영업하고 있다. '길' '아벨서점' '대창서림' '집현전' '한미서점'. 1950년대부터 이곳에 서점이 들어서기 시작했으니 그 역사가 70년이나 된다. 이들 서점 가운데 1955년 개점한 '한미서점'이 특히 유명하다. 서점의 외관이 온통 노란색으로 칠해져 있어 다

---

* 이 책 2부의 6장은 중국요리의 세계사 가운데 한국의 중국요리 역사에 대해 소개하고 있다. 저자 이와마 가즈히로 교수는 한국 국내의 연구 성과를 많이 참고하면서 대표적인 한국의 중국요리로서 호떡, 잡채, 짬뽕, 짜장면을 예로 들어 화교에 의해 이들 음식이 한반도에 전래된 경위와 현지화 과정, 그리고 화교의 역사와 어떻게 연계되어 전개되었는지 훌륭히 그려내고 있다. 그런데 대표적인 한국 중국요리 가운데 호떡 관련 내용은 상대적으로 매우 빈약한 편인데 그 원인은 호떡 관련 연구가 거의 이뤄지지 않았기 때문일 것이다. 본 출판사는 이 책을 국내 번역 출판하는 것을 계기로 그동안 밝혀지지 않았던 호떡의 역사를 국내 최초로 소개하기 위해, 화교 전문가인 이정희 교수에게 원고를 청탁했다. 이정희 교수는 한중일의 다양한 자료를 활용해 호떡의 '모든 것'을 '호떡의 사회사'에 중점을 두고 소개한다.

른 서점과 차별되는 특징이 있지만, 정작 이 서점이 유명해진 것은 드라마 〈도깨비〉의 촬영지였기 때문이다. tvN이 2016년 12월부터 2017년 1월까지 방영한 〈도깨비〉는 시청률 20퍼센트대를 기록한 최고의 인기 드라마였고, 중국에서 〈꾸이꽈이(鬼怪)〉라는 이름으로 방영되어 중국인들의 마음도 사로잡았다.

배다리는 일제강점기 때 인천부 부내면 금곡리에 속하는 한국 인 집단 거주 지역이었다. 일본인과 화교가 일본 조계와 청국 조계, 그리고 서양인이 각국 조계를 개설하면서 그 일대의 상권을 장악 하자, 한국인은 자연히 오늘날의 송림동, 송현동 등지 일대로 밀려 났다. 근대 서울 시내는 일본인과 화교의 거주지이자 상권인 을지 로와 명동 일대의 '남촌', 그리고 한국인 집단 거주지인 종로 일대의 '북촌'으로 나뉘었는데, 인천도 그랬던 것이다. 그리고 '한미서점'에 서 가까운 곳에는 조선의 첫 성냥공장으로 유명한 조선인촌주식회 사朝鮮燐寸株式會社가 1917년 설립되어, 한국인 여성 노동자를 중심 으로 400여 명이 일하고 있었다.

그런 마을 한가운데 화교가 경영하는 호떡집 두 곳이 있었다. 연규산連奎山이 경영하는 호떡집은 '한미서점' 맞은편의 '인천스포 츠' 상점 근처, 모종이慕宗二 호떡집은 '한미서점'과 '아벨서점' 사이 에 위치하는 '길' 서점 정도의 위치에 있었다. 1931년 7월 3일 두 호 떡집에 먹구름이 드리워졌다. 지린성吉林省 창춘長春의 완바오산萬寶 山 근처에서 수로 공사하던 한국인 농민이 중국 관헌에 다수 살해 되었다는 오보가 〈조선일보〉 호외로 3일 새벽 인천에 배달되면서, 인천 각처에서 화교와 그들이 경영하는 식당과 상점이 습격당하는 사건이 연달아 발생한 것이다. 이른바 완바오산 사건으로 알려진

1931년 화교배척사건의 시작이었다.

연규산은 3일 오후 3시 사태가 심상치 않음을 감지하고 지나정(支那町. 오늘날의 인천차이나타운)으로 피신하려 했지만, 상황이 여의치 못해 송림리(오늘날의 송림동)의 화교 왕승휘王承輝의 집으로 피신했다. 하지만 그는 바로 그곳에서 한국인 군중의 습격을 받고 죽임을 당했다. 모종이 호떡집의 종업원 이준길李俊吉은 호떡집에 숨어 있다 습격을 받고 외리 파출소 쪽으로 도망치다가 군중에게 잡혀 죽임을 당했다. 상대적으로 안전했던 지나정을 향해 달려가다가 참변을 당한 것이다.

조선총독부 경무국은 화교배척사건으로 인한 인천화교의 인적 피해는 사망 2명, 중상 2명, 경상 3명이라고 발표했다. 공교롭게도 사망자 2명 모두 호떡집과 관련된 화교였다. 연규산과 모종이의 호떡집은 군중의 습격으로 치명적인 피해를 보았으며, 그 이외의 호떡집도 사정은 마찬가지였다. 서울은 147개 호떡집 가운데 63개의 호떡집이 군중의 습격을 받아 유리창과 기물이 파손되고 방화를 당했다. 호떡집이 화교의 상점과 식당 가운데 가장 큰 피해를 봤다. 이러한 화교배척사건으로, 1930년 10월 기준 전국에 1,139개이던 호떡집 상당수가 문을 닫고 종사자들은 중국으로 귀국했다.

이 사건을 보면서 우리는 자연스럽게 다음과 같은 의문을 가지게 된다. '호떡'이란 어떤 음식이며, 언제 어떤 경위로 조선에 전래한 것일까? 한국인은 호떡을 어떻게 생각했기에 1930년 전국에 1,000개가 훨씬 넘는 호떡집이 성업했던 것일까? 한국인 군중은 호떡과 호떡집에 대해 어떻게 인식했기에 화교배척사건 때 습격의 표적으로 삼았던 것일까? 그 많던 호떡집은 왜 거의 모두 사라진 것일까? 이러한 의문들을 하나씩 풀어보도록 하자.

다양한 종류의 호떡과 중국식 과자 판매하는 호떡집

호떡은 그 명칭이 보여주듯이 우리 땅에서 발원한 음식이 아니다. 당나라 때 수도 창안(長安. 오늘날의 시안)에는 페르시아 지역에서 전래한 '호병胡餠'이 크게 유행했다. 본래 '병'은 곡물가루로 반죽해 발효시키지 않고 화덕에 구운 음식인데, 발원지는 페르시아로 추정된다. 호병은 한나라 말기 중국에 전래한 후, 당나라 성립 직전에 밀의 탈곡과 제분을 대규모로 처리할 수 있는 맷돌이 나타나면서 대중화했다. 당나라 때는 황제, 귀족, 승려뿐 아니라 일반 서민도 즐겨 먹는 음식으로 발전하였고, 창안에는 호떡 전문 가게가 성업했다. 호병은 송나라 이후에도 발전을 거듭하면서 중원의 음식으로 정착했다.

그런 '호병'이 한반도에 전래한 것은 근대에 들어서였다. 1882년 10월 '조청상민수륙무역장정朝淸商民水陸貿易章程' 체결 이후 중국인의 조선 이주가 본격적으로 이뤄지면서 호떡도 함께 들어왔다. 1889년 서울에는 화교 정복성鄭福星(28세)이 혼자 경영하는 푸싱빵집(福星麵包房)이 영업하고 있었다. 1910년 서울에는 17개의 호떡집과 4개의 중국식 제과점이 영업하고 있었다. 규모가 큰 호떡집의 상호는 쌍흥관雙興館, 의리항義利恒, 항순복恒順福, 쌍합태雙合泰였다. 이러한 사정을 반영해 한국어 신문인 〈대한매일신보〉 1909년 9월 24일 지면에 '호떡'이란 명칭이 등장했다.

1910년대 들어서면 '호떡'은 더 자주 신문 기사에 등장하게 된다. 서울 후천동 소재 화교 왕문정王文亭의 호떡집이 도둑맞은 사

건, 호떡 하나로 송사가 발생한 사건, 수은동 거주 화교 온진지溫震
芝가 한국인 김명화를 고용해 동대문 밖 동창 씨름판에서 호떡 행
상하려 했지만 둘 사이에 노임 문제로 싸움이 일어난 사건을 기사
화했다. 호떡집의 명칭은 조선어 신문 〈매일신보〉 1921년 6월 16일
자 지면의 "胡餠家에 白晝强盜, 지나인을 때리고 호떡 판 돈을 강
탈"이라는 기사에서 처음으로 확인된다. 서울 적선동의 화교 안월
상安月祥의 호떡집을 '胡餠家(호병가)'로 표기했지만, 그 이후의 기
사 대부분은 '胡餠家'로 쓰지 않고 '호떡집'으로 표기한 것을 보면
1920년대에 호떡집 명칭이 완전히 정착한 것으로 보인다.

통치자인 조선총독부 및 일본인은 호떡과 호떡집을 어떻게 불
렀을까? 조선총독부가 펴낸《朝鮮に於ける支那人(조선의 지나인)》
(1924)은 화교 경영의 식당을 세 가지로 분류했다. 규모가 큰 식
당을 '지나요리점', 그보다 규모가 작은 식당을 '지나음식점', 그리
고 가장 영세한 식당을 호떡집으로 분류했다. 호떡은 일본어로 '支
那パン(시나팡)'이라 불렸고, 호떡 장사를 '支那パン商(시나팡쇼)'라
했다. 그리고 호떡의 종류로 가쇼쿠火食, 쯔즈미코包子, 만쥬饅頭를
들었으며, 이들 음식을 제조하여 판매하는 식당을 가쇼쿠포火食舗,
쯔즈미코포包子舗, 만쥬포饅頭舗라 표기했다. 이들 식당을 총칭할 때
는 만쥬포 혹은 '支那パン屋(시나팡야)'로 불렀다.

그렇다면 조선화교를 관리하던 청나라와 중화민국의 서울총영
사관은 교민의 호떡과 호떡집을 본국에 보고할 때 어떻게 표기했을
까? 1910년에는 호떡을 카오빙烤餠, 호떡집은 카오빙푸烤餠舗라 했다.
카오빙푸 이외에 중국식 제과점은 궈즈푸餜子舗로 달리 표기했다. 서
울총영사관이 1942년 본국 교무위원회에 보고한 당안檔案에는 호

떡집을 만터우푸饅頭舖, 바오즈푸包子舖, 샤오빙푸燒餠舖로 표기하고, 이들 식당을 총칭해서는 샤오빙푸, 혹은 만터우푸라 불렀다. 그리고 1958년 대만에서 간행된『韓國華僑志한국화교지』(1958)는 호떡집을 샤오빙관(燒餠館)·여우탸오관(油條館), 대만 정부가 펴내는『華僑經濟年鑑화교경제연감』은 훠스푸伙食舖로 각각 표기했다. '카오(烤)'와 '샤오(燒)'는 굽다는 뜻의 동의어이며, '舖'와 '館'은 가게의 동의어이니 뜻은 같다고 할 수 있다. 그러나 '샤오'는 재래식 화덕에서 굽는 반면, '카오'는 철판 위에서 굽는 것을 의미하므로 엄밀히 따지면 차이가 난다. 화교 자신은 호떡집을 훠스푸火食舖, 만터우푸饅頭舖라 불렀다. '鋪'는 '舖'와 마찬가지로 가게를 뜻하는 한자이다.

그런데 호떡집이 판매한 음식은 우리가 일반적으로 알고 있는 그 '호떡'만이 아니었다. 진유광秦裕光 전 한성화교협회장이 쓴『旅韓六十年見聞錄-韓國華僑史話-여한60년견문록-한국화교사화-』를 보면, 자신의 부친과 형이 서울 영등포에서 1929년 호떡집을 열어 영업할 때 판매한 호떡은 탕훠샤오糖火燒, 지단빙鷄蛋餠(달걀빵), 쯔마빙芝麻餠(참깨빵), 카오빙烤餠, 강터우杠頭, 쥐화빙菊花餠(국화빵), 만터우饅頭, 바오즈包子 등이라고 소개했다.

탕훠샤오는 우리가 일반적으로 말하는 호떡으로 둥글넓적한 밀가루 반죽에 검은 설탕을 넣고 기름에 구운 것이다. 탕훠샤오 이외에 고기를 소로 해서 만든 러우훠샤오肉火燒, 야채를 소로 해서 만든 수훠샤오素火燒가 있었지만 탕훠샤오가 한국인의 입맛에 가장 잘 맞아 인기가 높았다. 지단빙은 빵 안쪽에 달걀 흰자위와 팥을 넣고, 빵 바깥쪽에는 달걀 노른자를 발라 구워낸 빵이다. 쯔마빙은 속에는 팥고물을 넣고 겉에 깨를 묻힌 빵이다. 강터우는 이스트를 넣지 않은 굉장히 딱딱한 밀가루 반죽을 화덕 안에 넣어 구워낸 동그랗고 납작한 모양의 빵이다. 쥐화빙은 겉에는 참깨가 뿌려져 있고 안에는 두부로 만든 소가 들어 있다. 만터우는 소 없이 밀가루만 발효시켜 만든 한국의 찐빵과 유사하다. 바오즈는 피가 두껍고 부풀어 올랐으며 소를 넣은 것이 만터우와 다르다.

그리고 호떡은 중국식 과자를 포함했다. 탕구쯔糖鼓子는 화덕에서 구워내지만 먹을 때 바삭바삭 소리가 나는 것이 특징이며, 인천 차이나타운의 명물인 '공갈빵'이 바로 이것이다. 위에서 '궈즈푸'와 '여우탸오관'은 공갈빵과 같은 중국식 과자를 제조하여 판매하는 가게이다. 화교는 중국식 과자를 '궈즈' 혹은 '여우탸오'라 불렀다. 이들 가게는 여우탸오, 탕궈즈 이외에 전병, 쫑쯔粽子 등을 직접 제조하여 판매했다. 화교가 말하는 호떡집은 다양한 호떡을 판매하는 '샤오빙관'과 중국식 과자를 판매하는 '궈즈푸'를 모두 합친 의미로 사용되었다.

한국인의 미각을 매료시킨 호떡집 전국 방방곡곡에

호떡집은 1880년대, 화교의 이주가 이른 시기에 이뤄진 서울과 인천에 먼저 생겼지만, 초창기 주요 고객은 화교였다. 저렴하고 휴대가 간편한 장점으로 인해 화교 노동자에게 인기가 많았다. 이들은 탕휘샤오, 만터우, 중국식 과자 등을 싸 들고 다니면서 수시로 먹었다. 호떡은 전래 초기 한국인에게 생소한 음식이었을 뿐만 아니라, 당시는 식당 가서 외식하는 문화 자체가 없던 시대였다.

1900년대 들어서면 호떡은 '화교를 위한 음식'에서 벗어나 점차 한국인의 사랑을 받는 음식으로 받아들여지기 시작했다. 서울의 호떡집은 1910년 화교가 많이 거주하던 정동, 소공동, 낙동(명동) 일대를 중심으로 분포했다. 한국인이 많이 거주하는 종로 일대의 '북촌'에는 상대적으로 적었다. 인천에는 이미 호떡집이 등장해 영업하고 있었고, 개성에도 1910년쯤 호떡집이 생겼다.

1920년대가 되면 호떡집은 점포 수와 판매 지역에서 큰 변화가 일어났다. 서울의 호떡집은 1930년 10월 147개로 급증했으며, 이전의 '남촌'에 집중해 있던 것이 '북촌'으로 확산하였을 뿐만 아니라 '북촌'의 호떡집 수가 '남촌'을 훨씬 능가했다. 화교가 판매 대상을 화교에서 한국인으로 바꾸었음을 알 수 있다.

또 하나의 큰 변화는 호떡집은 서울과 인천을 벗어나 전국 어디서나 찾아볼 수 있게 되었다는 점이다. 화교 호떡집은 1930년 10월 전국에 1,139개나 되었다. 도별로 보면, 서울과 인천이 포함된 경기가 235개로 가장 많았고, 평남 138개, 함남 113개, 황해 100개, 전북 91개, 경북 79개, 전남 76개, 함북 68개, 충남 66개, 경남 62개, 평북 52개, 충북 32개, 강원 27개였다. 지방 주요 도시인 대구, 군산, 원산, 평양, 청진, 부산, 신의주, 진남포, 마산, 목포에 제법 규모가 큰 호떡집이 영업하고 있었고, 상대적으로 소득 수준이 높은 농촌 지역의 읍과 면 소재지에도 호떡집이 생겼다.

호떡집과 호떡의 대중화는 한국어 신문에 연재된 단편소설의 소재로 등장한 것에서도 확인할 수 있다. 〈동아일보〉 1926년 7월 2일자부터 5일까지 4회 연재된 단편소설 「호떡집」의 내용은 이러했다. 주인공 성욱은 농촌에서 직장을 찾아 상경했다. 서울의 곳곳을 찾아다니며 직장을 구하려 하지만 찾지 못하고 가지고 갔던 100원도 거의 탕진될 참이었다. 아내는 임신한 상태이고 자식은 굶주린 힘겨운 생활을 했다. 그런 때 성욱은 호떡집으로 달려가 50전으로 호떡 10개를 사서 5개는 주린 배를 채우고 5개는 부인과 자식을 위해 집으로 가지고 가는 것으로 끝난다. 이 단편소설에서 호떡은 한국인 하층민이 배를 채울 수 있는 값싼 대중음식으로 그려져 있다.

호떡은 탕훠샤오 1개 가격이 5전이었다. 1920년대 노동자의 하루 임금은 50전에서 1원 사이였으니 하루 벌이로 호떡 10개에서 20개를 살 수 있었다. 당시 중국집의 주요 메뉴였던 우동 한 그릇의 가격이 20전인 것을 생각하면 매우 저렴했다고 할 수 있다. 그래서 호떡집의 주요 고객은 한국인 노동자를 비롯한 하층민 그리고 어린이였다. 어린이에게 호떡은 말만 들어도 입안에 군침을 돌게 하는 최고의 주전부릿감이었다. 초등학생이 수해지 어린이에게 호떡을 사서 보내달라고 성금을 신문사에 보냈다는 기사가 1934년과 1936년 두 차례씩이나 실린 것은, 어린이에게 호떡은 주전부릿감 그 이상의 의미가 있었다는 것을 보여준다. 이처럼 호떡집의 주요 소비자는 한국인인 관계로 화교는 한국인 마을에서 영업하지 않을 수 없었다. 연규산과 모종이 호떡집이 금곡리의 한국인 마을에서 호떡집을 연 것은 이러한 사정이 작용한 것이며, 그렇다 보니 화교 배척사건 때 호떡집은 한국인 군중 습격의 표적이 되기 쉬웠다.

1931년 화교배척사건 직후, 화교 호떡집 주인이 중국으로 귀국하면서 대부분 문을 닫았다. 화교 호떡집은 1936년에 630개로 회복했지만, 사건 직전의 절반 수준을 조금 넘는 정도에 그쳤다. 농촌지역의 호떡집은 배척사건의 트라우마로 영업을 재개하는 곳이 드물었고, 서울과 인천을 비롯한 도시부를 중심으로 호떡집은 다시 문을 열었다. 여기에다 1937년 중일전쟁이 일어나자 화교는 '적국의 국민' 처지로 전락해 화교의 절반이 귀국했다. 화교 중국집 그리고 호떡집 주인도 문을 닫고 귀국길에 올랐다. 〈동아일보〉 1937년 9월 19일 자 기사는 화교 식당의 8할이 사라지면서 한국인의 사랑을 받아온 우동, 탕수육, 호떡을 맛볼 수 없게 되었다면서, "미각에도 비상사태가 발생했다"라고 표현할 정도였다.

그러나 화교 호떡집은 한국인의 왕성한 호떡 수요를 버팀목으로 다시 증가하기 시작했다. 서울의 호떡집은 1938년 12월 70개에서 1942년에는 121개로 회복했다. 인천의 호떡집은 40개, 원산 35개, 평양 27개가 각각 영업하고 있었다. 하지만 조선총독부의 전시통제 경제 강화는 호떡집 영업에 직격탄을 날렸다. 호떡 제조의 식재인 밀가루와 설탕 그리고 연료인 목탄과 석탄의 배급제가 시행되면서 호떡집 영업은 큰 위기를 맞이했다. 화교 호떡집들은 '만터우판매조합'을 조직해 조금이라도 더 배급을 받으려 노력했지만, 일본의 패전이 가까워지면서 배급량 자체가 크게 줄어들어 문을 닫는 호떡집이 늘어만 갔다. 부산에서 호떡집을 경영하는 종덕발宗德發이 밀가루 배급 부족으로 영업이 곤란해지고 생계가 막막해지자 이를 비관하여 자살하는 사건이 일어났다.

영세하고 열악한 환경의 호떡집

호떡집의 건축 구조는 어떠했으며, 영업은 어떤 식으로 이뤄졌을까? 1930년대 초 서울의 호떡집의 모습은 당시 신문 기사를 통해 유추해보면 이러했다. 호떡집은 주거와 장사를 겸하는 단층의 건물이었다. 출입을 위한 문이 있고, 환기를 위한 창문이 설치되어 있었다. 호떡을 제조하기 위한 주방이 있고, 홀에는 손님이 앉아 먹을 수 있는 간편한 나무 테이블과 의자가 놓여 있었다. 주방에는 호떡을 굽기 위한 화덕 혹은 아궁이가 설치되어 있었다. 호떡집 밖에는 간이 진열대가 설치되어 있었는데 하부는 벽돌, 상부는 유리로 덮여 있었다. 이런 진열대가 있는 호떡집은 그리 많지 않았다. 주방과 홀의 바닥은 콘크리트가 아니라 흙으로 된 곳이 많았고, 화장실은 주방에서 멀리 떨어지지 않은 곳에 있었다. 호떡집에 온 손님에게는 식기에 담아 호떡을 주었고, 가지고 가는 손님에게는 봉지에 싸서 주었다. 규모가 큰 호떡집은 자신의 상호를 가지고 있었고, 입구 상단부에 간판을 걸었다. 하지만 대부분의 호떡집은 상호가 없이 주인의 성명을 따서 ○○○호떡집이라 불리었다. 조선총독부의 각 경찰서 위생계는 화교 호떡집의 영업이 영세하고 위생 상태가 좋지 않은 것을 문제 삼아 영업허가를 내주지 않기도 했다.

호떡집 주인은 20대와 30대가 많았으며, 대부분은 산둥성山東省 출신이었다. 호떡집 영업은 소규모인 경우는 주인 혼자 했고, 규모가 큰 곳은 주인보다 적은 나이의 20대 점원 1~3명을 고용했다. 영업시간은 이른 아침부터 야밤까지 손님이 찾아오면 언제든지 호떡을 판매했다. 호떡집은 호떡을 즉석에서 만들어 판매하기도 했지만, 미리 만들어 두고 진열대에 전시해서 판매하기도 했다. 영업이 끝난 후인 심야 12시에 화덕과 아궁이에서 호떡을 구웠다. 온종일 장사로 피곤할 텐데 잠을 참아가며 호떡을 제조한 것이다. 이러한 작업 및 노동환경은 호떡집의 화재 참사를 초래했다. 1929년 2월 3일 서울 황금정(오늘날의 을지로)의 호떡집 화재, 1929년 10월 전주군 고사정(오늘날의 완산구 고사동)의 호떡집 화재, 1934년 충남 서산군의 호떡집 화재는 모두 심야에 호떡을 굽다가 불꽃이 튀어서 혹은 피곤해 불을 끄지 않고 자다가 발생한 사례이다.

호떡집 영업은 순조로워 보이지만 실패한 곳도 적지 않았다. 산둥성 출신 난전환欒典煥은 1924년 서울 관훈동 136번지에서 호떡집을 했다. 그는 고향에 있을 때부터 모친, 처자 3명과 어려운 살림을 하여 오다가, 친구로부터 조선에 돈 벌 곳이 많으며 돈 모으기 좋다는 소문을 듣고, 정든 고향을 떠나 서울에서 호떡집을 열었다. 하지만 생각한 것처럼 돈을 벌지 못하고 외로움을 견디지 못해 결국 경무대에서 목을 매어 자살했다.

호떡집의 판매는 현금이 원칙이었지만 손님의 사정으로 외상을 하는 경우가 많았다. 외상 거래로 인해 호떡집 주인 및 점원과 한국인 손님 간에 다툼이 벌어지는 사건이 빈발했다. 서울의 호떡집 주인이 1933년 8월 한국인 김윤배에게 외상 5전을 달라고 요구하자 김윤배가 주인을 폭행한 사건, 인천의 호떡집 주인이 외상 6원을 안 준다면서 한국인 손님을 다그치자 화가 난 손님이 주인을 살해한 사건이 발생했고, 가해자는 4년 형을 구형받았다.

한국인의 눈에 비친 호떡집

한국인의 화교 호떡 및 호떡집에 대한 인식은 애증이 교차하는 지점에 있었다. 〈시대일보〉 1926년 1월 13일 자는 화교 노동자 증가가 한국인 생활에 타격을 주고 있다면서, 호떡집을 "어린애들의 주머니 속까지 털어"간다고 비난했다. 〈조선중앙일보〉 1936년 6월 7일 자는 인천에 호떡집이 58개에 달해 연간 생산액이 호떡 4만 2,470원, 월병 1만 2,850원이나 된다면서, "호떡 상인 중국인이 남 모르게 돈 모으는 것에, 굶주린 조선 노동자들의 애달픈 정경이 호떡집에 비친 것을 알 수 있다."라고 표현했다. 같은 날 인천경찰서는 화교 호떡집이 공중위생을 무시하고 식용 소다 대신에 가성소다(양 잿물)를 사용한다고 단속을 하기도 했다.

화교 호떡집 관련 기사는 부정적인 내용이 많았다. 호떡집 주인 과 점원이 호떡으로 소녀를 유인해 학대, 강간, 유괴했다는 기사, 호 떡집에서 아편을 밀매하다 적발되거나 아편굴이 된 기사, 한국인 강도의 표적이 되어 금전을 강탈당했다는 기사, 호떡 외상을 둘러 싼 주인과 한국인 간의 싸움 등과 같은 기사가 대부분이었다. 이러 한 기사는 사실 여하를 막론하고 호떡집을 각종 범죄의 온상이나 나쁜 이미지를 만들어내기에 충분했다.

이러한 한국인의 호떡집에 대한 인식은 '짱고로'란 차별어로 표출 됐다. 1920년 〈매일신보〉 1920년 2월 19일 자 기사의 제목은 "'호떡' 강도 짱고로를 찌르고 호떡과 돈을 강탈"이었다. 서울 태평통(오늘 날의 태평로) 2가의 호떡집 주인 모소성牟紹成을 '짱고로'로 지칭했다. '짱고로'는 일본어의 'チャンコロ'에서 온 말이다. 일본이 대만을 식민 통치할 때 한족 중국인을 비하하여 말할 때 짱고로淸國奴라 불렀다. 그 뒤 이 속어는 일본인에 의해 한반도로 수입되어 한국인도 사용 하게 되었다. '짱고로'는 '짱꼴라'로 변형되어 지금에 이르렀다.

한편, 한국인은 호떡 제조와 호떡집이 화교에 독점되는 것에 경 계심을 드러내고 이를 극복의 대상으로 삼았다. 서울 서대문정 거 주 한국인 이상동은 1927년 중학교 때 화교 호떡집을 출입하면서 눈여겨본 화덕을 자체 개발하는 데 성공했다. 연료는 목탄, 석탄을 사용하고, 물도 끓이고 밥도 지을 수 있는 화덕으로 가격은 4원으 로 저렴한 편이었다. 황해도 사리원 거주의 정연관은 1929년 달걀

빵 제조법을 개발했다. 그는 각지에 화교 호떡집이 어린이들의 호주머니 돈을 뺏어가는 것을 유감으로 여기고, 탕훠샤오의 대체용으로 달걀빵 개발에 나섰다고 한다. 그러한 노력으로 한국인 호떡 노점상이 생겨나기도 했다. 하지만 이러한 한국인의 노력이 화교 호떡집과 경쟁하기는 역부족이었다. 호떡은 산둥성의 일상 음식으로 그곳 출신의 중국인이라면 누구나 제조할 수 있는 기술을 가지고 있었기 때문이다.

호떡집의 소멸과 한국식 호떡의 탄생

해방 후에도 화교 호떡집은 성업을 이어갔다. 1949년 4월 서울의 화교 호떡집은 105개, 중국집은 285개로 1942년 수준을 거의 회복하거나 상회했다. 인천의 중국집과 호떡집은 69개로 1942년의 60개를 능가했다. 1950년대와 1960년대에는 쌀 부족과 미국의 밀가루 원조의 영향으로 분식이 장려되면서 화교 호떡집과 중국집은 일대 호황을 누렸다. 호떡집은 큰 자금 없이도 진입할 수 있는 분야여서 화교 하층민이 많이 개업했다. 화교 호떡집과 중국집 개수는 1960년대 말 총 3,500개를 넘었으며, 종사자 수는 화교 총인구의 3할을 차지했다. 3,500개 가운데 호떡집의 정확한 개수는 파악할 수 없지만, 1,000개 내외로 추정된다.

서국훈徐國勳 전 대구화교소학교 교장은 1950년대와 1960년대 대구의 화교 호떡집 영업 실태를 다음과 같이 회고했다. "1950년대 이전 대구의 호떡집은 약 20개에 지나지 않았다. 50년대 한국전쟁 발발로 인해 남하하여 피난 온 교포가 증가했다. 이때 대구시 종로와 대안동 일대 교포 경영의 호떡집은 8호~9호에 달했다. 각 호떡

100여 년의 전통을 자랑하는 복래춘 중국식 제과점 ⓒ 이정희

집이 정성 들여 만든 휘샤오(火燒, 구워서 만든 단단한 면병)는 카오빙(烤餅), 달걀빵 등 그 종류가 많아 점심 식사 때 손님을 끌어들였다. 이로 인해 각 호떡집의 장사는 더할 나위 없이 잘 되었다. 호떡집 가운데서도 부용촌芙蓉村의 영업이 가장 번창했다. 3명의 주인이 합자로 설립해 부용촌을 경영했다. 세 명의 주인은 호떡 제조에서 각각 장기가 있었다. 매일 손님에게 바오즈包子, 만터우饅頭, 휘샤오火燒를 제공하는 이외에 각 명절에 맞는 선물을 제조했다. 원소절은 찹쌀떡탕湯圓, 단오절은 쭝쯔粽子, 추석은 월병, 설명절용 선물 과자 같은 것이었다. 이 호떡집 (한국인) 집주인의 사모님은 그들이 제조하는 과자를 매우 좋아했다. 사모님과 당시의 이승만 대통령은 근친 관계여서 사모님이 이 대통령을 방문할 때마다 중국식 과자를 선물로 포장해 갔다고 한다. 대구 달성네거리 광장 부근에 눈에 잘

70여 년의 호떡집 역사를 자랑하는 부산차이나
타운의 삼생원 ⓒ 이정희

띄지 않는 작은 만터우푸饅頭
鋪가 있었다. 칠순에 가까운
강 어르신 노부부가 경영했다.
매일 제조하는 바오즈, 만터
우 대부분은 날품팔이꾼에게
판매했다. 노부부가 하는 한
국말은 금액과 바오즈와 만터
우의 명칭이 고작이었다. 만약
그들에게 다른 말을 하면 노
부부는 두 손을 흔들며 '몰라'
라고 했다."

김원일의 『마당깊은 집』은
1954년 4월 하순부터 1년 동
안의 대구 종로거리 장관동 시절을 재현한 자전적 소설이다. 이 거
리에는 화교가 많이 거주하는 지역으로 대구화교소학교와 대구화
교협회가 자리했으며, '군방각'과 같은 고급 중국집뿐 아니라 호떡
집도 많았다. 주인공인 13살의 소년 길남(김원일 본인)은 만두를 다
음과 같이 묘사했다. "돼지고기와 갖은 양념이 들어 있는 만두, 말
만 들어도 내 입안에 군침이 괴었다. 문자 이모가 주전부릿감으로
종종 만두를 사오지 않았다면 나는 그때까지도 중국인 거리의 유
리 진열장 접시에 담긴 만두 견본만 구경했을 뿐 만두가 그토록 맛
있는 줄 몰랐을 터였다. 방으로 들어와서 문자 이모가 만두를 싼
부대종이를 풀어놓자, 방 귀퉁이에 쪼그리고 앉아 있던 길수(길남의
동생)의 초점 안 맞는 눈이 금세 생기를 띠었다."

화교 호떡집은 1960년대 말부터 중국집과 마찬가지로 감소하기 시작했다. 화교에게는 영주권이 부여되지 않아 3년마다 출입국관리사무소에 가서 갱신해야 하는 신분상의 불안정성, 외국인토지법에 따른 부동산 소유 제한, 호떡집과 중국집 영업을 제약하는 각종 제도적 차별이 엄연히 존재했다. 여기에다 1965년 미국에서 이민법이 개정되면서 화교를 비롯한 아시아계의 미국 이민이 훨씬 쉬워져 미국과 당시 경제 수준이 한국보다 높았던 대만으로 재이주하는 화교가 급증했다. 재이주 증가는 1970년대 들어 화교 인구의 급격한 감소를 초래했고, 이러한 현상은 호떡집과 중국집의 일손 부족으로 이어졌다. 그리고 서국훈에 따르면, 1971년 등장한 '호빵'이 호떡의 대체품으로 큰 인기를 끌면서 호떡 장사가 이전보다 잘 안됐다고 한다.

한국의 도시개발사업으로 인한 각종 환경규제는 살아남은 호떡집의 영업을 더욱 어렵게 만들었다. 호떡을 굽는 화덕은 목탄과 석탄을 연료로 했으므로 대도시의 시내에서 더는 영업할 수 없게 되었다. 서울 명동서 1932년 개업한 취천루 호떡집은 1970년대 말 연탄을 사용할 수 없게 되자 부득이 탕훠샤오 판매를 그만두고, 만두만 판매하는 전문집이 되었다. 이런 사정으로 이전과 같은 화교 호떡집은 거의 사라지고, 만두집과 중국식 제과점인 궈즈푸가 그 명맥을 이어가고 있다. 만두집은 부산차이나타운의 삼생원三生元과 신발원新發園, 대구의 태산만두, 전주의 일품향一品香 등이 유명하다. 궈즈푸는 인천의 복래춘復來春, 서울의 융태행隆泰行과 도향촌桃香村이 전통을 이어가고 있다.

화교 호떡집의 주요한 메뉴였던 탕훠샤오는 이제 호떡집이 아

니라 한국인이 장사하는 길거리 포장마차에서 만날 수 있다. 이전의 탕휘샤오는 한국인의 입맛에 맞게 변형해 현재와 같은 호떡이 되었다. 이른바 '한국식 호떡'이라 할 수 있다. 요즘 '한국식 호떡'은 중화권과 일본으로 퍼져나가 판매되고 있다. 중화권에서는 한국식 호떡을 '한국흑설탕병(韓國黑糖餅)', 일본에서는 호떡의 한글 음독을 그대로 살려 'ホットク'이라 부른다. 호떡의 소로는 보통 셰피 맛이 나는 흑설탕을 넣지만 채소, 땅콩, 견과류 등을 넣기도 한다. 140년 전 화교에 의해 유입된 호떡이 한국인에 의해 새롭게 진화하고 있는 것이다.

참고문헌

김원일, 『마당깊은 집』, 문학과 지성사, 1988.

김중규·박찬일·고영·손염·이용남·이정희, 『제8회 연구회 발표회 자료집: 한반도화교사, 또 하나의 열쇠말 호떡-호떡집』, 한국화교화인연구회, 2021.10.23.

대구화교정착100주년기념사업회, 『대구화교정착100주년기념자료집—100년 이웃 100년 친구』, 2006.

이정희, 『한반도화교사』, 동아시아, 2018.

이정희, 『화교가 없는 나라』, 동아시아, 2018.

정병욱, 「1931년 식민지 조선 반중국인 폭동의 학살 현장 검토」, 『史叢』 97, 2019, pp. 113-155.

주희풍, 「호병가(胡餅家)에서 호떡을 찾다」, 『중국관행웹진』Vol.70, 인천대학교인문한국중국관행연구사업단, 2016.6.

진유광 저, 이용재 역, 『중국인 디아스포라 한국화교 이야기』, 한국학술정보(주), 2012.

최진아, 「호떡—바삭하고 고소한 오랑캐 떡의 여행」, 『중화미각』, 문학동네, 2019.

朝鮮總督府, 『朝鮮に於ける支那人』, 1924.

華僑志編纂委員會 編, 『韓國華僑志』, 1958.

華僑經濟年鑑委員會 編, 『華僑經濟年鑑(民國67~68年)』, 1979.

秦裕光, 『旅韓六十年見聞錄-韓國華僑史話-』, 中華民國韓國研究學會, 1983.

張競, 『中華料理の文化史』, ちくま文庫, 2013.

이 책은 岩間一弘, 『中国料理の世界史: 美食のナショナリズムを
こえて』(慶應義塾大学出版会, 2021)를 한국어로 옮긴 것이다.

저자 이와마 가즈히로는 중국 도시사를 전문으로 하는 역사
연구자로, 특히 중화민국기의 상하이 연구에 다년간 천착해왔다.
그런 저자가 식문화사 연구에 뛰어든 것은 비교적 근래의 일로,
2010년에 연구차 상하이에 머물던 중 중국에 진출해 있는 일본계
기업의 주재원이나 요식업·식품업 관계자들과 교유하던 가운데 자
신이 모르는 중국을 그들은 알고 있다는 사실을 깨닫고 지역연구
의 대상으로서 식문화사가 지닌 큰 가능성을 발견한 것이 하나의
계기가 되었다고 한다.

그러나 한편으로 저자의 식문화사 연구가 단순한 영역 확대에
머물지 않고 유의미한 성과를 거둘 수 있었던 것은, 저자가 그간 주
력해온 사회사적 수법(이를테면 실생활과 밀접히 닿아 있는 제재를 통해
좀 더 추상적인 논의를 전개하는 수법)에 의한 도시 문화 연구가 식문
화사에 대한 일종의 선행 연구가 되어준 덕이라 할 수 있다. 이러한
방법상의 근친성과 상하이 시절의 체험을 바탕으로 저자는 상하이

내 일본계 레스토랑의 현황, 근현대 상하이의 요식업사, 중국요리와 일본의 관계 등에 관한 저술 활동을 이어왔으며, 지구 범위로 시야를 넓혀 세계사적 관점에서 중국요리를 논한 것이 바로 이 책이라 할 수 있다.

얼마간 잡학으로 흐를 여지가 있는 '세계사 속의 중국요리'가 아닌 '중국요리의 세계사'를 의도한 것인 이상 이 책의 집필에는 일정한 세계사상像의 제시라는 난점이 있었을 것으로 생각된다. 입맛이 당기는 요리를 찾아 이곳저곳 살펴봐도 유익하겠지만, 저자가 이러한 난점을 어떠한 체재 구성과 문제 설정을 통해 극복하고 있는지를 곱씹으며 읽어봐도 영양가 있을 것이다.

* * *

이쯤에서 이 책과 관련하여 시사하는 바가 크다고 생각되는, 최근 우연히 발견한 글을 한 편 소개하는 것으로 후기의 나머지를 갈음하고자 한다.

폴란드의 시인 비스와바 쉼보르스카는 "오랜 전통을 자랑하며 고유한 맛과 식문화를 아시아의 주변국에 널리 전파해온 중국의 음식에 주력"한 어느 요리서(『동아시아의 음식Kuchnie Dalekiego Wschodu』, 1977)를 다룬 서평에서 이 책의 출판 과정에 대해 재미있는 추측을 하고 있다. 요컨대 책의 첫 번째 편집자는 그 예민한 성격에 말미암아 원숭이·새 둥지·파충류 등 기상천외한 재료가 들어가는 요리를 내용에서 전부 제외시켰을 것이며, 현실감각이 강한 두 번째 편집자는 폴란드의 시중에서 구할 수 없는 재료가 요구되는 조리법은 소개할 필요가 없다고 생각해 상당수의 요리를 덜어내지만 내용이 랄 게 남아 있지 않게 되자 도로 절반쯤 복구시켰을 것이며, 세 번째 편집자는 저자의 동의하에 몇 가지 수정을 가할 시점이 되었다고 판단해 저자에게 다음과 같이 묻는다는 것이다.

"친애하는 작가님, 대나무 싹의 맛은 어떤가요? 순무를 씹을 때 나는 맛과 대충 비슷하지 않을까요? 순무가 아니면, 당근의 맛과는 얼추 비슷하겠죠? [⋯두부는] 우리나라에서는 절대로 구할 수 없으니 우리가 평소에 즐겨 먹는 노란 치즈를 넣으면 맛있지 않을까요? [⋯] 간장은 또 어떻고요? 마기 소스에 물을 좀 타면 그럭저럭 비슷한 맛이 날 것 같은데요? 그런데 작가님, 이상한 일이죠? 이렇게 자꾸만 고민을 거듭하다 보니, 동아시아 음식이 더 이상 이국적으로 느껴지질 않네요⋯."

그리고 시인은 서평을 이렇게 끝맺는다.

"물론 위에 언급한 상황은 순전히 내 상상이다. [⋯] 아무튼 책은 출간되었다. 순수한 호기심도 미각도 만족시켜주지 못하는 어정쩡한 상태로 말이다. 그리고 순무가 필요 없는 곳에 순무가 등장하는 다른 수많은 책들과 함께 의미도 가치도 없이 서가의 빈 공간을 차지하고 있다."(이상 최성은 역, 『읽거나 말거나』에서 인용. [ ]는 인용자에 의함.)

여기서 이 '세 번째 편집자'의 문의 사항은 중국요리업에 종사했을 폴란드의 화인들이 실제로 궁리하던 바가 아니었을까? 아닌 게 아니라 두부는 과거 서양에서 'soy cheese' 'fromage de soja'(콩

치즈) 등으로 불릴 만큼 치즈와 유사한 것으로 받아들여졌으며, 마기 소스는 독자적 과정을 통해 개발된 것일지언정 크게 보아 간장의 일종으로, 오늘날에 이르기까지 아시아 요리에 널리 쓰여왔으니 치즈로 두부를, 마기 소스로 간장을 대체하는 것은 사실 꽤 그럴듯한 묘안이다.

쉼보르스카가 쓴 서평의 목적은 어느 '실용서 출판사'의 안이함을 꾸짖는 데에 있으며 시인이 요리의 현지화를 희화화한 것은 아니지만, 이 책(『중국요리의 세계사』)의 독자라면 "순무가 필요 없는 곳에 순무가 등장하는" 데에는 기실 합당한 이유가 있지 않을까 하고 생각해볼지도 모를 일이다.

이와마 가즈히로岩間一弘

게이오기주쿠 대학 문학부 교수. 2003년 도쿄 대학 대학원 종합문화연구과 박사과정을 수료하고 상하이 사회과학원 역사연구소 방문연구원, 홍콩 대학 아시아연구센터 방문연구원, 타이완 중앙연구원 근대사연구소 방문연구원, 지바상과대학 교수 등을 거쳐, 2015년부터 게이오기주쿠 대학에 교수로 재직하고 있다. 동아시아 근현대사, 식문화 교류사, 중국 도시사가 주요 연구 분야이다. 저서로『중국요리와 근현대 일본─식(食)과 기호의 문화 교류사』(편저, 慶應義塾大學出版會, 2019),『상하이 대중의 탄생과 변모─근대 신(新)중간층의 소비·동원·이벤트』(東京大學出版會, 2012) 등이 있다.

최연희

성균관대를 졸업한 후 한울 등의 출판사에서 편집 및 기획 일을 해왔다. 옮긴 책으로『사회사상의 역사』,『글로벌리즘의 종언』,『전쟁과 농업』,『성경 읽는 법』,『거장들의 녹음현장』,『자급을 다시 생각한다』(공역),『노동의 사상사』(공역, 근간) 등이 있다. 제4회 롯데출판문화대상 공로상(출판외길 부문)을 수상했다.

정이찬

말이 새 옷을 입는 모습에 이끌려 출판 번역에 뛰어들었다. 옮긴 책으로『노동의 사상사』(공역, 근간)가 있다.

이정희

일본 교토 대학에서 조선화교 연구로 문학박사학위를 받았다. 25년간 한반도 및 베트남화교를 비롯한 화교 문제에 천착하여 연구하고 있다. 현재 인천대학교 중국학술원 부교수로 재직중이다. 주요한 저서는『朝鮮華僑と近代東アジア』,『한반도 화교사』,『화교가 없는 나라』,『베트남화교와 한반도화교 마주보기』(공저) 등이 있다.

중국요리의 세계사

왜 중국음식은 세계 어디서든 만날 수 있는 걸까

초판 1쇄 발행 | 2023년 10월 10일
초판 2쇄 발행 | 2024년 11월 5일

지은이 | 이와마 가즈히로
옮긴이 | 최연희·정이찬

펴낸곳 | 도서출판 따비
펴낸이 | 박성경
편   집 | 신수진, 정우진
디자인 | 이수정

출판등록 | 2009년 5월 4일 제2010-000256호
주소 | 서울시 마포구 월드컵로28길 6(성산동, 3층)
전화 | 02-326-3897
팩스 | 02-6919-1277
메일 | tabibooks@hotmail.com
인쇄·제본 | 영신사

ISBN 979-11-92169-29-3 93900